大 / 学 / 公 / 共 / 课 / 系 / 列 / 教 / 材

国学精粹

第2版

本书为2021年黑龙江省高等教育教学改革研究项目"深度学习视角下国学类公共基础课程'一体三阶'教学模式创新研究与实践"（项目编号：SJGY20210508）成果。

GUOXUE JINGCUI

姚远 杜真强 刘威 —— 主编

北京师范大学出版集团
BEIJING NORMAL UNIVERSITY PUBLISHING GROUP
北京师范大学出版社

图书在版编目(CIP)数据

国学精粹 / 姚远,杜真强,刘威主编. — 2 版. — 北京：北京师范大学出版社,2023.5(2025.1重印)
大学公共课系列教材
ISBN 978-7-303-28475-7

Ⅰ. ①国… Ⅱ. ①姚… ②杜… ③刘… Ⅲ. ①国学—高等学校—教材 Ⅳ. ①Z126

中国版本图书馆 CIP 数据核字(2022)第 242347 号

GUOXUE JINGCUI
出版发行：北京师范大学出版社 https://www.bnupg.com
　　　　　北京市西城区新街口外大街 12-3 号
　　　　　邮政编码：100088
印　　刷：北京虎彩文化传播有限公司
经　　销：全国新华书店
开　　本：787 mm × 1092 mm　1/16
印　　张：27.5
字　　数：493 千字
版　　次：2023 年 5 月第 2 版
印　　次：2025 年 1 月第 2 次印刷
定　　价：56.00 元

策划编辑：周劲含　　　　　责任编辑：冯　倩
美术编辑：李向昕　　　　　装帧设计：李向昕
责任校对：杨磊磊　　　　　责任印制：马　洁

前　言

当哈尔滨迎来入冬后的第一场大雪时，本教材也迎来了再版的讯息。

"国学精粹"是哈尔滨学院自 2016 年开设的一门面向全校学生的公共基础类必修课程，并于 2021 年获批为黑龙江省本科线下一流课程。本教材是该课程建设的直接成果。

党的二十大报告在"推进文化自信自强，铸就社会主义文化新辉煌"方面指出："以社会主义核心价值观为引领，发展社会主义先进文化，弘扬革命文化，传承中华优秀传统文化，满足人民日益增长的精神文化需求，巩固全党全国各族人民团结奋斗的共同思想基础，不断提升国家文化软实力和中华文化影响力。"中华优秀传统文化作为中国特色社会主义文化的重要组成部分，滋养和支撑着中国革命文化和社会主义先进文化。那么，中华优秀传统文化的精髓是什么？它与建设社会主义文化强国、增强国家文化软实力、实现中华民族伟大复兴的关系是怎样的？这些无疑是当代大学生必须准确把握的问题。因此，本教材以经、史、子、集四部的文献为依托，观照中华优秀传统文化和学术，横向建构起中国传统文化的基本格局，纵向梳理出中国传统学术的发展脉络，引领大学生在经历文化自觉的过程中建立起理性的文化自信，增强文化认同感和自豪感。本教材不仅契合了实现中华民族伟大复兴的时代主题，也回应了教育部有关在高等教育阶段推进中华优秀传统文化教育的工作要求，彰显了时代特色，满足了学生的实际需求。

继章太炎、钱穆、谭正璧、曹伯韩等人所写的国学教材之后，将"国学"作为完整而独立的研究对象，并在大学本科通识教育的视野中予以观照的国学教材在国内并不多见。本教材可以说是国内同类教材编写的先驱，在体例、选篇、阐释等方面都做出了有益尝试，并在教学实践中接受了检验，取得了较好的效果，为普通高等院校开设国学通识课程提供了宝贵经验，是适用性较强的教材。

有别于国内同类教材以专题形式或纯粹以古代文献为线索结构全书的做法，本教材从"文史哲"不分家的"国学"观念出发，遵循由小学入经学，由经学通文史，再出入诸子的治学门径，分列了蒙学、小学、经学、史学、子学、文学六章，每一章先概说，再分说有代表性的文献，最后列举有典范性的篇章。这种编写体例能够清晰而有层次地搭建起国学的基本框架，并且与本科教学活动相适应。

本教材除了可以作为面向普通高等院校本科教学的教材之外，还可以作为广大国学爱好者的案头读物。本教材中的选篇兼顾时间的纵深性、空间的横跨性、内容的多样性、艺术的典范性。本教材兼收经、史、子、集四部的文献中有代表性的作品，注重选篇的类别和时序性。就集部而言，结合现代学科特点和大众认知习惯，将本是子部下的小说类、类书类中的作品移过来，既纵向反映中国古代文学的发展脉络，又横向覆盖诗歌、戏剧、散文、小说等文学体裁。就对文本的阐释而言，立足国学经典的思想性和艺术性，尤其注重挖掘作品的文化品格，材料翔实，难易适中，在学术的延展性和艺术的纵深性上都独具特色。尤其值得关注的是，我们从文献学角度对所列重点文献做了版本层面的梳理，还配有比较阅读、平行阅读、扩展阅读的作品，另附有课外阅读书目。以上这些做法的目的是引导学生和其他读者回归原典，培养"多读书、会读书、读好书"的习惯。这是我们对拓展国学传播路径的有益探索。

相较于第一版教材而言，这次再版，我们主要做了以下工作。

第一，响应《教育部教材局 2022 年工作要点》中提出的"推进党的二十大精神进教材"的工作要求，结合课程思政建设最新理论和实践成果，对教材的全部内容重新进行厘定。

第二，增加绪论，系统梳理了"国学"的含义。

第三，补写、重写史学概说、子学概说等章节，充实学界前沿观点。

第四，修订目录，令表述更加科学、严谨。

第五，订正若干内容，提升教材的内在品质。

在实现中华民族伟大复兴的期待视野中，国学教育被赋予传承与传播具有完整结构形态的中国价值的历史使命，承担建立和维护作为独立文化主体国际身份的重任。作为普通高等院校的国学课程的任课教师，我们深知所承担的工作是任重而道远的。所以，当《国学精粹》这本小书再版完成的时候，编写团队的全体教师在略感欣慰的同时，也颇为忐忑。期盼广大读者能够在教材中获得些许助益，也恳请大家能够包容我们的疏漏、浅薄之处，更真诚地希望得到方家的批评指正！

姚远

2022 年冬月

目　　录

绪论　国学概说

一、"国学"在古代与近代的语义转换

"国学"一词，从词源学上考察，最早出现于《周礼·春官宗伯》，其文言："乐师掌国学之政，以教国子小舞。"[①]这里的"国学"指周朝设于王城及诸侯国都城的教育贵族的机构及制度。在此后的两千余年中，"国学"一词在各朝代的文献中屡见不鲜。尽管其词义随着时代的变化发生了相应的演变，但其本质含义是明确的，即指国家的教育机构及制度，或可简单理解为国家设立的学校。直到清朝末年，科举制度废除，国学制度废止，"国学"一词的"国立学校"的语义在汉语语境中式微。

但是，作为语言符号，"国学"一词并未消失，而是发生了跨语境转移和词义转换。

有学者认为"国学"一词的近代意义转借自日本。在日语体系中，由于中日同文，因此日语中有许多用汉字造的新词语，但所造的日语词语与汉语词语原有的意义不同，如"国学"。日本使用"国学"一词始于江户时代，"国"指日本本国，"国学"指日本固有之传统学问。明治维新之后，日本掀起了学习西方文化的高潮，提出了"脱亚入欧"的口号，甚至出现了改换日本人种、废除日本文字等极端欧化的主张。此后，日本也出现了抵制全盘欧化的主张。我们可以在一定程度上说，彼时的中国与日本一样，都面临着保存并弘扬本国学术以抗衡西学的民族使命。梁启超、黄遵宪、章太炎等旅日学者开始将"国学""国粹"等词语援引到汉语语境之中。

综上，"国学"一词存在着古代和近代的语义差异，古代的"国学"指向教育机构及教育制度，近代的"国学"指向学术范畴。我们今天所使用的"国学"取的是近代以来的含义。

二、近代以来"国学"观念的嬗变

中国近代的"国学"概念产生于 20 世纪初，它是在与"西学"的区别和对立过程

---

① 《十三经注疏》整理委员会：《十三经注疏·周礼注疏》下册，596 页，北京，北京大学出版社，1999。

中建立起来的。但是，"国"与"学"的关系问题在顾炎武的"亡国"与"亡天下"之论中就显露出来了。换句话说，"国学观念"是在中国本土产生的。1898 年，张之洞在《劝学篇》中谈到学校课程设置的时候，提出了"新旧兼学""旧学为体，新学为用，不使偏废"。1920 年，梁启超在《清代学术概论》里将张之洞的说法转述为"中学为体，西学为用"。他们讲的"旧学""中学"在一定意义上就是我们所称的"国学"。

按照清华大学国学研究院院长陈来的说法，从 20 世纪初到 20 年代末，近代国学观念的发生与演变经历了三个阶段，即救亡意识主导下的、政治取向的国学观念，启蒙思潮主导下的、文化取向的国学意识，以世界汉学为参照的、学术研究的国学观念。①

第一阶段是从晚清到辛亥革命时期。应该说，"西学"与"中学"之间的交流和相互影响是由来已久的。但是，自鸦片战争之后，西学依靠武力全面东侵，迫使中国人由"师夷长技"转向"中体西用"。伴随着中国沦为半殖民地半封建社会的程度不断加深，中国传统文化的权威地位遭到前所未有的挑战。正是在这样的形势之下，晚清国粹派鲜明地论证了"国"与"学"的关系。

国粹派的代表人物黄节和邓实认为"国"与"学"是相互依存的关系，"亡学"将会带来"亡国"的下场。黄节说："立乎地圜而名一国，则必有其立国之精神焉，虽震撼挽杂，而不可以灭之也。灭之则必灭其种族而后可。灭其种族，则必灭其国学而后可。昔者英之墟印度也，俄之裂波兰也，皆先变乱其言语文学，而后其种族乃凌迟衰微焉。迄今过灵水之滨，瓦尔省府之郭，婆罗门之贵种，斯拉窝尼之旧族，无复有文明片影，留曜于其间，则国学之亡也。学亡则亡国，国亡则亡族。"②邓实说："中国自古以来，亡国之祸叠见，均国亡而学存。至于今日，则国未亡而学先亡。故近日国学之亡，较嬴秦蒙古之祸尤酷。……夫国于天地，必有与立。学也者，政教礼俗之所出也。学亡则一国之政教礼俗均亡；政教礼俗均亡，则邦国不能独峙。试观波尔尼国文湮灭，而洼肖为墟；婆罗门旧典式微，而恒都他属。是则学亡之国，其国必亡，欲谋保国，必先保学。"③

许守微则更加急迫地说："是故国有学则虽亡而复兴，国无学则一亡而永亡。何者？盖国有学则国亡而学不亡，学不亡则国犹可再造。国无学则国亡而学亡，学亡而国之亡遂终古矣。"④他的观点代表了晚清部分人的想法，这部分人甚至认

---

① 陈来：《近代"国学"的发生与演变——以老清华国学研究院的典范意义为视角》，载《清华大学学报（哲学社会科学版）》，2011(3)。
② 黄节：《〈国粹学报〉叙》，见桑兵、张凯、於梅舫等：《国学的历史》，17 页，北京，国家图书馆出版社，2010。
③ 邓实：《拟设国粹学堂启》，见桑兵、张凯、於梅舫等：《国学的历史》，89 页，北京，国家图书馆出版社，2010。
④ 许守微：《论国粹无阻于欧化》，见桑兵、张凯、於梅舫等：《国学的历史》，60 页，北京，国家图书馆出版社，2010。

为国亡已经难以避免，因此要学习顾炎武的思想，用保学来避免亡国，用保学来再造国家。

晚清知识分子对国学的深忧远虑反映了他们对亡国的极大的恐惧之心。既然保学才能保国，那么，爱学即爱国，爱国即爱国学。邓实于 1906 年提出了"国学"这一概念。邓实说："国学者何，一国所自有之学也。……君子生是国，则通是学，知爱其国，无不知爱其学。"①黄节慨叹："不自主其国，而奴隶于人之国，谓之国奴；不自主其学，而奴隶于人之学，谓之学奴。"②梁启超认为："凡一国之立于天地，必有其所以立之特质。欲自善其国者，不可不于此特质焉，淬厉之而增长之。……诸君如爱国也，欲唤起同胞之爱国心也，于此事必非可等闲视矣。"③在他们看来，"国学"就是以爱国之心为国家和民生申述之学，中国能绵延至今，根本原因就在于历史上的仁人志士宣扬国家大义、激励民心。邓实、刘师培创办的《国粹学报》的发刊词便声明"保种、爱国、存学"是该刊的志向。

1907—1908 年，章太炎使用了"国学"这个概念来激励国人的爱国心。他从印度历史中了解到"民族独立，先以研求国粹为主，国粹以历史为主"④。他提出了著名的口号，即"用国粹激动种性，增进爱国的热肠"⑤。章太炎主办了《民报》，他在该报所载的《国学讲习会序》中说："夫国学者，国家所以成立之源泉也。吾闻处竞争之世，徒恃国学固不足以立国矣，而吾未闻国学不兴而国能自立者也。吾闻有国亡而国学不亡者矣，而吾未闻国学先亡而国仍立者也。"⑥

综上所述，晚清国学倡扬者的主张不是强调研究国学，而是保存中国文化，以求促进国民的爱国心。这一时期的"国学"，体现的是基于爱国主义立场的政治观念，着眼于救亡图存，而不是纯粹的学术观念。

第二个阶段是从辛亥革命到新文化运动时期。这一时期的"国学"作为一个核心词被用得较少，但从观念上看，"国学"被作为中国传统文化的代名词，其问题意识仍为社会所关注，特别是在新文化运动开始之后。

1915 年，《新青年》的前身《青年杂志》讨论了东西文化的优劣，从一定意义上说，它讨论的中国文化的问题就是"国学"问题。"国学"的基本价值观、基本理念和基本学术倾向在新文化运动前后变成了讨论的中心。

————————

①　邓实：《国学讲习记》，见桑兵、张凯、於梅舫等：《国学的历史》，81 页，北京，国家图书馆出版社，2010。

②　黄节：《〈国粹学报〉叙》，见桑兵、张凯、於梅舫：《国学的历史》，18 页，北京，国家图书馆出版社，2010。

③　梁启超：《论中国学术思想变迁之大势》，见《饮冰室合集·文集之七》，3 页，北京，中华书局，1989。

④　章太炎：《印度人之论国粹》，见《章太炎全集》第 4 册，366 页，上海，上海人民出版社，1985。

⑤　章太炎：《在东京留学生欢迎会上之演讲》，见《章太炎全集·演讲集》上册，4 页，上海，上海人民出版社，2015。

⑥　章太炎：《国学讲习会序》，见桑兵、张凯、於梅舫等：《国学的历史》，77 页，北京，国家图书馆出版社，2010。

1919 年，毛子水提出了"国故"的概念。"国故"就是中国古代的学术思想和中国民族过去的历史。这里讲的"国故"和清末学者讲的"国学"意义相近。但毛子水的观点一出，立即遭到张煊等人反对。毛子水从东西文化比较的角度对"国学"所做的批判性评价是失之偏颇的。

第三个阶段是 20 世纪 20 年代。这一时期，"国学"的概念开始广泛流行，在"国学"概念下所谈论的，既不是政治，也不是文化，而是学术研究。这和同一时期发起并流行的"整理国故"运动有关。

在新文化运动后期，学术界逐渐发现了研究国学的重要性，出现了一个新的学术运动——"整理国故"运动。1919 年年底，胡适肯定了"整理国故"的提法。当时，胡适的影响很大，"整理国故"经胡适肯定后，渐渐产生影响，在学术层面上掀起了一股国学研究的热潮。一个比较直观的表现是，当时出现了一系列研究国学的院所和机构。例如，1922 年，北京大学成立了研究所国学门；1924 年，东南大学成立了国学院；1925 年，清华大学成立了国学研究院；1926 年，厦门大学成立了国学研究院；1928 年，燕京大学成立了国学研究所。其他各地成立的国学专修机构或学校，不一而足。其中，以无锡国学专修学校最为有名。

与成立研究国学的院所和机构相表里，这时的学术界出现了多种有关"国学"的定义。虽然不同的人有不同的表述方法，但是这些定义所突出的内容都是在学术层面上的，既不强调政治(晚清)，也不突出文化("五四")，注重的是如何发展学术研究。

中华人民共和国成立以后，"国学"的观念几经发展。20 世纪 90 年代，中国现代化进程的需要在客观上促使学界回溯优秀传统文化以汲取养分，谋求本民族发展的精神支撑。尤其是进入 21 世纪以后，在实现中华民族伟大复兴的时代主题引领下，全国掀起了学习"国学"的文化热潮。

在党的十九大报告中，习近平总书记指出："文化是一个国家、一个民族的灵魂。文化兴国运兴，文化强民族强。没有高度的文化自信，没有文化的繁荣兴盛，就没有中华民族伟大复兴。要坚持中国特色社会主义文化发展道路，激发全民族文化创新创造活力，建设社会主义文化强。中国特色社会主义文化，源自于中华民族五千多年文明历史所孕育的中华优秀传统文化，熔铸于党领导人民在革命、建设、改革中创造的革命文化和社会主义先进文化，植根于中国特色社会主义伟大实践。"[1]在党的二十大报告中，习近平总书记再一次强调："我们要坚持马克思主义在意识形态领域指导地位的根本制度，坚持为人民服务、为社会主义服务，坚持百花齐放、百家争鸣，坚持创造性转化、创新性发展，以社会主义核心价值观为引领，发展社会主义先进文化，弘扬革命文化，传承中华优秀传统文化，满

---

[1] 习近平：《决胜全面建成小康社会　夺取新时代中国特色社会主义伟大胜利——在中国共产党第十九次全国代表大会上的报告》，51～52 页，北京，人民出版社，2017。

足人民日益增长的精神文化需求，巩固全党全国各族人民团结奋斗的共同思想基础，不断提升国家文化软实力和中华文化影响力。"①习近平总书记所说的"中华优秀传统文化"可理解为当代主流话语语境以及大众认知视野中的"国学"。

习近平总书记不仅在国家纲领性文件中反复阐明了中华优秀传统文化作为中国特色社会主义文化组成部分的时代内涵，还通过一系列经典论述将中华优秀传统文化提升到"中华民族的基因""中华民族的精神命脉"等重要高度。与此同时，习近平总书记特别擅长引用古代的诗词和文献来阐释治国理政思想、启发人们思维，彰显了中华民族的文化自信。他还向世界阐发中华优秀传统文化的核心思想，发出共建"一带一路"、构建"人类命运共同体"等倡议，展现了中华优秀传统文化的永恒魅力。应该说，党和国家领导人身体力行、一以贯之地表明了传承、弘扬中华优秀传统文化的立场，激发了全民学习国学的信心。

纵观近代以来百余年的"国学"观念嬗变史，"国学"在本质上是一个学术范畴内的命题，因它渗透着"国"与"学"的关系问题，便自然地与国家命运、时代沿革、文化变迁等一系列因素紧密联系在一起。对"国学"问题的探讨，反映了中国历代知识分子以及仁人志士对民族命运的急迫关切、对本国文化命运的深邃思考、对社会责任的自觉担当。

三、"国学"概念艳梳

"国学"的概念到底是什么？这个问题可谓聚讼纷纭，至今学界没有统一的定义。

从晚清到民国时期，"国学"概念大体可分为以下三种类型。

第一种，"国"指本国（中国），"学"指学术，"国学"与"西学"相对，是指在遭遇西方文化冲击之前中国原有的思想文化与学术体系。从晚清到民国，这个用法一直比较流行。在当代学界，文史方面的学者使用的其实还是这个定义。例如，章太炎在辛亥革命前提出"国学"可称"中国独有之学"②，刘师培称国学为"中国固有之学术"③，东南大学国学院提出以国学为"中国原有之学术"④。此外，王绍尘在《国学讲话》中称："国学之名，古无有也。必国与国对待，始有国家观念，于是始以己国之学术，称为国学。"⑤

1925 年，清华国学研究院成立，吴宓在《清华学校研究院缘起》中表达了对清

---

① 习近平：《高举中国特色社会主义伟大旗帜　为全面建设社会主义现代国家而团结奋斗——在中国共产党第二十次全国代表大会上的报告》，43 页，北京，人民出版社，2022。

② 章太炎说："中国之小学及历史，此二者，中国独有之学，非共同之学。"见章太炎：《章太炎政论选集》上册，259 页，北京，中华书局，1977。

③ 此为国故月刊社之宗旨。

④ "要之国学之为名，本难确定其义，在世界地位言之，即中国学。分析为言，则中国原有学术，本可分录各种学科。"见《史地界消息：（甲）历史类：3. 北大出版之两种季刊与史学》，载《史地学报》，1923(4)。

⑤ 王绍尘：《国学讲话》，1 页，上海，世界书局，1935。

华国学研究院的理解。① 后来他又在《清华开办研究院之旨趣及经过》中加以强调："惟兹所谓国学者，乃指中国学术文化之全体而言，而研究之道，尤注重正确精密之方法。"②吴宓所用的国学概念，明确了国学的对象和范围，是在当时的学术界中表达得最清晰的。这个概念以学术形态的文化为主，故称"学术文化"，不包括民俗文化等非学术内容。此外，他重点强调学术文化的"全体"，意谓不能仅以传统学术文化之一种(如儒家或道家)代替其全体。至 20 世纪 90 年代初，张岱年先生在为"国学丛书"写序时表示，国学即中国学术。

1938 年 5 月，民国时期重量级学者马一浮受邀在浙江大学做了一场演讲，他提出："今先楷定国学名义。举此一名，该摄诸学，唯六艺足以当之。六艺者，即是《诗》《书》《礼》《乐》《易》《春秋》也。此是孔子之教，吾国二千余年来普遍承认一切学术之原皆出于此，其余都是六艺之支流。故六艺可以该摄诸学，诸学不能该摄六艺。今楷定国学者，即是六艺之学，用此代表一切固有学术，广大精微，无所不备。"③他将"国学"楷定为"六艺之学"，即孔门之教的文本典籍系统，有别于礼、乐、射、御、书、数这六种孔门之教的实践课。刘梦溪的《论国学》特意引用了马一浮的"国学"定义，表达了在学理上完全认同该定义的观点。

吴宓和马一浮有关"国学"的界定，都是在"中国固有之学术"这个大前提下提出来的，浅层的分歧在于研究对象是"全体学术"还是"部分学术"。直到今天，这个问题仍是学者争论的重要问题。

第二种，以"国学"为中国传统文化的简称，这种用法在新文化运动时期尤为普遍。以"国学"为"中国传统学术"和以"国学"为"中国传统文化"的区别在于："中国传统学术"的外延要小于"中国传统文化"，后者往往无所不包，而前者侧重于学术形态的文化。新文化运动聚焦于比较中国文化和西方文化，所以这种以"国学"指代中国文化的概念与当时文化论争的焦点是有关系的。如范晒海在讨论东西文化时就说："国学是什么？便是东方全部文化的代表。"④当时批评中国文化的人尤其习惯于在这种意义上使用"国学"。

第三种，指近代以来以传统文化为对象的学术研究的体系，即国学研究。1923 年，胡适在《国学季刊》的发刊词里说："'国学'在我们的心眼里，只是'国故学'的缩写。中国的一切过去的文化历史，都是我们的'国故'；研究这一切过去的历史文化的学问，就是'国故学'，省称为'国学'。"⑤在胡适这里，无论是"中国固有之学术"，还是"中国传统文化"，都成了国学的研究对象，而"国学"则是指近代

① 吴宓：《清华学校研究院缘起》，载《清华周刊》，1925(339)。

② 吴宓：《清华开办研究院之旨趣及经过》，载《清华周刊》，1925(2)。

③ 马一浮：《楷定国学名义》，见《马一浮集》第 1 册，10 页，杭州，浙江古籍出版社、浙江教育出版社，1996。

④ 范晒海：《青年国学的需要》，见桑兵、张凯、於梅舫等：《国学的历史》，263 页，北京，国家图书馆出版社，2010。

⑤ 胡适：《发刊宣言》，载《国学季刊》，第 1 卷第 1 号，1923。

以来人们研究中国历史文化的学问体系，或者说是学术体系。

胡适的提法在 20 世纪 20 年代以后广泛流行。例如，林玉堂说："'科学的国学'是我们此去治学的目标。"①顾颉刚认为："研究国学，就是研究历史科学中的中国的一部分，也就是用了科学的方法去研究中国历史的材料。所以国学是科学中的一部分。"②这里所说的"科学"是一个系统的概念。毛子水在 20 世纪 30 年代回顾、整理了国故的历史，赞扬了胡适为《国学季刊》所写的《发刊宣言》，认为 1923 年以后"国内的'国学'所以能有一点成绩，这篇文章的力量不少"③。刘梦溪也指出，"国学"一词就是在西学东渐的历史背景下提出来的，主要是指参照西方学术对以儒学为主体，包括佛、道及各家各派的中华传统文化与学术进行研究和阐释的一门学问。④ 以上所说的"国学"不是就它的对象来讲的，而是就研究体系、学问体系来讲的。

在此，我们需要指出的是，学者所使用的三种"国学"概念，呈现的并非历时性的先后更替关系，而是共时性的此消彼长或交错并用的关系。有学者认为，国学主要是就中国传统的学术系统而言的，即经、史、子、集的四部分类之学。经过乾嘉朴学洗礼之后，已发展出一套比较完整的国学研究方法，包括文字、声韵、校勘、考订等整理经典文本的专业技术。在晚清时期，这一系统可以《四库全书总目提要》和张之洞的《书目答问》为代表。这种看法把国学理解为传统的学术系统，就对象而言，应当说与吴宓是一致的。清末民初是国学兴起的时期，此时的章太炎、刘师培的国学已受到西学的影响，将四部之学向西方开放，转化为西方学科分类，与西方学术系统相沟通，不全然是传统的，不能简单地视为乾嘉考证学的延续。这种转化为西方学科的分类的国学，就不是单纯就对象而言的，已经属于国学研究的系统了。

简言之，从晚清到民国，学者界定"国学"概念的分歧主要体现在以下两方面：就内涵而言，是学术体系还是研究学术的体系；就外延而言，是所有之学，还是先秦诸子之学，抑或儒学、六艺之学。其实，"国学"概念在时间范畴上是趋于一致的，都指向传统，即至少是在 1840 年以前，西学未曾强烈冲击前的本土学术。

20 世纪 90 年代以来，伴随着"国学热"的出现，名家纷纷重新定义"国学"。虽然大体没有超越晚清至民国时期的范畴，但是我们必须关注到当代"国学"的内涵和外延的确发生了改变，特别是在"大国学""新国学"的名目被提出来之后。

季羡林从地域文化与民族文化的角度对国学概念进行了解读。他说："简单地说，'国'就是中国，'国学'就是中国的学问，传统文化就是国学。现在对传统文化的理解歧义很大。按我的观点，国学应该是'大国学'的范围，不是狭义的国学。

① 林玉堂：《科学与经书》，载《晨报》五周年纪念增刊，1923。
② 顾颉刚：《一九二六年始刊词》，载《北京大学研究所国学门周刊》，1927(13)。
③ 毛子水：《胡适传》，见胡不归等：《胡适传记三种》，131 页，合肥，安徽教育出版社，2002。
④ 刘梦溪：《论国学》，11～56 页，上海，上海人民出版社，2008。

既然这样，那么国内各地域文化和五十六个民族的文化，就都包括在'国学'的范围之内。地域文化和民族文化有各种不同的表现形式，但又共同构成中国文化这一文化共同体。……中国文化是中国五十六个民族共同创造的，这五十六个民族创造的文化都属于国学的范围。而且后来输入到中国文化的外来文化，也都属于国学的范围。"①

方立天从学术层面论述了中国国学。他认为中国国学是指中国从古至今的学术，其意义有两层："一是中国的、中华民族的学术，是汉、满、蒙、回、藏等民族所探索、研究、论述的学问，可简称为'中学'，'汉学'是其中最重要的一部分；二是从古到今，自殷商西周的史官之学、春秋战国的百家之学、汉代儒学(经学)、魏晋玄学、南北朝隋唐佛学、宋明理学、清代汉学，到近现代的中国化的马克思主义、新儒学、人间佛教等学说。"②

任继愈说："不能简单地认为只有经、史、子、集才是国学。马克思主义同中国的实际结合，也已成为中国文化的一部分。"③

有学者指出："20 世纪上半叶的国学主要指中国传统学术，时下的国学则是中国传统学业和中国传统学术的总合。"④还有学者指出："国学，首先，是一个思想体系，是驱动中华文明延续、发展和自新的内在动力。其次，是一种文化观念，是沉浸在中华文明进程之中的习惯、认识和价值判断。再次，是一种精神追求，是融合在中华文明之中的理想、追求和文化期待。最后，是一种方法方式，包括思维方式、研究范式、分析方法等。"⑤

2005 年，《社会科学战线》"新国学研究"专栏刊发了王富仁的文章——《"新国学"论纲》。该文以宏大的篇幅叙述了中国现代学术文化产生与发展的历史，指出了旧有"国学"观念的缺陷，并提出了"新国学"的观念。文章指出："'新国学'不是一种学术研究的方法论，不是一个学术研究的指导方向，也不是一个新的学术流派和学术团体的旗帜和口号，而只是有关中国学术的观念。"⑥"新国学"是在固有的"国学"这个学术概念的基础上提出来的，是在它适应已经变化了的中国学术现状之后而做出的新的定义。"新国学"的"新"表现为"国学"不仅是以中国古代文化为研究对象的中国学术的总称；还包括"五四"以后生成和发展起来的中国现当代文化，特别是由陈独秀、李大钊开其端的中国现代革命文化，以鲁迅为主要代表的中国现代社会文化，由从事外国文化的翻译、介绍和研究的学者和教授创造出来的大量学术成果在内的全部中国学术的总称。建构民族学术整体观念的意义在

① 季羡林：《我从东方来》，171~172 页，北京，中国纺织出版社，2020。
② 方立天：《寻觅性灵：从文化到禅宗》，20 页，北京，北京师范大学出版社，2007。
③ 转引自袁行霈：《国学研究》第 3 卷，650 页，北京，北京大学出版社，1995。
④ 炜评：《国学的界定与当代价值评估》，载《陕西日报》，2007-08-31。
⑤ 曹胜高：《国学通论》，11 页，北京，北京大学出版社，2008。
⑥ 王富仁：《"新国学"论纲(上)》，载《社会科学战线》，2005(1)。

于它是形成开放的民族学术的独立意识的关键一环。

　　综上，"国学"的概念呈现出动态发展的趋势，并且，这种动态发展仍在持续。在当代中国学者的视野中，不但今日以前的中国学术是国学，当代中国的学术思想也属于国学的范围；不仅中华民族创造的文化都属于国学的范围，后来融入中国文化的外来文化，包括马克思主义中国化的文化成果，也都属于国学的范围。

第一章　蒙　学

第一节　蒙学概说

一、何谓蒙学

蒙学即启蒙之学，是对我国的传统幼儿启蒙教育的统称，是我国古代教育的重要组成部分。蒙学与小学、大学并列，是我国传统教育中的一个重要阶段。根据资料记载，我国最早的关于蒙学的论述源于《周易·蒙卦》，其文曰："匪我求童蒙，童蒙求我。"王弼注"童蒙"曰："童蒙之来求我，欲决所惑也。"[1]"蒙"是启蒙儿童的意思。儿童多蒙昧，需要启蒙，由此产生了蒙学。可见，"蒙学"是对古代儿童启蒙教育的泛称，在历史上曾经出现过"小学""幼学""养蒙""训蒙"等词语专门指称古代的启蒙教育。"蒙学"一词出现于宋末，后逐渐被普遍使用。

对蒙学的理解，一种观点认为蒙学是一种学习的处所，即"蒙馆"。《辞海》对"蒙馆"的解释是："中国旧时对儿童进行启蒙教育的学校。"[2]关于古代学校，《大戴礼记·保傅》记载："古者年八岁而出就外舍，学小艺焉，履小节焉。"[3]《汉书·食货志》记载："八岁入小学，学六甲五方书计之事，始知室家长幼之节。十五入大学，学先圣礼乐，而知朝廷君臣之礼。"[4]我国从古至今就很注重儿童教育，着力从道德和知识方面对儿童进行教育。在古代，儿童"开蒙"，即接受教育的年龄一般在四岁左右。西周贵族子弟的训练过程是先经家庭教育后再经学校教育。在八岁之前，儿童的教育依靠家庭，而八岁之后则要进入"小学"，开始受教于师。蒙养教育在汉代已基本成熟，汉代的蒙学主要是由私人、家族或地方乡绅集资建成的。汉代的授蒙场所称"书馆"或"蒙馆"。宋元时期既有民间办的私学，又有政府办的官学。在民间的私学有村塾、村学、冬学等。由政府办的官学可以分为两种：一种是设在京城宫廷内的贵胄小学，另一种是设在地方上的庶民小学。明清

---

① 《十三经注疏》整理委员会：《十三经注疏·周易正义》，37页，北京，北京大学出版社，1999。
② 夏征农、陈至立：《辞海（第六版缩印本）》，1288页，上海，上海辞书出版社，2010。
③ ［汉］戴德撰，［北魏］卢辩注：《大戴礼记》，40页，北京，中华书局，1985。
④ ［汉］班固：《汉书》，1122页，北京，中华书局，1962。

时期的蒙学形式呈现多样化，社学、义学、私塾都各具特色。总体而言，我国古代的蒙学教育主要有两种形式。一种是以家庭为主的蒙学教育。这种蒙学教育或由家长自己教学，或由地主、士绅等聘请教师在自家进行教学。另一种是具有社会性的蒙学教育。这种蒙学教育或由官方、民间合办，或由宗族所办，或由私人所办，不再局限于家庭内部。

另有一种观点认为蒙学有广义和狭义之分：广义的蒙学是一种特定层次的教育，特指对儿童所进行的启蒙教育，包括教育的目的、教学的内容、教学的方法和教材等多方面的内容；而狭义的蒙学教育则专指蒙学教材，就是为实施这种教学而编成的读本。

二、蒙学的发展历程

蒙学自夏朝出现，至清末衰落，经历了几千年。在历史进程中，蒙学经历了从启蒙兴起到发展繁荣再到衰退没落的过程。

夏、商、西周是中国学校教育创始期，也是蒙学教育的萌芽期。《孟子·滕文公上》曰："夏曰校，殷曰序，周曰庠；学则三代共之，皆所以明人伦也。"[1]我国的蒙学教育在商、周时期已有记载。据《礼记·王制》载，商朝的"学"分为"右学"与"左学"。郑玄注曰："上庠、右学，大学也，在西郊；下庠、左学，小学也，在国中王宫之东。"[2]从有大学、小学或右学、左学之分开始，商代就已根据不同年龄，提出了不同的教育要求。到了西周时期，学校已有较完备的制度，西周贵族子弟在八岁之前主要依靠家庭教育，在八岁后要进入"小学"受教于师，到了十五岁则要进入大学学习。夏、商两代，蒙学读物无史料可考。据史籍记载，我国古代最早出现的识字教材是西周宣王时期的《史籀篇》。东汉班固的《汉书·艺文志》记载："《史籀篇》者，周时史官教学童书也。"[3]虽然《说文解字》曾提及其篇目为十五篇。但是《史籀篇》现已亡佚，其内容已不可考。

到了春秋时期，贵族官学渐渐衰退，取而代之的是私人的自由讲授，即"天子失官，学在四夷"。春秋战国时期，各国虽然无学校，但未尝无教育：国家有保傅之官，教育王太子；"士农工商四民"之子，受"父兄之教"。由此可以判断，当时贵族的启蒙教育主要依靠保傅之官，而普通民众主要接受家庭的启蒙教育。秦始皇统一了六国，结束了春秋战国时期的混战局面，为了巩固中央集权，实行文化专制，进行了文字整理和统一工作。为使语言文字统一，李斯以秦国字形为基础，吸收六国字形，创造出了一种新的字体——小篆，后编成字书在全国颁布。这部字书就是《仓颉篇》，是当时主要的识字教材。之后又出现了赵高的《爰历篇》、胡毋敬的《博学篇》，这些字书中的文字大多取自《史籀篇》。这段时期出现的蒙学教

---

① 杨伯峻：《孟子译注》，108页，北京，中华书局，2010。

② 《十三经注疏》整理委员会：《十三经注疏·礼记正义》，425～426页，北京，北京大学出版社，1999。

③ ［汉］班固：《汉书》，1721页，北京，中华书局，1962。

材主要以识字教材为主。到了汉代，出现了书馆，其中的教师称为"书师"。书馆规模较大，学子也是数量众多，书师合《仓颉篇》《爰历篇》《博学篇》为一篇，是为《三仓》。另外，还有司马相如的《凡将篇》、史游的《急就篇》、李长的《元尚篇》、扬雄的《训纂篇》、贾鲂的《滂喜篇》、蔡邕的《劝学篇》等。其中，《急就篇》流传最为广泛，对后世的影响最为深远，是当时集大成的教材。《急就篇》内有姓名、衣着、农艺、饮食、器用、音乐、生理、兵器、飞禽、走兽等应用文字，全文押韵，无复字，有七言、四言、三言，在内容上比以前有了较大的进步，尽量结合内容来编排，而不是单纯地编排文字。此外，《孝经》也成为初入学儿童的重要教材。可见，先秦两汉时期的蒙学教材的应用不只局限于识字方面，也逐渐开始兼顾思想品德教育。

进入魏晋南北朝时期后，学校制度仍延续汉制，在基层单位设有初级学校。《魏书·高祐传》记载："祐以郡国虽有太学，县党宜有黉序，乃县立讲学，党立小学。"[1]《太平御览》载，《晋令》规定："诸县率千余户置一小学，不满千户亦立。"[2]六朝时战乱不断，学校时兴时废，太学体制尚难以维护，所谓小学则名存实亡，家庭教育却迅速发展起来，家训等开始占据蒙学教育的主导地位。产生于北齐时期的《颜氏家训》，则是家庭启蒙教育兴起的最有力的证据。这一时期，束晢的《发蒙记》、顾恺之的《启蒙记》、周兴嗣的《千字文》，还有《杂字指》《俗语难字》《杂字要》等，这些启蒙书籍对后世的影响很大。其中，流传广泛且久远者首推《千字文》。《千字文》四字一句，前后连贯且押韵，内容涉及天文、地理、历史、人事、修身、读书、饮食、居住、农艺、园林、祭祀等。《千字文》以识字为主，还包括常识和道德教育，是综合性的蒙学教材。由此可见，魏晋南北朝时期的蒙学教材仍然以识字为主要目的，这一时期的蒙学教材数量明显增多了，教材内容的涉及面也更广了，相对来说更具有实用性和教育性。

隋唐时期的教育进入了一个新的历史时期，有了一些历史性的创新：建立科举制，将学校教育进一步系统化，对教育内容也提出了新的要求。唐代的官学制度较为完善，设有六学、二馆，但这些教育机构都不开展蒙学教育，而在私塾中开展蒙学教育渐成常态。这一时期的蒙学教育主要涉及识字教学、伦理道德、历史修习、诗词歌赋、自然常识等，大大加强了孩童时期的道德教育和综合素质教育，突出了知识的实用性。这一时期的识字、写字类教材主要有杜嗣先撰写的《兔园册府》、李翰撰写的《蒙求》，还有作者不详的《太公家教》。《蒙求》是隋唐五代时期最具标志性的蒙学教材，全书四字成句，两句一组，互为对偶，将近六百个典故融入一首完整的四言诗内，这种创新的形式有利于儿童读写记忆，对后世的教材编写具有深远的影响。总之，隋唐时期的蒙学教材在数量和种类上都有了跨越

---

① ［北齐］魏收：《魏书》，1261页，北京，中华书局，1974。
② ［宋］李昉等：《太平御览》，2424页，北京，中华书局，1960。

式的发展，除了识字、写字类教材之外，还出现了格言谚语类、诗歌类教材，这些教材更有利于儿童阅读与学习。

宋元时期是蒙学教育的繁荣时期。宋代是封建社会经济发展的成熟阶段，因大力发展教育事业，蒙学教育也得到进一步发展，教育内容、教育规模，以及教材的编写都达到前所未有的高度。宋代的蒙学教育还是以冬学和家庭教育为主。元朝社会虽极不稳定，但统治阶级为了维护其权威地位，仍推重蒙学教育的核心教育观念进一步拓展到民众之中，推动了蒙学教育的长足发展。明代的宋濂等人在其所撰的《元史·不忽木传》中言"学制未定，朋从数少"，建议"遍立学校"。①可见，元代以制度化的形式把教育推广开来，使得广大的童蒙学子受到了相应的教育。宋元时期，蒙学教材的发展进入鼎盛阶段：识字类教材有《三字经》《百家姓》《小学绀珠》等，诗歌诵读类教材有《神童诗》《千家诗》等，写作类教材有《文章轨范》《古文关键》等，伦理道德类教材有《小学诗礼》《训蒙雅言》《少仪外传》《家塾常仪》《朱子家训》等。由此可见，宋代蒙学教材的形式呈现出多样化的显著特点，在体裁、编写体例、教育目的等几个方面都比前代有了长足的发展，为后代蒙学的发展提供了丰富的可资借鉴的经验。

明清两代，特别是清代，是古代蒙学集大成的时代，蒙学教育理论体系已经相当完备。传统蒙学在明代有了前所未有的发展：在办学体制上，官学、私学并举，出现了冬学、乡学、社学、义学等。到清代，蒙学教育更是在对前代成果的不断积累和学习的基础上形成了完备的体系。蒙学普及范围进一步扩大，统治阶级十分重视政治教育、孝廉教育以及荣誉教育，主张儿童要熟读四书五经，在启蒙阶段接受阅读与习作训练，从而对儿童进行道德教化。明代的训诫类蒙书，有方孝孺的《幼仪杂箴》，吕得胜、吕坤父子的《小儿语》《续小儿语》，徐皇后的《内训》等；介绍掌故和历史知识的蒙书，有姚光祚的《广蒙求》、萧良有的《龙文鞭影》、程登吉的《幼学琼林》等；阅读、作文基础训练蒙书，有《蒙养图说》、增补重订的《千家诗》等。清代的杂字蒙书，有蒲松龄的《日用俗字》；训诫蒙书，有李毓秀的《弟子规》；甚至还有专为幼女所用的启蒙读本。由此可见，明清时期，随着资本主义的萌芽，社会经济的发展，受教育者数量的扩大，蒙学教材内容的丰富，除了综合性读本，也出现了分门类的专科教材。教材在内容上，更加注重进行封建伦理道德教育，加强了封建思想的宣传。因而，在清朝末年，我国古代传统蒙学教育进入衰落期。戊戌变法以后，特别是科举制度废除以后，新的教育制度开始建立，新的教科书开始出现。与新式教科书日益繁盛的情况相比，传统蒙学教材日趋没落，它所传授的内容在新式教科书中所占的比重越来越小。清末的学堂和民国时期的学校也都纷纷舍弃传统蒙学教材而选用新式教科书，传统蒙学教材逐步退出历史舞台。

① ［明］宋濂等：《元史》，3165页，北京，中华书局，1976。

三、现代教育对古代蒙学内容的扬弃

20 世纪 80 年代，人们学习国学的热情逐渐高涨，由"国学热"带动了"蒙学热"。作为传统文化的重要载体的古代蒙学作品重新被人们重视起来，成为现代儿童读物。更有一些影响深远的优秀的蒙学作品，如《三字经》《百家姓》《千字文》等纷纷出现在中小学的课堂中，又开始发挥它们童蒙教育的功用，承担起"蒙以养正"的责任。但是在继承传统文化的过程中，我们必须清醒地意识到这些传统的蒙学内容毕竟是封建时代的文化成果，浓缩了封建时代的文化，有封建思想的烙印。因此，我们在进行现代蒙学教育时，应一分为二地认识这些蒙学内容：既要承认古代蒙学在我国文化史上，尤其是在教育史上的地位，吸收和借鉴其中不朽的、积极的、有意义的部分；又要以批判的眼光来分析它的时代性和阶级局限性，古为今用，推陈出新。对于传统蒙学中存在的与时代相互脱节的消极教育方法与思想因素，如"君臣父子"的等级观念、"三从四德"的道德操守、"男尊女卑"的人际关系等，我们要恰当地分析批判并予以剔除；对于优秀文化与文明，我们要顺应时代潮流，予以继承和发展。中华优秀传统文化既是历史经验，又是民族智慧。传统蒙学体现的是中华民族教育发展所赋予的深切情怀，体现的是人民大众的时代精神和价值取向。蒙学中适合社会、适合时代气息的内容，对于儿童了解中华文化、理解中华民族悠久的历史，具有重要的价值。

总之，蒙学作为古代教育的主要载体之一，有其自身发展的完整性和系统性，凝结了中华民族千百年来的智慧和心血，彰显了古代教育的主要特色。虽然其中不乏不合时宜的内容，但是作为母语教育的范本，是值得我们借鉴、利用的。

第二节 《千字文》

一、常识举要

(一)《千字文》

《千字文》，即《次韵王羲之书千字》，根据史书记载，《千字文》是南朝梁武帝时期的周兴嗣编纂的。关于周兴嗣的《千字文》的成书过程，《梁书·周兴嗣传》有言："自是《铜表铭》《栅塘碣》《北伐檄》《次韵王羲之书千字》，并使兴嗣为文，每奏，高祖辄称善，加赐金帛。"[1]唐人李绰的《尚书故实》中有如下记载。"《千字文》，梁周兴嗣编次，而有王右军者，人皆不晓其始乃梁武教诸王书。令殷铁石于大王书中拓一千字不重者，每字片纸，杂碎无序。武帝召兴嗣谓曰：'卿有才思，

---

① ［唐］姚思廉：《梁书》，698 页，北京，中华书局，1973。

为我韵之。'兴嗣一夕编缀进上,鬓发皆白,而赏赐甚厚。"①由李绰的记载可知,
梁武帝萧衍为教诸王,让殷铁石从王羲之的作品中拓出了一千个不同的字,然后
把这些无次序的拓片交给周兴嗣,让他编成有内容的韵文。周兴嗣既通晓天文地
理,又熟知声律技巧,知识渊博且储备丰富,他将互不关联且散乱无序的一千个
既定文字,串联成一篇内涵丰富的四言韵文。全文从形式上来看,四字一句,每
句成文,前后连贯且押韵;从内容上来看,包罗万象,涵盖面广,涉及天文、地
理、历史、农工、园艺、饮食起居、修身养性及纲常礼教等各个方面,以儒学理
论为纲、穿插诸多常识,熔知识性、可读性和教化性为一炉,合辙押韵,朗朗上
口,易诵易记,文采斐然。据记载,梁武帝读后,拍案叫绝,立即命人刻印,将
其作为诸王的习诵课本,并刊之于世,成为初学者的入门教本。从此,《千字文》
不仅成了帝王之家的一本集识字、书法和思想内容于一体的启蒙读物,而且成了
中国教育史上最早的启蒙教材。

《千字文》不仅具有较高的文学价值,而且具有较高的书法艺术价值,受到历
朝历代书法大家的喜爱与追捧。特别是到了唐代,王羲之的七世孙——书法家智
永和尚,花了 30 年的时间用真草摹写了 800 本《千字文》分送给各大寺庙,为《千
字文》的广泛传播做出了极大的贡献。后世,宋徽宗、赵孟頫、文徵明等也都对
《千字文》进行了摹写,既促进了《千字文》在民间的传播,又大大提高了《千字文》
的知名度。

《千字文》引经据典、旁征博引,涉及许多典故、历史故事,内容较为深奥,
因此在流传过程中出现了许多注释版本。现存比较有名的版本如下:明代娄芳的
《千字文释义》,先解释文义,继而阐述自己的理解;清代吕世宜的《千字文通释》,
对《千字文》逐字解释,注有读音、古字形、字义、出处等,但不涉及对文义的阐
释;清代汪啸尹、孙谦益的《千字文释义》,首先概括句义,然后对字句进行解释,
并引用古代文献中的经典解释和与之相关的知识、典故,解释含义;还有民国时
期高馨山的《新式标点千字文白话注解》,用白话文注解,浅显易懂,并且运用了
新式标点,就是现在通用的逗号、句号,四字为逗,两逗为句,还在书页内插入
了人物、风景、静物等白描画,就整体而言,更适合儿童阅读。

(二)周兴嗣

周兴嗣(?—521 年),字思纂,祖籍陈郡项(今河南项城),南朝大臣,史学
家。周兴嗣于南齐时中秀才,授桂阳郡丞;入梁后,于梁武帝萧衍时,任安成王
国侍郎、员外散骑侍郎等职。周兴嗣很有才学,善作文章,武帝每每有一些"怪
题",都令周兴嗣作文章,如《铜表铭》《栅塘碣》《北伐檄》《次韵王羲之书千字》等。
他撰有《皇帝实录》《皇德记》《起居注》《职仪》等论述朝中史实的著作百余卷。但流
传最广、最久远的,当数《千字文》。

---

① 《景印文渊阁四库全书》第 862 册,479 页,台北,台湾商务印书馆,1986。

二、原典选读

《千字文》(节选)

盖此身发[1]，四大五常[2]。恭惟鞠养[3]，岂敢毁伤。

女慕贞洁，男效才良。知过必改，得能莫忘。

罔谈彼短，靡恃己长。信使可覆，器欲难量。

墨悲丝染，《诗》赞羔羊[4]。景行维贤，克念作圣。

德建名立，形端表正。空谷传声，虚堂习听[5]。

祸因恶积，福缘善庆。尺璧非宝，寸阴是竞。

资父事君[6]，曰严与敬。孝当竭力，忠则尽命。

临深履薄，夙兴温清[7]。似兰斯馨，如松之盛。

川流不息，渊澄取映。容止若思，言辞安定。

笃初诚美，慎终宜令。荣业所基，籍甚无竟[8]。

学优登仕，摄职从政。存以甘棠[9]，去而益咏。

乐殊贵贱，礼别尊卑。上和下睦，夫唱妇随。

外受傅训，入奉母仪。诸姑伯叔，犹子比儿。

孔怀兄弟，同气连枝。交友投分，切磨箴规。

仁慈隐恻，造次弗离。节义廉退，颠沛匪亏。

性静情逸，心动神疲。守真志满，逐物意移。

坚持雅操，好爵自縻[10]。

（李逸安、张立敏译注：《三字经·百家姓·千字文·弟子规·千家诗》，北京，中华书局，2011。）

【注释】

[1]盖此身发："盖"是发语词，引起下面所说的话，本身并无实义。"身发"指身体、头发，这里代指整个身体。

[2]四大：道家以道、天、地、王（一说"王"应为"人"）为四大，佛教以地、水、火、风为四大，认为一切事物道理均源于"四大"。五常：五伦、五教。旧时礼教宣讲的君臣、父子、兄弟、夫妇、朋友间的五种关系，以及父义、母慈、兄友、弟恭、子孝的道德伦理。

[3]恭惟："恭惟"也作"恭维"，一般用在文章开头。鞠养：抚养，养育。

[4]《诗》赞羔羊：《诗》这里指《诗经》。羔羊：《诗经·召南》里有《羔羊》一篇，表面上是赞扬羔羊的素白之美，实质上是称颂士大夫具有羔羊般纯洁、不受污染的品德。

[5]习听：重复听到，指有回声。

[6]事君：侍奉君主。

[7]夙兴："夙兴夜寐"的省略语。夙，早。温凊（qìng）："冬温夏凊"的省略语。凊，凉。

[8]籍甚：盛大。无竟：无穷。

[9]甘棠：木名，即棠梨树。《史记·燕召公世家》载："周武王之灭纣，封召公于北燕。……召公巡行乡邑，有棠树，决狱政事其下，自侯伯至庶人各得其所，无失职者。召公卒，而民人思召公之政，怀棠树不敢伐，哥咏之，作《甘棠》之诗。"后遂以"甘棠"称颂循吏的美政。

[10]自縻：自我约束。

【解读】

《千字文》是我国优秀的训蒙教材之一，用一千个不同的汉字，不但写出了一部儿童启蒙百科全书，而且勾画出了中国文化史的基本轮廓。全篇主题明确，章句文理一脉相承，层层推进，语言优美，几乎是句句引经，字字用典。四字一句，对仗工整，条理清晰，从中国传统文化"天人合一"的高度，以关注人、教化人为根本目的，体现了中国古代儒家、道家及其他各家共同具有的思想观念。其内容极其丰富，包括天文、地理、哲学、伦理、道德、礼仪、历史、语言、文字、生活常识、学习方法，可谓纵览古今，包罗万象，是一部袖珍版百科知识全书。明代古文大家王世贞称之为"绝妙文章"。清代褚人获赞曰："局于有限之字而能条理贯穿，毫无舛错，如舞《霓裳》于寸木，抽长绪于乱丝。"①

汪啸尹纂集、孙谦益注的《千字文释义》将《千字文》分为四个部分，他们称之为四章。

第一部分，从"天地玄黄"至"赖及万方"。"此章言天地人之道。"②开篇"天地玄黄，宇宙洪荒"就从开天辟地讲起，有了天地，就有了日月星辰、雾雨雷电及四时寒暑的变化，也就有了孕生于大地的江河湖海、飞鸟游鱼；一直讲到人类出现以后，人类的早期历史和商汤、周武王时期的盛世表现，进而以人类社会组织的出现和王道政治制度作为结尾。

第二部分，从"盖此身发"至"好爵自縻"。"此章言君子修身之道。惟修其五常，则不毁伤其身，因推类而举君臣、父子、兄弟、夫妇、朋友之伦，为五常所属；终则指仁、义、礼、智、信之五德，而勉人固守之也。"③这一部分是全篇的中心，也是上文所选的部分。这部分内容的主题就是谈如何做人，重在讲述人的修身标准和原则。"盖此身发，四大五常。恭惟鞠养，岂敢毁伤"，指出人要孝亲，珍惜父母所给的身体，更要以"五常"——"仁、义、礼、智、信"为道德修养的准则，并以此四句为这一部分的总纲。接下来，从"女慕贞洁"至"福缘善庆"，主要讲要重视个人道德修养，无论男女都要不断学习和修养自身品德；知错就改，不要妄谈别人的短处，不要矜夸自己的长处；待人要诚实守信，一言一行要经得起检验，心胸要宽广，有容人的器量；要时刻保持高尚的道德，以古代圣贤为榜样，以他们的道德品质为标准严格要求自己，建立起良好的道德品行，声威自然远播；祸由积累所致，德从点滴积累。从"尺璧非宝"至"去而益咏"，说要孝敬父母，效忠君主，侍奉父母要勤快周到，为君效力要谨慎小心；为人正直，与人交往端庄稳重，言语平和；做事要善始善终，荣誉与事业不仅是立身的基础，也是一生不懈追求的目标；学优而仕，要像召公那样受人民怀念和颂扬。从"乐殊贵贱"至"好爵自縻"，这几句先讲了君臣、夫妇、母女、亲戚、兄弟、朋友之间的伦常关系；又从道德角度，讲了对人要有怜悯之心，在别人遇到困难时不要离弃；节操、正义、廉政、谦让，即使在遭受挫折时也要不改心志；内心平静、安守本分，保持纯真的品行、知足常乐。只要坚守美好的品德，自然就会"好爵自縻"。

第三部分，从"都邑华夏"至"岩岫杳冥"。"此章言王天下者，其京都之大、宫阙之壮、典籍之盛、英才之众、土地之广如此。"[①]这一部分首先描写了京城和都邑的壮丽之景；其次叙述了京城之中汇集的丰富典籍和大批英才，重在表现上层社会的繁华生活和文治武功；最后描述了国家广阔的疆域和秀美的风景。

第四部分，从"治本于农"至"愚蒙等诮"。汪啸尹、孙谦益在《千字文释义》中表示，这部分是讲"君子穷而在下，惟尽其处身治家之道"[②]，其观点有一定的道理，但略显牵强。因为这部分主要讲述的是民间生活，赞美的是那些甘于寂寞、不为名利所羁绊的人们，所以完全不必从"处身治家"的角度去理解。最后还有两句"谓语助者，焉哉乎也"，没有特别含义，只是单列出来而已。

总体来说，《千字文》仅用一千个汉字就将中国古代儒家、道家及其他各家共同具有的思想观念压缩其内；仅用一千个汉字就将中华文化的精髓凝结在其中；仅用一千个汉字就使其成为中国传统文化的纲领。虽然它是封建时代的产物，带有那个时代的局限性，但是它的思想内容已经深深地扎根在广大百姓的心灵之中，融化在一代又一代中国人的血液里。因此，我们应该辩证地看待其所包含的思想，对它采取扬弃的态度，以更好地促进现代社会的发展。

三、阅读思考

1. 请结合实际生活，谈谈你对"性静情逸，心动神疲。守真志满，逐物意移"的理解。

2. 概括《千字文》中所提出的修养的标准和原则，并结合自己的实际生活谈谈我们应如何提高修养水平。

---

① [梁]周兴嗣撰，[清]汪啸尹纂集，[清]孙谦益注：《千字文释义》，53 页，北京，中国书店，1991。

② [梁]周兴嗣撰，[清]汪啸尹纂集，[清]孙谦益注：《千字文释义》，74 页，北京，中国书店，1991。

3. 上文所节选的《千字文》中有没有不适合当代社会需要的内容？我们应该怎样对待这样的内容？

四、拓展阅读

1. 喻岳衡：《传统蒙学集成》，长沙，岳麓书社，1996。
2. 伏俊连、李占鹏：《〈千字文〉助读》，兰州，甘肃少年儿童出版社，1993。

第三节 《三字经》

一、常识举要

(一)《三字经》

《三字经》是中国传统的儿童启蒙读物，与《百家姓》《千字文》并称为中国三大国学启蒙读物。《三字经》在内容上浅显易懂、善于用典、故事性强，在格式上三字一句、句短韵谐、朗朗上口。《三字经》因"句短而易读，殊便于开蒙"，被称为"蒙学第一书"。《三字经》自成书后，很快便成为中国古代流传范围较广的蒙学教材。

关于《三字经》的成书年代和作者历代说法不一，已难以考察清楚。明代后期的赵南星在《教家二书序》中说："世所传《三字经》《女儿经》者，皆不知谁氏所作。"[1]可见，在明代后期，关于《三字经》的作者已经没有确切的说法了。《三字经》相传是宋代学者王应麟所著，也有人认为是宋末的区适子所撰。但是大多数后代学者的意见倾向于"宋儒王伯厚先生作《三字经》，以课家塾"[2]的说法，认为宋代王应麟在晚年教育本族子弟读书时，编写了一本融汇经、史、子、集的三字歌诀，据传就是《三字经》。

《三字经》在流传过程中曾出现了许多不同的版本。现在可以看到的最早版本是明代所刻的赵南星的《三字经注》，流传最广的版本是清代王相的《三字经训诂》。随着历史的发展，为了体现时代变迁，各朝都有人不断地对《三字经》加以补充，《三字经》才逐渐形成今天我们所看到的面貌。历代对《三字经》的修订增补，主要是在述史部分，《三字经》成书时可能只讲至"炎宋兴，受周禅"。赵南星在《三字经注》中，叙述了宋、元及其后的历史，其文言"辽与金，皆称帝。元灭金，绝宋世。尽中国，为夷狄。明朝兴，再开辟"，以"廿一史，全在兹"结尾。王相在《三字经训诂》中又增添了辽、五代和明朝的内容把"十七史，全在兹"改为"廿二史，全在兹。载治乱，知兴衰"。[3] 后来清朝及以后其他的版本还增添了清朝的内容，贺兴

---

① ［明］赵南星：《味檗斋文集》，175页，北京，中华书局，1985。
② 转引自李健明：《〈三字经〉作者细考》，载《学术研究》，2007(8)。
③ 李健明：《〈三字经〉主要版本内容研究》，载《学术研究》，2008(8)。

思的《三字经注解备要》中就有"清太祖，膺景命，靖四方，克大定"[①]的内容。清末民初的著名学者章太炎先生的《重订三字经》，也对《三字经》的原文进行了补充和订正，续写了清代的内容："清太祖，兴辽东，金之后，受明封。至世祖，乃大同，十二世，清祚终。凡正史，廿四部，益以清，成廿五。史虽繁，读有次，《史记》一，《汉书》二，《后汉》三，《国志》四，此四史，最精致。先四史，兼证经，参《通鉴》，约而精。历代事，全在兹，载治乱，知兴衰。读史者，考实录，通古今，若亲目。"[②]

从明朝开始，《三字经》就已流传至国外，曾先后被译成拉丁文、俄文、韩文、日文、英文、法文等。1989 年，新加坡出版了潘世兹翻译的英文本《三字经》，该书被推荐参加"法兰克福国际书展"，并成为新加坡的教科书。1990 年，《三字经》被联合国教科文组织选编入"儿童道德丛书"，成为一本面向世界各地儿童的著名的启蒙读物。

(二)王应麟

王应麟(1223—1296 年)，南宋官员、学者。字伯厚，号深宁居士。王应麟是淳祐元年(1241 年)进士，宝祐四年(1256 年)中博学宏词科，曾任太常寺主簿、台州通判、秘书郎、起居舍人等职。王应麟为人正直敢言，因屡次冒犯权臣而遭罢斥，后辞官回乡。南宋灭亡后，王应麟不肯做元朝的官，隐居潜心著述二十年。

王应麟与胡三省、黄震并称"宋元之际浙东学派三大家"，为学以朱熹为宗。他早年致力于研究典章制度，对经史百家、天文、地理等都有涉猎，熟悉掌故制度，长于考证，一生著述颇丰，有《困学纪闻》《小学绀珠》《通鉴地理考》《通鉴地理通释》《通鉴答问》《玉海》《诗地理考》《汉书艺文志考证》等。他编撰的大型类书《玉海》，共二百卷，分天文、地理、官制、食货等二十一门，该书对宋代史事大多采用"实录"和"国史日历"的方式记录，有较高的史料价值；笔记《困学纪闻》以考证为特色，居"宋代三大笔记"之首；知名度最高的是他所编著的《三字经》。

二、原典选读

《三字经》(节选)

口而诵[1]，心而惟[2]，朝于斯，夕于斯[3]。

昔仲尼[4]，师项橐[5]，古圣贤，尚勤学。

赵中令[6]，读《鲁论》[7]，彼既仕，学且勤。

披蒲编[8]，削竹简[9]，彼无书，且知勉。

头悬梁[10]，锥刺股[11]，彼不教，自勤苦。

如囊萤[12]，如映雪[13]，家虽贫，学不辍[14]。

---

① 贺兴思：《三字经注解备要》，84 页，嘉义，兰记书局，1945。

② 黄秉泽、黄昉：《三字经 百家姓 千字文 增广贤文》，40 页，武汉，崇文书局，2015。

如负薪[15]，如挂角[16]，身虽劳，犹苦卓。

苏老泉[17]，二十七，始发愤，读书籍。

彼既老，犹悔迟，尔小生，宜早思。

若梁灏[18]，八十二，对大廷[19]，魁多士。

彼既成，众称异，尔小生，宜立志。

莹[20]八岁，能咏诗，泌[21]七岁，能赋棋。

彼颖悟，人称奇，尔幼学，当效之。

蔡文姬[22]，能辨琴，谢道韫[23]，能咏吟。

彼女子，且聪敏，尔男子，当自警。

唐刘晏[24]，方七岁，举神童，作正字。

彼虽幼，身已仕，尔幼学，勉而致[25]，

有为者，亦若是。

犬守夜，鸡司[26]晨，苟不学，曷[27]为人？

蚕吐丝，蜂酿蜜。人不学，不如物。

幼而学，壮而行，上致君，下泽民。

扬名声，显父母，光于前[28]，裕于后[29]。

人遗[30]子，金满籝[31]，我教子，惟一经[32]。

勤有功，戏[33]无益，戒[34]之哉，宜勉力。

（李逸安、张立敏译注：《三字经·百家姓·千字文·弟子规·千家诗》，北京，中华书局，2011。）

【注释】

[1]诵：出声阅读，即朗读。

[2]惟：思考。

[3]斯：代名词，这、这些。

[4]仲尼：即孔子，名丘，字仲尼，春秋时期鲁国人。

[5]项橐：春秋时期鲁国的神童，相传七岁为孔子师。

[6]赵中令：赵普，曾任宋朝的中书令。

[7]《鲁论》：即《论语》。《论语》传到汉代有三种版本，分别是《鲁论》《齐论》《古论》，现在我们通常读的论语是《鲁论》。

[8]披：披阅。蒲：草名，又叫草蒲。蒲编：用蒲草编连而成的书。据《汉书》记载，汉代的路温舒，年幼时无钱买书，用蒲草做成书页，向人借来《尚书》抄了读。

[9]竹简：将竹削成薄片，在竹简上写字。据《汉书》记载，汉代的公孙弘家贫，在竹林中放猪时，把青竹削成竹片向人借来《春秋》抄了读。

[10]头悬梁：据《楚国先贤传》记载，汉代的孙敬常读书到深夜，唯恐打瞌睡，用绳子把头发系住，拴在屋梁上。

[11]锥刺股：股，大腿。据《战国策》记载，苏秦日夜苦读，打瞌睡时，用锥子刺自己的大腿，疼醒了再继续读书。

[12]囊萤：囊，装在袋子里，名词用作动词。据《晋书》记载，车胤幼时家贫，没钱买灯油，夏天捉了萤火虫用纱袋装着，借其微弱的光来读书。

[13]映雪：借着雪光看书。传说，晋朝的孙康幼时家贫，冬天他就到外面的雪地里，借月亮照在雪地上反射的光阅读。

[14]辍：中止、停顿。

[15]负薪：背柴。据《汉书》记载，汉朝的朱买臣以砍柴维持生活，每天边担柴边读书。

[16]挂角：《旧唐书》和《新唐书》中都有记载，隋代的李密曾替人放牛，把一捆书挂在牛角上一边走，一边读书。

[17]苏老泉：苏洵，唐宋八大家之一，号老泉。传说，苏洵小时候不想念书，到了二十七岁的时候，才开始下定决心努力学习，后来成了大学问家。

[18]梁灏：相传，梁灏在八十二岁时才考中状元。当皇帝召见他时，他的表现丝毫不逊于年轻的学子，所以深得赞赏。

[19]大廷：朝廷。

[20]莹：即祖莹。据记载，祖莹八岁的时候就能吟诵《诗经》及《尚书》一类的书。

[21]泌：李泌，唐代名臣。据记载，李泌七岁时就能以下棋为题而作赋。

[22]蔡文姬：东汉末年学者蔡邕的女儿蔡琰，字文姬，从小喜爱读书，精于音律。据记载，蔡文姬六岁时，有一天蔡邕正在弹琴，突然一根琴弦断了，正在一旁看书的蔡文姬便对蔡邕说是第二根琴弦断了。蔡邕见蔡文姬并没有回头，竟能听出哪根琴弦断了，大为惊讶，过了一会儿，便故意又弄断了另一根琴弦，蔡文姬又对父亲说是第四根琴弦断了。蔡邕暗暗吃了一惊，这时才确信蔡文姬的确有音乐天分。

[23]谢道韫：晋朝的文学家，诗才敏捷，是当时著名的才女。据《世说新语》记载，她十来岁时，有一次她的叔叔谢安看见窗外正在飘着雪花，一时兴起，便想考考侄子、侄女的作诗能力。他问他们："大雪纷纷何所似？"谢道韫的哥哥谢朗回答说："撒盐空中差可拟。"谢道韫接着说："未若柳絮因风起。"谢安感到很高兴，小小年纪的侄女竟能有如此的才情。

[24]刘晏：字士安，七岁能做诗、写文章，是公认的神童。据《新唐书》记载，刘晏是唐玄宗时的一个神童，据说，他曾经写了一篇《东封颂》献给祭拜天地的玄宗。玄宗看了以后赞不绝口，于是便召见了刘晏。当他见到刘晏还是个孩子后，不禁对他的写作能力感到怀疑，便命宰相亲自考刘晏。不久，宰相向玄宗说："刘

晏真是个神童，有这样的神童是国家之祥瑞。"玄宗大喜，当即授予刘晏官职，让他主管文字校勘工作。

[25]勉：勉励，努力。致：达到。

[26]司：管理。

[27]曷：何，怎么。

[28]前：指祖宗。

[29]裕：惠泽。后：指子孙。

[30]遗：给予。

[31]簏：竹箱。

[32]经：泛指经典、经书。这里指作者所作的《三字经》。

[33]戏：戏耍，玩乐。

[34]戒：防备。

【解读】

作为中国古代经典当中最浅显易懂的读本之一，《三字经》篇幅短小，内容丰富，知识面广，概括性强，是一部微型百科全书。它用简洁通俗的语言文字、耳熟能详的典故传说将天文地理、人伦义理、忠孝节义等诸多内容连起来，将百科知识纳入一个清晰的知识体系，在古代有"小纲鉴"的美称。从内容上看，《三字经》可以分为六个部分，每一部分有一个中心。

第一部分从"人之初，性本善"到"人不学，不知义"，开篇即阐明了教与学的关系，强调教育和学习对儿童成长的重要性。这部分先强调了家长和教师、家庭教育和学校教育的重要性，后强调了学习对人一生发展的重要性，学习知识、修养身心只有像制作玉器那样切、磋、琢、磨，才能有所成就。

第二部分从"为人子，方少时"至"首孝悌，次见闻"，提出了伦理道德修养的要求，强调了孝悌的内容。这部分用"扇枕温衾""孔融让梨"的故事强调儿童的道德教育应从小抓起，孝顺父母、友爱兄弟是人类最基本的德行，懂得孝顺友爱是人生之首要大事，然后才是多闻古今之理、增长见识。

第三部分从"知某数，识某文"到"此十义，人所同"，介绍的是生活中的一些名物常识。作者以从一到十的数字为行文线索，分别介绍了数字、三才、三光、三纲、四时、四方、五行、五常、六谷、六畜、七情、八音、九族、十义等生活常识与文化知识。从儿童熟知的、与日常生活密切相关的事物入手，使儿童学习起来有兴趣，在不知不觉中就增长了见识。

第四部分从"凡训蒙，须讲究"到"文中子，及老庄"，强调儿童读书要讲究顺序，并介绍了中国古代的重要典籍。这部分列举了《论语》《孟子》《中庸》《大学》《孝经》《诗》《书》《礼》《易》《春秋》等儒家经典典籍，以及荀子、扬雄、文中子、老子、庄子等人的著作。这部分强调教师实施启蒙教育必须讲究方法，注重规律；儿童读书、学习要循序渐进，要从易到难，由浅入深。

第五部分从"经子通，读诸史"到"通古今，若亲目"，讲述的是自三皇五帝以来中华民族数千年的历史演变、朝代更替，用简练的笔法，展现出中国古代史的基本面貌。简洁的叙述，展现了中华文明发展的过程，帝王兴衰的历史轨迹，使儿童从小就开始了解绚丽灿烂的中华文化，从而确立身份认同感，进而树立强烈的民族自豪感和自信心。

第六部分从"口而诵，心而惟"至"戒之哉，宜勉力"，是全书的最后一部分，也是上文所选的部分。这部分主要强调为学的态度，通过大量勤勉好学的事例、历史人物的嘉言懿行，谆谆告诫儿童要以古人为榜样，从小立志求学，勤奋刻苦、孜孜不倦，只有从小打下良好的学习基础，长大才能有所作为。作者为了让儿童真正明白勤奋学习的道理，并从中受到启发与激励，分别从不同的角度举例来加以说明。文中记叙了以博学著称于世的孔子不耻下问，曾拜七岁的项橐为师；宋代的赵普已官至宰相，仍终日读书，手不释卷；西汉的路舒温、公孙弘因家境贫寒无钱买书，就抄书自学，日夜诵读而获成功；孙敬悬梁、苏秦刺股、车胤囊萤、孙康映雪、买臣负薪、李密挂角，这些古圣先贤都具有勤奋好学、自强不息的精神，虽然家境贫苦但是勤勉上进，刻苦学习最终有所作为，为后人所敬仰；还有有志不在年高的苏老泉、八十二岁中状元的梁灏，他们坚持不懈，立志向上，终有所成；再如从小就聪颖的祖莹、李泌、蔡文姬、谢道韫、刘晏等人，都是从小就刻苦读书且聪慧过人，长大后有所成就，事迹在历代受到传扬。首先，作者不仅用大量的成功范例告诉后辈要勤奋学习，还用形象的比喻"犬守夜，鸡司晨""蚕吐丝，蜂酿蜜"告诉后辈连狗、鸡、蚕、蜂这样的小动物都有一技之长，都有创造物质财富的能力，人如果不努力学习，没有一技之长，还不如小动物，将来长大了若没有谋生的本领，就无法在社会上立身。其次，作者讲述了读书学习的目的，"幼而学，壮而行。上致君，下泽民。扬名声，显父母。光于前，裕于后"这几句讲的是儒家所理解的人生意义。按照儒家的要求，读书的目的就在于"学而优则仕"，辅佐君王，惠泽百姓，荣耀家族，恩惠子孙，这里表现了浓厚的封建思想观念，今天的读者要用辩证的思想重新对此进行认识理解，要融入时代精神，教育儿童要努力学习，将来要为国家和人民多做贡献。"人遗子，金满籝。我教子，惟一经"，这几句指出对儿童最好的教育就是诗书传家。最后，全书以"勤有功，戏无益。戒之哉，宜勉力"为结尾，意味深长，"业精于勤而荒于嬉"，勉励儿童一定要勤奋学习，努力向上，实现自己的人生理想。

《三字经》作为我国古代蒙学读物，虽然是一本识字用书，但是内容却十分丰富，有着独特的教育和社会价值。章太炎先生在《重订三字经·题辞》里说："其书先举方名事类，次及经史诸子，所以启导蒙稚者略备。观其分别部居，不相杂厕，以校梁人所集《千字文》，虽字有重复，辞无藻采，其启人知识过之，即《急就章》

与《凡将篇》之比矣。"①但我们也应清醒地认识到,《三字经》作为封建传统儒家思想的产物,其本身就是精华与糟粕并存的。作为封建时代的文化成果,它浓缩了封建时代的文化常识,特别是其中关于封建纲常名教及伦理道德等内容,都带有浓厚的封建思想色彩。因此,在接受和学习《三字经》时,我们应该本着扬弃的态度,精心分析与辨别,去其糟粕,取其精华,批判地继承。

三、阅读思考

1. 请结合实际生活,谈谈你对上文节选的《三字经》的内容的理解。

2.《三字经》所说"幼而学,壮而行,上致君,下泽民。扬名声,显父母,光于前,裕于后"在今天的社会是否适用?你认为学习的目的是什么?

3. 结合现在的学习生活,谈谈你对"勤有功,戏无益,戒之哉,宜勉力"的理解。

4. 请找出选文中古人立志苦读的典故。你还知道哪些古人刻苦为学的故事?

四、拓展阅读

1. 洛晨:《三字经评注》,南昌,江西人民出版社,1988。

2. 曹黎光、姚芳注析:《蒙学六种:三字经·百家姓·千字文·增广贤文·幼学琼林·格言联璧》,太原,山西古籍出版社,2004。

第四节 《弟子规》

一、常识举要

(一)《弟子规》

《弟子规》即《训蒙文》,此书是康熙年间的秀才李毓秀所著。李毓秀是清初著名的学者和教育家,精通儒家思想和学说。他自身具有丰富的教学经验,在借鉴儒家经典《论语》《礼记》等以及宋代朱熹的《童蒙须知》的基础之上,选其精华,以简练的语言、通俗的内容、三言韵语的方式写成《训蒙文》,将传统儒学对儿童的要求通过外部的行为规范潜移默化地转化为内在的品德。因为《训蒙文》继承了儒家孝悌诚信、行仁守礼的思想传统,所以很快便成为当时启蒙养正的教材。后来,乾隆年间山西浮山县人贾存仁修订了该书,即现在我们所说的《弟子规》。《弟子规》将厚重的儒家传统文化内涵和教育精神,用合辙押韵、通俗易懂的形式表达出来,非常符合儿童启蒙教育的特征和要求;对儿童在生活、学习及与人交往的过

---

① 《章太炎全集:菿汉微言、菿汉昌言、菿汉雅言札记、刘子政左氏说、太史公尚书说等》,405页,上海,上海人民出版社,2015。

程中所应遵守的行为道德规范进行了具体而详细的规定与约束，以使儿童养成良好的行为习惯、形成正确的人生态度。正因为如此，清朝的统治者高度重视《弟子规》，将其定为了儿童学习的教科书，并说它是"开蒙养正最上乘"的读物；世人尊称《弟子规》为"人生第一步"和"天下第一规"。从清朝中晚期开始，《弟子规》就成为广泛流行的儿童读本和启蒙读物。到了民国时期，受新文化运动影响，各种新式的修身教材流行开来，《弟子规》的影响越来越小，后来渐渐被世人遗忘。当今社会，掀起了学习中华优秀传统文化的热潮，《弟子规》又重新被人们重视起来，许多学者对《弟子规》进行了解读。

(二)李毓秀

李毓秀(1647—1729年)，字子潜，号采三，清初学者、教育家，山西绛州(今山西新绛县)人。李毓秀师从党冰壑，游历近二十年，精研《大学》《中庸》等。李毓秀是清朝康熙年间的秀才，之后没有考取更高的功名，他创办了私塾"敦复斋"，毕生致力于教育讲学。他不仅深谙儒学思想，而且熟知儿童喜欢活泼简洁、惧怕约束复杂的心理特点。他根据文化传统对童蒙的要求，参考了《论语》《礼记》等经典篇章，又结合了自己多年的教学实践经验编写了脍炙人口的经典蒙学读物。李毓秀的著作颇丰，有《四书正伪》《四书字类释义》《学庸发明》《读大学偶记》《宋儒夫文约》《水仙百咏》等传世。

二、原典选读

《弟子规》(节选)

凡出言，信[1]为先，诈与妄[2]奚可焉[3]！

话说多，不如少，惟其是，勿佞巧[4]。

刻薄语，秽污词，市井气，切戒之。

见未真，勿轻言；知未的[5]，勿轻传。

事非宜，勿轻诺，苟轻诺，进退错。

凡道字，重[6]且舒，勿急疾，勿模糊。

彼说长，此说短，不关己，莫闲管。

见人善，即思齐[7]，纵[8]去远，以渐跻[9]。

见人恶，即内省，有则改，无加警。

惟德学，惟才艺，不如人，当自励。

若衣服，若饮食，不如人，勿生戚[10]。

闻过怒，闻誉乐，损友来，益友却[11]。

闻誉恐，闻过欣，直谅士[12]，渐相亲。

无心非，名为错；有心非，名为恶。

过能改，归于无，倘掩饰，增一辜[13]。

（李逸安、张立敏译注：《三字经·百家姓·千字文·弟子规·千家诗》，北京，中华书局，2011。）

【注释】

[1]信：诚实，真心诚意。

[2]妄：荒诞不合情理。

[3]奚可焉：这怎么可以呢！奚，何。焉，语气词。

[4]佞巧：以花言巧语骗人。

[5]的：准确，确凿。

[6]重：吐字清楚。

[7]思齐：考虑并努力向人看齐。

[8]纵：即使。

[9]跻：登上，达到。

[10]戚：忧伤。

[11]却：退却。

[12]直谅士：正直敢谏的人。

[13]辜：罪过，罪行。

【解读】

《弟子规》作为一部经典蒙学教材，侧重于道德教育，是对儒家文化的继承与发展。它将儒家孝悌诚信、行仁守礼的思想传统，转化为具体的行动纲领加以阐述，语言通俗易懂、朗朗上口。

《弟子规》三字一句，两句一韵，通俗易懂，语意明确。全文可分为两部分。第一部分是总叙，即全篇总的纲领，它将《论语·学而》中的"弟子，入则孝，出则悌，谨而信，泛爱众，而亲仁。行有余力，则以学文"①总结成"弟子规，圣人训，首孝悌，次谨信。泛爱众，而亲仁。有余力，则学文"，作为本书的总纲和基础，不仅表明了全书的主旨，明确指出了《弟子规》包含圣贤的教诲和训导之语，还对其具体内容依次做了概括。第二部分是正文，按照总叙所述分为"入则孝""出则悌""谨""信""泛爱众""亲仁""余力学文"七个小节。

上文节选了"信"这一节。信，即诚信，意为一个人为人处世要真诚、讲信用。中华民族自古以来就重视诚信。诚信是儒家伦理的重要内容，更是一个人立身的基础。《弟子规》中的"信"这部分，从言和行两个方面对一个人的诚信做了要求和

---

① 杨伯峻：《论语译注》，4～5页，北京，中华书局，1980。

规范。"信"篇开篇就讲,"凡出言,信为先,诈与妄,奚可焉",就是要求我们在与人交往时,说话要真实不虚,讲求信用,诚信为先。那些欺骗人的、与事实不符的话一律不说。言语贵在精辟,"话说多,不如少,惟其是,勿佞巧。刻薄语,秽污词,市井气,切戒之",说话要恰到好处,话说得太多,还不如少说,关键是要符合实际,不要花言巧语,油嘴滑舌。不要讲虚伪狡诈、刻薄挖苦的话,不要说下流肮脏的话;势利的市井之气,一定也要切实地改掉。要成为一位有道德修养的君子,就一定要言语谨慎,养成"见未真,勿轻言;知未的,勿轻传"的良好习惯,在不清楚事情的真相之前,不要轻易发表意见,对事情的认知了解还未透彻时,不要任意传播,以免造成不良后果。这不仅是一种严谨、实在、负责任的态度,还是一个人的立身之本。人际交往的行为规范就是诚实不欺、信守诺言。因此,在人际交往中,"事非宜,勿轻诺,苟轻诺,进退错",对于不适宜的事情不要轻易承诺,如果轻易承诺了,就难免陷入两难境地,影响自己的信用。要注重语言的训练,做到言辞恰当。"凡道字,重且舒,勿急疾,勿模糊",说话要注重节奏,吐字清晰,不急不缓,把话说清楚。"彼说长,此说短,不关己,莫闲管",遇到他人来说是非,要有智慧地进行判断,不要介入是非,事不关己不必多管。《论语》言"君子欲讷于言而敏于行",又言"言忠信,行笃敬"①,即要时刻自我反省,向前人的嘉言懿行学习,以提高自己的道德修养。"见人善,即思齐,纵去远,以渐跻。见人恶,即内省,有则改,无加警",看见他人的优点或善行,要立刻想到向他人看齐,即使差距很远,只要坚持也会逐渐赶上;看见别人的缺点或不良行为,要反躬自省,检讨自己是否也有这些问题,有则改之,无则加勉。"惟德学,惟才艺,不如人,当自励。若衣服,若饮食,不如人,勿生戚",每个人都应当重视品德、学问和才能技艺的培养,如果感觉到有不如人的地方,应当奋发图强;外表穿着或者饮食不如他人,则没有必要忧虑自卑。"闻过怒,闻誉乐,损友来,益友却。闻誉恐,闻过欣,直谅士,渐相亲",在面对批评和表扬的时候,必须要端正自己的态度,对批评要虚心接受,对表扬不得意忘形,这样才会有真正的朋友。在面对错误时,"无心非,名为错;有心非,名为恶。过能改,归于无。倘掩饰,增一辜",不是故意做错的,称为过错;明知故犯的,便是罪恶。知错能改,是勇者的行为,错误就会得以弥补;如果刻意去掩饰错误,那就是错上加错了。对待错误,不是说犯了过错就是一定是有害无益的,通过过错躬身自省也是一种提升自我的途径。人人都会犯错误,如果知道做错了还不知悔改,那才是真正的错。

作为清代启蒙养德、教化子弟的最佳读物,《弟子规》以简练的语言、通俗的内容,将传统儒学对儿童的要求内化为品质。虽然与其他蒙学读物相比,《弟子规》更重视品行教育,致力于以规范来约束行为,但是它没有进行空洞、抽象的说

---

① 杨伯峻:《论语译注》,41、162页,北京,中华书局,1980。

教，给了当代教育有益的启迪和借鉴。当然，我们也应看到随着历史的变迁和时代的发展，《弟子规》中对于封建时代繁文缛节的罗列、所倡导的愚孝和愚忠、宣扬的一些封建专制思想已不再适合当代社会的需要。因为其中的一些不合时宜的教育方法会限制青少年发展创造力。所以，今天我们更加提倡用辩证的眼光对《弟子规》进行批判的继承。

三、阅读思考

1. 请结合实际生活，谈谈你对"闻过怒，闻誉乐，损友来，益友却。闻誉恐，闻过欣，直谅士，渐相亲"的理解。

2. 谈谈你对《弟子规》中"信"这一节的理解。

3. 在《弟子规》的"信"这一节中有没有不适合当代社会需要的内容？我们应该怎样对待这样的内容？

四、拓展阅读

1. 钱文忠：《钱文忠解读〈弟子规〉》，北京，中国青年出版社，2010。
2. 钟茂森：《细读〈弟子规〉》，北京，世界知识出版社，2010。

第二章　小　学

第一节　小学概说

一、何谓"小学"

古人把语言文字之学称为"小学"。

在历史演变的过程中，"小学"的含义发生了变化。"小学"原本是指八岁至十四岁的儿童读书的学校。许慎在《说文解字》中言："周礼，八岁入小学。"①《大戴礼记·保傅》载："及太子少长，知妃色，则入于小学。小者，所学之宫也。"北魏卢辩注："古者太子八岁入小学。"②东汉崔寔在《四民月令》中言："农事未起，命成童以上入大学，学'五经'……释命幼童入小学，学书篇章。"③篇章，指字书，是儿童在小学学习的内容，是启蒙教育的识字课本。《汉书·艺文志》于"六艺略"立"小学"类，著录《史籀篇》等，"凡小学十家，四十五篇"。《汉书·艺文志》曰："古者八岁入小学，故《周官》保氏掌养国子，教之六书，谓象形、象事、象意、象声、转注、假借，造字之本也。""《史籀篇》者，周时史官教学童书也，与孔氏壁中古文异体。《苍颉》七章者，秦丞相李斯所作也；《爰历》六章者，车府令赵高所作也；《博学》七章者，太史令胡母敬所作也；文字多取《史籀篇》，而篆体复颇异，所谓秦篆者也。""汉兴，闾里书师合《苍颉》《爰历》《博学》三篇，断六十字以为一章，凡五十五章，并为《苍颉篇》。武帝时司马相如作《凡将篇》，无复字。元帝时黄门令史游作《急就篇》，成帝时将作大匠李长作《元尚篇》，皆《苍颉》中正字也。《凡将》则颇有出矣。至元始中，征天下通小学者以百数，各令记字于庭中。扬雄取其有用者以作《训纂篇》，顺续《苍颉》，又易《苍颉》中重复之字，凡八十九章，臣复续扬雄作十三章，凡一百二章，无复字，六艺群书所载略备矣。《苍颉》多古字，俗师失其读，宣帝时征齐人能正读者，张敞从受之，传至外孙之子杜林，为

---

① ［汉］许慎：《说文解字》，314页，北京，中华书局，1963。
② ［清］王聘珍：《大戴礼记解诂》，51页，北京，中华书局，1983。
③ 《丛书集成续编》第80册，632页，台北，新文丰出版公司，1989。

作训故，并列焉。"①从《汉书·艺文志》小学类著录的图书与类序所述可知以下几点。第一，汉前，"小学"指儿童始受启蒙教育时学习识字课本（字书）的场所，即学校；至汉，"小学"的语意被转移引申，在小学所学的识字课本，即字书，被称为"小学"。第二，小学类只著录字书，而不著录词书。第三，小学类著录的"训故"书，意在正音读，故皆为训音而作之书。

二、"小学"原附于经部

唐初所修的《隋书·经籍志》，沿袭《汉书·艺文志》，于经部设"小学"一类，著录字书与音韵书。《汉书·艺文志》将当时已有的词书《尔雅》《小尔雅》著录于"六艺略"的《孝经》后。《隋书·经籍志》中的词书增多，继《尔雅》《小尔雅》之后，又有《方言》《释名》《广雅》等书。在《隋书·经籍志》中，词书著录于经部《论语》类后、五经总义诸书前，其类序曰："《尔雅》诸书，解古今之意，并五经总义，附于此篇。"②

五代后晋时撰修的《旧唐书》，于《经籍志》分经、史、子、集四部著录图书，经部下分十二类，经部之首列目曰："《易》类一，《书》类二，《诗》类三，《礼》类四，《乐》类五，《春秋》类六，《孝经》类七，《论语》类八，谶纬类九，经解类十，诂训类十一，小学类十二。"其下，分类著录书目：前六类，于一类书目之后，统计著录书的部数、卷数；后六类，于两类书目之后，统计两类共著录书的部数、卷数。后六类统计了所著录之书的部数、卷数，而对类名的提法各不相同：一曰"右六十三部，《孝经》二十七家，《论语》三十六家，凡三百八十七卷"，与经部之首所列类名相同；二曰"右三十六部，经纬九家，七经杂解二十七家，凡四百七十四卷"，与经部之首所列类名意思相同，但用字不完全相同；三曰"右小学一百五部，《尔雅》《广雅》十八家，偏傍音韵杂字八十六家，凡七百九十七卷"。③ 这是最后一次统计，对类名的提法与前两次完全不同，一是分列的类名与经部之首所列类名完全不同，二是将经部之首所列第十类的类名"小学"冠于这次统计文句之首。这次所统计的二类名被置于"小学"之下，"小学"俨然成了经部之首所列第十一、第十二两类的总名称。从以上分析可知：第一，《旧唐书·经籍志》据毋煚的《古今书录》所著录的四部书，将经部分为十二类，"诂训""小学"各一类之类名；第二，最后一次统计清楚地表明，"诂训类"著录《尔雅》《广雅》类词书，小学类著录《说文》类字书与《声类》《切韵》类韵书；第三，最后一次统计对类名的表述与经部之首所列类名不一致，反映了《旧唐书》在文字方面的粗疏且不严谨之处，也正因为留此疏误，反给后人以启迪，使《旧唐书·经籍志》成为训诂词书入"小

---

① ［汉］班固：《汉书》，1720～1721页，北京，中华书局，1962。
② ［唐］魏徵、令狐德棻：《隋书》，939页，北京，中华书局，1973。
③ ［后晋］刘昫等：《旧唐书》，1966、1982、1983、1987页，北京，中华书局，1975。

学"类的先导之作。

至宋，人们在编撰书目时，已将训诂词书正式著录于经部小学类。欧阳修的《崇文总目叙释》于"小学类"曰："《尔雅》出于汉世，正名命物，讲说者资之，于是有训诂之学。"又说："《三苍》之说，始志字法，而许慎作《说文》，于是有偏旁之学。五声异律，清浊相生，而孙炎始作《字音》，于是有音韵之学。篆、隶、古文，为体各异。秦、汉以来，学者务极其能，于是有字书之学。"①欧阳修所说的偏旁之学与字书之学，皆属文字之学的范畴。

三、"小学"类著录内容

南宋晁公武撰《郡斋读书志》，于经部小学类写了类序，他认为文字之学有三类："其一体制，谓点画有纵横曲直之殊；其二训诂，谓称谓有古今雅俗之异；其三音韵，谓呼吸有清浊高下之不同。论体制之书，《说文》之类是也；论训诂之书，《尔雅》《方言》之类是也；论音韵之书，沈约《四声谱》及西域反切之学是也。三者虽各名一家，其实皆小学之类。而《艺文志》独以《尔雅》附《孝经》类，《经籍志》又以附论语类，皆非是。今依《四库书目》，置于小学之首。"②晁公武在这里所说的《艺文志》指《汉书·艺文志》，《经籍志》指《隋书·经籍志》，《四库书目》指刘昫据《古今书录》而撰的《旧唐书·经籍志》。晁公武把"小学"称为"文字之学"，所指的三个方面内容是字形(体制)、字义(训诂)、字音(音韵)，即通常所说的文字学、训诂学、音韵学。

此后，小学类著录的图书，即文字、训诂、音韵之作。小学类图书，包括字书、词书、韵书三目。字书如《说文解字》《玉篇》《字汇》《正字通》《康熙字典》《中华大字典》《汉语大字典》等。词书如《尔雅》《方言》《释名》《广雅》《辞源》《辞海》《中文大辞典》等。韵书如《切韵》《广韵》《集韵》等。

第二节 《说文解字》

一、常识举要

(一)《说文解字》的作者

许慎(约58—约147年)，字叔重，东汉经学家、文字学家，汝南召陵(今河南漯河市召陵区)人，史书对其生平事迹记载甚略，可见于《后汉书·儒林列传》。"许慎字叔重，汝南召陵人也。性淳笃，少博学经籍，马融常推敬之，时人为之语曰：'《五经》无双许叔重。'为郡功曹，举孝廉，再迁除洨长。卒于家。初，慎以

---

① 李之亮：《欧阳修集编年笺注》第7册，79～80页，成都，巴蜀书社，2007。
② 孙猛：《郡斋读书志校正》，145～146页，上海，上海古籍出版社，1990。

《五经》传说臧否不同，于是撰为《五经异义》，又作《说文解字》十四篇，皆传于世。"①《后汉书·南蛮西南夷列传》于西南夷夜郎国部分记载："桓帝时，郡人尹珍自以生于荒裔，不知礼义，乃从汝南许慎、应奉受经书图纬，学成，还乡里教授，于是南域始有学焉。珍官至荆州刺史。"②许慎在"永元困顿之季，孟陬之月朔日甲申"③开始撰写《说文解字》。许慎之子许冲在《上书进说文》中介绍了许慎的一些情况："臣父故太尉南阁祭酒慎，本从逵受古学。"又说："慎前以诏书校书东观，教小黄门孟生、李喜等。以文字未定，未奏上。今慎已病，遣臣赍诣阙。慎又学《孝经》孔氏古文说。古文《孝经》者，孝昭帝时鲁国三老所献，建武时给事中议郎卫宏所校，皆口传，官无其说，谨撰具一篇并上。臣冲诚惶诚恐，顿首顿首，死罪死罪。臣稽首再拜，以闻皇帝陛下。建光元年九月己卯朔二十日戊戌上。"④许冲提供了两个时间，一曰"永元困顿之季"，一曰"建光元年"。困顿，即困敦，岁阴纪年之年名。《尔雅·释天》说："在子曰困敦。"⑤永元，东汉和帝的年号，共17年，以干支纪年，遇一子年，即永元十二年，公元100年。建光，东汉安帝的年号，仅2年，元年为公元121年。从以上记载可知如下内容。第一，许慎是一位古文经学大师，文字学家。第二，许慎撰写了《说文解字》，自开始至定稿上呈，历时二十余年。第三，许慎的生年晚于贾逵，早于马融。第四，建光元年许冲上表说"今慎已病"，许慎让儿子代替自己到朝廷献书，说明许慎此时似已年老。但是，尹珍于桓帝时曾从许慎受业。桓帝于公元147—167年在位。若以古人五十岁即可谓老的说法来看，许慎卒于桓帝之世，则许慎享年当在八十岁以上。

(二)体例与内容

《说文解字》是中国第一部有完整编纂体例与系统释字原则的字典。《说文解字》以汉字的秦篆形体为字头，全书收字9353个，重文(即正字的异体，其中有古文、籀文、别体、俗体等)1163个。许慎在分析字形时，将所收字综合归纳为540部，每一部以一个首字为该部所有文字组成的核心部分，凡由该部首字组成的字皆被收入该部。根据文字形体结构建立部首体制，始"一"终"亥"，分别部居，这是许慎的创举。

《说文解字》的部首排列，以形相近为次；部内收字排列，以义相引为次。释字，采用以形训为主，形、音、义三者并重的释字原则。《说文解字》的具体释字法是先释义，次释形，再释音。释义，主要采用形训方法。字的形体，主要依据秦篆，分析认识文字形体结构的理论是"六书"。所谓六书，一曰指事，二曰象形，三曰形声，四曰会意，五曰转注，六曰假借。除转注、假借外，以上四种字的训

① [宋]范晔撰，[唐]李贤等注：《后汉书》，2588页，北京，中华书局，1965。
② [宋]范晔撰，[唐]李贤等注：《后汉书》，2845页，北京，中华书局，1965。
③ [汉]许慎：《说文解字》，319页，北京，中华书局，1963。
④ [清]严可均：《全后汉文》，497~498页，北京，商务印书馆，1999。
⑤ 《十三经注疏》整理委员会：《十三经注疏·尔雅注疏》，169页，北京，北京大学出版社，1999。

释，都有固定用语与行文格式。指事字，是“视而可识，察而见意”的字，多曰“指事”。如许慎说古之“上”者：“指事也。”象形字，是“画成其物，随体诘诎”的字，多曰“象形”或“象某之形”。曰“象形”者，如：“刀，兵也。象形。”曰“象某之形”者，如：“糸，细丝也。象束丝之形。”形声字，是“以事为名，取譬相成”的字，多曰“从某，某声”。如：“杜，甘棠也。从木，土声。”会意字，是“比类合谊，以见指㧑”的字，多曰“从某从某”，如：“吹，出气也。从欠从口。”又如：“宦，仕也。从宀从臣。”曰“从某”者，如：“休，息止也。从人依木。”如为会意兼形声之字，则在“从某从某”后加曰“某亦声”，如：“吏，治人者也。从一从史。史亦声。”段玉裁注曰：“凡言‘亦声’者，会意兼形声也。凡字，有用六书之一者，有兼六书之二者。”①转注字，是“建类一首，同意相受”的字。所谓“建类一首”是指同属一部，“同意相受”是指义可互训。如“老”“考”同在老部，“老”下曰“考也”，“考”下曰“老也”。也有不同部的几个字的字义可互训的，还有数个字可以辗转互训的，这都可视为转注变例。假借字，是“本无其字，依声托事”的字。如“令”本义为“发号也”而后借用为“县令”之“令”，“长”本义为“久远也”而后借用为“长幼”之“长”。《说文解字》依形训义，其突出特点是探求文字的本义。今天，虽已有甲骨文、金文等上古原始文字材料，但《说文解字》仍不失为人们探求文字的本义所依据的一部重要的字书。《说文解字》有两种标注读音的方法。一是对占全书百分之八十以上的七千多个形声字都标明“从某，某声”，从而形成一套完整的形声系统。二是用“读若”拟音。如：“䉶，数祭也。从示，毳声。读若‘舂麦为䉶’之‘䉶’。”段玉裁注曰：“凡言‘读若’者，皆拟其音也。凡传注言‘读为’者，皆易其字也。注经必兼兹二者，故有‘读为’，有‘读若’。‘读为’亦言‘读曰’，‘读若’亦言‘读如’。字书但言其本字本音，故有‘读若’，无‘读为’也。”②

《说文解字》是中国语言学史上第一部分析字形、解说字义、辨识读音的字典，是文献语言学的奠基之作。它对汉字形、音、义的解说，是研究汉语与汉字发展史的重要资料；它保留了古文字的各种字形，对辨识更古的文字——甲骨文、金文有着重要的参考与借鉴价值。不仅如此，它在训释字义的过程中涉及广泛的知识领域，保存了大量有关中国古代社会历史状况及科学技术成就方面的资料。许冲在《上书进说文》中说：“天地鬼神，山川草木，鸟兽昆虫，杂物奇怪，王制礼仪，世间人事，莫不毕载。”③《说文解字》是含蕴着丰富历史文化知识的宝库。

《说文解字》的缺点主要表现在两方面：在编纂体例方面，部首划分过繁，有些划分方式不合理；在释义方面，依小篆分析字形，但有的小篆字形已距造字初文较远，所以探求出的本义难免出现错误，如“为”字，甲骨文字形代表手牵象以助役之意，而《说文解字》训为“母猴”。

---

① [清]段玉裁：《说文解字注》，1页，上海，上海古籍出版社，1981。

② [清]段玉裁：《说文解字注》，6页，上海，上海古籍出版社，1981。

③ [清]严可均：《全后汉文》，498，北京，商务印书馆，1999。

五代末北宋初，徐铉、徐锴兄弟皆治《说文解字》。兄徐铉校订《说文解字》，其传本称大徐本，即今《说文解字》的通行本。弟徐锴撰《说文解字系传》，其传本称小徐本。

清代研究《说文解字》的学者与著述很多，其中成就较大者有段玉裁的《说文解字注》、桂馥的《说文解字义证》、王筠的《说文句读》与《说文释例》、朱骏声的《说文通训定声》，此四人合称清代"说文四大家"。其中，尤以段玉裁为首。

丁福保的《说文解字诂林》及洪文涛、华昌泗、洪兆敏的《说文八种单字索引》是今人的有代表性的研究成果。

二、原典选读

《说文解字》叙

古者庖牺氏之王天下也，仰则观象于天，俯则观法于地，视鸟兽之文与地之宜，近取诸身，远取诸物，于是始作《易》八卦，以垂宪象。及神农氏结绳为治而统其事，庶业其繁，饰伪萌生。黄帝之史仓颉见鸟兽蹄迒之迹，知分理之可相别异也，初造书契。百工以乂，万品以察，盖取诸《夬》。"夬，扬于王庭。"言文者宣教明化于王者朝庭，君子所以施禄及下，居德则忌也。仓颉之初作书，盖依类象形，故谓之文；其后形声相益，即谓之字。字者，言孳乳而浸多也。著于竹帛谓之书。书者，如也。以迄五帝三王之世，改易殊体，封于泰山者七十有二代，靡有同焉。

周礼八岁入小学，保氏教国子，先以六书。一曰指事。指事者，视而可识，察而可见，上下是也。二曰象形。象形者，画成其物，随体诘诎，日月是也。三曰形声。形声者，以事为名，取譬相成，江河是也。四曰会意。会意者，比类合谊，以见指㧑，武信是也。五曰转注。转注者，建类一首，同意相受，考老是也。六曰假借。假借者，本无其字，依声托事，令长是也。

及宣王太史籀，著《大篆》十五篇，与古文或异。至孔子书《六经》、左丘明述《春秋传》，皆以古文，厥意可得而说。其后诸侯力政，不统于王。恶礼乐之害己，而皆去其典籍。分为七国，田畴异亩、车涂异轨、律令异法、衣冠异制、言语异声、文字异形。

秦始皇帝初兼天下，丞相李斯乃奏同之，罢其不与秦文合者。斯作《仓颉篇》、中车府令赵高作《爰历篇》、太史令胡毋敬作《博学篇》，皆取《史籀》大篆，或颇省改，所谓小篆者也。是时，秦烧灭经书，涤除旧典，大发吏卒，兴戍役，官狱职务繁，初有隶书，以趣约易，而古文由此绝矣。

自尔秦书有八体：一曰大篆，二曰小篆，三曰刻符，四曰虫书，五曰摹印，六曰署书，七曰殳书，八曰隶书。

汉兴有草书。《尉律》：学僮十七已上，始试。讽籀书九千字，乃得为吏。又以八体试之，郡移太史并课，最者以为尚书史。书或不正，辄举劾之。今虽有《尉律》，不课，小学不修，莫达其说久矣。

孝宣时，召通《仓颉》读者，张敞从受之。凉州刺史杜业、沛人爰礼、讲学大夫秦近，亦能言之。孝平时，征礼等百余人，令说文字未央廷中，以礼为小学元士。黄门侍郎杨雄，采以作《训纂篇》。凡《仓颉》已下十四篇，凡五千三百四十字。群书所载，略存之矣。

及亡新居摄，使大司空甄丰等，校文书之部，自以为应制作，颇改定古文。时有六书：一曰古文，孔子壁中书也；二曰奇字，即古文而异者也；三曰篆书，即小篆；秦始皇帝使下杜人程邈所作；四曰佐书，即秦隶书；五曰缪篆，所以摹印也；六曰鸟虫书，所以书幡信也。壁中书者，鲁恭王坏孔子宅，而得《礼记》《尚书》《春秋》《论语》《孝经》。又北平侯张苍献《春秋左氏传》。郡国亦往往于山川得鼎彝，其铭即前代之古文，皆自相似。虽叵复见远流，其详可得略说也。

而世人大共非訾，以为好奇者也，故诡更正文，乡壁虚造不可知之书，变乱常行，以耀于世。诸生竞说字解经谊，称秦之隶书为仓颉时书，云父子相传，何得改易。乃猥曰：马头人为长；人持十为斗；虫者，屈中也。廷尉说律，至以字断法：苛人受钱，苛之字，止句也。若此者甚众，皆不合孔氏古文，谬于《史籀》。俗儒鄙夫，玩其所习，蔽所希闻，不见通学，未尝睹字例之条。怪旧执而善野言，以其所知为秘妙，究洞圣人之微恉。又见《仓颉篇》中"幼子承诏"，因号"古帝之所作也，其辞有神仙之术焉"。其迷误不谕，岂不悖哉？

《书》曰："予欲观古人之象。"言必遵修旧文而不穿凿。孔子曰："吾犹及史之阙文，今亡也夫。"盖非其不知而不问。人用己私，是非无正，巧说邪辞，使天下学者疑。盖文字者，经艺之本，王政之始。前人所以垂后，后人所以识古。故曰：本立而道生，知天下之至啧而不可乱也。

今叙篆文，合以古籀。博采通人，至于小大，信而有证。稽撰其说，将以理群类，解谬误，晓学者，达神恉。分别部居，不相杂厕也。万物咸睹，靡不兼载。厥谊不昭，爰明以喻。其称《易》，孟氏；《书》，孔氏；《诗》，毛氏；《礼》；《周官》；《春秋》；左氏；《论语》；《孝经》：皆古文也。其于所不知，盖阙如也。

([汉]许慎：《说文解字》，北京，中华书局，1963。)

【译文】

古代伏羲氏称王于天下的时候，抬头观天象，弯腰看地理，观看鸟兽的花纹和各地适合的植物，或近从身体取法，或远从万物取法，于是创造了八卦，垂示了最高法宪的样貌。等到神农氏以结绳统理各种事物，各种事业开始兴盛繁多，而巧饰诈伪也开始产生。黄帝的史官仓颉见到鸟兽走过的足迹，知道它们的大小纹理都可以互相区别，于是创造了文字，百工因此得以治理，各种的物类得以察知，这取自《易经·夬卦》。《易经·夬卦》的卦辞说发扬决断之事于王者之庭，这就是说，"文字"是用来宣明教化于王者之庭的。又说君子要借着"文字"布施德禄于下，并且避免夸耀这是自己的德惠。仓颉最初造字，是依仿着事物的形象造字，因此叫作"文"。后来形符和声符拼在一起，就叫作"字"。"字"是说孳乳而渐渐增多。写在竹木、缣帛上叫作"书"，"书"的意思是"如"，意思是"如"所要表达的概念来写字。从仓颉到五帝三王的时代，字体不断地改变，这期间封于泰山的帝王共有七十二代，字体都不相同。

《周礼》规定学童八岁进小学，保氏教国子，先教"六书"：一是指事，指事是看了就能认识，仔细分辨就能看出意义，如"上、下"；二是象形，象形是画出物的形状，随着物的形体而弯弯曲曲，如"日、月"；三是形声，形声是以事类为形旁，以声音相近的字作声旁，如"江、河"；四是会意，会意是把表示某一类意义的字合在一起，借以表达要表达的意，如"武、信"；五是转注，转注是两个字声音相近，所从部首要表达的意类也相近，这两个字的字义几乎相同，可以互相注解，如"考、老"；六是假借，假借是一个有义无字的词，借着同音或音近的另一个字来表义，如"令、长"。

到了宣王时的太史籀著大篆十五篇，和古代的文字有些不同。到了孔子写六经，左丘明述春秋传时，用的都是"古文"，这些文字的意义都是可以讲得出来的。后来诸侯大力征伐，制度不统于周天子，他们讨厌周天子颁布的礼乐，认为这妨碍了自己扩张势力，于是都抛去了周天子颁布的典籍。当时天下分成七个大的国家，田畴计算亩的大小不一样、车子跑在路上两轮之间的轨距不一样、律令的规定不一样、衣冠的制度不一样、言语的发声不一样、文字的形体不一样。

秦始皇在即位的第二十六年兼并天下的时候，丞相李斯奏请秦始皇统一这些差异，废掉和秦不同的文字。李斯写了《仓颉篇》、中车府令赵高写了《爰历篇》、太史令胡毋敬写了《博学篇》，都是从史籀的大篆中录取的字，有一些字做了一点简省或改动，这就是小篆。当时，秦烧灭了经书，扫除了旧有的典籍，大规模地发动吏卒，进行各种劳役戍守，官狱的职务非常繁重，于是开始有隶书，以趋向简易，而古文从此就灭绝了。

从这时起，秦文字有八种形体，一是大篆，二是小篆，三是刻符，四是虫书，五是摹印，六是署书，七是殳书，八是隶书。

汉朝兴起，又有草书。汉朝廷尉所掌管的律令规定：学童十七岁以上开始进行测验，要能读写九千个字才可以当史。又以秦书八体来进行测验，郡移送到太史那儿一起测验，成绩最好的就派他做尚书史。书写不正的，就纠举弹劾他。现在虽然也有廷尉掌管的律令，但是不认真考核，小学不讲求，大家不知道这些事儿已经很久了。

孝宣皇帝时召能诵读《仓颉篇》的人来施教，要张敞跟着他学习。凉州刺史杜业、沛人爰礼、讲学大夫秦近，也都能谈《仓颉篇》。孝平皇帝时召集爰礼等百余人，在未央廷中解说文字，以爰礼为"小学元士"。黄门侍郎扬雄采录了这些内容编成《训纂篇》。自《仓颉篇》(《仓颉》《爰历》《博学》)以下，加上司马相如的《凡将篇》、史游的《急就篇》、李长的《元尚篇》、扬雄的《训纂篇》等共计十四篇，加起来共有五千三百四十字，群书所用到的字，几乎全部包括了。

等到王莽摄政，令大司空甄丰等人校文书之部，王莽自以为应该制礼作乐，对古文也进行了一些改动。当时字体有六种：一是古文，即孔子壁中书；二是奇字，即古文而字形特殊的；三是篆书，就是小篆；四是佐书，就是秦隶书，秦始皇令下杜人程邈所创作的字体；五是缪篆，是用来摹写印章的；六是鸟虫书，就是写在幡信上的字体。壁中书，是汉朝初年鲁恭王破坏孔子故宅，得到了《礼记》《尚书》《春秋》《论语》《孝经》，还有北平侯张苍所献的《春秋左氏传》，郡国也往往在山川得到鼎彝铜器，它们的铭文就是前代的古文。虽然不能再见到更早的源头，但是古文的详细情况，几乎可以全部了解了。

而世人却群起抨击，他们认为这些文字是"好奇者"故意诡变正字、向壁虚造一般人认不得的字，变乱恒常的行为，以炫耀于世。诸生争着说字、解经义，他们说秦时的隶书就是仓颉时的字，父子相传，怎么可能随便改动！竟然鄙陋地说：马头加人就是"长"、人拿着十就是"斗"、"虫"字是把"中"的中笔弯曲。甚至于廷尉也以文字结构解说法律，如"苛人受钱"，"苛"这个字就是"止句"，止之而钩取其钱。像这样的情形很多，都和孔子传下来的古文不合，和《史籀篇》也不合。俗儒鄙夫习惯于他所学的，蔽于听闻不广，没有见过通学之人，未曾听过文字的道理，责怪旧的经传，而喜欢鄙野的言论，认为自己所知道的那一点点东西是神秘奥妙的，能深究洞见圣人隐微的旨意，又见到《仓颉篇》中有"幼子承诏"，解成"黄帝乘龙上天，幼子承诏继位"，于是说这是古代帝王所作的，文辞中有神仙之术。他们这样的迷误不知，岂不是很悖乱吗？

《书经》上说："我要观看古人的物象。"这就是说要遵照旧文而不随便穿凿。孔子说："我还来得及看到历史所阙漏的记载，现在已经都没有了。"这就是抨击那"不知而不问"的人。这些人囿于自己有限的见闻，是非没有一个标准，只是用一些巧说邪辞，让天下学习的人疑惑。文字是经艺的根本，是王政的开端，是前人用来垂示后人、后人用来认识古人的媒介，所以说"本立而道生"，文字确立之后，才知道天下最高的奥妙，而不会混乱。我现在先叙述篆文，加上古文、籀文，广博地采录通人的说法，不论小大，只要是有证据而可信的，我都加以稽考诠释，我要用这些文字来整理天地之间的万事万物，解除世人的错误认识，使学习者都明了文字的形音义。我把所有的文字分别它们的部首归属，使它们不相杂乱，万物之名都见于此，本书没有不收录的。因为这个目的在书中不明显，所以我在《叙》中明白地说出来。我提到《易经》是指孟氏《易》；《书经》是指孔安国所传；《诗经》是指《毛诗》；还有《礼》《春秋》《左传》《论语》《孝经》：都是古文学。我对于我所不知道的，就用"阙"来表示。

（选文、译文据季旭升：《说文新证》，福州，福建人民出版社，2010，有改动。）

《说文解字》，中华书局，1963 年版书影

三、阅读思考

1. 说一说《说文解字》的贡献。

2. 举例说明什么是"六书"。

四、拓展阅读

1. [汉]许慎：《说文解字》，北京，中华书局，1963。

2. [清]段玉裁：《说文解字注》，上海，上海古籍出版社，1981。

3. 章太炎：《章太炎说文解字授课笔记》，北京，中华书局，2010。

4. 季旭升：《说文新证》，福州，福建人民出版社，2010。

第三节 《尔雅》

一、常识举要

《尔雅》是一部训诂书,是中国最早的一部词典。

(一)作者与成书年代

早在先秦时期,学者就已重视文字训诂与名物释义,不少文献中都或多或少包含着这方面内容,把这些分散在各书中的资料加以汇编,即成训诂专书。《晋书》记载,《汲冢书》中有《名》三篇,"似《尔雅》"。由此可以推想,战国时期已有训诂资料选辑本在社会上流传。《尔雅》就是一部选辑先秦文献中的训诂资料编纂成的训诂专书。

《尔雅》的作者及成书年代,历来众说不一,主要意见有以下四种:西周的周公所作的、孔子门人所作的、秦汉之际的儒生所作的、汉儒所作的。考察《尔雅》所辑训诂资料,有些确甚古远。如《释鱼》言:"鱼枕谓之丁,鱼肠谓之乙,鱼尾谓之丙。"①这是说"丁、乙、丙"的甲骨文字形与鱼枕、鱼肠、鱼尾之形相合。郭沫若在《甲骨文字研究·释支干》中表示,"乙之象鱼肠,丙之象鱼尾","丁"系"睛"之古字,鱼枕"盖以鱼睛大而又在头之两旁也",所以"乙、丙、丁均为鱼身之物,此必为其最初义。盖字既象形,而义又已废弃,正其为古字古训之证"。②又如《释亲》言:"姑之子为甥,舅之子为甥,妻之晜弟为甥,姊妹之夫为甥。"③四"甥"之名远在上古原始社会母系氏族时期就产生了。《尔雅》中的资料多采自春秋、战国时期。"《释天》云:'暴雨谓之涷。'《释草》云:'卷施草,拔心不死。'此取《楚辞》之文也。《释天》云:'扶摇谓之猋。'《释虫》云:'蒺藜,蝍蛆。'此取《庄子》之文也。《释诂》云:'嫁,往也。'《释水》云:'濆,大出尾下。'此取《列子》之文也。《释地》'四极'云:'西王母。'《释畜》云:'小领,盗骊。'此取《穆天子传》之文也。《释地》云:'东方有比目鱼焉,不比不行,其名谓之鲽。南方有比翼鸟焉,不比不飞,其名谓之鹣鹣。'此取《管子》之文也。又云:'邛邛岠虚负而走,其名谓之蟨。'此取《吕氏春秋》之文也。又云:'北方有比肩民焉,迭食而迭望。'《释地》云:'河出昆仑虚。'此取《山海经》之文也。《释诂》云:'天、帝、皇、王、后、辟、公、侯。'又云:'洪、廓、宏、溥、介、纯、夏、怃。'《释天》云:'春为青阳'至'谓之醴泉,此取《尸子》之文也。《释鸟》曰:'爰居,杂县。'此取《国语》之文也。"④可见,《尔雅》不可能是周公或孔子门人所作的。东汉赵岐的《孟子题辞》曰:"汉兴,除秦虐

---

① 《十三经注疏》整理委员会:《十三经注疏·尔雅注疏》,303页,北京,北京大学出版社,1999。
② 郭沫若:《甲骨文字研究》,169~170页,北京,科学出版社,1962。
③ 《十三经注疏》整理委员会:《十三经注疏·尔雅注疏》,119页,北京,北京大学出版社,1999。
④ [清]永瑢等:《四库全书总目》,339页,北京,中华书局,2003。

禁，开延道德。孝文皇帝欲广游学之路，《论语》《孝经》《孟子》《尔雅》皆置博士。"①汉文帝时已有《尔雅》，但秦焚书禁学，《诗》《书》及百家书毁灭殆尽，入汉后，惠帝时除挟书之律，文景之世开献书之路，先秦古籍才陆续复出。显然，秦和汉初之世都不具备广辑先秦诸多文献训诂资料为一书的社会条件。可见，《尔雅》不可能是秦或汉初时编辑的。如此，从《尔雅》选辑的训诂资料来看，《尔雅》既非编于一时，又非成于一手，是经过长期积累和汇辑，于战国末年编纂成书的。从《尔雅》的编排体制、训诂方式与采辑内容看，书中确有少数数据为书成后增益文字，说明入汉后又曾增益部分内容。

(二)"尔雅"释义

《尔雅》何以名？东汉末年刘熙的《释名·释典艺》言："尔，昵也；昵，近也。雅，义也；义，正也。五方之言不同，皆以近正为主也。"②清代的阮元在《与郝兰皋户部论尔雅书》中对"近正"之义加以申说："尔雅者，近正也。正者，虞、夏、商、周建都之地之正言也；近正者，各国近于王都之正言也。"阮元还以古况今，他说："正言者，犹今官话也；近正者，各省土音近于官话者也。"③近人黄侃在《尔雅略说》中解"尔雅"之义说："雅之训正，谊属后起，其实即夏之借字。……明乎此者，一可知《尔雅》为诸夏之公言，二可知《尔雅》皆经典之常语，三可知《尔雅》为训诂之正义。"④《尔雅》所辑，主要有三个方面的资料：一是以标准语即正言释方言俗语，二是以当代语释古语，三是以常用语释生僻词语。以是观之，黄侃之说可以说是对"近正"之训的具体且确切的阐释。《尔雅》之名，意指用雅正之言解释古词、方言与俗语，使之接近于规范化的标准语言。

(三)体例与内容

《尔雅》是中国现存第一部训诂书，首创按内容性质分类释词这样的体例。《汉书·艺文志》著录"二十篇"，今本仅十九篇。《尔雅·释诂第一》题下的邢昺之疏引了《尔雅·叙篇》文，可见原有《叙篇》，后亡佚。《尔雅》十九篇的篇名如下：释诂、释言、释训、释亲、释宫、释器、释乐、释天、释地、释丘、释山、释水、释草、释木、释虫、释鱼、释鸟、释兽、释畜。《尔雅》十九篇，按其内容，可以归纳为五个方面：一是词语(第一篇至第三篇)，二是各种称谓(第四篇)，三是建筑与器物(第五篇至第七篇)，四是天文与地理(第八篇至第十二篇)，五是植物与动物(第十三篇至第十九篇)。《尔雅》十九篇按其性质，可以综括为两种类型：一是解释词语的普通词典(第一篇至第三篇)，二是解释各种名物的百科词典(第四篇至第十九篇)。

读古代典籍，先需要通晓训诂，明了词义与各种名物制度，《尔雅》正是一部

---

① [清]阮元：《十三经注疏》，2663页，北京，中华书局，1980。
② [汉]刘熙：《释名》，92页，北京，中华书局，2016。
③ [清]阮元：《研经室集》第2册，107页，北京，商务印书馆，1936。
④ 黄侃：《黄侃论学杂著》，362页，北京，中华书局，1964。

这样的书，所以一向为学人所重视。学人把它看成"九流之通路、百氏之指南"①。特别是在儒术处于独尊地位的情况下，读经成了读书人进入仕途的必由之路，而经师解说经义大都援据《尔雅》以证古义，因为"欲穷'六经'之旨，必自《尔雅》始"②。《四库全书总目》言："故从其所重，列之经部耳。"③《尔雅》从一开始就与儒家经典结下了不解之缘。《汉书·艺文志》将《尔雅》著录于"六艺略"的《孝经》类之后，《隋书·经籍志》将《尔雅》著录于经部的《论语》类之后，处于儒家经典的附属地位。唐文宗时，《尔雅》径升尊位，成了经书中的正式成员。

我们用今天的学术眼光来看，《尔雅》的重要价值有以下三点。第一，对辞书编纂学做出了贡献。《尔雅》是按照词义系统的逻辑将事物分类编纂的训诂书，对后世辞书的发展产生了积极的影响，仿其体例且以"雅"名书的后继之作可谓与之一脉相承。第二，在中国语言学史上占有重要地位。《尔雅》收录了丰富的上古汉语词汇，保存了大量的古训古义，是一座上古汉语词汇的宝库，是研究上古汉语词汇与阅读先秦典籍的必备之书。第三，史料价值很大。《尔雅》包括社会科学与自然科学的诸多方面，为我们了解上古历史与进行各有关学科的研究提供了十分珍贵的历史资料。

清代郝懿行所撰的《尔雅义疏》，资料丰富，疏解翔实，为学人所推崇。朱祖延主编的《尔雅诂林》，迟文浚、王玉华编著的《尔雅音义通检》也为学人所推重。

二、原典选读

《尔雅》(节选)
释诂第一

【题解】

《释诂》与以下《释言》《释训》所收词语都属于一般词语，邢昺疏："释，解也。诂，古也。古今异言，解之使人知也。"这是大致的说法，说得比较确切一点，《释诂》一篇大抵是以通语易词解释古语、方言及疑难词语。其体例特点是以一词解释多词。本篇共有 191 条，解释了 938 个词。

初、哉[1]、首、基、肇[2]、祖、元[3]、胎[4]、俶[5]、落[6]、权舆[7]，始也。

【注释】

[1]哉：通"才"，甲骨文像草木出土即将长出枝叶的形状，引申为开始的意思。《尚书·武成》："厥四月，哉生明。"哉生明，月亮开始放出光辉。

[2]肇：通"肁"，刚开门，引申为开始的意思。古籍中常用通假字"肇"或

① [唐]陆德明：《经典释文》，22 页，上海，上海古籍出版社，2012。
② [清]钱大昕：《潜研堂文集》第 5 册，526 页，北京，商务印书馆，1935。
③ [清]永瑢等：《四库全书总目》，339 页，北京，中华书局，2003。

"肇"。汉班固《东都赋》："更造夫妇，肇有父子。"肇有，始有。

[3]元：金文像人而突出头部，本义为人头，人头是人体的最上部分，引申为开始的意思。《公羊传·隐公元年》："元年者何？君之始年也。"

[4]胎：怀胎，生命开始孕育，词义含有开始的意思。古籍中没有见到"胎"用为开始的例证，前人常引的例子有汉枚乘《上书谏吴王》："福生有基，祸生有胎。"例中"胎"与"基"对用，都是指事物的根源。"胎"与"始"是同源词的关系。

[5]俶：古籍中常放在动词的前面，表示开始动作或行动。《尚书·胤征》："俶扰天纪。"俶扰，开始扰乱。《诗经·大雅·大田》："俶载南亩。"俶载，开始耕种。

[6]落：本义为树叶脱落，树木荣枯交替进行，枯后荣始，所以引申为开始的意思。《诗经·周颂·访落》："访予落止。"商讨（国事）于我开始（执政的时候）。

[7]权舆：通"虇蕍"，本义为草木始生，引申为开始、初始的意思。《诗经·秦风·权舆》："今也每食无余，于嗟乎！不承权舆。"不承权舆，无法承继初始时的排场。

【译文】

初是起始、开端，哉是开始，首是初始、开端，基是起头、开始，肇是开始，祖是初、开始，元是开始，胎含有开始的意思，俶是行为动作的开始，落是开始，权舆是开始、初始：它们有或者含有开始的意思，所以用始来解释。

林[8]、烝[9]、天[10]、帝[11]、皇[12]、王、后[13]、辟[14]、公、侯，君[15]也。

【注释】

[8]林：群聚、众多。《诗经·小雅·宾之初筵》："籥舞笙鼓，乐既和奏……百礼既至，有壬有林。"有，又。壬，大，形容礼仪规模宏大。林，多，形容礼仪项目众多。

[9]烝：众多。《尚书·益稷》："烝民乃粒，万邦作乂。"烝民，众民、百姓。

[10]天：本义为人的头顶，引申为空间的最高处，再引申为至高无上的君主。宋乐史《杨太真外传》卷上："（唐玄宗）封大姨为韩国夫人，三姨为虢国夫人，八姨为秦国夫人。同日拜命，皆月给钱十万，为脂粉之资。然虢国不施妆粉，自炫美艳，常素面朝天。"素面朝天，不施脂粉而朝见皇帝。

[11]帝：君主、皇帝。《史记·秦始皇本纪》："秦故王国，始皇君天下，故称帝。"

[12]皇：本义为大，引申为皇天，再引申为君主。汉班固《白虎通·爵》："何以言皇亦称天子也？以其言天覆地载俱王天下也。"唐杜牧《阿房宫赋》："王子皇孙，辞楼下殿。"

[13]后：甲骨文像女子生孩子，本指母系社会女性首领，后引申指男性君主。《楚辞·离骚》："昔三后之纯粹兮，固众芳之所在。"三后，指禹、汤、文王。

[14]辟：本义为法律、法度，古代法为君意，所以引申为君主。《尚书·洪范》：

"惟辟作福。"只有君主才有权替人造福。《旧唐书·太宗纪下》:"末代已来,明辟盖寡,靡不矜黄屋之尊,虑白驹之过,并多拘忌,有慕遐年。"明辟,贤明的君主。

[15]君:兼有二义,一是君主,一是众多。王引之《经义述闻·尔雅上》:"君字有二义,一为君上之君,天、帝、皇、王、后、辟、公、侯是也;一为群聚之群,林、烝是也……遍考经传之文,未有谓君为林、烝者,则林、烝之本训为群明矣。天、帝、皇、王、后、辟、公、侯为君上之君,林、烝为群聚之群,而得合而释之者,古人训诂之指本于声音,六书之用广于假借,故二义不嫌同条也。"

【译文】

林、烝是群聚的群,众多的意思;天、帝、皇、王、后、辟、公、侯是君上的君,君主的意思;它们有众多或君主的意思,所以用君来解释。

释亲第四

【题解】

《释亲》属于伦理学的范畴,解释有关亲属的名称。篇下据词语的性质内容,分为宗族、母党、妻党、婚姻 4 类。本篇共有 32 条,解释 99 个词语。

父为考,母为妣。[1]

【注释】

[1]父为考,母为妣:父、母。《尚书·舜典》:"二十有八载,帝乃殂落,百姓如丧考妣。"孔安国传:"考妣,父母。"后称死去的父母为考妣。《礼记·曲礼下》:"生曰父,曰母,曰妻;死曰考,曰妣,曰嫔。"

【译文】

父称为考,母称为妣。

父之考为王父[2],父之妣为王母。王父之考为曾祖[3]王父,王父之妣为曾祖王母。曾祖王父之考为高祖[4]王父,曾祖王父之妣为高祖王母。

【注释】

[2]王父:祖父。郭璞注:"加王者,尊之也。"
[3]曾祖:祖父的父亲。郭璞注:"曾犹重也。"
[4]高祖:曾祖的父亲。郭璞注:"高者,言最在上。"

【译文】

父亲的父亲称为王父,父亲的母亲称为王母。祖父的父亲称为曾祖王父,祖父的母亲称为曾祖王母。曾祖父的父亲称为高祖王父，曾祖父的母亲称为高祖王母。

父之世父[5]、叔父为从[6]祖祖父，父之世母[7]、叔母为从祖祖母。

【注释】

[5]世父：大伯父。后用为伯父的通称。

[6]从：同宗亲属。

[7]世母：伯母。

【译文】

父亲的伯父、叔父称为从祖祖父，父亲的伯母、叔母称为从祖祖母。

（选文、题解、注释、译文据管锡华译注：《尔雅》，北京，中华书局，2014，有改动。）

《尔雅：附音序、笔画索引》，中华书局，2016年版影印本书影

三、阅读思考

1.《尔雅》是一部什么书？

2.《尔雅》是训诂学的开山之作，它的编撰体例是什么样的？

四、拓展阅读

1.《尔雅：附音序、笔画索引》，北京，中华书局，2016。

2. 管锡华译注：《尔雅》，北京，中华书局，2014。

第四节 《广韵》

一、常识举要

《广韵》，北宋陈彭年等撰。

（一）作者与编撰

陈彭年（961—1017 年），字永年，北宋抚州南城（今属江西）人。宋真宗景德初年，任直史馆兼崇文院检讨。后历官右谏议大夫兼秘书监、翰林学士兼龙图阁学士、工部侍郎、刑部侍郎参知政事、兵部侍郎等。陈彭年曾预修《册府元龟》，编次《太宗御集》，奉诏编《景德朝陵地里》《封禅》《汾阴三记》《客省》《御史台仪制》；又奉诏编御集及宸章，集历代妇人文集，与丘雍等编纂《大宋重修广韵》。陈彭年著有文集百卷、《唐纪》四十卷等。

北宋初年科举取士时，因无本朝编撰的韵书，故取用"旧本"韵书。"旧本"韵书差讹、漏落、未备、豕亥鱼鲁处甚多，故需组织人员对"旧本"韵书讨论、刊正，"校雠增损，质正刊修，综其纲条，灼然叙列"，在此基础上，编撰一部可"期后学之无疑，俾永代而作则"，以"垂于将来"的"新本"韵书。[①]"旧本"所指，即《切韵》系列诸家。于是，朝廷组织编撰人员以《切韵》为基础，以《切韵笺注》与《唐韵》为主要参考资料，广泛吸取其余诸家，"增字及义理释训"，遂成《广韵》。

《广韵》卷首文字没有提及《广韵》的编撰者是谁。北宋丁度的《集韵》曰："先帝时，令陈彭年、丘雍因《法言》韵就为刊益。"[②]《集韵》，宋仁宗景祐四年（1037 年）始议，宝元二年（1039 年）撰成，用时 2 年，距《广韵》成书已 31 年。南宋陈振孙的《直斋书录解题》于"小学类"的"《广韵》五卷"解题中曰："陆法言本名《切韵》，孙愐修之为《唐韵》，陈彭年等修之为《广韵》，虽相因而作，实各自成书。"又曰："开皇初，有刘臻等八人同诣《法言》，共为撰集，长孙讷言为之笺注。唐朝转有增加。

---

① 周祖谟：《广韵校本》，11～12 页，北京，中华书局，1960。

② 赵振铎：《集韵校本》，2 页，上海，上海辞书出版社，2012。

至开元中，陈州司法孙愐著成《唐韵》，本朝陈彭年等重修，《中兴书目》云不知作者。案《国史志》有《重修广韵》，题皇朝陈彭年等。《景祐集韵》亦称真宗令陈彭年、邱雍等因陆法言《韵》就为刊益。今此书首载景德、祥符敕牒，以《大宋重修广韵》为名，然则即彭年所修也。"①《宋史·艺文志》著录："陈彭年等《重修广韵》五卷。"②以上征引资料足以证明《广韵》是陈彭年等人奉敕编撰的。

(二)体例与内容

《广韵》收录 26194 个字，收字比《切韵》多，"凡经、史、子、志、九流、百家、僻书、隐籍无不撽采"，"而《世本》《姓苑》《百家谱》《英贤传》《续汉书》《魏略》《三辅》《决录》等古书数十种不存于今者，赖其征引，斑斑可见"。③《广韵》的内容比此前的韵书更丰富。《广韵》按反切发声分音，分为平、上、去、入四声，一东、二冬等 206 韵。《广韵》分韵部比《切韵》193 韵多出 13 韵，系从《切韵》的开、合韵中分立出的合口韵。《广韵》声、韵具体划分，平声 57 韵，上声 55 韵，去声 60韵，入声 34 韵。由于平声字多，分编 2 卷，上、去、入三声各为 1 卷，共 5 卷。每韵从该韵收字中选用一字作为该韵的名称，曰"韵目"，如东韵、冬韵等。每一韵中，以是否同音作为标准排列该韵所收之字，同音字排在一起，归为一小类，曰"纽"，又称"小韵"。如东韵，内分 34 小韵，各小韵之间，用一个小圆圈隔开。每一小韵，第一个字先释义，后注音，注音用反切，切音后面是记该小韵所收字数的数字；从第二个字开始，其下所收同音字，只释义，不注音；如果有的字有异读，在该字释义后增注异读音，注异读音可用切音，亦可用直音；如果有的字有异体，在该字释义后增注异体字。以东韵中"冯（房戎切）"小韵举例如下：

冯，冯翊，郡名；又姓，毕公高之后，食采于冯城，因而命氏，出杜陵及长乐。房戎切……泛，浮也；又孚剑切。芃，草盛也，又音蓬。……渢，弘大声也。梵，木得风貌；又防泛切。④

在《广韵》中，有的韵目下注有"独用""某同用"，是在说明写诗作文时如何用来押韵。所谓"独用"者，是说只有同韵部的字才可以相互押韵。所谓"某同用"者，是说本韵部的字与某韵部的字可以相互通用押韵。以平声上卷前八韵目为例：

东第一 独用

冬第二 钟同用

钟第三

江第四 独用

支第五 脂之同用

脂第六

① ［宋］陈振孙：《直斋书录解题》，89～90 页，上海，上海古籍出版社，1987。
② ［元］脱脱等：《宋史》，5075 页，北京，中华书局，1977。
③ 谭耀炬：《小学考声韵》，51 页，北京，中国文史出版社，2002。
④ ［宋］陈彭年等：《宋本广韵》，5 页，南京，江苏教育出版社，2008。

之第七

微第八 独用①

根据韵目下所注"独用""某同用"可知，东、江、微各自为韵，每个韵部的字不能与其他韵部的字通押；冬、钟二韵部的字可以通押，支、脂、之三韵部的字可以通押。

《广韵》是在纂辑此前多种韵书字书音义资料的基础上汇编而成的，既是一部韵书，又是一部字典。它保存了魏晋以来大量切音资料，后人可借此了解《切韵》构筑的语音系统。在汉语语音发展史上，《广韵》处在上溯古音、下推今音，承上启下的重要地位上。《广韵》辑录了大量文字训诂资料，有的与今见传本文字不合，有的原书今已亡佚，所以在古代文献学与词汇学研究方面也都有一定参考价值。

《广韵》存在的问题有三：第一，有的解说有误；第二，有的误记征引书名；第三，文字讹误、音义错乱之处较多。

二、原典选读

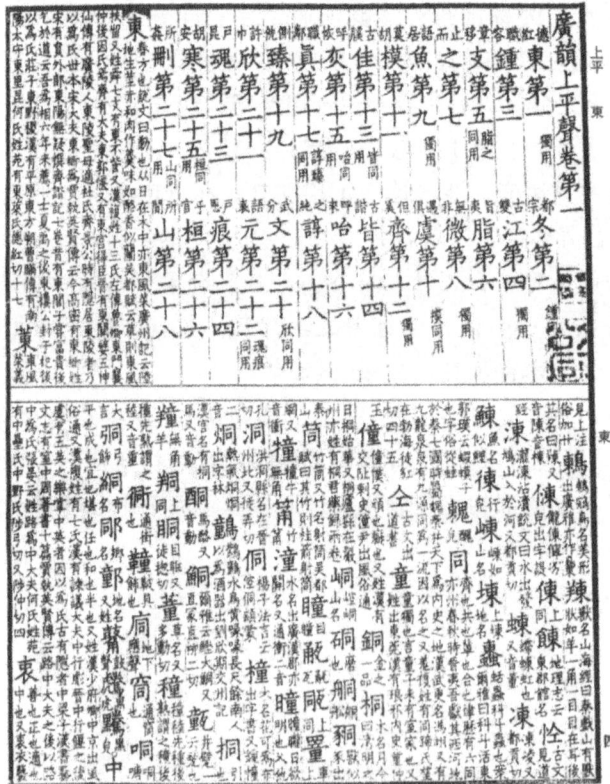

《宋本广韵》，江苏教育出版社，2008 年版影印本书影

---

① ［宋］陈彭年等：《宋本广韵》，4 页，南京，江苏教育出版社，2008。

三、阅读思考

1.《广韵》是一本什么书？

2. 韵书的作用是什么？

四、拓展阅读

1.［宋］陈彭年等：《宋本广韵》，南京，江苏教育出版社，2008。

2. 唐作藩：《音韵学教程（第三版）》，北京，北京大学出版社，2002。

3. 潘悟云：《汉语历史音韵学》，上海，上海教育出版社，2000。

4. 林焘、耿振生：《音韵学概要》，北京，商务印书馆，2004。

5. 万献初：《音韵学要略》，武汉，武汉大学出版社，2008。

第三章　经　学

第一节　经学概说

一、"经"本是书籍通称

"经"字之初文为"巠"，"经"是后起字，甲骨文中未见，始见于西周金文，金文中已具"巠""经"二字。就字形看来，"巠"像织机的纵线之形。《说文解字》言："经，织也。"又言："纬，织横丝也。"①"经"的本义是织机的纵线。经线系在织机的机轴上，纬线系在机杼上。以经线为标准线，人持杼紧紧绕经线往返穿行，将纬线交织在经线上，织成布帛。经，犹纬之纲。词义引申后，凡为事物之纲纪、法则、标准者皆可称经。《国语·周语下》曰："国无经，何以出令？"②《礼记·中庸》曰："凡为天下国家有九经。"③孔颖达注《左传·鲁昭公十五年》中"礼，王之大经也"句曰："经者，纲纪之言也。"④词义再向外引申，记载纲纪、法则、标准之言的书也可称经。这时，"经"字开始有了"经典"的意义。《国语·吴语》在记述春秋末年吴王夫差与晋国交战前"秣马食士"、陈师布阵的情况时，有"挟经秉枹"之语，韦昭言"经，兵书也"⑤，这是今见用"经"字指称典籍的最早记载。先秦文献多用"经"指称各家之书，其中不乏以"经"作为书名者，《山海经》是地理家言；《黄帝内经》是医家言；《墨子》有《经》上、下篇，又有《经说》上、下篇；《庄子·天下》说墨子门人"俱诵《墨经》"⑥，《墨经》为墨学典籍；《荀子·解蔽》提及《道经》，清人郝懿行认为是"盖古言道之书"⑦；《韩非子》的《内储说》与《外储说》，文中叙述分"经""说"两部分，论点为"经"，例释为"说"，以阐述法治思想，是法学典籍；《管子》为首九篇合称"经言"，这是杂家言；马王堆第三号汉墓出土的帛书《五行

---

① [汉]许慎：《说文解字》，271页，北京，中华书局，1963。
② 徐元诰：《国语集解》，106页，北京，中华书局，2002。
③ 《十三经注疏》整理委员会：《十三经注疏·礼记正义》，1445页，北京，北京大学出版社，1999。
④ 《十三经注疏》整理委员会：《十三经注疏·春秋左传注疏》，1346页，北京，北京大学出版社，1999。
⑤ 徐元诰：《国语集解》，548～549页，北京，中华书局，2002。
⑥ [晋]郭象注，[唐]成玄英疏：《庄子注疏》，560页，北京，中华书局，2011。
⑦ [清]王先谦：《荀子集解》，388页，北京，中华书局，2012。

篇》，是一篇战国时期的儒家著作，内容分为两部分，第一部分提出了若干儒学命题与基本理论，第二部分对第一部分提出的命题与理论进行了阐释与解说；研究者以第一部分为"经"，第二部分为"说"，认为这采用了战国后期流行的"经"与"说"相配合以论证阐说论点与主张的体式。由此可知，当时的"经"并非儒家典籍的专名，而是各家书籍的通称。从《墨子》之篇有《经》又有《经说》，《韩非子》与帛书《五行篇》有"经"有"说"的论述体式大致可以推知，战国时期所说的"经"，是指提纲挈领的文字，因为它语义重要而文字简略，所以需要有所谓"说"对其做进一步解释说明。

二、儒家经典垄断"经"的称号

凡书皆可称"经"，自然儒家书也不例外。《庄子·天运》中就有"六经"之说，孔子谓老聃曰："丘治《诗》《书》《礼》《乐》《易》《春秋》六经，自以为久矣。"[①]《庄子》将儒家这六部书合称为"六经"，这是第一次。虽然我们不相信这是孔子的话，但是它说明在战国时期，人们已经合称这六本书为"六经"了。《庄子·天道》又说，孔子往见老聃，"繙'十二经'以说"[②]。但《庄子》没有具体说明"十二经"都是哪些书。"学恶乎始？恶乎终？曰：其数则始乎诵经，终乎读礼。"[③]荀子在《劝学》中分言"经""礼"，把"礼"看作"经"外之书，可他在《大略》中又称《礼经》。可见，儒家经典在先秦虽已称"经"，但名称尚未固定。

人们在认识一个学术派别时，特别是统治阶级，主要看的是它提出的主张、学说作为治国之术运用到治理国家方面是否对自己有利，有利则用，无利则弃。"传曰：'天生万物，以地养之，圣人成之。'"这是《新语·道基》的首句，其下文，依时间先后分述了先圣、中圣、后圣的制作之功。例如，"礼义不行，纲纪不立，后世衰废；于是后圣乃定五经，明六艺。"王利器所撰《新语校注》注"后圣"曰："后圣，指孔子。"注"六艺"曰："六艺即'六经'也。"[④]贾谊在《新书·六术》中言："是故内法六法，外体六行，以与《诗》《书》《易》《春秋》《礼》《乐》六者之术以为大义，谓之六艺。"[⑤]《史记·孔子世家》有言："身通六艺者七十有二人。"[⑥]汉武帝采纳了董仲舒的建议，罢黜百家，独尊儒术。《汉书·董仲舒传》载董仲舒著有《贤良对策》三篇，其文曰："《春秋》大一统者，天地之常经，古今之通谊也。今师异道，人异论，百家殊方，指意不同，是以上亡以持一统；法制数变，下不知所守。臣愚以为诸不在六艺之科孔子之术者，皆绝其道，勿使并进。邪辟之说灭息，然后

① ［晋］郭象注，［唐］成玄英疏：《庄子注疏》，288 页，北京，中华书局，2011。
② ［晋］郭象注，［唐］成玄英疏：《庄子注疏》，260 页，北京，中华书局，2011。
③ ［清］王先谦：《荀子集解》，11 页，北京，中华书局，2012。
④ 王利器：《新语校注》，1、18、19 页，北京，中华书局，1986。
⑤ 阎振益、钟夏：《新书校注》，316 页，北京，中华书局，2000。
⑥ ［汉］司马迁：《史记》，1938 页，北京，中华书局，1959。

统纪可一而法度可明,民知所从矣。"①东汉初年,班固据刘歆的《七略》撰《汉书·艺文志》,将图书分为六个部分,称为"略","六艺略"著录的是儒家经典。这些都说明:在当时,"六经"与"六艺"这两种名称是同时被使用的。言"经"、言"艺",二者的侧重点不同。言"经",重在道、义;言"艺",重在术、用。儒家经典原有六部,经秦代焚书及秦末战乱,《乐》亡,入汉,仅有《易》《书》《诗》《礼》《春秋》五部,所以多称"五经"。但是,儒家一向重视"乐"的教化作用,所以,从术、用的角度看儒学,在言"艺"时,仍要加上"乐",合称"六艺"。

儒家本是百家之中的一员,在汉武帝时被抬出,跃居百家之上,处于独尊之位,于是儒家经典随之成为法定的官书,独擅"经"的称号。顺应这种需要,刘歆撰《七略》,班固据《七略》撰《汉书·艺文志》,分类著录图书,特意设立"六艺略"(相当于后世四部分类中的经部)置于各类之首,专门著录儒家经典。从此,经部便被儒家经典垄断。

儒家经典垄断"经"的称号后,地位提高了,于是"经"的含义发生了改变,出现了与其被独尊地位相适应的解释。《释名·释典艺》言:"经,径也,如径路无所不通,可常用也。"②《文心雕龙·宗经》言:"'经'也者,恒久之至道,不刊之鸿教也。"③这是说,儒家经典是永恒的真理,是人们永远遵循的准则。不仅如此,还把"五经"与儒家提倡的"五常",即仁、义、礼、智、信联系起来解说。《白虎通义·五经》言:"经所以有五何?经,常也。有五常之道,故曰《五经》。"④《汉书·艺文志》言:"《乐》以和神,仁之表也;《诗》以正言,义之用也;《礼》以明体,明者著见,故无训也;《书》以广听,知之术也;《春秋》以断事,信之符也。五者,盖五常之道,相须而备,而《易》为之原。故曰'《易》不可见,则乾坤或几乎息矣',言与天地为终始也。"⑤儒家经典被尊奉为"与天地为终始"的信条,被人为地神圣化了。

三、解经之作——传、记

经书之外,还有解释经书的书,这些书称为"传"或"记"。

解经之作何以称传、记?

先说"传"。

《说文解字》云:"遽,传也。"又云:"传,遽也。"⑥由此可见,遽、传互训。古代的驿站,备车马供来往官员乘骑,骑马为遽,乘车为传。郑玄注《礼记·玉藻》中"士曰'传遽之臣'"句云:"传遽,以车马给使者也。"⑦郝懿行解释《尔雅·释

---

① [汉]班固:《汉书》,2523 页,北京,中华书局,1963。
② [汉]刘熙:《释名》,91 页,北京,中华书局,2016。
③ 周振甫:《文心雕龙今译》,26 页,北京,中华书局,1986。
④ [清]陈立:《白虎通疏证》,447 页,北京,中华书局,1994。
⑤ [汉]班固:《汉书》,1723 页,北京,中华书局,1962。
⑥ [汉]许慎:《说文解字》,42、165 页,北京,中华书局,1963。
⑦ 《十三经注疏》整理委员会:《十三经注疏·礼记正义》,928 页,北京,北京大学出版社,1999。

言》中"驲、遽，传也"句云："盖传之为言转也，以车展转而期于早达也。"①人们乘车由此地到达彼地为"传"。"传"之义后引申为，不论任何事物，凡是由此达彼者皆可称"传"。传递，是由此地到彼地；流传，是由此时到彼时。那么，在语言方面，凡是可以用此语解说彼语之义者也可称"传"。《释名·释典艺》云："传，传也；以传示后人也。"②《文心雕龙·史传》云："传者，转也，转受经旨，以授于后。"③《经典释文》于《周易·上经》"传"字下曰："以传述为义。"④颜师古注《汉书·古今人表》中"传曰"句言："传谓解说经义者也。"⑤由此可知，传，就是解说道义事理，以传述于人。传，可以通过口说，也可以通过文字记载。《荀子》全书征引"传曰"数十处，仅《君子》一处所引见今《尚书·吕刑》，其他皆不见今所传之上古文献。唐人杨倞于《荀子·修身》全书首引"传曰"处注云："凡言'传曰'，皆旧所传闻之言也。"《荀子》所引"旧所传闻之言"，类似于后世所说的格言谚语。"君子役物，小人役于物。""治生乎君子，乱生乎小人。""君者，舟也；庶人者，水也。水则载舟，水则覆舟。""不知其子视其友，不知其君视其左右。""从道不从君，从义不从父。"⑥这些"传曰"之言，用简洁凝练的语言来解说道理，《荀子》时有征引。《仪礼·丧服》经文后所附传文，据说为孔子学生子夏所作。传文中有数处引传。例如：

慈母如母。传曰：慈母者何也？传曰："妾之无子者，妾子之无母者，父命妾曰：'女以为子。'命子曰：'女以为母。'"若是，则生养之，终其身如母。死则丧之三年如母，贵父之命也。⑦

"慈母如母"是经文，第一个"传曰"以下的文字是传文。第二个"传曰"之"传"，是解经之传引用的旧传，传引用旧传的解说来回答"慈母者何"的问题。贾公彦疏："传别举'传'者，是子夏引旧传证成己义故也。"⑧既然在解释儒家经典的传文中就时见传中引传，如果传文确为孔子弟子传述师说之文，那么传中所引旧传所述的师说理当尚在孔子之前。由此可知，传产生于儒学出现之前，它是一种利用口说材料或文字记载对语义重要而又记述简略的文字进行解说的文体。因为儒家学派在战国成为显学，儒家经典在汉代又被独尊为经，才使得汉代以后儒家经典之传地位独显。

民国初年，章太炎在《国故论衡·文学总略》中对"传"之义提出了另一种解释摘录如下。"'传'者，'专'之假借。《论语》'传不习乎'，《鲁》作'专不习乎'。《说

---

① ［清］郝懿行：《尔雅义疏》，358 页，上海，上海古籍出版社，1983。
② ［汉］刘熙：《释名》，91 页，北京，中华书局，2016。
③ 周振甫：《文心雕龙今译》，141 页，北京，中华书局，1986。
④ ［唐］陆德明：《经典释文》，25 页，上海，上海古籍出版社，2012。
⑤ ［汉］班固：《汉书》，862 页，北京，中华书局，1963。
⑥ ［清］王先谦：《荀子集释》，27、150、151、434、511 页，北京，中华书局，2012。
⑦ 《十三经注疏》整理委员会：《十三经注疏·仪礼注疏》，565～566 页，北京，北京大学出版社，1999。
⑧ 《十三经注疏》整理委员会：《十三经注疏·仪礼注疏》，566 页，北京，北京大学出版社，1999。

文》训'专'为'六寸簿',簿即手版,古谓之忽(今作笏)。'书思对命',以备忽忘,故引伸为书籍记事之称。书籍名簿,亦名为专。专之得名,以其体短,有异于经。郑康成《论语序》云:'《春秋》二尺四寸,《孝经》一尺二寸,《论语》八寸。'此则专之简策,当复短于《论语》,所谓六寸者也。"①传述之解,从经、传内容的主次着眼;章太炎之解,从经、传载体的长短形式着眼。二者相较,前者义胜,而章氏之解亦可姑备一说。

有的传体通过诠释文字、名物解说经义,如《毛诗故训传》《尚书孔安国传》《诗集传》等。这种传体,实与注同。《公羊传·鲁定公元年》中有"主人习其读而问其传"句,何休解诂:"读谓经,传谓训诂。"②这里的"传"指的就是这种传体。有的传体通过记述史事证实经义,如《左传》。还有的传体通过探究义理阐发经义,如《公羊传》《穀梁传》。《春秋》三传"的传体,不以诠释文字名物为主,而以记述史实与探究义理为重。《论衡·书解》曰:"圣人作其经,贤者造其传,述作者之意,采圣人之志,故经须传也。"③此言指的就是这种传体。

据《汉书·艺文志》,《易》有《易传周氏》《服氏》《杨氏》《蔡公》《韩氏》《王氏》《丁氏》等,《书》有《传》四十篇,《诗》有《齐后氏传》《齐孙氏传》《韩内传》《韩外传》《毛诗故训传》等,《礼》有《周官传》,《春秋》有《左氏传》《公羊传》《穀梁传》《邹氏传》《夹氏传》《虞氏微传》《公羊外传》等。

再说"记"。

《说文解字》云:"记,疋也。"又云:"一曰疋记也。"记、疋为互训转注字。段玉裁注:"疋,今字作'疏',谓分疏而识之也。"④据记载,上古记事之书称"记"。《吕氏春秋·务本》中"尝试观上古记"句,高诱注:"上古记,上世古书也。"⑤《公羊传·鲁僖公二年》中"记曰:'唇亡则齿寒'"句,何休解诂:"记,史记也。"⑥《礼记·文王世子》中"《记》曰:虞夏商周,有师保,有疑丞"句,孔颖达疏:"此作《记》之人,更言'记曰',则是古有此《记》,作《记》者引之耳。"⑦上古记事书称"记",又称"志"。《周礼》述小史之职"小史掌邦国之志"句,郑玄注引郑众言曰:"志谓记也。"⑧《左传·鲁文公二年》中《周志》有之"句,杜预注:"周志,周书也。"孔颖达疏:"志者,记也。谓之周志,明是周世之书。"⑨显然,上古记事书称

---

① 章太炎:《国故论衡》,79~80 页,北京,商务印书馆,2010。

② 《十三经注疏》整理委员会:《十三经注疏·春秋公羊传注疏》,546 页,北京,北京大学出版社,1999。

③ 黄晖:《论衡校释》,1158 页,北京,中华书局,1990。

④ [清]段玉裁:《说文解字注》,95、85、95 页,上海,上海古籍出版社,1981。

⑤ 陈奇猷:《吕氏春秋新校释》,720 页,上海,上海古籍出版社,2002。

⑥ 《十三经注疏》整理委员会:《十三经注疏·春秋公羊传注疏》,207 页,北京,北京大学出版社,1999。

⑦ 《十三经注疏》整理委员会:《十三经注疏·礼记正义》,635~636 页,北京,北京大学出版社,1999。

⑧ 《十三经注疏》整理委员会:《十三经注疏·周礼注疏》,699 页,北京,北京大学出版社,1999。

⑨ 《十三经注疏》整理委员会:《十三经注疏·春秋左传正义》,492 页,北京,北京大学出版社,1999。

"记"、称"志"，都是取用记录、记载为义。解释经义之作，重在传述师说，所以称"传"。有的传类作品，主要通过记录旧闻阐释经义，所以又称"记"。《仪礼·士冠礼》经文后附有大段"记"文，贾公彦在"记。冠义"句后言："凡言'记'者，皆是记经不备，兼记经外远古之言。"①陆德明的《经典释文》于《礼记》书名下曰："此记二《礼》之遗阙，故名《礼记》。"②孔颖达解《礼记》之书名曰："其《礼记》之作，出自孔氏。但正《礼》残缺，无复能明，故范武子不识殽烝，赵鞅及鲁君谓《仪》为《礼》。至孔子没后，七十二之徒共撰所闻，以为此《记》。或录旧礼之义，或录变礼所由，或兼记体履，或杂序得失，故编而录之，以为《记》也。"③由此可知，记，本为记事之作的通称，后因有传述师说、记录旧闻、阐释经义之作，于是又用"记"题名传类之书，"传记"这才得以并称。

据《汉书·艺文志》，《书》有刘向《五行传记》、许商《五行传记》，《诗》有《齐杂记》，《礼》有《记》，《乐》有《乐记》《王禹记》，《春秋》有《公羊杂记》《公羊颜氏记》等。

解经之作是次于经的其他的儒家著作，因为对理解经义有辅助作用，所以用"传""记"称之。《史记·李将军列传》"传曰"云云，其下引文，见《论语·子路》。《韩非子·忠孝》"记曰"云云，陈奇猷注曰："此下所引见《孟子·万章篇》，则所谓记者，《孟子》书也。"④赵岐在《孟子题辞》言："孝文皇帝欲广游学之路，《论语》《孝经》《孟子》《尔雅》皆置博士。后罢传记博士，独立'五经'而已。"⑤赵岐所说的传记，显然指的是《论语》《孝经》《孟子》《尔雅》诸书。

四、从"五经"到"十三经"

儒家经典原有六部，经秦代焚书，《乐》亡，西汉时剩下五部，即《易》《书》《诗》《礼》《春秋》，被称为"五经"。相传，这五部书都是经过儒家创始人孔子整理、编订的，所以一向被视为儒家的典籍。儒术处于独尊地位之后，孔子被尊为圣人，经过圣人整理、编订过的书籍自然要被尊为经典。

儒家经典何以由"五经"增至"十三经"？

传记，为解经之作，地位低于经。在汉代，书写经与传记的简册长短不同。唐代贾公彦在解《仪礼·聘礼》中"百名以上书于策，不及百名书于方"句时，引郑玄的《论语序》曰："《易》《诗》《书》《礼》《乐》《春秋》，策皆尺二寸，《孝经》谦，半之；《论语》八寸策者，三分居一，又谦焉。"⑥古人以所用载体的长度来显示经与

① 《十三经注疏》整理委员会：《十三经注疏·仪礼注疏》，54页，北京，北京大学出版社，1999。
② [唐]陆德明：《经典释文》，254页，上海，上海古籍出版社，2012。
③ 《十三经注疏》整理委员会：《十三经注疏·礼记正义》，4～5页，北京，北京大学出版社，1999。
④ 陈奇猷：《韩非子新校注》，1155页，上海，上海古籍出版社，2000。
⑤ [清]焦循：《孟子正义》，17页，北京，中华书局，1987。
⑥ 《十三经注疏》整理委员会：《十三经注疏·仪礼注疏》，450页，北京，北京大学出版社，1999。

传记尊卑有别。后来，随着社会的发展，统治阶级需要不断加强思想统治，经的范围逐渐扩大，一些传记和其他儒家典籍的地位不断提高，也升入经的行列。

《后汉书》载，张纯于光武帝建武年间欲上奏"建辟雍"，"乃案七经谶"。唐人李贤注云："七经谓《诗》《书》《礼》《乐》《易》《春秋》及《论语》也。"①这说明，东汉初年已有"七经"之名。《后汉书》中言赵典"博学经书"句，李贤注引《谢承书》之言："典学孔子《七经》《河图》《洛书》。"②《三国志》载秦宓语曰："文翁遣相如东受七经。"③赵典、秦宓都是东汉末年人，秦宓所说的文翁、司马相如为西汉人，但"七经"的名称只有东汉人才有可能说得出来。由此可证，东汉时，儒家经典已由"五经"扩大为"七经"。东汉的"七经"，所指何书？清人全祖望言："七经者，盖六经之外加《论语》。东汉以后，则加《孝经》而去《乐》。"④东汉末年，朝廷曾命人镂刻石经立于太学。《后汉书·孝灵帝纪》载熹平四年(175 年)之史："春三月，诏诸儒正《五经》文字，刻石立于太学门外。"⑤东汉石经是用隶书镂刻而成的，又称"一字石经"。因其刻于汉灵帝熹平年间，史称"熹平石经"。《后汉书》载，东汉石经乃蔡邕"书丹于碑，使工镂刻"，且共刻"六经"。⑥《隋书·经籍志》也记载了东汉石经，曰："后汉镂刻七经，著于石碑。"⑦从以上征引的资料可知，关于东汉石经所刻经数，有五部、六部、七部三种说法。检《隋书·经籍志》经部末所附"小学"类所著录的书目，"一字石经"有《周易》《尚书》《鲁诗》《仪礼》《春秋》《公羊传》《论语》。王国维在《魏石经考》中对东汉"一字石经"详加考证后所得出的结论，与《隋书·经籍志》正相吻合。至于东汉石经之数，如果以经、传分视，有五经二传，所以言其镂刻"五经"；如果以是否立于学官、置博士教授分视，其中"除《论语》为专经者所兼习，不特置博士外，其余皆当时博士之所教授也"⑧，所以言其镂刻"六经"也未尝不可。由此可知，东汉石经镂刻七经，而其数却有五、六、七之说，实为事出有因。但从实际镂刻经数与经之范围逐渐扩大的趋势来看，当以"七经"之说为是。时至东汉，因"七经"之中已无《乐》经，可知上引李贤所注七经绝非东汉的所称"七经"；全祖望之说系后人推度之见，也不足信据；熹平石经乃时人据实而刻，东汉的"七经"当以熹平石经所刻为是。

南北朝时期，战乱频仍，政分南北，经学也分为南学与北学。官学所授的儒家经典，今可考见者有"十经"。《宋书·百官志》曰："国子祭酒一人，国子博士二人，国子助教十人。《周易》《尚书》《毛诗》《礼记》《周官》《仪礼》《春秋左氏传》《公

---

① [宋]范晔撰，[唐]李贤等注：《后汉书》，1196 页，北京，中华书局，1965。
② [宋]范晔撰，[唐]李贤等注：《后汉书》，947 页，北京，中华书局，1965。
③ [晋]陈寿：《三国志》，973 页，北京，中华书局，1959。
④ [宋]王应麟著，[清]翁元圻等注：《困学纪闻》，1075 页，上海，上海古籍出版社，2008。
⑤ [宋]范晔撰，[唐]李贤等注：《后汉书》，336 页，北京，中华书局，1965。
⑥ [宋]范晔撰，[唐]李贤等注：《后汉书》，1990 页，北京，中华书局，1965。
⑦ [唐]魏徵、令狐德棻：《隋书》，947 页，北京，中华书局，1973。
⑧ [清]王国维：《观堂集林》第 4 册，959 页，北京，中华书局，1959。

羊》《穀梁》各为一经,《论语》《孝经》为一经,合十经。助教分掌。"①由此可知,官学所立名曰"十经",实为十一经。其中,《论语》《孝经》虽名为经,但其地位实次于其他九经。

　　唐是继隋而建立的一个统一王朝。从汉末至隋初,政权更迭,学术纷乱。唐代出现大一统政治局面后,十分需要适应统一的政治、经济制度与思想学术规范。《旧唐书·高宗本纪》载永徽四年(653 年):"颁孔颖达《五经正义》于天下,每年明经令依此考试。"《旧唐书·儒学列传》载:"以儒学多门,章句繁杂,诏国子祭酒孔颖达与诸儒撰定《五经》义疏。"②唐太宗命孔颖达等人撰《五经义疏》,《礼》选用《礼记》,《春秋》选用《春秋左氏传》。也就是说,《五经正义》中的"五经",是《周易》《尚书》《诗经》《礼记》《春秋左氏传》。《五经正义》为皇帝敕撰,由朝廷颁行天下,作为考试依据。唐国子监在国子博士外专设"五经博士各二人,正五品上。掌以其经之学教国子"③。实际上,唐国子监教授的儒家经典有九经。《旧唐书·职官志》于"国子监"条记载:"凡教授之经,以《周易》《尚书》《周礼》《仪礼》《礼记》《毛诗》《春秋左氏传》《公羊传》《穀梁传》各为一经,《孝经》《论语》兼习之。"④根据各经文字多少,分为上经、中经、下经,以便搭配学习。《新唐书·选举志》记载:"凡《礼记》《春秋左氏传》为大经,《诗》《周礼》《仪礼》为中经,《易》《尚书》《春秋公羊传》《穀梁传》为小经。通二经者,大经、小经各一,若中经二。通三经者,大经、中经、小经各一。通五经者,大经皆通,余经各一,《孝经》《论语》皆兼通之。"⑤据《通典·选举三》记载,唐代科举"其常贡之科,有秀才,有明经,有进士,有明法,有书,有算"。因秀才科常有"举而不第者",所以实际上,"士族所趋向,唯明经、进士二科而已"。⑥ 自调露二年(680 年)始,明经、进士二科的考试内容"并加帖经"。所谓帖经,是一种考试方法,将经文前后各行都掩盖住,中间只留一行露在外面,再用纸将这一行中的三个字贴住,让考生回答被贴的三个字。天宝十一载(752 年),帖经"明经所试一大经及《孝经》《论语》《尔雅》……进士所试一大经及《尔雅》"。《通典》的作者杜佑自注:"旧制,帖一小经并注。开元二十五年,改帖大经,其《尔雅》亦并帖注。"⑦宝应二年(763 年),有人提议升《孟子》为经,未成。《唐会要》载有唐大和七年(833 年)之事:"十二月,敕于国子监讲论堂两廊创立石壁九经并《孝经》《论语》《尔雅》。"⑧石经于唐开成二年(837 年)镌刻完成,史称"开成石经"。从上引资料可知,唐代将《周易》《尚书》《诗经》及"三礼"(《周礼》《仪

---

① [梁]沈约:《宋书》,1228 页,北京,中华书局,1974。
② [后晋]刘昫:《旧唐书》,71、4941 页,北京,中华书局,1975。
③ [宋]欧阳修、宋祁:《新唐书》,1266 页,北京,中华书局,1975。
④ [后晋]刘昫:《旧唐书》,1891 页,北京,中华书局,1975。
⑤ [宋]欧阳修、宋祁:《新唐书》,1160 页,北京,中华书局,1975。
⑥ [唐]杜佑:《通典》,353~354 页,北京,中华书局,1988。
⑦ [唐]杜佑:《通典》,356 页,北京,中华书局,1988。
⑧ [宋]王溥:《唐会要》,1162 页,北京,中华书局,1985。

礼》《礼记》）、"《春秋》三传"（《左传》《公羊传》《穀梁传》）合称"九经"。另外，前期有《孝经》《论语》，中期以后又加《尔雅》，虽不在"九经"之数，但其地位重于其他儒家著作，仅次于经，国子监修业及科举考试皆与"九经"同科，"开成石经"也包括在其中。所以我们可以这样说，在唐代，《孝经》《论语》《尔雅》虽未名经，实同于经。有人称"开成石经"镌刻经数为十二经，不无道理。

长兴三年（932 年），依唐开成石经"刻'九经'印板"①，广为传布。其后，后蜀皇帝孟昶的宰相毋昭裔又据唐开成石经镌刻石经立于成都学官，但当时仅刻十部，即《周易》《尚书》《诗经》《周礼》《仪礼》《礼记》《左传》《孝经》《论语》《尔雅》。因为后蜀石经增刻了古注，所以入宋后颇受学人重视。皇祐年间，又将蜀石经未刻的开成石经中的《公羊传》《穀梁传》也补刻进去。宋徽宗宣和年间，成都知府席旦认为"伪蜀时刻《六经》于石，而独无《孟子》经，为未备"②，于是又刻入《孟子》。南宋晁公武的《石经考异序》言："鸿都石经，自迁徙邺、雍，遂茫昧于人间。至唐大和中，复刊十二经，立石国学。而唐长兴中，诏国子博士田敏与其僚校诸经，镂之版，故今世六学之传，独此二本尔。按赵清献公《成都记》，伪蜀相毋昭裔捐俸金，取九经琢石于学官。……国朝皇祐中，田元均补刻公羊高、穀梁赤二传，然后十二经始全。至宣和间，席升献又刻孟轲书参焉。"③至此，儒家经典足成"十三经"之数。

由上述内容可知，用经与传记分视的观点认识图书四部分类中"经部"著录的儒家经典"十三经"，原本并非皆属经，实为经与传记的混合体，是自汉至宋经历代拼凑组合而形成的一部巨帙。它并非作于一时，因而体例不一，内容庞杂。《周易》是一部古代的占筮书，书中既有殷周之际的历史资料，又有丰富的哲学思想。《尚书》汇编了上古的历史文件，还记载了从上古时的尧、舜到春秋时的秦穆公这一时期的史事。《诗经》是一部诗歌总集，其中有大量反映社会问题的现实主义作品，也有不少具有重要史料价值的叙事诗篇。《周礼》是一部记述周代设官分职的政典，分述天官冢宰、地官司徒、春官宗伯、夏官司马、秋官司寇、冬官司空（阙，以《考工记》补之）六官的职责。《仪礼》记载了上古的冠、婚、丧、祭、朝、聘、乡射等礼仪，反映了古代的亲族关系、宗法思想以及统治阶级各方面的生活情况。《礼记》是一部解释《礼经》之书，内容涉及宗法制度、儒学思想、教育文化等。《春秋》依年、时、月、日的时间顺序记载春秋时期鲁国的历史，是中国第一部编年史。"《春秋》三传"相传为解释《春秋》之书，《左传》重在记述史实，是继《春秋》之后的一部编年史，而记事范围远超鲁史，还较为详细地记载了晋、秦、齐、楚、郑、宋、卫等诸侯国的史事；《公羊传》《穀梁传》很少叙及春秋史事，重在阐发《春秋》的微言大义，内容涉及儒学思想、经学历史等诸多方面。《论语》《孟子》

① [宋]薛居正等：《旧五代史》，588 页，北京，中华书局，1976。
② 孙猛：《郡斋读书志校正》，417 页，上海，上海古籍出版社，1990。
③ [明]杨慎：《全蜀艺文志》，1001 页，北京，线装书局，2003。

分别记载了孔子、孟子言行(主要是言),是了解孔孟思想的主要著作。《孝经》专讲伦理孝道。《尔雅》是一部按内容分类编纂的词典。"十三经"的内容庞杂,从多角度记录了中华民族早年的生活历程,描绘了中国传统文化源头的风貌,为后人保存了多学科的丰富资料。想了解更多有关"十三经"的知识,可阅读如下书目:夏传才的《十三经概论》,由天津人民出版社于 1998 年出版;叶绍钧的《十三经索引》,由中华书局于 1983 年出版;吴枫的《十三经大辞典》由中国社会出版社、吉林人民出版社于 2000 年出版。

第二节 《诗经》

一、常识举要

《诗经》,先秦称《诗》,汉后称《诗经》,是乐官采集选编的一部诗歌总集。

(一)编纂

《诗经》的选诗方式,根据文献记载,主要有以下两种。一是采诗。《汉书·食货志上》曰:"孟春之月,群居者将散,行人振木铎徇于路,以采诗,献之大师,比其音律,以闻于天子。故曰王者不窥牖户而知天下。"[1]何休注《公羊传》中"什一行而颂声作矣"句云:"男年六十,女年五十无子者,官衣食之,使之民间求诗,乡移于邑,邑移于国,国以闻于天子。"[2]周王朝为了解民情,令人自下而上地采集民间歌谣,然后由乐官整理编纂,献给天子,以观民风。二是献诗。《国语·周语上》载:"故天子听政,使公卿至于列士献诗,瞽献曲,史献书,师箴,瞍赋,矇诵,百工谏,庶人传语,近臣尽规,亲戚补察,瞽史教诲,耆艾修之,而后王斟酌焉,是以事行而不悖。"《国语·晋语六》载:"古之言王者,政德既成,又听于民。于是乎使工诵谏于朝,在列者献诗……考百事于朝,问谤誉于路,有邪而正之,尽戒之术也。"[3]在列者,指位在公、卿、大夫、士之列者。在周王朝统治阶级内部,从公、卿、大夫到士的各个阶层,都通过向王室献诗进行讽谏或歌功颂德。经过五百多年的采集编选,到春秋中期,这部诗歌总集已具规模,后来又经过孔子的整理、修订,用以教授学生,渐而成为社会通行的定本——《诗经》。

(二)体例与内容

《诗经》收诗 305 首。收诗时间,上起西周初年,下至春秋中期,前后五百余年。《诗经》中的诗歌半数以上是各地民歌,其余多是贵族的作品。《墨子·公孟》

---

① [汉]班固:《汉书》,1123 页,北京,中华书局,1962。
② 《十三经注疏》整理委员会:《十三经注疏·春秋公羊传注疏》,361 页,北京,北京大学出版社,1999。
③ 徐元诰:《国语集解》,11~12、387~388 页,北京,中华书局,2002。

说:"诵诗三百,弦诗三百,歌诗三百,舞诗三百。"①《史记·孔子世家》也说:"三百五篇孔子皆弦歌之。"②诗既可唱诵,又可弦奏,还可舞蹈,也就是说诗原本都是乐歌。"风""雅""颂"是《诗经》的三类内容,因曲调的分类而得名。后来,乐谱亡失,独有歌词流传下来。

《诗经》分三部分,其编目如下。

第一,《风》分为:《周南》《召南》《邶风》《鄘风》《卫风》《王风》《郑风》《齐风》《魏风》《唐风》《秦风》《陈风》《桧风》《曹风》《豳风》。

第二,《雅》分为:《小雅》《大雅》。

第三,《颂》分为:《周颂》《鲁颂》《商颂》。

《诗经》是我国最早的一部诗歌总集,有很高的文学成就与史料价值,在中国文学史与史学史上都有极重要的地位。就文学而言,它是中国诗歌的源头;就史学而言,可以说它是一部记载先秦历史的史诗。《风》,是地方音乐,分十五国风。《风》诗绝大部分是民间歌谣,极少数是贵族作品,是中国最早的现实主义诗篇。《雅》,是王室宫廷与京畿一带的乐歌,分《大雅》《小雅》两部分。从来源上看,大部分是贵族作品,《小雅》中有少数作品是民间歌谣。从时间上看,《大雅》全部是西周作品,《小雅》兼有春秋时的作品。从内容上看,大致可分为两部分:一部分是西周初期的作品,这些诗篇反映的是周初社会比较繁荣的景象,歌颂了太平盛世及周王祖先,描写了统治阶级的生活;另一部分是在西周末年周室衰微到平王东迁历史背景下产生的作品,这些诗篇大都反映了深刻的社会内容,对统治阶级的昏庸腐败持批判态度,并且表现出对国家命运的关心与对劳动人民的同情。《颂》,是用于宗庙祭祀的乐歌,分《周颂》《鲁颂》《商颂》三部分。《周颂》全是西周初期的作品,主要内容是叙述周祖的起源与歌颂周先人的业绩及周王室的文治武功。《鲁颂》与《商颂》都产生于春秋前期,《鲁颂》主要歌颂鲁僖公的才略与功业,《商颂》因是宋国的作品而歌颂的是宋国先人商王的业绩。总体来说,《诗经》所反映的内容是多方面的。《诗经》描写的现实生活,为我们了解当时的社会情况提供了丰富而生动的素材。《诗经》中的一些叙事诗,有的记述了当时的社会制度,有的反映了重大的历史事件,有的保存了古代的传说历史。这些,都具有不可低估的史料价值。

(三)传本

秦代焚书禁学,《诗经》也遭遇了劫难。西汉初年,《诗经》复传。《汉书·艺文志》"艺文略"著录:"《诗经》二十八卷,鲁、齐、韩三家。"又著录:"《毛诗》二十九卷。《毛诗故训传》三十卷。"《诗经》类的小序说明了四家诗的传授情况:"汉兴,鲁申公为《诗》训故,而齐辕固、燕韩生皆为之传。或取《春秋》,采杂说,咸非其本

---

① [清]孙诒让:《墨子间诂》,456页,北京,中华书局,2001。
② [汉]司马迁:《史记》,1936页,北京,中华书局,1959。

义，与不得已，鲁最为近之。三家皆列于学官。又有毛公之学，自谓子夏所传，而河间献王好之，未得立。"①当时传授《诗经》的有四家：鲁人申培传授《鲁诗》、齐人辕固传授《齐诗》、燕人韩婴传授《韩诗》、毛公传授《毛诗》。鲁、齐、韩三家属今文，于西汉初被立为学官；《毛诗》属古文，于西汉末被立为学官。四家传授《诗经》，传本不同，文字各异，解说更是多有不同。东汉末年，郑玄为毛公的《毛诗故训传》作笺（注的一种形式），此后，郑学受到社会尊崇，《毛诗》得到学者推重。郑玄之后，学《毛诗》者渐多，其他三家《诗》逐渐衰废，并先后亡佚，只有《毛诗》独传于后世。《隋书·经籍志》言："《齐诗》，魏代已亡；《鲁诗》亡于西晋；《韩诗》虽存，无传之者。唯《毛诗郑笺》，至今独立。"②我们今天看到的《诗经》，就是以《毛诗》为底本的。

《毛诗》为"毛公之学"，毛公谓谁？《史记》叙汉初经师，《诗》举鲁、齐、韩三家，不提毛公。《汉书·艺文志》著录《毛诗》，称"公"而不名。至东汉末年，郑玄笺《毛诗》，作《诗谱》。郑玄在《诗谱》中说："鲁人大毛公为故训，传于其家，河间献王得而献之，以小毛公为博士。"③郑玄认为与《毛诗》有关的是大、小毛公二人，但仍称"公"而不名。三国时吴人陆玑在《毛诗草木鸟兽虫鱼疏》中提出："荀卿授鲁国毛亨，亨作《训诂传》，以授赵国毛苌，时人谓亨为大毛公，苌为小毛公。"④依郑、陆二氏之说，大毛公名亨，小毛公名苌，传《毛诗》者是毛亨而非毛苌。南朝宋人范晔在《后汉书·儒林列传》中提出："赵人毛苌传《诗》，是为《毛诗》。"⑤唐初所修《隋书·经籍志》著录《毛诗》二十卷。王肃注曰："汉河间太傅毛苌传，郑玄笺。"《隋书·经籍志》在小序中指出："汉初又有赵人毛苌善《诗》，自云子夏所传，作《诂训传》，是为《毛诗》古学。"⑥依《后汉书》《隋书·经籍志》之说，传《毛诗》者是毛苌而非毛亨。二说孰是？孔颖达等人奉唐太宗之命撰《五经正义》，孔颖达在其所撰《毛诗正义》中解"毛诗"之义时，参考了郑玄在《诗谱》中的观点。孔颖达云："大毛公为其传，由小毛公而题毛也。"⑦此后，学人多从孔氏正义说。

这里，我们列举数种介绍、研究《诗经》的著述以供参考学习，如朱熹的《诗集传》、于茀的《金石简帛诗经研究》、洪湛侯的《诗经学史》、陈宏天与吕岚的《诗经索引》、向熹的《诗经词典》、迟文浚的《诗经百科辞典》等。

---

① ［汉］班固：《汉书》，1707～1708页，北京，中华书局，1962。
② ［唐］魏徵、令狐德棻：《隋书》，918页，北京，中华书局，1973。
③ 转引自［宋］王应麟：《汉制考·汉艺文志考证》，152页，北京，中华书局，2011。
④ 转引自张舜徽：《汉书艺文志通释》，204页，武汉，华中师范大学出版社，2004。
⑤ ［宋］范晔撰，［唐］李贤等注：《后汉书》，2569页，北京，中华书局，1965。
⑥ ［唐］魏徵、令狐德棻：《隋书》，916、918页，北京，中华书局，1973。
⑦ 《十三经注疏》整理委员会：《十三经注疏·毛诗正义》，2页，北京，北京大学出版社，1999。

二、原典选读

《诗经》(节选)
周南·关雎

关关雎鸠[1]，在河之洲；窈窕淑女[2]，君子好逑[3]。

参差荇菜[4]，左右流[5]之；窈窕淑女，寤寐[6]求之。

求之不得，寤寐思服[7]；悠[8]哉悠哉，辗转反侧[9]。

参差荇菜，左右采[10]之；窈窕淑女，琴瑟[11]友之。

参差荇菜，左右芼[12]之；窈窕淑女，钟鼓乐之[13]。

(《十三经注疏》整理委员会：《十三经注疏·毛诗正义》，北京，北京大学出版社，1999。)

【注释】

[1]关关：指雎鸠和谐的鸣叫声。雎鸠：鱼鹰。旧以为此诗是以雎鸠比喻爱情。不确，此处是以雎鸠求鱼以喻男子求爱。

[2]窈窕：宫室幽深之状，此处形容淑女的居所。"窈窕淑女"犹言"大家闺秀"，后世所谓"闺秀"，即延此意。一说美好之貌，或以为形容身材苗条。

[3]好逑：配偶。"逑"一作"仇"，闻氏以为"好仇"即"妃仇"，与"匹俦"声义并同。《左传》："嘉耦曰妃，怨耦曰仇。"男女之情，可合而不可离，合之则为"嘉耦"，如胶似漆，即所谓之"妃"；离之则为"怨耦"，相思成恨，即所谓之"仇"。

[4]参差：长短不齐貌。荇菜：多年生水草，茎细长，叶卵圆形，背面带紫红色，漂浮在水面上。

[5]流："摎"的借字，训"求"，意为寻求。一说指荇菜随水流摇摆貌。

[6]寤：醒着。寐：睡着。这里指白天黑夜都在思念淑女。或以为寤寐是偏义复合词，即言睡梦中，亦通。

[7]思服：思念。

[8]悠：长远、长久，此指忧思不绝。

[9]辗转：形容忧思难眠、卧不安席之貌，辗转，本作展转，转动。反侧：俯卧称反，侧卧称侧。

[10]采：采集。这里指采摘荇菜。

[11]琴瑟：古代的两种弦乐器。琴，五弦，或七弦。瑟，二十五弦或二十弦。友：友爱、亲近。"琴瑟友之"当指"琴挑"，汉代司马相如以琴曲挑动卓文君，即属此类行为。

[12]芼：菜，《仪礼·特牲馈食礼》《仪礼·少牢馈食礼》《礼记·内则》等郑注皆曰："芼，菜也。"此处指以荇菜祭祀神灵。

[13]钟鼓乐之：当指击打钟鼓以庆贺新婚。

【解读】

《关雎》是一篇乐新婚的诗，讲述的却是一个男子在幻想中获得爱情的故事，这样在婚礼上演奏可以增加趣味性。有人根据《礼记·郊特牲》中"昏礼不用乐""昏礼不贺"的记载，否定了这种说法。但《礼记·曲礼》又有"贺取妻"、婚娶为酒食以召乡党的记载，而且《诗经》中《车舝》写新婚也说"式燕且喜""式歌且舞"，说明《礼记·郊特牲》的记载是有问题的。不可据以说诗。

就诗的内容而言，第一章写"艳遇"，第二章写"求爱"，第三章写求而未得之苦，第四章写相恋之欢，第五章写既得之乐。诗中虚构了一个故事，故事大约是说：一位公子在水边遇到了一位小姐，他爱上了她，可是不能马上得到她。他拼命地思念她，"寤寐思服""辗转反侧"后终于在幻境（或梦境）中得到了满足，后两章即对幻境的描述。此诗之妙在于入"山穷水尽"之地，忽逢"柳暗花明"之景。既感"求之不得"之苦，忽又现琴瑟钟鼓之乐。转悲为喜，化忧为乐，于幻境中完成了恋爱、结婚的乐事，可谓"死处逢生"。但这"生"，绝不是一般的"生"，而是对苦闷现实的超脱，也是对美好生活的追求和向往。戴君恩在《读风臆评》中说："诗之妙全在翻空见奇。此诗只'窈窕淑女，君子好逑'一句，便尽了，却翻出未得时一段，写个牢骚忧受的光景。又翻出已得时一段，写个欢欣鼓舞的光景。无非描写'君子好逑'一句耳。若认作实境，便是梦中说梦。"可谓善会诗义。人或不明，疑此为错简。如日本青木正儿的《诗经章法独是》，即以此诗为两篇诗的误合。然而此诗为三百篇之首，人所悉知，其误何其容易！

【问题讨论】

《诗经》的编辑不是为了诗歌，而是为了礼乐，它是周代礼乐文明的载体。《关雎》放在《诗经》的第一篇，自然是为礼乐文明而设的。《毛诗序》说："《关雎》，后妃之德也。《风》之始也，所以风天下而正夫妇也。故用之乡人焉，用之邦国焉。"这段话说尽了编辑《关雎》意义之所在。它之所以能"风天下而正夫妇"，主要是因为它的内容是"乐得淑女，以配君子"。尽管《关雎》写的是男女之情，但能"发乎情，止乎礼义""乐而不淫，哀而不伤"，终以礼合，代表着人间正道。《毛诗传》发挥了这个意义，说："后妃说乐君子之德，无不和谐，又不淫其色，慎固幽深，若雎鸠之有别焉。然后可以风化天下。夫妇有别则父子亲，父子亲则君臣敬，君臣敬则朝廷正，朝廷正则王化成。"这听来有点离谱，其实都是由诗生发的。

现在的学者，看到"后妃之德也"几个字，就以为是胡说。其实不然。从诗中所写到的"窈窕淑女"看，"窈窕"是描写的宫室幽深之状。这显然是大贵族才有的居所。诗中提到"琴瑟""钟鼓"，这都是大贵族所享用之物，非一般人能有。诗中提到了"君子"，在《诗经》中，"君子"除女性称自己丈夫外，无一例外的皆指大贵族。因此这篇爱情诗乃是产生在贵族间的，说它写后妃，可能有传说上的根据，不可轻易否定。

【文化史拓展】

1. 关于"关关雎鸠"

古人把"关"释作了雌雄相应之和声，因而把雎鸠当成了爱情鸟。如《毛传》曰："关关，和声也。雎鸠，王雎也，鸟挚而有别。水中可居者曰洲。后妃说乐君子之德，无不和谐。"《郑笺》曰："王雎之鸟，雌雄情意至然而有别。"《薛君韩诗章句》曰："雎鸠贞洁慎匹。"《焦氏易林》曰："贞鸟雎鸠，执一无尤。"从孔颖达到朱熹，以及至今大量的《诗经》注本，都在沿袭着汉儒的解释。闻一多先生是一位最富创见的学者，而其在解"关关雎鸠"句时，仍沿"雌雄情意专一""尤笃于伉俪之情"一说。但要知道雎鸠又名鱼鹰，属于雕类。郭璞的《尔雅》注曰："今江东呼之为䲹，好在江渚山边食鱼。"雎鸠作为一种猛禽，用来形容爱情，实在不伦不类。再则，以"关关雎鸠"为夫妻和谐象征之说，是缺少根据的。因为在《诗经》的时代，我们没有发现以鸟喻夫妻的证据。日本著名的《诗经》研究专家松本雅明先生就曾表示，就《诗经》来看，在所有的鸟的表现中，以鸟的匹配来象征男女爱情的思维模式是不存在的。不仅在古籍中没有，在春秋前的古器物图案中，也难找到雌雄匹配的鸟纹饰。在良渚文化遗物及金铭图饰中，出现了连体鸟形器物与双鸟纹饰，但那多是为对称而设计的，并看不出雌雄相和的意义来。据闻一多先生的《说鱼》一文，《诗经》中的鱼连及食鱼的鸟乃是男女求爱的隐语。孙作云先生在《诗经恋歌发微》中则进一步指出，《关雎》以鱼鹰求鱼，象征男子向女子求爱。赵国华先生的《生殖崇拜文化论》在此基础上，对上古时代诗歌及器物图案中的鱼、鸟做了全面考察，认为鸟与鱼有分别象征男女两性的意义，并进一步认为雎鸠在河洲求鱼，乃是君子执着求爱的象征。这一解释可以说是基本正确的。

2. 关于"窈窕淑女"

因此篇"窈窕"与"淑女"连言，后世遂将"窈窕"作为形容女性体态、容貌美好之词，出现于诗歌、文章及口语中。但"窈窕"之本义如何？何以其有美好之意？则鲜有能答者。考汉唐经师关于"窈窕"之说，约有六家异说。《毛传》："窈窕，幽闲也。"此其一。《文选》卷二十一颜延年《秋胡诗》李善注引薛君《韩诗章句》曰："窈窕，贞专貌。"《汉书·匡衡传》亦云："窈窕淑女，君子好仇，言能致其贞淑，不贰其操。"匡衡学《齐诗》，是齐、韩同说。此其二。《郑笺》释"窈窕淑女"为"幽闲处深宫贞专之善女"，盖合毛韩两家之意而增益"深宫"二字。此其三。扬雄《方言》卷二曰："美状为窕""美心为窈"。《释文》引王肃语云："善心曰窈，善容曰窕。"是合德貌而言之，此其四。《楚辞·九歌·山鬼》王逸注："窈窕，好貌。"王逸学《鲁诗》，此盖《鲁诗》说。此其五。孔颖达《毛诗正义》曰："窈窕者，谓淑女所居之宫，形状窈窕然。故笺言幽闲深宫是也。传知然者，以其淑女已为善称，则窈窕宜为居处。"此其六。

六家异说，实不外乎三种指向：一指"容貌"言，二指"德性"言，三指"居处"言。后儒多在此三种意义指向的基础上发挥阐释。姚际恒在《诗经通论》中云："'窈窕'字从穴，与窅、窝等字同，犹后世言'深闺'。"此说最有道理。《说文》说：

"窈，深远也。""窕，深肆极也。"是说"窈窕"本义为言洞穴之幽深，即如张舜徽先生的《说文解字约注》卷十四所云："窈窕二字本义，皆言穴之幽深宽闲，故字从穴。"据考古学及人类学家研究，人类的历史有几百万年之久，这几百万年间，人类几乎是在穴居中度过的，真正脱离穴居也只有几千年。《诗经·绵》记周先人居处曰："陶复陶穴，未有家室。"《周易·需》曰："需于血，出自穴。"《墨子·节用》曰："古者人之始生，未有宫室之时，因陵丘掘穴而处焉。"先民初以自然之洞穴为居处，后由山地进入平原，仍沿穴居之俗而构制宫室。《后汉书·东夷传》曰："挹娄……土气极寒，常为穴居，以深为贵，大家至接九梯。"《旧唐书·北狄传》曰："靺鞨……无屋宇，并依山水掘地为穴，架木于上，以土覆之。"在发掘殷墟时，曾发现许多竖穴窦窖，深深浅浅，方方圆圆，形状各异，学者们认为此与远古的穴居习俗有关。所谓"窈窕"者，其初当是形容居处洞穴之状。黄土高原至今仍存有穴居洞处的风俗，即所谓"土窑洞"，其俗为富有者的窑洞深而宽，贫寒者的则浅而窄，即如《后汉书》所云"以深为贵"。《毛传》以"幽闲"释"窈窕"，"幽"有深意，"闲"有宽意，所言正指洞穴之深宽。而当先民由山丘移居于平原、构制房屋之后，"窈窕"一词便引申有了形容宫室幽深之意。

古代的贵族女子多居于后室，即所谓深宫之中。其婚前要进行隔离教育，其隔离于幽僻之所，即所谓深闺之中。挹娄穴居，"以深为贵"，此是穴居者普遍的价值观念。"窈窕"形容闺门幽深之状，此深闺自非寻常人家女子所居。故"窈窕淑女"便具有了后世所谓"大家闺秀"之意。春秋人以出身高贵为美，如姜姓为姜太公之后，乃大国齐之国姓，在当时地位至为显赫，故"孟姜""齐姜"之类，在《诗经》中被作为"美女"之代称（《衡门》："岂其取妻，必齐之姜"；《桑中》："云谁之思，美孟姜矣"），即明证。又《礼记·昏义》言："古者妇人先嫁……教以妇德、妇言、妇容、妇功。"处于"窈窕"深宫的少女，正当豆蔻年华，即所谓之黄花闺女，自然容貌姣好，体态嫩柔，再经过教育，有教养，懂妇道，便多有了端庄娴雅之态，专贞贤淑之德。故此"窈窕"便引申有了言女子美好之意。《毛诗》所谓"幽闲"，《韩诗》所谓"贞专"，《鲁诗》所谓"好貌"，皆是"窈窕"之引申义而非本义。因人类日益远离穴居时代，故"窈窕"本义随着历史日渐隐晦，其滋生之义反彰。杨向奎先生以为"淑女"指经过笄礼而待字闺中的女子。其说甚佳。女子经过笄礼，表示已成熟，至于最佳状态，故以"淑"而总言其好。

3. 关于"琴瑟友之"

《诗集传》说："友者亲爱之意也。"这个解释很好。这里当是指"琴挑"。胡适在《谈谈〈诗经〉》一文中言及《关雎》篇时说："友以琴瑟，乐以钟鼓，这完全是初民时代的社会风俗，并没有什么稀奇。意大利、西班牙有几个地方，至今男子在女子的窗下弹琴唱歌，取欢于女子。至今中国的苗民还保存这种风俗。"此说颇有见地。《风俗通义·声音》曰："雅琴者，乐之统也，与八音并行，然君子所常御者，琴最亲密，不离于身，非必陈设于宗庙乡党，非若钟鼓罗列于虡悬也。虽在穷阎陋巷，深山幽谷,犹不失琴。"《白虎通义·礼乐》说:"琴者,禁也,所以禁止淫邪,正人心也。"并引《诗传》曰:"大夫士琴瑟御。"又说:"瑟者,啬也,闲也,所以惩忿窒欲,正人之德也。"《乐府诗集·琴曲歌辞》曰:"琴者,先王所以修身理性,禁邪防淫者也。是故君子无故不去其身。"根据这些记载,我们可以明白两点:第一,琴瑟是上古贵族男子常携带之物,特别是琴,无故不去其身,可能这本身就是其高贵地位与有教养的标志;第二,琴瑟皆有禁邪防淫的功能,所谓禁邪防淫,当是指禁止不合于礼的行为,特别是爱情行为,"君子御琴瑟"与"禁邪防淫"是相联系的。在初民社会,男女之间求爱方式多种多样,《诗经·将仲子》说的越墙攀树,即孟子所谴责的"逾东家墙而搂其处子",那是其中的一种比较野蛮的方式。而以琴瑟传递爱情信息,则是一种文雅的恋爱方式,且合于当时的礼俗即道德规范,流行于上流社会中。《白虎通义·礼乐》曰:"夫礼乐所以防奢淫。"《周礼·大司徒》注曰:"礼所以节止民之侈伪,使其行得中。乐所以荡正民之情思,使其心应和。"男女相思,发之于琴瑟之声,不为鲁莽之行,此即礼乐防淫之谓。《拾遗记》卷一记神话中少昊、皇娥之恋说:"帝子与皇娥并坐,抚桐峰梓瑟。皇娥倚瑟而清歌……"《郑风·女曰鸡鸣》言男女之相亲昵曰:"琴瑟在御,莫不静好。"《小雅·常棣》曰:"妻子好合,如鼓瑟琴。"皆可证琴瑟的意义所在。在当今一些民族中,也可见到以音乐传情相爱的习俗。司马相如琴挑卓文君,张生琴挑崔莺莺的故事,可谓家喻户晓。只不过琴瑟之恋在上古为守礼节情之行,而在后世则为风流佳话。此自然是由于观念变化的结果。

(注释、解读、问题讨论、文化史拓展据刘毓庆、杨文娟:《诗经讲读》,上海,华东师范大学出版社,2008,有改动。)

小雅·鹿鸣

呦呦[1]鹿鸣,食野之苹[2]。我有嘉宾[3],鼓[4]瑟吹笙。

吹笙鼓簧[5],承筐是将[6]。人之好我[7],示我周行[8]。

呦呦鹿鸣,食野之蒿[9]。我有嘉宾,德音孔昭[10]。

视民不恌[11],君子是则是效[12]。我有旨酒[13],嘉宾式燕以敖[14]。

呦呦鹿鸣,食野之芩[15]。我有嘉宾,鼓瑟鼓琴。

鼓瑟鼓琴,和乐且湛[16]。我有旨酒,以燕乐嘉宾之心。

(《十三经注疏》整理委员会:《十三经注疏·毛诗正义》,北京,北京大学出版社,1999。)

【注释】

[1]呦呦:鹿鸣声。据说鹿群居,有了食物则鸣,呼同类聚食,故此以兴,述招待宾客欢聚。

[2]苹:马帚草。

[3]嘉宾：贵客。

[4]鼓：弹奏。

[5]簧：笙中的舌片。

[6]承：奉（捧）。筐：盛币帛的竹器。将：送。古代宴客时，有侑宾、酬宾之礼，在宴客时拿些礼物送给客人。

[7]好我：言与我相友好。

[8]示：告、指示。周行：大道。

[9]蒿：草名，有白蒿、青蒿多种，此处当指青蒿。

[10]德音：善言。孔昭：甚明。

[11]视：示。恌：轻薄、不厚道。

[12]则：法则。效：效法。

[13]旨酒：美酒。

[14]式：语气词。燕：同"宴"，宴饮，或以为安乐。敖：乐。

[15]芩：草名，生长在沼泽洼地。

[16]和乐：和谐欢乐。湛：欢乐之甚。

【解读】

这是一首周天子宴宾的乐歌。全诗洋溢着欢乐活泼的气氛，有一种太平盛世的景象。就诗的原初意义看，这首诗更直接地表现了周代礼乐文明在政治生活中的意义。它所表现的不是具体的宴会情景，而是一种和谐的君臣关系，是宴会中所洋溢着的祥和之气。君与臣之间不是绝对主宰与绝对服从的关系，而是君待臣以礼、臣对君以忠的相互尊重。第一章言燕礼，而望宾以忠告。鼓乐声起，行币劝饮，是宴始时的景象。呦呦字传响入神。第二章写饮宴，而见宾客之贤，是宴中时的情景。第三章乐酒并举，见欢乐之甚，是宴将终时的情景。第二章庄重得体，第三章和蔼入情，各有其妙。

从诗的主旨上看，重在表现一个"乐"字。主人之乐，在于自身有贤才能使有德行的"嘉宾"相聚；鼓乐、行币、具酒，则在于乐"嘉宾"。"和乐且湛"，则表现了上下融洽、彼此无猜的欢乐气氛。这种氛围的深入表现就是主人认识到"人之好我，示我周行"的重要性——这是主人与臣下之间最为珍贵的关系，也是古代知识分子所向往的美好情景。

【问题讨论】

1. 关于《鹿鸣》的时代问题

关于《鹿鸣》的时代问题，旧有文王、周公、康王、夷厉、宣王等说。当以宣王时为确。全诗欢欣和乐，有一片太平盛世气象，不像夷、厉衰世之作。但也与周初诗不相类。诗中五言"嘉宾"，"嘉宾"之类词，在西周前期诗、文及金铭中，都不曾见到，而在西周晚期以后的诗及金铭中却频频出现，这应当是其产生时代的一个说明。在西周晚期，只有宣王给了周贵族一个希望，使周王朝出现了一时的中兴气象。《鹿鸣》及与其相属的正《小雅》十六篇，可能都是宣王中兴时的作品。《礼记·王制》《汉书·艺文志》《孔丛子·巡守》等都有古天子采诗之说的记载，清儒崔述坚决反对，他说克商以后，下至陈灵公，近五百年，为什么前三百年所采诗殊少，而后二百年却那么多呢？其实如果把《诗经》各篇的时代与古书的记载相互结合考察一下，便会发现，采诗的制度可能是在宣王时才确立的，所以《小雅》中几乎有四分之三的诗都产生在宣王时，宣王之前的诗极少。宣王之后则有大量的风诗。这种制度的确立可能和厉王禁人言论自由而导致败亡的教训有关。采诗的目的之一是"观民风，知得失，自考正"，其中就蕴有"防民之口甚于防川"的教训在。《鹿鸣》诗说"人之好我，示我周行"，也表现出了寻求忠言善告以防覆败的意义。与经过厉王之败的宣王的心态，是很相合的。

2. 关于《鹿鸣》的主旨问题

《鹿鸣》诗旧有美、刺二说。《毛诗序》云："《鹿鸣》，燕群臣嘉宾也。既饮食之，又实币帛筐篚。以将其厚意，然后忠臣嘉宾得尽其心矣。"此说甚为明了。而《史记·十二诸侯年表》用《鲁诗》说则云："仁义陵迟，《鹿鸣》刺焉。"《太平御览》引蔡邕《琴操》云："周大臣之所作也。王道衰，君志倾，留心声色，内顾妃后，设旨酒嘉肴，不能厚养贤者，尽礼极欢，形见于色。大臣昭然独见，必知贤士幽隐，小人在位，周道陵迟自是始。故弹琴以风谏，歌以感之。庶几可复。"我们从《鹿鸣》诗中，实在看不到一点讽刺之意，与衰世君王留心声色毫不相涉。因此所谓"刺"当是赋诗之义，非作诗之意。从诗的语气上看，此应当是周王朝的宴宾乐歌。毛序"燕群臣嘉宾"之说是符合诗义的。

【文化史拓展】

宴会奏乐，是周代礼乐制度的一个重要方面。这篇诗歌原本是"君与臣下及四方之宾燕，讲道修政之乐歌"(郑玄《仪礼·燕礼》注)，即《诗序》所说的"燕群臣嘉宾"之歌。但在周代，这篇诗并不只用于君燕臣下之礼上，因为诗的内容表现了对嘉宾的热情，最能表达主人的心意，因而还被广泛地用于各种燕宾仪式中，成为上下通用之乐。如《仪礼·乡饮酒礼》说："乐正先升，立于西阶东。工入，升自西阶，北面坐。相者东面坐，遂授瑟，乃降。工歌《鹿鸣》《四牡》《皇皇者华》。卒歌，主人献工，工左瑟，一人拜，不兴，受爵，主人阼阶上拜送爵。"《仪礼·燕礼》说："工歌《鹿鸣》《四牡》《皇皇者华》……"又曰："升歌《鹿鸣》，下管《新宫》。笙入三成。遂合乡乐，若舞则《勺》。"《仪礼·大射仪》："乃歌《鹿鸣》三终……乃管《新宫》三终。"甚至大学入、投壶游戏等，也在奏《鹿鸣》。据臧琳《经义杂记》考证，《鹿鸣》旧曲，汉魏时尚存。晋初，《鹿鸣》曲还在演奏。至晋泰始五年(269 年)，才不再奏。唐宋时乡贡奏曲，仍有以《鹿鸣》为名者，只是已非旧曲了。

【文学链接】

曹操的那首著名的《短歌行》就直接引用了本诗第一章的前四句，表现了他宽阔的心胸和恢宏的气象。在诗中，他把贤才当作"嘉宾"，当作朋友，表现了对有能力的知识分子的尊重和喜爱。

古代学者多把本诗的主题归于所谓"乞言"（即天子请大臣讲意见）上，其实这不过是对平日臣下表现的一种肯定和感激之意，宴会本身并不在于此。正因为如此，后世的进士及第，天子要设"琼林宴"，以招待新科进士，宴会上就要演奏《鹿鸣》曲。

（注释、解读、问题讨论、文化史拓展、文学链接据刘毓庆、杨文娟：《诗经讲读》，上海，华东师范大学出版社，2008，有改动。）

三、阅读思考

1. 试着从"经学"的角度去理解《关雎》《鹿鸣》。

2. 《诗经》的"六艺"是什么？

四、拓展阅读

1. 《十三经注疏》整理委员会：《十三经注疏·毛诗正义》，北京，北京大学出版社，1999。

2. ［宋］朱熹：《诗集传》，上海，上海古籍出版社，1980。

3. 高亨：《诗经今注》，上海，上海古籍出版社，1980。

4. 程俊英、蒋见元：《诗经注析》，北京，中华书局，2017。

第三节　《尚书》

一、常识举要

《尚书》是中国上古历史文件与部分追述上古史事的著作的汇编。

《尚书》的记事时间，上起尧舜，下迄春秋中期的秦穆公。《尚书》的多数篇章重在记言，所记的多是君主训誓臣民与近臣告诫君主之辞，另有少数叙事之篇。全书分编为《虞书》《夏书》《商书》《周书》四个部分，其中，《虞书》5篇，《夏书》4篇，《商书》17篇，《周书》32篇，共58篇。书前有1篇序，合序共59篇。这就是今本《尚书》。

《尚书》是中国现存最早的一部历史文献，在古代文献中，《尚书》的问题最为复杂。

（一）书名

《尚书》，最初只被称作《书》。先秦文献称引"《书》曰""《书》云"等，都是指的《尚书》。

"书"本为一切书籍的泛称。"是以先王之书《周颂》之道之曰：'载来见彼王，虽求厥章。'"①这是《墨子·尚同中》中的记载,引文见今本《诗经·周颂·载见》,即"载见辟王,曰求厥章"②。又如《左传·鲁昭公二年》记晋国韩宣子到鲁国访问之事:"观书于大史氏,见《易》《象》与《鲁春秋》。"③可知,《诗》《易》《鲁春秋》等皆可以"书"称之,所以《说文解字》说"著于竹帛谓之书"④。同时,"书"又专指记政事言论的简册。古代君举必书,设有左、右史分掌记君之言、行。《汉书·艺文志》言:"左史记言,右史记事,事为《春秋》,言为《尚书》。"⑤《尚书》是一部以记言为主的书,所以,"书"又成为这部书的专称。

《书》称《尚书》,始于何时?《墨子·明鬼下》言:"故尚书《夏书》,其次商周之《书》。"有人将此"尚书"作为《书》有"尚书"之名的最早记载。其实,此"尚书"只是《夏书》的修饰语,并非书名专称。清代学者王念孙在《读书杂志》中提出"尚书"之"书"当为"者"。他说:"'尚书《夏书》',文不成义,'尚'与'上'同,'书'当为'者',言上者则《夏书》,其次则商、周之《书》也。此涉上下文'书'字而误。"⑥孙诒让的《墨子间诂》遵从王说,径改"书"为"者"。⑦ 近现代不少学者也都以王说为是。《书》称《尚书》之始,根据文献记载,有三说。第一,始于孔子。孔颖达在注《尚书序》时引郑玄《书赞》曰:"孔子乃尊而命之曰《尚书》。"⑧第二,始于伏生。伪孔安国的《尚书序》曰:"以其上古之书,谓之《尚书》。"⑨第三,始于欧阳氏。《太平御览·学部三·书》引刘歆的《七略》曰:"《尚书》,直言也,始欧阳氏先名之。"⑩孔子生活于春秋末期,《论语》是其弟子汇辑其言行编纂而成的。《论语》中几次提到《尚书》,但不称《尚书》而称《书》。直至战国末年,在《荀子》《韩非子》《吕氏春秋》等文献中仍不见以《尚书》称《书》。所以《尚书》名始于孔子之说实不可信。伏生原为秦博士,是汉初传授《尚书》的经师。欧阳生是伏生的弟子,徒承师说,自在情理中,所以第二与第三两说实为一说。欧阳生约与孔安国同时,略早于司马迁。《史记》中,除《诗》《书》连文者仍以《书》称之外,凡只是言及《书》者大都称《尚书》。太史公以《尚书》称《书》,当上有所承。由此看来,《尚书》名始于伏生之说较为可信。但就今见文献记载,最早见于《史记》。

《书》称《尚书》,于义何取?《尚书》之义,主要有四说。第一,上古之书。伪孔安国《尚书序》曰:"以其上古之书,谓之《尚书》。"第二,像天书一样的重要之书。《艺文类聚》卷五十五引《尚书璇玑钤》曰:"尚者上也。上天垂文象,布节度。

---

① [清]孙诒让:《墨子间诂》,88~89 页,北京,中华书局,2001。
② 《十三经注疏》整理委员会:《十三经注疏·毛诗正义》,1337 页,北京,北京大学出版社,1999。
③ 杨伯峻:《春秋左传注》,1226 页,北京,中华书局,1981。
④ [汉]许慎:《说文解字》,314 页,北京,中华书局,1963。
⑤ [汉]班固:《汉书》,1715 页,北京,中华书局,1962。
⑥ [清]王念孙:《读书杂志》,588 页,南京,江苏古籍出版社,1985。
⑦ [清]孙诒让:《墨子间诂》,242 页,北京,中华书局,2001。
⑧ 《十三经注疏》整理委员会:《十三经注疏·尚书正义》,13 页,北京,北京大学出版社,1999。
⑨ 《十三经注疏》整理委员会:《十三经注疏·尚书正义》,14 页,北京,北京大学出版社,1999。
⑩ [宋]李昉等:《太平御览》,2741 页,北京,中华书局,1960。

书也，如天行也。"①孔颖达引郑玄语曰："尚者上也，尊而重之，若天书然，故曰《尚书》。"②第三，史官所记帝王言行之书。《论衡·须颂》持此说。"或说《尚书》曰：'尚者，上也；上所为，下所书也。''下者谁也？'曰：'臣子也。'"③陆德明的《经典释文·序录》引王肃语曰："上所言，下为史所书，故曰《尚书》。"④第四，所尊尚之书。清代牟庭的《同文尚书》的跋语有以下论断。"《汉书·艺文志》有《周书》七十一篇，本注曰：'周史记'。师古注曰：'刘向云："周时诰誓号令也，盖孔子所论百篇之余也。"今之存者四十五篇矣。'余案此则孔子所论《书》之余，亦号《周书》，其名相混，故加'尚'以为别，谓所尊尚之书。"⑤以上四说，对于"书"义的理解相同，皆与《说文解字》所言"著于竹帛谓之书"的意义相合，以今语言之，也就是文字记载。对于"尚"的解释，前三说对词义的训释相同，皆曰"尚者上也"，但是，对"上"义的解说却各不相同：第一说从时间角度分上下，"上"指时间久远；第二说从空间角度分上下，"上"指在上者，也就是天，天至高无上，所以最为尊贵；第三说从等级角度分上下，"上"指在上者，也就是帝王；第四说从认识角度分上下，以"尚"为尊崇之义，是从人的认识角度分上下，"上"指认为重要的且应受尊崇者。较之四说，以第一说于义为长；第二说源于纬书，且系人事于天，本不足信；第三说似可采从，但把"上书"解释为"上为下书"或"上言下书"，于文难通，实不可取；第四说是从人的主观认识角度名书，书名未能揭示书的性质与内容。第一说将"尚"作为"书"的修饰词，表示时间久远，于文、于义都很通顺，且在先秦、两汉的文献中，以"尚"表示时间久远，句例甚多，如《吕氏春秋·古乐》中的"故乐之所由来者尚矣"⑥，《史记》中的"五帝、三代之记，尚矣"和"殷以前尚矣"⑦等。从《尚书》的内容看，确是记载上古政事之书。所以，我们采用第一说：尚者，上也；《尚书》者，上古之书也。

《书》称"经"，是在它成为儒家经典的时候，在战国后期。不过，当时，它只是和《易》《诗》《礼》《乐》《春秋》合称"六经"，尚未将"经"字单独连缀书名之下，称《书经》。《书》称《书经》，始于《汉书》，凡三见；《律历志》凡两见，称《书经》；《杨胡朱梅云传》凡一见，称《尚书经》。

直到今天，《书》《尚书》《书经》三名并用。

（二）编订

《尚书》的编纂成书，汉代有三说。第一，《史记》说。《史记·三代世表》云："孔子因史文次《春秋》，纪元年，正时日月，盖其详哉。至于序《尚书》则略无年

① ［唐］欧阳询：《艺文类聚》，983 页，上海，上海古籍出版社，1965。
② 《十三经注疏》整理委员会：《十三经注疏·尚书正义》，13 页，北京，北京大学出版社，1999。
③ 黄晖：《论衡校释》，847 页，北京，中华书局。1990。
④ ［唐］陆德明：《经典释文》，9 页，上海，上海古籍出版社，2012。
⑤ ［清］牟庭：《同文尚书》，1609 页，济南，齐鲁书社，1981。
⑥ 陈奇猷：《吕氏春秋新校释》，290 页，上海，上海古籍出版社，2002。
⑦ ［汉］司马迁：《史记》，487、801 页，北京，中华书局，1959。

月；或颇有，然多阙，不可录。"①《史记·孔子世家》又云："孔子之时，周室微而礼乐废，《诗》《书》缺。追迹三代之礼，序《书传》，上纪唐、虞之际，下至秦缪，编次其事。"②第二，《书纬》说。孔颖达在《尚书序》的疏文中有如下论断。"郑作《书论》，依《尚书纬》云：'孔子求书，得黄帝玄孙帝魁之书，迄于秦穆公，凡三千二百四十篇。断远取近，定可以为世法者百二十篇，以百二篇为《尚书》，十八篇为《中候》。'"③第三，《汉书》说。《汉书·艺文志》载有此论。"《易》曰：'河出图，雒出书，圣人则之。'故《书》之所起远矣。至孔子纂焉，上断于尧，下迄于秦，凡百篇，而为之序，言其作意。"④以上三说，最早始于《史记》。《史记》一曰"序"，二曰"编次"。序即编次之义。编次的篇章，在时限上，上自尧、舜，下至秦穆公。《史记》没有涉及编次的篇章数目。纬书出现于西汉末年，是用谶解经而产生的带有宗教迷信色彩的经说，不足为据。班固生活于东汉初年，上承《史记》之说，下受纬书影响，认为《尚书》是由孔子编纂的。

　　长期以来，人们都认同汉代人提出的孔子编订《尚书》的说法。但从先秦文献征引《尚书》情况及《尚书》一些篇章的成文年代推断，孔子编订《尚书》之说不可信从，《尚书》最后编订成书的年代当在孔子后。在先秦，《尚书》很早就已被人们重视，人们常常为说明问题而引《书》为证。先秦文献征引《尚书》，最早见于《论语》，而《论语》只称《书》。《孟子》引《书》，有只称《书》的，有称具体篇名的。《左传》《国语》引《书》，有只称《书》的，也有称篇名的，更有了《虞书》《夏书》《商书》《周书》的名称。先秦文献引《书》名称逐次演变，反映了《尚书》编次的日渐进步，说明《尚书》编订远在孔子后。关于《尚书》中一些文章的成文年代，大致可以说，有西周时期文字，也有战国时期作品。也就是说，有一些成文于孔子前，也有一些成文于孔子后。这样，《尚书》最后编订成书的年代，自然不会在孔子时。

　　结合《尚书》在战国时期的流传情况与汉代的传本来看，我们大致可以提出以下几点看法。第一，先秦文献征引《尚书》，先称《书》，后有称篇名者，进而又有称《虞书》《夏书》《商书》《周书》者。由此可以推知，古代典册从官府传布社会，在社会上流传的形式，开始当是以单篇形式，后来逐渐有了汇编本，而汇编的内容是从一个朝代的简册中选取若干篇，称为"某书"。第二，先秦文献征引《尚书》，既有篇名不同者，又有篇名虽同但文字歧异者。由此大致可以推知，战国时期当有不同的选编本。第三，用先秦文献所引《尚书》与汉代传本的《尚书》相比较，既有逸篇，又有逸文。由此大致可以推知，《尚书》在战国时期的多种选编本，经过秦代焚书及秦末战乱之后，大多已焚毁、散失。第四，汉代传本的《尚书》，一则有些篇章的内容显露出秦制的痕迹，二则记事的下限为秦国

---

① [汉]司马迁：《史记》，487 页，北京，中华书局，1959。
② [汉]司马迁：《史记》，1935~1936 页，北京，中华书局，1959。
③ 《十三经注疏》整理委员会：《十三经注疏·尚书正义》，11 页，北京，北京大学出版社，1999。
④ [汉]班固：《汉书》，1706 页，北京，中华书局，1962。

穆公时期的《秦誓》。由此可以推知，汉代传本的《尚书》当为秦国流传本。第五，罗根泽在《由〈墨子〉引经推测儒墨两家与经书之关系》中说："《孟》《荀》两书，皆喜引《诗》《书》……今《孟》《荀》儒家书所引者，略同今本，墨家所引者，则悬殊太甚；今本举世知为儒家所传，被有浓厚之儒家色彩，则孔子'删《诗》《书》，定礼乐'之说，虽难遽信，而其经过儒家之修饰润色，殊有极深之嫌疑。"①也就是说，汉代《尚书》的传本由孔子编订的说法不可信从，但是它经过了孔子及其后学的整理是可能的。第六，汉代《尚书》传本的编订者当是秦国的儒家后学，编订时间当在战国末期或迟至秦朝统一到焚书前的一段时间。

（三）体例

《尚书》重在记言，多记君训臣、臣诫君之言，另有少数叙事之篇。对于重在记载古代帝王言辞之《书》，按其内容，区分类例，先秦文献已涉及。如《国语·周语中》记载单襄公对周定王，把先王之书的内容分为教、制、官、令四项。又如《墨子·非命上》把先王之书的内容分为宪、刑、誓三项。这些内容分类，大致反映了当时选编本所收篇章的内容情况。

汉代以来，一些学者对《尚书》内容的类例提出的意见，都是从当时见到的《尚书》本所收篇章内容综合概括出来的。

《尚书大传》区分为七项："六《誓》可以观义，五《诰》可以观仁，《甫刑》可以观诚，《洪范》可以观度，《禹贡》可以观事，《皋陶谟》可以观治，《尧典》可以观美。"②这里所区分的前两项可概括为，一曰"六《誓》"，二曰"五《诰》"，显然，誓、诰各为一类。后五项都是具体篇名，严格来说，都很难独成一体。如果将它们姑且拼合为一类，则《尚书大传》所分之类可以概括为三：一曰誓，二曰诰，三曰其他。

《尚书序》区分为六项："讨论坟、典，断自唐虞以下，讫于周，芟夷烦乱，翦截浮辞，举其宏纲，撮其机要，足以垂世立教，典、谟、训、诰、誓、命之文，凡百篇。"③

孔颖达曰："说者以《书》体例有十，此六者之外，尚有征、贡、歌、范四者，并之则十矣。"孔颖达又在《尚书正义》中对《尚书》十体做了具体说明。他说："典书草创，以义而录，但致言有本，名随其事。检其此体，为例有十。一曰典，二曰谟，三曰贡，四曰歌，五曰誓，六曰诰，七曰训，八曰命，九曰征，十曰范。"④除此之外，还有以人名命篇者，如《益稷》《太甲》《盘庚》《微子》《君奭》《君陈》《君牙》等；也有因事命篇者，如《高宗肜日》《西伯戡黎》《武成》《旅獒》《金縢》《梓材》《多士》《无逸》《多方》《立政》《周官》《吕刑》等。孔颖达认为："《书》篇之名，因事而

① 罗根泽：《古史辨》第4册，280～281页，上海，上海古籍出版社，1982。
② ［宋］王应麟著，［清］翁元圻等注：《困学纪闻》上册，262页，上海，上海古籍出版社，2008。
③ 《十三经注疏》整理委员会：《十三经注疏·尚书正义》，10页，北京，北京大学出版社，1999。
④ 《十三经注疏》整理委员会：《十三经注疏·尚书正义》，10、19页，北京，北京大学出版社，1999。

立，既无体例，随便为文。"①他根据"十体"之说，认为这些以人名命篇与因事命篇的篇章，就其内容分析，实际上也都分属谟、训、诰、命之体，只是篇名没有体现出来罢了。

《尚书序》与孔颖达所依据的，是东晋初年梅赜所献孔传《尚书》。二者所区分类例，如果做一比较，前者简明，后者琐细；且孔颖达所分十体，实是摘取孔传《尚书》篇名末字以为体例，显然不足为据。

现代学者陈梦家将《尚书》内容分为三类：一曰诰命，二曰誓祷，三曰叙事。陈梦家所依据的，是西汉初年伏生所传今文《尚书》。

今本《尚书》，即孔传《尚书》，全书除序，共58篇，其内容大致可以区分为四类：典、诰、誓、事。第一，典。《尔雅》训"典"曰："常也。"《释诂》曰："典，常也。"《释言》曰："典，经也。"可见经、常同义。《周礼·天官冢宰》记载，太宰之职掌"建邦之六典"。郑玄注曰："典，常也，经也，法也。"《尚书·尧典》之孔疏言："称典者，以道可百代常行。"《尚书》有《洪范》：洪，大；范，法。洪范，即大法。《尚书》又有《吕刑》。《尔雅·释诂》曰："刑，常也。"又曰："刑，法也。"②所以，《洪范》《吕刑》也归并此类。此类内容，既有政教，又有刑法。第二，诰。我们将《尚书》中的诰、命、谟、训都归并此类。《说文解字》曰："诰，告也。"以言告人皆曰诰，今言"告"，古用"诰"。诰者，告诫之辞。《说文解字》曰："命，使也。从口令。"段注："令者，发号也，君事也。非君而口使之，是亦令也。"命者，策命、命令之辞。《说文解字》曰："谟，议谋也。"谟者，谋议之辞。《说文解字》曰："训，说教也。"段注："说教者，说释而教之。"训者，教导训诫之辞。依其内容，可分为四种情况，即一曰上告下，二曰下告上，三曰君臣谋议，四曰人告神灵。上告下者，如《汤诰》《盘庚》《大诰》《康诰》《多方》《文侯之命》等。下告上者，如《仲虺之诰》《太甲》《无逸》等。君臣谋议者，如《大禹谟》《皋陶谟》《益稷》等。人告神灵者，有《金縢》一篇。第三，誓。《说文解字》曰："誓，约束也。"③《尚书》凡以"誓"命篇的，都是用于军事行动中的誓师之篇。《尚书·甘誓》之孔疏有此论。"《曲礼》云：'约信曰誓。'将与敌战，恐其损败，与将士设约，示赏罚之信也。"④此即所谓"将战而誓"者，如《甘誓》《汤誓》《牧誓》《费誓》等。又有虽军事行动但未战而誓众者，如《泰誓》。还有战败之后悔过而誓众者，如《秦誓》。诰、誓，都是告诫、号令之辞，用于不同的场合。言辞发表在平时的称诰，诰者告；言辞发表在军事行动中的称誓，誓者誓师。《周礼·秋官司寇》记载，士师之职掌"以五戒先后刑罚"，其中，"一曰誓，用之于军旅。二曰诰，用之于会同"。⑤ 马融注《尚书·甘誓》序时

---

① 《十三经注疏》整理委员会：《十三经注疏·尚书正义》，20页，北京，北京大学出版社，1999。

② [清]郝懿行：《尔雅义疏》，40~44页，上海，上海古籍出版社，1983。

③ [清]段玉裁：《说文解字注》，92、71、91、91、92页，上海，上海古籍出版社，1981。

④ 《十三经注疏》整理委员会：《十三经注疏·尚书正义》，172页，北京，北京大学出版社，1999。

⑤ 《十三经注疏》整理委员会：《十三经注疏·周礼注疏》，920页，北京，北京大学出版社，1999。

也说："军旅曰誓，会同曰诰。"①所谓会同，是对古时诸侯朝见天子的通称。由此可知，诰、誓二类，都重在记言。第四，事。《尚书》中多为记言之文，但也有少数叙事之篇。如《禹贡》《高宗肜日》《西伯戡黎》等。

（四）传本

《尚书》在汉代传本，根据《史记》《汉书》《后汉书》等文献记载，主要有以下几种。

1. 今文《尚书》

《史记·儒林列传》载："伏生者，济南人也。故为秦博士。孝文帝时，欲求能治《尚书》者，天下无有，乃闻伏生能治，欲召之。是时伏生年九十余，老，不能行，于是乃诏太常使掌故朝错往受之。秦时焚书，伏生壁藏之。其后兵大起，流亡，汉定，伏生求其书，亡数十篇，独得二十九篇，即以教于齐鲁之间。学者由是颇能言《尚书》，诸山东大师无不涉《尚书》以教矣。"②《汉书·儒林传》《汉书·艺文志》引刘向语，说法同《史记》。

《史记》《汉书》等所说伏生今文《尚书》有 29 篇，其中有《泰誓》。汉代学者已指出，《泰誓》非伏生得之壁藏之篇，至武帝时才得于民间。《尚书序》说伏生在传授《尚书》时"裁二十余篇"，孔颖达对此有如下之论。"案《史记》及《儒林传》皆云'伏生独得二十九篇，以教齐鲁'，则今之《泰誓》，非初伏生所得。案马融云'《泰誓》后得'，郑玄《书论》亦云'民间得《泰誓》'。《别录》曰：'武帝末，民有得《泰誓》书于壁内者，献之。与博士使读说之，数月皆起，传以教人。'则《泰誓》非伏生所传。而言二十九篇者，以司马迁在武帝之世见《泰誓》出而得行，入于伏生所传内，故为史总之，并曰伏生所出，不复曲别分析。"③如此，则伏生所得壁藏之《尚书》不是 29 篇，除去《泰誓》，为 28 篇，其篇目如下。

（一）《尧典》、（二）《皋陶谟》、（三）《禹贡》、（四）《甘誓》、（五）《汤誓》、（六）《盘庚》、（七）《高宗肜日》、（八）《西伯戡黎》、（九）《微子》、（一〇）《牧誓》、（一一）《洪范》、（一二）《金縢》、（一三）《大诰》、（一四）《康诰》、（一五）《酒诰》、（一六）《梓材》、（一七）《召诰》、（一八）《洛诰》、（一九）《多士》、（二〇）《无逸》、（二一）《君奭》、（二二）《多方》、（二三）《立政》、（二四）《顾命》、（二五）《费誓》、（二六）《吕刑》、（二七）《文侯之命》、（二八）《秦誓》。

伏生是秦之博士，他所诵习的《尚书》应该是秦代官本《尚书》，秦始皇焚书时，人们为躲避焚毁之灾而壁藏之。由此推想，伏生壁藏的《尚书》，应是用秦代当时官方使用的标准文字篆文（或是古文，或是秦篆）抄写的。汉初，伏生以其所得 28 篇口授弟子，弟子用汉初通行的隶书抄写，所以后人称之为今文《尚书》。伏生本

---

① 《十三经注疏》整理委员会：《十三经注疏·尚书正义》，172 页，北京，北京大学出版社，1999。

② ［汉］司马迁：《史记》，3124～3125 页，北京，中华书局，1959。

③ 《十三经注疏》整理委员会：《十三经注疏·尚书正义》，12～13 页，北京，北京大学出版社，1999。

《尚书》的传授情况,据《史记》《汉书》《后汉书》记载,伏生授张生与欧阳和伯。欧阳和伯授兒宽,兒宽授欧阳和伯之子,此后,欧阳氏世世相传,至其曾孙欧阳高,汉武帝建元五年(前 136 年)立为《尚书》博士。于是《尚书》有欧阳氏学。张生授夏侯都尉,都尉授族子夏侯始昌,始昌授夏侯胜,胜授从兄之子夏侯建。胜为建之叔,所以史称胜为大夏侯,建为小夏侯。汉宣帝甘露三年(前 51 年),立大、小夏侯《尚书》博士。于是《尚书》有大、小夏侯之学。东汉初年,光武帝立五经博士十四人,《尚书》仍立今文欧阳、大小夏侯三家。

东汉后期,汉灵帝熹平四年(175 年)镌刻石经立于太学,史称"汉石经",又称"熹平石经"。熹平石经《尚书》用今文欧阳本,增后得《泰誓》,所以为 29 篇。29 篇中,《般庚》(即《盘庚》)和《大誓》各分为上、中、下篇,所以,汉石经所用欧阳氏《尚书》的篇目为 29,篇数为 33。

2. 古文《尚书》

根据文献记载,两汉时期古文《尚书》的传本,分属两个不同的系统。一是孔壁本。《汉书·艺文志》载:"《古文尚书》者,出孔子壁中。武帝末,鲁共王坏孔子宅,欲以广其宫,而得《古文尚书》及《礼记》《论语》《孝经》凡数十篇,皆古字也。共王往入其宅,闻鼓琴瑟钟磬之音,于是惧,乃止不坏。孔安国者,孔子后也,悉得其书,以考二十九篇,得多十六篇。安国献之。遭巫蛊事,未列于学官。刘向以中古文校欧阳、大小夏侯三家经文,《酒诰》脱简一,《召诰》脱简二。率简二十五字者,脱亦二十五字,简二十二字者,脱亦二十二字,文字异者七百有余,脱字数十。"二是张霸本。《汉书·儒林传》载:"世所传《百两篇》者,出东莱张霸,分析合二十九篇以为数十,又采《左氏传》《书叙》为作首尾,凡百二篇。篇或数简,文意浅陋。成帝时求其古文者,霸以能为《百两》征。以中书校之,非是。霸辞受父,父有弟子尉氏樊并。时太中大夫平当、侍御史周敞劝上存之。后樊并谋反,乃黜其书。"①《论衡·正说》载:"至孝成皇帝时,征为古文《尚书》学。东海张霸,案百篇之序,空造百两之篇,献之成帝。帝出秘百篇以校之,皆不相应,于是下霸于吏。吏白霸罪当至死。成帝高其才而不诛,亦惜其文而不灭。故百两之篇,传在世间者,传见之人,则谓《尚书》本有百两篇矣。"②张霸之古文《尚书》,乃汉代之伪古文,当时即已辨定为伪书,被废黜而不传。所以,汉代的古文《尚书》只有孔壁本。

孔壁古文《尚书》的篇数,上面已经提到,比伏生所传今文《尚书》多 16 篇。那么,伏生本 29 篇(并后得《泰誓》计之)加上 16 篇,即孔壁本的篇数为 45 篇。据《尚书·尧典》孔疏(在《虞书》下),16 篇的篇目如下。

(一)《舜典》、(二)《汨作》、(三)《九共》、(四)《大禹谟》、(五)《益稷》、

---

① [汉]班固:《汉书》,1706、3607 页,北京,中华书局,1962。
② 黄晖:《论衡校释》,1125~1126 页,北京,中华书局,1990。

（六）《五子之歌》、（七）《胤征》、（八）《汤诰》、（九）《咸有一德》、（一〇）《典宝》、（一一）《伊训》、（一二）《肆命》、（一三）《原命》、（一四）《武成》、（一五）《旅獒》、（一六）《冏命》。

其中，《九共》分为9篇，所以，孔壁本篇目16，篇数则为24。

古文《尚书》在汉代实际传习的篇数，并非孔壁本的全部，而只是与伏生本相同的部分。汉代只有三家今文立于学官，传习今文成为入仕的门径。古文未立学官，传习古文无补于功名，且比今文多出的16篇又无今文参照，所以今文中没有的各篇很少有人传授习诵。

二、梅赜献《书》

汉之古文《尚书》，约于魏、晋之际亡佚，今仅存其篇目。

东晋初年，豫章内史梅赜向朝廷献孔安国作传（注）的《尚书》。梅献孔传《尚书》把今文28篇析为33篇，另有古文25篇，书首冠以孔安国撰《尚书序》，凡59篇。记事依时间顺序，分编为《虞书》《夏书》《商书》《周书》，上始传说人物尧舜，下讫春秋中期秦穆公。梅献孔传《尚书》篇目的编排如下。

《虞书》（5篇）：（二）《尧典》、（三）《舜典》、（四）《大禹谟》（古文）、（五）《皋陶谟》、（六）《益稷》。

《夏书》（4篇）：（七）《禹贡》、（八）《甘誓》、（九）《五子之歌》（古文）、（一〇）《胤征》（古文）。

《商书》（17篇）：（一一）《汤誓》、（一二）《仲虺之诰》（古文）、（一三）《汤诰》（古文）、（一四）《伊训》（古文）、（一五）《太甲上》（古文）、（一六）《太甲中》（古文）、（一七）《太甲下》（古文）、（一八）《咸有一德》（古文）、（一九）《盘庚上》、（二〇）《盘庚中》、（二一）《盘庚下》、（二二）《说命上》（古文）、（二三）《说命中》（古文）、（二四）《说命下》（古文）、（二五）《高宗肜日》、（二六）《西伯戡黎》、（二七）《微子》。

《周书》（32篇）：（二八）《泰誓上》（古文）、（二九）《泰誓中》（古文）、（三〇）《泰誓下》（古文）、（三一）《牧誓》、（三二）《武成》（古文）、（三三）《洪范》、（三四）《旅獒》（古文）、（三五）《金縢》、（三六）《大诰》、（三七）《微子之命》（古文）、（三八）《康诰》、（三九）《酒诰》、（四〇）《梓材》、（四一）《召诰》、（四二）《洛诰》、（四三）《多士》、（四四）《无逸》、（四五）《君奭》、（四六）《蔡仲之命》（古文）、（四七）《多方》、（四八）《立政》、（四九）《周官》（古文）、（五〇）《君陈》（古文）、（五一）《顾命》、（五二）《康王之诰》、（五三）《毕命》（古文）、（五四）《君牙》（古文）、（五五）《冏命》（古文）、（五六）《吕刑》、（五七）《文侯之命》、（五八）《费誓》、（五九）《秦誓》。

此梅献孔传《尚书》，就是我们今天看到的《尚书》。

梅献孔传《尚书》，系今文《尚书》与古文《尚书》的合编本。唐代学者对其可靠性深信不疑，唐初陆德明据以撰《经典释文》，孔颖达等人奉敕据以撰《尚书正义》。

至宋，始有学者对其提出怀疑。首先发难的是南宋的吴棫，继之有朱熹等人。他们从文字方面考订，发现"安国所增多之书，今书目俱在，皆文从字顺，非若伏生之书屈曲聱牙，至有不可读者"①，怀疑孔安国《书》是假书，《书传》并《序》非孔安国作。

元代的赵孟頫撰《尚书今古文集注》，以古文为伪，故将今文、古文分编。赵氏系《尚书》今文、古文分编之第一人。吴澄撰《书纂言》，以古文为伪，故将古文全部删去，仅存今文而注之。吴氏系删古存今之第一人。吴澄在《题伏生授书图诗》中明言："先汉今文古，后晋古文今。若论伏氏功，遗像当铸金。"②明代的梅鷟撰《读书谱》与《尚书考异》，也力斥古文《尚书》为伪作。他在《尚书考异》中从内容上进行了考证：所增古文 25 篇悉杂取传记中语以成文。清初，阎若璩撰《古文尚书疏证》，列举了 128 条证据，考定梅献孔传本《尚书》为伪作。稍后，惠栋撰《古文尚书考》，补举例证，力主阎说。此后，虽不时有人为伪古书鸣冤，但终难翻此案，梅献孔传《尚书》之古文部分及孔安国《尚书序》、孔传皆为伪作之说，已成学术界公认之定论。至于伪于何时，何人作伪，目前尚无定说，一般认为，伪作出现于汉代古文《尚书》亡后的魏晋时期。

今本《尚书》，文分今古：古文部分，系伪作，只能视为魏晋人写的上古史，不可轻以信据；今文部分，被认为是可靠的上古史料，但亦应区别对待具体篇章，其中既有当时遗文，亦有战国学者追记之作。如《虞书》《夏书》都成文于后世。《商书》中有无商朝遗文尚有不同看法，但有不少篇是后世拟作确是大家所公认的。《周书》部分，大都为当时之作。总体来说，年代越早，成文时间反而较晚，一般认为多是战国时追记之作。一方面，即使史料来源有据，也难免加进去追记者所处时代的政治、思想、经济、制度等方面的特色。所以在作为史料使用时仍须慎重对待。另一方面，今文 28 篇的可靠程度虽各不同，但都形成于商周时期，或系当时之作，或据传闻追记，流传至今，成为记载上古史事为数不多的古文献。当时之作，确为最有价值的第一手史料自不待言；即使后人据传闻所写追记之作，也有不少可信史料，如《尧典》所记尧舜禹禅让的故事，反映了原始社会后期的氏族评议推选首领制。所以今文中追记之作，也都是研究中国上古史不可忽视的珍贵史料。

历代研究《尚书》的学者很多。清代孙星衍的《尚书今古文注疏》，代表了清代乾嘉时期研究《尚书》的最高水平。顾颉刚是民国以来研究《尚书》的大家，撰有《尚书通检》。近几十年来，综合介绍与研究《尚书》的著述有陈梦家的《尚书通论》、蒋善国的《尚书综述》等。

---

① 转引自[清]阎若璩：《尚书古文疏证》下册，598 页，上海，上海古籍出版社，2013。
② 转引自[清]阎若璩：《尚书古文疏证》下册，609 页，上海，上海古籍出版社，2013。

三、原典选读

《尚书》(节选)

商书·盘庚上

盘庚迁于殷[1]，民不适有居[2]，率吁众戚出矢言[3]。曰："我王来[4]，即爰宅于兹[5]，重[6]我民，无尽刘[7]。不能胥匡以生[8]，卜稽[9]，曰其如台[10]？先王有服[11]，恪谨[12]天命，兹犹不常宁[13]？不常厥邑[14]，于今五邦[15]！今不承于古[16]，罔知天之断命[17]，矧曰其克从先王之烈[18]？若颠木之有由蘖[19]，天其永我命于兹新邑[20]，绍复[21]先王之大业，厎绥四方[22]。"

盘庚敩[23]于民，由乃在位以常旧服[24]、正法度。曰："无或敢伏小人之攸箴[25]！"王命众悉至于庭[26]。

王若曰[27]："格汝众[28]，予告汝[29]，训汝猷[30]。黜乃心[31]，无傲从康[32]。古我先王[33]，亦惟图任旧人共政[34]。王播告之修[35]，不匿厥指[36]，王用丕钦[37]。罔有逸言[38]，民用丕变。今汝聒聒[39]，起信险肤[40]，予弗知乃所讼[41]。非予自荒兹德[42]，惟汝含德[43]，不惕予一人[44]。予若观火[45]，予亦拙[46]，谋作乃逸[47]。若网在纲[48]，有条而不紊[49]；若农服田[50]，力穑乃亦有秋[51]。汝克黜乃心[52]，施实德于民[53]，至于婚[54]友，丕乃敢大言汝有积德[55]。乃不畏戎毒于远迩[56]，惰农自安[57]，不昏作劳[58]，不服田亩，越其罔有黍稷[59]。汝不和吉言于百姓[60]，惟汝自生毒[61]，乃败祸奸宄[62]，以自灾于厥身[63]。乃既先恶于民[63]，乃奉其恫[64]，汝悔身何及？相时憸民[65]，犹胥顾于箴言，其发有逸口[66]，矧予制乃短长之命[67]？汝曷弗告朕[68]，而胥动以浮言，恐沉于众[69]？若火之燎于原[70]，不可向迩[71]，其犹可扑灭[72]？则惟汝众自作弗靖[73]，非予有咎[74]。迟任有言曰[75]：'人惟求旧[76]，器非求旧[77]，惟新。'古我先王暨乃祖乃父胥及逸勤[78]，予敢动用非罚[79]？世选尔劳[80]，予不掩尔善[81]。兹予大享于先王[82]，尔祖其从与享之[83]。作福作灾，予亦不敢动用非德[84]。予告汝于难，若射之有志[85]。汝无侮老[86]成人，无弱孤有[87]幼。各长于厥居[88]。勉出乃力，听予一人之作猷[89]。无有远迩，用罪伐厥死[90]，用德彰厥善[91]。邦之臧[92]，惟汝众；邦之不臧，惟予一人有佚罚[93]。凡尔众，其惟致告[94]：自今至于后日[95]，各恭尔事[96]，齐乃位[97]，度乃口[98]。罚及尔身，弗可悔。"

【注释】

[1]迁于殷：指盘庚将把都城迁到殷。杨树达《尚书说》谓："此定计决迁之辞，实为未迁也。"

[2]适：往。有居：指居处。有，名词词头，无义。"民不适有居"意为人民不愿意往那个居处去。

[3]率吁众戚出矢言：意为人民相率呼吁众多的贵戚大臣出来说话。率：人民

相率。吁：呼吁。感：亲近。此指贵戚近臣。矢：通"誓"。"矢言"即"誓言"。一说"矢言"为正直之言。

[4]我王来：指南庚把都城迁到奄。

[5]爰：易，改。宅：居住。兹：这里，指奄。

[6]重：重视，看重。

[7]无尽刘：不能使他们全遭杀害。刘：杀害。奄地水患常杀害民众。

[8]不能胥匡以生：不能相互救助而生存。胥：相互。匡：救助。

[9]卜：卜问。稽：考。卜稽：卜问而考之。

[10]曰其如台：将怎么样呢？曰：语首助词。其：将。如台：如何。

[11]服：事。

[12]恪：敬。谨：谨慎，谨守。

[13]兹犹不常宁：这里还不能长久安宁吗？犹：还。常：同"长"，长久。

[14]不常厥邑：不能长久住在一个地方。厥：其，他的。此指先王住过的地方。

[15]于今五邦：到现在已经迁移五个国都了！汤始定都亳，至盘庚即位前已经五次迁都。五邦：杨树达谓："五邦，中丁迁嚣，一也；河亶甲迁相，二也；祖乙迁耿，三也；耿圮迁庇，四也；南庚迁奄，五也。中丁迁嚣、河亶甲迁相、祖乙居庇、南庚迁奄，并见古本《竹书纪年》；祖乙圮于耿，见《书序》。"

[16]承：继承。古：往古。此指先王恪谨天命的传统。

[17]罔知天之断命：意为不知道老天将断绝我们的命运。罔：无，不。断命：断绝我命。

[18]矧曰其克从先王之烈：意为更何况说能继承先王的功业呢？矧：况且。克：能够。烈：功业。

[19]若颠木之有由蘖：意为好像倒伏的树又抽出了新枝、被砍伐的残余部分又发出嫩芽一样。颠：倒下。由：指枯木再抽枝萌芽。蘖：被砍的树长出的嫩芽。

[20]天其永我命于兹新邑：意为老天将使我们的国运在这个新都奄邑延续下去。新邑：指奄。杨树达谓："合计南庚、阳甲、盘庚三王居奄之时月，不过二十一二年，故殷民仍称奄为新邑也。"

[21]绍：继续。复：复兴。

[22]底：定。一作"底"，义同。绥：安。

[23]敉：教，开导。

[24]由乃在位以常旧服：意为又教导那些在位的大臣遵守旧制、正视法度。由：正，教导。乃：其。指那些在位大臣。常：遵守。旧服：旧制。

[25]无或敢伏小人之攸箴：意为不要有人敢于凭借小民的规劝（而反对迁都）。无：通"毋"，不要。或：有人。伏：凭借。小人：小民，平民。攸：所。箴：规劝。"小人所箴"指上文所引不欲迁徙之言。

[26]众：指众大臣。王先谦谓："《经》言众，皆谓群臣。"悉：全，都。庭：

朝廷。

[27] 王若曰：君王盘庚如此说。徐仁甫《广释词》谓："'若'犹'如此'，副词……《书》称王若曰、微子若曰、父师若曰、周公若曰，'若'皆当训'如此'。王引之谓并与'乃曰'同义，未允。"

[28] 格汝众：意为"来吧，你们各位"。格：来。

[29] 予告汝：我告诉你们。告：告诉，告诫。

[30] 训汝猷：用道理开导你们。训：开导。猷：道，道理。

[31] 黜乃心：除去你们的私心。黜：除。乃：你们的。

[32] 无傲从康：不要傲慢放纵安乐。傲：傲慢，傲上。从：同"纵"，放纵，追求。康：安乐。

[33] 先王：一作"先后"，后、王义同，皆指君主、君王。

[34] 亦惟图任旧人共政：也只是考虑任用旧有人员共理政事。惟：只，只是。图：考虑，谋划。旧人：共事年久的人，指老臣。

[35] 播告：布告。修：治，指政令。一说"修"读为"攸"，语助词。

[36] 不匿厥指：他们不敢隐匿先王的旨意。匿：隐匿，隐瞒。一说应读作"慝"，通"忒"，变更之义。厥：其，指先王。指：通"旨"，旨意。

[37] 王用丕钦：王因而大大地钦敬他们。用：因。丕：大。钦：敬重。

[38] 逸：过。逸言：意为错误的言论。

[39] 聒聒：吵闹声，此指吵吵嚷嚷。

[40] 起信险肤：起来申述危害肤浅的言论。信：通"伸"，申述。险：险恶，危害。肤：肤浅。此指浮夸之言。

[41] 讼：争辩。"予弗知乃所讼"意为我不知道你们争辩的是什么。

[42] 荒：荒废，放弃。兹德：这种美德。此指任用旧人的美德。

[43] 惟汝含德：只是你们隐藏美德。含：藏，怀。

[44] 不惕予一人：不敬畏我一个人。予一人：盘庚自称。惕：惧，敬畏。一说"惕"通"施"，施与、给予之义。

[45] 予若观火：我好像观察火势。意为对当前形势的观察像看火一样清楚。观：观看。一说"观"通"爟"，高举的火，喻威严。

[46] 拙：笨拙。

[47] 谋作乃逸：只有通过谋划和劳作才能安定。谋：谋划。作：劳作。

[48] 若网在纲：好像把网结在纲绳上。纲：系网的大绳，亦即网的总绳。

[49] 有条而不紊：有条理而不紊乱。紊：乱。

[50] 服田：从事田间劳动。服：治，作。

[51] 力穑乃亦有秋：努力耕种收割才会有秋天的收成。穑：收获谷物，这里指耕种收割。乃：才。有秋：义同"有年"，指谷物丰收。

[52] 汝克黜乃心：你们要能除去你们的私心。克：能。

[53]施实德于民：把实际的好处施给百姓。实德：实惠的恩德。曾运乾谓："不迁为顺民之虚名，迁则为惠民之实德也。"

[54]婚：婚姻，姻亲，泛指亲戚。

[55]丕乃敢大言汝有积德：意为于是才敢扬言你们有积德。丕乃：于是。大言：扬言，说大话。积德：积累的恩德。

[56]乃不畏戎毒于远迩：意为如果你们不怕远近会出现大灾害。戎：大。毒：毒害，灾害。此指水灾。迩：近。

[57]惰农自安：像懒惰的农民一样自求安逸。

[58]不昏作劳：不努力从事劳动。

[59]越其罔有黍稷：意为于是就没有黍稷。越其：于是就。王引之《经传释词》："越其，犹云爰乃也。"黍稷：泛指粮食。

[60]汝不和吉言于百姓：意为你们不向老百姓宣布我的善言。和：通"宣"，宣布。

[61]惟汝自生毒：这是你们自生祸害。

[62]乃败祸奸宄：即将发生危败、祸害、内忧、外患。乃：将。败：危败。祸：灾祸。奸：在内作恶。宄：在外作恶。

[63]乃既先恶于民：假如已经引导人们做了坏事。先：倡导，引导。

[64]乃奉其恫：你们自己承受那种痛苦。奉：承受。恫：痛苦。

[65]相时憸民：看看这些小民。相：看。时：通"是"，此。憸民：小民。蔡沈《书集传》："憸民，小民也。"

[66]其发有逸口：他们顾及发言时有错误言论。逸口：失言，说错话。《蔡传》云："逸口，过言也。"

[67]矧予制乃短长之命：意为何况我控制着你们或长或短的生命呢？矧：何况，况且。制：操纵，控制。短长之命：或短或长的生命。此指由生杀大权决定的长短之命。

[68]汝曷弗告朕：你们为什么不告诉我。曷弗：何不。

[69]"而胥动以浮言"二句：意为反而用浮夸的言论互相煽动，对民众恐吓迷惑。胥：互相。动：鼓动，煽动。恐：恐吓。沉：亦作"沈"，沉迷，迷惑。

[70]燎：烧。原：原野。

[71]不可向迩：不能够靠近。向：朝着，靠。

[72]其犹可扑灭：难道还能够扑灭。其：犹"岂"，难道。

[73]则惟汝众自作弗靖：意为这就是你们众人自己做了不好的事。靖：善。

[74]非予有咎：不是我有过错。咎：过失。

[75]迟任有言曰：迟任有句格言说。迟任：古贤人。郑玄注："迟任，古之贤史。"

[76]人惟求旧：人员是要选求旧的。旧：指旧臣。

[77]器非求旧：器物不是选求旧的。

[78]古我先王暨乃祖乃父胥及逸勤：意为古时我们的先王和你们的祖辈、父辈共同勤劳、共享安乐。暨：与，和。胥：相与。逸：安逸。勤：勤劳。

[79]予敢动用非罚：我岂敢动用不当的惩罚。敢：岂敢。

[80]世选尔劳：世世代代继续你们先人的勤劳。选：继续。

[81]予不掩尔善：我不会掩盖你们的好处。掩：掩盖，遮蔽。

[82]兹予大享于先王：意为现在我要对先王大祭。享：祭献，上供。

[83]尔祖其从与享之：你们的祖先也将跟着享受祭祀。古代天子祭祀祖先，也让功臣的祖先同时享受祭祀。

[84]非德：不当的德惠。此指不合理的赏赐或惩罚。

[85]"予告汝于难"二句：意为我在为政有困难的时候告诉你们，要像射箭有箭靶一样有目标。志：标识，即"的"，箭靶的中心目标。

[86]侮老：轻视，轻侮。一作"老侮"，义同，"老"有轻忽之意。

[87]弱孤：欺凌藐视。王引之谓："弱孤连言，以为孤弱而轻忽之也。"有：助词，无义。

[88]各长于厥居：你们各人领导着自己的封地。长：为长，为领导。厥居：居住的地方，指各自的封邑。

[89]"勉出乃力"二句：意为要努力使出你们的努力，听从我一个人的所作所谋。猷：谋，谋划。

[90]用罪伐厥死：用刑罚惩处那些坏的。罪：刑罚。死：恶。

[91]用德彰厥善：用赏赐表彰那些好的。德：奖赏。彰：表彰。

[92]邦：国家。之：结构助词，起假设作用。臧：善。"邦之臧"意为"国家若好了"。

[93]佚：过失。罚：罪。

[94]其惟致告：可要思考我的话而互相告诫。惟：思，思考。致告：互相告诫。《蔡传》云："致告者，使各相告戒也。"

[95]自今至于后日：等于说"从今以后"。

[96]各恭尔事：各人奉守你们的职事。恭：《汉石经》作"共"，奉也。

[97]齐乃位：摆正你们的位置。齐：正，摆正。位：职位。

[98]度乃口：闭住你们的嘴。度：通"杜"，堵塞，闭。

【解读】

本篇选自《商书》。盘庚，汤十世孙，阳甲弟，为商朝第二十代君王。盘庚前，商人曾五次迁都。为避免水患、抑制奢侈的陋习，盘庚再次将都城从奄(今山东曲阜)迁到殷(今河南安阳的小屯)，史称"盘庚迁都"，号为中兴。自此以后直至商灭，商人均都殷，故商又被称为殷，也称商殷、殷商。《史记·殷本纪》载："帝盘庚崩,弟小辛立,是为帝小辛。帝小辛立,殷复衰。百姓思盘庚,乃作《盘庚》三篇。"司马迁认为《盘庚》为小辛时的史官所追记之作,应当可信。《史记》和"伪孔传本"把《盘庚》分为上、中、下三篇,而伏生本和《汉石经》均作一篇,这是分合的不同,其实并无区别。《盘庚》记载了迁殷前后盘庚对臣民所做的三次讲演,盘庚是中心人物,所以作为篇名。其主要内容是反复申述迁都的理由,并且用天上的神和先王的鬼以及祸福刑赏来劝诱恐吓臣民要绝对服从迁都,反映了殷商王朝的神鬼崇拜思想,是世人公认的最具权威的商史资料。全文结构严谨,层次分明,语言生动,比喻修辞手法的运用尤为娴熟,留下了不少格言警句,标志着记言散文已发展为具有一定文学性的历史散文。

(选文、注释、解读据郁贤皓:《中国古代文学作品选》第 1 卷,北京,高等教育出版社,2003,有改动。)

四、阅读思考

1.《尚书》是我国现存最早的一部历史文献。《尚书》为什么会成为整个封建社会重要的教科书之一?

2.《尚书》在语言方面被后人认为"佶屈聱牙"(韩愈《进学解》),古奥难读,而实际上历代散文家都会借鉴该文,仔细阅读选文《盘庚上》,体会上古用语。

3. 找出《盘庚上》中的格言警句。

五、拓展阅读

1.《十三经注疏》整理委员会:《十三经注疏·尚书正义》,北京,北京大学出版社,1999。

2.[宋]蔡沈:《书集传》,南京,江苏凤凰出版社,2010。

3.[清]孙星衍:《尚书今古文注疏》,北京,中华书局,2004。

4. 陈梦家:《尚书通论》,北京,中华书局,1985。

5. 蒋善国:《尚书综述》,上海,上海古籍出版社,1988。

6. 金兆梓:《尚书诠译》,北京,中华书局,2010。

第四节 《周礼》

一、常识举要

《周礼》是一部记载周代设官分职的政典。

(一)作者与成书年代

关于《周礼》的作者与成书年代,历来众说纷纭。一种说法是《周礼》为西周初年周公姬旦之作,另一种说法是《周礼》为西汉末年刘歆之伪作。这两种说法都不足信。

《周礼》非周公姬旦之作，理由有三。其一，《周礼》所记礼制中有不少地方与《左传》《仪礼》《礼记》不同，与其他典籍也有不同之处。又如建都、封国、设官、九畿诸制，也多与先秦其他典籍不合。这说明，它糅进了一些不是西周时期的甚至也不是春秋时期的有关政治制度的内容。其二，孔子从未提及此书，孟子在谈到周代爵禄时也说"其详不可得闻也"①。这说明，孔子和孟子都未曾见到此书。其三，《周礼》所记各种政治制度，组织精密周备，纲目井然条晰，是一部结构严谨的鸿篇巨制，根据中国书籍产生与发展的历史，这样的作品不可能产生于春秋以前。且《周礼》所记地域之广、设官之众等，亦绝非春秋以前所有。由此可知，《周礼》不可能为周公所作。

《周礼》非刘歆之伪作，理由也有三。其一，《周礼》多用古字，字形罕见于其他先秦典籍，有些也不见于《说文解字》所收古字，却可从甲骨文、金文中找到。汉代研究《周礼》的学者，如郑兴、郑众、郑玄等人，因"经文古字不可读，故四家之学皆主于正字"②，足见其字形之古。近人洪诚在《读〈周礼正义〉》中分析了《周礼》的行文特点，他指出："从语法看，文献中凡春秋以前之文，十数与零数之间皆用'有'字连之，战国中期之文即不用。……《周礼》之经记全部用，此种语法与《尚书》《春秋经》同。"③周代的官制，由于文献缺乏，难知其详，而《周礼》所载官制与《大雅》《小雅》相合。从文字、语法与内容方面考察，都说明它采有春秋以至西周时期的原始资料。其二，《汉书·艺文志》载："六国之君，魏文侯最为好古，孝文时得其乐人窦公，献其书，乃《周官·大宗伯》之《大司乐》章也。武帝时，河间献王好儒，与毛生等共采《周官》及诸子言乐事者，以作《乐记》。"④《史记·封禅书》载，汉武帝与公卿儒生在讨论封禅时，群儒引及《周官》。这说明，在战国时已有其书，在汉武帝时已被儒生传习。其三，"刘歆宗《左传》，而《左传》所云礼经皆不见于《周礼》"⑤，《周礼》所记礼制又有不少地方与《仪礼》《礼记》不同。《四库全书总目》言："歆果赝托周公为此书，又何难牵就其文，使与经、传相合，以相证验，而必留此异同，以启后人之攻击。"⑥由此可知，《周礼》不可能为刘歆之伪作。

综上所述，《周礼》既非周公之作，亦非刘歆之伪作，当是战国后期学者采西周至春秋时期的官制及其他原始资料，参考战国时期各国的政治制度，再加上自己的政治理想而编纂成书的。

(二)体例与内容

《周礼》是一部专门记述古代设官分职的政典，全书以官职为纲，分为如下几

① 杨伯峻：《孟子译注》，235页，北京，中华书局，1960。
② [清]阮元：《十三经注疏》，637页，北京，中华书局，1980。
③ 洪诚：《洪诚文集·雒诵庐论文集》，206页，南京，江苏古籍出版社，2000。
④ [汉]班固：《汉书》，1712页，北京，中华书局，1962。
⑤ [清]永瑢等：《四库全书总目》，149页，北京，中华书局，2003。
⑥ [清]永瑢等：《四库全书总目》，149页，北京，中华书局，2003。

部分:天官冢宰、地官司徒、春官宗伯、夏官司马、秋官司寇。每部分先标官名,综述职掌,然后分述其各级官属的官名、爵等、员数以及各自的职掌。本来还有述冬官司空职掌土木建筑之篇,但在汉代发现此书时,该篇已亡佚,据说当时曾出千金购求,也未购得,于是就取先秦记载各种手工工艺与其发展情况之书《考工记》补之,以足成六篇之数。所以后世流传的《周礼》的第六篇实为《考工记》。

《周礼》全书六官及其官属的编排如下。

1. 天官冢宰

《周礼·天官冢宰》言小宰之职曰:"以官府之六属举邦治","一曰天官,其属六十,掌邦治";"以官府之六职辨邦治","一曰治职,以平邦国,以均万民,以节财用"。[1] 天官冢宰掌"治职",故又谓之"治官"。

天官冢宰为六卿之首,百官之长,职掌天下政务。正曰大宰,卿,一人,总理天下政务,辅佐天子治理天下;贰曰小宰,中大夫,二人,辅助大宰处理政务,并职掌王宫的政令刑法。正贰下有考官,曰宰夫,下大夫,四人,佐助长官处理具体事务。天官冢宰下分立各级各种机构,设官分职,分掌各种事务。

2. 地官司徒

《周礼·天官冢宰》言小宰之职曰:"以官府之六属举邦治","二曰地官,其属六十,掌邦教";"以官府之六职辨邦治","二曰教职,以安邦国,以宁万民,以怀宾客"。[2] 地官司徒掌"教职",故又谓之"教官"。

地官司徒职掌邦教,管理人民、土地、赋税等。正曰大司徒,卿,一人,总掌教育、土地等事务;贰曰小司徒,中大夫,二人,辅助大司徒处理政务,并职掌民众人数以及征役、祭祀、饮食、丧纪等事务。正贰下有考官,曰乡师,下大夫,四人,司徒掌六乡,乡师佐助长官管理六乡事务。地官司徒下分立各级各种机构,设官分职,分掌各种事务。

3. 春官宗伯

《周礼·天官冢宰》言小宰之职曰:"以官府之六属举邦治","三曰春官,其属六十,掌邦礼";"以官府之六职辨邦治","三曰礼职,以和邦国,以谐万民,以事鬼神"。[3] 春官宗伯掌"礼职",故又谓之"礼官"。

春官宗伯职掌国家各种礼仪制度与典礼活动。正曰大宗伯,卿,一人,总掌国家重大典礼;贰曰小宗伯,中大夫,二人,国家重大典礼辅助大宗伯行之,一般礼仪小宗伯掌其事而行之。正贰下有考官,曰肆师,下大夫,四人,佐助长官负责陈列祭祀之位及牲器祭品。春官宗伯下分立各级各种机构,设官分职,分掌各种礼仪事务。

---

① 《十三经注疏》整理委员会:《十三经注疏·周礼注疏》,54~55 页,北京,北京大学出版社,1999。
② 《十三经注疏》整理委员会:《十三经注疏·周礼注疏》,54~55 页,北京,北京大学出版社,1999。
③ 《十三经注疏》整理委员会:《十三经注疏·周礼注疏》,54~55 页,北京,北京大学出版社,1999。

4. 夏官司马

《周礼·天官冢宰》言小宰之职曰："以官府之六属举邦治"，"四曰夏官，其属六十，掌邦政"；"以官府之六职辨邦治"，"四曰政职，以服邦国，以正万民，以聚百物"。① 夏官司马掌"政职"，故又谓之"政官"。

夏官司马职掌军政，负责统领军队，执行征伐，平定国家。正曰大司马，卿，一人，总理天下军政；贰曰小司马，中大夫，二人，辅助大司马处理军政。正贰下有考官，曰军司马，下大夫，四人，佐助长官处理军政具体事务。夏官司马下分立各级各种机构，设官分职，分掌各种事务。

5. 秋官司寇

《周礼·天官冢宰》言小宰之职曰："以官府之六属举邦治"，"五曰秋官，其属六十，掌邦刑"；"以官府之六职辨邦治"，"五曰刑职，以诘邦国，以纠万民，以除盗贼"。② 秋官司寇掌"刑职"，故又谓之"刑官"。

秋官司寇职掌司法，负责狱讼刑罚。正曰大司寇，卿，一人，总掌国家司法刑狱，审断诸侯、卿大夫及庶民的诉讼案件；贰曰小司寇，中大夫，二人，辅助大司寇处理司法事务，且掌外朝之政，以五刑审理民众的诉讼案件。正贰下有考官，曰士师，下大夫，四人，佐助长官处理司法具体事务。秋官司寇下分立各级各种机构，设官分职，分掌各种司法事务。

6. 冬官考工记

《周礼·天官冢宰》言小宰之职曰："以官府之六属举邦治"，"六曰冬官，其属六十，掌邦事"；"以官府之六职辨邦治"，"六曰事职，以富邦国，以养万民，以生百物"。③ 冬官司空掌"事职"，故又谓之"事官"。

汉代发现《周礼》时，"冬官司空"篇即已亡佚，于是取《考工记》以补之。《考工记》是一部记载先秦各种手工工艺与其发展情况的著作。篇首总论社会分工情况，指出："国有六职，百工与居一焉。或坐而论道，或作而行之，或审曲面埶，以饬五材，以辨民器，或通四方之珍异以资之，或饬力以长地财；或治丝麻以成之。坐而论道，谓之王公。作而行之，谓之士大夫。审曲面埶，以饬五材，以辨民器，谓之百工。通四方之珍异以资之，谓之商旅。饬力以长地财，谓之农夫。治丝麻以成之，谓之妇功。"④《考工记》把社会分工分为六种：一曰王公，二曰士大夫，三曰百工，四曰商旅，五曰农夫，六曰妇功。关于各类工种，《考工记》指出："知者创物，巧者述之，守之世，谓之工。百工之事，皆圣人之作也。烁金以为刃，凝土以为器，作车以行陆，作舟以行水，此皆圣人之所作也。……凡攻木之工七，

① 《十三经注疏》整理委员会：《十三经注疏·周礼注疏》，54～55 页，北京，北京大学出版社，1999。
② 《十三经注疏》整理委员会：《十三经注疏·周礼注疏》，54～55 页，北京，北京大学出版社，1999。
③ 《十三经注疏》整理委员会：《十三经注疏·周礼注疏》，54～55 页，北京，北京大学出版社，1999。
④ 《十三经注疏》整理委员会：《十三经注疏·周礼注疏》，1055～1057 页，北京，北京大学出版社，1999。

攻金之工六，攻皮之工五，设色之工五，刮摩之工五，搏埴之工二。攻木之工，轮、舆、弓、庐、匠、车、梓。"①

《周礼》是一部疑信参半之作，其中既杂糅着编纂者设计的一些未成事实的治国方案，需与其他典籍对照参验，也保存了不少先秦原始数据，使后人可以通过它考见古制。郭沫若在《关于奴隶与农奴的纠葛》一文中论及周代人民可同牛马一样买卖时，就引用了《周礼·地官司徒》质人之职的记载作为论据。"周代的人民是可以买卖的，而且同牛马一样买卖。……'质人掌成市之货贿：人民、牛马、兵器、珍异，凡卖儥者，质剂焉。'(请注意序次是由贱而贵)。"②所以，《周礼》是研究先秦制度的一部重要典籍。

(三)传本

《周礼》，即《周官》，经秦禁学焚书，在汉景帝、武帝之际才被发现，属古文。《汉书·景十三王传》言："河间献王德以孝景前二年立，修学好古，实事求是。从民得善书，必为好写与之，留其真。"又言："献王所得书，皆古文先秦旧书，《周官》《尚书》《礼》《礼记》《孟子》《老子》之属，皆经传说记，七十子之徒所论。"③由此可知，《周官》发现于汉景帝、武帝之间。西汉末年，刘歆利用《周官》辅佐王莽托古改制，复行古礼，提高了《周官》的地位。《周官》因被作为儒家经典，又称《周官经》，同时，也取得了《周礼》之名。《汉书·艺文志》"六艺略"著录："《周官经》六篇。王莽时刘歆置博士。"④荀悦的《汉纪》记载："歆以《周官》十六篇为《周礼》。"⑤陆德明的《经典释文·序录》亦曰："王莽时，刘歆为国师，始建立周官。"⑥河间献王刘德自何处得《周官》？记载多有分歧，然所得非完帙，史无异说。东汉马融的《周官传》曰："孝武帝始除挟书之律，开献书之路，既出于山岩屋壁，复入于秘府，五家之儒莫得见焉。至孝成皇帝，达才通人刘向、子歆，校理秘书，始得列序，著于录略，然亡其《冬官》一篇，以《考工记》足之。"⑦陆德明的《经典释文·序录》曰："河间献王开献书之路，时有李氏上《周官》五篇，失《事官》一篇，乃购千金不得，取《考工记》以补之。"⑧《礼记·礼器》中有"故《经礼》三百，《曲礼》三千"之句，郑玄注曰："《经礼》，谓《周礼》也。"孔颖达曰："周公摄政七年，制礼作乐，为设官分职之法，亦名《周官》，有六卿，每卿下各有属官六十，凡三百六十经。秦焚烧之后，至汉孝文帝时，求得此书，不见《冬官》一篇，乃使博士作《考工记》

① 《十三经注疏》整理委员会：《十三经注疏·周礼注疏》，55~55页，北京，北京大学出版社，1999。
② 郭沫若：《关于奴隶与农奴的纠葛》，载《新建设》，1951(5)。
③ [汉]班固：《汉书》，2410页，北京，中华书局，1962。
④ [汉]班固：《汉书》，1709页，北京，中华书局，1962。
⑤ [汉]荀悦、[晋]袁宏：《两汉纪》，435页，北京，中华书局，2002。
⑥ [唐]陆德明：《经典释文》，14页，上海，上海古籍出版社，2012。
⑦ 《十三经注疏》整理委员会：《十三经注疏·周礼注疏》，7~8页，北京，北京大学出版社，1999。
⑧ [唐]陆德明：《经典释文》，14页，上海，上海古籍出版社，2012。

补之。"①马融所谓"出于山岩屋壁",山岩、屋壁并非一地,则马氏显系泛指,非具体言之。得之李氏,以人言;出之山岩屋壁,以地言。若将人、地合观,二说则可合而为一。较之马、陆,孔疏晚出,而将《周官》的发现提前到文帝之时,且以《考工记》为文帝时博士所作,因不知所据,姑且置而不论。

二、原典选读

《周礼》(节选)
春官宗伯·叙官

惟王建国,辨方正位,体国经野,设官分职,以为民极。乃立春官宗伯,使帅其属,而掌邦礼,以佐王和邦国。

礼官之属:大宗伯,卿一人;小宗伯,中大夫二人;肆师,下大夫四人,上士八人,中士十有六人,旅下士三十有二人,府六人,史十有二人,胥十有二人,徒百有二十人。

郁人,下士二人,府二人,史一人,徒八人。

鬯人,下士二人,府一人,史一人,徒八人。

鸡人,下士一人,史一人,徒四人。

司尊彝,下士二人,府四人,史二人,胥二人,徒二十人。

司几筵,下士二人,府二人,史一人,徒八人。

天府,上士一人,中士二人,府四人,史二人,胥二人,徒二十人。

典瑞,中士二人,府二人,史二人,胥一人,徒十人。

典命,中士二人,府二人,史二人,胥一人,徒十人。

司服,中士二人,府二人,史一人,胥一人,徒十人。

典祀,中士二人,下士四人,府二人,史二人,胥四人,徒四十人。

守祧,奄八人,女祧每庙二人,奚四人。

世妇,每宫卿二人,下大夫四人,中士八人,女府二人,女史二人,奚十有六人。

内宗,凡内女之有爵者。

外宗,凡外女之有爵者。

冢人,下大夫二人,中士四人,府二人,史四人,胥十有二人,徒百有二十人。

墓大夫,下大夫二人,中士八人,府二人,史四人,胥二十人,徒二百人。

职丧,上士二人,中士四人,下士八人,府二人,史四人,胥四人,徒四十人。

---

① 《十三经注疏》整理委员会:《十三经注疏·礼记正义》,740~741页,北京,北京大学出版社,1999。

大司乐，中大夫二人。乐师，下大夫四人，上士八人，下士十有六人。府四人，史八人，胥八人，徒八十人。

大胥，中士四人。小胥，下士八人，府二人，史四人，徒四十人。

大师，下大夫二人。小师，上士四人。瞽矇：上瞽四十人，中瞽百人，下瞽百有六十人。视瞭：三百人。府四人，史八人，胥十有二人，徒百有二十人。

典同，中士二人，府一人，史一人，胥二人，徒二十人。

磬师，中士四人，下士八人，府四人，史二人，胥四人，徒四十人。

钟师，中士四人，下士八人，府二人，史二人，胥六人，徒六十人。

笙师，中士二人，下士四人，府二人，史二人，胥一人，徒十人。

镈师，中士二人，下士四人，府二人，史二人，胥二人，徒二十人。

韎师，下士二人，府一人，史一人，舞者十有六人，徒四十人。

旄人，下士四人，舞者众寡无数，府二人，史二人，胥二人，徒二十人。

籥师，中士四人，府二人，史二人，胥二人，徒二十人。

籥章，中士二人，下士四人，府一人，史一人，胥二人，徒二十人。

鞮鞻氏，下士四人，府一人，史一人，胥二人，徒二十人。

典庸器，下士四人，府四人，史二人，胥八人，徒八十人。

司干，下士二人，府二人，史二人，徒二十人。

大卜，下大夫二人。卜师，上士四人。卜人，中士八人，下士十有六人，府二人，史二人，胥四人，徒四十人。

龟人，中士二人，府二人，史二人，工四人，胥四人，徒四十人。

菙氏，下士二人，史一人，徒八人。

占人，下士八人，府一人，史二人，徒八人。

筮人，中士二人，府一人，史二人，徒四人。

占梦，中士二人，史二人，徒四人。

视祲，中士二人，史二人，徒四人。

大祝，下大夫二人，上士四人。小祝，中士八人，下士十有六人，府二人，史四人，胥四人，徒四十人。

丧祝，上士二人，中士四人，下士八人，府二人，史二人，胥四人，徒四十人。

甸祝，下士二人，府一人，史一人，徒四人。

诅祝，下士二人，府一人，史一人，徒四人。

司巫，中士二人，府一人，史一人，胥一人，徒十人。

男巫，无数。女巫，无数。其师，中士四人，府二人，史四人，胥四人，徒四十人。

大史，下大夫二人，上士四人。小史，中士八人，下士十有六人。府四人，史八人，胥四人，徒四十人。

冯相氏，中士二人，下士四人，府二人，史四人，徒八人。

保章氏，中士二人，下士四人，府二人，史四人，徒八人。

内史，中大人一人，下大夫二人，上士四人，中士八人，下士十有六人，府四人，史八人，胥四人、徒四十人。

外史，上士四人，中士八人，下士十有六人，胥二人，徒二十人。

御史，中士八人，下士十有六人，其史百有二十人，府四人，胥四人，徒四十人。

巾车，下大夫二人，上士四人，中士八人，下士十有六人，府四人，史八人，工百人，胥五人，徒五十人。

典路，中士二人，下士四人，府二人，史二人，胥二人，徒二十人。

车仆，中士二人，下士四人，府二人，史二人，胥二人，徒二十人。

司常，中士二人，下士四人，府二人，史二人，胥四人，徒四十人。

都宗人，上士二人，中士四人，府二人，史四人，胥四人，徒四十人。

家宗人，如都宗人之数。

凡以神士者，无数，以其艺为之贵贱之等。

【译文】

王建立国都，辨别方向并确定(宗庙和朝廷的)位置，划分都城与郊野的界限，分设官职，作为民众的榜样。于是设立春官宗伯，让他率领下属，而掌管天下的礼事，以辅佐王使天下各国和谐。

礼官的属官有：大宗伯，由卿一人担任；小宗伯，由中大夫二人担任；肆师，由下大夫四人担任；(还配有)上士八人，中士十六人，众下士三十二人，府六人，史十二人，胥十二人，徒一百二十人。

郁人，由下士二人担任，(还配有)府二人，史一人，徒八人。

鬯人，由下士二人担任，(还配有)府一人，史一人，徒八人。

鸡人，由下士一人担任，(还配有)史一人，徒四人。

司尊彝，由下士二人担任，(还配有)府二人①，史四人，胥二人，徒二十人。

司几筵，由下士二人担任，(还配有)府一人，史二人②，徒八人。

天府，由上士一人担任，中士二人为副手，(还配有)府二人，史四人③，胥二人，徒二十人。

典瑞，由中士二人担任，(还配有)府二人，史二人，胥一人，徒十人。

典命，由中士二人担任，(还配有)府二人，史二人，胥一人，徒十人。

---

① 据王引之说，当作"府二人"，译文据此改。
② 据王引之说，当作"府一人，史二人"，译文据此改。
③ 据王引之说，当作"府二人，史四人"，译文据此改。

司服，由中士二人担任，（还配有）府一人，史二人①，胥一人，徒十人。

典祀，由中士二人担任，下士四人为副手，（还配有）府二人，史二人，胥四人，徒四十人。

守祧，由奄八人担任，每庙（还配有）女祧二人，奚四人。

世妇，每宫由卿二人担任，下大夫四人为副手，（还配有）中士八人，女府二人，女史二人，奚十六人。

内宗，由凡内女中（出嫁而）有爵位者担任。

外宗，由凡外女中（出嫁而）有爵位者担任。

冢人，由下大夫二人担任，中士四人为副手，（还配有）府二人，史四人，胥十二人，徒一百二十人。

墓大夫，由下大夫二人担任，中士八人为副手，（还配有）府二人，史四人，胥二十人，徒二百人。

职丧，由上士二人担任，中士四人为副手，（还配有）下士八人，府二人，史四人，胥四人，徒四十人。

大司乐，由中大夫二人担任。乐师，由下大夫四人担任，上士八人为副手。（还配有）下士十六人，府四人，史八人，胥八人，徒八十人。

大胥，由中士四人担任。小胥，由下士八人担任，（还配有）府二人，史四人，徒四十人。

大师，由下大夫二人担任。小师，由上士四人担任。瞽矇：上瞽四十人，中瞽一百人，下瞽一百六十人。视瞭三百人。（还配有）府四人，史八人，胥十二人，徒一百二十人。

典同，由中士二人担任，（还配有）府一人，史一人，胥二人，徒二十人。

磬师，由中士四人担任，下士八人为副手，（还配有）府四人，史二人，胥四人，徒四十人。

钟师，由中士四人担任，下士八人为副手，（还配有）府二人，史二人，胥六人，徒六十人。

笙师，由中士二人担任，下士四人为副手，（还配有）府二人，史二人，胥一人，徒十人。

镈师，由中士二人担任，下士四人为副手，（还配有）府二人，史二人，胥二人，徒二十人。

韎师，由下士二人担任，（还配有）府一人，史一人，舞者十六人，徒四十人。

旄人，由下士四人担任，舞者的多少无定数，（还配有）府二人，史二人，胥二人，徒二十人。

籥师，由中士四人担任，（还配有）府二人，史二人，胥二人，徒二十人。

---

① 据王引之说，当作"府一人，史二人"，译文据此改。

籥章，由中士二人担任，下士四人为副手，（还配有）府一人，史一人，胥二人，徒二十人。

鞮鞻氏，由下士四人担任，（还配有）府一人，史一人，胥二人，徒二十人。

典庸器，由下士四人担任，（还配有）府四人，史二人，胥八人，徒八十人。

司干，由下士二人担任，（还配有）府二人，史二人，徒二十人。

大卜，由下大夫二人担任。卜师，由上士四人担任。卜人，由中士八人担任，下士十六人为副手，（还配有）府二人，史二人，胥四人，徒四十人。

龟人，由中士二人担任，（还配有）府二人，史二人，工四人，胥四人，徒四十人。

菙氏，由下士二人担任，（还配有）史一人，徒八人。

占人，由下士八人担任，（还配有）府一人，史二人，徒八人。

筮人，由中士二人担任，（还配有）府一人，史二人，徒四人。

占梦，由中士二人担任，（还配有）史二人，徒四人。

视祲，由中士二人担任，（还配有）史二人，徒四人。

大祝，由下大夫二人担任，上士四人为副手。小祝，由中士八人担任，下士十六人为副手，（还配有）府二人，史四人，胥四人，徒四十人。

丧祝，由上士二人担任，中士四人为副手，（还配有）下士八人，府二人，史二人，胥四人，徒四十人。

甸祝，由下士二人担任，（还配有）府一人，史一人，徒四人。

诅祝，由下士二人担任，（还配有）府一人，史一人，徒四人。

司巫，由中士二人担任，（还配有）府一人，史一人，胥一人，徒十人。

男巫，无定数。女巫，无定数。男女巫之长，由中士四人担任，（还配有）府二人，史四人，胥四人，徒四十人。

大史，由下大夫二人担任，上士四人为副手。小史，由中士八人担任，下士十六人为副手，（还配有）府四人，史八人，胥四人，徒四十人。

冯相氏，由中士二人担任，下士四人为副手，（还配有）府二人，史四人，徒八人。

保章氏，由中士二人担任，下士四人为副手，（还配有）府二人，史四人，徒八人。

内史，由中大夫一人担任，下大夫二人为副手，（还配有）上士四人，中士八人，下士十六人，府四人，史八人，胥四人，徒四十人。

外史，由上士四人担任，中士八人为副手，（还配有）下士十六人，胥二人，徒二十人。

御史，由中士八人担任，下士十六人为副手，其下（还配有）史一百二十人，府四人，胥四人，徒四十人。

巾车，由下大夫二人担任，上士四人为副手，（还配有）中士八人，下士十六人，府四人，史八人，工一百人，胥五人，徒五十人。

典路，由中士二人担任，下士四人为副手，(还配有)府二人，史二人，胥二人，徒二十人。

车仆，由中士二人担任，下士四人为副手，(还配有)府二人，史二人，胥二人，徒二十人。

司常，由中士二人担任，下士四人为副手，(还配有)府二人，史二人，胥四人，徒四十人。

都宗人，由上士二人担任，中士四人为副手，(还配有)府二人，史四人，胥四人，徒四十人。

家宗人，如同都宗人的编制。

凡以神士为职业的，无固定的员数，按照他们才艺的高低来区分地位的贵贱。

春官宗伯·大宗伯

大宗伯之职，掌建邦之天神、人鬼、地示之礼，以佐王建保邦国。

以吉礼事邦国之鬼神示。以禋祀祀昊天上帝，以实柴祀日、月、星、辰，以槱燎祀司中、司命、风师、雨师。

以血祭祭社稷、五祀、五岳，以狸沉祭山林、川泽，以疈辜祭四方、百物。

以肆、献、祼享先王，以馈食享先王，以祠春享先王，以禴夏享先王，以尝秋享先王，以烝冬享先王。

以凶礼哀邦国之忧：以丧礼哀死亡，以荒礼哀凶札，以吊礼哀祸灾，以禬礼哀围败，以恤礼哀寇乱。

以宾礼亲邦国，春见曰朝，夏见曰宗，秋见曰觐，冬见曰遇，时见曰会，殷见曰同，时聘曰问，殷覜曰视。

以军礼同邦国：大师之礼，用众也；大均之礼，恤众也；大田之礼，简众也；大役之礼，任众也；大封之礼，合众也。

以嘉礼亲万民：以饮、食之礼，亲宗族兄弟；以昏、冠之礼，亲成男女；以宾射之礼，亲故旧朋友；以飨、燕之礼，亲四方之宾客；以脤、膰之礼，亲兄弟之国；以贺庆之礼，亲异姓之国。

以九仪之命，正邦国之位。壹命受职，再命受服，三命受位，四命受器，五命赐则，六命赐官，七命赐国，八命作牧，九命作伯。

以玉作六瑞，以等邦国。王执镇圭，公执桓圭，侯执信圭，伯执躬圭，子执谷璧，男执蒲璧。

以禽作六挚，以等诸臣。孤执皮帛，卿执羔，大夫执雁，士执雉，庶人执鹜，工商执鸡。

以玉作六器，以礼天地四方。以苍璧礼天，以黄琮礼地，以青圭礼东方，以赤璋礼南方，以白琥礼西方，以玄璜礼北方。皆有牲币，各放其器之色。

以天产作阴德，以中礼防之。以地产作阳德，以和乐防之。以礼乐合天地之化，百物之产，以事鬼神，以谐万民，以致百物。

凡祀大神，享大鬼，祭大示，帅执事而卜日，宿，视涤濯，莅玉鬯，省牲镬，奉玉粢，诏大号，治其大礼，诏相王之大礼。若王不与祭祀，则摄位。凡大祭祀，王后不与，则摄而荐豆、笾彻。

大宾客，则摄而载果。朝觐、会同，则为上相。大丧亦如之。王哭诸侯亦如之。王命诸侯，则傧。

国有大故，则旅上帝及四望。王大封，则先告后土。

乃颁祀于邦国、都家、乡邑。

【译文】

大宗伯的职责，是掌管建立王国对于天神、人鬼、地神的祭祀之礼，以辅佐王建立和安定天下各国。

用吉礼祭祀天下各国的人鬼、天神和地神。用禋祀来祭祀昊天上帝，用实柴来祭祀日、月、星、辰，用槱燎来祭祀司中、司命、风师、雨师。

用血祭来祭祀社稷、五祀、五岳、用埋沉来祭祀山林、川泽，用毁折牲体来祭祀四方和各种小神。

用经解割（而煮熟的）牲肉、牲血和生的牲肉、向地下灌郁鬯来祭祀先王，用黍稷做的饭祭祀先王，（以这样的礼节）用祠祀在春季祭祀先王，用禴祭在夏季祭祀先王，用尝祭在秋季祭祀先王，用烝祭在冬季祭祀先王。

用凶礼哀悼天下各国所遭遇的忧伤：用丧礼哀悼死亡，用荒礼哀悼饥馑和疫病，用吊礼哀悼水遭和火灾，用禬礼哀悼被敌国战败的国家，用恤礼哀悼遭受侵犯或有内乱的邻国。

用宾礼使天下各国相亲附：春季朝王叫作朝，夏季朝王叫作宗，秋季朝王叫作觐，冬季朝王叫作遇，无定期地会合诸侯叫作会，天下众诸侯国都来朝王叫作同，无定期地（派卿）慰问王叫作问，（每十二年中有三年）众诸侯（派卿）看望王叫作视。

用军礼协同天下各国：大军出征之礼，是利用民众（的义勇）；大校比以平均赋税之礼，是忧虑民众（的赋税不均）；举行大田猎之礼，是为了检阅徒众（和战车）；大兴劳役之礼，是为了任用民众（的劳动力）；大规模勘定疆界之礼，是为了聚合民众。

用嘉礼使民众相亲和：用饮酒礼和食礼，使宗族兄弟相亲和；用婚礼和冠礼，使男女相亲爱并使（行冠礼的男子）具有成人的德行；用宾射礼，使故旧和朋友相亲和；用飨礼和燕礼，使四方（前来朝聘的）宾客相亲和；用赏赐祭祀社稷和宗庙祭肉之礼，使同姓兄弟（及异姓）之国相亲和；用庆贺之礼，使异姓（及同姓）之国相亲和。

用九等仪命，规正诸侯国的地位。一命可接受（国君分派的）职务，再命可接受（国君所赐的）命服，三命可接受（王朝的）臣位，四命可接受（公所赐的）祭器，五命可（由王）赐予一则之地，六命可赐予（在采邑中）自设官吏的权力，七命可出封为侯伯之国，八命可被任命为州牧，九命可担任方伯。

用玉制作六种玉瑞，以区别诸侯的等级。王执镇圭，公执桓圭，侯执信圭，伯执躬圭，子执谷璧，男执蒲璧。

用禽兽作六种见面礼，以区别臣的等级。孤拿兽皮裹饰的束帛，卿拿羔羊，大夫拿鹅，士拿野鸡，庶人拿鸭，工商之人拿鸡。

用玉制作六种玉器，（祭祀时）用以进献天地四方。用苍璧进献天，用黄琮进献地，用青圭进献东方，用赤璋进献南方，用白琥进献西方，用玄璜进献北方。都有牺牲和束帛，（牲、帛之色）各依照所用玉器的颜色。

用动物性食物促使（人体的）阴气动起来，用教人适中的礼来防止（动得过分）；用谷类食物促使（人体的）阳气静下来，用教人和谐的乐来防止（静得过分）。用礼乐配合天地间化生的无生物，以及各种动植物，来祭祀鬼神，和谐万民。

凡祭祀大天神，大人鬼，大地神，（事先）率领有关官吏占卜祭祀的日期，（祭前三日）重申对百官的告诫，（祭祀的前夕）视察祭器是否洗涤干净，临视（行祼礼用的）圭瓒，察看煮牲体用的镬，奉上（盛黍稷用的）玉敦，告诉（大祝祭祀对象的）大名号（以便作祝祷辞），预习王所当行的祭祀礼仪，（到祭礼时）教王并协助王行礼。如果王（因故）不参加祭祀，就代王行祭礼。凡大祭祀，王后（因故）不参加，就代王后进献和彻除豆、笾。

招待大宾客，就代王向宾客行祼礼。诸侯朝觐王或王外出会同，就担任上相。有王、王后或太子的丧事，也担任上相。王哭吊死去的诸侯时也担任上相。王策命诸侯，就导引（被策命者）进前受命。

国家有凶灾，就旅祭上帝和望祀四方名山大川。王大封诸侯，就先告祭后土。

向各诸侯国、各采邑、各乡遂和公邑颁布（所当遵循的）祀典。

（选文、译文据杨天宇：《周礼译注》，上海，上海古籍出版社，2004，有改动。）

【解读】

选文为《周礼·春官宗伯》的前两部分：《春官宗伯·叙官》展示的是礼官的设置情况；《春官宗伯·大宗伯》展示的各礼官职掌之事。

三、阅读思考

阅读选文，对比《周礼》中的各官职掌之事与今天的社会分工，体会中国古代的社会分工与古人的政治理想。

四、拓展阅读

1.［清］孙诒让撰，王文锦、陈玉霞注释：《周礼正义》，北京，中华书局，2013。

2. 杨天宇：《周礼译注》，上海，上海古籍出版社，2004。

第五节　《仪礼》

一、常识举要

(一)书名与编订

《仪礼》，先秦至汉皆称《礼》。儒家经典《易》《书》《诗》《礼》《春秋》合称"五经"，其中的《礼》就是《仪礼》。《礼》为儒家经典，入汉又称《礼经》，有时还把它称作《礼记》。汉代传《礼》17 篇，所记多为士的日常礼仪，且有一些篇以"士礼"为题名，如《士冠礼》《士昏礼》《士相见礼》《士丧礼》《士虞礼》等，所以汉代又谓之《士礼》。就今见资料，自汉至三国时期，有《礼》而无《仪礼》。根据《晋书·元帝纪》记载，晋元帝大兴四年(321 年)"三月，置《周易》《仪礼》《公羊》博士"[①]，晋元帝为东晋首帝，可知晋代始有《仪礼》。《仪礼》本为《礼经》，因何更名？虽前贤多有解说，但至今难明其详。这里，仅录贾公彦于卷首书名下的解释以备参考。"《周礼》言周不言仪，《仪礼》言仪不言周，既同是周公摄政六年所制。题号不同者，《周礼》取别夏、殷，故言周；《仪礼》不言周者，欲见兼有异代之法，故此篇有醮用酒，《燕礼》云诸公，《士丧礼》云商祝、夏祝，是兼夏、殷，故不言周。又《周礼》是统心，《仪礼》是履践，外内相因，首尾是一。故《周礼》已言周，《仪礼》不须言周，周可知矣。且《仪礼》亦名《曲礼》，故《礼器》云：'经礼三百，曲礼三千。'郑注云：'曲犹事也，事礼谓今礼也。其中事仪三千。'言仪者，见行事有威仪；言曲者，见行事有屈曲。故有二名也。"[②]

礼，本来是人们长期在日常生活与社会实践中逐渐形成的风俗习惯，经过日积月累，约定俗成，一定的习俗规格、礼仪形式就固定下来了，成为人们的行为规范。统治阶级把礼从生活领域推广到社会、政治领域，作为治国规范，这就是人们所说的礼。相传，西周初年，周公曾"制礼作乐"，《仪礼》成于周公之手。周公作《仪礼》的说法，现在看来不大可信，但《仪礼》中的有些内容反映的时代的确相当久远。孔子精通礼学，重视礼仪制度对治理国家与提升个人修养的重要作用。但当时有关礼制记载已散失，于是孔子收集资料，重新整理编订，然后将其作为教本传授弟子。今传《仪礼》有 17 篇，除《士相见礼》《大射礼》《少牢馈食礼》《有司彻》4 篇外，其余 13 篇中，12 篇不仅有经，还有记；另有《丧服》经分章节，章节经下有传且有的传中又引传。《仪礼》于经文外增益之记、传，当为孔子弟子或其后学所作，所以《仪礼》最后的编订时间当在春秋末期至汉初之间。

(二)篇次与内容

秦代焚书禁学，《礼》多有散亡。汉兴，鲁人高堂生传《礼》17 篇，即《士礼》。

---

① [唐]房玄龄等：《晋书》，154 页，北京，中华书局，1974。
② 《十三经注疏》整理委员会：《十三经注疏·仪礼注疏》，4 页，北京，北京大学出版社，1999。

汉武帝时，又得古文《礼》56 篇，其中 17 篇与高堂生所传《士礼》相同，其余 39 篇是已失传的《礼》，即《逸礼》。《汉书·艺文志》"六艺略"著录《礼古经》56 卷，《经》17 篇。其序曰："汉兴，鲁高堂生传《士礼》十七篇。……《礼古经》者，出于鲁淹中及孔氏，与十七篇文相似，多三十九篇。"[①]后来，《逸礼》又亡，所以只有《士礼》(即《仪礼》)17 篇传世。

郑玄的《三礼目录》中收录的汉代《仪礼》传本有三家，即大戴(戴德)本、小戴(戴圣)本与刘向《别录》本。贾公彦在《仪礼》卷首"《士冠礼》第一"下的疏文中综合了郑玄《三礼目录》对三家传本篇次的记述之语，并进行了阐释。他说："大戴，戴圣，与刘向为《别录》十七篇，次第皆《冠礼》为第一，《昏礼》为第二，《士相见》为第三，自兹以下，篇次则异。"又说："其刘向《别录》，即此十七篇之次是也，皆尊卑吉凶次第伦叙，故郑用之。至于大戴即以《士丧》为第四，《既夕》为第五，《士虞》为第六，《特牲》为第七，《少牢》为第八，《有司彻》为第九，《乡饮酒》第十，《乡射》第十一，《燕礼》第十二，《大射》第十三，《聘礼》第十四，《公食》第十五，《觐礼》第十六，《丧服》第十七。小戴于《乡饮》《乡射》《燕礼》《大射》四篇，亦依此《别录》次第，而以《士虞》为第八，《丧服》为第九，《特牲》为第十，《少牢》为第十一，《有司彻》为第十二，《丧》为第十三，《既夕》为第十四，《聘礼》为第十五，《公食》为第十六，《觐礼》为第十七。皆尊卑吉凶杂乱，故郑君皆不从之矣。"[②]据此可知大戴、小戴、刘向三家《仪礼》传本的篇次。

东汉末年，郑玄注《仪礼》，采用刘向《别录》本的篇次。今《仪礼》传本——《十三经注疏》本，就是郑注本，今本《仪礼》的篇次，与刘向《别录》本相同。

《仪礼》记载了中国古代有关冠、婚、丧、祭、朝、聘、乡射等各种礼仪的情况。因为礼制源于社会生活的各个方面，后又成为统治国家的重要手段，所以《仪礼》中关于各种礼仪的记载，为考察与研究中国古代的亲族关系、宗法思想以及统治阶级各方面的生活情况，提供了极为重要的资料。另外，不少礼仪形式反映的都是人们在长期的社会生活中形成的风俗习惯，有的产生年代相当久远，这些流传下来的礼仪形式，就像一个窗口，人们可以从这里窥探远古历史的一些踪影。《仪礼》记载的那些烦琐的礼仪形式，在今天虽然已失去它的社会凭借与实践意义，但是不能因此而低估它的史料价值。

二、原典选读

《仪礼》(节选)

士冠礼

士冠礼：筮于庙门。主人玄冠，朝服，缁带，素韠，即位于门东，西面。有

---

① [汉]班固：《汉书》，1710 页，北京，中华书局，1962。

② 《十三经注疏》整理委员会：《十三经注疏·仪礼注疏》，3～4 页，北京，北京大学出版社，1999。

司如主人服，即位于西方，东面，北上。筮与席，所卦者，具馔于西塾。布席于门中，闑西、阈外，西面。筮人执策，抽上鞭，兼执之，进受命于主人。宰自右少退赞命。筮人许诺，右还，即席坐，西面。卦者在左。卒筮，书卦，执以示主人。主人受视，反之。筮人还，东面，旅占卒，进告吉。若不吉，则筮远日，如初仪。彻筮席，宗人告事毕。

主人戒宾，宾礼辞，许。主人再拜，宾答拜。主人退，宾拜送。前期三日，筮宾，如求日之仪。乃宿宾。宾如主人服，出门左，西面再拜，主人东面答拜。乃宿宾，宾许。主人再拜，宾答拜。主人退，宾拜送。宿赞冠者一人，亦如之。

厥明夕，为期于庙门之外。主人立于门东，兄弟在其南，少退，西面，北上。有司皆如宿服，立于西方，东面，北上。摈者请期。宰告曰："质明行事。"告兄弟及有司。告事毕。摈者告期于宾之家。

夙兴，设洗直于东荣，南北以堂深，水在洗东。陈服于房中西墉下，东领北上。爵弁服：纁裳、纯衣、缁带、韎韐。皮弁服：素积、缁带、素韠。玄端：玄裳、黄裳、杂裳可也，缁带、爵韠。缁布冠缺项、青组缨属于缺、缁纚广终幅长六尺、皮弁笄、爵弁笄、缁组纮纁边，同箧。栉实于箪，蒲筵二，在南。侧尊一甒醴，在服北。有篚实勺觯、角柶，脯醢，南上。爵弁、皮弁、缁布冠各一匴，执以待于西坫南，南面东上，宾升则东面。

主人玄端、爵韠，立于阼阶下，直东序西面。兄弟毕袗玄，立于洗东，西面北上。摈者玄端，负东塾。将冠者采衣、纚，在房中，南面。宾如主人服，赞者玄端从之，立于外门之外。

摈者告。主人迎出门左，西面再拜，宾答拜。主人揖赞者。与宾揖先入。每曲揖。至于庙门，揖入。三揖至于阶。三让，主人升立于序端，西面。宾西序，东面。赞者盥于洗西，升立于房中，西面，南上。

主人之赞者筵于东序，少北，西面。将冠者出房，南面。赞者奠纚、笄、栉于筵南端。宾揖将冠者。将冠者即筵坐。赞者坐，栉，设纚。宾降，主人降。宾辞，主人对。宾盥卒，壹揖，壹让，升。主人升，复初位。宾筵前坐，正纚。兴，降西阶一等。执冠者升一等，东面授宾。宾右手执项，左手执前，进容。乃祝，坐如初。乃冠，兴，复位。赞者卒。冠者兴，宾揖之，适房。服玄端爵韠，出房，南面。宾揖之，即筵坐。栉，设笄，宾盥正纚如初。降二等，受皮弁，右执项，左执前，进祝。加之如初，复位。赞者卒纮。兴，宾揖之，适房。服素积素韠，容，出房，南面。宾降三等，受爵弁加之，服纁裳、韎韐。其他如加皮弁之仪。

彻皮弁、冠、栉、筵。入于房。筵于户西，南面。赞者洗于房中，侧酌醴。加柶，覆之，面叶。宾揖，冠者就筵，筵西，南面。宾授醴于户东，加柶，面枋，筵前北面。冠者筵西拜受觯，宾东面答拜。荐脯醢。冠者即筵坐，左执觯，右祭脯醢。以柶祭醴三，兴。筵末坐，啐醴。建柶，兴。降筵，坐奠觯，拜。执觯兴。宾答拜。

冠者奠觯于荐东，降筵，北面坐取脯。降自西阶，适东壁，北面见于母。母拜受，子拜送。母又拜。

宾降，直西序，东面。主人降，复初位。冠者立于西阶东，南面。宾字之，冠者对。

宾出，主人送于庙门外。请醴宾，宾礼辞，许。宾就次。冠者见于兄弟，兄弟再拜，冠者答拜。见赞者，西面拜，亦如之。入见姑姊，如见母。

乃易服，服玄冠、玄端、爵韠。奠挚见于君。遂以挚见于乡大夫、乡先生。

乃醴宾以壹献之礼。主人酬宾，束帛俪皮。赞者皆与，赞冠者为介。宾出，主人送于外门外。再拜。归宾俎。

若不醴，则醮用酒。尊于房户之间，两甒，有禁，玄酒在西。加勺南枋。洗有篚，在西。南顺。始加，醮用脯醢。宾降取爵于篚。辞降如初。卒洗，升酌。冠者拜受，宾答拜如初。冠者升筵坐，左执爵，右祭脯醢，祭酒。兴，筵末坐啐酒。降筵拜，宾答拜。冠者奠爵于荐东，立于筵西。彻荐爵，筵尊不彻。加皮弁，如初仪。再醮，摄酒。其他皆如初。加爵弁，如初仪。三醮，有干肉折俎，哜之，其他如初。北面取脯见于母。若杀，则特豚，载合升。离肺实于鼎，设扃鼎。始醮，如初。再醮，两豆、葵菹、蠃醢、两笾、栗脯。三醮，摄酒如再醮，加俎，哜之，皆如初，哜肺。卒醮，取笾脯以降，如初。

若孤子，则父兄戒宿。冠之日，主人纷而迎宾。拜、揖、让，立于序端，皆如冠主，礼于阼。凡拜，北面于阼阶上。宾亦北面于西阶上答拜。若杀，则举鼎陈于门外，直东塾，北面。若庶子，则冠于房外，南面，遂醮焉。冠者母不在，则使人受脯于西阶下。

戒宾曰："某有子某，将加布于其首。愿吾子之教之也。"宾对曰："某不敏，恐不能共事，以病吾子，敢辞。"主人曰："某犹愿吾子之终教之也"。宾对曰："吾子重有命，某敢不从！"宿曰："某将加布于某之首，吾子将莅之，敢宿。"宾对曰："某敢不夙兴！"始加，祝曰："令月吉日，始加元服。弃尔幼志，顺尔成德。寿考惟祺，介尔景福。"再加曰："吉月令辰，乃申尔服。敬尔威仪，淑慎尔德，眉寿万年，永受胡福。"三加曰："以岁之正，以月之令，咸加尔服。兄弟具在，以成厥德。黄耇无疆，受天之庆。"醴辞曰："甘醴惟厚，嘉荐令芳。拜受祭之，以定尔祥。承天之休，寿考不忘。"醮辞曰："旨酒既清，嘉荐亶时，始加元服，兄弟具来。孝友时格，永乃保之。"再醮曰："旨酒既湑，嘉荐伊脯。乃申尔服，礼仪有序。祭此嘉爵，承天之祜。"三醮曰："旨酒令芳，笾豆有楚，咸加尔服，肴升折俎，承天之庆，受福无疆。"字辞曰："礼仪既备，令月吉日，昭告尔字。爰字孔嘉，髦士攸宜。宜之于假，永受保之，曰伯某甫、仲、叔、季，唯其所当。"

屦，夏用葛。玄端黑屦，青绚繶纯，纯博寸。素积白屦，以魁柎之；缁绚繶纯，纯博寸。爵弁纁屦，黑绚繶纯，纯博寸。冬，皮屦可也。不屦繐屦。

《记》。

冠义。始冠，缁布之冠也。大古冠布，齐则缁之。其緌也，孔子曰："吾未之闻也。"冠而敝之可也。适子冠于阼，以著代也。醮于客位，加有成也。三加弥尊，谕其志也。冠而字之，敬其名也。委貌，周道也；章甫，殷道也；毋追，夏后氏之道也。周弁、殷冔、夏收。三王共皮弁、素积。无大夫冠礼，而有其昏礼。古者五十而后爵，何大夫冠礼之有？公侯之有冠礼也，夏之末造也。天子之元子犹士也，天下无生而贵者也。继世以立诸侯，象贤也。以官爵人，德之杀也。死而谥，今也。古者生无爵，死无谥。

【译文】

士加冠的礼仪：在祢庙门前占筮加冠的吉日。主人头戴玄冠，身穿朝服，腰束黑色大带，饰白色蔽膝，在庙门的东边就位，面朝西方。主人的属吏身着与主人相同的礼服，在庙门的西边就位，面朝东方，以北为上首。蓍草、蒲席和记爻、记卦所用的卜具，都陈放在庙门外的西塾中。约在门外的中部，即门槛外，门中所竖短木偏西的地方布设筮席，筮席面朝西方。筮人手持蓍草，抽开装着蓍草的蓍筒盖，一手持盖，另一手持蓍筒下部，进前接受主人的吩咐。宰在主人右方稍靠后的地方佐主人发布占筮之命。筮人应答后右转弯回到筮席，就席坐下，面朝西方。卦者的位置在筮人的左边。占筮完了，筮人将筮得的卦写在版上，拿去给主人看。主人接过去看毕，还给筮人。筮人回至筮席，面向东方，与他的属下共同占筮，占筮完毕，进前报告主人筮得吉卦。如果占筮结果不吉，就占筮以后的日期，其仪式与前相同。占筮结束，撤去筮席，宗人宣布筮日之事结束。

主人至众宾家门告以"冠礼"日期，并请参加，他们辞谢一次便应许了。主人两拜宾，宾答拜。主人回，宾拜送主人。在将行加冠礼之前三日，举行占筮正宾的仪式，与占筮日期的仪式相同。于是，主人再次前往邀请正宾。正宾身穿与主人相同的礼服，迎出大门外东方，面朝西方两拜主人，主人面朝东答拜正宾。然后主人（致辞）邀请正宾，正宾应许。主人对正宾两拜，正宾答拜。主人退下，正宾拜送。邀请赞冠者一名，仪式与邀请正宾相同。

第二天，即行加冠礼前一天的傍晚，举行约定行冠礼时辰的仪式，地点在庙门外。主人站立在门外东边，众亲戚站在主人南边稍靠后一些的地方，面朝西方，以北为上首。主人的属吏都身穿朝服，站在庙门外西边，面朝东方，以北为上首。摈者请问加冠礼的时辰。宰告知说："明晨正天明时举行。"摈者转告亲戚和众属吏。宗人宣布约期的仪式结束。摈者到众宾家通告行加冠礼的时辰。

清晨早起，在正对东屋翼的地方设置洗，洗与堂之间的距离与堂深相等。水设置在洗的东边。礼服陈设在东房内西墙下，衣领朝东方，以北为上首。先是爵弁服：浅绛色裙、丝质黑色上衣、黑色大带、赤黄色蔽膝。其次是皮弁服：白色裙、黑色大带、白色蔽膝。再次是玄端服：黑裙、黄裙、杂色裙都可以，黑色大带、赤黑色蔽膝。然后是加缁布冠所用的颊项、系结在颊上的青色冠缨、六尺长整幅宽的黑色束发巾、加皮弁所用的簪子、加爵弁所用的簪子、镶着浅红色边饰的黑色丝质冠带，以上物品同装于一只箱子里。梳子放在箪中。蒲苇席两张，放置在(礼服、箱、箪的)南边。在礼服的北边，单独设置一甒醴。又有勺、觯、角制的小匙，盛在篚篚中，还有干肉和肉酱(盛于笾豆中)，以南为上首。爵弁、皮弁、缁布冠，各盛在一个冠箱里，主人的属吏(三人)各持一只冠箱，等候在西坫的南边，面朝南，以东方为上首，正宾登堂后则转而面朝东方。

主人身着玄端，赤黑色蔽膝，站立在东阶下边正对东序的地方，面朝西方。众亲戚全都身着黑色的衣裳，站在洗的东边，面朝西方，以北为上首。摈者身穿玄端，背朝东塾站立。将冠者身穿采衣，头梳发髻，站在房中，面朝南方。正宾身穿与主人相同的礼服，赞冠人身着玄端相随，站立在大门外边。

摈者出门请宾入内，并通报主人。主人出至大门东边迎接，面朝西两拜，正宾答拜。主人向赞冠人作揖行礼。又与正宾相对一揖，然后先进入大门。每到转弯的地方，主人必与宾相对一揖。至庙门前，主人揖请正宾进入庙门。如此相对三揖，到达堂前阶下，相互谦让三次，主人上堂，站立在东序南端，面朝西方。宾的位置在西序(南端)，面朝东方。赞冠人在洗的西边洗手后，登堂站立在房中，面朝西，以南边为上首。

佐助主人的人在东序边稍靠北的地方布设筵席，面朝西方。将冠者从房内出至堂上，面朝南方。赞冠人把束头巾、簪子、梳子等物放置在席的南端。正宾对将冠者拱手一揖。将冠者即席坐下。赞冠人也坐下，为将冠者梳理头发，并用头巾束发。正宾下堂，主人也下堂，宾辞谢，主人应答。正宾洗手完毕，与主人相对一揖，相互谦让一番，然后上堂。主人也上堂，回到原位。正宾在筵席前坐下，为将冠者整理束发巾。然后站起，由西阶下一级台阶，持冠的人升上一级台阶，面向东把缁布冠交给正宾。正宾右手持冠的后端，左手持冠的前端，仪容舒扬地前行至席前，然后致祝词，如先前一样坐下，为将冠者加缁布冠。然后起立，回到原来的位置。赞冠人为冠者加颏项，系好冠缨，完毕。冠者站起，正宾对他作揖行礼。冠者进入房内，穿上玄端服、赤黑色蔽膝，从房中出来，面朝南方。正宾对冠者行揖礼，冠者即席坐下。赞冠人为他梳理头发，插上簪子，正宾下堂洗手，然后为他整理束发巾，都与初加冠的仪式相同。正宾由西阶下两级台阶，接过皮弁，右手持冠后端，左手持前端，进前致祝词，为冠者戴上，仪式与初加冠相同。正宾回到原位。赞冠人为冠者结好皮弁冠的纽带。冠者站起，正宾对他拱手作揖。冠者进房内，穿上白色裳、白色蔽膝，仪容端正，从房中出来，面朝南方站立。正宾由西阶下三级台阶，接过爵弁为冠者戴上。冠者穿上浅红色裙、赤黄色蔽膝。其他与加皮弁冠的仪式相同。

撤去皮弁冠、缁布冠、梳子、筵席等物，进入房中。佐助主人的人在室门西边堂上布设筵席，面朝南方。赞冠人在房中洗觯，独自斟醴，把小匙口朝下放在觯上，匙头朝前。正宾对冠者作揖行礼，冠者即席，在席西端，面朝南方。正宾在室门的东边接觯在手，把小匙放在觯上，匙柄朝前，进至筵席前面，面朝北方。冠者在席西边行拜礼，接觯在手，正宾面朝东答拜。赞冠人把干肉和肉酱进置于席前。冠者即席坐下，左手持觯，右手祭干肉和肉酱。然后用角质的小匙祭醴三番，站起。在席的西头坐下，尝醴。把小匙插置觯中，起立。然后走下筵席，坐下，把觯放在地上，对正宾行拜礼，手持醴觯起立。正宾答拜。

冠者把觯放在笾豆东边地上，走下筵席，面朝北坐下取干肉。然后从西阶下堂，行至东墙闱门外，面朝北拜见母亲。母亲拜受干肉，冠者拜送，母亲再次拜冠者。

正宾下堂，在与西序相对的地方站定，面朝东方。主人下堂，回至原来上台阶前的位置。冠者站立在西阶东边，面朝南方。正宾为冠者命字，冠者应答。

正宾退出，主人送出庙门外，请以醴礼酬正宾。正宾辞让一次后应许，至更衣处等候。冠者拜见众亲戚，亲戚向冠者两拜，冠者答拜。然后拜见赞冠人。冠者面朝西行拜礼，仪式与拜见亲戚相同。又进寝门拜见姑母、姊姊，仪式与拜见母亲时相同。

然后更换礼服，戴玄冠，穿玄端服，饰赤黑色蔽膝。进献礼物，朝见国君。接着携礼物拜见乡大夫、乡先生。

主人以壹献之礼宴请正宾。主人以一束锦、两张鹿皮酬谢正宾。众宾也都参加宴饮。赞冠人担任正宾介。正宾退出，主人送到大门外边，两拜正宾。并遣人把牲送至宾家。

如果不用醴法，则可用酒行醮礼。在房和室门之间设置两只酒瓶，瓶下设有酒禁，玄酒（水）放在西边，上边放置勺子，勺柄朝南。在洗的西边设置篚篮，以北为上首。初次加缁布冠，行醮礼用干肉和肉酱。正宾下堂从篚中取爵；主人也下堂，正宾辞让，与前述仪式相同。正宾洗爵完毕，上堂斟酒。冠者拜接酒爵，正宾答拜，仪式与前相同。冠者即席坐下，左手持爵，右手祭干肉和肉酱，然后祭酒。冠者起立，在席西端坐下尝酒。下筵席向正宾行拜礼，正宾答拜。冠者在笾豆的东边放下酒爵，站立在筵席的西边。撤去笾豆和酒爵，筵席和酒尊不撤。二加皮弁，仪式与初次加冠相同。第二次行醮礼，要对酒加以整理、添益。其他仪式与前述相同。加爵弁的仪式也与前相同。三行醮礼，有干肉、折节盛于俎的牲体，品尝它，其他仪式也与前边相同。冠者面向北取干肉拜见母亲。如果杀牲的话，则用一只小猪。把它放入镬中烹熟，然后合左右牲体把它盛于鼎中。把肺割离开也放在鼎中。鼎上设置横杠和鼎盖。初次行醮礼，仪式与前述相同。第二次行醮礼，用两只豆，盛腌菜和蜗牛肉酱；两只笾，盛栗脯。三行醮礼，整理、添酒与第二次相同，有牲体，尝牲，都与前述仪式相同，并尝肺。行醮礼完毕，冠者取出笾中的干肉下堂等仪式，也都与前述相同。

如果将冠者是孤儿，则由他的伯父叔父或堂兄代为通知和召请宾客。加冠那天，将冠者束发髻迎宾。拜、揖、让，站立在东序南端，都与冠者父亲所行的仪式相同。在阼阶上行礼。凡行拜礼，都在阼阶上，面朝北方。正宾也同样在西阶上答拜。如果是杀牲，则抬鼎陈放在庙门外边，正对着东塾，面朝北。如果冠者是庶子，则在房外加冠，面朝南方，然后行醮礼。如果冠者母亲因故不在家，则使人在西阶下代母亲接受冠者所献上的干肉。

告宾时致辞说："某人有儿子名某某，将要为他加缁布冠，希望先生能前往教导。"宾致答词说："某人不才，恐怕不能胜任此事，有辱先生，所以冒昧推辞。"主人说："某人仍然期望先生终能前去指教。"宾回答说："先生再次吩咐，某人怎敢不遵从！"召请正宾时致辞说："某人将为某某加缁布冠，先生将光临，冒昧前来恭请。"正宾回答说："某人不敢不早起前往！"初次加缁布冠，致祝词说："选择善月吉日，为你戴上缁布冠，去掉你的童稚之心，慎修你成人的美德，属你高寿吉祥，昊天降予大福。"二加皮弁致辞说："选择吉月良辰，为你再戴皮弁冠，端正你的容貌威仪，敬慎你内心的德性，愿你长寿万年，天永远降你福祉。"三加爵弁致辞说："在这吉祥的年月，为你完成加冠的成年礼，亲戚都来祝贺，成就你的美德。愿你长寿无疆，承受上天的赐福。"醴礼的致辞说："醴酒味美醇厚，干肉肉醢芳香，拜受醴荐祭先祖，诚敬以定吉祥。托庇皇天福佑，永保美名不忘。"醮礼的致辞说："美酒清冽，芳香的脯醢进献及时。初加缁布冠，亲戚都来赞礼。极尽孝友之道，定可永久安保。"第二次行醮礼致辞说："美酒清洁，脯醢芳香，再加皮弁冠，礼仪井然有秩序。执此美酒来祭祝，恭承昊天降大福。"第三次行醮礼致辞说："美酒甘醇芬芳，笾豆陈列馨香，为你完成成年礼，佳肴具陈有折俎。恭承昊天之庆，秉受无疆福禄。"命字致辞说："礼仪已行齐备，在这善月吉日，宣告你的表字。表字十分美好，正与俊士相配。取字以适宜为大，禀受永远保有它，称呼伯某甫、仲某甫、叔某甫、季某甫，唯其适当为美称。"

鞋子，夏天穿葛制的。穿玄端服，配以黑鞋，青色的鞋头装饰、下边和鞋口镶边，鞋口镶边宽一寸；白色下衣配以白鞋，用大蛤灰涂注增白，缁色的鞋头装饰、下边和鞋口镶边，鞋口的镶边宽一寸；爵弁服，配以浅红色鞋，黑色的鞋头装饰、下边和鞋口镶边，鞋口的镶边宽一寸。冬天穿皮制的鞋即可。不穿线缕稀疏的布所制的鞋子。

《记》。

冠礼的意义：第一次加冠用缁布冠。太古时戴白布冠，祭祀斋戒，则染成黑色。关于这种冠缨下的缕饰，孔子说："我没有听说过这种冠有缕饰这种事。"行加冠礼之后，缁布冠就可以弃置不用了。嫡子在阼阶上行加冠礼，是要表明子将代父的意义。在客位上行醮礼，则显示是在为有成人之德的人加冠。三次所加的冠，后来的都比前一次更贵重，是要教育冠者确立远大的志向。加冠之后又命以表字，是要显示对所受于父母之名的敬重。委貌，是周代常戴的冠；章甫，是殷代常戴的冠；毋追，是夏代常戴的冠。第三次所加的冠，周代是"弁"，殷代是"冔"，夏代是"收"。第二次加冠的服装，夏、商、周三代都用皮弁、白色的衣、裳。没有大夫的加冠礼，但有大夫婚礼。古代人五十岁才能授予爵位，怎么还会另有大夫的加冠礼呢？公侯另有加冠礼，那是夏末的事情。天子的嫡子，用的也只是"士"礼，这就是说，天下没有生下来就尊贵的人。诸侯世袭，是因为世子能取法先祖的贤德。授人官爵，都以德行的高下等差为标准。士死以后追加谥号，是现在的事。古代士生不为爵，死亦不追加谥号。

（选文、译文据李景林、王素玲、邵汉明：《仪礼译注》，长春，吉林文史出版社，1995，有改动。）

【解读】

古代男子二十岁行加冠礼，并命字，表示已经成年，必须行成人之礼，明确君臣、父子等的社会责任。本篇详细记述了行冠礼的过程、陈设、仪式及行礼时的致辞。篇末的《记》，简要说明了夏、商、周三代冠礼的沿革、异同，论述了行冠礼的伦理道德意义以及所适用的范围。《士冠礼》不仅适用于"士"，而且适用于包括天子、诸侯在内的一切贵族。本篇后《记》说："古者五十而后爵，何大夫冠礼之有？公侯之有冠礼也，夏之末造也。天子之元子犹士也，天下无生而贵者也。继世以立诸侯，象贤也。"一方面，行冠礼标志着男子明确其伦理道德和社会责任而步入社会的开始；另一方面，它又表现了父子相继的宗法伦理精神。因此，古来儒家很重视冠礼，认为冠、昏、丧、祭、乡射诸礼，皆始于冠礼。《礼记·冠义》说："冠者，礼之始也，嘉事之重者也，是故古者重冠。"在汉代，《仪礼》诸本次序虽不同，但都以《士冠礼》为首篇，就表现了重视冠礼这种观念。

三、阅读思考

1.《士冠礼》详细记述了行冠礼的过程、陈设、仪式及行礼时的致辞。古代为什么如此重视冠礼？

2. 古人制"礼"的目的是什么？在当时是否起到了作用？

四、拓展阅读

1.［清］胡培翚、［清］胡肇昕、［清］杨大堉：《仪礼正义》，桂林，广西师范大学出版社，2018。

2. 李景林、王素玲、邵汉明：《仪礼译注》，长春，吉林文史出版社，1995。

第六节 《礼记》

一、常识举要

记，是对经而言的，它是解释经的文字。《礼记》就是解释《礼经》之书。

礼学家在世代传授《礼》的过程中，逐渐积累了解释、说明或补充经文的大量资料——《记》,以帮助传习者加深对经文的理解。

(一)《大戴礼记》与《小戴礼记》

西汉初年,传授《礼》的是鲁人高堂生,传授《士礼》17 篇。到汉宣帝时,传至后仓,戴德、戴圣、庆普都是后仓的弟子。从此,《礼》有二戴与庆氏三家学。戴德、戴圣在向弟子传授经义过程中,各选编了一部分《记》作为辅助资料。戴圣是戴德的侄子,所以称戴德所辑本为《大戴礼记》,戴圣所辑本为《小戴礼记》。后经传习者辗转增删,最后成为定本,《大戴礼记》辑文 85 篇,《小戴礼记》辑文 49 篇。东汉末年,郑玄为《周礼》《仪礼》《小戴礼记》作注,合称"三礼"。此后,郑学受社会推重,《小戴礼记》的地位逐渐提高,最终升入经的行列,而《礼记》也成了《小戴礼记》的专用名称。相反,《大戴礼记》却遭到了冷遇,研读的人越来越少,使得原本多有散失,只有近一半的内容流传至今。

(二)《礼记》

《礼记》,即《小戴礼记》,是汉前及汉代学者解《礼》之作的集编。全书辑文 49 篇。

《礼记》所辑之文,既非成于一人,又非成于一时,编次凌乱,内容庞杂,很难做综合概括。大体说来,有的记述古代日常生活习俗,有的记述各种礼仪制度,有的记述教育问题与礼乐效用,有的记述孔子的言行,还有的解说《仪礼》经文、阐述儒学思想。正由于《礼记》内容庞杂,涉及面广,所以为后人保存了多方面的珍贵资料,它是研究中国古代宗法制度、儒学思想及教育文化等问题的重要典籍。

(三)《大戴礼记》

《大戴礼记》与《小戴礼记》一样,所辑的是汉代以前及汉代学者解《礼》之作。原辑文章 85 篇,现存 39 篇。

《汉书·艺文志》于"六艺略"著录"《孔子三朝》七篇"[1]。裴松之注《三国志·蜀书》引刘向的《七略》曰:"孔子三见哀公,作《三朝记》七篇。今在《大戴礼》。"[2]清代王聘珍的《大戴礼记解诂》引南宋王应麟之语曰:"《孔子三朝志》七篇,今考《大戴礼》,《千乘》《四代》《虞戴德》《诰志》《小辨》《用兵》《少闲》是也。"[3]《大戴礼记》所载的《孔子三朝记》七篇、《曾子》十篇阐述了儒家学说,《五帝德》《帝系》叙述了上古世系,《诸侯迁庙》《诸侯衅庙》《投壶》《公符》论述了古代礼制,还有《夏小正》相传为记载夏朝历法月令的遗文,这些篇目都是研究上古历史与儒家思想的重要文献。所以,《大戴礼记》虽然长期遭受冷遇,但是它所汇集的资料不可忽视。

① [汉]班固:《汉书》,1717 页,北京,中华书局,1962。
② [晋]陈寿:《三国志》,974 页,北京,中华书局,1959。
③ [清]王聘珍:《大戴礼记解诂》,7 页,北京,中华书局,1983。

二、原典选读

《礼记》(节选)

大学[1]

大学之道，在明明德，在亲民，在止于至善[2]。知止而后有定[3]，定而后能静[4]，静而后能安[5]，安而后能虑[6]，虑而后能得[7]。物有本末，事有终始，知所先后，则近道[8]矣。

古之欲明明德于天下者[9]，先治其国；欲治其国者，先齐[10]其家；欲齐其家者，先修[11]其身；欲修其身者，先正其心[12]；欲正其心者，先诚其意；欲诚其意者，先致其知[13]。致知在格物[14]。物格而后知至[15]，知至而后意诚，意诚而后心正，心正而后身修，身修而后家齐，家齐而后国治，国治而后天下平。自天子以至于庶人，壹是[16]皆以修身为本，其本乱而末[17]治者否矣。其所厚者薄，而其所薄者厚，未之有也[18]。此谓知本，此谓知之至[19]也。

所谓诚其意者，毋自欺也。如恶恶臭[20]，如好好色[21]，此之谓自谦[22]。故君子必慎其独也。小人闲居为不善，无所不至，见君子而后厌然[23]，掩其不善而著其善[24]。人之视己，如见其肺肝然，则何益矣[25]！此谓诚于中，形于外，故君子必慎其独也。

曾子曰[26]："十目所视，十手所指，其严乎！"富润屋，德润身，心广体胖[27]，故君子必诚其意。

《诗》云："瞻彼淇澳，菉竹猗猗。有斐君子，如切如磋，如琢如磨。瑟兮僩兮，赫兮喧兮。有斐君子，终不可喧兮[28]！""如切如磋"者，道学也[29]；"如琢如磨"者，自修也[30]；"瑟兮僩兮"者，恂栗也[31]；"赫兮喧兮"者，威仪也；"有斐君子，终不可喧兮"者，道盛德至善，民之不能忘也。

《诗》云："於戏前王不忘[32]！"君子贤其贤而亲其亲，小人乐其乐而利其利，此以没世不忘也[33]。

《康诰》[34]曰："克明德。"《大甲》曰："顾諟天之明命[35]。"《帝典》曰："克明峻德[36]。"皆自明也[37]。

汤之《盘铭》曰："苟日新，日日新，又日新[38]。"《康诰》曰："作新民[39]。"《诗》曰："周虽旧邦，其命惟新[40]。"是故君子无所不用其极[41]。《诗》云："邦畿千里，惟民所止[42]。"《诗》云："缗蛮黄鸟，止于丘隅[43]。"子曰："于止[44]，知其所止，可以人而不如鸟乎？"《诗》云："穆穆文王，于缉熙敬止[45]！"为人君，止于仁[46]；为人臣，止于敬；为人子，止于孝；为人父，止于慈；与国人交，止于信。

子曰："听讼，吾犹人也，必也使无讼乎[47]！"无情者不得尽其辞，大畏民志[48]。此谓知本[49]。

所谓修身在正其心者：身有所忿懥，则不得其正；有所恐惧，则不得其正；有所好乐，则不得其正；有所忧患，则不得其正[50]。心不在焉[51]，视而不见，听而不闻，食而不知其味。此谓修身在正其心。

所谓齐其家在修其身者：人之其所亲爱而辟焉[52]，之其所贱恶而辟焉，之其所畏敬而辟焉，之其所哀矜而辟焉，之其所敖惰[53]而辟焉。故好而知其恶，恶而知其美者[54]，天下鲜矣！故谚有之曰：“人莫知其子之恶，莫知其苗之硕[55]。”此谓身不修不可以齐其家。

所谓治国必先齐其家者，其家不可教而能教人者，无之。故君子不出家而成教于国：孝者，所以事君也[56]；弟者，所以事长也[57]；慈者，所以使众也[58]。《康诰》曰：“如保赤子[59]。”心诚求之，虽不中不远矣[60]。未有学养子而后嫁者也。一家仁，一国兴仁[61]；一家让，一国兴让；一人[62]贪戾，一国作乱。其机[63]如此。此谓一言偾事，一人定国[64]。尧、舜率天下以仁，而民从之；桀、纣率天下以暴，而民从之。其所令反其所好，而民不从[65]。是故君子有诸己而后求诸人[66]，无诸己而后非诸人[67]。所藏乎身不恕，而能喻诸人者，未之有也[68]。故治国在齐其家。《诗》云：“桃之夭夭，其叶蓁蓁。之子于归，宜其家人[69]。”宜其家人，而后可以教国人。《诗》云：“宜兄宜弟[70]。”宜兄宜弟，而后可以教国人。《诗》云：“其仪不忒，正是四国[71]。”其为父子兄弟足法，而后民法之也。此谓治国在齐其家。

所谓平天下在治其国者：上老老而民兴孝[72]，上长长而民兴弟[73]，上恤孤而民不倍[74]，是以君子有絜矩之道[75]也。所恶于上，毋以使下[76]；所恶于下，毋以事上；所恶于前，毋以先后；所恶于后，毋以从前；所恶于右，毋以交于左；所恶于左，毋以交于右。此之谓絜矩之道。《诗》云：“乐只君子，民之父母[77]。”民之所好好之，民之所恶恶之，此之谓民之父母。《诗》云：“节彼南山，维石岩岩。赫赫师尹，民具尔瞻[78]。”有国者不可以不慎，辟则为天下僇矣[79]。《诗》云：“殷之未丧师，克配上帝。仪监于殷，峻命不易[80]。”道[81]得众则得国，失众则失国。是故君子先慎乎德。有德此有人[82]，有人此有土[83]，有土此有财，有财此有用[84]。德者本也，财者末也。外本内末，争民施夺[85]。是故财聚则民散，财散则民聚。是故言悖而出者，亦悖而入；货悖而入者，亦悖而出[86]。《康诰》曰：“惟命不于常[87]！”道善则得之，不善则失之矣。《楚书》曰：“楚国无以为宝，惟善以为宝[88]。”舅犯曰：“亡人无以为宝，仁亲以为宝[89]。”《秦誓》[90]曰：“若有一介臣[91]，断断兮[92]无他技，其心休休[93]焉，其如有容[94]焉。人之有技，若己有之；人之彦圣[95]，其心好之，不啻若自其口出。实能容之，以能保我子孙，黎民尚亦有利哉[96]！人之有技，媢疾[97]以恶之。人之彦圣，而违之俾不通[98]。实不能容，以不能保我子孙，黎民亦曰殆哉[99]！”唯仁人放流之[100]，迸[101]诸四夷，不与同中国[102]，此谓唯仁人为能爱人，能恶人。见贤而不能举，举而不能先，命[103]也；见不善而不能退，退而不能远，过[104]也。好人之所恶，恶人之所好，是谓[105]拂人之性，菑必逮夫身[106]。是故君子有大道[107]，必忠信以得之，骄泰以失之。生财有大道[108]：生之者众，食之者寡，为之者疾，用之者舒[109]，则财恒足矣。仁者以财发身，不仁者以身发财[110]。未有上好仁而下不好义者也，未有好义其事不终者也，未有府库财非其财者也[111]。孟献子曰："畜马乘，不察于鸡豚；伐冰之家，不畜牛羊；百乘之家，不畜聚敛之臣。与其有聚敛之臣，宁有盗臣[112]。"此谓国不以利为利，以义为利也。长国家[113]而务财用者，必自小人矣。彼为善之[114]，小人之使为国家，菑害并至。虽有善者，亦无如之何矣！此谓国不以利为利，以义为利也。

【注释】

[1]大学：篇名。郑玄《三礼目录》云："名曰大学者，以其记博学可以为政也。"在郑玄那里，"大"是"博"的意思，大学即博学。宋代学者则不然。朱熹《大学章句序》曰："《大学》之书，古之大学所以教人之法也。"把大学看作与小学相对的教育机构。此处择善而从，采用郑说。

[2]"大学之道"四句：意谓博学的目的有三，一是彰明自身的光明之德，二是亲爱民众，三是将以上二事做到至善的境界。司马光曰："明明德，所以修身也。亲民，所以治天下国家也。君子学斯二者，必至于尽善然后止。"

[3]知止而后有定：只有知道了止于至善这个目标才会志有定向。

[4]静：心静。朱熹说："谓心不妄动。"犹今云心无杂念。

[5]安：神安。司马光说："安者，悦而时习之也。"

[6]虑：思虑。司马光说："虑者，专精致思以求之也。"

[7]得：谓达到至善境界。

[8]道：即上文的"大学之道"。

[9]古之欲明明德于天下者：古代想要彰明光明德性于天下的人。孔颖达说："言欲章明己之明德，使遍于天下者。"

[10]齐：治理。

[11]修：修理，整治。

[12]心：内心。朱熹说："心者，身之所主也。"

[13]知：郑玄认为，"知，谓知善恶吉凶之所终始也"，盖谓知道所以善有善报、恶有恶报之理。

[14]格物：推究事物。郑玄注："格，来也。物犹事也。其知于善深则来善物，其知于恶深则来恶物，言事缘人所好来也。"盖谓善恶报应之不爽。

[15]知至：能够辨别善恶。

[16]壹是：一概。

[17]本：指修身。末：指齐家、治国、平天下。

[18]"其所厚者薄"三句：比喻本应下大力气的地方却没有下，而本应不下什么力气的地方却下大力气，这样做而希望得到好的结果，是没有的事。

[19]知之至：最高的智慧。

[20]如恶恶臭：就像厌恶难闻的气味。

[21]如好好色：就像喜欢漂亮的女人。

[22]自谦：谦，通"慊"，满足。朱熹注："自快足于己"。

[23]厌然：掩饰真相的样子。厌，通"黡"，闭藏貌。

[24]掩其不善而著其善：掩盖他做过的坏事而宣扬他做过的好事。

[25]"人之视己"三句：任何一个人对自己干的是好事或者坏事，自己心里最清楚，瞒得过别人瞒不过自己，掩饰或者宣扬有什么好处呢？

[26]"曾子曰"四句：曾子说，（尽管你是一人独处，但要想到）众多的眼睛在看着你，众多的指头在指着你，多么让人敬畏啊！

[27]"富润屋"三句：大意谓，人的贫富可以从其住所看得出来，人的道德水平可以从其行动看得出来，人的心胸宽广与否可以从其身体舒泰与否上看得出来。郑玄注："胖，大也。三者言有实于内，显见于外。"

[28]"《诗》云"十句：此引《诗经·卫风·淇奥》，有个别文字与今本《诗经》不同。淇，水名。澳，弯曲的河岸。菉竹，草名，即荩草，一名王刍，其叶片似竹，故名。猗猗，茂盛的样子。有斐，即斐斐，有文采的样子。如切如磋，如琢如磨，据《尔雅·释器》，对骨头进行加工叫作切，对象牙进行加工叫作磋，对玉进行加工叫作琢，对石头进行加工叫作磨。瑟，矜持端庄的样子。僩，威武的样子。喧，通"宣"，坦荡的样子。喧，今《诗经》作"谖"，又作"萱"，忘记。

[29]道学也：是说君子的研究学问。

[30]自修也：是说君子的自我修养。

[31]恂栗也：是说君子的外貌严肃。

[32]"《诗》云"二句：此引《诗经·周颂·烈文》。於戏，感叹调，音义俱同"鸣呼"。前王不忘，先王的美德使人难忘。

[33]"君子贤其贤而亲其亲"三句：这三句是解释为什么"前王不忘"的。因为君子从先王那里尊重贤人和热爱亲人，小人从先王那里享受到快乐和得到实惠，因此才到死不忘。

[34]《康诰》：《尚书·周书》篇名。据说为周公封康叔而作。克，能够。

[35]《大甲》：《尚书·商书》篇名，有上、中、下三篇。据说为伊尹告诫殷高宗大甲而作。大，读作"太"。顾諟，据郑玄注："顾，念也。諟，犹正也。"犹今言关注并端正。天之明命：犹言天赐予你之明德。

[36]《帝典》：指《尧典》，《尚书·虞书》篇名。峻德：大德。

[37]皆自明也：意谓以上三句引经据典，讲的都是勉励人君要自明己德。

[38]"汤之《盘铭》曰"四句：商汤在他的洗澡的用具上镌刻着自勉的铭文，即"如果每日都能够洗去身上的污垢，使身体焕然一新，就能够日日自新，每日自新"。表面上说的是身体的自新，实际上隐含着精神上的自新。

[39]作新民：谓鼓励化纣恶俗的殷人，使弃恶从善，重新做人。

[40]"《诗》曰"三句：此引《诗经·大雅·文王》。意谓周虽然本来是殷的诸侯国，但已经接受天命取代殷商成为新朝的天子。

[41]是故君子无所不用其极：意谓国君为了除旧更新，没有一处不用那最有效的手段。朱熹注："自新、新民，皆欲止于至善也。"

[42]"《诗》云"三句：见《诗经·商颂·玄鸟》。意谓天子辖地千里，都是百姓安居之所。邦畿，王城及其周围千里的地域。

[43]"《诗》云"三句：见《诗经·小雅·绵蛮》。意谓小小的黄鸟，止息在山之一角。缗蛮即绵蛮，《毛传》曰："小鸟貌。"黄鸟，鸟名。

[44]于止：鸟止息于何处。于省吾说："于，盖'乌'字之误，'乌'初误为'于'，而'于'又写作'于'耳。于者，'乌'之古文也。"

[45]"《诗》云"三句：此引《诗经·大雅·文王》。穆穆，《毛传》曰："美也。"文王，周文王。於，叹美声。缉熙，郑玄注："光明也。"止，本是语尾助词，无义，此处断章取义，作"止息"讲；所以郑玄说："此美文王之德光明，敬其所以自止处。"

[46]止于仁：字面意思是止息于仁，深层意思是要把"仁"字做到止于至善的地步。下文的"止于敬""止于孝""止于慈""止于信"，都如是解。

[47]"子曰"三句：此引《论语·颜渊》。意谓孔子说："审理案件，我和别人差不多；一定要说有什么不同的话，那就是我想让案件从根本上不再发生。"

[48]"无情者不得尽其辞"二句：让没有真凭实据的一方不得肆意狡辩，让他们感到非常胆怯心虚。郑玄注："情，犹实也。……大畏其心志，使诚其意，不敢讼。"

[49]本：根本。郑玄说："本，谓诚其意也。"

[50]"身有所忿懥"八句：朱熹引程子之语，又做了如下阐释。"'身有之身当作心。'忿懥，怒也。盖是四者，皆心之用而人所不能无者。然一有之而不能察，则欲动情胜，而其用之所行，或不能不失其正矣。"总而言之，心要时刻保持平常态，一动感情，心就不得其正。

[51]心不在焉：字面意思是如果心不在其位。承上文，意谓如果心不得其正。"心不在焉"是条件，"视而不见"三句是结果。

[52]人之其所亲爱而辟焉：人对于其所亲爱的人的看法往往会有所偏颇。辟，一本作"僻"。朱熹注："之，犹于也。辟，犹偏也。"下文"之其所贱恶而辟焉"等四句，与此同理。这是人之常情，不难理解。

[53]敖惰：傲慢怠惰。今言瞧不起。敖，通"傲"。

[54]"故好而知其恶"二句：与《礼记·曲礼上》的"爱而知其恶，憎而知其善"异曲同工。

[55]"故谚有之曰"三句：没有一个人知道自己儿子的毛病，没有一个人认为他种的庄稼已经长得够好了。朱熹注："谚，俗语也。溺爱者不明，贪得者无厌，

是则偏之为害，而家之所以不齐也。"

[56]"孝者"二句：家庭中的孝，可以移来侍奉君主。《说文解字》曰："孝，善事父母者。"

[57]"弟者"二句：家庭中的悌，可以移来侍奉官长。弟，通"悌"，顺从和敬爱兄长。

[58]"慈者"二句：家庭中的慈，可以移来使唤百姓。慈，仁慈。

[59]如保赤子：如同爱护婴儿那样。

[60]虽不中不远矣：即使不能完全做到，但也差不多。中，及。

[61]"一家仁"二句：国君一家讲究仁爱，就会影响到全国讲究仁爱。

[62]一人：谓国君一人。

[63]机：关键。

[64]"此谓一言偾事"二句：这叫作国君一言不慎就会坏事，国君一人做到齐家就能使国治。偾，败坏。

[65]"其所令反其所好"二句：国君命令大家做到的与国君自己喜好的不一致，老百姓就不会听从。郑玄注："言民化君行也。君若好货而禁民淫于财利，不能止也。"

[66]有诸己而后求诸人：好事，自己首先做到了，然后才能要求别人做到。

[67]无诸己而后非诸人：毛病，自己首先没有，然后才能批评别人。

[68]"所藏乎身不恕"三句：自己身上看不出一点恕的影子，而能晓谕别人什么是恕，这是从来没有的事。恕，己所不欲，勿施于人。

[69]"《诗》云"五句：此引《诗经·周南·桃夭》。夭夭，美好的样子。蓁蓁，茂盛的样子。之子，此指出嫁的女子。归，妇人谓嫁曰归。宜其家人，能使其婆家家人和顺。

[70]"《诗》云"二句：此引《诗经·小雅·蓼萧》。

[71]"《诗》云"三句：此引《诗经·曹风·鸤鸠》。意谓只有自己的仪容没有偏差，才能被四方各国效法。忒，偏差。正，榜样。

[72]上老老而民兴孝：只要国君尊老，国人就会孝顺成风。老老，第一个"老"字是名词的意动用法，即以老为老。

[73]长长：以长者为长，即敬长。弟，通"悌"。

[74]上恤孤而民不倍：只要国君体恤孤儿，国人就不会遗弃孤儿。倍，通"背"，背道而驰。

[75]絜矩之道：做出表率的法则。郑玄说："絜，犹结也，挈也。君子有挈法之道，谓当执而行之，动作不失之。"

[76]"所恶于上"二句：你所厌恶的上级的行为，就不要再用来对待你的下级。以下的五组同类句式，均可仿照此组来理解。其实质就是自己要首先做出表率。

[77]"《诗》云"三句：此引《诗经·小雅·南山有台》。意谓能让贤者快乐的国

君，才是民之父母。君子，谓贤者。

[78]"《诗》云"五句：此引《诗经·小雅·节南山》。节，《毛传》曰："高峻貌。"岩岩，《毛传》曰："积石貌。"师尹：指西周的太师尹氏。民具尔瞻：国人都在看着你的一言一行。具，通"俱"。总的意思是，在上者人所瞻仰，言行不可不慎。

[79]辟则为天下僇矣：僇：通"戮"，杀戮。郑玄注："邪辟失道，则有大刑。"

[80]"《诗》云"五句：此引《诗经·大雅·文王》，文字小异。意谓殷在纣王以前尚未丧失民众之心，所以能得到上天保佑。及纣为恶，民怨神怒，以失天下。应该以殷代的兴亡为鉴，天之大命才不可改易。师，众也。仪，《诗经》作"宜"。监：通"鉴"，镜子。峻，《诗经》作"骏"，大也。

[81]道：言。

[82]有德此有人：国君有德就会有民众拥护。

[83]有土：有国，得国。

[84]有用：有国用。

[85]"外本内末"二句：轻本重末，就会造成与民争利，实施抢夺。

[86]"是故言悖而出者"四句：所以国君如果有违背正道的话说出口，百姓也就会有违背正道的话传入其耳；国君的财货如果不是从正道取得，也就会从非正道流失。

[87]"《康诰》曰"二句：谓天命并不总是保佑某一个人。

[88]"《楚书》曰"三句：郑玄认为《楚书》是楚昭王时书。他说："言以善人为宝。时谓观射父、昭奚恤也。"

[89]"舅犯曰"三句：重耳流亡到秦国时，他的舅舅对他说的话。朱熹注："舅犯，晋文公舅狐偃，字子犯。亡人，文公时为公子，出亡在外也。仁，爱也。事见《檀弓》。"

[90]《秦誓》：《尚书》的篇名。秦穆公派兵远道偷袭郑国，大臣劝阻不听，结果遭晋军伏击，大败而回。痛定思痛，乃作此篇。此处引文与《尚书》小异。

[91]若：假如。一介臣：犹言一位臣子。

[92]断断兮：诚恳的样子。

[93]休休：宽容乐善的样子。

[94]其如有容：意谓他确定能宽容人。《尚书》孔传言："其如是，则能有所容。言将任之。"

[95]彦圣：美圣。据下文，盖指嘉言懿行而言。

[96]"以能保我子孙"二句：不仅能够保护我的子孙，而且百姓也能跟着沾光。

[97]媢疾：嫉妒。

[98]违之俾不通：（对于别人的美德），压着盖着，不让国君知道。

[99]黎民亦曰殆哉：百姓也会感到危险。曰，句中助词，无义。

[100]之：代词。指代上文的媢疾之人。

[101]进：通"摒"。朱熹注："犹逐也。"

[102]不与同中国：不与媢疾之人同住国中。

[103]命：怠慢。郑玄注："命，读为慢，声之误也。举贤而不能使君以先己，是轻慢于举人也。"

[104]过：错过，错误。

[105]拂：违背。

[106]菑：同"灾"，灾害。逮：及。身：自身。

[107]大道：孔颖达疏："大道，谓所由行孝悌仁义之大道也。"

[108]大道：此指规律、方法。

[109]"生之者众"四句：生之者，指生产者、劳动者。食之者，指享受劳动成果者。为之者，犹言干活时。用之者，犹言消费时。朱熹注引吕氏言曰："国无游民，则生者众矣。朝无幸位，则食者寡矣。不夺农时，则为之疾矣。量入为出，则用之舒矣。"

[110]"仁者以财发身"二句：意谓仁德的人利用财富来发扬自身的理想，不仁的人却滥用自身的条件去拼命地发财。朱熹注："发，犹起也。仁者散财以得民。不仁者亡身以殖货。"

[111]"未有上好仁而下不好义者也"三句：好，音浩；乘，音胜。郑玄注："言君行仁道，则其臣必义。以义举事，无不成者。其为诚然如己府库之财为己有也。"

[112]"孟献子曰"九句：总的意思是，卿大夫之家，不应与民争利。所以，士初试为大夫之家就不关心自家养了多少小鸡、小猪；有资格用冰的卿大夫之家就不必畜养牛羊。有百乘兵车的大夫之家，就不要养活有本领聚敛财富的家臣。与其养活聚敛之臣，还不如养活盗臣。郑玄注："孟献子，鲁大夫仲孙蔑也。畜马乘，谓以士初试为大夫也。伐冰之家，卿大夫以上，丧祭用冰。百乘之家，有采地者也。鸡豚、牛羊，民之所畜养以为财利者也。国家利义不利财。盗臣损财耳，聚敛之臣乃损义。"

[113]长国家：身为一国之长、一家之长。

[114]彼为善之：朱熹认为"此句上下，疑有阙文误字"。

【解读】

1.《大学》的两种不同版本辨析

《大学》有很多版本。这些版本分属于两个不同的版本系统：一个属于由东汉郑玄作注、唐代孔颖达作疏的《礼记注疏》系统，我们姑且称之为注疏本《大学》；另一个属于宋代朱熹的《四书章句集注》系统，我们姑且称之为《四书》本《大学》。这两个版本既有相同之处，又有不同之处。这里主要说二者的不同之处，其不同之处有四。

第一，注释者认识的高度不一样。在郑玄看来："名曰《大学》者，以其记博学可以为政也。此于《别录》属通论。"《大学》在《礼记》中并不占有什么特殊的位置。但在朱熹看来："《大学》，孔氏之遗书，而初学入德之门也。于今可见古人为学次第者，独赖此篇之存。"在孔颖达看来，《大学》不知道是谁写的，只能笼统地归之于"七十子后学者所记"。朱熹认为，《大学》中有经也有传，经一章，传十章，经是"孔子之言，而曾子述之"，传是"曾子之意而门人记之"。《大学》和孔子、曾子挂上了钩，诚所谓圣经贤传，自然身价倍增。

第二，章节顺序不一样。注疏本保存了古本的原貌，而《四书》本则认为古本不过是"旧本"而已，而这个旧本章节乱套的地方很多，并非圣经贤传的原貌，须要重新加以整理。于是乎将《大学》全文分为经一章、传十章。传十章的先后顺序，和注疏本迥异。例如，朱熹在"传之首章"下加注说："此通下三章至'止于信'，旧本误在'没世不忘'之下。"在"传之三章"下加注说："此章内自引《淇澳》诗以下，旧本误在《诚意章》下。"在"传之四章"下加注说："此章旧本误在'止于信'下。"

第三，《四书》本有补缀传文、更动记文的现象。例如，朱熹认为，传之五章"而今亡矣"于是就增补了"所谓致知在格物者……此谓知之至也"凡一百三四个字。"在亲民"一句，没有旁证，仅仅根据程颐的意思，就把"亲"字改作"新"。

第四，注释不一样。最大的不一样表现在，朱熹在注文中提出了"三纲八目"的概念，这是前无古人的。朱熹在"大学之道，在明明德，在新民，在止于至善"下注释说："此三者，大学之纲领也。"又在"古之欲明明德于天下者先治其国，欲治其国者先齐其家，欲齐其家者先修其身，欲修其身者先正其心，欲正其心者先诚其意，欲诚其意者先致其知，致知在格物"下注释说："此八者，大学之条目也。"简言之，即"格物""致知""诚意""正心""修身""齐家""治国""平天下"。三纲八目是整个《大学》的主轴。至于个别文字的诠释，二者各有千秋。例如"人之其所亲爱而辟焉，之其所贱恶而辟焉，之其所畏敬而辟焉，之其所哀矜而辟焉，之其所敖惰而辟焉"，一连五个"辟"字，郑玄都理解为"譬喻"，而朱熹则释为"辟，犹偏也"。结合上下文，觉得朱熹的这条注释确实比郑玄好。

对于朱熹更动古本之举，《四库提要》在著录毛奇龄《大学证文》时是这样评价的："《大学》一篇，移掇尤甚。譬如增减古方以治今病，不可谓无裨于医疗，而亦不可谓即扁鹊、仓公之旧剂也。"

2. 试说朱熹理解的"大学"

郑玄的《三礼目录》说："名曰大学者，以其记博学可以为政也。"可知郑玄理解的"大学"是博学，"大"是"博"的意思。而朱熹在《大学章句序》中说："《大学》之书，古之大学所以教人之法也。"可知朱熹理解的"大学"，是上古的教育机构。朱熹又在《晦庵集》卷十五《经筵讲义》中说："大学者，大人之学也。古之为教者，有小子之学，有大人之学。小子之学，洒扫、应对、进退之节，诗、书、礼、乐、射、御、书、数之文是也。大人之学，穷理、修身、齐家、治国、平天下之道是也。此篇所记，皆大人之学，故以'大学'名之。"朱熹生怕人们不懂，在《四书或问》卷一又设为问答以明之：

或问：大学之道，吾子以为大人之学何也？

曰：此对小子之学言之也。

曰：敢问其为小子之学何也？

曰：愚于序文已略陈之，而古法之宜于今者，亦既辑而为书矣，学者不可以不之考也。

曰：吾闻君子务其远者大者，小人务其近者小者。今子方将语人以大学之道而又欲其考乎小学之书何也？

曰：学之大小，固有不同，然其为道，则一而已。是以方其幼也，不习之于小学，则无以收其放心，养其德性，而为大学之基本；及其长也，不进之于大学，则无以察夫义理，措诸事业，而收小学之成功。是则学之大小，所以不同，特以少长所习之异宜而有高下、浅深、先后、缓急之殊。

朱熹所说的"古之大学"，最早见之于《尚书大传》卷三："古之王者，必立大学、小学，使王子、公卿大夫元士之适子，十有五年始入小学，见小节焉，践小义焉；二十始入大学，见大节焉，践大义焉。故入小学，知父母之道，长幼之序；入大学，知君臣之仪，上下之位。"古代男子二十而冠，即为成年人。清代学者胡渭认为朱熹"有大人之学，有小子之学"的说法欠妥，主张将"大人之学"改为"成人之学"（见《大学翼真》卷一），这是根据《尚书大传》立论的。

【文化史拓展】

谈谈《四书》

因为《大学》不仅是《四书》中的第一种，而且是"初学入德之门"，所以我们在这里简单谈谈有关《四书》的问题。

在朱熹以前，儒家的经典著作有五经、七经、九经、十二经之名，但没有《四书》之名。《四书》之名，始于朱熹。宋孝宗淳熙九年(1182年)朱熹的《四书章句集注》问世，经学史上《四书》之名从此诞生。《四书章句集注》包括下列四种书：《大学章句》《中庸章句》《论语集注》《孟子集注》。请注意，这四种书合起来可以叫作《四书章句集注》，分开来叫，千万不能叫作《大学章句集注》《中庸章句集注》《论语章句集注》《孟子章句集注》。如果这样叫，就要被人笑话了。为什么？《四库提要》说："《大学》古本为一篇，朱子则分别经传，颠倒其旧次，补缀其阙文；《中庸》亦不从郑注分节，故均谓之《章句》。《论语》《孟子》融会诸家之说，故谓之《集注》。"《四书章句集注》可以说是朱熹毕生为之呕心沥血之作，直到临终前三日，他还在修改。从朱熹以来，《四书章句集注》成为中国读书人的必读书，其地位在《五经》之上。元代的科举考试始于元仁宗皇庆年间，《元史·选举志》记载了考试程式："蒙古、色目人第一场经问五条，《大学》《论语》《孟子》《中庸》内设问，用朱氏《章句集注》。其义理精明，文辞典雅者为中选……汉人、南人第一场明经经疑二问，

《大学》《论语》《孟子》《中庸》内出题，并用朱氏《章句集注》。"可知无论是蒙古人、色目人，还是汉人、南人，第一场都是考《四书》。我们再看《明史·选举志》和《清史稿·选举志》，也同样记载着与《元史·选举志》相同的内容。由此可见，元、明、清三代，科举考试第一场的出题与判卷标准，皆以《四书章句集注》为准。这种情形，一直延续到1905年废除科举为止。

由于有科举考试这根指挥棒，所以产生了大量的有关《四书》的书。清代乾隆年间修《四库全书》，将有关《四书》的书甄别为三种。一种是收录，据《四库全书总目》卷三十六的统计，有六十三部七百三十二卷。一种是存目，即只保留书名，但不予收录。据《四库全书总目》卷三十七的统计，有一百一部一千三百九十六卷。存目的数量大于收录。一种是连目也不存，视同垃圾，任其自生自灭。《四库全书总目》有一段文字很精彩，兹摘录如下："案古书存佚，大抵有数可稽，惟坊刻《四书》讲章，则旋生旋灭，有若浮沤；旋灭旋生，又几如扫叶，虽隶首不能算其数。盖讲章之作，沽名者十不及一，射利者十恒逾九。一变其面貌，则必一获其赢余；一改其姓名，则必一趋其新异。故事同幻化，百出不穷，取其书而观之，实不过陈因旧本，增损数条，即别标一书目，别题一撰人而已。如斯之类，其存不足取，其亡不足惜，其剽窃重复不足考辨，其庸陋鄙俚亦不足纠弹。今但据所见，姑存其目，所未见者，置之不问可矣。"不啻为今日之剽窃之作画像矣。

（选文、注释、解读、文化史拓展据吕友仁：《礼记讲读》，上海，华东师范大学出版社，2009，有改动。）

中庸（节选）

天命[1]之谓性，率性[2]之谓道，修道之谓教。道也者，不可须臾离也，可离非道也。是故君子戒慎乎其所不睹，恐惧乎其所不闻。莫见乎隐，莫显乎微[3]。故君子慎其独也。喜怒哀乐之未发，谓之中[4]；发而皆中节[5]，谓之和。中也者，天下之大本也；和也者，天下之达道也。致中和[6]，天地位焉，万物育焉。

仲尼[7]曰："君子中庸[8]，小人反中庸。君子之中庸也，君子而时中；小人之中庸也[9]，小人而无忌惮[10]也。"

子曰："中庸其至矣乎！民鲜[11]能久矣！"

子曰："道[12]之不行也，我知之矣，知者[13]过之，愚者不及也。道之不明也，我知之矣，贤者过之，不肖者[14]不及也。人莫不饮食也，鲜能知味也。"

子曰："道其不行矣夫！"

子曰："舜其大知也与！舜好问而好察迩言[15]，隐恶而扬善，执其两端，用其中于民。其斯以为舜乎[16]！"

子曰："人皆曰予知。驱而纳诸罟擭[17]陷阱之中，而莫之知辟[18]也。人皆曰予知，择乎中庸而不能期月[19]守也。"

子曰："回[20]之为人也，择乎中庸，得一善，则拳拳服膺[21]而弗失之矣。"

子曰："天下国家可均[22]也，爵禄可辞[23]也，白刃可蹈[24]也，中庸不可能也。"

子路[25]问强。子曰："南方之强与？北方之强与？抑而强与[26]？宽柔以教，不报[27]无道，南方之强也，君子居[28]之。衽金革[29]，死而不厌[30]，北方之强也，而强者居之。故君子和而不流[31]，强哉矫[32]！中立而不倚，强哉矫！国有道，不变塞[33]焉，强哉矫！国无道，至死不变，强哉矫！"

子曰："素隐行怪[34]，后世有述[35]焉，吾弗为之矣。君子遵道而行，半途而废，吾弗能已[36]矣。君子依乎中庸，遁世不见知[37]而不悔，唯圣者能之。"

（王国轩译注：《大学·中庸》，北京，中华书局，2006。）

【注释】

[1]天命：天赋。朱熹解释说："天以阴阳五行化生万物，气以成形，而理亦赋焉，犹命令也。"所以，这里的天命实际上就是指的人的自然禀赋，并无神秘色彩。

[2]率性：遵循本性，率，遵循，按照。

[3]莫：在这里是"没有什么更……"的意思。见：显现，明显。乎：于。微：细微之处。

[4]中：符合。

[5]节：法度。

[6]致：达到。中和：和谐。

[7]仲尼：即孔子，名丘，字仲尼。

[8]中庸：即中和。庸，"常"的意思。

[9]小人之中庸也：应为"小人之反中庸也"。

[10]忌惮：顾忌和畏惧。

[11]鲜：少，不多。

[12]道：即中庸之道。

[13]知者：即智者，与愚者相对，指智慧超群的人。知，同"智"。

[14]不肖者：与贤者相对，指不贤的人。

[15]迩言：浅近的话。迩，近。

[16]其斯以为舜乎：这就是舜之所以为舜的地方吧！其，语气词，表示推测。斯，这。"舜"字的本义是仁义盛明，所以孔子有此感叹。

[17]罟：捕兽的网。擭：装有机关的捕兽的木笼。

[18]辟：同"避"。

[19]期月：一整月。

[20]回：指孔子的学生颜回。

[21]拳拳服膺：牢记在心中。拳拳，奉持不舍的样子，引申为恳切。服，著，

放置。膺，胸口。

　[22]均：即平，指治理。

　[23]爵：爵位。禄：官吏的薪俸。辞：放弃。

　[24]蹈：踏。

　[25]子路：名仲由，孔子的学生。

　[26]抑：选择性连词，意为"还是"。而：代词，你。与：疑问语气词。

　[27]报：报复。

　[28]居：处。

　[29]衽：卧席，此处用为动词。金：指铁制的兵器。革：指皮革制成的甲盾。

　[30]死而不厌：死而后已的意思。

　[31]和而不流：性情平和又不随波逐流。

　[32]矫：坚强的样子。

　[33]不变塞：不改变志向。

　[34]素：据《汉书》，应为"索"。隐：隐僻。怪：怪异。

　[35]述：记述。

　[36]已：止，停止。

　[37]见知：被知。见，被。

【解读】

　　这是《中庸》的第一部分，从道不可片刻离开引入话题，强调在《大学》里面也阐述过的"慎其独"问题，要求人们加强自觉性，真心诚意地顺着本性行事，按道的原则修养自身。在解决了上述思想问题后，才正面提出"中和"（即中庸）这一范畴，进入全篇的主题。

　　作为儒学的重要范畴之一，学者历来对"中庸"有各种各样的理解。选文是从情感的角度切入的，对"中""和"做了正面的、基本的解释。在一个人还没有表现出喜怒哀乐的情感时，心中是平静淡然的，所以叫作"中"，但喜怒哀乐是人人都有而不可避免的，它们必然要表现出来，表现方式符合常理、有节度，这就叫作"和"，二者协调和谐，这便是"中和"。人人都达到"中和"的境界，大家心平气和，社会秩序井然，天下也就太平无事了。

　　早在西汉时期就有专门解释《中庸》的著作，《汉书·艺文志》载有《中庸说》二篇，以后各代都有关于这方面的著作，其中影响最大的还是朱熹的《中庸章句》。朱熹把《中庸》与《大学》《论语》《孟子》合在一起编为《四书》，《四书》成为后世读书人求取功名的阶梯。

　　朱熹是这样评价《中庸》的："其忧之也深，故其言之也切；其虑之也远，故其说之也详。……历选前圣之书，所以提挈纲维、开示蕴奥，未有若是之明且尽者也。"①朱熹引用程颐的话，强调《中庸》是"孔门传授心法"的著作，"放之则弥六合，卷之则退藏于密"，其味无穷，是实用的学问。② 善于阅读的人只要仔细玩味，便可以终身受益。

程颐的说法也许有些过头，但《中庸》的内容的确丰富。朱熹不仅提出了"中庸"应作为儒家的最高道德标准，还以此为基础讨论了一系列的问题，涉及儒家学说的各个方面。所以，《中庸》被推崇为"实学"，被视为可供人们终身受益的经典，这也绝不是偶然的。

《论语·先进》载，孔子的学生子贡曾经问孔子："子张和子夏哪一个贤一些？"孔子回答说："子张过分；子夏不够。"子贡问："那么是子张贤一些吗？"孔子说："过分与不够是一样的。"这一段话是对"君子而时中"的生动说明。也就是说，过分与不够貌似不同，其实质却都是一样的，都不符合中庸的要求。中庸的要求是恰到好处，如宋玉《登徒子好色赋》中的大美人："增之一分则太长，减之一分则太短；著粉则太白，施朱则太赤。"所以，中庸就是恰到好处。

选文从各个方面引述孔子的言论，反复申说"中和"（中庸）这一概念，弘扬中庸之道，是全篇的第一大部分。

三、阅读思考

1. 为什么说《大学》是"初学入德之门"？
2.《大学》中的"三纲八目"是什么？
3. 仔细阅读《中庸》全文，说一说什么是"中庸"。
4. 为什么要"慎独"？

四、拓展阅读

1. 王文锦：《礼记译解》，北京，中华书局，2016。
2. [清]孙希旦：《礼记集解》，北京，中华书局，1989。
3. 钱玄：《三礼通论》，南京，南京师范大学出版社，1996。
4. 钱玄、钱兴奇：《三礼辞典》，南京，江苏古籍出版社，1998。

第七节 《易经》

一、常识举要

据文献记载，夏、商、周三代皆有《易》书，夏之《连山》，殷之《归藏》，周之

---

① [宋]朱熹：《四书章句集注》，15 页，北京，中华书局，1983。
② [宋]朱熹：《四书章句集注》，17 页，北京，中华书局，1983。

《周易》。

三代《易》书,《连山》《归藏》皆亡佚无考,只有《周易》传世。

(一)释名

先说"易"。

"易"字的意义,大致说来,主要有以下几说。

《易纬·乾凿度》云:"易一名而含三义,所谓易也,变易也,不易也。"郑玄作《六艺论》,其中的《易论》就是根据《乾凿度》之说来解释"易"之义的。"易一名而含三义:易简,一也;变易,二也;不易,三也。"郑玄引《周易·系辞》说:"'夫乾,确然示人易矣。夫坤,隤然示人简矣。''易则易知,简则易从。'此言其'易简'之法则也。"又云:"'为道也屡迁,变动不居,周流六虚,上下无常,刚柔相易,不可为典要,唯变所适。'此言顺时变易、出入移乾者也。"又云:"'天尊地卑,乾坤定矣。卑高以陈,贵贱位矣。动静有常,刚柔断矣。'此言其张设布列'不易'者也。"①

"易"之一名三义,我们可以这样认识:变易,揭示了事物绝对的运动性;不易,揭示了事物相对的稳定性;简易,揭示了事物绝对运动与相对稳定的辩证统一的总规律。既然有规律可以遵循,繁杂的事物也变得简单而容易明了了。

"易"之义,我们可以用三义中之一义来概括,那就是"变易"。因为,变易才是最能揭示事物本质的特性。这种认识,在《易传》中随处可见。《系辞下》言:"易穷则变,变则通,通则久。"这里,把《易》的基本概念,或者说基本法则,概括为了一个"变"字。《系辞上》言:"在天成象,在地成形,变化见矣。是故刚柔相摩,八卦相荡。鼓之以雷霆,润之以风雨。日月运行,一寒一暑。"此为自然界的变化。又曰:"天地变化,圣人效之。"②圣人把自然界的变化法则运用于人类社会,此为人类社会的变化。《史记·太史公自序》曰:"《易》著天地阴阳四时五行,故长于变。"③《周易正义》言:"夫'易'者,变化之总名,改换之殊称,自天地开辟,阴阳运行,寒暑迭来,日月更出,孚萌庶类,亭毒群品,新新不停,生生相续,莫非资变化之力,换代之功。"④事物的运动,由变而求得不变,不变中仍然存在着变的因素,变是事物永恒的特性。

"易"字的意义,另有二说。一说,"易"是"占卜"的意思。吴挚父、尚秉和主此说。尚秉和在《周易尚氏学·总论》中做了如下论述。"吴先生曰:'易者占卜之名。'《祭义》:'易抱龟南面,天子卷冕北面。'是易者占卜之名,因以名其官。《史记·大宛传》:'天子发书易。'谓发书卜也。又武帝《轮台诏》云:'易之,卦得《大

---

① 《十三经注疏》整理委员会:《十三经注疏·周易正义》,4~5页,北京,北京大学出版社,1999。
② 《十三经注疏》整理委员会:《十三经注疏·周易正义》,300、258~259、290页,北京,北京大学出版社,1999。
③ [汉]司马迁:《史记》,3297页,北京,中华书局,1959。
④ 《十三经注疏》整理委员会:《十三经注疏·周易正义》,4页,北京,北京大学出版社,1999。

过》.'易之卜之也。说者以简易、不易、变易释之,皆非.'愚案,《史记·礼书》云:'能虑勿易',亦以易为占。简易、不易、变易,皆《易》之用,非'易'字本诂,本诂固占卜也。"①一说,"易"是"觋"的借字。清人朱骏声、今人高亨主此说。朱骏声的《说文通训定声》于"解"部"易"字下曰:"三《易》之'易',读若'觋'。"②高亨的《周易古经今注》第一篇《周易琐语·周易释名》对此有阐释。"余疑易初为官名,转为书名,《礼记·祭义》:'昔者圣人建阴阳天地之情,立以为《易》。易抱龟南面。天子卷冕北面。虽有明知之心,必进断其志焉,示不敢专,以尊天也。'郑《注》:'立以为《易》,谓作《易》。易抱龟,易官名。'是易为书名,又为官名。易之为官,盖掌卜筮。筮官曰易,因而筮官之书亦曰《易》;犹史官曰史,因而史官之书亦曰史也。其本字疑当为'觋'。《说文》:'觋,能齐事神明者也。在男曰觋,在女曰巫。从巫,从见。'""卜筮原为巫术,远古之世,实由巫觋掌之。""'觋'与'巫'同义,'易'与'觋'同音。筮官为巫,而《礼记》称易,则'易'盖即'觋'之借字矣。筮官之'易'既为'觋'之借字,则筮书之《易》亦即'觋'之借字矣。"③

再说"周"。

"周"的意义,古有三说:一曰普遍;二曰朝代名;三曰兼取以上二义,既指周代之名,又有普遍之义。《周易》之"周"作为朝代名,当较符合它的原意。它既以《易》书的通名"易"作为书名,又为避免与夏、殷二代之《易》相混淆,就在"易"前冠一"周"字,说明它是周代之易,名之"周易"以别之。

(二)性质与内容

《周易》,即《易》,被尊为儒家经典之后又称《易经》。

《周易》本是一部占筮书。古人在遇到难以决定之事时,总喜欢向神灵请示。卜与筮便是这种活动的产物。卜用龟甲或兽骨。占卜时,将经过加工的甲骨放在火上烧灼,甲骨经火,出现裂纹,这些裂纹叫"卜兆",古人根据卜兆判断吉凶。把占卜情况记录下来,刻在甲骨上,就是卜辞。筮用蓍草。筮是通过数的运算求卦的具体手段,是巫术,俗称算卦。古代筮法,已无法详知,根据《周易·系辞上》记载,先将四十九根蓍草任意分成两份,然后依照一定规则排列组合,求出卦象,判断吉凶。把占筮情况记录下来,就是筮辞。古人把蓍草和龟甲视为神物,所以用它们决疑难,定吉凶。《尚书·洪范》曰:"汝则有大疑,谋及乃心,谋及卿士,谋及庶人,谋及卜筮。"④《周易·系辞上》曰:"探赜索隐,钩深致远,以定天下之吉凶,成天下之亹亹者,莫大乎蓍龟。"⑤卜辞在"地下档案库"保存了几千年,

① 尚秉和:《周易尚氏学》,1 页,北京,中华书局,1980。
② [清]朱骏声:《说文通训定声》,537 页,北京,中华书局,1984。
③ 高亨:《周易古经今注》,5~6 页,北京,中华书局,1984。
④ 《十三经注疏》整理委员会:《十三经注疏·尚书正义》,314 页,北京,北京大学出版社,1999。
⑤ 《十三经注疏》整理委员会:《十三经注疏·周易正义》,289~290 页,北京,北京大学出版社,1999。

现已被发掘出来，成为研究商代历史的第一手实物资料，这就是甲骨文。筮辞被选编成册，作为文献流传下来，这就是《周易》。

《周易》内容，包括经、传两部分。

1. 经

经的部分，是六十四卦。每卦都有卦画、卦名、卦辞、爻辞四部分。

（1）卦画

卦画，是一种表示象征意义的卦象符号。构成卦画的基本符号只有两个，一为"—"，一为"--"。"—"为阳，"--"为阴。为什么用"—"表示阳性，用"--"表示阴性呢？对此，大致说来，主要有以下几说。第一，"—"为天，"--"为地。高亨的《周易大传今注》说："最初乃以'—'象天，以'--'象地。盖古人目睹天体混然为一，苍苍无二色，故以一整画象之；地体分水陆两部分，故以两断象之。""古人又认为天为阳类之首，地为阴类之首，因而扩展之，以'—'象阳类之物，以'--'象阴类之物，于是'—'成为代表阳性概念之符号，'--'成为代表阴性概念之符号。"①第二，"—"为奇数，"--"为偶数。金景芳等人在《周易全解·乾卦》中说："阳爻用'—'这个符号表示，因为'—'是奇，奇是阳数。与阳爻相对应的阴爻用'--'这个符号表示，因为'--'是偶，偶是阴数。"②第三，"—"为男阴，"--"为女阴。郭沫若在《〈周易〉时代的社会生活》中说："八卦的根柢我们很鲜明地可以看出是古代生殖器崇拜的孑遗。画一以象男根，分而为二以象女阴，所以由此而演出男女、父母、阴阳、刚柔、天地的观念。"③第四，结绳记事的遗意。李镜池在《周易通义》的序言中说："八卦的构成当在结绳之后。结绳用来记事，改结绳为书契时，如以'—'代表一大结，以'--'代表两小结，三大结（'☰'）为乾，六小结（'☷'）为坤。"④这里所说的大结、小结，采用的是郑玄的说法。《周易·系辞下》中有"上古结绳而治"之句，孔颖达引郑玄注曰："事大大结其绳，事小小结其绳。"⑤

（2）卦名

"—""--"两个基本卦画符号平行横排，连迭三层，交互组合，得出八组，叫作八卦。八卦的名称是：乾（☰）、坤（☷）、震（☳）、巽（☴）、坎（☵）、离（☲）、艮（☶）、兑（☱）。八卦自迭或者互迭，得出六十四组，就是六十四卦。这样，每卦的卦画都有六行，每一行叫作一爻。"—"为阳爻，称为"九"；"--"为阴爻，称为"六"。六行的顺序：自下往上数，最下一行为第一爻，叫作初爻；第二、第三、第四、第五行依次叫作二爻、三爻、四爻、五爻；最上一行为第六爻，叫作上爻。

① 高亨：《周易大传今注》，23页，北京，清华大学出版社，2010。
② 金景芳、吕绍纲：《周易全解》，3～4页，上海，上海古籍出版社，2005。
③ 转引自洛书、韩鹏杰：《周易全书》，1955页，北京，团结出版社，1998。
④ 李镜池：《周易通义》，6页，北京，中华书局，1981。
⑤ 《十三经注疏》整理委员会：《十三经注疏·周易正义》，302页，北京，北京大学出版社，1999。

这是六爻的位次。初爻与上爻，表示爻位的在前，表示爻阴阳的在后，另外四爻则相反，如"初九""上六"及"九二""六四"等，这叫作爻题。初成的八卦为经卦，由经卦衍生的六十四卦称为别卦。经卦自迭组成的别卦仍用原名，经卦互迭而成的别卦则别立新名。

（3）卦辞与爻辞

卦名后是卦辞，卦辞文字一般较简单，为说明卦义。卦辞后是爻辞。爻辞解释每一爻意义，是各卦内容主要部分。卦辞与爻辞，虽蒙着一层神学宗教外衣，但其内容有些叙述历史事件，有些记载社会习俗，有些总结生产与生活经验。这些，都有不可忽视的史料价值。

卦辞、爻辞记载了一些历史事实。如《大壮卦》"六五"爻辞"丧羊于易，无悔"、《旅卦》"上九"爻辞"丧牛于易，凶"，记王亥丧牛羊于易事；《既济卦》"九三"爻辞"高宗伐鬼方，三年克之"、《未济卦》"九四"爻辞"震用伐鬼方，三年有赏于大国"，记高宗伐鬼方事；《泰卦》"六五"爻辞"帝乙归妹，以祉元吉"、《归妹卦》"六五"爻辞"帝乙归妹"，记帝乙嫁女事；《明夷卦》"六五"爻辞"箕子之明夷，利贞"，记箕子明夷事；《晋卦》卦辞"康侯用锡马蕃庶，昼日三接"，记康侯用锡马蕃庶事。[1]

在卦辞、爻辞中，还有大量反映上古社会生活的内容。

其中，有反映婚姻问题的。如《屯卦》"六二"爻辞："屯如邅如，乘马班如。匪寇婚媾。"屯，难。如，语气词。邅，难行不进的样子。班，盘桓。这是说，欲进又难，骑马盘桓。不是劫抢，是娶新娘。又如《睽卦》"上九"爻辞："睽孤。见豕负涂，载鬼一车，先张之弧，后说之弧。匪寇婚媾。"[2]睽，违离，此指离家的行旅之人。负涂，涂中运载。弧，指弓。说，通"脱"，放下。这是说，行旅的人在孤单地走路，看见一群人运载着大猪，拉着一车像鬼一样的人。开始，行人以为他们是强盗，张弓搭箭，准备防卫，后来弄清了情况，就放下弓箭。原来，他们不是来抢劫，而是带着礼物，让人装扮成图腾模样去娶亲的。

《周易》中提到"匪寇"这种婚俗，仅三卦。我们应该注意以下两点。其一，"屯如邅如"，表现了求婚者心中没有把握、徘徊为难之态。若是一夫一妻制，迎亲时不应该有这种心态与举动。其二，"匪寇"，乍一看到，形似寇；经审视，知非寇。这说明求婚的这群人具有抢劫的外部表现形态。爻辞反映的当是上古时期的婚姻习俗，即掠夺婚。这种婚姻习俗，是在原始社会母权制度时期由不同氏族的男女实行群婚制发展而来的，通常是一对男女结为配偶，是一种由群婚制向一夫一妻制演进过程中过渡性的婚姻形式。因为是族外婚，又是女重于男的母系氏族时期，所以男方要到女方去寻求配偶。反映婚姻问题的卦、爻辞中，还有男子娶妻、纳

---

① 《十三经注疏》整理委员会：《十三经注疏·周易正义》，150、230、251、254、69、222、158、151 页，北京，北京大学出版社，1999。

② 《十三经注疏》整理委员会：《十三经注疏·周易正义》，35、164 页，北京，北京大学出版社，1999。

妾及女子出嫁、女弟陪嫁等内容。

有反映奴隶逃亡的。如《讼卦》"九二"爻辞："不克讼，归而逋其邑。人三百户。"①克，胜。讼，诉讼，争讼。逋，逃亡。邑人，郭沫若的《〈周易〉时代的社会生活》说："邑人也是当时支配阶级的所有物（奴隶）。"②这是说，奴隶主出外争讼，败诉回来，奴隶逃亡了三百家。在奴隶社会，逃亡是奴隶进行反抗斗争的一种重要手段。

卦辞、爻辞，有不少是韵文，且多用比兴表现手法，富有诗意。

《震卦》卦辞："震来虩虩，笑言哑哑。震惊百里，不丧匕鬯。"震，指雷。虩虩，恐惧的样子。哑哑，言笑的声音。匕，勺子。鬯，酒。这是说，听到雷响心惊胆战，后又发出笑声。哪怕沉雷惊百里，仍从容地持勺把酒。

《中孚卦》"九二"爻辞："鸣鹤在阴，其子和之。我有好爵，吾与尔靡之。"阴，通"荫"，指荫蔽处。子，指雌鹤。爵，酒杯，这里指酒。靡，共。这是说，鹤在树荫中叫不停，它的配偶和声鸣。我有好杯盛美酒，与你共饮乐融融。这是一首生动的诗歌。先用比兴的手法起句，以双鹤的和鸣比兴，写出自己的思想感情。

《大过卦》"九二"爻辞："枯杨生稊，老夫得其女妻。"又"九五"爻辞："枯杨生华，老妇得其士夫。"③稊，通"荑"，草木新生、发芽。这是说，枯死的杨树生新芽，老汉把少女娶到家。枯死的杨树开了花，老妇嫁给了青年。爻辞运用了比兴手法，描写了老夫娶少妻与老妻嫁少夫这些婚姻状况。

《周易》中的这些古代歌谣，既反映了不少上古时期社会历史内容，具有一定史料价值；又显示了从早期诗歌发展到《诗经》阶段的一些轨迹，有着不容忽视的文学价值。

以上这些，来自当时的社会生活，是研究殷、周之际历史状况的珍贵资料。

关于《易经》的作者，旧说伏羲氏始画八卦，周文王推演成六十四卦，周文王作卦辞，周公作爻辞。这些说法，皆难确考。根据内容推断，《易经》的卦辞与爻辞，当是长期积累的占筮资料，大约编订于西周初年。

2. 传

传是经的最古解释，共有七种十篇。其传目次为：（一）彖传上、（二）彖传下、（三）象传上、（四）象传下、（五）文言、（六）系辞上、（七）系辞下、（八）说卦、（九）序卦、（一〇）杂卦。

《彖传》上、下篇，解释六十四卦的卦名、卦义与卦辞。《象传》上、下篇，解释六十四卦的卦名、卦义与爻辞。《文言》，解释《乾》《坤》二卦的卦辞与爻辞。《系辞》上、下篇，是《易经》的通论。《说卦》，解说八经卦所代表的事物。《序卦》，解说六十四卦组合的顺序。《杂卦》，解说六十四卦的卦义。汉代人把传的七种十篇

---

① 《十三经注疏》整理委员会：《十三经注疏·周易正义》，47页，北京，北京大学出版社，1999。
② 转引自洛书、韩鹏杰：《周易全书》，1967页，北京，团结出版社，1998。
③ 《十三经注疏》整理委员会：《十三经注疏·周易正义》，209、243、126、128页，北京，北京大学出版社，1999。

称为"十翼",意思是说它是经的羽翼。传解说经,有正确的地方,也有不符合经文原意的地方。传的作者往往借助于解经的形式,来阐发自己的政治主张与哲学思想,有人说它"好像借《周易》古经的旧瓶,来装自己的新酒"。经、传既有联系,又有区别;既不能把它们完全割裂,更不能把它们等同看待。

关于《易传》的作者,旧说孔子作"十翼"。这种说法,至今仍有学者信从,但从反映的哲学思想来看,它的成文时间,当在战国时期,有的或迟至秦汉之际。

《周易》作为占筮书,早在春秋时期已经广为流传。根据《左传》《国语》中有关《周易》的记述来看,春秋时期的人们基本上是把《周易》作为占筮参考书来利用的,同时已经开始从哲理角度来理解《周易》。到战国时期易传写成的年代,《周易》便由纯筮书跨入以论述哲理为基本内容的哲学著作的领域。于是,《周易》的地位随之提高,日益受到重视,成为儒家经典。《周易》的哲学思想,对后世影响很大,在中国哲学史上占有重要地位。《周易》是研究先秦哲学思想的一部非常重要的文献。

3. 传本

汉前,经传各自单行,而经分上、下两篇。《晋书·束皙列传》记载,晋初于战国魏襄王墓中发现大批简书,内有"《易经》二篇,与《周易》上下经同"[1]。至汉《易传》十篇始与《易经》上下篇合编,通称《易经》。《汉书·艺文志》著录《易经》十二篇。唐人颜师古注:"上下经及十翼,故十二篇。"[2]可知汉代虽已将经传合编,但依然将经传分开,各自成篇。到东汉末年,郑玄为《周易》作注,将传文与经文编在了一起。《三国志·高贵乡公纪》载,"帝又问曰:'孔子作彖、象,郑玄作注,虽圣贤不同,其所释经义一也。今彖、象不与经文相连,而注连之,何也?'俊对曰:'郑玄合彖、象于经者,欲使学者寻省易了也。'"[3]从此,《易传》将《彖传》《象传》与经编在一起,分列于六十四卦;又把《文言》一分为二,分列于《乾》《坤》二卦;《系辞》《说卦》《序卦》《杂卦》仍独立为篇,编排在六十四卦之后。这就是《周易》后世传本的编排形式。

1973 年年底,长沙马王堆三号汉墓出土了大批帛书,其中就有《周易》。帛书《周易》的内容,分为三个部分。第一,六十四卦。四千九百余字。第二,卷后佚书。佚书在六十四卦之后,共五篇,估计原来字数有一万一千余字,现存字数约九千六百字。这部分内容,只有很少一部分见于今本《系辞下》,其余部分全为佚书。佚书的大部分篇幅是孔子和弟子讨论卦辞、爻辞含义的问答记录。第三,《系辞》。帛书《系辞》字数比今本《周易》的《系辞》字数多,有六千七百余字。分为上、下两篇:上篇包括今本《周易·系辞》上、下篇的大部分内容;下篇包括今本《周易·系辞下》的第五、第六、第八章及第七章的前面部分,还有今本《周易·说卦》的前三节,此外,有大约二千一百字的内容是今本《周易》所没有的。

① [唐]房玄龄等:《晋书》,1432 页,北京,中华书局,1974。
② [汉]班固:《汉书》,1704 页,北京,中华书局,1962。
③ [晋]陈寿:《三国志》,136 页,北京,中华书局,1959。

比较今本《周易》与帛书《周易》，大致可以推知，今本《周易》与帛书《周易》同出一源，后又在长期的占筮活动中，逐渐发展成为不同的传本。

历代研究解释《周易》的著述很多，除《十三经注疏》中所收《周易正义》外，还有唐代李鼎祚的《周易集解》、南宋朱熹的《周易本义》、高亨的《周易古经今注》与《周易大传今注》、金景芳与吕绍纲的《周易全解》、张立文的《帛书周易注释》等，另有朱伯昆主编的《周易知识通览》、廖名春等人的《周易研究史》、北京大学图书馆索引编纂研究部编的《周易索引》、张善文的《周易辞典》等。

二、原典选读

《易经》(节选)
乾卦

【题解】

乾卦，上下卦皆由"乾"组成，卦形为"☰"，乾从形上讲象征"天"，所以称此卦为重天乾卦。为什么说乾从形上讲象征"天"呢？古人认为天是由阳气积聚而成的，有纯阳之性。清代李士鉁在《周易注》中说"天者，阳之宗，物莫先焉，物莫大焉，故画一以象之"，又言"易究天地之原，立三才之道"，所以"三画以成一卦"。

乾卦以六十四卦的纯阳之数"☰"表示，认为乾具有同天一样的性质：纯阳至健，象征天道运行，周而复始，健而无息。乾卦其象为天，其义为健，其德为元、亨、利、贞，全卦六爻取龙为象，借潜、见、惕、跃、飞、亢，龙之形变，以明乾道变化之象，勉励人们效"天"之德，自强不息，顺天而行，相时而动。

乾：元、亨、利、贞。

《彖》曰：大哉乾元，万物资始，乃统天。云行雨施，品物流形。大明终始，六位时成，时乘六龙以御天。乾道变化，各正性命。保合大和，乃利贞。首出庶物，万国咸宁。

《象》曰：天行健，君子以自强不息。

【译文】

乾卦象征天：元始，亨通，和谐有利，正固持久。

《彖》说：伟大啊，乾元！万物由此开始，一切统归于天。乾元变化如浮云飘行，雨水洒落，成就万类千形。日出日落，终而复始，普照大地。乾之六爻，各有其位，依时而成，就像阳气乘着六龙在天上运行掌握天道变化。天道的变化，赋予万物各自的本性和生命，太和元气得以保全、融合，这样就使得物性和谐，各有其利，万物都能正固持久地成长。天为万物之始，犹如国君居于民众之首，而不自为天下之首，使得天下各得其所，各安其事，都获得安宁。

《象传》说：天道运行，周而复始，健而无息，君子应效法天道，自强不息。

【解读】

乾坤两卦位列六十四卦之首，是六十四卦之根本，也可称为"祖卦"，历来受研读《易经》者重视。

《易经》把乾坤两卦放在六十四卦之首是有原因的。《易经》认为，天地是万物的本原，乾坤象天地，六十四卦象万物，天地在万物之先，所以乾坤居六十四卦之首，屯、蒙诸卦列乾坤之后。乾卦以天为象征形象，认为天体现着元始(元)、亨通(亨)、和谐有利(利)、正固持久(贞)四种德性，其所以如此，在于天乃积聚诸阳气而成，有纯阳之性，自然能以阳气始生万物，而得元始、亨通，能使物性和谐而各有其利，坚固贞正而得其所终。这种运行不息的阳气，变化无穷，沿春、夏、秋、冬四季循环往复，制约、主宰着整个大自然。

因此，《易经》赞美天，事实上是赞美阳刚之德，从义理上引申来讲，揭示了刚强者的进取哲学，勉励人们要效法天的刚健精神，奋发进取，自强不息。

初九：潜龙，勿用。
《象》曰：潜龙勿用，阳在下也。

【译文】

初九：龙隐于渊，待时而兴，不宜有所作为。
《象传》说：龙隐于渊，待时而兴，不宜有所作为，因为阳气初生尚在地下。

【解读】

此卦中初九处乾之始，阳气潜藏，有龙隐地下之象，潜龙代表事物发展尚处于潜伏阶段，宜积蓄力量，待时而兴。

九二：见龙在田，利见大人。
《象》曰：见龙在田，德普施也。

【译文】

九二：龙出现在大地上，利于出现大人。
《象传》说：龙出现在大地上，虽然没有达到跃和飞的状态，但是阳气已萌发至地上，圣人已经出世，天下必将遍受其道德恩施。

【解读】

此爻为九二。意即龙已经出离潜隐状态，出现在大地上，到了发挥作用、有所作为的时候了。从自然界的层面上讲，阳气已经出现大地上，到了万物复苏的时候；在人事的层面上说，九二刚健得中，虽距成功尚远，但已经有了成功的素质，所以说有"大人"之象。此时，天下人也都乐于见到大德之人的出现。此爻代表着经过前期的积累和准备，"大人"已经显露成功的素质，而外部环境也比较有利。

九三：君子终日乾乾，夕惕若，厉无咎。
《象》曰：终日乾乾，反复道也。

【译文】

九三：君子整日里勤奋努力，直到夜间还忧惧警惕，虽陷危险之地，亦可免于咎过。

《象传》说：君子整日里勤奋努力，意思是反复行道，坚持不懈。

【解读】

乾卦其他几爻都称"龙"，只有九三称"君子"。九三这一爻，位置不上不下，功业尚未成就，变数很多，有志于胸的人要时时振奋精神，努力不懈，事事小心谨慎，连夜晚都不能疏忽大意。只有这样严格要求自己，才不会产生过失，以致有悔恨的可能。

九四：或跃在渊，无咎。
《象》曰：或跃在渊，进无咎也。

【译文】

九四：龙或腾跃而起，或退居于渊，均不会有危害。
《象传》说：龙或腾跃而起，或退居于渊，表示审时而进必无咎害。

【解读】

此爻中的龙虽然还未飞腾，但或跃动，或潜伏，跃跃欲试，已具不可限量的潜在力量，但仍需待机而动，只要把握有利的时机进退，就不会产生过失、发生灾难。此爻表明，当条件已经成熟之时，应把握住最有利的时机进取，即可无咎。

九五：飞龙在天，利见大人。
《象》曰：飞龙在天，大人造也。

【译文】

九五：龙飞腾于穹宇，利于出现大人。
《象传》说：龙飞腾于穹宇，意味着大人大有所为。

【解读】

龙所象征的阳气经过初九的"潜"、九二的"见"、九三的"惕"、九四的"跃",到九五终于飞上天空,表明阳气自下而上,至此已经盛至于天,犹如中午的阳光普照大地,万物沐浴在太阳温暖的光芒之下。

乾卦是纯阳至健之卦,而九五居上卦之中,得正又在君位,说明九五之爻:刚健中正,纯粹而精,有君之德且有君之位,是乾卦最吉之爻,象征着事物发展到最完美阶段,所以在古代,人们常用"九五之尊"指代君主之位。本爻辞中提到的"大人",与九二的虽有高德而无高位的"大人"相比,九五刚健中正纯粹,不仅是更高一个层次的有德有位者,而是"始为士,经君子,而臻圣人",其才德、地位兼备,主客观条件都已尽善尽美,已臻圣人之境,足以应对任何困难,如游龙在天,兴云布雨,天下能感受其利,这样的大人当然是天下人所希望见到的。

上九:亢龙有悔。
《象》曰:亢龙有悔,盈不可久也。

【译文】

上九:龙升腾到极限,有所追悔。
《象传》说:龙升腾到极限,有所追悔。这是告诫人们刚进过甚、盈满是不可能长久保持的。

【解读】

此卦寓意事物发展,盛极必衰。"上九"就是阳爻居上。上是一卦之中的最后一爻,卦发展到上爻,事情无论好坏都已达到积微而盛,穷极将变的程度。此时阳气发展盛极转衰,所以爻辞拟取"亢龙"高飞穷极,说明到了止进而退的时候,此时继续前进便要走向反面,所以有所追悔。"亢"是上九的客观境遇,"悔"是上九的主观修养,朱熹曰:"《易》之为书,大抵于盛满时致戒。"(《朱子语类》)上九之关键就在这个"悔"字上,当极盛之时,唯其有悔,才能穷则思变,所以乾道才不以"亢"为终结。

用九:见群龙无首,吉。
《象》曰:用九,天德不可为首也。

【译文】

用九:出现一群龙,都不以首领自居,吉祥。
《象传》说:用"九"数,说明天的美德是不自居万物之首。

【解读】

此处"群龙无首"与现在所说的"群龙无首"含义迥异。《易经》中既有乾坤、阴阳对立的思想，又有乾坤、阴阳相互转化的思想。此爻兼具乾、坤的特点，最能体现这种思想。朱熹说："六爻皆变，刚而能柔。""见群龙"是乾之刚健，"见群龙无首"是坤之柔顺。以刚健为体，柔顺为用，刚健而能柔顺，获吉是必然的。

（题解、选文、译文、解读据雅瑟：《易经的智慧大全集》，北京，新世界出版社，2011，有改动。）

三、阅读思考

1.《周易》到底是本怎样的书？

2.《周易》传本的编排形式是怎样的？

3.《周易》中所蕴含的哲学思想有哪些？

四、拓展阅读

1. [唐]李鼎祚：《周易集解》，北京，中华书局，2016。

2. 高亨：《周易大传今注》，北京，清华大学出版社，2010。

3. 金景芳、吕绍纲：《周易全解》，上海，上海古籍出版社，2017。

第八节　《春秋》与"三传"

一、常识举要

《春秋》相传为孔子编订，《左氏传》（简称《左传》）《公羊传》《穀梁传》三书因是解释《春秋》之作而被合称为"《春秋》三传"。

（一）《春秋》

1.《春秋》释名

据文献记载，周代王室与各诸侯国都有自己的史官，负责记载王室与各诸侯国的史事。史官所记，即为史书。"春秋"就是这些史书的通称。《国语·晋语七》载晋悼公因叔向"习于《春秋》"，于是"召叔向使傅大子彪"，此《春秋》当指晋史。[①]《国语·楚语上》记载了楚庄王询问教育太子的事，申叔时说："教之《春秋》，而为之耸善而抑恶焉，以戒劝其心。"[②]此《春秋》当指楚史。《墨子·明鬼下》还提及"周之《春秋》""燕之《春秋》""宋之《春秋》""齐之《春秋》"[③]，墨子曾言"吾见《百国春

---

① 徐元诰：《国语集解》，415页，北京，中华书局，2002。

② 徐元诰：《国语集解》，485页，北京，中华书局，2002。

③ [清]孙诒让：《墨子间诂》，226～233页，北京，中华书局，2001。

秋》"①。也有的国家为本国史书另起专名。《孟子·离娄下》言，"晋之《乘》，楚之
《梼杌》，鲁之《春秋》，一也：其事则齐桓、晋文，其文则史。"②史书何以名"春
秋"？杜预在《春秋左氏传序》中说："故史之所记，必表年以首事，年有四时，故
错举以为所记之名也。"③这句话的意思是年有四时，不可遍举，于是就交错互举，
取春、夏、秋、冬中的"春秋"二字以代表全年。这是传统的说法。近年来有人研
究了甲骨文与金文，认为商与西周一年内只有春、秋二季，所以称年为"春秋"，
史书即由此得名。

2. 传世《春秋》为鲁国国史

我们今天看到的《春秋》，是鲁国的国史，其他以"春秋"命名之史皆不传。鲁
国国史《春秋》，相传是经过孔子整理编订的。它以年、时、月、日为次记事，是
中国留存下来的最早的一部编年史。因为《春秋》一书记载了这一阶段的历史，所
以后人就把《春秋》记载的这一段历史时期称为春秋时期。因为《春秋》是鲁国的国
史，所以记事之次以鲁国的十二位国君的纪年为序，始自鲁隐公元年(前722年)，
中经桓公、庄公、闵公、僖公、文公、宣公、成公、襄公、昭公、定公，终于哀
公十四年(前481年)。

鲁哀公在位28年，为什么《春秋》只写到鲁哀公十四年呢？《春秋·哀公十四
年》只记了一句话："十有四年春，西狩获麟。"后世的经学家认为，麟是一种传说
中的神兽，它的出现本是一种祥瑞，但因时无明主，礼崩乐坏，麟出非其时，反
而遭获。所以孔子在整理、修订《春秋》时，就到此为止了。我们今天看到的《左
传》本《春秋》，记事到鲁哀公十六年(前479年)，最后一句是："夏，四月，己丑，
孔丘卒。"④一般认为，这是孔门弟子在孔子死后，又据鲁国史书把孔子修订的《春
秋》续补到了孔子去世之时。但是，《春秋》的下限，一般不把《左传》本《春秋》后续
的两年计算在内，而将其起讫年代简单地概括为：始于鲁隐，绝笔获麟。

《春秋》记载的内容，多是政治、军事活动，也有少量的自然现象。据粗略统
计，征伐占百分之四十，会盟占百分之二十，朝聘占百分之二十，祭祀、婚、丧
等占百分之十，日食、月食、星变、地震、陨石、雨、雹、水旱、虫等自然现象
占百分之十。这些都是对春秋史事的信实记录。

3.《春秋》传授本

《春秋》本是一部史书，相传曾经由孔子修订，为儒家弟子所重视。战国时期，
已与《易》《书》《诗》《礼》《乐》一起列为儒家经典，合称"六经"。到汉代，尊崇儒术，
《春秋》尤为时人所重。但是，《春秋》的文句特别简短，记载二百余年的史事才用

① [唐]魏徵、令狐德棻：《隋书》，1197页，北京，中华书局，1973。
② 杨伯峻：《孟子译注》，192页，北京，中华书局，1960。
③ 《十三经注疏》整理委员会：《十三经注疏·春秋左传正义》，5页，北京，北京大学出版社，1999。
④ 《十三经注疏》整理委员会：《十三经注疏·春秋左传正义》，1689页，北京，北京大学出版社，1999。

了一万六七千个字，《春秋》记事之语，最短的只有一个字，最长的也只有四十多个字，而且措辞也比较隐晦。这样一部史书，人们要想读懂它，通过它了解史事的原委，是很不容易的。所以孔门后学在世代传习《春秋》的过程中，出现几种解释《春秋》的传授本。《春秋》本是一部独立的书，《汉书·艺文志》将经、传分别著录，可知汉代的风尚是经、传各自单行。后来被各传授本按年或按事拆开，与传合并，先经后传。于是，《春秋》不再有单行本传世，后世看到的只是经、传合编的传授本，即《春秋》三传。

解经之作称为传。《春秋》为经，则解释它的著作即为传。据《汉书·艺文志》著录，传至汉代，解释《春秋》的著作共有五家，即《左传》《公羊传》《穀梁传》《邹氏传》《夹氏传》。因为"《邹氏》无师，《夹氏》未有书"①，所以二传未得传世，后人看到的只有前三传，合称"《春秋》三传"。

《左传》属古文，《公羊传》与《穀梁传》为今文。在西汉，今文二传立于学官，即在太学设有博士讲授。《左传》未得立于学官，而在民间流传。《左传》重在记述史实，《公羊传》《穀梁传》重在阐发《春秋》的"微言大义"。因此，从史学与文学的角度看，三传之中，《左传》为优；从儒学与思想史的角度看，三传之中，《公羊传》《穀梁传》为重。

(二)《左传》

1. 作者与编订

《左传》是《春秋左氏传》的简称。《左传》于汉前的传授情况，文献缺载。相传《左传》为春秋末期鲁国史官左丘明编撰的，司马迁与班固都持此说。《汉书·艺文志》著录《左氏传》三十卷，并言："左丘明，鲁太史。"②到唐代后，开始有人对这种说法提出异议。此后，不少学者对《左传》的作者及成书年代提出了自己的看法，概括起来，主要有三种意见：第一，仍主旧说，认为是春秋时左丘明所著；第二，认为是战国时人的作品；第三，认为是西汉末年提倡古文经学的刘歆伪造的。根据近代学者的研究成果，再对《左传》记事内容及行文风格进行分析，可知《左传》大约成书于战国初期，很可能开始由左丘明口头传授，后由后学编纂成书。

《左传》经、传合编，传附于经，始于杜预。杜预的《春秋左氏传序》言："分经之年，与传之年相附，比其义类，各随而解之，名曰《经传集解》。"③西晋初年，杜预将《春秋》经文按年拆开，分别放在各年的传文之前，为之作注，其书为《春秋左氏经传集解》。从此，《左传》经、传合一。

2. 体例与内容

《左传》是一部记载春秋时期史事的编年史。《左传》的记事时间起于鲁隐公元年(前 722 年)，与《春秋》同；末事记晋国赵、魏、韩三家灭智氏，比《春秋》记事

---

①　[汉]班固：《汉书》，1715 页，北京，中华书局，1962。

②　[汉]班固：《汉书》，1713 页，北京，中华书局，1962。

③　《十三经注疏》整理委员会：《十三经注疏·春秋左传正义》，24 页，北京，北京大学出版社，1999。

下延约三十年，记事范围远超《春秋》。《左传》解释《春秋》，却不受《春秋》记事范围局限，不仅记载鲁国的史事，还较为详细地记述了晋、秦、齐、楚、郑、宋、卫等诸侯国的史事。《左传》重点记载了当时的政治斗争与军事斗争，同时兼及社会的各个方面。在国与国之间及各国内部各种政治力量之间错综复杂的斗争中，既有贵族之间的矛盾、倾轧与斗争，又有人民群众与统治阶级之间的矛盾与斗争。这些记载，反映出春秋时期王权的衰落，诸侯的强大，卿大夫的专权及统治阶级的荒淫残暴，劳动人民的深重灾难。《左传》不仅记载了春秋的当代史，还保存不少春秋以前的史事与传说。所以，它是学习、研究春秋与春秋以前的历史所依据的重要历史文献。

《左传》不仅是一部重要历史著作，还是一部文学名著。它语言简洁精练，叙事层次分明，能用少量的笔墨描绘出事件的曲折情节与人物的生动形象，尤其擅长描写战争，生动地再现了春秋时期争霸斗争与互相征伐的情况。《左传》是中国历史散文的典范，在文学史上占有极为重要的地位。

有关《左传》的今人著述举例如下：杨伯峻的《春秋左传注》，广泛吸收历代学者的研究成果兼采考古资料，是一部代表当今《左传》研究最高水平的著作；杨伯峻、徐提的《春秋左传词典》，是与杨伯峻的《春秋左传注》配套的专书。另有张高评的《春秋书法与左传学史》、陈克炯的《左传详解词典》等。

(三)《公羊传》与《穀梁传》

1. 传授与编订

《公羊传》，即《春秋公羊传》。《汉书·艺文志》著录《公羊传》十一卷，言："公羊子，齐人。"[1]公羊子何人？《公羊传》在汉前是如何传授的？相传，《公羊传》始传自孔子的学生子夏。纬书《春秋说题辞》言："传我书者，公羊高也。"戴宏《序》言："子夏传与公羊高，高传与其子平，平传与其子地，地传与其子敢，敢传与其子寿。至汉景帝时，寿乃其弟子齐人胡毋子都著于竹帛。"[2]依据戴说，原只口耳传授，到汉景帝时才由公羊寿在其弟子胡毋子都的帮助下写定成书。所以，《四库全书总目》说《公羊传》是"寿撰"。

今见《公羊传》是经、传合编的。《四库全书总目》说，经、传"汉末犹自别行"，"今本以传附经，或徐彦作疏之时所合并欤？彦疏，《文献通考》作三十卷，今本乃止二十八卷。或彦本以经文并为二卷，别冠于前，后人又散入传中，故少此二卷，亦未可知也"[3]。由此可知，经、传合编的时间至今尚难确言。

《穀梁传》，即《春秋穀梁传》。《汉书·艺文志》著录《穀梁传》十一卷，言："穀

① [汉]班固：《汉书》，1713 页，北京，中华书局，1962。
② 《十三经注疏》整理委员会：《十三经注疏·春秋公羊传注疏》，3～4 页，北京，北京大学出版社，1999。
③ [清]永瑢等：《四库全书总目》，211 页，北京，中华书局，2003。

梁子，鲁人。"①穀梁子何人？《穀梁传》在汉前是如何传授的？相传，《穀梁传》始传于子夏。唐人杨士勋在《春秋穀梁传》所录范宁作序的疏文中说："穀梁子名俶，字元始，鲁人，一名赤，受经于子夏，为经作传，故曰《穀梁传》。传孙卿，孙卿传鲁人申公，申公传博士江翁。其后鲁人荣广大善《穀梁》，又传蔡千秋，汉宣帝好《穀梁》，擢千秋为郎，由是《穀梁》之传大行于世。"②近代学者认为，《穀梁传》原来也是口耳传授的，至汉才写定成书，而写定成书的时间比《公羊传》还要稍晚一些。

《穀梁传》经、传合编，传附于经的时间不详。《四库全书总目》说："范宁集解乃并经注之，疑即宁之所合。"③此乃推测，已难详考。

2. 体例与内容

《公羊传》《穀梁传》二传记事时间相同，都起于鲁隐公元年（前 722 年），止于鲁哀公十四年（前 481 年），与《春秋》同；经、传合编形式相同，都按事分编，同一件事的经、传合编，经在前，传附经后；解经方式相同，都采用问答体，每事先列《春秋》经文，然后传文以设问作答的形式，逐层疏解经文与涉及的名物制度，阐发《春秋》书法与经文大义。二传所据《春秋》经文虽同，但因对经文内容的意义理解不同，所以传文对《春秋》大义的阐释有所不同。如关于鲁隐公元年，《春秋》载："元年春，王正月。"《公羊传》释之云："元年者何？君之始年也。春者何？岁之始也。王者孰谓？谓文王也。曷为先言王而后言正月？王正月也。何言乎王正月？大一统也。公何以不言即位？成公意也。何成乎公之意？公将平国而反之桓。曷为反之桓？桓幼而贵，隐长而卑。其为尊卑也微，国人莫知，隐长又贤，诸大夫扳隐而立之，隐于是焉而辞立。则未知桓之将必得立也，且如桓立则恐诸大夫之不能相幼君也，故凡隐之立，为桓立也。隐长又贤，何以不宜立？立适以长不以贤，立子以贵不以长。桓何以贵？母贵也。母贵则子何以贵？子以母贵，母以子贵。"《穀梁传》释之云："虽无事，必举正月，谨始也。公何以不言即位？成公志也。焉成之？言君之不取为公也。君之不取为公何也？将以让桓也。让桓正乎？曰不正。《春秋》成人之美，不成人之恶。隐不正而成之何也？将以恶桓也。其恶桓何也？隐将让而桓弑之，则桓恶矣；桓弑而隐让，则隐善矣。善则其不正焉何也？《春秋》贵义而不贵惠，信道而不信邪。孝子扬父之美，不扬父之恶。先君之欲与桓，非正也，邪也。虽然，既胜其邪心以与隐矣，已探先君之邪志，而遂以与桓，则是成父之恶也。兄弟，天伦也。为子受之父，为诸侯受之君，已废天伦，而忘君父，以行小惠，曰小道也。若隐者，可谓轻千乘之国；蹈道，则未也。"④二传阐释文字的内容都分前后两部分，前释"元年春，王正月"，后释何以不书隐

① ［汉］班固：《汉书》，1713 页，北京，中华书局，1962。
② 《十三经注疏》整理委员会：《十三经注疏·春秋穀梁传注疏》，3 页，北京，北京大学出版社，1999。
③ ［清］永瑢等：《四库全书总目》，211 页，北京，中华书局，2003。
④ ［唐］杜预等：《春秋三传》，35～36 页，上海，上海古籍出版社，1987。

公"即位"。释"元年春，王正月"，《公羊传》逐词解说，最后指出《春秋》之义在于张扬尊王与大一统思想。《穀梁传》则仅以概括的语句指出《春秋》即使无事可书，也"必举正月，谨始也"。《公羊传》释《春秋》大义，《穀梁传》释《春秋》书法。释何以不书隐公"即位"，二传都认为是为"成公意(志)"。"公意(志)"是什么？二传都认为是隐公要把君位"反之桓(让桓)"。至于为什么隐公要把君位"反之桓(让桓)"，二传的看法不同。《公羊传》以"立适以长不以贤，立子以贵不以长"与"子以母贵，母以子贵"为据立论，认为隐、桓皆非嫡出，隐虽年长于桓，但桓母尊贵而隐母卑微，根据宗法制度，"立子以贵不以长"，自当桓继父立以为君。既当立桓，为什么隐被立为君了呢？因为桓虽尊贵而年幼，但"如桓立则恐诸大夫之不能相幼君也，故凡隐之立，为桓立也"。《穀梁传》以"《春秋》贵义而不贵惠，信道而不信邪。孝子扬父之美，不扬父之恶"为据立论，认为隐要把君位"让桓"是"成父之恶"，所以不合正道。二传对隐让君位于桓之论，《公羊》褒扬，《穀梁》批评，所阐释的《春秋》之义截然不同。《公羊传》除阐释了《春秋》的尊王与大一统思想外，还提出了《春秋》是孔子为"拨乱世，反诸正"而作及张三世、辨夏夷、大复仇等思想。《穀梁传》阐释《春秋》大义，多据礼法立论。传以"礼也""非礼也""正也""非正也""不正也"等判断是非。"正"者谓符合礼，"不正""非正"者即谓不符合礼。《公》《穀》二传阐释《春秋》大义都讲宗法，但《公羊传》重视宗法法制，而《穀梁传》强调宗法礼制。礼以序尊卑，别贵贱，目的在于维护与加强君君、臣臣、父父、子子等政治与伦理的尊卑等级关系。《穀梁传》鲁昭公四年载："《春秋》之义，用贵治贱，用贤治不肖，不以乱治乱也。"《穀梁传》鲁文公十四年有"不以嫌代嫌也"之句，范宁集解曰："《春秋》以正治不正，不以乱平乱。"[①]这符合孔子所说的"非礼勿视，非礼勿听，非礼勿言，非礼勿动"[②]。

《公》《穀》二传的传文对于春秋史事叙及很少，所阐发的所谓《春秋》大义，多为后世经师的政治思想，并非全合《春秋》本旨。但要研究战国、秦汉时期的儒家思想、经学历史等，《公》《穀》二传却有一定的参考价值。

二、原典选读

《春秋》与"《春秋》三传"(节选)
隐公元年

【经】

元年，春，王正月。三月，公及邾仪父盟于蔑。夏，五月，郑伯克段于鄢。秋，七月，天王使宰咺来归惠公仲子之赗。九月，及宋人盟于宿。冬，十有二月，祭伯来。公子益师卒。

---

① 《十三经注疏》整理委员会：《十三经注疏·春秋穀梁传注疏》，280、180 页，北京，北京大学出版社，1999。

② 杨伯峻：《论语译注》，123 页，北京，中华书局，1980。

【左传】

元年，春，王周正月。不书即位，摄也。

三月，公及邾仪父盟于蔑，邾子克也。未王命，故不书爵。曰"仪父"，贵之也。公摄位而欲求好于邾，故为蔑之盟。

夏，四月，费伯帅师城郎。不书，非公命也。

初，郑武公娶于申，曰武姜。生庄公及共叔段。庄公寤生，惊姜氏，故名曰"寤生"，遂恶之。爱共叔段，欲立之。亟请于武公，公弗许。及庄公即位，为之请制。公曰："制，岩邑也，虢叔死焉。佗邑唯命。"请京，使居之，谓之京城大叔。祭仲曰："都城过百雉，国之害也。先王之制，大都不过参国之一，中五之一，小九之一。今京不度，非制也。君将不堪。"公曰："姜氏欲之，焉辟害？"对曰："姜氏何厌之有？不如早为之所，无使滋蔓！蔓，难图也。蔓草犹不可除，况君之宠弟乎？"公曰："多行不义，必自毙，子姑待之。"既而大叔命西鄙、北鄙贰于己。公子吕曰："国不堪贰，君将若之何？欲与大叔，臣请事之；若弗与，则请除之。无生民心。"公曰："无庸，将自及。"大叔又收贰以为己邑，至于廪延。子封曰："可矣，厚将得众。"公曰："不义不昵，厚将崩。"大叔完聚，缮甲兵，具卒乘，将袭郑。夫人将启之。公闻其期，曰："可矣！"命子封帅车二百乘以伐京。京叛大叔段，段入于鄢，公伐诸鄢。五月，辛丑，大叔出奔共。书曰："郑伯克段于鄢。"段不弟，故不言弟；如二君，故曰"克"；称"郑伯"，讥失教也；谓之郑志。不言出奔，难之也。遂置姜氏于城颍，而誓之曰："不及黄泉，无相见也！"既而悔之。颍考叔为颍谷封人，闻之，有献于公。公赐之食。食舍肉。公问之，对曰："小人有母，皆尝小人之食矣，未尝君之羹，请以遗之。"公曰："尔有母遗，繄我独无！"颍考叔曰："敢问何谓也？"公语之故，且告之悔。对曰："君何患焉？若阙地及泉，隧而相见，其谁曰不然？"公从之。公入而赋："大隧之中，其乐也融融！"姜出而赋："大隧之外，其乐也泄泄！"遂为母子如初。君子曰："颍考叔，纯孝也。爱其母，施及庄公。《诗》曰：'孝子不匮，永锡尔类。'其是之谓乎！"

秋，七月，天王使宰咺来归惠公、仲子之赗。缓，且子氏未薨，故名。天子七月而葬，同轨毕至；诸侯五月，同盟至；大夫三月，同位至；士逾月，外姻至。赠死不及尸，吊生不及哀。豫凶事，非礼也。

八月，纪人伐夷。夷不告，故不书。有蜚，不为灾，亦不书。惠公之季年，败宋师于黄。公立，而求成焉。九月，及宋人盟于宿，始通也。

冬，十月，庚申，改葬惠公。公弗临，故不书。惠公之薨也，有宋师，太子少，葬故有阙，是以改葬。

卫侯来会葬，不见公，亦不书。

郑共叔之乱，公孙滑出奔卫。卫人为之伐郑，取廪延。郑人以王师、虢师伐卫南鄙。请师于邾，邾子使私于公子豫，豫请往，公弗许，遂行。及邾人、郑人盟于翼。不书，非公命也。

新作南门。不书，亦非公命也。

十二月，祭伯来，非王命也。

众父卒。公不与小敛，故不书日。

【公羊传】

元年，春，王正月。

元年者何？君之始年也。春者何？岁之始也。王者孰谓？谓文王也。曷为先言王而后言正月？王正月也。何言乎王正月？大一统也。公何以不言即位？成公意也。何成乎公之意？公将平国而反之桓。曷为反之桓？桓幼而贵，隐长而卑，其为尊卑也微，国人莫知。隐长又贤，诸大夫扳隐而立之。隐于是焉而辞立，则未知桓之将必得立也。且如桓立，则恐诸大夫之不能相幼君也。故凡隐之立，为桓立也。隐长又贤，何以不宜立？立适以长不以贤，立子以贵不以长。桓何以贵？母贵也。母贵则子何以贵？子以母贵，母以子贵。

三月，公及邾娄仪父盟于眛。

及者何？与也，会、及、暨，皆与也。曷为或言会，或言及，或言暨？会，犹最也。及，犹汲汲也。暨，犹暨暨也。及，我欲之。暨，不得已也。仪父者何？邾娄之君也。何以名？字也。曷为称字？褒之也。曷为褒之？为其与公盟也。与公盟者众矣，曷为独褒乎此？因其可褒而褒之。此其为可褒奈何？渐进也。眛者何？地期也。

夏，五月，郑伯克段于鄢。

克之者何？杀之也。杀之，则曷为谓之克？大郑伯之恶也。曷为大郑伯之恶？母欲立之，己杀之，如勿与而已矣。段者何？郑伯之弟也。何以不称弟？当国也。其地何？当国也。齐人杀无知，何以不地？在内也。在内，虽当国不地也，不当国，虽在外亦不地也。

秋，七月，天王使宰咺来归惠公仲子之赗。

宰者何？官也。咺者何？名也。曷为以官氏？宰，士也。惠公者何？隐之考也。仲子者何？桓之母也。何以不称夫人？桓未君也。赗者何？丧事有赗。赗者，盖以马以乘马束帛。车马曰赗，货财曰赙，衣被曰禭。桓未君，则诸侯曷为来赗之？隐为桓立，故以桓母之丧告于诸侯。然则何言尔？成公意也。其言来何？不及事也。其言惠公仲子何？兼之。兼之，非礼也。何以不言及仲子？仲子，微也。

九月，及宋人盟于宿。

孰及之？内之微者也。

冬，十有二月，祭伯来。

祭伯者何？天子之大夫也。何以不称使？奔也。奔则曷为不言奔？王者无外，言奔，则有外之辞也。

公子益师卒。

何以不日？远也。所见异辞，所闻异辞，所传闻异辞。

【穀梁传】

元年，春，王正月。

虽无事，必举正月，谨始也。公何以不言即位？成公志也。焉成之？言君之不取为公也。君之不取为公，何也？将以让桓也。让桓正乎？曰不正。《春秋》成人之美，不成人之恶。隐不正而成之，何也？将以恶桓也。其恶桓何也？隐将让而桓弑之，则桓恶矣。桓弑而隐让，则隐善矣。善则其不正焉，何也？《春秋》贵义而不贵惠，信道而不信邪。孝子扬父之美，不扬父之恶。先君之欲与桓，非正也，邪也。虽然，既胜其邪心以与隐矣，已探先君之邪志而遂以与桓，则是成父之恶也。兄弟，天伦也。为子受之父，为诸侯受之君。已废天伦，而忘君父以行小惠，曰小道也。若隐者，可谓轻千乘之国，蹈道则未也。

三月，公及邾仪父盟于眜。

及者何？内为志焉尔。仪，字也。父，犹傅也，男子之美称也。其不言邾子何也？邾之上古微，未爵命于周也。不日，其盟渝也。眜，地名也。

夏，五月，郑伯克段于鄢。

克者何？能也。何能也？能杀也。何以不言杀？见段之有徒众也。段，郑伯弟也。何以知其为弟也？杀世子、母弟目君，以其目君，知其为弟也。段，弟也，而弗谓弟；公子也，而弗谓公子，贬之也。段失子弟之道矣，贱段而甚郑伯也。何甚乎郑伯？甚郑伯之处心积虑，成于杀也。于鄢，远也。犹曰取之其母之怀中而杀之云尔，甚之也。然则为郑伯者宜奈何？缓追逸贼，亲亲之道也。

秋，七月，天王使宰咺来归惠公仲子之赗。

母以子氏，仲子者何？惠公之母，孝公之妾也。礼，赗人之母则可，赗人之妾则不可。君子以其可辞受之。其志，不及事也。赗者何也？乘马曰赗，衣衾曰襚，贝玉曰含，钱财曰赙。

九月，及宋人盟于宿。

及者何？内卑者也。宋人，外卑者也。卑者之盟不日。宿，邑名也。

冬，十有二月，祭伯来。

来者，来朝也。

其弗谓朝何也？寰内诸侯，非有天子之命，不得出会诸侯。不正其外交，故弗与朝也。聘弓镞矢不出竟场，束脩之肉不行竟中，有至尊者不贰之也。

公子益师卒。

大夫日卒，正也；不日卒，恶也。

（《十三经注疏》整理委员会：《春秋左传正义》《春秋公羊传注疏》《春秋穀梁传注疏》，北京，北京大学出版社，1999。）

【解读】

此处将"《春秋》三传"所记隐公元年之事分列出来，目的是从经学角度加以比较。晋范宁在评"《春秋》三传"的特色时说："《左氏》艳而富，其失也巫。《穀梁》清而婉，其失也短。《公羊》辩而裁，其失也俗。"[①]当然，这只是一家之言。

"《春秋》三传"都旨在阐释《春秋》经旨，以授后世，但《左传》详于记事，《公羊传》《穀梁传》详于诂经。诂经必须依经训解，《春秋》从缺不记者，《公羊传》《穀梁传》亦多不言之。记叙事实，则须原始要终。所以左氏或把事实列在经文之前，以叙其始；或把事实置于经文之后，以终结其义。或为《春秋》经文所无者，而《左传》特著其事。或为《春秋》所有者，而《左传》不著其事。因此，西汉今文博士曾谓左氏不传《春秋》，而以《公羊传》《穀梁传》为得春秋真意。然而古文家看今《公》《穀》，口传了好几代，是否不失圣人之意，也很值得怀疑。

三传今古文之争，自汉代到近代，仍然未得结论。左氏褒贬或有不确之处，但所述事实，都是根据古代正史的，如果不明事迹的始末，何能臆断是非？所以，研读《春秋》，必以《左传》为根本。《公羊传》自子夏到公羊寿，经过六传，皆是口耳授受，又加经师附益，难保不失圣人之意，然而大义相传，究竟有其所受之本。穀梁子与公羊寿同师，其文比公羊更少，但有些内容，或为《公羊传》所不及。此论可谓公允。

左氏所记的史实，有很多是出乎一般人了解之外的，如齐侯在野外看见一头大豕，竟是冤死的公子彭生所变，齐侯怒而射之，豕人立而啼。又如昭公七年，郑子产讲述禹王之父鲧死后化为黄熊(一作熊)。其他尚有很多鬼神之事，以及卜筮祸福之期等。这在讲究现实人生的学者看来，确实奇异。所以范宁在他的《穀梁传》序文里说："《左氏》艳而富，其失也巫。"奇事越多，可供学者研究的材料也就越多，学者可以洞悉前因后果，眼界为之大开，探索经义自然便利。故以《左传》为主，兼采《公羊传》《穀梁传》二家，实为研读《春秋》的正途。

三、阅读思考

1."《春秋》三传"在解经时的侧重点各是什么？

2.《左传》是中华古籍中彪炳千古的作品。它的叙事特点是什么？

四、拓展阅读

1.赵伯雄：《春秋学史》，济南，山东教育出版社，2004。

2.杨伯峻：《春秋左传注》，北京，中华书局，1990。

3.刘尚慈：《春秋公羊传译注》，北京，中华书局，2010。

4.承载：《春秋穀梁传译注》，上海，上海古籍出版社，2004。

---

① 《十三经注疏》整理委员会：《十三经注疏·春秋穀梁传注疏》，11页，北京，北京大学出版社，1999。

第九节 《孝经》

一、常识举要

《孝经》是部专讲孝道的书。

《孝经》作于何时？作者何人？历代学者的意见不一。大致言之，盖有五说。第一，孔子作。《汉书·艺文志》曰："《孝经》者，孔子为曾子陈孝道也。"[①]第二，孔子弟子曾参作。《史记·仲尼弟子列传》曰："曾参，南武城人，字子舆。少孔子四十六岁。孔子以为能通孝道，故授之业。作《孝经》。死于鲁。"[②]第三，曾子弟子作。南宋王应麟的《困学纪闻》引胡寅之语说："《孝经》非曾子所自为也。曾子问孝于仲尼，退而与门弟子言之，门弟子类而成书。"[③]第四，七十子之后学作。清代毛奇龄的《孝经问》言："此仍是春秋战国间七十子之徒所作。"[④]第五，汉人伪作。清代姚际恒的《古今伪书考》言："是书来历出于汉儒，不惟非孔子作，并非周秦之言也。"[⑤]考察《孝经》的文句与内容，就会发现有一些来自《左传》《孟子》《荀子》等书，或撮取大意，或袭用文句，痕迹明显，可知《孝经》不可能为孔子或其弟子曾参所作。《吕氏春秋·察微》引用《孝经·诸侯章》的文字，冠以"《孝经》曰"，可知《孝经》也不可能为汉人之伪作。如此，则《孝经》当成书于《孟子》《荀子》流行以后，《吕氏春秋》成书以前，即战国末期，作者当是孔门七十子之后学。

《孝经》是十三经中字数最少的一部书。

善事父母为孝，善事君主为忠，由对父母行孝到为君主尽忠是一脉相承的思想体系。因此，封建统治者一向重视《孝经》，利用它进行说教，以加强思想统治。

根据《汉书·艺文志》的著录我们可知：在汉代，《孝经》有今文、古文两种传本。今文十八章，古文二十二章。古文本于南朝梁代亡佚，所以只有今文十八章本流传至今。这里需要顺便提及的是，后来古文本复出，学者认定其为伪书，所以虽今尚存，姑可不论。

二、原典选读

《孝经》
开宗明义章第一

仲尼居，曾子侍。子曰："先王有至德要道，以顺天下，民用和睦，上下无

---

① [汉]班固：《汉书》，1719页，北京，中华书局，1962。
② [汉]司马迁：《史记》，2205页，北京，中华书局，1959。
③ [宋]王应麟著，[清]翁元圻等注：《困学纪闻》，974页，上海，上海古籍出版社，2008。
④ 《景印文渊阁四库全书》第182册，283页，台北，台湾商务印书馆，1986。
⑤ [清]姚际恒：《古今伪书考》，6页，北京，中华书局，1985。

怨。汝知之乎?"曾子避席曰："参不敏，何足以知之?"子曰："夫孝，德之本也。教之所由生也。复坐，吾语汝。身体发肤，受之父母，不敢毁伤，孝之始也。立身行道，扬名于后世，以显父母，孝之终也。夫孝，始于事亲，中于事君，终于立身。《大雅》云：'无念尔祖，聿修厥德。'"

天子章第二

子曰："爱亲者，不敢恶于人；敬亲者，不敢慢于人。爱敬尽于事亲，而德教加于百姓，刑于四海。盖天子之孝也。《甫刑》云：'一人有庆，兆民赖之。'"

诸侯章第三

在上不骄，高而不危；制节谨度，满而不溢。高而不危，所以长守贵也。满而不溢，所以长守富也。富贵不离其身，然后能保其社稷，而和其民人。盖诸侯之孝也。《诗》云："战战兢兢，如临深渊，如履薄冰。"

卿、大夫章第四

非先王之法服不敢服，非先王之法言不敢道，非先王之德性不敢行。是故非法不言，非道不行；口无择言，身无择行。言满天下无口过，行满天下无怨恶。三者备矣，然后能守其宗庙。盖卿、大夫之孝也。《诗》云："夙夜匪懈，以事一人。"

士章第五

资于事父以事母，而爱同；资于事父以事君，而敬同。故母取其爱，而君取其敬，兼之者父也。故以孝事君则忠，以敬事长则顺。忠顺不失，以事其上，然后能保其禄位，而守其祭祀。盖士之孝也。《诗》云："夙兴夜寐，无忝尔所生。"

庶人章第六

用天之道，分地之利，谨身节用，以养父母。此庶人之孝也。故自天子至于庶人，孝无终始，而患不及者，未之有也。

三才章第七

曾子曰："甚哉，孝之大也!"子曰："夫孝，天之经也，地之义也，民之行也。天地之经，而民是则之。则天之明，因地之利，以顺天下。是以其教不肃而成，其政不严而治。先王见教之可以化民也，是故先之以博爱，而民莫遗其亲；陈之于德义，而民兴行。先之以敬让，而民不争；导之以礼乐，而民和睦；示之以好恶，而民知禁。《诗》云：'赫赫师尹，民具尔瞻。'"

孝治章第八

子曰："昔者明王之以孝治天下也，不敢遗小国之臣，而况于公、侯、伯、子、男乎? 故得万国之欢心，以事其先王。治国者，不敢侮于鳏寡，而况于士民乎? 故得百姓之欢心，以事其先君。治家者，不敢失于臣妾，而况于妻子乎? 故得人之欢心，以事其亲。夫然，故生则亲安之，祭则鬼享之。是以天下和平，灾害不生，祸乱不作。故明王之以孝治天下也如此。《诗》云：'有觉德行，四国顺之。'"

圣治章第九

曾子曰:"敢问圣人之德,无以加于孝乎?"子曰:"天地之性,人为贵。人之行,莫大于孝,孝莫大于严父,严父莫大于配天,则周公其人也。昔者,周公郊祀后稷以配天,宗祀文王于明堂,以配上帝。是以四海之内,各以其职来祭。夫圣人之德,又何以加于孝乎?故亲生之膝下,以养父母日严。圣人因严以教敬,因亲以教爱。圣人之教,不肃而成,其政不严而治,其所因者本也。父子之道,天性也,君臣之义也。父母生之,续莫大焉。君亲临之,厚莫重焉。故不爱其亲而爱他人者,谓之悖德;不敬其亲而敬他人者,谓之悖礼。以顺则逆,民无则焉。不在于善,而皆在于凶德,虽得之,君子不贵也。君子则不然,言思可道,行思可乐,德义可尊,作事可法,容止可观,进退可度,以临其民。是以其民畏而爱之,则而象之。故能成其德教,而行其政令。《诗》云:'淑人君子,其仪不忒。'"

纪孝行章第十

子曰:"孝子之事亲也,居则致其敬,养则致其乐,病则致其忧,丧则致其哀,祭则致其严,五者备矣,然后能事亲。事亲者,居上不骄,为下不乱,在丑不争。居上而骄则亡,为下而乱则刑,在丑而争则兵。三者不除,虽日用三牲之养,犹为不孝也。"

五刑章第十一

子曰:"五刑之属三千,而罪莫大于不孝。要君者无上,非圣人者无法,非孝者无亲。此大乱之道也。"

广要道章第十二

子曰:"教民亲爱,莫善于孝。教民礼顺,莫善于悌。移风易俗,莫善于乐。安上治民,莫善于礼。礼者,敬而已矣。故敬其父,则子悦;敬其兄,则弟悦;敬其君,则臣悦;敬一人,而千万人悦。所敬者寡,而悦者众,此之谓要道矣。"

广至德章第十三

子曰:"君子之教以孝也,非家至而日见之也。教以孝,所以敬天下之为人父者也。教以悌,所以敬天下之为人兄者也。教以臣,所以敬天下之为人君者也。《诗》云:'恺悌君子,民之父母。'非至德,其孰能顺民,如此其大者乎!"

广扬名章第十四

子曰:"君子之事亲孝,故忠可移于君;事兄悌,故顺可移于长;居家理,故治可移于官。是以行成于内,而名立于后世矣。"

谏诤章第十五

曾子曰:"若夫慈爱、恭敬、安亲、扬名,则闻命矣。敢问子从父之令,可谓孝乎?"子曰:"是何言与,是何言与!昔者,天子有争臣七人,虽无道,不失其天下;诸侯有争臣五人,虽无道,不失其国;大夫有争臣三人,虽无道,不失其家;士有争友,则身不离于令名;父有争子,则身不陷于不义。故当不义,则子不可以不争于父;臣不可以不争于君;故当不义则争之。从父之令,又焉得为孝乎!"

感应章第十六

子曰:"昔者,明王事父孝,故事天明;事母孝,故事地察;长幼顺,故上下治。天地明察,神明彰矣。故虽天子,必有尊也,言有父也;必有先也,言有兄也。宗庙致敬,不忘亲也。修身慎行,恐辱先也。宗庙致敬,鬼神著矣。孝悌之至,通于神明,光于四海,无所不通。《诗》云:'自西自东,自南自北,无思不服。'"

事君章第十七

子曰:"君子之事上也,进思尽忠,退思补过,将顺其美,匡救其恶,故上下能相亲也。《诗》云:'心乎爱矣,遐不谓矣,中心藏之,何日忘之?'"

丧亲章第十八

子曰:"孝子之丧亲也,哭不偯,礼无容,言不文,服美不安,闻乐不乐,食旨不甘,此哀戚之情也。三日而食,教民无以死伤生。毁不灭性,此圣人之政也。丧不过三年,示民有终也。为之棺、椁、衣、衾而举之;陈其簠、簋而哀戚之;擗踊哭泣,哀以送之;卜其宅兆,而安措之;为之宗庙,以鬼享之;春秋祭祀,以时思之。生事爱敬,死事哀戚,生民之本尽矣,死生之义备矣,孝子之事亲终矣。"

(胡平生:《孝经译注》,北京,中华书局,1996。)

三、阅读思考

封建统治者"移孝作忠"的思想根源是什么?

四、拓展阅读

1. 胡平生:《孝经译注》,北京,中华书局,1996。
2. 陈壁生:《孝经学史》,上海,华东师范大学出版社,2015。

第十节 《论语》

一、常识举要

《论语》是一部记载孔子言行(其中也记载了若干弟子的少量言行)的语录体著作。

(一)孔子

孔子是中国古代一位伟大的思想家、教育家,儒家学派的创始人。

孔子(前551—前479年),名丘,字仲尼,鲁国陬邑(今山东曲阜东南)人。先世是宋国贵族,宋襄公之后。孔父嘉之曾孙孔防叔,为避华氏逼害,逃到了鲁国。孔子乃孔防叔的曾孙。孔子的父亲叔梁纥是一位武士,任陬邑大夫,在贵族阶层中地位较低。叔梁纥原娶施氏，生九女而无一男。叔梁纥后娶妾生一子，名伯尼，但伯尼是一个有足病的孩子。叔梁纥年过花甲，又娶颜氏之女颜徵在，年不到二十，生一子，即孔子。传说颜徵在于怀孕期间，曾祷于尼丘山，故生子名丘、字仲尼。孔子三岁丧父，幼年时家境便日渐艰难，《论语·子罕》记载了孔子的话："吾少也贱，故多能鄙事。"①孔子年轻时曾作小吏。"孔子尝为委吏矣，曰：'会计当而已矣。'尝为乘田矣，曰'牛羊茁壮长而已矣。'"②这是《孟子·万章下》的内容，由此可知，孔子曾管理过仓库和牛羊。后至鲁定公时，孔子已年至半百，这时才出仕。《史记·孔子世家》载："定公九年阳虎不胜，奔于齐。是时孔子年五十。其后定公以孔子为中都宰，一年，四方皆则之。由中都宰为司空，由司空为大司寇。""定公十四年，孔子年五十六，由大司寇行摄相事……与闻国政三月。"当时，鲁国的实权掌握在三桓（季孙氏、叔孙氏、孟孙氏）手中。孔子行摄相事，与三桓的矛盾日深。最后，孔子只好辞去官职，离开鲁国，开始周游列国。他首先到了卫国。《史记·卫康叔世家》载，卫灵公三十八年，"孔子来"，此年为鲁定公十三年（前497年），孔子54岁。此后，孔子又先后到陈、曹、宋、郑、蔡、楚等国。孔子周游列国，希望有统治者能听从其说，请其任职主政，借以推行其德政礼治。孔子一路奔波劳顿，其主张并未得到各国诸侯的青睐，他到处遭受冷遇。孔子不得已，只好结束游说，返回鲁国。根据《史记·卫康叔世家》记载，卫出公九年，"仲尼反鲁"，此年为鲁哀公十一年（前484年），孔子67岁。③孔子在晚年倾注心血致力于古代文献整理与教育事业，对保存与传播中国古代文化学术做出了重要贡献。

（二）体例与内容

孔子收徒授业，仅"受业身通者"就有七十多人。弟子受业于孔子，记录了很多孔子的言行。孔子死后，孔门弟子辑录"孔子应答弟子时人及弟子相与言而接闻于夫子之语"④，编纂成书，即《论语》。《论语》的成书年代，大约在战国初期。

在汉代，传《论语》者有鲁、齐二家。汉武帝时，从孔子旧宅墙壁中发现一批先秦典籍，其中就有《论语》，是谓古文《论语》。刘向的《别录》言："鲁人所学，谓之《鲁论》；齐人所学，谓之《齐论》；合壁所得，谓之《古论》。"⑤《汉书·艺文志》于"六艺略"著录："《论语》古二十一篇。出孔子壁中，两《子张》。《齐》二十二篇。多《问王》《知道》。《鲁》二十篇，《传》十九篇。"⑥此即汉代的"三《论》"。西汉末年，安昌侯张禹"本受《鲁论》，晚讲《齐论》，后遂合而考之，删其烦惑。除去《齐论》

---

① 杨伯峻：《论语译注》，88页，北京，中华书局，1980。
② 杨伯峻：《孟子译注》，224～225页，北京，中华书局，2010。
③ ［汉］司马迁：《史记》，1914～1917、1589、1599页，北京，中华书局，1959。
④ ［汉］班固：《汉书》，1717页，北京，中华书局，1962。
⑤ 转引自［汉］何晏集解，［梁］皇侃义疏：《论语集解义疏》，4页，北京，中华书局，1985。
⑥ ［汉］班固：《汉书》，1716页，北京，中华书局，1962。

《问王》《知道》二篇，从《鲁论》二十篇为定"①。张禹以《鲁论》为基础，参考《齐论》，择善而从，把鲁、齐二《论》融为一本，成为一个新的传本，即《张侯论》。我们今天看到的《论语》，基本上就是《张侯论》。

《论语》分篇、章编排，全书 20 篇，322 章。每篇撮取篇首二三字作篇名，每篇中根据内容分为若干章，章与章之间也没有逻辑与内容上的关联，其篇次如下：(一)《学而》、(二)《为政》、(三)《八佾》、(四)《里仁》、(五)《公冶长》、(六)《雍也》、(七)《述而》、(八)《泰伯》、(九)《子罕》、(一〇)《乡党》、(一一)《先进》、(一二)《颜渊》、(一三)《子路》、(一四)《宪问》、(一五)《卫灵公》、(一六)《季氏》、(一七)《阳货》、(一八)《微子》、(一九)《子张》、(二〇)《尧曰》。

《论语》主要记载孔子的言论，为后人留下孔子丰富的思想财富。

孔子提出的"仁"，可以说是孔子思想体系的核心。何谓仁？仁这个概念的内蕴，可以从两个方面来概括：一从自身，曰"克己"；二从对人，曰"爱人"。《论语·颜渊》载有"克己"之论。"颜渊问仁。子曰：'克己复礼为仁。'"何晏集解引马融、孔安国之说，"马曰：'克己约身。'孔曰：'复，反也。身能反礼则为仁矣。'"颜渊又"请问其目"，子曰："非礼勿视，非礼勿听，非礼勿言，非礼勿动。"郑玄注曰："此四者，克己复礼之目。"②约束自己的一切言行使之皆合于礼即为仁。何谓礼？《礼记·礼器》曰："礼有大有小，有显有微。"③礼之大者，可以立国治民。《论语·八佾》载孔子曰："夏礼，吾能言之，杞不足征也；殷礼，吾能言之，宋不足征也。"④《礼记·礼运》也有记载，"言偃复问曰：'夫子之极言礼也，可得而闻与？'孔子曰：'我欲观夏道，是故之杞，而不足征也。吾得《夏时》焉。我欲观殷道，是故之宋，而不足征也。"⑤《论语》《礼记》的这两处内容，当为同语异记，而《论语》言"礼"，《礼记》称"道"。《礼记·祭统》"此周道也"句，郑玄注曰："周道，犹周之礼。"⑥由此可知，礼即道，道亦谓礼，治国之道谓之礼，以礼治国谓之道。在这里，礼、道异词同义。此所谓礼之大者、显者。礼之小者，可以立身。《左传》鲁成公十三年有"礼，身之干也"⑦之论；《荀子·修身》有"礼者，所以正身也"⑧之说，言修身；《礼记·表记》说"无礼不相见也"⑨，言交往；《仪礼·聘礼》有"主人毕归礼"之句，郑玄注曰"礼，谓饔饩飧食"⑩，言宴享；《礼记·礼器》说

---

① [唐]魏徵、令狐德棻：《隋书》，939 页，北京，中华书局，1973。
② 《十三经注疏》整理委员会：《十三经注疏·论语注疏》，157 页，北京，北京大学出版社，1999。
③ 《十三经注疏》整理委员会：《十三经注疏·礼记正义》，740 页，北京，北京大学出版社，1999。
④ 杨伯峻：《论语译注》，26 页，北京，中华书局，1980。
⑤ 《十三经注疏》整理委员会：《十三经注疏·礼记正义》，664 页，北京，北京大学出版社，1999。
⑥ 《十三经注疏》整理委员会：《十三经注疏·礼记正义》，1351 页，北京，北京大学出版社，1999。
⑦ 《十三经注疏》整理委员会：《十三经注疏·春秋左传正义》，753 页，北京，北京大学出版社，1999。
⑧ [清]王先谦：《荀子集解》，34 页，北京，中华书局，2012。
⑨ 《十三经注疏》整理委员会：《十三经注疏·礼记正义》，1471 页，北京，北京大学出版社，1999。
⑩ 《十三经注疏》整理委员会：《十三经注疏·仪礼注疏》，442 页，北京，北京大学出版社，1999。

"君子大牢而祭谓之礼"①，言祭享。此所谓礼之小者、微者。《礼记·礼运》曰：
"是故夫礼必本于天，殽于地，列于鬼神。达于丧、祭、射、御、冠、昏、朝、
聘。故圣人以礼示之，故天下国家可得而正也。"②古人认为，礼的制定本于天象，
效法地理，参据鬼神之序，所以，符合天地神灵之意，贯彻到人类社会的政治生
活与社会生活的各个方面，以向人民显示治理天下、国家有一定之制的就是礼。
统治者以礼治国，人民以礼行事，如此，就可政治清明，人民安居，国家得到正
常发展。显然，克己是为了复礼。复礼，换言之，就是拯救与维护正面临瓦解、
崩溃的以宗法等级制度为主干体制的各种制度。《论语·颜渊》阐释了"爱人"。"樊
迟问仁。子曰：'爱人。'"如何爱人？体现在"忠恕"二字上。为人谋事、做事，皆
能竭尽心力，谓之忠。《论语·子路》记载了樊迟问仁之事。子曰："居处恭，执事
敬，与人忠。"《论语·学而》记载了曾参"吾日三省吾身"之言，曾参首先反省的就
是"为人谋而不忠乎"，足见"忠"是为孔子及其弟子所重视的。自己不愿意要的，
不要施加在别人身上，谓之恕。《论语·颜渊》记载了仲弓问仁之事。子曰："己所
不欲，勿施于人。"《论语·里仁》载，"子曰：'参乎！吾道一以贯之。'曾子曰：
'唯。'子出，门人问曰："何谓也?'曾子曰：'夫子之道，忠恕而已矣。'"曾子认为
"忠恕"二字可以概括孔子的全部学说。《论语·雍也》记载了子贡问仁之事。子曰：
"夫仁者，己欲立而立人，己欲达而达人。"③"己欲立而立人，己欲达而达人"，是
从积极方面来说仁的；"己所不欲，勿施于人"，是从消极方面来说仁的。正面的
积极为之，负面的坚决防止，这是对修身、爱人的完美的人格规范。

孔子的诸种思想理念，皆由"仁"引发。

在社会政治经济方面，《礼记·礼运》记载，以往的大同时代与小康时代都为
孔子所向往，然而三代以前的大同时代远古而难及，三代出现的小康时代时尚未
远，孔子生活的春秋时期的社会制度由三代延续而来，只是原有制度有的方面已
遭破坏，有的方面已是千疮百孔，难以维系，即将崩溃。夏、商、周三代由夏禹、
商汤与周之文、武、周公这些"三代之英"治理的小康社会，将礼作为治理国家的
纲纪准则。《论语·为政》曰："殷因于夏礼，所损益，可知也；周因于殷礼，所损
益，可知也。"三代之礼制，代代损益，可以想见，至周愈加完善。《论语·八佾》
曰："周监于二代，郁郁乎文哉！吾从周。"④孔子把恢复、维护周礼，当成自己终
生不渝的奋斗目标。恢复、维护周礼，最重要的就是恢复、维护宗法等级制度。
《论语·颜渊》记载了齐景公问政于孔子之事。"齐景公问政于孔子。孔子对曰：
'君君，臣臣，父父，子子。'公曰：'善哉！信如君不君，臣不臣，父不父，子不

① 《十三经注疏》整理委员会：《十三经注疏·礼记正义》，735 页，北京，北京大学出版社，1999。
② 《十三经注疏》整理委员会：《十三经注疏·礼记正义》，662 页，北京，北京大学出版社，1999。
③ 杨伯峻：《论语译注》，131、140、3、123、39、65 页，北京，中华书局，1980。
④ 杨伯峻：《论语译注》，21～22、28 页，北京，中华书局，1980。

子，虽有粟，吾得而食诸？'"①君君，就是君要像君，君要有君应有的权力。君不君，就是君不像君，君虽名为君而实际已无作为君主应有的权力。如周王，本是宗法制度下的天下宗主，但至春秋时期，王室衰微，诸侯强大，尾大不掉，反而挟天子以令诸侯。诸侯本是诸侯国的国之君，但不少诸侯国都大权旁落，国君受制于大夫；有的大夫又受制于他的家臣，如此，国君的权力实际上掌握在大夫及其家臣的手中。孔子的"君君，臣臣，父父，子子"这句话，可以说高度概括了他在政治方面"复礼"的观点。齐景公根据自己的亲身体验所发表的意见，充分表明：在春秋末期，宗法等级制度已遭受到严峻挑战，各国国君深感其君主地位已处于风雨飘摇的险境之中。面对这样的现实，为恢复、维护宗法等级制度，孔子提出了"正名"说。《论语·子路》讨论了"名"与"实"的关系。"子路曰：'卫君待子而为政，子将奚先？'子曰：'必也正名乎？'子路曰：'有是哉，子之迂也！奚其正？'子曰：'野哉，由也！君子于其所不知，盖阙如也。名不正，则言不顺；言不顺，则事不成；事不成，则礼乐不兴；礼乐不兴，则刑罚不中；刑罚不中，则民无所措手足。故君子名之必可言也，言之必可行也。君子于其言，无所苟而已矣。'"②名，谓人在宗法等级中的身份地位，即名分；正名，就是纠正现实社会中那些与名分不相符合的行为。孔子希望通过正名，使名实相符，即宗法等级中各种名分的人都各就各位，这样，既能使人各安本分以尽职守，又能使宗法等级制度得以维持延续。不难看出，孔子的"正名"说，是为了"复礼"，希望挽救与维系走上末路的周代宗法等级制度。

在治国方略方面，孔子主张德政、礼治。孔子在《论语·为政》中提出了"为政以德"；在《论语·先进》中提出了"为国以礼"。《论语·为政》还记载了孔子"道之以政，齐之以刑，民免而无耻；道之以德，齐之以礼，有耻且格"这样的言论。这里，德礼并提，且与政、刑对言，形成两种对立的社会政治观。孔子重视人才，称许贤人政治。《论语·子路》记载孔子回答仲弓问"为政"的问题时，其中一项就是"举贤才"。《论语·泰伯》载，"舜有臣五人而天下治。武王曰：'予有乱臣十人。'子曰：'才难，不其然乎？'"《论语·卫灵公》载，"子曰：'无为而治者其舜也与？夫何为哉？恭己正南面而已矣。'"③舜何以能够无为而治？《大戴礼记·主言》记载了孔子回答曾参的问题时所说的话："参！女以明主为劳乎？昔者舜左禹而右皋陶，不下席而天下治。"④《孟子·滕文公上》曰："尧以不得舜为己忧，舜以不得禹、皋陶为己忧。"赵岐注："言圣人以不得贤圣之臣为己忧。"⑤《新序·杂事三》

① 杨伯峻：《论语译注》，128 页，北京，中华书局，1980。
② 杨伯峻：《论语译注》，133～134 页，北京，中华书局，1980。
③ 杨伯峻：《论语译注》，13、119、12、133、84、162 页，北京，中华书局，1980。
④ [清]王聘珍：《大戴礼记解诂》，3 页，北京，中华书局，1983。
⑤ 《十三经注疏》整理委员会：《十三经注疏·孟子注疏》，147 页，北京，北京大学出版社，1999。

曰:"恭己无为,而天下治。"①这些,都为舜所以能够"无为而治"做了注脚,即得益于贤臣辅佐,也就是贤人政治。孔子主张珍惜民力,反对重赋。《论语·学而》载,"子曰:'道千乘之国,敬事而信,节用而爱人,使民以时。'"治国要节俭财用,爱惜民力,不误农时。《论语·先进》载,"季氏富于周公,而求也为之聚敛而附益之。子曰:'非吾徒也,小子鸣鼓而攻之,可也。'"②《左传·鲁哀公十一年》在记载此事时引孔子之言曰:"君子之行也,度于礼,施取其厚,事举其中,敛从其薄。"③孔子认为统治者对人民应该施厚敛薄,所以让弟子谴责冉求帮助季氏聚敛财富的行为。孔子的理想社会状况,是庶、富、教三者皆具。《论语·子路》载,"子适卫,冉有仆。子曰:'庶矣哉!'冉有曰:'既庶矣,又何加焉?'曰:'富之。'曰:'既富矣,又何加焉?'曰:'教之。'"④首先增加人口从而使人民富裕,然后加强教育以提高素质。富而教之,成为后世儒家学派的理想社会蓝图。

在认识方法论方面,孔子提出了"中庸"说。《论语·雍也》曰:"中庸之为德也,其至矣乎!"⑤中,中和;庸,用。中庸,中和以为用。中庸,即用中。"中"的地位是相对的,无边便无中,所以,要用中,就必须"执其两端"。由此可知,孔子的中庸思想的特征是"执其两端,用其中于民"⑥。孔子提出的"过犹不及""文质彬彬"等命题,皆源于他的中庸思想。

在教育方面,孔子提出了丰富的教育观点。孔子生活于春秋末期,当时正是中国社会的剧烈变革时期。学术文化也冲破原来"学在官府"的禁锢局面,流布民间。就在此时,孔子收徒传授学业知识,为中国开展私人教育的第一人,对学术文化向社会的广泛传播起了很大的推动作用。孔子"有教无类",使社会上各阶层多层面的人有了学习与掌握学术文化的机会。孔子分"文、行、忠、信"四个学科授业,又根据每个学生的特点施教,使学生的个性才能得到发挥。孔子的教育活动,重视道德,重视实践。《论语·学而》载孔子之语曰:"弟子,入则孝,出则悌,谨而信,泛爱众,而亲仁。行有余力,则以学文。"《论语·学而》载孔子弟子子夏之语曰:"贤贤易色;事父母,能竭其力;事君,能致其身;与朋友交,言而有信。虽曰未学,吾必谓之学矣。"《论语·雍也》载鲁哀公问孔子"弟子孰为好学",孔子对曰"有颜回者好学"。何以言颜回好学?接着孔子说出了颜回做人的两方面突出特点:一是"不迁怒,不贰过";二是"一箪食,一瓢饮,在陋巷,人不堪其忧,回也不改其乐"。这些都说明,孔子的教育,既非德才并重,更非重才轻德,而是首德次才,把如何做人、道德修养放到第一位。要学习如何做人,社会就是

---

① 石光瑛:《新序校释》,473页,北京,中华书局,2001。
② 杨伯峻:《论语译注》,4、115页,北京,中华书局,1980。
③ 《十三经注疏》整理委员会:《十三经注疏·春秋左传正义》,1662页,北京,北京大学出版社,1999。
④ 杨伯峻:《论语译注》,136~137页,北京,中华书局,1980。
⑤ 杨伯峻:《论语译注》,64页,北京,中华书局,1980。
⑥ 王国轩译注:《大学·中庸》,57页,北京,中华书局,2006。

学校。《论语·里仁》载孔子之语曰:"见贤思齐焉,见不贤而内自省也。"《论语·述而》载孔子之语曰:"三人行,必有我师焉:择其善者而从之,其不善者而改之。"孔子治学,重视向人求教。《论语·八佾》曰:"子入太庙,每事问。"《论语·公冶长》记载了子贡问"文"之事。子贡问曰:"孔文子何以谓之'文'也?"子曰:"敏而好学,不耻下问,是以谓之'文'也。"在孔子看来,学与问是治学的两个方面。孔子强调思考,重视培养学生举一反三的能力。《论语·为政》载孔子之语曰:"吾与回言终日,不违,如愚。退而省其私,亦足以发。回也不愚。"《论语·为政》亦记载了孔子之语:"温故而知新,可以为师矣。"《论语·为政》还记载了孔子之语:"学而不思则罔,思而不学则殆。"《论语·述而》载孔子之语曰:"不愤不启,不悱不发。举一隅不以三隅反,则不复也。"[1]

《论语》作为语录体著作,语言简洁,文字凝练,蕴意深刻,很多语句成为后人习用的成语、格言。

总之,《论语》记载了孔子关于政治、哲学、教育、伦理、道德修养、文学语言等诸多方面的言论,是研究孔子思想与儒学的可信资料,也是研究中国社会史、思想史、教育史、文化史的一部重要典籍。

《论语》的注本有南宋朱熹的《四书集注》本、清代刘宝楠的《论语正义》、今人程树德的《论语集释》、杨伯峻的《论语译注》等。另有北京大学图书馆索引编纂研究部编的《论语索引》、安作璋主编的《论语辞典》、蔡希勤的《四书解读辞典》等。

二、原典选读

《论语》(节选)
子路、曾皙、冉有、公西华侍坐

子路、曾皙、冉有、公西华侍坐[1]。

子曰:"以吾一日长乎尔,毋吾以也[2]。居则曰[3]:'不吾知也!'如或知尔,则何以[4]哉?"

子路率尔[5]而对曰:"千乘之国[6],摄乎大国之间[7],加之以师旅[8],因之以饥馑[9];由也为之,比及[10]三年,可使有勇,且知方[11]也。"

夫子哂之[12]。

"求!尔何如[13]?"

对曰:"方六七十,如五六十[14],求也为之,比及三年,可使足民。如其[15]礼乐,以俟[16]君子。"

"赤!尔何如?"

对曰:"非曰能之,愿学焉。宗庙之事[17],如会同[18],端章甫[19],愿为小

---

[1] 杨伯峻:《论语译注》,4、5、55、59、39、72、28、47、16、17、18、68 页,北京,中华书局,1980。

相[20]焉。”

"点！尔何如？"

鼓瑟希[21]，铿尔[22]，舍瑟而作[23]，对曰："异乎三子者之撰[24]。"

子曰："何伤乎？亦各言其志也。"

曰："莫春[25]者，春服既成[26]，冠者[27]五六人，童子六七人，浴乎沂[28]，风乎舞雩[29]，咏而归。"

夫子喟然叹曰："吾与[30]点也！"

三子者出，曾皙后。曾皙曰："夫三子者之言何如？"

子曰："亦各言其志也已矣。"

曰："夫子何哂由也？"

曰："为国以礼，其言不让[31]，是故哂之。"

"唯求则非邦也与[32]？"

"安见方六七十如五六十而非邦也者？"

"唯赤则非邦也与？"

"宗庙会同，非诸侯而何？赤也为之小，孰能为之大？"

（温儒敏：《普通高中教科书　语文　必修　下册》，北京，人民教育出版社，2019。）

【注释】

[1]子路（前542—前480），姓仲，名由，字子路，又字季路。曾皙（生卒年不详），姓曾，名点，字子皙，曾参之父。冉有（前522—？），姓冉，名求，字子有。公西华（前509—？），姓公西，名赤，字子华。四人都是孔子的弟子。侍坐，指陪伴孔子而坐。

[2]"以吾一日长乎尔"二句：后一"以"字通"已"，意为停止。此二句大意是："不要因为我比你们年长一些，你们就停下来不说话。"一说"毋吾以"的"以"通"用"，则此二句意为："因为我比你们年纪大，故没有人用我了。"

[3]居：平日，平时。则：辄，总是。曰：说。

[4]何以：即"以何"。此二句意为："如果有人了解你们，你们将以什么去从政？"

[5]率尔：轻率而急遽的样子。

[6]千乘之国：指能出一千辆兵车的中等诸侯国。

[7]摄：作"夹"解。此句意为："夹在大国之间。"

[8]师旅：军队。此处代指战争。

[9]因之：犹言"继之"。饥馑：饥荒之灾。《尔雅·释天》："谷不熟为饥，蔬不熟为馑。"

[10]比及：等到。

[11]方：义，指"礼义"。

[12]夫子：对孔子的尊称。哂：微笑。

[13]求！尔何如：此句为孔子提问。此句意为："求，你(的志向)怎么样？"下文"赤，尔何如？""点，尔何如？"义同。

[14]"方六七十"二句：指纵横各长六七十里或五六十里的国家，"里"是古代的长度单位。

[15]如其：至于。

[16]俟：等待。

[17]宗庙：国君祭祀祖先的地方。宗庙之事：指祭祀。

[18]如：或。会同：诸侯会盟。

[19]端：玄端，一种礼服。《周礼·春官·司服》："其斋服有玄端素端。"章甫：即玄端，一种黑色的礼冠。端章甫：这里指穿戴礼服礼冠。

[20]相：在君主左右协助行礼的人。《周礼·春官·大宗伯》："朝觐、会同，则为上相。"郑玄注："相，诏王礼也。出接宾曰摈，入诏礼曰相。相者五人。"称"小相"，表示谦逊。

[21]鼓：弹奏。瑟：一种弦乐器。希：通"稀"，指瑟声逐渐稀疏。

[22]铿尔：象声词，形容瑟声。

[23]舍：放下。作：站起来。

[24]异乎：不同于。撰：具备，这里指才具。

[25]莫春：暮春。

[26]成：定。春服既成：指天气转暖，春天的衣服已经穿定。

[27]冠者：二十岁以上的成年男子。古代男子二十而冠，成为成人。

[28]浴：指古代上巳日进行的一种祭祀活动，后演变为一种风俗。沂：水名，在今山东曲阜南，据说水中有温泉。

[29]风：乐曲，此处作动词用，奏乐，歌唱。舞雩："雩"是古代求雨的祭祀之名，因配有乐舞，故称舞雩。这里是指举行舞雩的坛。《水经注》："沂水北对稷门……南隔水有雩坛，高三丈，曾点所欲风舞处也。"

[30]与：赞许，同意。

[31]让：谦让。

[32]邦：国，指国家政事。此句意为"难道冉求讲的不也是治国之事吗？"

【解读】

孔子为何"与点"？

第一，赞赏曾点歌恢复古礼。王充《论衡·明雩》："鲁设雩祭于沂水之上，暮者晚也，春谓四月也；春服既成，谓四月之服成也；冠者童子，雩祭乐人也；浴乎沂，涉沂水也，象龙之从水中出也；风乎舞雩，风歌也；咏而馈，咏歌、馈祭也。……孔子曰'吾与点也'，善点之言，欲以雩祭调和阴阳，故与之也。"宋翔凤的《论语发微》说同。

第二，"天理流行"说。朱熹《论语集注》："曾点之学，盖有以见夫人欲尽处，天理流行，随处充满，无少欠阙。故其动静之际从容如此。而其言志，则又不过即其所居之位，乐其日用之常，初无舍己为人之意，而其胸次悠然，直与天地万物，上下同流，各得其所之妙，隐然自见于言外。视三子之规规于事为之末者，其气象不侔矣。故夫子叹息而深许之。"

第三，"素位而行"说。王阳明《传习录》："三子是有意必，有意必便偏着一边，能此未必能彼；曾点这意思却无意必，便是'素位而行，不愿乎其外''素夷狄行乎夷狄，素患难行乎患难，无入而不自得'矣。三子所谓'汝器也'，曾点便有不器意。"顾炎武《日知录》卷七："曾点浴沂咏归之言，素贫贱行乎贫贱，君子无入而不自得也。"

第四，"太平社会缩影"说，近人杨树达《论语疏证》："孔子所以与曾点者，以点之所言为太平社会之缩影也。"

第五，"从政之心衰减"说。北京大学中国文学史教研室《先秦文学史参考资料》："今以《论语》考之，孔子本有奔走求仕之心，而终不得志，因此他有'道不行，乘桴浮于海'的话和'欲居九夷'的想法；孔子又说：'饭疏食（吃粗糙的食物）饮水，曲肱而枕之，乐亦在其中矣；不义而富且贵，于我如浮云！'凡此皆与曾晳所言'浴乎沂'三句的意境相近，所以孔子一面叹息，一面赞许曾晳，以表白能安贫乐道之意。"

（注释、解读据郁贤皓：《中国古代文学作品选》第一卷，北京，高等教育出版社，2003，有改动。）

三、阅读思考

1.阅读《论语》原典，找出十句你认为最有价值的话。

2.《子路、曾晳、冉有、公西华侍坐》是《论语》中富有文学性的一章，在通读全书，充分了解孔子和他的儒学思想的基础上，谈谈孔子为何"与点"，要有理有据。

四、拓展阅读

1. 刘宝楠：《论语正义》，北京，中华书局，1990。
2. 程树德：《论语集释》，北京，中华书局，1990。
3. 杨树达：《论语疏证》，上海，上海古籍出版社，1986。
4. 杨伯峻：《论语译注》，北京，中华书局，1980。

第十一节　《孟子》

一、常识举要

《孟子》是一部记载孟子言行及他同弟子、时人相互问答的著作。

(一)孟子其人

孟子(约前 372—前 289 年),名轲,战国中期邹(今山东邹城东南)人。关于孟子的家世,先秦典籍不见记载,汉代人的零星记载亦难凭信。关于其先世,东汉赵岐的《孟子题辞》说:"孟子,鲁公族孟孙之后。故孟子仕于齐,丧母而归葬于鲁也。三桓子孙既以衰微,分适他国。"①这里只是说明有此说法而已。关于其父,纬书《春秋演孔图》说孟子之父名激,字公宜。纬书之言不足据。关于其母,韩婴的《韩诗外传》记"孟母断织"、刘向的《列女传》记"孟母三迁",被后世传为佳话,孟母也被世人当作教子的楷模。关于孟子的生平事迹,《史记》虽有传,但记载甚为简略,只能参据《孟子》一书的某些记载,推见其生活的大致面貌。孟子生于周烈王四年(前 372 年)前后。早年,受业于孔子之孙子思的门人。学成以后,先后周游齐、宋、滕、鲁、魏(梁)等国。孟子于晚年时回到家乡著书,卒于周赧王二十六年(前 289 年)前后,活了八十多岁。大致说来,孟子晚于孔子百年,略早于庄子与荀子,生活于战国中期。

孟子是孔子之后儒家学派的一位重要代表人物,继承与发展了孔子创立的儒家学说,后世与孔子并称"孔孟",被尊为"亚圣"。孟子的思想学说记载在《孟子》一书中。

(二)《孟子》其书

1. 编订

孟子所处的时代是战国中期,他也像孔子一样游列国、说诸侯,希望自己的政治主张能够被采纳并施行。但当时各国的统治者或为了自存,或为了兼并他国,都在谋求富强之术,孟子的主张被视为迂阔之见,到处碰壁。正如《史记·孟子荀卿列传》所说:"当是之时,秦用商君,富国强兵;楚、魏用吴起,战胜弱敌;齐威王、宣王用孙子、田忌之徒,而诸侯东面朝齐。天下方务于合从连衡,以攻伐为贤,而孟轲乃述唐、虞、三代之德,是以所如者不合。"②于是到了晚年,孟子便无意出游,待在家中著书立说,在弟子的参与下编成《孟子》一书。

关于《孟子》的编订,历来众说纷纭,列举以下三说。第一,孟子在其弟子万章、公孙丑之徒的参与下整理、编撰了《孟子》。《史记·孟子荀卿列传》言:"退而

---

① 《十三经注疏》整理委员会:《十三经注疏·孟子注疏》,4～5 页,北京,北京大学出版社,1999。

② [汉]司马迁:《史记》,2343 页,北京,中华书局,1980。

与万章之徒序《诗》《书》，述仲尼之意，作《孟子》七篇。"①第二，孟子自作。赵岐的《孟子题辞》言："孟，姓也。子者，男子之通称也。此书，孟子之所作也，故总谓之《孟子》。"②第三，孟子死后其弟子万章、公孙丑之徒共同记述而成。唐代韩愈的《答张籍书》说："孟轲之书，非轲自著，轲既殁，其徒万章、公孙丑相与记轲所言焉耳。"③以上三说，各能言之成理，验之《孟子》，当以太史公之说为妥。《孟子》一书，述仲尼之意，"拟圣而作"。但与《论语》相比，《论语》有不少地方记述了孔子的容貌、动作，尤其是《乡党》，全篇只有四处引述孔子的话，总共才有二十个字，其余全是记述孔子衣食居行的文字；而《孟子》全书只载孟子的言论，未记孟子的容貌、动作及生活情况。清代阎若璩的《孟子生卒年月考》说："《论语》成于门人之手，故记圣人容貌甚悉；《七篇》成于己手，故但记言语或出处耳。"④《孟子》全书以孟轲称"孟子"，其弟子乐正子、公都子、屋庐子、孟仲子也都称"子"，陈臻、徐辟等弟子或称陈子、徐子，唯独万章、公孙丑等少数弟子不称"子"，直书其名，可是，所记称"子"之弟子的问答反少，不称"子"之弟子万章、公孙丑之徒的问答反多。清代魏源的《孟子年表考》说："公都子、屋庐子、乐正子、徐子皆不书名，而万章、公孙丑独名，《史记》谓'退而与万章之徒作七篇者'，其为二人亲承口授而笔之书甚明。"⑤《孟子》在记述孟子所见之君梁惠王、梁襄王、齐宣王、滕文公、邹穆公、鲁平公等时，皆称其谥。其书若为孟子自作，虽然孟子卒年不能确指，但是所见时君不可能皆死在孟子之前。梁启超的《孟子略传》说："今考其书于时君皆举其谥，其中梁惠王、齐宣王固先孟子卒，若鲁平公、邹穆公、梁襄王、滕文公之类，未必皆先孟子卒。疑此书由孟子发凡起例，而弟子写定之。"⑥

综上所述，《孟子》是由孟子生前在万章、公孙丑参与下整理、编撰的，孟子死后其弟子写定该书。

《史记·孟子荀卿列传》记"作《孟子》七篇"⑦，《汉书·艺文志》著录《孟子》十一篇⑧。东汉末年，赵岐为《孟子》作注时，对11篇进行了真伪辨析。他在《孟子题辞》中首先肯定了孟子"著书七篇"说。然后他又说："又有外书四篇，《性善》《辩文》《说孝经》《为正》。其文不能弘深，不与内篇相似，似非《孟子》本真，后世依放而托之者也。"⑨赵岐认定外书为伪作，便没有为外书作注，以后读《孟子》的人也就不再读它，于是外书逐渐亡佚，只有内书流传后世。至于今传《孟子外书》，则

① [汉]司马迁：《史记》，2343页，北京，中华书局，1980。
② 《十三经注疏》整理委员会：《十三经注疏·孟子注疏》，4页，北京，北京大学出版社，1999。
③ 马其昶：《韩昌黎文集校注》，132页，上海，上海古籍出版社，1986。
④ 转引自郝兆宽：《逻辑与形而上学》，425页，上海，上海人民出版社，2008。
⑤ [清]魏源：《魏源全集》，166页，长沙，岳麓书社，2011。
⑥ 转引自王兴业：《孟子研究论文集》，485页，济南，山东大学出版社，1984。
⑦ [汉]司马迁：《史记》，2343页，北京，中华书局，1959。
⑧ [汉]班固：《汉书》，1725页，北京，中华书局，1962。
⑨ 《十三经注疏》整理委员会：《十三经注疏·孟子注疏》，6、9页，北京，北京大学出版社，1999。

国学精粹(第 2 版)

是明末姚士粦伪撰的，早就被斥为"伪中出伪"之作。

2. 体例与内容

《孟子》的编纂体例，如《论语》，全书分编 7 篇，260 章。每篇撮取篇首二三字作篇名，每篇中根据内容分为若干章，章与章之间没有逻辑与内容上的关联。东汉末年，赵岐为《孟子》作注，因每篇文字繁多，遂将各篇分为上、下卷，于是成 7 篇 14 卷。其篇次如下：(一)《梁惠王上》、(二)《梁惠王下》、(三)《公孙丑上》、(四)《公孙丑下》、(五)《滕文公上》、(六)《滕文公下》、(七)《离娄上》、(八)《离娄下》、(九)《万章上》、(一〇)《万章下》、(一一)《告子上》、(一二)《告子下》、(一三)《尽心上》、(一四)《尽心下》。

孟子的思想学说有诸多方面，而他提出的"仁政"说，可以说是孟子思想体系的核心。孔子提出"仁"说，主要用于人自身的道德修养。"仁"这个概念的内蕴，用孔子的话表述，对己，"克己复礼为仁"；对人，"仁者爱人"。如何"爱人"？从正面说，"己欲立而立人，己欲达而达人"；从反面说，"己所不欲，勿施于人"。孟子把孔子"仁"说内蕴推衍扩展，将其作为一种治理国家的政治学说而提出，即"仁政"。仁政，孟子有时又称为王政、王道。王指往昔的圣贤君王，王道即指先王之道。

孟子的诸种政治思想理念，皆由其仁政说引发。

在社会政治经济方面，孟子称誉尧、舜、夏禹、商汤与周文王、武王，希望时君施行先王之道，恢复井田制，重视学校教育。《孟子·梁惠王上》曰："谷与鱼鳖不可胜食，材木不可胜用，是使民养生丧死无憾也。养生丧死无憾，王道之始也。五亩之宅，树之以桑，五十者可以衣帛矣。鸡豚狗彘之畜，无失其时，七十者可以食肉矣。百亩之田，勿夺其时，数口之家可以无饥矣。谨庠序之教，申之以孝悌之义，颁白者不负戴于道路矣。七十者衣帛食肉，黎民不饥不寒，然而不王者，未之有也。"[①]满足人们的生存需要，使之"养生丧死无憾"，是施行王道首先要做的。众人不挨饿受冻，老人衣帛食肉，子弟在学校享受教育，这描述的是施行井田制的社会状况，如此即可称王天下。孟子关心民生，体恤民众疾苦，主张轻徭薄赋，减轻对人民的剥削，反对兼并战争，指斥残暴之君为"独夫"。孟子十分重视民心的向背，认为历代兴亡皆由民心向背所致。"桀纣之失天下也，失其民也；失其民者，失其心也。得天下有道：得其民，斯得天下矣；得其民有道：得其心，斯得民矣；得其心有道：所欲与之聚之，所恶勿施，尔也。"[②]这段话出自《孟子·离娄上》。孟子将关心民生、重视民心与憎恶暴君的思想升华，提出了著名的"民贵君轻"说，这一体现民本意识的命题在当时提出，难能可贵。

在哲学思想方面，孟子提出了"养浩然之气"说。《孟子·公孙丑上》载孟子自

---

① 杨伯峻：《孟子译注》，5 页，北京，中华书局，2010。
② 杨伯峻：《孟子译注》，156 页，北京，中华书局，2010。

言"我善养吾浩然之气"。孟子在回答"何谓浩然之气"时说："其为气也，至大至刚，以直养而无害，则塞于天地之间。其为气也，配义与道；无是，馁也。"①孟子所养之气，不是客观存在的精气，而是充满儒家道义的正气。孟子还提出了自己的义利观，认为"亦曰仁义而已矣，何必曰利"。这种义利观，过分强调主观意识（仁义）的作用，反对追求实际利益，显然是偏颇的。孟子主张性善论。《孟子·告子上》曰："人性之善也，犹水之就下也。人无有不善，水无有不下。今夫水，搏而跃之，可使过颡；激而行之，可使在山。是岂水之性哉？其势则然也。人之可使为不善，其性亦犹是也。"②人性本善，虽有时为不善，时势使然，并非本性。《孟子·告子上》曰："恻隐之心，人皆有之；羞恶之心，人皆有之；恭敬之心，人皆有之；是非之心，人皆有之。恻隐之心，仁也；羞恶之心，义也；恭敬之心，礼也；是非之心，智也。仁义礼智，非由外铄我也，我固有之也，弗思耳矣。"③孟子的性善论与他的仁政说出自同一思想理念，性善论成为仁政说的思想理论基础。

《孟子》在记述同其他学派的论辩时，还保存了一些其他学派思想学说的资料，对研究先秦其他学派的思想亦有一定的参考价值。

《孟子》中的文章写得很好，语言流畅，善用比喻，感情强烈，笔带锋芒，具雄辩气概，富有鼓动性，充分反映了战国时期诸子论辩的气势，对后世散文的发展产生了积极的影响。

《孟子》注有南宋朱熹的《四书集注》本、清代焦循的《孟子正义》、杨伯峻的《孟子译注》等。另有杨泽波的《孟子评传》、北京大学图书馆索引编纂研究部编的《孟子索引》、王世舜等的《〈论语〉〈孟子〉词典》等。

二、原典选读

《孟子》(节选)

公孙丑上

公孙丑问曰："夫子加[1]齐之卿相，得行道焉，虽由此霸王，不异[2]矣。如此，则动心[3]否乎？"

孟子曰："否；我四十不动心。"

曰："若是，则夫子过孟贲[4]远矣。"

曰："是不难，告子[5]先我不动心。"

曰："不动心有道乎？"

曰："有。北宫黝[6]之养勇也：不肤挠，不目逃[7]，思以一豪挫于人，若挞之于市朝[8]；不受于褐宽博[9]，亦不受[10]于万乘之君；视刺万乘之君，若刺褐夫；

---

① 杨伯峻：《孟子译注》，56～57 页，北京，中华书局，2010。
② 杨伯峻：《孟子译注》，235 页，北京，中华书局，2010。
③ 杨伯峻：《孟子译注》，239 页，北京，中华书局，2010。

无严[11]诸侯,恶声至,必反之。孟施舍[12]之所养勇也,曰:'视不胜犹胜也;量敌而后进,虑胜而后会[13],是畏三军者也[14]。舍岂能为必胜哉?能无惧而已矣。'孟施舍似曾子,北宫黝似子夏[15]。夫二子[16]之勇,未知其孰贤,然而孟施舍守约[17]也。昔者曾子谓子襄[18]曰:'子好勇乎?吾尝闻大勇于夫子矣:自反而不缩[19],虽褐宽博,吾不惴[20]焉;自反而缩,虽千万人,吾往矣。'孟施舍之守气,又不如曾子之守约也[21]。"

曰:"敢问夫子之不动心与告子之不动心,可得闻与?"

"告子曰:'不得于言,勿求于心[22];不得于心,勿求于气。'不得于心,勿求于气,可[23];不得于言,勿求于心,不可[24]。夫志[25],气之帅也;气,体之充也。夫志至焉,气次[26]焉。故曰:'持其志,无暴[27]其气。'"

"既曰:'志至焉,气次焉',又曰'持其志,无暴其气'者,何也[28]?"

曰:"志壹则动气[29],气壹则动志也。今夫蹶者趋者,是气也,而反动其心。"

"敢问夫子恶乎长?"

曰:"我知言,我善养吾浩然之气[30]。"

"敢问何谓浩然之气?"

曰:"难言也[31]。其为气也,至大至刚,以直养而无害[32],则塞于天地之间。其为气也,配义与道[33];无是,馁[34]也。是集义[35]所生者,非义袭[36]而取之也。行有不慊[37]于心,则馁矣。我故曰,告子未尝知义,以其外之也。必有事焉,而勿正[38],心勿忘,勿助长也[39]。无若宋人然:宋人有闵其苗之不长而揠[40]之者,芒芒然[41]归,谓其人[42]曰:'今日病[43]矣!予助苗长矣!'其子趋而往视之,苗则槁[44]矣。天下之不助苗长者寡矣。以为无益而舍之者,不耘[45]苗者也;助之长者,揠苗者也——非徒[46]无益,而又害之。"

"何谓知言[47]?"

曰:"诐辞[48]知其所蔽,淫辞[49]知其所陷,邪辞知其所离,遁辞[50]知其所穷——生于其心,害于其政;发于其政,害于其事。圣人复起,必从吾言矣。"

(杨伯峻:《孟子译注》,北京,中华书局,2010。)

【注释】

[1]加:加、居,二字古音同,担任之意。

[2]异:奇异,奇怪。

[3]动心:心动,即因成就王霸之业而感到高兴。

[4]孟贲:古代的勇士。

[5]告子:不详,孟子关于人性问题的主要论敌,年龄应大于孟子。

[6]北宫黝:不详,也应是勇士。

[7]肤:肌肤。挠:退却。"不肤挠"二句意为不因肌肤被击而退却,不因眼睛

被刺而躲避。"肤""目"均为状语。

[8]市朝：市，市场；朝，朝堂。此为偏义复词，朝字无义，上古无施刑于朝堂事。

[9]褐宽博：褐为贱者之服；"褐宽博"即下文的"褐夫"，大概当时有此种称谓。

[10]受："受"字后省宾语"辱"。

[11]严：害怕。

[12]孟施舍：不详，亦应为勇士。

[13]会：交会。

[14]是畏三军者也：下文之"千万人"为不畏三军者，为勇者。

[15]子夏：孔子的弟子卜商。孟施舍的特点是内心无惧，曾子的特点是以是非曲直为标准，二者相似之处重在内。北宫黝专"务敌人"，子夏则"笃信圣人"，则二者相似之处重在外。

[16]二子：孟施舍和北宫黝。

[17]约：主要，重要。孟施舍能把握主要、重要的东西，孟施舍贤于北宫黝。

[18]子襄：据赵岐注为曾子弟子。

[19]缩：直，上古头冠缩逢，即直缝，后来横缝，引申为"曲直""之直"。

[20]惴：使之害怕。

[21]"孟施舍之守气"二句：孟施舍与北宫黝比较，是"守约"，与曾子比较，则为"守气"，即全凭一种感情意气；曾子守约，则是能根据是非曲直决定自己的行止，故曾子守约是高于孟施舍一个层次的守约。

[22]不得于言，勿求于心：不得于言，不得乃不能得胜之意，这几句都是讲养勇之事，故以胜负言。旧注皆未得其义，谓人家能服我口却未能服我之心；勿求于心，这几句都是上承"不动心"，讲的是告子的不动心之道。

[23]"不得于心"三句："气"即"正气""邪气"之"气"，心为根基，气是心的附属物，仁义礼智根于心，则气大气盛；有是心则是有是气，无是心则无是气，所以孟子说，"不得于心，勿求于气，可。"这是对告子的肯定，与孟子思想是一致的。

[24]"不得于言"三句：言，此字不可拘泥理解为语言，这里的言是客观世界在人心中的反映。告子之所以用言字，意谓这是我之外所显现出的语言。告子理论之一是"义外"，他说：彼白而我白之，从其白于外也，故谓之外也，意思说人的认识来源于外。孟子则说："仁义礼智，非由外铄我也，我固有之也。"所以要求于内，求己心，所以孟子说："不得于言，勿求于心，不可。"告子求不动心的线路是言一心一气，孟子则是心一气，根本在心，告子则根本在言。总之，孟子的不动心之道，守志为上，孟施舍，北宫锄为守气，曾子则为守心；守气也反作用于守心，孟施舍，北宫黝之守气也帮助他们守心，只是他们的心比曾子之心差一个层次就是了。

[25]志：心，在心为志，志为气之帅，即心为"气之帅"。

[26]次：停止，即志到哪里气就止于哪里。

[27]持：保持。暴，泄，弃。

[28]"持其志，无暴其气"者，何也：既然气决定于志，那么只持其志就可以了，为什么还"无暴其气?"

[29]志壹则动气：壹，赵岐解作"噎"，朱熹及杨伯峻等人都释作"专一"，当以赵注为是，因下文有"蹶者趋者"。蹶者趋者，字面上应是并列结构，意为"跌倒"和"快走"，赵岐解作"行而蹶者"，大体是跌倒爬起来又跑。举例来说，在比赛中，运动员志在第一，意气风发，志气一致，突然跌倒，首先即"暴其气"，从而动志。也就是说，志壹则动气，这是没问题的，气对志也有一个反作用，所以要"无暴其气"。

[30]浩然之气：即下文以义为根基至大至刚之气，犹今言"凛然正气"，古人有解为"天之气"，"浩然之大气"，均不如孟子自解为佳。

[31]难言也：气是一种总体的感觉，如朝气蓬勃、萎靡不振，很难做具体分析，故"难言也"。

[32]以直养而无害：直，直道，正道；直养，"配义与道"养，顺人性而养；无害，即不助长。

[33]配义与道：赵岐注义为仁义，是也；道解作阴阳大道，恐非，孟子不讲阴阳；朱熹解作"天理之自然"，也非孟子本义。此道为成就仁人之道。配，从字面讲是"配合"，即人本已有浩然之气，又源源不断地以义道填充。实质为以义道为根基以养气，以养心、守志养气。

[34]馁：饥饿，心中无义道，若人饥饿，则气不充体。此馁字与"无暴其气"的"暴"义同。

[35]集义：集仁义。

[36]义：似义非义之义。袭，偷偷地。孟子要滕文公王天下，办法是迁徙或世守，不用兵家谋，为义取。孟施舍等养勇也似义，但不像曾子反求诸己，所以其义也非义，曾子养勇则为集义所生，孟施舍等则义袭而取之。

[37]慊：赵岐注为"快"，快为"高兴"，不慊，意为不高兴，即所行不合本心。

[38]事：动词，培养。正，一定，必然。勿正，即顺其本性而养，不在主观上违其本性，期望和使之一定如此。孟子谓义在心内，故"必有事焉"，但"勿正"。

[39]"心勿忘"二句：心中勿将此事忘却，但也勿助其成长。

[40]闵：忧愁。揠：拔。

[41]芒芒然：疲倦的样子。

[42]其人：其家人。

[43]病：累得厉害。

[44]槁：枯槁。

[45]耘：除草。

[46]徒：只。

[47]何谓知言：此"言"字包括下文的"诐辞""淫辞""邪辞"及"遁辞"。

[48]诐：《说文解字》言"古文以为颇字"，即偏颇。诐辞：片面之语。

[49]淫辞：过分之辞。

[50]遁辞：掩饰躲闪之辞。

【解读】

孟子之修养，已经达到"不动心"的境界。北宫黝之不动心，以务除敌手而不想自己的心理状态来达到。孟施舍之不动心，以守己无惧之气而不计敌手达到。大勇者之不动心，以"自反而直"来达到。孟子之不动心，乃从大勇者的不动心出。孟子认为，不动心由气盛，然而气之统帅是志，志生气、导气，而气对志亦有反作用，故欲不动心，当"持其气，无暴其气。"孟子自己即善养浩然之气并且知言。所行合于道义，自反而直，能自然养成至大至刚的浩然之气，当然也就能不动心了。

告子倡"不得于言，勿求于心"，因而终不知义，未能养浩然之气，也不足以知言。孟子反之，心通道义，心有定见，立志坚定，立身不亏，既直且壮，故既能养浩然之气，又能知言。

三、阅读思考

1. 阅读原典，了解孟子的"义利之辩"。
2. 阅读原典，了解孟子的"养气"说。
3. 阅读原典，理解孟子的"反求诸己"。

四、拓展阅读

1. 杨泽波：《孟子评传》，南京，南京大学出版社，1998。
2. 杨伯峻：《孟子译注》，北京，中华书局，2010。

第四章 史 学

第一节 史学概说

我们在这里所说的"史学"，或者"历史学"，是就"国学"的一项主要内容而言的，所以它在概念上一定是有限定条件的，即"中国史学"。具体来说，中国史学有其形而下的明确的载体，如有关古代、近代、当代和现代的所有史书，而且以后随着时间的推移肯定还会有更多的著作问世。但是，若就国学而言的史学载体，它专指二十四史，或者二十五史，因为"国学"有其时间下限——清朝末年。同时，这些史书在保存至今的文献目录中还有其专属位置，即以经、史、子、集划分的国学体系中的"史部"。本章主要阐述中国史学的性质、对象与分类，还有学习史学的意义、方法，以及史家"治史"的精神与传统。

一、史学的性质和对象

(一)史学的性质

什么是史学？简单来说，史学就是以中国人的传统思想为对象的一种系统性的研究或探讨，应该算是一门科学。此处的"科学"，是指任何有组织系统的知识总体，而非专指自然科学。其目的就是了解我们所关心的或不知道的关于本民族自身的、过去的事情。正如苏格拉底曾表示，他唯一知道的就是其一无所知，如果他是代表人类来说这句话的，那么求知欲就是人的特有属性。又如柯林武德也说："一切科学都是从知道我们自己的无知而开始的。"[1]这样看来，对于中国人而言，史学的开端，也是从自身的无知开始的，那时的人们迫切地想要了解自己。而且，要想知道自己是谁，就非得知道自己过去做过什么不可，于是史学就诞生了。与通常意义上的史学不同，作为国学一部分的史学，其时间下限无疑是明确的。但其上限在哪里呢？若说史学始于神话，这并不会让人感到惊讶。事实上，《史记》就是以五帝开篇的，而五帝都是传说中的人物，虽然他们的身份并非确定

---

① ［英］柯林武德：《历史的观念(增补版)》，何北武、张文杰、陈新译，10 页，北京，北京大学出版社，2010。

无疑，但是通过他们，我们却知道了自己当初的样子。这也是我们创立史学的初衷。

(二)史学的对象

学科与学科之间的差别，从本质上说，体现在它们所研究的不同对象上，也就是说，它们致力于把不同的事物搞清楚。历史学想要搞清楚的是人们过去的行为，而中国史学想要搞清楚的就是中国人过去的行为。需要强调的一点是，这种过去的行为，往往指的是人的思想行为，而且这种思想行为有具体的指向，即实践对象，如国家、民族、建筑、人物等。此外，学科与其对象也是不同的，它在任何时候都只能是其实践者的思想，即如果它是关于国家制度的，只是通过施政来表现其好坏而已；如果是关于民族命运的，这种对于命运的判断标准是通过作为一个民族的兴衰体现出来的；如果它是关于建筑的，那么古长城是为防御而建，但是虽然今天长城依旧，但早已与防御无关；如果它是关于人物的，李世民只能是一个仁君代表，是所有仁君中的一个，而不是全部，但是若没有仁君作为一个例证，历史学家真的很难说清什么样的行为是堪称"仁"的。因此，历史的对象永远都是在具体中反映出来的抽象的思想。这种思想还有一个本质的特点——变迁。在这一点上，史学与新闻学相似，就是常事不书。如《春秋》中几乎不写鲁国国君朝见周王的事情，记载的都是其他国君朝见周王的事情。这无非是鲁国国君最遵守周制，定期朝觐而已；而其他国君在这方面就不如鲁国国君做得好，只是偶尔朝觐，所以就被记载下来了。还有像什么日食、月食为什么几乎都被记载下来了？就是因为它们不经常发生。史学对象的这一个特点，就是由史学对象是思想本身所决定的，因为思想是变化的。从微观角度来看，一个人的思想在其一生中，必有变化；从宏观角度来看，一个民族的思想在不同时代，也是有变化的。那么记载变化的对象有什么意义呢？意义就在于规律只有在变化中才能找到。尽管所谓规律，其本质是不变的，但是又只能通过众多的、不同时空的、变化的事物表现出来；反之，它也是属于众多表现它的事物的，所以，规律具有超越时空的普遍意义上的价值；而不变的事物，如自然现象，由于不变，所以自身即规律，但也只是其自己的规律而已，不具有普遍性，也就不能作为历史对象来研究。例如，公元前841年是中国历史上重要的一年，因为从这一年开始，才有了确切的年份记载。为什么从这一年开始呢？因为这一年发生了国人暴动，而在此之前一直是太平盛世，并且从这一变化的事件中总结出一条规律：防民之口甚于防川，所以就把它记录下来。再如，《资治通鉴》以"三家分晋"之事开篇，也是因为这件事情不寻常。因为，以往诸侯都是由周天子分封，但是这一次是由诸侯强迫周王分封的，说明此前一直被信奉的规律——礼乐征伐自天子出，从此失效了；而一条新的规律——礼乐征伐自诸侯出，诞生了。总之，史学研究的对象是人的思想，而思想是变化的，但是在变化中有规律。

二、中国史学的分类

中国史学大体上分为三个系统：国史系统、地理方志系统、笔记野史系统。国史系统主记王朝兴替与制度变迁，地理方志系统主记一方之山川风物与民生，笔记野史系统则代表民间叙事与私家述说。

(一)国史系统

国史是一部王权兴亡录，它主要包括两个方面的内容：一是史录，即王朝兴衰更替的记录，如"二十五史"、《资治通鉴》等；二是典志，即典章制度的变迁，如"十通"(《通典》《通志》《文献通考》《续通典》《续通志》《续文献通考》《清朝通典》《清朝通志》《清朝文献通考》《清朝续文献通考》)等。史录主要分"先秦"与"汉后"两个时期。先秦时，史书主要分为编年史和国别史。前者以《竹书纪年》《左传》为代表，后者以《国语》《战国策》为代表。汉代以后，主要有三种体裁，即纪传体、编年体和纪事本末体：纪传体的代表是《史记》和《汉书》；编年体的代表是《资治通鉴》；纪事本末体的代表是《通鉴纪事本末》。典志是主要记述历代典章制度的书籍。杜佑的《通典》、马端临的《文献通考》都是典制通史。汇编某一朝代各项经济、政治、社会制度的会要，也属典志。古书如《礼记》中的《王制》《月令》《明堂位》等篇，《史记》的八书、《汉书》的十志，及"十通"、会典、会要等均属典志性质。其中，以《通典》《通志》《文献通考》成就最高，世称"三通"。《通志》的体例和编纂方法，在我国史学发展史上有过一定的影响。清乾隆年间所修的《续通志》和《清朝通志》，就是根据通志的体例和方法修成的，在体例和编纂方法方面有不少缺点。例如，二十略的体例虽有所创新，但从通志的整体来说，它仍然没有突破正统的旧史的格式；在史料的考订方面，也难免有主观臆断的内容。

(二)地理方志系统

地理方志是社会生活录，包括两部分内容，一是记载历代地理的"地志"，二是记载各地方事物的"方志"。

《淮南子·泰族训》言："俯视地理，以制度量，察陵陆水泽肥墩高下之宜，立事生财，以除饥寒之患。"[1]

李吉甫在《元和郡县图志》的序中说："自黄帝之方制万国，夏禹之分别九州，辨方经野，因人纬俗，其揆一矣。"[2]

地志代表著作是《山海经》、郦道元的《水经注》、李吉甫的《元和郡县图志》、顾祖禹的《读史方舆纪要》等。

方志即地方志，是记一方地理、历史、风俗、物产、名胜、人物等情况的书。方志可分为总志、通志与分志三类。总之，方志是总汇全国各地方志的资料。如

---

[1]　何宁：《淮南子集释》，1388 页，北京，中华书局，1998。

[2]　[唐]李吉甫：《元和郡县图志》，1 页，北京，中华书局，1983。

《清一统志》。"通志"是指各省的总志，如《山西通志》《山东通志》之类；"分志"则是指府、州、县志，如《平阳府志》《霍州志》《会稽志》等。

以光绪三年(1877年)大旱的记载为例，《清史稿·灾异志》中仅记："三年四月，武进、沾化、宁阳、南乐、唐山旱，应山夏、秋大旱。四年春，东平、三原旱。七月，内丘、井陉、顺天、唐山、平乡、临榆旱。八月，京山旱。"①

(三)笔记野史系统

笔记野史是指私家编撰的带有历史记叙性的史籍，与官修的史书不同的另一种史书。古代有"稗官野史"的说法，稗官是采录民俗民情的小官。《汉书·艺文志》中"小说家者流，盖出于稗官"的注文如下。"《九章》：'细米为稗。'街谈巷说，其细碎之言也。王者欲知闾巷风俗，故立稗官使称说之。"②

1. 历史疑案类

"延入大寝，酌酒对饮。宦官、宫妾悉屏之，但遥见烛影下，太宗时或避席，有不可胜之状。饮讫，禁漏三鼓，殿雪已数寸。帝引柱斧戳。雪，顾太宗曰：'好做，好做！'遂解带就寝，鼻息如雷霆。是夕，太宗留宿禁内，将五鼓，周庐者寂无所闻，帝已崩矣。太宗受遗诏于柩前即位。"③这讲的是宋太宗赵光义夜见宋太祖赵匡胤之事。

2. 奇闻逸事类

《桯史》："时姑苏有民家姓唐，一兄一妹，其长皆丈有二尺，里人谓之唐大汉，不复能嫁娶。每行倦，倚市檐憩坐，如堵墙。"④

《觚賸》："沈丘枳店民秦大汉……王赐袍一领，制布十二匹，尚不掩胫。其足尺有四寸，植其靴，高与食案等。"⑤

中国史学的学习重点在"国史"部分，而国史中又以编年体、纪传体，纪事本末体史书为主要研究对象，以二十四史为核心学习内容。其中前四史：《史记》《汉书》《后汉书》《三国志》都是私人所修史书，更接近于真实的历史，而后边的史书都是胜利者的歌功颂德，都是统治者意志的表现，史料价值不如前四史高。

《二十四史》一览表

序号	名称	著者	卷数
1	《史记》	[汉]司马迁	130
2	《汉书》	[汉]班固	100
3	《后汉书》	[宋]范晔	120

---

① 赵尔巽：《清史稿》，1607页，北京，中华书局，1977。
② [汉]班固：《汉书》，1745页，北京，中华书局，1962。
③ [宋]文莹：《湘山野录 续录 玉壶清话》，49页，上海，上海古籍出版社，2012。
④ [宋]岳珂：《桯史》，70页，北京，中华书局，1981。
⑤ [清]钮琇：《觚賸》，99页，上海，上海古籍出版社，1986。

序号	名称	著者	卷数
4	《三国志》	[西]陈寿	65
5	《晋书》	[唐]房玄龄等	130
6	《宋书》	[梁]沈约	100
7	《南齐书》	[梁]萧子显	60(佚 1 卷)
8	《梁书》	[唐]姚思廉	56
9	《陈书》	[唐]姚思廉	36
10	《魏书》	[北齐]魏收	114
11	《北齐书》	[唐]李百药	50
12	《周书》	[唐]令狐德棻等	50
13	《隋书》	[唐]魏徵、令狐德棻	85
14	《南史》	[唐]李延寿	80
15	《北史》	[唐]李延寿	100
16	《旧唐书》	[后晋]刘昫等	200
17	《新唐书》	[宋]欧阳修、宋祁	225
18	《旧五代史》	[宋]薛居正等	150
19	《新五代史》	[宋]欧阳修	74
20	《宋史》	[元]脱脱等	496
21	《辽史》	[元]脱脱等	116
22	《金史》	[元]脱脱等	135
23	《元史》	[明]宋濂等	210
24	《明史》	[清]张廷玉等	332

《二十四史》，上起传说中的黄帝，止于明朝崇祯十七年(1644 年)，计 3000 余卷，约 4000 万字。1921 年，徐世昌下令将《新元史》(柯劭忞撰)列入正史，与"二十四史"合称为"二十五史"。但也有人不将《新元史》列入"二十五史"，而改将《清史稿》(赵尔巽撰)列为"二十五史"之一。或者，如果将两书都列入正史，则形成了"二十六史"。

三、学习历史的意义

在历史的面前，任何人都会做出思考，都会考虑自己在历史中的位置。一个有历史意识的人，会认真地对待自己的人生，正确地对待生与死。而一个缺乏历史意识漠视历史存在的人，在工作和社会生活里常常会走弯路，甚至会处处碰壁。

对于新时代的大学生而言，学习历史的意义有如下几个方面。

第一，学习历史能激发大学生强烈的爱国主义热忱、民族自豪感，以及正确认识中国国情且坚定走中国特色社会主义道路的决心。大学生学习历史，就是要继承和弘扬祖国灿烂的文化、优秀的传统，要放眼世界、大胆吸收人类一切优秀文化遗产，并为己所用，把自己塑造成为具有全球意识和强烈社会责任感与历史使命感的人。学习历史能使大学生更深刻地认识中国国情，并坚定正确的政治方向，激发潜藏内心深处的昂扬斗志。学习历史还能使大学生从中国翻天覆地的发展过程中明白一个真理：没有共产党，就没有新中国！只有社会主义才能救中国！必须走有中国特色的社会主义道路，四项基本原则是立国之本，改革开放为强国之路，只有社会主义才能够发展中国。

第二，学习历史，可以丰富当代大学生历史知识，提升基本历史素质，清除头脑中各种错误的政治观点，形成正确的历史观、人生观、价值观。在改革开放大背景下，西方的价值观念和思想文化冲击着当代大学生的灵魂，校园里的一部分学生不了解祖国的历史，对祖国的优秀文化缺乏认知，致使西方的个人主义、享乐主义、拜金主义等腐朽思想乘虚而入。一部分学生开始出现理想信念迷茫，价值取向歪曲，艰苦奋斗品质流失，社会责任感淡漠，历史使命感缺失的问题。产生这一切的根源是一些大学生不了解中国历史。不了解祖国历史等于对祖国的背叛。清代学者龚自珍就曾说："灭人之国，必先去其史。"[①]文化灭，则一国之种灭。种灭，则国将焉存？一个国家没有自己的历史，也就没有了自己发展的主导方向，也就没有了自立于世界民族之林的自我根基。

第三，学习历史可以明智，"以古为镜，经世致用"。贾谊说："前事之不忘，后事之师也。"唐太宗说："以古为鉴，可以知兴替。"研读历史，可以从真实的历史故事中总结经验，吸取教训。历代统治者重视借鉴历史经验，中国历来有"易代修史"的传统。一个朝代灭亡以后，后继的新朝代为了总结历史经验，吸取历史教训，都要给上一个朝代编纂历史，这个优良传统绵延不断。例如，从夏、商两代灭亡的历史中，周文王、周武王得到的历史教训是国君一定要勤政爱民；刘邦吸取了秦朝灭亡的教训，汉朝采用了休养生息的政策；东汉看到西汉土地兼并的弊端，开始采取措施；唐朝吸取隋朝穷兵黩武的教训，开始推崇文教；北宋赵匡胤吸取唐末到五代的军人专权的教训而重视文人，采取不杀读书人的政策，以"杯酒释兵权"的方式来削弱军人的地位；明朝吸取过去宦官干政的教训，专门在宫殿门口挂了一个牌子，规定宦官不能接触政事；清朝吸取明朝宦官专权的教训而不重视宦官也不让宦官参政等。学习历史，以古为镜，经世致用，可以回答和解决社会上存在的重大问题。

---

① ［清］龚自珍：《龚自珍全集》，22页，上海，上海古籍出版社，1975。

第四，历史是文学创作的真实材料，是文学创作的源头，引述史实能够增强文章的说服力。每个历史故事就是一篇标准的记叙文。其中，时间、地点、人物、事情的起因、经过、结果都写得清清楚楚，这是最好的写作题材。大学生写作要举典型事例，没有亲身经历过没关系，历史上什么样的例子都有。在写作中我们可以从历史事件中引经据典，既能增添论述的说服力，又能起到传播传统文化的作用。我们写名人或典故，还是要从历史学习中，学会用标准的写作文体。每篇历史作品都是很好的模板，我们可以借鉴其写作手法。此外，学习历史还可以提升自我，丰富自己的社会生活。在社会交往、企业管理、看影视作品、评价人物等方面，处处都需要我们储备丰富的史学知识。可见，学好历史对学习语文和丰富个人的社会生活有着深远的意义。

四、史家的素质、史家的治史思想与史家在政治上的作用

(一)史家的素质

史学作为一门科学，根本目的是求真和研究历史事物发生发展的因果关系，探索历史发展的规律指导现实中人们的生产生活。研究历史除需要运用一些研究理论和方法外，需要史家必须具备"学、识、才、德"四个方面的基本素质，即所谓"史家四长"。史学指的是历史学家应掌握的历史知识，史料等；史识指的是见识，即对历史的见解认识能力，观点；史才指的是对历史著作的表述水平，写作能力，文采；史德指的是史书撰写者的态度和心术。这四者共同构成了判断史家是否是真正的史家，史书是否是良史的一个科学判断标准。冯友兰说："著小史者，意在通俗，不易展其学，而其识其才，较之学术巨著尤为需要。"[①]强调了史识、史才在史学巨著中的重要作用。章学诚说："史所贵者义也，而所具者事也，所凭者文也。"[②]表明了一部史学著作所体现出的不同方面的功用、特点。史家四长是一个相互依存、相互合作、缺一不可的整体。

(二)史家的治史思想与史家在政治上的作用

1. 史家的治史思想

求真与致用，是中国传统史学的两大治史思想。"求真"理念开端于《春秋》，孔子将"书法不隐"作为"良史"的标准。《春秋》中记载了董狐与南史的实录精神。例如，记"戊申卫州吁弑其君完"，"九月，卫人杀州吁于濮"[③]，将卫国的内部斗争如实记录，并未为尊者讳。可以说，儒家经典《春秋》确立了史学的实录精神，对后世史学产生了重大影响。正如瞿林东先生所言："所谓'董狐精神''南、董之

---

① 冯友兰：《中国哲学简史》，自序 1 页，北京，生活·读书·新知三联书店，2009。
② 章学诚：《文史通义》，67 页，上海，上海古籍出版社，2015。
③ 《十三经注疏》整理委员会：《十三经注疏·春秋左传正义》，83～85 页，北京，北京大学出版社，1999。

志'，成为中国史学上秉笔直书优良传统的先声和楷模。"①"致用"包含了政治上的得失借鉴与道德善恶褒贬两个方面。学习历史，以古为镜，经世致用，可以回答和解决社会上存在的重大问题。史书中蕴含褒贬，有"致用"目的这一传统也是从《春秋》开始的。《春秋》中的褒贬手法是"暗含褒贬"，即"春秋笔法"。其具体体现在两个方面：一是用词的褒贬；二是《春秋》中的书与不书。因篇幅关系，此处不一一展开解释。

2. 史家在政治上的作用

第一，史家是政治体制中的一个执法系统和监督系统。

《汉书·艺文志》说："古之王者世有史官，君举必书，所以慎言行，昭法式也。左史记言，右史记事，事为《春秋》，言为《尚书》，帝王靡不同之。"②

《左传·庄公二十三年》载："君举必书，书而不法，后嗣何观?"③

《大戴礼记·保傅》曰："及太子既冠，成人，免于保傅之严，则有司过之史。"④

《新序》卷一载，周舍事赵简子，在赵简子门前站立了三日三夜，赵简子问他有什么事，他的回答是："愿为谔谔之臣，墨笔操牍，随君之后，司君之过而书之，日有记也，月有效也，岁有得也。"⑤《国语·晋语》中提到了优施教骊姬夜半而泣向献公进谗言的事。

第二，"据法守职"是史家坚持的精神。

《吕氏春秋·先识》说，"凡国之亡也，有道者必先去，古今一也。……夏桀迷惑，暴乱愈甚，太史令终古乃出奔如商。汤喜而告诸侯曰：'夏王无道，暴虐百姓，穷其父兄，耻其功臣，轻其贤良，弃义听谗，众庶咸怨，守法之臣，自归于商。'"⑥

《韩诗外传》说："据法守职，而不敢为非者，人吏也"。⑦

《左传·宣公二年》载，"乙丑，赵穿攻灵公于桃园。宣子未出山而复。大史书曰'赵盾弑其君'，以示于朝。宣子曰：'不然。'对曰：'子为正卿，亡不越竟，反不讨贼，非子而谁?'宣子曰：'乌呼!《诗》曰："我之怀矣，自诒伊戚。"其我之谓矣。'孔子曰：'董狐，古之良史也，书法不隐。赵宣子，古之良大夫也，为法受恶。惜也，越竟乃免。'"⑧

---

① 转引自傅永聚、韩钟文：《儒家史学思想研究》，38 页，北京，中华书局，2003。

② ［汉］班固：《汉书》，1715 页，北京，中华书局，1962。

③ 《十三经注疏》整理委员会：《十三经注疏·春秋左传正义》，276 页，北京，北京大学出版社，1999。

④ ［清］王聘珍：《大戴礼记解诂》，52 页，北京，中华书局，1983。

⑤ 石光瑛：《新序校释》，76～79 页，北京，中华书局，2001。

⑥ 陈奇猷：《吕氏春秋新校释》，955 页，上海，上海古籍出版社，2002。

⑦ 许维遹：《韩诗外传集释》，186 页，北京，中华书局，1980。

⑧ 《十三经注疏》整理委员会：《十三经注疏·春秋左传正义》，597～598 页，北京，北京大学出版社，1999。

第三，秉笔直书是史家坚持的传统。

《汉书·司马迁传》载："其文直，其事核，不虚美，不隐善，故谓之实录。"[1]

《三国志·吴志·韦曜传》载，吴主孙皓即位，想为他的父亲孙和作"纪"。史学家韦昭坚持认为孙和没有即帝位，应当立"传"，不应作"纪"，否则将破坏史家的规矩。韦昭最终因此而招致杀身之祸，但其身上的史家精神始终为人所称颂。

第四，史家有抗拒权力干扰的制度保证。

《贞观政要》卷七中有两则史家不畏君威之事。"贞观十三年，褚遂良为谏议大夫，兼知起居注。太宗问曰：'卿比知起居，书何等事？大抵于人君得观见否？朕欲见此注记者，将却观所为得失以自警戒耳！'遂良曰：'今之起居，古之左、右史，以记人君言行，善恶毕书，庶几人主不为非法，不闻帝王躬自观史。'太宗曰：'朕有不善，卿必记耶？'遂良曰：'臣闻守道不如守官，臣职当载笔，何不书之？'黄门侍郎刘洎进曰：'人君有过失，如日月之蚀，人皆见之。设令遂良不记，天下之人皆记之矣。'""贞观十四年，太宗谓房玄龄曰：'朕每观前代史书，彰善瘅恶，足为将来规诫。不知自古当代国史，何因不令帝王亲见之？'对曰：'国史既善恶必书，庶几人主不为非法。止应畏有忤旨，故不得见也。'"[2]

第五，史家有抗权力干扰的技术手段。

或曲笔达意，或示疑于后人，或转载权贵劣迹于他人之传。

曲笔达意者如《史记·万石张叔列传》所载，"建为郎中令，书奏事，事下，建读之，曰：'误书！"马"者与尾当五，今乃四，不足一。上谴死矣！'……万石君少子庆为太仆，御出，上问车中几马，庆以策数马毕，举手曰：'六马。'"[3]

示疑于后人者如《左传》所载"郑伯克段于鄢"，"大叔完聚，缮甲兵，具乘卒，将袭郑。夫人将启之。公闻其期，曰：'可矣！'命子封帅车二百乘以伐京。"[4]

五、中华民族上下五千年的朝代史

（一）简单记忆的歌谣

黄虞夏商周，春秋战国秦，

两汉三国晋，晋后南北分，

隋唐五代宋，元明清及民。

（二）记述全面的歌谣

夏后殷商西东周，春秋战国秦皇收，

西汉东汉魏蜀吴，西晋东晋兼五胡。

匈奴羯氏羌慕容，拓跋代北后称雄。

---

① ［汉］班固：《汉书》，2738 页，北京，中华书局，1962。

② ［唐］吴兢：《贞观政要》，233～234 页，上海，上海古籍出版社，1978。

③ ［汉］司马迁：《史记》，2766～2767 页，北京，中华书局，1959。

④ 《十三经注疏》整理委员会：《十三经注疏·春秋左传正义》，54 页，北京，北京大学出版社，1999。

宋齐梁陈是南朝，北魏齐周称北朝。
北周灭齐传于隋，隋又灭陈再统一。
隋灭唐兴称富强，五代十国各称王。
契丹兴起在北方，建号为辽入汴梁。
五代梁唐晋汉周，宋朝建国陈桥头。
女真建金先灭辽，打破汴京北宋消。
南宋偏安在江南，蒙古兴起国号元。
灭金灭宋归一统，元朝统治九十年。
明代共传十六君，满洲初起号后金。
后金国号改为清，入关称帝都北京。
人民觉悟革命起，清帝退位民国立。
人民民主再胜利，齐心奔向共和国。

第二节 《战国策》

一、常识举要

(一)《战国策》

《战国策》是一部国别体史书，上接春秋，下至秦灭六国，约有 240 年的历史，以策士的游说活动为中心，主要记述了战国时期的纵横家的政治主张和策略，展示了战国时代的历史特点和社会风貌，是研究战国历史的重要典籍。《战国策》中的文章并非一人所作，多为战国后期的纵横家所作，有若干篇是秦汉人所作。西汉成帝时，刘向在受诏命校录群书时从皇家藏书中发现了六种记录纵横家的写本，但是内容混乱，文字残缺。于是刘向按照国别进行整理，校书近 20 年，未完成的工作由其子刘歆接续。全书按东周、西周、秦、齐、楚、赵、魏、韩、燕、宋、卫、中山依次分国编写，分为 12 国策，共 33 卷，其中所记录的多是东周后期诸国混战之事和纵横家为其所辅之国提供的政治主张和外交策略，《战国策》因此得名，而该时期亦因此被史家称为"战国时期"。

虽然我们习惯上把《战国策》归为历史著作，但是《战国策》与《左传》《国语》等有很大不同。《战国策》所记载的内容若被作为史实来看是不可信的。这些内容与其说是历史，还不如说是故事。《战国策》的思想内容比较复杂，主要体现了纵横家的思想倾向，同时也反映出了战国时期思想活跃、文化多元的历史特点，其中最突出的是体现了重视人才的政治思想。

《战国策》一书反映了战国时代的社会风貌和当时士人的精神风采。它作为一部记录战国历史的资料，比较客观地记录了当时的一些重大历史事件，反映了战国时的社会风貌和各国政治、经济、军事、外交的重大活动，是战国历史的生动写照。它详细地记录了当时纵横家的言论和事迹，展示了这些人的精神风貌和思想才干，生动记录了机智善辩、聪明睿智的纵横家的言行，使人如临其境，如见其人。

因此，《战国策》不仅是一部历史著作，也是一部优秀的散文集。在中国文学史上，它标志着先秦叙事散文发展进入了一个新时期。《战国策》的文章辩丽横肆，铺张扬厉，气势纵横，论事透辟，写人传神，还善于运用比喻手法和寓言故事说理，对后世的传记散文和说理散文的发展起到了重要作用。

(二)刘向

刘向(约前 77—前 6 年)，本名更生，字子政。汉高祖弟楚元王刘交五世孙。祖籍秦泗水郡沛县(今江苏沛县)，世居京兆长安(今陕西西安)。西汉的经学家、目录学家、文学家。刘向历经了汉代宣帝、元帝、成帝三朝。宣帝时，被选为儒俊材，曾应诏献赋颂数十篇，官至散骑谏大夫给事中。元帝时，擢任散骑宗正给事中，因屡次上书言事，弹劾宦官弘恭、石显及外戚，曾两度下狱，被免为庶人，闲居十余年。成帝即位后被起用，拜中郎，迁光禄大夫，官至中垒校尉，故又世称刘中垒。成帝时，刘向受诏命校书近 20 年，未完成的工作由其子刘歆完成。刘向父子所撰的《别录》，为我国最早的目录学著作。刘向治《春秋榖梁传》，著《九叹》等辞赋 33 篇，大多亡佚。今存《新序》《说苑》《列女传》《战国策》等书，其著作《五经通义》有清人马国翰辑本，《山海经》系与其子刘歆共同编订的。原有文集，已佚，明人辑为《刘中垒集》，收入《汉魏六朝百三家集》。

二、原典选读

《战国策》(节选)

齐人有冯谖者

齐人有冯谖[1]者，贫乏不能自存，使人属孟尝君[2]，愿寄食门下。孟尝君曰："客何好?"曰："客无好也。"曰："客何能?"曰："客无能也。"孟尝君笑而受之曰："诺。"左右以君贱之也，食以草具[3]。

居有顷，倚柱弹其剑，歌曰："长铗归来乎[4]! 食无鱼。"左右以告。孟尝君曰："食之，比门下之〔鱼〕客[5]。"居有顷，复弹其铗，歌曰："长铗归来乎! 出无车。"左右皆笑之，以告。孟尝君曰："为之驾，比门下之车客。"于是，乘其车，揭[6]其剑，过其友曰："孟尝君客我[7]。"后有顷，复弹其剑铗，歌曰："长铗归来乎! 无以为家[8]。"左右皆恶之，以为贪而不知足。孟尝君问："冯公有亲乎?"对曰："有老母。"孟尝君使人给其食用，无使乏。于是冯谖不复歌。

后孟尝君出记[9]，问门下诸客："谁习计会[10]，能为文收责于薛[11]者乎?"冯谖署[12]曰："能。"孟尝君怪之，曰："此谁也?"左右曰："乃歌夫'长铗归来'者也。"孟尝君笑曰："客果有能也，吾负[13]之，未尝见也。"请而见之，谢[14]曰："文倦于事[15]，愦[16]于忧，而性愚[17]，沉于国家之事，开罪[18]于先生。先生不羞[19]，乃有意欲为收责于薛乎？"冯谖曰："愿之。"于是，约车治装[20]，载券契[21]而行。辞曰："责收毕，以何市而反[22]？"孟尝君曰："视吾家所寡有者。"

驱而之[23]薛，使使召诸民当偿者，悉来合券[24]。券遍合，起，矫命[25]以责赐诸民，因烧其券，民称万岁。

长驱到齐，晨而求见。孟尝君怪其疾也，衣冠而见之，曰："责毕收乎？来何疾也！"曰："收毕矣。""以何市而反？"冯谖曰："君云'视吾家所寡有者'。臣窃计，君宫中积珍宝，狗马实外厩，美人充下陈。君家所寡有者以义耳！窃以为君市义。"孟尝君曰："市义奈何？"曰："今君有区区之薛，不拊爱子其民[26]，因而贾利[27]之。臣窃矫君命，以责赐诸民，因烧其券，民称万岁。乃臣所以为君市义也。"孟尝君不说，曰："诺。先生休矣[28]！"

后期年[29]，齐王谓孟尝君曰："寡人不敢以先王之臣为臣。"孟尝君就国[30]于薛。未至百里，民扶老携幼，迎〔孟尝〕君道中。孟尝君顾[31]谓冯谖曰："先生所为文市义者，乃今（日）见之。"

冯谖曰："狡兔有三窟，仅得免其死耳。今君有一窟，未得高枕而卧也。请为君复凿二窟。"孟尝君予车五十乘，金五百斤，西游于梁[32]，谓梁王[33]曰："齐放[34]其大臣孟尝君于诸侯，诸侯先迎之者，富而兵强。"于是，梁王虚上位[35]，以故相为上将军，遣使者，黄金千斤、车百乘，往聘孟尝君。冯谖先驱，诫孟尝君曰："千金，重币也；百乘，显使也。齐其闻之矣。"梁使三反[36]，孟尝君固辞不往也。

齐王闻之，君臣恐惧，遣太傅赍[37]黄金千斤，文车二驷[38]，服剑[39]一，封书谢孟尝君曰："寡人不祥[40]，被于宗庙之祟[41]，沈于谄谀之臣[42]，开罪于君，寡人不足为[43]也，愿君顾先王之宗庙[44]，姑反国统万人[45]乎！"冯谖诫孟尝君曰："愿请先王之祭器[46]，立宗庙于薛[47]。"庙成，还报孟尝君曰："三窟已就，君姑高枕为乐矣。"

孟尝君为相数十年，无纤介[48]之祸者，冯谖之计也。

（何建章：《战国策注释》，北京，中华书局，1990。）

【注释】

[1]冯谖（xuān）：齐国游说之士，谖，一作"煖"，《史记》中又作"驩"。

[2]属：同"嘱"，嘱托，请求。孟尝君：齐国贵族，姓田名文，齐靖郭君田婴少子，为齐相。轻财好士，门下食客有数千人，与魏信陵君、楚春申君、赵平原君一起被称为"战国四公子"。

[3]食（sì）以草具：给他吃粗劣的食物。草具：装盛粗劣的酒食的器具。

[4]长铗（jiá）归来乎：大意是长铗啊，我们还是回去吧！长铗：长剑。

[5]比门下之〔鱼〕客：按照中等门客的生活待遇对待。孟尝君对门客的待遇分为三等：下等（草具之客），食无鱼；中等（门下之客），食有鱼；上等（车客），出有车。

[6]揭：高举。

[7]客我：以我为客。

[8]无以为家：没有能力养家。

[9]记：账册。一说，指书状之类的文件。

[10]习：熟悉。计会(kuài)：会计账目。

[11]责：同"债"。薛：孟尝君的领地，在今山东枣庄附近。

[12]署：署名、签名，引申为表示。

[13]负：对不起，辜负。实际意思是埋没人才。

[14]谢：道歉。

[15]倦于事：忙于事务，疲劳不堪。

[16]愦(kuì)：心思烦乱。

[17]懦：懦弱。

[18]开罪：得罪。

[19]不羞：不以此感到被羞辱。

[20]约车治装：准备车马，整理行装。

[21]券契：债务契约。

[22]市：买。反：同"返"。

[23]之：到，往……去。

[24]合券：验合债券。古代契约分为两半，立约双方各执其一。

[25]矫命：假托命令。

[26]拊爱：体恤爱护。子其民：把民众看作自己的子女。

[27]贾(gǔ)利：用商人放债的办法来获取利润。

[28]休矣：意为"算了吧"。

[29]后期(jī)年：一周年之后。期年：整整一年。

[30]就国：回封地。

[31]顾：回头看。

[32]梁：魏国。因为当时魏已迁都到大梁(今河南开封)，故称之为梁。

[33]梁王：梁惠王。

[34]放：放逐。

[35]虚上位：空出最高职位。

[36]三反：先后三次往返。反：同"返"。

[37]赍(jī)：携带。

[38]文车：装饰精美豪华的车。驷：四马驾驶的车。

[39]服剑：王的佩剑。

[40]不祥：意为糊涂。一说不吉祥，没福气。

[41]被于宗庙之祟：受到祖宗神灵的警告。

[42]沈于谄谀之臣：被阿谀奉承的臣子迷惑。

[43]不足为：不值得你看重并辅助。一说无所作为。

[44]顾：顾念。

[45]姑：姑且。反：同"返"。万人：百姓。

[46]请先王之祭器：请分出一些祭祀先王的器物。

[47]立宗庙于薛：在薛地再建一座齐国宗庙。这是巩固和强化薛作为封地的政治地位的重要举措，因为宗庙一立，封地就不能再取消。

[48]纤介：细小。纤：细丝。介：同"芥"，细微的芥籽。

【解读】

本文选自《战国策·齐策四》。战国是一个社会急剧变化和动荡的时代。各国统治集团为了维护和扩大自己的统治权益，都大力网罗人才，养士之风盛行。当时魏国的信陵君、赵国的平原君、楚国的春申君和齐国的孟尝君被称为"战国四公子"，冯谖就是齐国的孟尝君的门客。

本文主要记叙了孟尝君善待冯谖，冯谖为他焚券市义、营造三窟，孟尝君成功避祸的经过，展现了冯谖足智多谋、有胆有识、深谋远虑、竭忠尽智的谋士形象和孟尝君礼贤下士的品德，也从一个侧面反映了战国时期养士、用士的历史风貌。

《战国策》作为先秦叙事散文发展的新高峰，在叙事时善于运用大量生动的情节，使内容充满故事性。《齐人有冯谖者》之叙事可谓一波三折、扣人心弦，充满了戏剧性。清人余诚曾评："此文之妙，全在立意之奇，令人读一段想一段。真有武夷九曲，步步引人入胜之致。……谋篇之妙，殊属奇绝。若其句调之变换，摹写之精工，顿挫跌宕，关锁照应，亦无不色色入神。变体快笔，皆以为较《史记》更胜。"①本文要表现的是冯谖的政治远见和出类拔萃的才能，而开头从反面写冯谖"无能""无好"，写他三次弹铗长歌，给人一种无才无德、毫无可用之处却不知满足的市井小人的印象，使读者心生疑问，这样的人有何特异之处？接着写他毛遂自荐去薛地收债，让读者对这个弹铗长歌的冯谖是否有这样的本领将信将疑。令读者始料未及的是，他竟能做出矫命焚券、市义复命的惊人之举。当"后期年"孟尝君感受到冯谖的远见卓识时，作者又再添一笔写其继续奔走策划，为孟尝君"复谋相位""请立宗庙"，营谋三窟，终使孟堂君"高枕无忧"。整个过程，跌宕起伏，引人入胜。

《战国策》的突出特点之一是刻画了姿态各异的人物群像，本文正体现了这一特点。本文通过冯谖一步步为孟尝君巩固政治地位的事件，塑造出一个鲜明的人物形象。首先，采用先抑后扬、欲露先隐的手法。开头写冯谖"无好""无能"的自荐是一抑；成为门客之后，寄人篱下却再三弹铗长歌提出非分要求和左右对他的

---

① ［清］余诚：《重订古文释义新编》，194 页，武汉，武汉古籍书店，1986。

"笑之"和"恶之"是再抑;而他千金市义归来,孟尝君的一句"先生休矣"是三抑。此处贬抑至极,似乎他只是一个无才无德之人。而后随着市义远见的实现,营谋三窟的成功,连续展示了冯谖过人的智识和才能,冯谖恃才傲物、智谋不凡的谋士形象被表现得淋漓尽致。其次,是对比映衬与烘托手法的运用。文中在展示冯谖性格发展过程中,又以门客对他的评价和孟尝君对他先后不同的态度,处处对比映衬,以左右的势利和孟尝君的短视,烘托出他的远见卓识和高人一筹,收到了一箭双雕的表达效果。此外,本文还通过富有个性的人物语言来刻画人物形象,如开篇描写的冯谖将寄食于孟尝君门下时和孟尝君的一段对话。"孟尝君曰:'客何好?'曰:'客无好也。'曰:'客何能?'曰:'客无能也。'孟尝君笑而受之:'诺。'"这段人物对话简洁明了,充分展示了孟尝君和冯谖两个人物的个性特征。以好养士而著名的孟尝君自然最看中的是其门客的才识,所以他单刀直入,直接询问冯谖有什么爱好和才能,当冯谖回答自己"无好""无能"之时,一向宽怀待人的孟尝君极富君子风度,面对乞食于自己门下的冯谖只是"笑而受之",简洁地说了一个"诺"字。孟尝君的轻财好施、宽容善良的性格得以展现。而冯谖简洁的答语,也表现出其恃才自信的个性特征。这种多角度、多侧面刻画人物的手法,使人物生动传神,个性鲜明,充分显示出作者艺术构思的巧妙之处。

本文叙事,波澜起伏,姿态横生;故事情节生动完整,一波三折;人物形象生动传神,个性鲜明,极富艺术感染力。在写作上,本文有人物,有故事,有情节,有戏剧冲突,有细节描绘,初具传记的特征,开后世史书"列传"的先河。

三、阅读思考

1. 本文是如何运用多种手法塑造冯谖这一人物的?请具体分析。
2. 本文在情节安排上有何特点?
3. 文中有哪些人物语言具有含蓄的色彩?请举例分析。
4. 从选择、设计人生道路的角度,谈谈"狡兔三窟"的意义。

四、拓展阅读

1. 何晋:《〈战国策〉研究》,北京,北京大学出版社,2001。
2. 蓝开祥:《战国策名篇赏析》,北京,北京十月文艺出版社,1991。

第三节 《史记》

一、常识举要

(一)《史记》

《史记》是西汉史学家司马迁所著的中国历史上第一部纪传体通史。《史记》所记史事，起自黄帝，迄于汉武帝，全面叙述了我国古代三千年间政治、经济、文化等多方面的历史情况。全书包括本纪 12 篇、世家 30 篇、列传 70 篇、表 10 篇、书 8 篇，共 130 篇，是一部"究天人之际，通古今之变，成一家之言"的伟大著作。《史记》既是历史实录，又具有相当高的文学价值。书中的人物形象栩栩如生，语言文字简洁生动。在史学与文学方面，《史记》都具有划时代的意义，被鲁迅先生誉为"史家之绝唱，无韵之《离骚》"。

《史记》开创了纪传体体例。纪传体不同于前代史书所采用的以时间为次序的编年体，或以地域为划分标准的国别体，是一种以人物传记为中心来反映历史内容的体例形式。本纪是全书的纲领，以王朝的更替为体，按时间记述了帝王的言行政绩，记载了三千年的历史兴衰沿革；世家记述了子孙世袭的王侯封国史迹和特别重要的人物事迹；列传是帝王诸侯外其他各种不同类型、不同阶层的人物的生平事迹；表将世系、人物和史事以表格的形式清晰地列出，是各个历史时期的简单大事记；书则记述制度发展，涉及礼乐制度、天文历法、社会经济、文化艺术等诸方面内容。司马迁创造性地把这五种体裁综合起来，互相配合，相辅相成，形成一个完整历史发展脉络。正因为这种体例，冲破了以往史书的局限性，能够比较全面地反映社会生活的总体风貌，所以，从此以后，近两千年间历代所修正史，都绝无例外地沿袭了《史记》的纪传体体例。

《史记》还开创了通史体裁，使用了融政治、经济、民族、文化等各种知识为一体的综合纂史方法。《史记》是我国第一部规模宏大、贯通古今、内容广博的百科全书式的通史。《史记》中有《平准书》《货殖列传》，司马迁可谓为经济史作书立传的第一人；《史记》中有《匈奴列传》《西南夷列传》，司马迁可谓为少数民族立传的第一人；《史记》中还有《刺客列传》《游侠列传》，司马迁可谓为卑微者立传的第一人。《史记》第一次把政治、经济、文化各个方面都包容在历史学的研究范围之内，从而开拓了历史学研究的新领域，推动了我国历史学的发展。

此外，《史记》还开创了我国史传文学的先河。司马迁创造性地把文、史熔铸于一炉，在记述历史的过程中，用生动的文字、洗练的笔力、充沛的情感，为我们勾画出一个个栩栩如生的人物形象。《史记》中的人物形象各具姿态，这使得《史记》不仅成为史书之典范，也成为不朽的文学名著，对后世史学和文学的发展都产生了深远影响。

关于版本，《史记》原为完帙，但在流传过程中有散佚。今本《史记》130 篇非全出自司马迁之手，但绝大部分是司马迁的手笔，基本上保留了《史记》的原貌。现存《史记》有三家注，即南朝刘宋裴骃的《集解》、唐司马贞的《索隐》和张守节的《正义》。三家注原先各自单行，自北宋始三家注散列在正文下合为一编。中华书局 1959 年出版了顾颉刚编审的点校本《史记》，点校本保留了历史上将三家注与正文合刊的体例，每一卷之后还附有校勘记。

(二)司马迁

司马迁(约前145或前135年—?),字子长,夏阳(今陕西韩城南)人,西汉的史学家、文学家。司马迁生于史官家庭,他的父亲司马谈曾在汉武帝时任太史令,学问渊博,知识丰富。在父亲严格的教导下,司马迁自幼刻苦好学,博览群书。司马迁幼时就能诵读《左传》《国语》等古代史籍,后又师从今文学派大师董仲舒学习《公羊春秋》,师从古文学派大师孔安国学习《古文尚书》,这些都为他后来修史打下了坚实的知识基础。成年后,司马迁离开家乡,到各地游历,他的足迹遍布河南、山东、江苏、浙江、安徽、湖南等广大区域,在各地考察风俗民情,收集逸闻旧事;回到长安后,出仕为郎中,因此司马迁又得以随汉武帝巡幸过很多地方;汉武帝平西南夷后,司马迁奉命出使,又到了云南、四川、贵州一带;前后十余年的游历、出使经历,使司马迁饱览了壮丽河山,寻访文化遗迹,搜罗了丰富的历史资料,开阔了眼界与胸襟,为后来写《史记》打下了基础。元封元年(前110年),其父司马谈病危,临终时再三嘱咐他一定要完成自己未竟的事业,修订一部历史著作,以继承古之史学传统,弘扬有汉一代的辉煌。元封三年(前108年),司马迁继承父职,出任太史令。太初元年(前104年),他在参与制定太初历后,开始了《太史公书》亦即后来称为《史记》的写作。天汉三年(前98年),司马迁因替李陵投降匈奴辩护,获罪入狱,受腐刑,出狱后任中书令。他含垢忍辱,发愤著书,最终完成了这部不朽的历史巨著。

二、原典选读

《史记》(节选)

项羽本纪

项王军壁垓下[1],兵少食尽,汉军及诸侯兵围之数重。夜闻汉军四面皆楚歌[2],项王乃大惊曰:"汉皆已得楚乎?是何楚人之多也!"项王则夜起,饮帐中。有美人名虞,常幸从[3];骏马名骓[4],常骑之。于是项王乃悲歌慷慨[5],自为诗曰:"力拔山兮气盖世,时不利兮骓不逝[6]。骓不逝兮可奈何,虞兮虞兮奈若何[7]!"歌数阕[8],美人和之。项王泣数行下,左右皆泣,莫[9]能仰视。

于是项王乃上马骑[10],麾下壮士骑从者八百余人,直夜溃围[11]南出,驰走。平明[12],汉军乃觉之,令骑将灌婴以五千骑追之。项王渡淮,骑能属[13]者百余人耳。项王至阴陵[14],迷失道,问一田父,田父绐[15]曰"左"。左,乃陷大泽中。以故汉追及之。项王乃复引兵而东,至东城[16],乃有二十八骑。汉骑追者数千人。项王自度不得脱[17]。谓其骑曰:"吾起兵至今八岁矣,身七十余战,所当者破,所击者服,未尝败北,遂霸有天下。然今卒困于此,此天之亡我,非战之罪也。今日固决死,愿为诸君快战[18],必三胜之,为诸君溃围,斩将,刈[19]旗,令诸君知天亡我,非战之罪也。"乃分其骑以为四队,四向[20]。汉军围之数重。项王谓其骑曰:"吾为公取彼一将。"令四面骑驰下,期山东为三处[21]。于是项王大呼驰下,汉军皆披靡[22]，遂斩汉一将。是时，赤泉侯[23]为骑将，追项王。项王瞋目而叱[24]之，赤泉侯人马俱惊，辟易[25]数里。与其骑会为三处。汉军不知项王所在，乃分军为三，复围之。项王乃驰，复斩汉一都尉，杀数十百人。复聚其骑，亡其两骑耳。乃谓其骑曰："何如？"骑皆伏[26]曰："如大王言。"

于是项王乃欲东渡乌江[27]。乌江亭长舣船待[28]，谓项王曰："江东虽小，地方千里，众数十万人，亦足王也。愿大王急渡。今独臣有船，汉军至，无以渡。"项王笑曰："天之亡我，我何渡为！且籍与江东子弟八千人渡江而西，今无一人还，纵江东父兄怜而王我，我何面目见之？纵彼不言，籍独不愧于心乎？"乃谓亭长曰："吾知公长者。吾骑此马五岁，所当无敌，尝一日行千里，不忍杀之，以赐公。"乃令骑皆下马步行，持短兵接战。独籍所杀汉军数百人。项王身亦被十余创[29]。顾[30]见汉骑司马吕马童，曰："若非吾故人[31]乎？"马童面之[32]，指王翳曰[33]："此项王也。"项王乃曰："吾闻汉购我头千金，邑万户，吾为若德[34]。"乃自刎而死。王翳取其头，余骑相蹂践争项王，相杀者数十人。最其后，郎中骑杨喜，骑司马吕马童，郎中吕胜、杨武各得其一体。五人共会其体，皆是。故分其地为五：封吕马童为中水侯，封王翳为杜衍侯，封杨喜为赤泉侯，封杨武为吴防侯，封吕胜为涅阳侯。

∙∙∙∙∙∙∙∙∙∙∙

太史公曰[35]：吾闻之周生[36]曰"舜目盖重瞳子[37]"，又闻项羽亦重瞳子。羽岂其苗裔[38]邪？何兴之暴[39]也！夫秦失其政，陈涉首难[40]，豪杰蜂起，相与并争，不可胜数。然羽非有尺寸[41]乘埶，起陇亩[42]之中，三年，遂将五诸侯[43]灭秦，分裂天下，而封王侯，政[44]由羽出，号为"霸王"，位虽不终，近古以来未尝有也。及羽背关怀楚[45]，放逐义帝[46]而自立，怨王侯叛己，难矣。自矜功伐[47]，奋其私智而不师古[48]，谓霸王之业，欲以力征经营[49]天下，五年卒亡其国，身死东城，尚不觉寤而不自责，过[50]矣。乃引[51]"天亡我，非用兵之罪也"，岂不谬哉！

（［汉］司马迁：《史记》，北京，中华书局，1980。）

【注释】

[1]壁：筑营驻扎。垓下：地名，故址在今安徽亳县东南的城父村。

[2]四面皆楚歌：四面八方都响起了用楚方言所唱的歌曲，指楚人多已降汉。

[3]幸从：因受宠爱而侍从。

[4]骓：毛杂苍白色的马。

[5]慷慨：悲愤激昂。

[6]逝：奔驰。

[7]奈若何：将你怎么办。

[8]阕：曲终。数阕：数遍。

[9]莫：没有人。

[10]骑：名词，一人一马为一骑。

[11]直夜：当夜。溃围：突破重围。

[12]平明：天刚亮。

[13]属：跟随。

[14]阴陵：今安徽定远县西北。

[15]田父：农夫。绐：欺骗。

[16]东城：今安徽定远县东南。

[17]度：揣测，估计。脱：脱身。

[18]快战：痛快地一战。

[19]刈：斩断，砍倒。

[20]四向：向四面出击突围。

[21]期：约定。山东：山的东面。为三处：分三处集合。

[22]披靡：惊溃散乱的样子。

[23]赤泉侯：汉将杨喜，因破项羽有功，后封赤泉侯。

[24]瞋目：瞪大眼睛。叱：大声呵斥。

[25]辟易：倒退。

[26]伏：通"服"。

[27]乌江：今安徽和县东北之乌江浦。

[28]亭长：秦汉时十里一亭，亭有亭长。舣：移船靠岸。待：等待。

[29]被：受。创：伤。

[30]顾：回头看。

[31]故人：老友。

[32]面之：面对着项王。

[33]指王翳：把项王指给王翳看。

[34]吾为若德：我为你做件好事吧。德：功德，引申为好事。

[35]太史公：即太史令，司马迁自称。

[36]周生：汉时儒者，姓周，名不详。

[37]盖：疑而不能确定之辞。重瞳子：旧说指一只眼睛里有两个瞳孔。

[38]苗裔：后代子孙。

[39]暴：骤然，突然。

[40]首难：首先发难，起义。

[41]尺寸：指极少的封地、权势等凭借。

[42]陇亩：指田间，民间。

[43]将：率领。五诸侯：齐、赵、韩、魏、燕五国的起义军。

[44]政：政令。

[45]背关怀楚：放弃关中，怀归楚地。指的是项羽不扼据关中而还军建都彭城。

[46]放逐义帝：项羽之叔项梁起兵时，立楚王后代熊心为怀王。灭秦后项羽尊其为义帝。后项羽自立为西楚霸王，徙义帝往长沙郴县，并阴令人于途中杀之。

[47]自矜：自夸，自负。功伐：指武力征伐之功。

[48]奋：逞。私智：一己之能。不师古：不师法古代帝王的行为业绩。

[49]经营：治理，整顿。

[50]过：错。

[51]引：自认为。

【解读】

清人郑板桥曾说："《史记》百三十篇中，以《项羽本纪》为最，而《项羽本纪》中，又以巨鹿之战、鸿门之宴、垓下之会为最。反覆诵观，可欣可泣，在此数段耳。"①作为《史记》中重要、精彩的篇章之一，《项羽本纪》通过起义反秦、巨鹿之战、坑杀秦卒、鸿门宴、杀义帝、封诸侯、楚汉纷争、垓下之围、乌江自刎等一系列重要场面，记录了项羽一生的主要业绩，成功地塑造了项羽这位叱咤风云的悲剧性英雄形象，并在各种矛盾冲突中，展现了秦汉之际错综复杂的社会变革。

《史记》被誉为"悲剧英雄画廊"，西楚霸王项羽则是悲剧群像中的绝代典型，"项羽之死"这个片段便是这部旷世悲剧的最后一幕。选文正是《项羽本纪》中的最后一幕。司马迁怀着满腔激情，结合史实、传说进而发挥想象力，对垓下之围、东城快战、乌江自刎三个生死攸关的场面和四面楚歌、霸王别姬、直夜溃围、阴陵迷道、拒渡赠马、自刎赠头等一系列的情节，进行了惟妙惟肖、生动传神的描绘，展现了一代枭雄项羽的鲜明个性和英雄品格。此时的项羽不仅是一位叱咤风云、气盖一世的英雄豪杰，而且是一位情感丰富，个性鲜明的悲剧英雄。

选文文字朴素洗练，情节跌宕起伏，人物形象丰满，具有很高的艺术性。选文多角度、多层面地刻画了项羽这位悲剧英雄，将其外在形象和内心世界都展现得十分鲜明，显露出项羽的多重性格特征，有血有肉，生动丰满。

首先，文中运用一系列的场面描写来表现项羽丰富的性格特征。垓下之围的场面，表现了英雄末路多情而又无可奈何的心境；东城快战的场面则主要展现了项羽一贯勇猛无比、所向披靡的主导性格，但"天之亡我，非战之罪"的反复呼告，则将他恃勇自负的内心世界充分暴露了出来；因愧见江东父老而自刎乌江的场面描写，则展现了项羽宁死不辱、知耻重义的内心世界。其次，文章还善于选取最能表现人物性格特征的细节来塑造人物形象。垓下之围中，"虞兮之歌"唱出了项羽对虞姬的难舍之情，唱出了个人在命运面前的无奈；而项王"泣数行下"则流出了盖世英雄的傲骨柔情，流露出英雄末路的悲情。最后，选文还通过对比映衬刻

画人物的性格特征。东城快战中,"于是项王大呼驰下,汉军皆披靡""项王瞋目叱之,赤泉侯人马俱惊,辟易数里"。这样的对比映衬尽显项羽英勇无比、所向披靡、拔山盖世的勇猛之威。而项王以头颅送故人与汉军将士"争项王"的对比映衬,则更凸显了项羽的知耻重义。这种多角度、多层面刻画人物的方法,使人物形象浑厚而富于立体感——项羽的多重性格跃然纸上。

篇末的"太史公曰",司马迁不以成败论英雄,对项羽的评价中肯而扼要,既肯定了项羽"起陇亩之中""将五诸侯灭秦"的历史功绩,也批评了他目光短浅,缺乏政治远见,"自矜功伐""欲以力征经营天下"的致命错误,对他的失败寄予了惋惜与同情。司马迁的评价公允深刻,而且寓有作者的身世之感,使项羽这个悲剧人物形象具备了浓厚的抒情色彩。

三、阅读思考

1. 选文主要描述了垓下之围中的哪三个场面?这三个场面各表现了项羽怎样的性格特征?

2. 指出文中的细节描写之处,并说出这些细节描写的表现作用。

3. 结合文中"太史公曰"这段评议,谈一谈你对项羽功过及其失败原因的看法。

四、拓展阅读

1. 顾竺:《史记十大名篇解读》,北京,华文出版社,2001。

2. 韩兆琦:《史记通论》,桂林,广西师范大学出版社,1996。

3. 史冷金:《煮酒论史:史记中的哲学与智慧》,西安,陕西师范大学出版社,2007。

第四节 《汉书》

一、常识举要

(一)《汉书》

《汉书》,即《前汉书》,东汉班固著,是中国第一部纪传体断代史。《汉书》沿用《史记》的体例但略有变更,改"书"为"志",改"列传"为"传",改"本纪"为"纪",无"世家"。全书包括纪12篇,表8篇,志10篇,传70篇,共100篇。《汉书》的语言庄严工整,多用排偶,遣词造句典雅远奥,与《史记》平畅的口语化文字形成了鲜明对照。中国纪史方式自《汉书》以后,都仿照其体例,纂修了纪传体的断代史。

自班彪起,班氏父子即以著《汉书》为己任,经过二十余年的努力,班固完成了《汉书》的主要部分。在《汉书·叙传》中,班固述其撰书之旨曰:"故虽尧舜之盛,必有典谟之篇,然后扬名于后世,冠德于百王。"[①]故知班固撰《汉书》有歌颂汉朝功德之意。

《汉书》为中国第一部纪传体断代史,《汉书》的记载,上起刘邦被封为汉王时(前 206 年),下终王莽地皇四年(23 年),以西汉一朝为主,同时亦囊括了楚汉之争、王莽改制等史事。至唐代,颜师古认为《汉书》卷帙浩繁,便将篇幅较长者分为上、下卷或上、中、下卷,成为现行本《汉书》120 卷。《汉书》中所载汉武帝以前之纪、传,多用《史记》旧文,武帝以后之史事,则为新撰。汉书虽沿用史记旧文,却补充了大量新的资料,并非完全抄袭。如纪,大量增补了当时的诏令等文献,因此比《史记》更有史料价值。

《汉书》的五种体例所记述的内容不同。"纪"共 12 篇,是从汉高帝至平帝的编年大事记,如《高帝纪》《武帝纪》及《平帝纪》等。"表"共 8 篇,多依《史记》之表而新增汉武帝以后之沿革,其中,《古今人表》把历史人物照儒家思想标准分为四类九等,逐一列出来;《百官公卿表》则详细介绍了秦汉之官制。"志"共分 10 篇,是在《史记》之书的基础上加以发展而成的,专记典章制度兴废沿革、经济发展,如《礼乐志》《律历志》《食货志》等。"传"共 70 篇,以记载西汉一代为主。写法上模仿《史记》,为公卿将相立传,以时代之顺序为主,先立专传,次立类传,再立各族、外国之传,最后以乱臣贼子王莽传居末,体统分明。专传如《贾谊传》《司马迁传》,类传如《儒林传》《游侠传》《酷吏传》等,新增《外戚列传》《皇后列传》《宗室列传》,此亦为《史记》所没有的。"传"各篇后均附以"赞",即仿《史记》篇末"太史公曰"的体例,用来说明作者对人或事的批评或见解。此外,又仿"太史公自序"之意,作"叙传",述其写作动机、编纂、凡例等。

《汉书》开创了断代为史的先河,体例为后世所沿袭。盖自秦汉以来,均为君主本位政体,本朝人往往不敢直评本朝政治,忌讳甚多,而断代史较合著者之心理,因前朝已亡,评述前朝政事,危疑较少,较易发挥。故《汉书》一出,此后正史均以断代为史。

另外,《汉书》亦继承纪传体优点,此后正史均沿用纪传体之体例。纪传体是以人物传记为中心,虽然各自独立成篇,但彼此间又互有联系,因此全书可以合成一整体。它既能扼要列举历史发展的大概,又可以详细记述有关的史事;既便于查看个别人物活动的情况,又能顾及典章制度的历史沿革,其优点极多,使纪传体能为后世史家所采用。

此外,《汉书》亦扩大了历史研究的领域。《汉书》之十"志"各有其特点:《食货志》为经济制度和社会生产状况提供了丰富的史料;《沟洫志》系统地叙述了秦汉水利建设;《地理志》可视为中国第一部以疆域政区为主体的地理著作,为后世研究

---

① [汉]班固:《汉书》,4235 页,北京,中华书局,1962。

地理提供了史料；《礼乐志》《郊祀志》《刑法志》三志，分别记载与礼乐、祭祖、法律有关的典章制度；《五行志》《天文志》和《律历志》三志，都是研究古代自然科学的宝贵资料；《艺文志》论述了古代学术思想的源流派别及是非得失，是极珍贵的古代文化史资料。

同时，班固也开创了目录学，《艺文志》采用了刘歆《七略》的分法，将古代的学术著作区分为六大类、三十八小类，加以论述，使人们对各学术流派的演变与发展，有更清楚的了解。《艺文志》保留了《七略》的大概面貌，成为人们研究上古至西汉末年学术发展演变的重要著作，是中国现存最早的一部图书目录。

一方面，《汉书》确立了书志体。十"志"规模宏大，记事丰富，对于政治、经济和思想文化都有较详细的记载。书志体始创于《史记》，《汉书》加以发展，后代正史的志，大抵以《汉书》十"志"为依归。书志体也成为后世典章制度史——唐代杜佑的《通典》等所模仿的对象。

另一方面，《汉书》也保存了珍贵的史料，《汉书》几乎将西汉一代有价值的文章网罗殆尽了。它既袭用《史记》的资料，又新增了不少史料，在描写人物的同时，多引述其政治、经济策论，如《贾谊传》收入《治安策》，《晁错传》收入《言兵事书》等。同时，也为史事拾遗补阙，如《萧何曹参传》增补了"项羽负约，封沛公于巴蜀为汉王"的史事。

除此之外，《汉书》亦记载少数民族历史。《汉书》继承《史记》为少数民族专门立传的优良传统，运用新史料将《史记》中的《大宛列传》扩充为《西域传》，叙述了西域几十个地区和邻国的历史以补充，增补了大量汉武帝以后的史实。这些记载，均是研究亚洲有关各国历史的珍贵资料。

(二)班固

班固(32—92 年)，字孟坚，扶风安陵(今陕西咸阳东北)人，东汉的史学家、文学家、经学理论家。班固出身儒学世家，其父班彪、伯父班嗣，皆为当时著名的学者。在父亲的熏陶下，班固九岁即能属文，诵诗赋，十六岁入太学，博览群书，于儒家经典及历史无不精通。建武三十年(54 年)，在班彪《史记后传》的基础上，撰写《汉书》，历时二十余年修成。永平五年(62 年)，因被告发"私修国史"，班固被捕入狱。然汉明帝赞赏班固的志向与才能，召他到京都皇家校书部供职，拜为兰台令史。班固受诏修史完成了《世祖本纪》的修撰，被晋升为校书郎。之后继续修撰光武一朝的史事，共成列传、载记 28 篇。

永元元年(89 年)，班固随大将军窦宪北伐匈奴，任中护军、行中郎将，参议军机大事，大败北单于后写下了著名的《封燕然山铭》。后窦宪因擅权被杀，班固受了牵连，死于狱中，时年六十一岁。班固一生著述颇丰，主要作品有《汉书》《两都赋》《白虎通义》等。班固的代表作《汉书》，是继《史记》后中国古代的又一部重要史书，与《史记》《后汉书》《三国志》一起合称"前四史"。班固是"汉赋四大家"之一，开创了京都赋的范例；同时，班固还是经学理论家，他编撰的《白虎通义》，集当时经学之大成，使谶纬神学理论化、法典化。

二、原典选读

《汉书》(节选)
萧何传

萧何，沛[1]人也。以文毋害为沛主吏掾[2]。高祖为布衣时，数以吏事护高祖。高祖为亭长，常佑之。高祖以吏繇咸阳，吏皆送奉钱三[3]，何独以五[4]。秦御史监郡[5]者，与从事[6]辨之。何乃给泗水卒史[7]事，第一[8]。秦御史欲入言征何，何固请[9]，得毋行。

及高祖起为沛公，何尝为丞[10]督事，沛公至咸阳，诸将皆争走金帛财物之府分之，何独先入收秦丞相御史[11]律令图书臧之。沛公具知天下厄塞，户口多少，强弱处，民所疾苦者，以何得秦图书也。

初，诸侯相与约，先入关破秦者王其地。沛公既先定秦，项羽后至，欲攻沛公，沛公谢之得解[12]。羽遂屠烧咸阳，与范增谋约："巴蜀道险，秦之迁民皆居蜀。"乃曰："蜀汉亦关中地也。"故立沛公为汉王，而三分关中地，王秦降将以距汉王。汉王怒，欲谋攻项羽。周勃、灌婴、樊哙皆劝之，何谏之曰："虽王汉中之恶，不犹愈[13]于死乎？"汉王曰："何为乃死也？"何曰："今众弗如，百战百败，不死何为？《周书》曰：'天予不取，反受其咎[14]。'语曰'天汉'[15]，其称甚美。夫能诎于一人之下，而信于万乘之上者，汤武是也。臣愿大王王汉中，养其民以致贤人，收用巴蜀，还定三秦，天下可图也。"汉王曰："善。"乃遂就国，以何为丞相。何进[16]韩信，汉王以为大将军，说汉王令引兵东定三秦。语在《信传》。

何以丞相留收巴蜀，填抚谕告，使给军食。汉二年，汉王与诸侯击楚，何守关中，侍太子，治栎阳[17]。为令[18]约束，立宗庙、社稷、宫室、县邑，辄奏，上可许以从事[19]；即不及奏，辄以便宜施行，上来以闻[20]。计户转漕给军，汉王数失军遁去，何尝兴[21]关中卒，辄补缺。上以此剸属任何关中事。

汉三年，与项羽相距京、索[22]间，上数使使劳苦[23]丞相。鲍生谓何曰："今王暴衣露盖，数劳苦君者，有疑君心。为君计，莫若遣君子孙昆弟能胜兵[24]者悉诣军所，上益信君。"于是何从其计，汉王大说。

汉五年，已杀项羽，即皇帝位，论功行封，群臣争功，岁余不决。上以何功最盛，先封为酂[25]侯，食邑八千户。功臣皆曰："臣等身被坚执兵[26]，多者百余战，少者数十合，攻城略地，大小各有差。今萧何未有汗马之劳，徒持文墨议论，不战，顾[27]居臣等上，何也？"上曰："诸君知猎乎？"曰："知之。""知猎狗乎？"曰："知之。"上曰："夫猎，追杀兽者狗也，而发纵指示兽处者人也。今诸君徒能走得兽耳，功狗[28]也；至如萧何，发纵指示，功人[29]也。且诸君独以身从我，多者三两人；萧何举宗数十人皆随我，功不可忘也！"君臣后皆莫敢言。

....

陈豨反，上自将，至邯郸。而韩信谋反关中，吕后用何计诛信。语在《信传》。上已闻诛信，使使拜丞相为相国，益封五千户，令卒五百人一都尉为相国卫[30]。诸君皆贺，召平独吊[31]。召平者，故秦东陵侯。秦破，为布衣，贫，种瓜长安城东，瓜美，故世谓"东陵瓜"，从召平始也。平谓何曰："祸自此始矣。上暴露于外，而君守于内，非被矢石之难，而益君封置卫者，以今者淮阴[32]新反于中，有疑君心。夫置卫卫君，非以宠君也。愿君让封勿受，悉以家私财佐军。"何从其计，上说。

其秋，黥布反，上自将击之，数使使问相国何为。曰："为上在军，拊循[33]勉百姓，悉所有[34]佐军，如陈豨时。"客又说何曰："君灭族不久矣。夫君位为相国，功第一，不可复加。然君初入关，本得百姓心，十余年矣。皆附君，尚复孳孳[35]得民和。上所谓数问君，畏君倾动关中。今君胡不多买田地，贱贳贷以自污[36]？上心必安。"于是何从其计，上乃大说。

上罢布军归，民道遮行[37]，上书言相国强贱买民田宅数千人。上至，何谒。上笑曰："今相国乃利民[38]！"民所上书皆以与何，曰："君自谢[39]民。"后何为民请曰："长安地狭，上林[40]中多空地，弃[41]，愿令民得入田[42]，毋收稿[43]为兽食。"上大怒曰："相国多受贾人[44]财物，为请吾苑！"乃下何廷尉，械系之。数日，王卫尉[45]侍，前问曰："相国胡大罪，陛下系之暴也？"上曰："吾闻李斯相秦皇帝[46]，有善归主，有恶自予。今相国多受贾竖金，为请吾苑，以自媚于民。故系治之。"王卫尉曰："夫职事苟有便于民而请之，真宰相事也。陛下奈何乃疑相国受贾人钱乎！且陛下距楚数岁，陈豨、黥布反时，陛下自将往，当是时相国守关中，关中摇足[47]则关西非陛下有也。相国不以此时为利，乃利贾人之金乎？且秦以不闻其过亡天下，夫李斯之分过[48]，又何足法哉！陛下何疑宰相之浅也！"上不怿[49]。是日，使使持节赦出何。何年老，素恭谨，徒跣[50]入谢。上曰："相国休矣！相国为民请吾苑不许，我不过为桀纣主，而相国为贤相。吾故系相国，欲令百姓闻吾过。"

高祖崩，何事惠帝。何病，上亲自临视何疾，因问曰："君即百岁[51]后，谁可代君？"对曰："知臣莫如主。"帝曰："曹参何如？"何顿首曰："帝得之矣。何死不恨[52]矣！"

何买田宅必居穷辟处，为家不治垣屋[53]。曰："令后世贤，师吾俭；不贤，毋为势家所夺。"

孝惠二年，何薨，谥曰文终侯。子禄嗣，薨，无子。高后乃封何夫人同为酂侯，小子延为筑阳[54]侯。孝文元年，罢同，更封延为酂侯。……宣帝时，诏丞相御史求问萧相国后在者，得玄孙建世等十二人，复下诏以酂户二千封建世为酂侯。……传子至曾孙，王莽败乃绝。

（［汉］班固：《汉书》，北京，中华书局，1962。）

【注释】

[1]沛：县名，今江苏沛县。

[2]文毋害：谓精通律令文而不深刻害人。主吏掾：县令的属吏。

[3]送奉钱三：谓送俸钱的十分之三为赆。奉：同"俸"。

[4]以五：以俸钱的十分之五为赆。

[5]监郡：监察郡县。

[6]从事：御史的属官。

[7]泗水：郡名。在今安徽淮北市西。卒史：小吏。

[8]第一：考核成绩最好。

[9]固请：坚决辞谢之意。

[10]丞：官名，长官的助手。

[11]丞相御史：指丞相与御史大夫两府。

[12]谢之得解：谓向其认错才得以和解。

[13]愈：胜。

[14]咎：灾祸。

[15]天汉：大河。

[16]进：推荐之意。

[17]栎阳：县名，在今陕西临潼东北。

[18]为令：《史记》作"为法令"，文义较明。

[19]可许以从事：谓准许其奏请，依从其行事。

[20]以闻：谓将所办之事汇报。

[21]兴：征发。

[22]京：县名，在今河南荥阳南。索：邑名，在今河南荥阳。

[23]劳苦：慰劳。

[24]胜兵：言能够当兵。

[25]鄸：县名，在今湖北。

[26]被坚执兵：披着铠甲，拿着武器。

[27]顾：犹反。

[28]功狗：谓猎狗之功。

[29]功人：谓指挥打猎的人之功。

[30]卫：护卫。

[31]吊：吊丧，这里是表示悲伤之意。

[32]淮阴：指淮阴侯韩信。

[33]拊循：抚慰，勉励。

[34]悉所有：用全部物资。

[35]孳孳：不怠。

[36]赇贷：赊贷，乞求。自污：谓自己败坏声名。

[37]道遮行：拦路。

[38]利民：谓夺利于民。

[39]谢：这里是谢罪之意。

[40]上林：上林苑。

[41]弃：荒芜之意。

[42]田：谓种田。

[43]稿：禾秆。

[44]贾人：商人。

[45]王卫尉：卫尉王氏，不知其名。

[46]秦皇帝：指秦始皇。

[47]摇足：变动之意。

[48]分过：分担过错。

[49]怿：喜悦。

[50]徒跣：光着脚，表示认罪。

[51]百岁：谓死。讳死的说法。

[52]恨：这里是遗憾之意。

[53]垣屋：围墙。

[54]筑阳：县名，在今湖北谷城。

【解读】

《萧何曹参传》是《汉书》中关于历史人物记述最为精彩的篇章。选文是其中的《萧何传》，全文记述了"拥刘反秦""弃财护籍""智析巴蜀""举荐英才""明哲保身""六帝追功"等一系列事件，表现了萧何的远见卓识和政治才能。汉初建国，刘邦手下文臣武将云集，而萧何、张良、韩信厥功至伟，被称为"汉初三杰"。刘邦在庆功宴上高度肯定了张良、萧何、韩信："夫运筹帷幄之中，决胜千里之外，吾不如子房；填国家，抚百姓，给饷馈，不绝粮道，吾不如萧何；连百万之众，战必胜，攻必取，吾不如韩信。三者皆人杰，吾能用之，此吾所以取天下者也。"然而，历代帝王坐拥江山后，十之八九会怀疑并杀害功臣，功劳盖世的"人杰"往往会有"狡兔死走狗烹"的下场。韩信、陈豨、黥布、彭越等人无一幸免。汉初的萧何也深受怀疑。虽然萧何很早就追随刘邦，对主上忠心耿耿，至死不渝，但是因功高位显，仍多次被怀疑、被试探。然而萧何最终却凭借自己的聪明才智成功避险，得以善终。

选文从历史视角详尽地描述了萧何一生追随刘邦的奋斗经历。他"弃财护籍"，展现了其远见卓识；他"智析巴蜀"，为刘邦分析了赢取天下的战略；他目光如炬，"举荐英才"，为刘邦引荐了韩信这等得力干将，众多事件中，写得最为好看的是刘邦三次"怀疑试探"、萧何三次"释疑脱险",情节跌宕起伏,扣人心弦。第一次,刘项两军对峙,刘邦餐风吸露,征战沙场,却多次派人慰问后方的萧何,明摆着有怀疑之心。萧何听信鲍生之言,派本族子弟全部奔赴前线作战,以此打消刘邦的顾虑,取得信任。第二次,陈豨、韩信谋反,刘邦御驾亲征,萧何帮助吕后杀掉了韩信。刘邦下诏拜萧何为相国,加封食邑五千户,并派士兵五百人、都尉一名,作为萧何的卫队。满朝文武都为萧何受到恩宠发来贺词,但萧何谢绝封赏,大散家资,将这场劫难化解于无形之中。第三次,淮南王黥布谋反,刘邦再次离朝御驾亲征,此时萧何已经深得民心。刘邦在外多次派遣使者回京打听萧何的所作所为。听闻主上怀疑自己后,萧何故意做出无鸿鹄之志的"自污之事",强购民田民宅,放高利贷,以此来败坏自己的好名声,以使刘邦安心。深知"伴君如伴虎"的萧何,时刻警惕着,没被顺境冲昏头脑,又善于接纳他人的意见,因此才能处变不惊,不动声色,虚怀若谷,从善如流,将刘邦的疑心消弭于无形之中,化险为夷,最终幸免于难。刘邦去世后,萧何继续辅佐汉惠帝。萧何病危时,为国事不计私怨,举荐曹参接替自己,保证了汉初政策的连续性。萧何的忠诚赢得了惠帝、文帝、景帝、武帝、宣帝、成帝的赞誉。汉代六代帝王封赏他的后代子孙。"六帝追功"的美誉,源于萧何一生效忠大汉的表现。他宽容大度,清廉勤政,开汉王朝廉洁风气之先河。他一生兢兢业业,小心谨慎,妥善地处理君臣的关系,深谙明哲保身的处世之道。他辅佐汉高祖治理民众,制定律法,为汉王朝兴盛奠定了坚实的基础。萧何卓越的政治功绩,宽广的胸襟,明哲保身的处世之道,使他在汉初的功臣中显得十分闪耀。

在艺术特色方面,《汉书》所述之事不如《史记》生动,所刻画的人物形象也没有《史记》鲜明。但这篇选文的行文结构谨严有法、笔法精密工练;对于事情的来龙去脉能够清晰地加以叙述,对于带有起始性质的事件,特别加以强调,能引起读者的注意,强化了叙事的力度;在平铺直叙过程中寓含褒贬、预示吉凶,分寸掌握得非常准确。在语言特点方面,选文文辞详赡质朴,少用比喻、夸张,喜用排偶,又喜用古字,重视藻饰,崇尚典雅,较好地体现了《汉书》语言上简洁整饬、典雅规范、准确严密、韵味深长的特点。

三、阅读思考

1. 结合选文分析萧何的形象。
2. 结合课堂所学讲述三则有关"楚汉之争"故事。

四、拓展阅读

1.［汉］班固:《汉书·韩信传》,北京,中华书局,1962。
2.［汉］班固:《汉书·萧何曹参传》,北京,中华书局,1962。

第五节 《资治通鉴》

一、常识举要

(一)《资治通鉴》

《资治通鉴》是中国第一部编年体通史,在中国官修史书中占有极重要的地位,由北宋名臣、史学家司马光负责编纂,历时 19 年,全书共 294 卷。《资治通鉴》记事上起周威烈王二十三年(前 403 年),下迄后周世宗显德六年(959 年),共 1300 余年。《资治通鉴》的内容以政治、军事和民族关系为主,兼及经济、文化和历史人物评价,目的是描述事关国家盛衰、民族兴亡的统治阶级政策,以警示后人。全书按朝代分为 16 纪,即《周纪》5 卷、《秦纪》3 卷、《汉纪》60 卷、《魏纪》10 卷、《晋纪》40 卷、《宋纪》16 卷、《齐纪》10 卷、《梁纪》22 卷、《陈纪》10 卷、《隋纪》8 卷、《唐纪》81 卷、《后梁纪》6 卷、《后唐纪》8 卷、《后晋纪》6 卷、《后汉纪》4 卷、《后周纪》5 卷。《资治通鉴》具有强烈的正统立场,司马光是为了巩固当时的封建政权,才编写了《资治通鉴》,这就决定了此书的内容主要与政治有关。他根据历史上的君主的才能,将其分为创业、守成、陵夷、中兴、乱亡五类。除政治方面之外,《资治通鉴》在文化、科技、经济、军事等方面均有记载。其中,对于军事的记载,丝毫不逊色于其他史书,对战争的描述也很生动。凡是重大的战役,其起因、战局、过程及影响都有详细记载,如赤壁之战、淝水之战等,都是杰出的例证。《资治通鉴》以时间为"纲",以事件为"目",纲举则目张,时索则事叙。《资治通鉴》相较于《史记》而言,可谓体例严谨,脉络清晰,网罗宏大,体大思精,史料充实,考证稽详,叙事详明,繁简得宜。司马光在编纂《资治通鉴》时,既继承前人,又有所发展,他妥善地将纪传体糅入编年体中,将纪传详细与编年简明之特点结合起来。我国古代编年体史书因按年记事,故没有篇目,不作目录,只是以年检索。司马光突破这种旧例,用三部分将年表、帝纪、历法、天象、目录、举要及索引集于一体,开创了编年体史书多功能目录的新体例,使《资治通鉴》更臻于完善,将中国的史书编纂水平推进到了新高度上。

其实,《资治通鉴》本身有很多错误,如在记述隋炀帝西巡的行程时,将隋炀帝从张掖前往焉支山的时间提前到高昌王到达张掖的当天。《资治通鉴》中的很多内容是道听途说的,如"王莽毒死汉平帝",这是新莽末年起义者所编造的谣言,司马光却当作信史来写,这是很不负责任的。《资治通鉴》还有不少缺点,如在政治与军事方面着墨过多,对于经济方面却记载不多,如写"租庸调制",仅载"初定租、庸、调法,每丁租二石,绢二匹,绵三两,自兹以外,不得横有调敛"20 多个字,《通鉴纪事本末》只收录了几则与经济有关的史料,至于文化、艺术、宗教则谈得更少。

《资治通鉴》自成书以来，就被历代帝王将相、文人骚客、各界政客争相阅读。它是为官从政者案头必备的教科书，被奉为金科玉律、治世宝典。古往今来，点评批注《资治通鉴》的帝王、贤臣、鸿儒及现代的政治家、思想家、学者数不胜数。除《史记》外，几乎所有的史书都不可以和《资治通鉴》相媲美。司马迁的《史记》与司马光的《资治通鉴》并列为中国史学的不朽巨著，两位作者被后人誉为"史学两司马"。南宋史学家王应麟评《资治通鉴》说："自书契以来，未有如《通鉴》者。"①清代顾炎武在《日知录·著书之难》中评《资治通鉴》说："皆以一生精力成之，遂为后世不可无之书。"②近代学者梁启超在评价《资治通鉴》时说："《通鉴》亦天地一大文也。其结构之宏伟，其取材之丰赡，使后世有欲著通史者，势不能不据以为蓝本，而至今卒未有能逾之者焉。温公亦伟人哉！"③毛泽东在评价《资治通鉴》时说："中国有两部大书，一曰《史记》，一曰《资治通鉴》，都是有才气的人在政治上不得志的境遇中编写的。……《通鉴》里写战争，真是写得神采飞扬，传神得很，充满了辩证法。"④

2. 司马光

司马光（1019—1086 年），北宋时期的政治家、史学家、文学家，陕州夏县（今属山西）涑水乡人。司马光出生于河南省光山县，原字公实，后改为君实，原号迂夫，后为改迂叟，世称涑水先生。司马光自幼嗜学，尤喜《春秋左氏传》。司马光一生著述颇多。除了《资治通鉴》外，还有《通鉴举要历》80 卷、《稽古录》20卷、《本朝百官公卿表》6 卷。此外，他在文学、经学、哲学乃至医学方面都进行过钻研和著述，主要代表作有《翰林诗草》《注古文学经》《易说》《注太玄经》《注扬子》《书仪》《游山行记》《续诗治》《医问》《涑水记闻》《类篇》《司马文正公集》等。在历史上，司马光曾与孔子、孟子一起被奉为儒家三圣。

二、原典选读

《资治通鉴》(节选)
智伯之亡

初，智宣子将以瑶[1]为后，智果[2]曰："不如宵[3]也。瑶之贤于[4]人者五，其不逮[5]者一也。美鬓长大则贤，射御[6]足力则贤，伎艺毕给[7]则贤，巧文辩惠[8]则贤，强毅果敢则贤；如是而甚不仁。夫以其五贤陵人而以不仁行之，其谁能待[9]之？若果立瑶也，智宗必灭。"弗听。智果别族于太史，为辅氏。

赵简子[10]之子，长曰伯鲁，幼曰无恤。将置后，不知所立，乃书训戒之辞于

① ［宋］王应麟著，［清］翁元圻等注：《困学纪闻》，1559 页，上海，上海古籍出版社，2008。
② 黄汝成：《日知录集释》，1084 页，上海，上海古籍出版社，2006。
③ 梁启超：《饮冰室合集·文集九》，6 页，北京，中华书局，1989。
④ 转引自盛巽昌、欧薇薇、盛仰红：《毛泽东这样学历史 这样评点历史》，303～305 页，北京，人民出版社，2005。

二简[11]，以授二子曰："谨识[12]之！"三年而问之，伯鲁不能举其辞；求其简，已失之矣。问无恤，诵其辞甚习[13]；求其简，出诸袖中而奏[14]之。于是简子以无恤为贤，立以为后。

简子使尹铎为晋阳[15]，请曰："以为茧丝[16]乎？抑为保障[17]乎？"简子曰："保障哉！"尹铎损[18]其户数。简子谓无恤曰："晋国有难，而无以尹铎为少[19]，无以晋阳为远，必以为归。"

及智宣子卒，智襄子为政[20]，与韩康子[21]、魏桓子[22]宴于蓝台。智伯戏康子而侮段规[23]。智国[24]闻之，谏曰："主[25]不备难，难必至矣！"智伯曰："难将由我。我不为难，谁敢兴之！"对曰："不然。《夏书》[26]有之：'一人三失，怨岂在明，不见是图。'[27]夫君子能勤小物，故无大患。今主一宴而耻人之君相，又弗备，曰'不敢兴难'，无乃不可乎！蜹[28]、蚁、蜂、虿[29]，皆能害人，况君相乎！"弗听。

智伯请地于韩康子，康子欲弗与。段规曰："智伯好利而愎[30]，不与，将伐我；不如与之。彼狃[31]于得地，必请于他人；他人不与，必飨之以兵，然后我得免于患而待事之变矣。"康子曰："善。"使使者致万家之邑[32]于智伯。智伯悦。又求地于魏桓子，桓子欲弗与。任章[33]曰："何故弗与？"桓子曰："无故索地，故弗与。"任章曰："无故索地，诸大夫必惧；吾与之地，智伯必骄。彼骄而轻敌，此惧而相亲；以相亲之兵待轻敌之人，智氏之命必不长矣。《周书》[34]曰：'将欲败之，必姑辅之。将欲取之，必姑与之。'主不如与之，以骄智伯，然后可以择交而图智氏矣，奈何独以吾为智氏质[35]乎！"桓子曰："善。"复与之万家之邑一。

智伯又求蔡、皋狼之地于赵襄子[36]，襄子弗与。智伯怒，帅韩、魏之甲以攻赵氏。襄子将出，曰："吾何走乎？"从者曰："长子[37]近，且城厚完。"襄子曰："民罢[38]力以完之，又毙死以守之，其谁与[39]我！"从者曰："邯郸之仓库实。"襄子曰："浚[40]民之膏泽以实之，又因而杀之，其谁与我！其晋阳乎，先主之所属也，尹铎之所宽也，民必和矣。"乃走晋阳。

三家以国人围而灌之，城不浸者三版[41]；沈[42]灶产蛙，民无叛意。智伯行水，魏桓子御，韩康子骖乘[43]。智伯曰："吾乃今知水可以亡人国也。"桓子肘康子，康子履桓子之跗[44]，以汾水可以灌安邑，绛水可以灌平阳也。絺疵谓智伯曰："赵、魏必反矣。"智伯曰："子何以知之？"絺疵曰："以人事知之。夫从[45]韩、魏之兵以攻赵，赵亡，难必及韩、魏矣。今约胜赵而三分其地，城不没者三版，人马相食，城降有日，而二子无喜志，有忧色，是非反而何？"明日，智伯以絺疵之言告二子，二子曰："此夫谗人欲为赵氏游说，使主疑于二家而懈于攻赵氏也。不然，夫二家岂不利朝夕分赵氏之田，而欲为危难不可成之事乎！"二子出，絺疵入曰："主何以臣之言告二子也？"智伯曰："子何以知之？"对曰："臣见其视臣端而趋疾，知臣得其情故也。"智伯不悛[46]。絺疵请使于齐。

赵襄子使张孟谈潜出见二子，曰："臣闻唇亡则齿寒。今智伯帅韩、魏以攻赵，赵亡则韩、魏为之次矣。"二子曰："我心知其然也；恐事未遂而谋泄，则祸立至矣。"张孟谈曰："谋出二主之口，入臣之耳，何伤也！"二子乃潜与张孟谈约，为之期日而遣之。襄子夜使人杀守堤之吏，而决水灌智伯军。智伯军救水而乱，韩、魏翼[47]而击之，襄子将卒犯其前，大败智伯之众，遂杀智伯，尽灭智氏之族。惟辅果在。

臣光[48]曰：智伯之亡也，才胜德也。夫才与德异，而世俗莫之能辨，通谓之贤，此其所以失人也。夫聪察强毅之谓才，正直中和之谓德。才者，德之资也；德者，才之帅也。云梦[49]之竹，天下之劲也；然而不矫揉[50]，不羽括[51]，则不能以入坚。棠溪[52]之金，天下之利也；然而不镕范[53]，不砥砺[54]，则不能以击强。是故才德全尽谓之"圣人"，才德兼亡[55]谓之"愚人"；德胜才谓之"君子"，才胜德谓之"小人"。凡取人之术，苟不得圣人、君子而与之，与其得小人，不若得愚人。何则？君子挟才以为善，小人挟才以为恶。挟才以为善者，善无不至矣；挟才以为恶者，恶亦无不至矣。愚者虽欲为不善，智不能周，力不能胜，譬如乳狗搏人，人得而制之。小人智足以遂其奸，勇足以决其暴，是虎而翼者也，其为害岂不多哉！夫德者人之所严[56]，而才者人之所爱；爱者易亲，严者易疏，是以察者多蔽于才而遗于德。自古昔以来，国之乱臣，家之败子，才有余而德不足，以至于颠覆者多矣，岂特智伯哉！故为国为家者苟能审于才德之分而知所先后，又何失人之足患哉！

（［宋］司马光：《资治通鉴》，北京，中华书局，1956。）

【注释】

[1]智宣子：名申，晋卿，荀跞之子。智氏本姓荀。瑶：智宣子之子，智伯之名，后为晋卿，谥曰襄子。

[2]智果：晋大夫，智宣子的族人。

[3]宵：智宣子的庶子。

[4]贤于：胜于。

[5]逮：及。

[6]射御：射箭和驾驭车马。

[7]毕给：全部给予。

[8]巧文：擅长文辞。辩惠：也作"辩慧"，指口才好、善于论辩。

[9]待：宽容。

[10]赵简子：赵鞅，晋卿。

[11]简：竹简。古代无纸，简是用以记事的竹片。

[12]识：记住。

[13]习：通晓，熟悉。

[14]奏：进，上。

[15]为：治理。晋阳：在今山西省太原市南晋源镇。

[16]茧丝：谓榨取民脂民膏如抽茧丝，不尽则不止。

[17]保障：谓让老百姓生活富裕，如筑堡垒以为屏障，愈培则愈厚。

[18]损：减少。

[19]而：通"尔"。汝，你。少：轻。重者为多，轻者为少。

[20]为政：主持政事。

[21]韩康子：韩虎。其祖先与周同姓（姬氏），后事晋，封于韩，其后以韩为姓。

[22]魏桓子：魏驹，其祖先毕公高与周同姓，封于魏，其后有魏氏。

[23]段规：韩康子的相。

[24]智国：智伯的家臣。

[25]主：自春秋以来，大夫的家臣称大夫为主。

[26]《夏书》：《尚书》的组成部分。

[27]"一人三失"三句：出自《夏书》的《五子之歌》。意思是说：如果一个人屡有过失，不一定到民怨明显时就可以知道，不要在发现后才去处理。见：同"现"，发现。

[28]螨：同"蚋"，蚊属。

[29]虿：蝎子一类的害虫。

[30]愎：狠。

[31]狃：贪心。

[32]邑：都邑、城市。大者为都，小者为邑。

[33]任章：魏桓子的相。

[34]《周书》：《尚书》的组成部分。

[35]质：的、箭靶。

[36]蔡、皋狼：春秋时晋无蔡地，《战国策》鲍彪本"蔡"作"蔺"，赵地。"蔡"可能是"蔺"之误。《汉书·地理志》载西河郡有蔺县和皋狼县。赵襄子：赵简子之子赵无恤。

[37]长子：地名，晋邑。

[38]罢：通"疲"。

[39]与：新附。

[40]浚：掘取，榨取。

[41]版：古代高二尺为一版。三版，六尺。

[42]沈：旧同"沉"，指没于水中。

[43]骖乘：古代乘车在车右陪乘的人。春秋时尚左。兵车，尊者居左，执弓矢；御者居中；有力者居右，持矛以备倾侧，即所谓车右。战时称车右，平时称骖乘。

[44]跗：脚背。

[45]从：使跟随。这里是被动词，意思是韩魏之兵跟随。

[46]悛：悔改，停止。

[47]翼：两侧。

[48]光：司马光。

[49]云梦：古泽薮名。大致包括今湖南益阳市、湘阴县以北，湖北江陵县、安陆市以南，武汉市以西地区。

[50]矫揉：使曲变直为矫。使曲木变直，直木变曲，皆为揉。

[51]羽括：羽，箭翎；括，箭的末端。

[52]棠溪：也作"堂溪"，古地名，在今河南西平县西，产金属，铸剑戟甚精利。

[53]镕范：筑器的模型。

[54]砥砺：磨刀石。

[55]亡：通"无"。

[56]严：尊敬。

【解读】

晋国，姬姓，开国君主为周成王的弟弟姬虞。姬虞死后，他的儿子姬燮父继位，因建宫室于晋水旁，故更国号为晋，晋国诞生，姬燮是第一任晋侯。晋建国后，逐渐兼并了周围的小国，势力渐强。春秋中期，经晋武公、晋献公二代的大力扩张，晋国先后灭掉了耿、霍、魏、虢、虞、焦、杨、韩等12个小国，成为春秋时期的强国。但晋献公鉴于父亲晋武公夺取君位的教训，不相信亲族并且大量杀戮和放逐，而任用异姓大臣辅佐王政，最终导致异姓大臣势力日益坐大，甚至超过了公室。晋公子重耳即位后开创了霸业，即为晋文公。公元前632年，晋国大败楚国于城濮，周襄王承认其为春秋霸主。到春秋晚期的晋昭公时，已经形成了强大的六卿(智氏、中行氏、范氏、韩氏、赵氏、魏氏)专权局面。春秋末期赵氏联合韩氏、魏氏灭掉智氏家族，揭开了"三家分晋"的序幕，晋国名存实亡。公元前403年，周威烈王承认了韩(都临汾)、赵(都邯郸)、魏(都运城)三家为诸侯。三家诸侯将晋国土地彻底地一分为三，晋国灭亡，在其版图上诞生了韩、赵、魏三个诸侯国。历史上的"三家分晋"被视为春秋之终、战国之始的分水岭。在后来的土地兼并战争中韩、赵、魏日渐强大，分别成为"战国七雄"之一。司马光将"三家分晋"列为《资治通鉴》的开篇之作。

选文叙述了"三家分晋"的主要经过，着重分析了智瑶战败身亡的原因，并从对"德与才"的议论出发，阐述了以"德行"为首的重要性。春秋末期，晋国的卿大夫就剩下智氏、赵氏、韩氏和魏氏了。其中以智氏最强。野心勃勃的智氏想把其他三家吞并，实现一家独大，进而恢复晋国的霸主地位。选文描述了智宣子"重才不重德"，不听劝告，选拔智瑶为继承人；相反，赵简子选择重德好学的无恤为继承人，并派尹铎去晋阳开辟后方根据地，为后来战胜智瑶做了充分的准备。三家的家族领袖分别是智氏的智瑶(也称智襄子)、韩氏的韩康子、魏家的魏桓子、赵家的赵襄子。智瑶其人有才无德，狂妄自大，为人又贪婪成性，好大喜功且刚愎自用。他在朝堂上戏耍韩康子，侮辱韩氏大臣段规；还大言不惭地找邻国的韩康子、魏桓子要地、要财物，这些行为激起了众怒，也为他埋下了隐患。由于家族力量不敌智瑶，韩康子和魏桓子都妥协了，如数交出了土地，还故意纵容智瑶的索地欲望，使之骄纵无厌。而赵襄子则拒绝了智瑶的要求。于是智瑶联合韩、魏两家一起出兵攻打赵氏，并答应灭了赵氏后，平分赵氏的所有土地。赵家不敌，退守晋阳，另外三家围攻赵氏于晋阳。由于晋阳是赵氏原有的领地，经过赵家尹铎的治理，民心归附，军队士气旺盛，双方相持不分胜负。到了第三年，智瑶引晋水淹晋阳城。形势危急之下，赵襄子就派相国张孟谈黑夜出城，拉拢韩魏两家。由于智瑶早就得罪了韩魏两家，韩康子、魏桓子担心智瑶灭赵后将矛头对准自己，为了自身利益，决定背叛智瑶，与赵襄子联合。韩、赵、魏三家用水反攻智瑶，淹了智瑶的军营，智瑶被赵襄子抓住杀掉。于是赵襄子灭掉了智氏一族，韩、赵、魏三家平分了智氏的土地和户口，各自建立了独立的政权。之后三家向周王室请封，周威烈王赐封赵国、魏国、韩国，从名义上承认了赵、魏、韩的诸侯地位，晋国名存实亡。又过了几十年，韩玘杀晋君，晋国最终灭亡。选文生动形象地刻画了智瑶狂妄自大、刚愎自用的无德者形象。前文所述"三家分晋"之事为后文之"德才之论"做了铺垫。

司马光认为，智瑶之所以灭亡是因为才胜于德。才与德不同，才是聪明、明察、坚强、果敢，而德是正直、公道、和平。才是辅助德的，德是才的统帅。即使是《道德经》，其实也是德在前，道在后。由此观之，德行是十分重要的。德才兼备的人为圣人，无德无才的人为愚人，德胜过才的人为君子，德不如才的人为小人。在司马光看来，智瑶的灭亡也可说是德不配位。周朝最后走到尽头，也是因为最后的君主做了德不配位的事情，而导致最终被灭亡的结果。故此司马光又阐释：有德的人令人尊敬，有才的人让人喜爱，大家会因其人有德而敬而远之，会因其人有才而爱而近之。所以在挑选人才时，被人的才干蒙蔽而忽略了观察品德会失察于人才。司马光以此劝勉治国治家者，在审察"才与德"标准的同时，要知道选择的先后，这样就不必担心会失去人才。挑选人才的方法是：如果找不到圣人，就委任君子；与其得到小人不如得到愚人。因为君子有才华和能力并能用其行善；小人有"小聪明"但无恶不作；愚人是想作恶，却因智慧不足，往往做不成恶事，行事中规中矩。

由《资治通鉴》可见，司马光是重德而轻才的。但是时移世易，到了今天，我们的德才观念与司马光的是有所不同的。司马光是站在封建统治者的立场上阐述德才关系的，而封建统治者要求的德是效忠、尽职、驯服，是带有奴性的德，所以取"愚人"更好供其驱使。正如"女子无才便是德"，以三从四德为女子做人的本分，实质是奴役妇女，这样的德是封建统治者所赞美的。今天的社会所倡导的德行当然不是奴性的，也不是"愚人"的，而是有健康的世界观、人生观、价值观，工作中、生活里充满正能量，为社会进步贡献一己之力。有德无才要误事，有才无德要坏事。有德而无才，可以培养，可以造就，即使不可用，也是一个合格的公民；有才而无德，则是一个祸患，一道危险，即使得益于一时，最终还是会吃大亏。司马光阐述的道理很深刻，对读者的影响意义深远。

三、阅读思考

1. 结合课文分析智瑶的形象。
2. 你认同司马光的"德才观"吗？请具体阐述自己的观点。

四、拓展阅读

1. [宋]司马光：《资治通鉴·秦纪》，北京，中华书局，1956。
2. 丁振宇：《资治通鉴故事全集》，北京，北京工业大学出版社，2014。

第六节　《史通》

一、常识举要

(一)《史通》

《史通》是一部系统性的史学理论专著，作者是唐代的刘知几。《史通》的内容主要是评论史书体例与编撰方法，以及论述史籍源流与前人修史之得失，包括的范围十分广泛，基本上可以概括为史学理论和史学批评两大类。史学理论指有关史学体例、编撰方法以及史官制度的论述；史学批评则包括评论史事、研讨史籍得失、考订史事正误异同等。由于《史通》总结了唐代以前的政治得失。因此拥有极高的史学地位，对后世影响深远。此书于武后长安二年(702年)开始编著，至唐中宗景龙四年(710年)成书。《史通》共20卷，包括内篇和外篇两部分，各为10卷，都是以专题论文的形式写成的。内篇有39篇，外篇有13篇，合计52篇。其中，属于内篇的《体统》《纰缪》《弛张》，大约在北宋时已亡佚，今存仅有49篇。另有《序录》1篇，为全书的序。内篇主要记史书的体例、史料的收集工作、作史原则及评论史书的体裁。外篇主要记史官制度的论述、史籍的源流、杂评史家的得失。外篇最重要，对古代史事和儒家经典提出了疑问，同时表达了刘氏的史学见解。

1.《史通》的内容

《史通》的内容大致可分为以下五个方面。一是厘清史学发展之历史。其中，《六家》《二体》从史书的内容和形式上阐述史学的起源，《史官建置》《古今正史》勾勒史学发展大势,《杂述》篇概括史学的多途发展。二是讨论史书表现形式的基本理论,而以纪传体史书的结构、体例为主,包括《载言》《本纪》《世家》《列传》《表历》《书志》《序例》等篇。三是关于史书编撰方法和文字表述要求的理论,包括《采撰》《载文》《补注》《因习》《烦省》等篇。四是关于历史认识和撰述原则的理论,包括《品藻》《直书》《曲笔》《鉴识》《探赜》《书事》《人物》等篇。五是阐说作者经历、撰述旨趣和史学社会功用,包括《辨职》《自叙》《忤时》三篇。

2.《史通》的体例与史学主张

《史通》分史著为"正史"和"杂著"两类。正史又分为"六家二体"。

六家分为:尚书家——号令训诰,属记言体;春秋家——记录统治者的言行和外交关系,属记事体;左传家——记载一件完整的史事,属编年史体;国语家——分国记事,属国别史体;史记家——属通史体;汉书家——属断代史体。二体:分为"编年体"和"纪传体"。

杂著分为笔记、方志、家谱等。

刘知幾主张写断代史的原因有三,第一,通史范围过大,难以剪裁;第二,通史令历史重复,流于杂乱;第三,对《汉书》推崇备至。

刘知幾反对抄袭及盗写史观,反对模拟古人著史,最多只可效法前人精神;反对文人修史;对史馆制度颇有不满。

刘知幾增删表志,主张用现代语言修史,认为史学必须脱离文学。他对史家提出的要求是:主张直书,反对曲笔;要摒除主观,了解事物真相。他认为史家要有三长:"史才""史学""史识"。

刘知幾主张实录史学,提出了优秀史家的准则——不隐恶、不虚美、不避强御。"奋斗直书",履行"实录史学"。总体上看,《史通》第一次对中国古代史学做了比较全面而详尽的理论总结,不仅评论初唐以前历史著作的优劣得失,对史官建置、史书源流、史学性质、史书体裁、史学功能、修史态度、历史文学等各方面做出了总结,而且提出了史家的任务和史学的发展方向,特别强调史家素养的培养。《史通》代表了先秦至唐代中国史学理论发展的最高峰。

(二)刘知幾

刘知幾(661—721 年),字子玄,彭城(今江苏徐州)人。唐高宗永隆元年(680年)举进士。长安二年(702 年)开始担任史官,撰起居注,历任著作佐郎、左史、著作郎、秘书少监、太子左庶子、左散骑常侍等职,兼修国史。长安三年(703年)与朱敬则等撰《唐书》80 卷,神龙年间(705—707 年)与徐坚等人撰《武后实录》。先天元年(712 年),与谱学家柳冲等改修《氏族志》,至开元二年(714 年)撰成《姓族系录》200 卷,开元四年(716 年)与吴兢撰成《睿宗实录》20 卷,重修《则天实录》30 卷、《中宗实录》20 卷。

刘知幾认为史学家须兼备才、学、识三长,尤重史识。强调直笔,提倡"不掩恶、不虚美""爱而知其丑,憎而知其善"。刘尚实用,反浮词,抨击六朝骈文的颓靡之风，反对华而不实的辞赋，主张运用当代通用的语言，反对依仿古语，反对形式模拟。这些论点，都给后代散文家以启发和影响，乃是中唐古文运动之先声。刘知几继承了孔子、司马迁以来的优良史学传统，继承了扬雄、桓谭、王充以来的批判哲学，也继承了前人著作的撰述形式，尤其是王充的《论衡》和刘勰的《文心雕龙》，写出了《史通》。

二、原典选读

《史通》(节选)
内篇·二体第二

三、五之代[1]，书有典、坟[2]，悠哉邈[3]矣，不可得而详。自唐、虞[4]以下迄于周，是为《古文尚书》[5]。然世犹淳质，文从简略，求诸备体，固已阙如。既而丘明传《春秋》[6]，子长[7]著《史记》，载笔之体[8]，于斯备矣。后来继作，相与因循，假有改张，变其名目，区域有限，孰能逾此！盖荀悦、张璠，丘明之党也；班固、华峤[9]，子长之流也。惟此二家，各相矜尚[10]，必辨其利害，可得而言之。

夫《春秋》[11]者，系日月而为次，列时岁以相续[12]，中国外夷，同年共世，莫不备载其事，形于目前。理尽一言，语无重出。此其所以为长也。至于贤士贞女，高才俊德，事当冲要者[13]，必盱衡而备言[14]；迹在沉冥[15]者，不枉道而详说。如绛县之老[16]，杞梁之妻[17]，或以酬晋卿而获记，或以对齐君而见录。其有贤如柳惠[18]，仁若颜回[19]，终不得彰其名氏，显其言行。故论其细也，则纤芥[20]无遗；语其粗也，则丘山是弃。此其所以为短也。

《史记》者，纪以包举大端[21]，传以委曲细事[22]，表以谱列[23]年爵，志以总括遗漏，逮于天文、地理、国典、朝章，显隐必该[24]，洪纤靡失[25]。此其所以为长也。若乃同为一事，分在数篇，断续相离，前后屡出，于《高纪》则云语在《项传》[26]，于《项传》则云事具《高纪》。又编次同类，不求年月，后生而擢居首帙[27]，先辈而抑归末章，遂使汉之贾谊[28]将楚屈原同列，鲁之曹沫[29]与燕荆轲并编。此其所以为短也。

考兹胜负，互有得失。而晋世干宝[30]著书，乃盛誉丘明而深抑子长，其义云：能以三十卷之约，括囊[31]二百四十年之事，靡有遗也。寻其此说，可谓劲挺之词乎？案《春秋》时事，入于左氏所书者，盖三分得其一耳。丘明自知其略也，故为《国语》以广之。然《国语》之外，尚多亡逸，安得言其括囊靡遗者哉？向使丘明世为史官，皆仿《左传》也，至于前汉之严君平、郑子真[32]，后汉之郭林宗、黄叔度[33]，晁错、董生之对策[34]，刘向、谷永[35]之上书，斯并德冠人伦[36]，名驰海内，识洞幽显，言穷军国。或以身隐位卑，不预朝政；或以文烦事博，难为次序。皆略而不书，斯则可也。必情有所容，不加刊削，则汉氏之志传[37]百卷，并列于十二纪中，将恐碎琐多芜，阑单失力[38]者矣。故班固知其若此，设纪传以区分，使其历然可观，纲纪有别。荀悦厌其迂阔，又依左氏成书，翦截班史，篇才三十，历代褒之，有逾本传[39]。

（［唐］刘知幾：《史通》，白云译注，北京，中华书局，2014。）

【注释】

[1]三、五之代：即传说中的三皇五帝时代。

[2]典、坟：即《五典》《三坟》，传说是我国最古的典籍。《史通·古今正史》引伪孔安国《尚书序》："伏羲、神农、黄帝之书，谓之《三坟》，言大道也；少昊、颛顼、高辛、唐、虞之书，谓之《五典》，言常道也。"

[3]悠、邈：同义词，遥远，悠远。

[4]唐、虞：指唐尧、虞舜。尧帝曾封于唐地，故称陶唐氏或唐尧；舜是古部落有虞氏的首领，故称有虞氏或虞舜。

[5]《古文尚书》：刘知幾所言《古文尚书》，是指东晋梅赜所献的伪《尚书》。他认为唐、虞、夏、商、周的历史都记载在这部书中。

[6]丘明传《春秋》：指左丘明解释《春秋》而撰《左传》。刘知幾认为《左传》是解释和阐述《春秋》的。传，指注释或解释经义的文字，此处当作动词用，指解释、阐述。

[7]子长：即司马迁。

[8]载笔之体：指历史著作的体裁。载笔，即记事，此指史书。

[9]华峤：字叔骏，西晋平原高唐(今山东禹城西南)人，官至秘书监，加散骑常侍，撰《汉后书》97卷，为纪传体史书，记东汉光武帝至汉献帝间史事。

[10]矜尚：夸耀，争出人上。

[11]《春秋》：此指《春秋左氏传》，即《左传》。宋人程大昌和清人浦起龙都认为是指《左传》。

[12]"系日月而为次"二句：此二句即杜预《春秋序》中所说《春秋》的记事方法"以事系日，以日系月，以月系时，以时系年"。

[13]事当冲要者：指涉及国政的事情。冲要，指军事上和交通上重要的地方，此指国政。

[14]必盱衡而备言：比喻大加张扬地详细记载。盱衡，举目扬眉。盱，张目，睁大眼睛。衡，眉毛上扬。

[15]沉冥：与"冲要"相对。此指无关国政的琐事。

[16]绛县之老：春秋时晋国的一位老人，为谋生而去参加修筑杞城(今山东安丘东北)。有人怀疑他的年龄，他说自己生于正月甲子朔，已过了四百四十五个甲子(六十日轮一次甲子)。主事官史上报，师旷推算他已经七十三岁。当权的大夫赵武得知后，召见了他。向他谢过。赐他衣食，并让他担任晋国国君的"复陶"(主衣之官)。赵武，晋卿，故云"酬晋卿而获记"。事见《左传·襄公三十年》。

[17]杞梁之妻：杞梁名殖，春秋时齐国大夫。跟随庄公攻莒，被俘身死。庄公归国途中遇到杞梁妻孟姜，便派人在郊外慰问她，她辞而不受。庄公只得亲自到她家去吊问。故云杞梁妻因"对齐君而见录"。事见《左传·襄公二十三年》。

[18]柳惠：即柳下惠，春秋时鲁国大夫展禽，封邑在柳下，谥"惠"，故称柳下惠，有坐怀不乱的美德，是著名的贤人。《左传·僖公二十六年》和《左传·文公二年》均有展禽的事迹，刘知幾说"终不得彰其名氏"欠妥。

[19]颜回：字子渊，又名颜渊，春秋鲁国人，孔子的得意弟子，以德行著称。早卒。其事迹不见于《春秋》《左传》，故刘知幾云不得"显其言行"。

[20]纤芥：比喻细微的事物。纤，细小。芥，小草。

[21]纪以："以纪"的倒装句。以下"传以""表以""志以"同理。纪、传、表、志，是纪传体史书的基本体例。大端：大方面，主要方面。

[22]委曲细事：详细记载事情的原委和底细。委曲，用作动词。

[23]谱列：分类编排记录。

[24]该：同"赅"，完备。

[25]洪纤靡失：大事小事都不遗漏。洪，大。纤，小。靡失，不遗漏。

[26]《高纪》：即《史记·高祖本纪》。《项传》即《史记·项羽本纪》。刘知幾认为项羽入本纪不妥，故云《项传》。

[27]擢居首帙：提升到卷首。擢，提升。首帙，卷首。

[28]贾谊：洛阳（今河南洛阳）人，汉代著名的政论家、文学家。文帝时任博士，迁太中大夫。曾多次上疏议论时政，遭权臣所忌，被贬为长沙王太傅。因其被谤、被贬谪的经历与战国时期楚国的屈原相似，故司马迁将二人同传。贾谊著有《陈政事疏》《过秦论》等重要政论文章。今人辑有《贾谊集》，包含《新书》10卷。

[29]曹沫：即曹刿，春秋时鲁国武士，著名军事理论家。前684年曾随鲁庄公战于长勺（今山东莱芜东北），大败来犯的齐兵。前681年，齐君与鲁君会于柯（今山东阳谷东北），曹刿持剑相从，挟持齐君订立盟约，收回失地。荆轲，姜姓，庆氏。卫国人，战国末期著名刺客。后游燕国，燕太子丹尊以为上卿，为复秦仇派他去刺杀秦王政，失败而死。司马迁认为曹沫与荆轲都是著名的刺客，并编入《刺客列传》。

[30]干宝：字令升，新蔡（今河南新蔡）人。西晋末为佐著作郎，东晋初领国史。著有《晋纪》20卷，以编年体形式记载司马懿至愍帝共53年的史事，被称为良史。

[31]括囊：包罗。

[32]严君平、郑子真：均为西汉时隐士。严君平（前86—前10年），本姓庄，《汉书》避明帝讳，改为严。名遵，蜀人。西汉末在成都以卜卦为生，日阅数人，得百钱足以自养，便闭门给弟子讲授《老子》，著有《老子指归》。扬雄少时曾向他

问学。郑子真，生卒年不详。名朴，谷口(今陕西礼泉东北)人，成帝时，大将军王凤仰慕他的品行高洁，礼聘他做官，被他拒绝。

[33]郭林宗、黄叔度：均为东汉时名士。郭林宗(128—169 年)，名泰，太原介休(今属山西)人。东汉末太学生首领，反对宦官专权，拒绝官府征召。在家乡闭门教书，有弟子数千，故党锢事起，他得以幸免。黄叔度，生卒年不详。名宪，汝南慎阳(今河南正阳北)人。以德行闻名，不应官府征召，深得郭林宗称赞。

[34]晁错：西汉政论家。颍川(今河南禹州)人，官至御史大夫。曾上疏言兵事、守备边塞、劝农力本等当世急务。诏举贤良文学之士，对策者百余人，晁错为高第，建议削藩，遭诸侯王憎恨，前 154 年，吴、楚等七国以"清君侧"为名发动叛乱，景帝只好杀了晁错。董生：即董仲舒，广川(今河北枣强东)人。哲学家，今文经学大师，专治《春秋公羊传》。孝景帝时为博士，武帝时举贤良文学之士，他以"天人三策"来对策，建议"罢黜百家，独尊儒术"，为汉武帝所采纳。著有《春秋繁露》。

[35]谷永：字子云，西汉长安(今陕西西安)人，博通经书，官至大司农。曾多次上疏论时政得失，言辞直切，有名当时。有文集五卷。

[36]德冠人伦：品德超群。人伦，指人类。

[37]汉氏之志传：指班固《汉书》。

[38]阑单失力：指松散无力。阑单，即"阑殚"，叠韵联绵词，力尽疲乏的样子。单，同"殚"。

[39]逾：超过。本传：指《汉书》。

【解读】

二体，指编年体和纪传体，分别以《左传》和《汉书》为代表。《二体》继上篇《六家》而进一步论述史体。刘知幾在本篇中，全面比较论述了编年体和纪传体的优劣长短，认为二体互有得失，"角力争先，欲废其一，固亦难矣"，当"并行于世"。刘知幾将二体视为古代史学的主流和正宗，他反对"唯守一家"的做法对后世史学产生了重大影响。

刘知幾认为，编年体有两个优点：一是按照时间顺序叙述历史，能将"中国外夷，同年共世"之事完备加以记载，使人一目了然；二是"理尽一言，语无重出"，能避免叙述上和评论上的前后重复，节省大量的篇幅。编年体的缺点是巨细失当、主次不分。刘知幾所论编年体的优点十分恰切，但其缺点则并非普遍存在的。其实，编年体的最大缺点是述一事而隔越数卷，首尾难稽。

纪传体的优点是纪、传、表、志各有分工，综合运用，多角度、多层次、全方位地反映历史，能做到"显隐必该，洪纤靡失"，颇为详尽。缺点是述一事而分在数篇，既彼此重复，又相互脱节；编排上不规范；互见屡出。刘知幾关于纪传体之长和一事而分在数篇之论，称得上是真知灼见。但屈、贾同传与曹、荆并编，归长属短，学界尚有分歧意见。至于互见之法，则有意识地把一个人物的生平事迹或一桩历史事件的始末经过，分散在两篇当中参错互见，可使当篇叙事主干清晰，枝叶分明，并能突出人物特点和性格，学界多持此种看法。因此，认识刘知幾之论时，应持辩证态度。

三、阅读思考

1. 分别阐述编年体史书与纪传体史书的优点与缺点。
2. 阅读《左传》《史记》《史通》，谈谈它们的记事特点。

四、拓展阅读

1. 钱穆：《国史大纲》，北京，商务印书馆，1996。
2. [英]柯林武德：《历史的观念》，何兆武、张文杰译，北京，商务印书馆，1997。

第五章　子　学

第一节　子学概说

一、何谓"子学"

《康熙字典》对"子"字的解释非常复杂。就本义而言，"子"最初为人类的通称。许慎在《说文解字》中解释"子"曰："十一月，阳气动，万物滋，人以为称。"[①]后来，这一含义逐渐引申为对男子的美称。如颜师古说："子者，人之嘉称，故凡成德，谓之君子。"王肃说："子者，有德有爵之通称。"[②]可见，在古代凡是有道德、有爵位的人都可称"子"。正如章太炎在《诸子学略说》里说的那样："夫子者，犹今言老爷耳。"[③]

先秦的士大夫可通称为"子"，其中自然也包括传承官学的学者。周代有"世禄"制度，即以官为业，世代守其业，子承父学，学术只在一家中传承，一家为一派，所以学术的派别被称为"家"。但在周室东迁之后，国势日渐衰微，连王官之学都渐失其守，家学自然更为没落。孔子之后，曾经的各派家学逐渐传入民间，父子传承变为师徒传承，因为老师大多本就是士大夫，所以弟子要称自己的老师为"子"或"夫子"。在写定记录老师之言行的书后，弟子也以"子"字题名自己老师的著作，这便成为"子书"名称的由来。汉代时，为显老师之名，士人更在其姓氏之上再冠一"子"字，这一做法在宋代也被沿用，所以当时便有了子程子、子朱子等名称。

汉成帝任命刘向为中垒校尉，负责校雠古书，因这一工作极为繁杂，后来又由其子刘歆继承，直至完成。最终，天下图书被总合为"七略"，即辑略、六艺略、诸子略、诗赋略、兵书略、数术略、方技略。其中，诸子略囊括了周秦以来诸子所作的书籍。到东汉时，班固的《汉书·艺文志》也沿用了这一分法，从此以后，诸子所作的子书便正式独立为一类。

---

① ［汉］许慎：《说文解字》，309页，北京，中华书局，1963。
② ［清］张玉书等：《康熙字典》寅集上，1页，北京，中华书局，1958。
③ 章太炎：《诸子学略说》，3页，桂林，广西师范大学出版社，2010。

清代经学家孙星衍说："凡称子书，多非自著。"①这是因为子书并非出自一人之手，也并非作于一时。从内容上看，凡是"持之有故，言之成理，卓然成一家言"②的作品，便可被称为"子书"，所以子书的范围极广。纵观历代书录中的子书我们就会发现，时间越后，分类越详细，著述也越多。四库馆臣甚至说："自六经以外立说者，皆子书也。"③《四库全书》将释家、道家、兵家、医家、艺术、杂书等皆归入子部。之所以会这样，是因为"子"和"子书"不是周秦诸子的私名，而是古今诸子之类名，随着时间的推移，"子"的人数在增加，"子书"的数量和内容自然也要扩充。

综上，所谓子学，可简单概括为诸子之学。尽管人们习惯把以先秦诸子及其学术思想和著作为研究对象的学问理解为子学，但这不是子学的全部内容。正如章太炎所说："所谓诸子学者，非专限于周秦，后代诸家，亦得列入，而必以周秦为主。"④

二、诸子的来源

在上古时，学术都掌握在王官手中，如祝为掌天事之官，史为掌人事之官。关于史官，《周礼》中便记有太史、小史、左史、右史、内史、外史等众多官职。六经也多为史官著述，如《诗》为太史所采，《书》为左史所记，《春秋》为右史所记，《礼》《乐》也均为史之支裔，可见主要的学说都由史官掌握。于是，古人想要求学，也只能于史官处求之，这就极大地限制了学术传播。另外，在物质文明并不发达的古代，书籍的制作、保存一直都是极不容易的，先秦时期更是如此。《尚书·多士》中有"惟殷先人有册有典"一句，其中"册"为编缀成的竹简之形，"典"为双手持册之姿，可见早期书籍的形态。简册的制作、存放都很不容易，需要很高的成本，个人是无力承担的，所以在早期，书籍都为官府保有。受当时社会制度的影响，能够阅览书籍、系统学习知识的只有贵族，一般平民根本没有受教育的机会。在多种因素作用之下，直至春秋时，即孔子聚徒讲学、传播学说前，"官学"都居于绝对的垄断地位。民间"私学"自孔子始，从那之后，中国知识界开创了新纪元，孔子本人也成为诸子之祖。

在孔子之后，私人讲学、私人著述的风气渐渐传播开来，而且王官之学也开始散落在民间，新的学术土壤日渐丰厚。东周时期为中国历史上前所未有的动荡时期，旧制度的崩坏自然催生出许多新的思想，而学士直面混乱世道，也欲各显己学，以救时艰，再辅以交通发达、城市扩张、文字简化等原因，中国学术界一

---

① [清]孙星衍：《问字堂集 岱南阁集》，77页，北京，中华书局，1996。
② 江瑔：《读子卮言》，3页，上海，华东师范大学出版社，2012。
③ [清]永瑢等：《四库全书总目》，769页，北京，中华书局，2003。
④ 章太炎：《诸子学略说》，1页，桂林，广西师范大学出版社，2010。

时间进入了前所未有的活跃时期，凡能"持之有故，言之成理"的，便能成一家之言，著书立说，所以自春秋至战国，社会上呈现出了诸子百家争鸣的景象。而诸子的学派，纷繁复杂，分歧众多。

三、诸子的分类

最早的论述诸子学派的作品应该是《庄子·天下》，但其文仅以人物为代表，并没有列出学派之名。如邹鲁之士应为儒家，墨翟、禽滑釐一派应为墨家，宋钘、尹文则近于墨家，彭蒙、田骈、慎到之学近于道家，惠施为名家，关尹老聃一派与庄周一派皆为道家。另外，《荀子·非十二子》则将十二子分为六派，也以人物为代表：它嚣、魏牟为一派，陈仲、史鳅为一派，墨翟、宋钘为一派，慎到、田骈为一派，惠施、邓析为一派，子思、孟轲为一派。细究各自思想源头，仍可归入儒、道、墨、法、名五家中。

最早出现的诸子各派的家名，应该是儒和墨。《孟子·尽心下》曰："逃墨必归于杨，逃杨必归于儒。"①《韩非子·显学》曰："世之显学，儒、墨也。"②从中可见战国时儒、墨两家的重要地位。《韩非子·定法》中则有了法家之名。但详细具体的各家名目要在汉代作品中得见。

司马迁在《太史公自序》一文中引述了父亲司马谈的《论六家要旨》，首次列出阴阳、儒、墨、名、法、道德六家之名，较《庄子》《荀子》多列出阴阳一家，可见西汉时对诸子派别的研究已与战国时稍有不同。至西汉末年，刘歆的《诸子略》所列出的诸子又有不同，在司马谈的六家说之上增列四家，分别为纵横、杂、农和小说。但刘歆又以小说家为小道，在《诸子略》论及诸家时，都以"某家者流"开端，"流"即派，小说家以外的九家又可以被称为九派，所以刘歆所述的诸子派别可分为十家、九流。班固的《汉书·艺文志》完全沿袭了刘歆之说，他认为："诸子十家，其可观者九家而已。"③仍持十家、九流之说，这也成为关于诸子派别最为通行的学说。

四、拓展阅读

1. 钱穆：《先秦诸子系年》，北京，商务印书馆，2017。
2. 陈柱：《诸子概论》，桂林，广西师范大学出版社，2010。
3. 蒋伯潜：《诸子通考》，长沙，岳麓书社，2010。

---

① 杨伯峻：《孟子译注》，310 页，北京，中华书局，2010。
② 陈奇猷：《韩非子新校注》，1124 页，上海，上海古籍出版社，2000。
③ [汉]班固：《汉书》，1746 页，北京，中华书局，1962。

第二节 《庄子》

一、常识举要

(一)道家

《汉书·艺文志》云:"道家者流,盖出于史官,历记成败存亡祸福古今之道,然后知秉要执本,清虚以自守,卑弱以自持,此君人南面之术也。"[①]由此可知,道家的起源远在春秋战国之前,应在有史之初,托称始于黄帝。道家早期以黄老并称,老子为春秋时思想家。老子,一说为老聃,姓李名耳,字聃,楚国苦县(今河南鹿邑东)厉乡曲仁里人,做过周王室的"守藏室之史"(管理藏书的官员),相传孔子曾向他问礼。老子因王室衰微而退隐,出函谷关时因关令尹喜的请求而著书言道德之意五千言后离去,隐居于秦,不为世人所知。一说老子为战国时的周太史儋,或楚人老莱子。

司马谈的《论六家要旨》对道家要旨的介绍是:"道家使人精神专一,动合无形,赡足万物。其为术也,因阴阳之大顺,采儒墨之善,撮名法之要,与时迁移,应物变化,立俗施事,无所不宜,指约而易操,事少而功多。"[②]道家思想博大精深,众多传承者也往往各有心得。《庄子·天下》便将关尹、老聃归为一派,庄周自为一派。二派都主张崇尚自然,但一派因任之以致仕,善用之以求胜,主张"秉要执本,清虚以自守,卑弱以自持",这种思想以老子为代表;另一派因自然力的伟大,认为人事无可为,所以将一切放下,主张"委心任运",这种思想以列子、庄子为代表。

《汉书·艺文志》著录的道家的著作可谓种类繁多,有《伊尹》51篇、《太公》237篇、《辛甲》29篇、《管子》86篇、《老子邻氏经传》4篇、《老子傅氏经说》37篇、《老子徐氏经说》6篇、刘向《说老子》4篇、《关尹子》9篇、《庄子》52篇、《列子》8篇等,共33家,至今均无全存者。今本《列子》《庄子》为残存,《老子》已无详细出处,《鬻子》《文子》《关尹子》《列子》《鹖冠子》皆为伪作,其余都已亡佚。

(二)庄子

庄子(约前369—前286年),名周,战国时宋国蒙(今河南商丘东北)人。历史上对其生平的记述很少,仅能从《史记·老子韩非列传》中的一段附加记载及《庄子》中的内容加以拼凑。庄子与梁惠王和齐宣王同时代,年轻时曾做过漆园吏,后来一直过着隐居的生活,家境贫寒,但对权势富贵却极尽鄙夷。司马迁说:"其学无所不窥,然其要本归于老子之言。故其著书十余万言,大抵率寓言也。……其

---

① [汉]班固:《汉书》,1732页,北京,中华书局,1962。
② [汉]司马迁:《史记》,3289页,北京,中华书局,1959。

言洸洋自恣以适己,故自王公大人不能器之。"①庄子的思想充分表现在《庄子》一书中。

(三)《庄子》

《庄子》又名《南华经》,今本 33 篇,分为内、外、杂三部分。内篇共 7 篇,为《逍遥游》《齐物论》《养生主》《人间世》《德充符》《大宗师》《应帝王》;外篇共 15 篇,为《骈拇》《马蹄》《胠箧》《在宥》《天地》《天道》《天运》《刻意》《缮性》《秋水》《至乐》《达生》《山木》《田子方》《知北游》;杂篇共 11 篇,为《庚桑楚》《徐无鬼》《则阳》《外物》《寓言》《让王》《盗跖》《说剑》《渔父》《列御寇》《天下》。自北宋的苏轼始,学者开始怀疑其中一些篇目不是庄子所作,但并未有确据,今人一般认为内篇基本为庄子自作,但也有后人加上的句子,外篇、杂篇应出自后学者之手,但很多篇章也反映了庄子的思想。

《庄子》一书内容丰富,涉及哲学、政治、科学、文艺诸多方面,而这些又统属于庄子的"道"。"道"是《庄子》全部思想的核心,含义非常深广,其中最重要的是哲学意义上的含义。庄子把"道"视为宇宙的本原,能产生天地,驾驭鬼神,但又无形无象,不可感知。

在先秦诸子散文中,《庄子》的文学色彩最浓,最具浪漫主义精神。《庄子》注重表现作者的内心世界,展现人生理想,抒情性强,既富哲理又有诗意。庄子认为社会"沉浊""不可与庄语",因此虚构夸张,嬉笑怒骂,大量运用寓言故事和神话传说来讲道理。《庄子》中的故事不仅刻画细致,而且渲染夸张,想象奇丽,生动传神。《庄子》的语言汪洋恣肆、跌宕有致,行文流畅生动、华美富丽,文中有很多骈句,读来声调铿锵,有和谐的节奏感。

二、原典选读

《庄子》(节选)
养生主

吾生也有涯[1],而知[2]也无涯。以有涯随[3]无涯,殆已[4];已而为知者[5],殆而已矣。为善无近[6]名,为恶无近刑[7]。缘督以为经[8],可以保身[9],可以全生[10],可以养亲[11],可以尽年[12]。

庖丁为文惠君解牛[13],手之所触,肩之所倚,足之所履,膝之所踦[14],砉然向然[15],奏刀騞然[16],莫不中音[17];合于《桑林》[18]之舞,乃中《经首》之会[19]。

文惠君曰:"嘻!善哉!技盖[20]至此乎?"

庖丁释[21]刀对曰:"臣之所好者道[22]也,进乎[23]技矣。始臣之解牛之时,所见无非牛者。三年之后,未尝见全牛也[24]。方[25]今之时,臣以神遇而不以目视[26],官知止而神欲[27]行。依乎天理[28],批大郤[29]导大窾[30]因其固然[31],枝经

---

① [汉]司马迁:《史记》,2143~2144 页,北京,中华书局,1959。

肯綮之未尝[32]微碍，而况大辄[33]乎！良庖岁更[34]刀，割也；族庖月更刀，折[35]也。今臣之刀十九年矣，所解数千牛矣，而刀刃若新发于硎[36]。彼节者有间[37]，而刀刃者无厚；以无厚入有间，恢恢乎其于游刃[38]必有余地矣。是以十九年而刀刃若新发于硎。虽然，每至于族[39]，吾见其难为，怵然为戒[40]，视为止[41]，行为迟[42]。动刀甚微，謋[43]然已解，牛不知其死也，如土委[44]地。提刀而立，为之四顾，为之踌躇满志[45]，善[46]刀而藏之。"

文惠君曰："善哉！吾闻庖丁之言，得养生焉。"

公文轩见右师[47]而惊曰："是何人也？恶乎介[48]也？天与，其人与[49]？"曰："天也，非人也。天之生是使独[50]也，人之貌有与[51]也。以是知其天也，非人也。"

泽雉[52]十步一啄，百步一饮，不蕲畜乎樊[53]中。神虽王，不善也[54]。

老聃[55]死，秦失[56]吊之，三号[57]而出。

弟子曰："非夫子之友邪？"

曰："然。"

"然则吊焉若此，可乎？"

曰："然。始也吾以为至人[58]也，而今非也[59]。向[60]吾入而吊焉，有老者哭之，如哭其子；少者哭之，如哭其母。彼其所以会[61]之，必有不蕲言而言，不蕲哭而哭者[62]。是遁天倍[63]情，忘其所受[64]，古者谓之遁天之刑[65]。适来[66]，夫子时也；适去，夫子顺[67]也。安时而处顺[68]，哀乐不能入[69]也，古者谓是帝之悬解[70]。"

指穷[71]于为薪，火传也，不知其尽也[72]。

（陈鼓应：《庄子今注今译》，北京，中华书局，2016。）

【注释】

[1]涯：边际，极限。

[2]知：知识，才智。

[3]随：追随，索求。

[4]殆：危险，这里指疲困不堪，神伤体乏。已：通"矣"，句末语气词。

[5]已而为知者：这里指上句所说的用有限的生命索求无尽的知识的情况。

[6]近：接近，这里含有追求、贪图的意思。

[7]为恶无近刑：意为做了坏事不至于面对刑戮。

[8]缘：顺着，遵循。督：中，正道。缘督以为经：顺虚以为常法的意思。

[9]保身：保护身体，免遭刑戮。

[10]生：通"性"，全生意为保全天性。

[11]养亲：供养双亲，不受冻馁。

[12]尽年：享尽天年，不致夭折。

[13]庖丁：名叫"丁"的厨师。文惠君：即梁惠王，魏国国君，因在位时迁都至大梁(今河南开封)，所以又称梁惠王。解牛：剖开牛，分解牛。

[14]踦：一足抬起用膝抵住。

[15]砉然：象声词，皮肉分离的声音。向：通"响"，声响。向然：多种声音齐发的状态。

[16]奏：进。騞然：以刀快速切割的声音。

[17]中：合乎。中音：合乎音乐的节奏。

[18]《桑林》：传说中的殷商时代的乐曲名，《桑林》之舞即以《桑林》之曲伴奏的舞蹈，这里指舞的节拍旋律。

[19]乃：而，又，并且。经首：传说中帝尧时代的乐曲名。会：乐律，节奏。

[20]嘻：叹词。盖：通"盍"，何，怎么，一说为句中语气词。

[21]释：放下。

[22]好：喜好。道：这里指事物的客观规律。

[23]进：进了一层，含有超过、胜过的意思。乎：于，比。

[24]无非牛：意为看不到牛身空隙可以进刀的地方。未尝见全牛也：意为已能深入牛体内部，对各种结构了如指掌。

[25]方：当。方今之时，意为现在。

[26]神：精神，指思维活动。遇：合，接触。本句意为凭着经验和对牛体结构的认识去接触和分解牛体，而不必用眼睛看。

[27]官：器官，这里指眼睛。知：知觉，这里指视觉。神欲：精神活动，心理活动。

[28]天理：自然的纹理，指牛体的自然结构。

[29]批：击。郤：通"隙"，这里指牛体筋腱骨骼间的空隙。

[30]导：引导，导向。窾：空，这里指牛体骨节间较大的空处。

[31]因：依，顺着。固然：本然，原本的样子。

[32]枝：支脉。经：经脉。枝经指经络结聚的地方。肯：附在骨上的肉。綮：骨肉连接很紧的地方。未：不曾。尝：尝试。

[33]軱：大骨。

[34]良：优秀。岁：年。更：更换。

[35]族：众，族庖指一般的厨师。折：指用刀砍断骨头。

[36]发：出，这里指刚从磨刀石上磨出来。硎：磨刀石。

[37]节：骨节。间：间隙，缝隙。

[38]恢恢乎：宽大有余貌。游刃：运转的刀刃。

[39]族：指骨节、筋腱聚结交错的部位。

[40]怵然：警惕的样子，小心翼翼。戒：警戒。

[41]止：指集中在某一点上。

[42]迟：迟缓。

[43]騞：象声词，骨和肉分离的声音。

[44]委：堆积。

[45]踌躇满志：从容自得、十分满意的样子。

[46]善：指摆弄，擦拭。

[47]公文轩：相传为宋国人，复姓公文，名轩。右师：官名，古人有借某人之官名称其人的习惯。

[48]恶：何。介：独，只有一只脚。一说"介"当作"兀"。

[49]其：抑或。与：通"欤"，疑为语气词。本句意为这种单足的情况是天生的呢，还是人为造成的。

[50]是：此，指代形体上只有一只脚的情况。独：只有一只脚。

[51]与：予，赐予，赋予。本句意为人的形貌是天所赐予的，天予双足即双足，天予单足即单足。

[52]泽：水泽，草泽。雉：野鸡。

[53]蕲：祈求，希望。畜：养。樊：笼。

[54]王：旺盛，这个意义后代写作"旺"。本句意为野鸡如果被关在笼子里，精神虽然旺盛(不愁吃喝)，但由于失去自由并不快乐。

[55]老聃：相传即老子，楚人，姓李名耳。

[56]秦失：亦写作"秦佚"，老聃的朋友。

[57]号：大声地哭。

[58]至人：指超然物外者。本句意为老聃和秦失都把生死看得很轻，在秦失的眼里老聃的弟子也应都是能够超脱物外的人，但如此伤心地长久哭泣，显然哀痛过甚，有失老聃的遗风。

[59]而今非也：意为我原以为你们跟随老师多年，都是超脱外物之人，但现在看来并不是这样的。

[60]向：刚才。

[61]彼其：指哭老聃的人。会：聚。

[62]不蕲哭而哭者：本句意为必有本不想哭诉而情不自禁哭诉的。

[63]遁：逃避，违反。天：自然。倍：通"背"，背弃。

[64]忘其所受：忘记了他的形体是禀受于天的，意为人的形体既然受之于天，生死就应任其自然。

[65]遁天之刑：违背自然之理而受到的刑罚，指因过于哀痛而伤身。

[66]适：偶然。来：来到世上，与下一句的"去"讲作离开人世相对立；这里的"来""去"实指人的生和死。时：应时(而来)。

[67]顺：顺理(而去)。

[68]安时而处顺：指对生死泰然处之，不因生而乐，也不因死而哀。

[69]入：入侵。

[70]帝：天，万物的主宰，指自然。帝之悬解：自然解脱。在庄子看来，忧乐不能入，死生不能系，做到"安时而处顺"，就自然地解除了困缚，犹如解脱了倒悬之苦。

[71]指：通"脂"，脂膏。古代用薪浸裹油脂，燃烧照明，称为"烛薪"。穷：尽，指脂膏作烛薪后被燃尽。

[72]"火传"二句：意为烛薪一枝接一枝地燃烧而尽，但火却可以永远传下去，没有尽期。比喻人的形体虽然死亡，人的精神却可以代代传下去。

【解读】

本篇为《庄子》内篇的第三篇，所谈的是养生之道。"养生主"的意思就是养生的要领。养生在于顺应自然，只有这样才能保全生命，养护精神。

选文可分为三个部分，第一部分为总纲，先提出养生的关键在于"缘督以为经"。为了说明这一点，第二部分援引庖丁解牛的故事，以之为论据进行阐述：人处于世间，只有像庖丁解牛那样避开矛盾，"依乎天理""因其固然""以无厚入有间"，才能"保身""全生""游刃有余"。第三部分为余论，又可分为几层：用右师之"介"喻人应安于天命；以泽雉啄饮喻自由的可贵；以秦失吊唁喻人应忘情于生死；以薪尽火传喻精神的永恒价值。

选文字里行间虽是在谈论养生，实际上却是在表现作者的哲学思想和生活旨趣。"无为"和"无己"是庄子思想的两个中心：一是无所依凭自由自在，二是反对人为顺其自然。他否定了当时残暴的政治和污浊的社会，于是选择用"无为"逃避现实；他重视人的生命和精神的价值，但在当时的现实中又看不到更好的出路，于是主张"无己"，忘掉自我，不追逐外物，不谴责是非曲直，这才可以保全自身，达到顺应自然的境界。庄子的这种"逍遥"，引无数后来者去追求。

庄子的想象力丰富，文笔变化多端，创造出数以百计的寓言故事，透过各种社会现象探究出了更为深刻的哲理。《庄子》具有丰富奇特的想象和体物入微的描绘。刘熙载称其"意出尘外，怪生笔端"①。鲁迅也说："而其文则汪洋辟阖，仪态万方，晚周诸子之作，莫能先也。"②在本篇中，有庖丁解牛、踌躇满志、游刃有余、薪尽火传等成语流传于世间。

三、阅读思考

1. 你觉得庄子的养生之说有怎样的实际意义？

2. 你知道有哪些成语出自本文？还有哪些成语出于《庄子》的其他篇章？

---

① ［清］刘熙载：《艺概》，8 页，上海，上海古籍出版社，1978。

② 陈漱渝、肖振鸣：《编年体鲁迅著作全集(插图本)》，215 页，福州，福建教育出版社，2006。

3. 谈谈你对庄子思想的看法。

四、拓展阅读

1. [清]郭庆藩：《庄子集释》，北京，中华书局，2018。
2. 陈鼓应：《庄子今注今译》，北京，中华书局，2016。
3. 曹础基：《庄子浅注》，北京，中华书局，2018。

第三节 《墨子》

一、常识举要

(一)墨子

墨子(约前468—前376年)，名翟，战国初年人。关于他的身份，历来有多种说法，各不相同。一说墨子为宋人，司马迁在《史记·孟子荀卿列传》末附了一段话："盖墨翟，宋之大夫，善守御，为节用。或曰并孔子时，或曰在其后。"①《通志略》引《元和姓纂》对"墨氏"做了解读："孤竹君之后，本墨台氏，后改为墨氏。……战国时宋人墨翟，著书号墨子。"②一说为鲁人，《墨子·公输》云："公输盘为楚造云梯之械成，将以攻宋。子墨子闻之，起于齐，行十日十夜而至于郢。"《墨子·贵义》中有"子墨子自鲁即齐"这样的记载。《墨子·鲁问》说越王"遂为公尚过束车十五乘，以迎子墨子于鲁"。③ 有人认为"鲁"指楚国之鲁阳，所以又有墨子为楚人说。但《渚宫旧事》记载了鲁阳文君说楚惠王之事，其中有"墨子，北方贤圣人"④之句，可见墨子并不是楚人。

关于墨子的名字也有不同说法，有人考证，墨并非是他的姓氏，《琅嬛记》言墨子姓翟名乌，其母梦日怀而生墨子，故以乌为名。江瑔在《读子卮言》中列举了一些墨子并不姓墨的理由，例如，先秦时不以"某子"称"某家"；诸子十家都是用学术要旨来称呼学派，不用姓氏；唐以前并没有在姓氏前后各加一"子"字的称谓，《墨子》中称他"子墨子"很可能是因为他字子墨，这种称呼正如子思子一般。墨字原义为黑，引申为"瘠墨"，为"绳墨"之义，所以"墨"有"垢面囚首""面目黧黑"的意思；古代五刑中有墨刑，所以墨也有刑徒贱役之意。《汉书·艺文志》中有如下内容。"墨家者流，盖出于清庙之守。茅屋采椽，是以贵俭；养三老五更，是以兼爱；选士大射，是以上贤；宗祀严父，是以右鬼；顺四时而行，是以非命；以孝视天下，是以上同：此其所长也。及蔽者为之，见俭之利，因以非礼，推兼爱之

---

① [汉]司马迁：《史记》，2350页，北京，中华书局，1959。
② [宋]郑樵：《通志略》，66页，上海，上海古籍出版社，1990。
③ [清]孙诒让：《墨子间诂》，482~483、439、474页，北京，中华书局，2001。
④ 袁华忠：《渚宫旧事译注》，100页，武汉，湖北人民出版社，1999。

意，而不知别亲疏。"①由此可见，墨家之学出于夏禹，夏崇尚质朴，禹尤以此著称，孔子称他"菲饮食""恶衣服""卑宫室"②。《吕氏春秋》说禹"忧其黔首，颜色黎黑，窍藏不通，步不相过"③。墨子以自苦为极，以致面目黧黑，形容枯槁。高诱称墨子"以墨道闻"，所谓"墨道"，即《孟子》中所说的"以薄为其道"。墨子艰苦的生活方式与当时的儒服者截然不同，时人贱视之，故嘲讽地称他为"墨者"。而墨子之徒因这一称呼能够显示学派的特点，也就将之承袭下来，于是其学派以"墨"为名。《孟子》曰："杨墨之道不息，孔子之道不著。"④《韩非子·显学》曰："而皆自谓真孔、墨，孔、墨不可复生。"⑤这些材料中的"墨"都指的是墨子本人。《庄子·齐物论》说："故有儒墨之是非。"⑥《韩非子·显学》又有"儒分为八，墨离为三"之论。可见"墨"既是墨子之称谓，又是学派之名，而墨子到底是另有其名且只是被冠以这个称呼还是确为墨姓，还没有明确的结论。

《淮南子·要略》载，墨子早年曾"学儒者之业，受孔子之术"⑦，但后来他发现儒家的思想与自己的救世之志并不吻合，便别树新帜，创立墨家。他的主旨是倡导人们相互友爱（"兼爱"），反对侵略（"非攻"），进而建立起一个政治清明、人民安宁的社会。所以为了实现这一目标他开始收徒讲学，同时开展游说活动。《墨子·鲁问》记载了墨子与鲁君的对话，可见墨子曾游说鲁君。在齐国，他劝齐将项子牛不可伐鲁，项氏不听。因楚王欲攻打宋国，令公输盘造云梯，墨子闻讯赶往楚国，他与楚王论辩，与公输盘演武，最终制止了这场战争。墨子曾献书于楚惠王，惠王不受，于是墨子辞去，鲁阳文君劝说惠王后，以书社五百里封墨子，墨子不受而归。越王欲以三百里封之，墨子同样辞去。《史记》和《汉志书》记载墨子曾为宋大夫，还曾被囚。以这些事例来看，墨子应生于孔子之后，或与子思同时。

墨子的学术思想以"兼爱"为核心，其他的重要论题，如"尚贤""尚同""非攻""节用""节葬""天志""明鬼""非乐""非命"皆基于此，它们相互关联而组成一个完整的体系，形成了墨家著名的十大政治主张。

(二)墨家

墨子虽宣扬"兼爱""非攻"这样的主张，但在当时的时代背景下，他并不能阻止不断发生的战争，所以他不得不谋求军事力量来对抗侵略。墨家也从单一的学术流派发展为兼具军事性质、高度组织化的集团。集团设立"巨子"，即首领，由其统领并决断一切。"巨子"会指定自己的接位者并移交权力。集团成员大致的分工为：一部分宣传墨家主张，即所谓"谈辩"（与人论理辩说）与"说书"（通过解说有

---

① [汉]班固：《汉书》，1738 页，北京，中华书局，1962。
② 杨伯峻：《论语译注》，84 页，北京，中华书局，1980。
③ 陈奇猷：《吕氏春秋新校释》，1524 页，上海，上海古籍出版社，2002。
④ 杨伯峻：《孟子译注》，142 页，北京，中华书局，2010。
⑤ 陈奇猷：《韩非子新校注》，1124 页，上海，上海古籍出版社，2000。
⑥ [晋]郭象注，[唐]成玄英疏：《庄子注疏》，34 页，北京，中华书局，2011。
⑦ 何宁：《淮南子集释》，1459 页，北京，中华书局，1998。

关典籍来阐述墨家思想);一部分从事防御活动。集团由"墨子之法"约束引导。集团成员以"爱利天下"为己任,以"有力者疾以助人,有财者勉以分人,有道者劝以教人"为行为规范,劝导世人。《庄子·天下》在描述他们时说:"多以裘褐为衣,以跂蹻为服,日夜不休,以自苦为极。"①《淮南子·泰族训》在描述他们时说:"皆可使赴火蹈刃,死不还踵。"②在当时,墨家这种精神令天下瞩目,其阵营也日益扩大。正如《吕氏春秋》所述:"从属弥众,弟子弥丰,充满天下。"③

但在墨子死后,墨家渐渐走向了分裂。《庄子·天下》写道:"相里勤之弟子、五侯之徒,南方之墨者苦获、己齿、邓陵子之属,俱颂《墨经》,而倍谲不同,相谓别墨。"④《韩非子·显学》说:"自墨子之死也,有相里氏之墨,有相夫氏之墨,有邓陵氏之墨。故孔、墨之后,儒分为八,墨离为三,取舍相反、不同,而皆自谓真孔、墨。"⑤墨家弟子对如何继承墨子所确立的根本宗旨和方针产生了很大的分歧,导致墨家迅速走向衰亡。如孙诒让云:"墨氏之学亡于秦季。"⑥当时的社会还不具备倡导墨家精神的条件,这也是墨家衰亡的客观原因。墨家在事业推进时,进行了多学科领域内的学术研究,包括数学、力学、光学、政治学、经济学、逻辑学、哲学等,取得了辉煌的成就,即使在分裂、中衰时,学术研究也仍在发展,做出了不朽的贡献。

(三)《墨子》

《汉书·艺文志》所收的墨家之书如下:《尹佚》2篇、《田俅子》3篇、《我子》1篇、《随巢子》6篇、《胡非子》3篇、《墨子》71篇。今前五家已佚,《墨子》所传也仅存53篇,分为15卷:第一卷为《亲士》《修身》《所染》《法仪》《七患》《辞过》《三辩》,第二卷为《尚贤》(上、中、下),第三卷为《尚同》(上、中、下),第四卷为《兼爱》(上、中、下),第五卷为《非攻》(上、中、下),第六卷为《节用》(上、中)和《节葬》(下),第七卷为《天志》(上、中、下),第八卷为《明鬼》(下)、《非乐》(上),第九卷为《非命》(上、中、下)和《非儒》(下),第十卷为《经》(上、下)和《经说》(上、下),第十一卷为《大取》《小取》《耕柱》,第十二卷为《贵义》《公孟》,第十三卷为《鲁问》《公输》,第十四卷为《备城门》《备高临》《备梯》《备水》《备突》《备穴》《备蛾傅》,第十五卷为《迎敌祠》《旗帜》《号令》《杂守》。书中为墨子自著的部分较少,大多出于弟子之手,以阐述墨子的学术主张或记载其言行事迹,还有部分出自后学者之手。

从体制上看,《墨子》不是零散的片段式的语录体,而是采用了专题论文的形

---

① [晋]郭象注,[唐]成玄英疏:《庄子注疏》,560页,北京,中华书局,2011。

② 何宁:《淮南子集释》,1406页,北京,中华书局,1998。

③ 陈奇猷:《吕氏春秋新校释》,98页,上海,上海古籍出版社,2002。

④ [晋]郭象注,[唐]成玄英疏:《庄子注疏》,560页,北京,中华书局,2011。

⑤ 陈奇猷:《韩非子新校注》,1124页,上海,上海古籍出版社,2000。

⑥ [清]孙诒让:《墨子间诂》,680页,北京,中华书局,2001。

式，初具议论文规模。其文条理清晰，逻辑严密，善用具体事例归纳、类比，层层推理，说服力强。文字质而不华，较少文采，因为"若辩其辞，则恐人怀其文而忘其直，以文害用也"[①]。可见，这种风格乃是墨子有意为之的。

二、原典选读

《墨子》(节选)

公　输

　　公输盘为楚造云梯[1]之械成，将以攻宋。子墨子闻之，起于齐[2]，行十日十夜而至于郢[3]，见公输盘。公输盘曰："夫子何命焉为[4]?"子墨子曰："北方有侮臣[5]，愿藉[6]子杀之。"公输盘不说[7]。子墨子曰："请献十金。"公输盘曰："吾义固[8]不杀人。"子墨子起[9]，再拜[10]曰："请说之。吾从北方闻子为梯，将以攻宋。宋何罪之有? 荆[11]国有余于地，而不足于民，杀所不足，而争所有余，不可谓智。宋无罪而攻之，不可谓仁。知[12]而不争，不可谓忠。争[13]而不得，不可谓强。义不杀少而杀众[14]，不可谓知类[15]。"公输盘服。子墨子曰："然乎[16]不已乎?"公输盘曰："不可。吾既已言之王矣。"子墨子曰："胡不见[17]我于王?"公输盘曰："诺。"

　　子墨子见王，曰："今有人于此，舍其文轩[18]，邻有敝舆[19]，而欲窃之；舍其锦绣，邻有短褐[20]，而欲窃之；舍其梁肉[21]，邻有糠糟，而欲窃之。此为何若人[22]?"王曰："必为窃疾矣。"子墨子曰："荆之地，方五千里，宋之地，方五百里，此犹文轩之与敝舆也；荆有云梦[23]，犀兕麋[24]鹿满之，江汉之鱼鳖鼋鼍[25]为天下富，宋所为无雉[26]兔狐狸者也，此犹梁肉之与糠糟也；荆有长松、文梓[27]、楩楠、豫章[28]，宋无长木，此犹锦绣之与短褐也。臣以三事之攻宋也，为[29]与此同类，臣见大王之必伤义而不得。"王曰："善哉! 虽然，公输盘为我为云梯，必取宋。"

　　于是见公输盘，子墨子解带为城，以牒[30]为械，公输盘九设攻城之机变，子墨子九距[31]之，公输盘之攻械尽，子墨子之守圉[32]有余。公输盘诎[33]，而曰："吾知所以距子矣，吾不言。"子墨子亦曰："吾知子之所以距我，吾不言。"楚王问其故，子墨子曰："公输子之意，不过欲杀臣。杀臣，宋莫能守，可攻也。然臣之弟子禽滑釐等三百人，已持臣守圉之器，在宋城上而待楚寇矣。虽杀臣，不能绝也。"楚王曰："善哉! 吾请[34]无攻宋矣。"

　　子墨子归，过宋。天雨，庇其闾[35]中，守闾者不内[36]也。故曰："治于神者，众人不知其功，争于明者，众人知之[37]。"

([清]孙诒让:《墨子间诂》，北京，中华书局，2001。)

---

　　① 陈奇猷:《韩非子新校注》，668 页，上海，上海古籍出版社，2000。

【注释】

[1]公输盘（bān）：鲁国著名的巧匠，姓公输，名盘。盘，一作"般"，或作"班"。云梯：攻城用来登城的器械。

[2]起于齐：从齐国动身。《吕氏春秋·爱类》作"自鲁往"。

[3]郢（yǐng）：楚国国都，在今湖北江陵。

[4]命：犹"教"。焉为：表询问的语气词。意谓夫子有何教导啊？

[5]侮：欺侮。臣：墨子自称，表示自谦。

[6]藉：同"借"，借助。

[7]说：同"悦"。

[8]固：犹"决"。

[9]起：古人席地而坐，坐时臀部处于足上，起则臀部离开足部，使身子挺直。

[10]再拜：跪时两手拱合低头至手与心平之礼为拜，再拜即先后拜两次，是一种隆重的礼节。

[11]荆：楚国的别称。

[12]知：指知其不智不仁。

[13]争：同"诤"，谏阻。

[14]义不杀少而杀众：指你奉行"义"不愿去杀侮辱我的人，却使更多的人民被杀。

[15]知：同"智"。知类：明智之辈。

[16]乎：为"胡"之误。胡，同"何"。

[17]见（xiàn）：引见。

[18]文轩：装饰华美的车子。

[19]敝舆：破旧的车子。

[20]短褐：粗布衣，贫贱者所穿。短，借为"裋"（shù），粗布衣服。

[21]粱肉：富贵人家的精美饭菜。

[22]何若人：什么样的人。

[23]云梦：云梦泽，楚国境内的大湖，跨长江南北，包括现在湖南的洞庭湖和湖北的洪湖。

[24]犀：犀牛。兕（sì）：类似犀牛，独角，青色。麋：像鹿，稍大。

[25]江：长江。汉：汉江。鼋：龟的一种，又叫甲鱼。鼋（yuán）：大鳖，又叫癞头鼋。鼍（tuó）：鳄鱼的一种，又叫扬子鳄、猪龙婆。

[26]为：同"谓"。雉：俗称野鸡。

[27]长松：大松树。文梓：梓树，因文理细密，所以又叫文梓。

[28]楩（pián）：黄楩木。楠：楠树，木材坚固细密。豫章：樟树，木材坚固有香气。

[29]此：指有窃疾者。

[30]牒：简札，用来书写的木片。一说为牒借为"梜"，即箸，筷子。

[31]距：同"拒"

[32]圉：同"御"。

[33]诎：同"屈"，指因技穷而折服。

[34]请：犹"愿"。

[35]庇：遮蔽。闾：里门。古代二十五家为里，里门为闾。

[36]内：同"纳"。

[37]"治于神者"四句：意思是说对那些将灾祸在酝酿阶段就消除掉的人，人们不知其功，对那些在显著的场合争辩取胜的人，人们却看得很清楚。神：《孟子·尽心下》载，"圣而不可知之之谓神。"

【解读】

选文描述了墨子止楚攻宋之事，表现了他的热心救世与大智大勇，也反映了墨家"兼爱"与"非攻"的政治主张。

春秋战国时，各诸侯国之间的攻伐战争频繁发生，给人民造成了极大的痛苦，墨子为制止战争而四处奔走，当他听说公输盘为楚惠王造云梯准备攻宋时，便自北方的齐国来到南方的楚国，想要制止这场战争。这一过程是一场发生在墨子与公输盘、楚惠王之间的没有硝烟却惊险至极的暗战。

这场斗争共经历了三个回合，第一回合是墨子与公输盘的对话。墨子见公输盘是为了制止他为楚造云梯攻宋，但见面后墨子却避开楚宋之事而以"请杀侮臣者"开头，见公输盘不悦后又进一步提出"请献十金"的条件，激得公输盘说出"义不杀人"这样义正词严的话来。于是墨子便趁此追问"宋何罪之有"？更指出攻宋对楚国来说是"不智""不仁"，对公输盘自己来说更是"不忠""不强""不知类"，让刚说过"义不杀人"的公输盘尴尬、理亏，进而无言以对。但公输盘虽表示了折服却又推说战事是由楚王决定的，他无力反对，于是墨子得以顺势提出下一步要求：会见楚王。

这是这场斗争的第二个回合。墨子见楚王之后采取了与上一回合相同的策略：以子之矛，攻子之盾。他绕开宋国，讲述一个舍文轩、锦绣、粱肉而去偷窃敝舆、短褐、糠糟的窃贼，楚王自然认为这是出于不正常的"窃疾"。由此，墨子便将之与楚国攻宋的行为相对比，用楚的广阔富庶与宋的狭小贫瘠相比，得出这是"与此为同类"的结论来。楚王无法推翻这一其实是由自己亲自得出的结论，只得勉强承认"善哉"，但他也不甘心就此罢手，尤其他自恃云梯之利，认为"必取宋"。于是为了彻底打消楚王攻宋的念头，墨子必须要进行下一回合的较量。

第三回合是墨子与公输盘的演武。公输盘用尽方法也无法突破墨子的防御，直至公输盘无计可施，墨子仍游刃有余，可见墨子的武器设计、攻守战术均远超公输盘，使得对方只能甘拜下风。公输盘恼羞成怒，说道："吾知所以距子矣，吾不言。"这句话中其实暗藏杀机，他欲杀掉墨子以使得他再也无法阻挡自己。可是墨子早有准备，只是平静应对："吾知子之所以距我，吾不言。"二人心照不宣的隐语使楚王摸不着头脑，不得不"问其故"。墨子趁机明告之：公输盘以为杀了自己便会"宋莫能守"，可其实宋国和掌握墨子机械之术的弟子早已做好了应战的准备，楚国即使攻打过去，也不会有任何胜利的可能。楚王这才彻底意识到他最大的优势——公输盘的云梯已失去效用，于是不得不表示"吾请无攻宋矣"。三个回合均大获全胜，墨子的目的也完全达到了，这是他以实力为后盾、积极行动为基础的"非攻"思想的大胜利。

《公输》一文中，充分表现出《墨子》质而不华的文学特点，文字简洁明快，形象生动。在论辩中采用的排比句不是为了炫耀文采，而是用充足的论据加强了论辩的力量与气势，此外还运用了逻辑推理，具有强大的说服力。墨子的身体力行，完全展现出了他"摩顶放踵利天下"（《孟子·尽心下》）的兼爱精神。

三、阅读思考

1.《墨子》的内容和思想是怎样的？

2. 你对墨家的学说有何看法？

3.《墨子·公输》中的论辩有怎样的特点？

4. 阅读《墨子·兼爱》，概述其主要思想。

四、拓展阅读

1.［清］毕沅校注：《墨子》，上海，上海古籍出版社，2014。

2.［清］孙诒让：《墨子间诂》，北京，中华书局，2001。

3. 梁启超：《墨子学案》，济南，山东文艺出版社，2018。

4. 陈柱：《墨学十论》，上海，华东师范大学出版社，2015。

第四节 《荀子》

一、常识举要

（一）荀子

荀子（约前313—前238年），名况，战国末期的思想家、教育家，汉人避宣帝讳，称孙卿，时人尊而号为"卿"。荀子曾游学于齐，在稷下学宫居留了很长时间。当时齐国国力强盛，齐王不惜重金招贤纳士，稷下学宫里学者云集，学术繁盛。至湣王时，稷下开始衰败，学者也纷纷离去，荀子也去了楚国。荀子还曾去过秦国、赵国，向秦昭王、赵孝成王推行自己的政治主张，但未被采纳。后齐襄王执政，稷下学宫再度兴盛起来，荀子回到这里，成为最有威望、最受推重的学者，古人在饮食、祭祀时，会推举座中年长位尊者为"祭酒"，荀子曾三任此职。后来荀子再次离开齐国去往楚国，楚相春申君以他为兰陵令，直至春申君死后免官。荀子的晚年一直生活在兰陵，著书立说，培养门徒，李斯、韩非、毛亨等人都是在这个时期来到他门下学习的。

荀子秉承儒学，他以孔子儒学为基础，批判性地吸取各家学说，集诸子百家思想之大成，建立起了自己别树一帜的学说。战国时期的儒家大师以荀子与孟子齐名，所以司马迁作《孟子荀卿列传》而记之。汉代的《易》《诗》《春秋》之学皆源于荀子，但后世孔孟学说越来越受到统治阶级推崇，荀子逐渐受到冷遇。

荀子继承儒学，又不拘泥于儒学一门，他的政治思想的最大特征是以礼容法。在哲学上，他反对天命迷信，具有唯物主义的科学精神。荀子反对孟子的性善论，有意提倡性恶论，认为人的本性是恶的，善良是后天人为的表现，所以他强调后天教育的重要性，强调人应努力去改造自己的自然本性，去恶向善。荀子是战国时期著名的教育家，不仅学术思想影响深远，弟子也有不少声名显赫，他提出了很多有价值的教学原则和方法，如"知行合一""善假于物"等。

（二）《荀子》

《荀子》一书在西汉时经刘向整理，定为 12 卷 32 篇，到唐代元和年间，杨惊为之作注，并重新调整篇目，分为 20 卷，这就是我们今天见到的版本。《荀子》的内容为《劝学篇》第一、《修身篇》第二、《不苟篇》第三、《荣辱篇》第四、《非相篇》第五、《非十二子篇》第六、《仲尼篇》第七、《儒效篇》第八、《王制篇》第九、《富国篇》第十、《王霸篇》第十一、《君道篇》第十二、《臣道篇》第十三、《致仕篇》第十四、《议兵篇》第十五、《强国篇》第十六、《天论篇》第十七、《正论篇》第十八、《礼论篇》第十九、《乐论篇》第二十、《解蔽篇》第二十一、《正名篇》第二十二、《性恶篇》第二十三、《君子篇》第二十四、《成相篇》第二十五、《赋篇》第二十六、《大略篇》第二十七、《宥坐篇》第二十八、《子道篇》第二十九、《法行篇》第三十、《哀公篇》第三十一、《尧问篇》第三十二。现存版本中，有几篇似为荀门弟子所记或杂录传记而成，但从总体上来看，《荀子》一书思想连贯，风格相对一致，大部分当都出自荀子之手。

《荀子》大部分为说理文，内容精深宏富，论证逻辑严密，内在思想情感与外在表现形式浑然一体，每篇说理文都能围绕题目或一定的中心层层展开，条分缕析，通过比喻和印证来说清道理。《荀子》中的《赋篇》以四言韵语为主，骈散结合，成为后汉咏物小赋的先导，同时也开启了以"赋"为名的文学样式。《成相篇》则以七字为句，多用韵语，对后来七言诗的形成有直接影响。

二、原典选读

《荀子》（节选）

劝学

君子[1]曰：学不可以已。青，取之于蓝，而青于蓝[2]；冰，水为之而寒于水。

木直中绳，輮以为轮，其曲中规，虽有槁暴，不复挺[3]者，輮使之然也。故木受绳则直，金就砺则利[4]，君子博学而日参省乎己，则知[5]明而行无过矣。故不登高山，不知天之高也；不临深溪，不知地之厚也；不闻先王之遗言，不知学问之大也。干、越、夷、貉之子，生而同声，长而异俗，教使之然也[6]。《诗》曰："嗟尔君子，无恒安息。靖共尔位，好是正直。神之听之，介尔景福[7]。"神莫大于化道，福莫长于无祸[8]。吾尝终日而思矣，不如须臾之所学也；吾尝跂[9]而望矣，不如登高之博见也。登高而招，臂非加长也，而见者远；顺风而呼，声非加疾也，而闻者彰[10]。假舆马者，非利足也，而致[11]千里；假舟楫者，非能水也，而绝[12]江河。君子生非异也，善假于物[13]也。南方有鸟焉，名曰蒙鸠，以羽为巢而编之以发，系之苇苕，风至苕折，卵破子死[14]。巢非不完也，所系者然也。西方有木焉，名曰射干，茎长四寸，生于高山之上而临百仞之渊[15]；木茎非能长也，所立者然也。蓬生麻中，不扶而直[16]。兰槐之根是为芷。其渐之滫，君子不近，庶人不服[17]。其质非不美也，所渐者然也。故君子居必择乡，游必就士[18]，所以防邪辟而近中正也。物类之起，必有所始[19]。荣辱之来，必象[20]其德。肉腐出虫，鱼枯生蠹[21]。怠慢忘身，祸灾乃作[22]。强自取柱，柔自取束[23]。邪秽在身，怨之所构[24]。施薪若一，火就燥也；平地若一，水就湿[25]也。草木畴[26]生，禽兽群焉，物各从其类也。是故质的张而弓矢至焉，林木茂而斧斤至焉，树成阴而众鸟息焉，醯酸而蜹[27]聚焉。故言有召祸也，行有招辱也，君子慎其所立乎[28]！

积土成山，风雨兴焉；积水成渊，蛟[29]龙生焉；积善成德，而神明自得，圣心[30]备焉。故不积跬[31]步，无以至千里；不积小流，无以成江海。骐骥一跃，不能十步[32]；驽马十驾[33]，功在不舍。锲[34]而舍之，朽木不折；锲而不舍，金石可镂[35]。螾[36]无爪牙之利，筋骨之强，上食埃土，下饮黄泉，用心一也。蟹六跪而二螯，非蛇蟺之穴无可寄托者，用心躁也[37]。是故无冥冥[38]之志者无昭昭之明，无惛惛之事者无赫赫之功[39]。行衢道者不至，事两君者不容[40]。目不能两视而明，耳不能两听而聪[41]。螣蛇无足而飞，梧鼠五技而穷[42]。《诗》曰："尸鸠在桑，其子七兮。淑人君子，其仪一兮。其仪一兮，心如结兮[43]。"故君子结于一也。

昔者瓠巴鼓瑟而流鱼出听，伯牙鼓琴而六马仰秣[44]。故声无小而不闻，行无隐而不形[45]；玉在山而草木润，渊生珠而崖不枯。为善不积[46]邪，安有不闻者乎？学恶乎始[47]？恶乎终？曰：其数则始乎诵经，终乎读《礼》[48]；其义[49]则始乎为士，终乎为圣人。真积力久则入，学至乎没而后止也[50]。故学数有终，若其义则不可须臾舍也。为之，人也；舍之，禽兽也。故《书》[51]者，政事之纪也；《诗》者，中声[52]之所止也；《礼》者，法之大分、类之纲纪也[53]，故学至乎《礼》而止矣。夫是之谓道德之极。《礼》之敬文也，《乐》之中和也，《诗》《书》之博也，《春秋》之微也，在天地之间者毕矣[54]。君子之学也，入乎耳，箸乎心，布乎四体，形乎动静[55]，端而言，蝡而动，一可以为法则[56]。小人之学也，入乎耳，出乎口。口耳之间则四寸耳，曷[57]足以美七尺之躯哉！古之学者为己，今之学者为人[58]。君子之学也,以美其身;小人之学也,以为禽犊[59]。故不问而告谓之傲,问一而告二谓之囋[60]。傲,非也;囋,非也;君子如向[61]矣。学莫便乎近其人[62]。《礼》《乐》法而不说,《诗》《书》故而不切,《春秋》约而不速[63]。方其人之习君子之说,则尊以遍矣,周于世矣[64]。故曰学莫便乎近其人。学之经莫速乎好其人,隆[65]礼次之。上不能好其人,下不能隆礼,安特将学杂识志,顺《诗》《书》而已耳,则末世穷年,不免为陋儒而已[66]。将原先王,本仁义,则礼正其经纬蹊径[67]也。若挈裘领,诎五指而顿[68]之,顺者不可胜数也。不道礼宪,以《诗》《书》为之[69],譬之犹以指测河也,以戈舂黍也,以锥飡壶也,不可以得之矣。故隆礼,虽未明,法士也[70];不隆礼,虽察辩,散儒[71]也。问楛[72]者勿告也,告楛者勿问也,说楛者勿听也,有争气[73]者勿与辩也。故必由其道至,然后接[74]之,非其道则避之。故礼恭而后可与言道之方[75];辞顺而后可与言道之理,色从[76]而后可与言道之致。故未可与言而言谓之傲[77],可与言而不言谓之隐[78],不观气色而言谓之瞽[79]。故君子不傲,不隐,不瞽,谨顺其身[80]。《诗》曰:"匪交匪舒,天子所予[81]。"此之谓也。

百发失一,不足谓善射;千里跬步不至,不足谓善御;伦类不通,仁义不一[82],不足谓善学。学也者,固学一[83]之也。一出焉,一入焉,涂巷之人[84]也。其善者少,不善者多,桀、纣、盗跖也[85]。全之尽之,然后学者也。君子知夫不全不粹之不足以为美也,故诵数以贯之,思索以通之,为其人以处之,除其害者以持养之[86],使目非是[87]无欲见也,使耳非是无欲闻也,使口非是无欲言也,使心非是无欲虑也。及至其致好之也,目好之五色,耳好之五声,口好之五味,心利[88]之有天下。是故权利不能倾也,群众不能移也,天下不能荡也[89]。生乎由是,死乎由是,夫是之谓德操。德操然后能定,能定然后能应[90],能定能应,夫是之谓成人[91]。天见其明,地见其光,君子贵其全也[92]。

([清]王先谦:《荀子集解》,北京,中华书局,2016)

【注释】

[1]君子:古代对有学问、有道德、有地位的人的称呼。

[2]青:靛青,一种染料。蓝:蓝草,也叫蓼蓝,叶子可提取靛青。

[3]中(zhòng)绳:合于木匠取直时拉直的墨线。鞣:同"煣",用火烘烤使木材弯曲。曲:弯曲度。规:圆规。有:同"又"。槁:枯。暴:同"曝",晒干。挺:伸直。

[4]受绳:经过墨线纠正。金:指金属制的刀剑。砺:磨刀石。利:锋利。

[5]博学:多方面广泛地学习。参:检验。省:反省,检查。知:同"智"。

[6]干:春秋时国名,后被吴国吞并。越:周代诸侯国,这里与干泛指我国南方民族。夷:古代中国境内东方的民族。貉(mò):古代中国境内北方的民族。这几句意为各族的婴儿生下来,啼哭时的声音都是一样的,而长大后却不同了,这

是后天教化不同的结果。

[7]嗟：感叹词。尔：你。恒：常。安息：安处，指贪图安逸。靖：安静。共：同"恭"，恭谨。好（hào）：爱好，崇尚。是：此。听：听查，了解。介：给予。景：大。诗句出自《诗经·小雅·小明》，意为你这个君子啊，不要老是想着安逸，安于你的职位吧，爱好正直的品行。神会了解你，给你极大的幸福。

[8]神：指人的学问道德达到最高水平时的精神境界。化道：受到道的感化熏陶。长：大。祸：灾祸。

[9]跂（qì）：踮起脚跟。

[10]招：招手。疾：快，速，因而强劲有力。彰：清楚。

[11]假：凭借。舆：车。利足：善走的脚，这里指善于走路。致：达到。

[12]能水：善于游泳。绝：横断，这里指横渡过河。

[13]生：通"性"，人的资质。物：客观条件。

[14]蒙鸠：即鹪鹩（jiāo liáo），一种背赤褐色尾短的小鸟。发：毛发般细的草。苇苕（tiáo）：芦苇的嫩条。完：坚固。所系者：所系的地方。

[15]射（yè）干：多年生草本植物，高两三尺，根可入药。仞：古代长度单位，长七尺（一说八尺）。渊：深潭。

[16]蓬：草名，又叫飞蓬，茎高一尺左右。扶：扶持。直：挺直。

[17]兰槐：香草，根叫白芷，有香气。其：若，倘使，假设连词。渐（jiān）：浸泡。滫：臭水。近：接近。服：佩戴。

[18]乡：乡里邻居。游：交游。士：贤士。

[19]物类：泛指各种事物。始：根源。

[20]象：相应。

[21]蠹（dù）：蛀虫。

[22]作：起，发生。

[23]取：招致。柱：通"祝"，折断。束：约束。

[24]构：集中。

[25]湿：指低洼处。

[26]畴：通"俦"，同类。

[27]蚋（ruì）：一种吸血的蚊虫。

[28]慎：谨慎。所立：立身行事。乎：语气词。

[29]蛟：传说中一种能引发洪水的龙。

[30]圣心：圣人的思想或精神境界。

[31]跬（kuǐ）步：一小步，古时一足举一次为跬。

[32]骐骥：泛指好马。步：长度单位，先秦以六尺为一步。

[33]驽马：劣马。十驾：驾车十天所走的路程，马拉着车走一天的路程的叫一驾。

[34]锲：用刀子刻。

[35]不舍：不停。镂：雕刻。

[36]螾：通"蚓"，蚯蚓。

[37]跪：蟹腿，螃蟹有八足，这里疑为"八"之误。螯：节肢动物前面的一对钳夹。蟺：通"蟮"。用心躁也：指浮躁。

[38]冥冥：昏暗不明，指埋头苦干。

[39]惛惛：喻专心致志。赫赫：显著盛大。功：功绩。

[40]衢(qú)道：四通八达的道路，即歧路。不容：不被容纳。

[41]两：同时。明：看清楚。聪：听清楚。

[42]螣(téng)蛇：传说中一种能飞的蛇。梧鼠：头像兔子的鼠类。五技：相传鼯鼠"能飞不能上屋，能缘(爬树)不能穷木(爬到树顶)，能游不能渡谷(山涧)，能穴(挖洞)不能掩身，能走不能先人"。穷：困乏不通，走投无路。

[43]尸鸠：布谷鸟，《毛诗》说布谷鸟养育七只小鸟，它早上从上开始依次往下喂，晚上则从下往上喂，天天如此。这里取其用心专一的意思。诗出《诗经·曹风·鸤鸠》。淑人：心地善良的人。仪：人的仪表举止。一：始终如一。结：凝结，这里指坚定。

[44]瓠(hú)巴：楚国人，《列子·汤问》说他鼓瑟时能使鸟舞鱼跃。伯牙：楚国人，善弹琴。六马：天子乘车驾六匹马，这里泛指马。仰秣：指马正在吃草料，也会把头抬起来听琴声。

[45]隐：隐蔽。形：显露。

[46]积：积累。

[47]学恶(wū)乎始：学习从何处开始。

[48]数：顺序，步骤。经：指《诗》《书》等经典。《礼》：指《仪礼》。

[49]义：学习的目的意义。

[50]真：诚心。句意为真诚而能积累，力行而能持久，就必定能够深入。没：通"殁"，死。

[51]《书》：指《尚书》，包括虞、夏、商、周四书，是当时典章制度、政府文告和一些历史事实或传闻的记录。纪：通"记"。

[52]中声：中和之声，指合于礼的平和的乐调。止：存。

[53]礼：即《仪礼》《周礼》，是周代各种典章制度和各种礼仪节文的记录汇编。法：法律、政令。大分(fèn)：大的原则、界限。类：类属，以法类推的条例。纲纪：纲领，准则。

[54]敬文：指区分人们等级关系的种种礼仪节文，如周旋揖让礼仪、车服等级标志等。乐：《乐经》，六经之一，已失传。春秋：鲁国史书，相传孔子曾修订过。微：精微，奥秘。毕：完备。矣：语气词。

[55]著：通"著"，明达。布：体现。四体：四肢，这里指仪表举止。形：体

现。动静：指言行。

[56]端：通"喘"，微微开口。蝡：通"蠕"，微动。一：皆。法则：规则。

[57]曷：何。

[58]为己：指为了提高自己的才德。为人：指为了讨好别人，以猎取利禄。

[59]禽犊：飞禽乳兽，古人相见常以小的禽兽为见面礼，这里用来比喻用来晋见权贵以猎取名利的工具。

[60]傲：通"躁"，指心气浮躁。囋(zán)：唠叨，烦琐。

[61]向：通"响"，回音。

[62]便：便利。其人：指良师益友。

[63]法：合乎法度。说：说明。故：旧，久远。切：切近现实。约：词旨隐约。速：指迅速理解。

[64]方：通"仿"，仿效。之(第一个)：而。说：学说。尊以遍：指养成高尚的品德并获得普遍的知识。周于世：全面地理解世事。

[65]经：通"径"，途径。好(hào)：喜欢，接近。隆：尊崇。

[66]安：作"则"解，承接连词。特：仅，只。学杂识志：学习杂乱的知识。顺：通"训"，做注解。末年穷世：到死为止，毕生。陋：浅陋。

[67]蹊径：道路。

[68]顿：整理。

[69]以《诗》《书》为之：依照《诗》《书》来处理世事。

[70]明：明晰。法士：尊崇礼法的人。

[71]散儒：散漫不中用的书生。

[72]楛(kǔ)：粗恶不精，指不合礼法的事情。

[73]争气：意气用事。

[74]接：接待。

[75]方：方向，引申为准则。

[76]色从：面色表现出谦逊、顺从。

[77]傲：通"躁"。

[78]隐：藏私。

[79]瞽(gǔ)：盲人，这里指盲目行事。

[80]谨顺其身：严肃认真地按照来请教的人的情况办事。

[81]匪：通"非"。交：通"绞"，急切。舒：缓慢，指怠慢。予：赞许。诗出《诗经·小雅·采菽》。

[82]伦类不通：指不能触类旁通。仁义不一：指不能专心致志地学习仁义。

[83]学一：指用心专一，有恒心，不旁骛。

[84]涂巷之人：指普通人，涂：通"途"。

[85]桀、纣：夏桀和商纣皆为古代传说中的暴君。盗跖：传说中春秋末期的大盗。

[86]粹:纯粹。诵数:反复诵读。贯:连贯,贯通。为:指效法。其人:指良师益友。此句意为以自己所钦佩的人为榜样,设身处地地去模仿。害:指妨碍学得全粹的种种因素。持养:保持培养。

[87]是:代指全面的学说。

[88]致:极。好:喜好。之:之于。利:追求。

[89]权利:权势,利禄。倾:倾覆,倾倒。群众:人多势众。荡:动,动摇。

[90]生:活着。德操:道德操守。定:指有坚定不移的见解和立场。应:指有应对各种事情的本领。

[91]成人:完全的人,完美的人。

[92]见:通"现",显现。光:通"广",广阔。全:完善。

【解读】

本篇选自《荀子》的第一篇,全面地阐述了荀子的教育思想,是荀子的代表作。

哲学的中心思想往往是关于人类自身的,即认识我们自己。荀子在对人性的认识上认为好利、疾恶等都是天性,人性生而为恶,要去恶,就要积善,善从何来?须得经过后天的学习和培养,所以荀子非常重视教育。本篇作为一篇学习问题的专论,依次论述了以下问题:学习的重要性、学习的态度、学习的内容、学习的途径和学习的最终目的。

第一,学习的重要性可归结为"知明而行无过",即学习能够使人避免错误,也就是不再依天性的恶而行动,逐渐向善。第二,学习的态度则突出地表现为"锲而不舍""用心一也",即必须全神贯注、专心一志地学习。第三,学习的内容为"始乎诵经,终乎读《礼》",并说明了具体步骤和内在关系。第四,学习的途径可简单地概括为"方其人之习君子之说",也就是选择正确的方向和环境,以外在的引导约束来提升内在。第五,学习的最终目的可用一字以蔽之——全,"全之尽之,然后学者""君子贵其全也",对君子的要求是全方面、高标准的。我们从选文可以看出荀子关于教育的基本观点是:人的认识和才干不是天生的,而是需要通过后天的学习、受教育和环境熏陶取得,是"善假于物"的结果,所以学习是极为重要的;在教学内容方面,应以儒家的《诗》《书》《礼》《乐》《春秋》为主;在学习方法上,要领会要旨,提倡注意力的高度集中。此外,荀子还提出了青出于蓝、后来居上的观点,还强调了"隆礼",主张亲近良师益友等。

荀子认为,"君子必辩",所以他在论辩和推理上极为擅长,每一论题都能淋漓尽致地发挥,透彻论证,语言深刻而精确,条理清晰,环环相扣。"博喻"是荀子在表现手法上的显著特色,本篇便运用了大量比喻,灵活生动:有时先说比喻,再引出所比道理,十分形象;有时单说比喻,将道理隐含其中,发人深思;有时比喻从正面说后又从外面说,正反对照,说理更显得全面严谨;有时连用数个比喻,连贯而下,更显得根据充分,底气十足。本文的文学色彩不仅表现在比喻的运用上，文中辞藻丰赡，文字洗练，排比句尤多。荀子把相关和相对的内容用对称的句式与和谐的音节表达出来，使人读来更感整齐畅达，在视觉和听觉上都给予人美的感受。

三、阅读思考

1. 你所了解到的荀子的思想是怎样的？
2. 你认为荀子和孟子的思想有何不同之处？
3. 你赞同荀子的"性恶论"吗？依据是什么？
4. 说说你认为学习有着怎样的意义。

四、拓展阅读

1. [清]王先谦：《荀子集解》，北京，中华书局，2016。
2. 张觉：《荀子译注》，上海，上海古籍出版社，2012。
3. 楼宇烈：《荀子新注》，北京，中华书局，2018。

第五节 《韩非子》

一、常识举要

(一)法家

《汉书·艺文志》言："法家者流，盖出于理官，信赏必罚，以辅礼制。"①"法"字历来都被解作"刑罚"，法家的要旨是如何使刑罚之权不坠。古时礼、法并称，二者实际是相互贯通的。至管仲时主张以法治国，法开始专指刑罚。法家本起于礼，礼不足治，而后有法；礼流而为法，礼家流为法家。《尹文子》言法有四呈："一曰不变之法，君臣上下是也；二曰齐俗之法，能鄙同异是也；三曰治众之法，庆赏刑罚是也；四曰平准之法，律度权量是也。"②司马谈在《论六家要旨》中对法家有如下评述："法家严而少恩；然其正君臣上下之分，不可改矣。……法家不别亲疏，不殊贵贱，一断于法，则亲亲尊尊之恩绝矣。可以行一时之计，而不可长用也，故曰'严而少恩'。若尊主卑臣，明分职不相逾越，虽百家弗能改也。"③

《汉书·艺文志》著录的法家著作原有五家：《李子》32篇、《商君》29篇、《申子》6篇、《慎子》42篇、《韩非子》55篇。其中《李子》已亡，《韩非子》全存，其余残存。

---

① [汉]班固：《汉书》，1736页，北京，中华书局，1962。
② [战国]尹文：《尹文子》，1页，北京，中华书局，1991。
③ [汉]司马迁：《史记》，3289~3291页，北京，中华书局，1959。

(二)韩非子

韩非的生年已不可考,卒年约在公元前 233 年,也就是战国后期。《史记·老子韩非列传》说他是"韩之诸公子"之一,出身于贵族阶层。这样的地位和生活环境对他思想和学说的形成起到了决定性的作用。受生长环境所限,他的学说唯一的服务对象就是君王,所思、所想也不外乎维护君王的地位和权势,全不像同时期的儒家、墨家、农家那样具有平民色彩。韩非与李斯同为荀子的学生,而且"斯自以为不如非"。荀子虽是儒家思想的继承者,但当时已处战国末期,早不是孔孟之儒可行的时代,在激烈的兼并战争中,士大夫的生活空间越来越局促,使得荀子对以前的儒家理论自觉或不自觉地做出了重新定义,而这也让韩非从中得到了引导和启发。司马迁说韩非"为人口吃,不能道说,而善著书",韩非将自己的文章献给韩王,但并未得到欣赏,当这些作品传到秦国后,秦王嬴政发出"嗟乎,寡人得见此人与之游,死不恨矣"这样的感叹之语。① 当时已在秦王身边佐政的李斯告诉他这作品出自韩非之手。秦王攻韩后得韩非,但韩非入秦后并未得到信任和重用。李斯等人出于忌恨,进言说韩非仍心向韩国,恐为隐患,于是秦王令韩非入狱,李斯又趁韩非无法面见秦王自陈之时将毒药送去,终使韩非在狱中自杀而亡。

韩非的学说是非常博杂的,他既是荀子的学生,对儒家思想很有研究;又学于道家,著有《解老》《喻老》等篇;而最终又成为法家学派的集大成者。他融合并发展了前人的学说,提出了以"法"为中心的"法""术""势"三者相结合的法治主义,又主张因时变法。他认可君权至上,主张实行中央专制集权,君主应以法术威势制人、严峻刑法治国。因为受自身见闻及思想性格所限,韩非认为人性本恶,人与人之间的关系并无温情可言,必须由严苛的法制加以约束震慑,而赏罚之权柄只能掌握在君王的手中,所以"惨刻少恩"是韩非学说的一个主要特征。他的著作收集在《韩非子》中。

(三)《韩非子》

《汉书·艺文志》中所著录的"韩子,五十五篇"均保留了下来,即《初见秦》第一、《存韩》第二、《难言》第三、《爱臣》第四、《主道》第五、《有度》第六、《二柄》第七、《扬权》第八、《八奸》第九、《十过》第十、《孤愤》第十一、《说难》第十二、《和氏》第十三、《奸劫弑臣》第十四、《亡征》第十五、《三守》第十六、《备内》第十七、《南面》第十八、《饰邪》第十九、《解老》第二十、《喻老》第二十一、《说林上》第二十二、《说林下》第二十三、《观行》第二十四、《安危》第二十五、《守道》第二十六、《用人》第二十七、《功名》第二十八、《大体》第二十九、《内储说上·七术》第三十、《内储说下·六微》第三十一、《外储说左上》第三十二、《外储说左下》第三十三、《外储说右上》第三十四、《外储说右下》第三十五、《难一》第三十六、

---

① [汉]司马迁:《史记》,2146、2155 页,北京,中华书局,1959。

《难二》第三十七、《难三》第三十八、《难四》第三十九、《难势》第四十、《问辩》第四十一、《问田》第四十二、《定法》第四十三、《说疑》第四十四、《诡使》第四十五、《六反》第四十六、《八说》第四十七、《八经》第四十八、《五蠹》第四十九、《显学》第五十、《忠孝》第五十一、《人主》第五十二、《饬令》第五十三、《心度》第五十四、《制分》第五十五。

韩非分析问题深刻明切、剖析周详，笔锋峻峭犀利、气势逼人，尤其善于抓住所论对象自相矛盾之处进行分析揭露，使对方无所遁形。他还善于运用寓言故事来阐明道理，《韩非子》中的寓言数量居先秦散文之首。这些寓言形象化地体现了韩非的法家思想和他对社会人生的深刻认识，它们除生动形象、耐人寻味外，还对人情世态做了比较细致的描写和刻画，具有强烈的现实性，也具有浓厚的文学色彩。

二、原典选读

《韩非子》(节选)

说难[1]

凡说之难：非吾知[2]之，有以说之之难也；又非吾辩之，能明吾意[3]之难也；又非吾敢横失[4]，而能尽之难也。凡说之难，在知所说[5]之心，可以吾说当[6]之。所说出于为名高者也，而说之以厚利，则见下节而遇卑贱[7]，必弃远矣。所说出于厚利者也，而说之以名高，则见无心而远事情[8]，必不收矣。所说阴为厚利而显[9]为名高者也，而说之以名高，则阳收[10]其身而实疏之，说之以厚利，则阴用其言显弃其身矣。此不可不察也。

夫事以密成，语以泄败，未必其身[11]泄之也，而语及所匿之事[12]，如此者身危。彼显有所出事，而乃以成他故[13]，说者不徒知所出而已矣，又知其所以为，如此者身危。规异事[14]而当，知者揣之外[15]而得之，事泄于外，必以为己也[16]，如此者身危。周泽未渥[17]也，而语极知[18]，说行而有功则德忘[19]，说不行而有败则见疑，如此者身危。贵人有过端[20]，而说者明言礼义以挑其恶[21]，如此者身危。贵人或得计而欲自以为功，说者与知[22]焉，如此者身危。强以其所不能为，止以其所不能已[23]，如此者身危。故与之论大人[24]则以为间己矣[25]，与之论细人[26]则以为卖重[27]。论其所爱[28]则以为藉[29]资，论其所憎则以为尝己也[30]。径[31]省其说则以为不智而拙之，米盐[32]博辩则以为多而交[33]之，略事陈意则曰怯懦而不尽，虑事广肆[34]则曰草野而倨侮[35]。此说之难，不可不知也。

凡说之务，在知饰所说之所矜而灭[36]其所耻。彼有私急也，必以公义示而强之[37]。其意有下也，然而不能已，说者因为之饰其美而少其不为也[38]。其心有高也，而实不能及，说者为之举其过而见其恶而多其不行也[39]。有欲矜以智能，则为之举异事之同类者，多为之地，使之资说于我，而佯不知也，以资其智[40]。欲内相存之言，则必以美名明之，而微见其合于私利也[41]。欲陈危害之事，则显其毁诽，而微见其合于私患也。誉异人与同行者，规异事与同计者[42]。有与同污者，则必以大饰其无伤也；有与同败者，则必以明饰其无失也[43]。彼自多其力，则毋以其难概[44]之也；自勇其断，则无以其谪[45]怒之；自智其计，则毋以其败穷[46]之。大意无所拂悟[47]，辞言无所系縻[48]，然后极骋智辩焉。此道所得亲近不疑而得尽辞也。伊尹[49]为宰，百里奚[50]为虏，皆所以干其上也。此二人者，皆圣人也，然犹不能无役身以进，如此其污[51]也。今以吾言为宰虏[52]，而可以听用而振[53]世，此非能仕之所耻也。夫旷日离久，而周泽既渥，深计而不疑，引争而不罪，则明割[54]利害以致其功，直指是非以饰其身[55]，以此相持[56]，此说之成也。

昔者郑武公欲伐胡[57]，故先以其女妻胡君以娱其意。因问于群臣："吾欲用兵，谁可伐者?"大夫关其思对曰："胡可伐。"武公怒而戮之，曰："胡，兄弟[58]之国也，子言伐之，何也?"胡君闻之，以郑为亲己，遂不备郑。郑人袭胡，取之。宋有富人，天雨，墙坏。其子曰："不筑，必将有盗。"其邻人之父亦云。暮而果大亡其财。其家甚智其子[59]，而疑邻人之父。此二人[60]说者皆当矣，厚者为戮，薄者见疑，则非知之难也，处知[61]则难也。故绕朝[62]之言当矣，其为圣人于晋，而为戮于秦也，此不可不察。

昔者弥子瑕[63]有宠于卫君。卫国之法，窃驾君车者刖[64]。弥子瑕母病，人间[65]往夜告弥子，弥子矫[66]驾君车以出。君闻而贤之曰："孝哉，为母之故，忘其刖罪。"异日，与君游于果园，食桃而甘，不尽，以其半啖君[67]。君曰："爱我哉，忘其口味，以啖寡人。"及弥子色衰爱弛，得罪于君，君曰："是固尝矫驾吾车，又尝啖我以余桃。"故弥子之行未变于初也，而以前之所以见贤，而后获罪者，爱憎之变也。故有爱于主则智当而加亲[68]；有憎于主则智不当见罪而加疏。故谏说谈论之士，不可不察爱憎之主而后说焉。夫龙之为虫也，柔可狎而骑也[69]，然其喉下有逆鳞径尺[70]，若人有婴[71]之者则必杀人。人主亦有逆鳞，说者能无婴人主之逆鳞，则几[72]矣。

（陈奇猷：《韩非子新校注》，上海，上海古籍出版社，2000。）

【注释】

[1]说(shuì)：游说。难：难处。

[2]知：通"智"，才智。

[3]能明吾意：能表明我的思想。

[4]横失：辩说驰骋无所顾忌之意。

[5]所说：被说者，指国君。

[6]当(dàng)：适应，指迎合。

[7]见下节而遇卑贱：意为被说成是志节卑下，因而得到低下的待遇。

[8]见无心而远事情：意为被认为没有心计，远离实际。

[9]显：表面上。

[10]收：采用。

[11]其身：其人之身，指游说者。

[12]所匿之事：君王心中秘而不宣之事。

[13]"彼显"二句：意为君王在表面上做出一件事，而暗中却为了达到另外的目的。

[14]规异事：规划不寻常的事情。

[15]知：通"智"。揣之外：从外表去揣测。

[16]必以为己也：结合前三句来看，进言者替君王规划了一件非同寻常的事情，而且迎合君王的心理，但是聪明人从外部迹象上将它揣测出来了，这个机密泄露出来，君王一定会认为是这个规划的人泄露出去的。

[17]周：亲密。泽：恩泽。渥：深厚。

[18]语极知：把心里话都说出来。

[19]说行：建议被采纳。德忘：（进言者的）功劳被遗忘。

[20]贵人：指君王。过端：过错。

[21]明言礼义以挑其恶：言其违背礼义。

[22]与知：知道这件事，指参与其事。

[23]"强以其所不能为"二句：意为君王不能做的事，勉强要求他去做，君王不肯放手的事，一定要他停下。

[24]大人：指大臣。

[25]则以为间己矣：意为则君王将疑此举是在离间君臣关系。

[26]细人：小人，指君王的左右近臣。

[27]卖重：卖弄权势。

[28]所爱：君王宠爱的人。

[29]藉：同"借"，凭借。

[30]尝：尝试，探试。以上四句意为与君王谈论他所宠爱的人，就会被认为说者在找靠山；谈论他所憎恨的人，就会被认为说者在试探自己。

[31]径：直接。

[32]米盐：即今之"鸡毛蒜皮"，琐屑之事。

[33]交：疑为"驳"，以……为驳杂。

[34]广肆：放言无忌。

[35]则曰草野而倨侮：则会被认为粗野而傲慢。

[36]饰：夸饰。衿：自矜，自豪。灭：掩盖。

[37]"彼有私急也"二句：意为对方有私人的迫切要求，进言者一定要以公义去鼓励他做。

[38]"其意有下也"三句：意为当被说者的意图有卑下的倾向但又不能自制时，进言者就要替他把这种念头粉饰成美好的，还要对他不这样做表示不满。

[39]"其心有高也"三句：意为被说者有所企慕，但又确实无法达到，进言者就要为他举出他不能做到的这件事的缺点和坏处。

[40]"有欲矜以智能"六句：意为被说者倘若想自夸才智，说者就要为他多举些同类的不同事情，令他从中得到引证的依据，而说者佯做不知，用这种办法去帮助他自我标榜。

[41]内：通"纳"，(使)采纳。相：指被说者，即君王。微：暗。"欲内相存之言"三句意为想要使君王采纳保全君王私利的劝谏，就要用美好的名义去阐明，又暗示他这是符合君王私利的。

[42]"誉异人与同行者"二句：意为赞扬那些与君王有同样品行的人，谋划那些与君王所做的可以相通的事。

[43]"有与同污者"四句：意为有人与君王有同样的污点，说者就要大力粉饰其并无害处；规划另一件与君王同样计划的事，其事失败，说者就要公开粉饰其并非失败。

[44]自多：自夸。概：干扰。

[45]自勇其断：自以其所决断为勇。谪：过失。

[46]穷：通"窘"，窘迫。

[47]大意：进说的内容。悟：同"忤"，违逆。

[48]系縻：又作"击摩"，摩擦、抵触之意。

[49]伊尹：商朝大夫，曾为厨师。

[50]百里奚：相传为春秋时人，曾为奴隶，后为秦穆公的大臣。

[51]污：卑下。

[52]宰虏："宰虏之言"的省文。

[53]振：救。

[54]割：剖析。

[55]直指：直言不讳。饰：通"饬"，整饬。

[56]相持：指君臣相待。

[57]郑武公：春秋初期郑国君主。胡：诸侯国名。

[58]兄弟：先秦时嫁娶之间也称"兄弟"。《国语·晋语》韦注："兄弟，婚姻之称。"

[59]智其子：以其子为智。

[60]二人：指关其思与邻人之父。

[61]处知：处理这种认识。

[62]绕朝：春秋时秦大夫。晋大夫士会得罪于晋，奔逃秦国，秦康公用为谋士。晋人设计使之归国，绕朝识破计策，劝秦康公阻止士会，康公不听，士会遂归晋。后士会忌惮绕朝的才能，用反间计借秦之力杀了绕朝。

[63]弥子瑕：卫灵公宠幸的臣子。

[64]刖：断足之刑。

[65]间（jiàn）：小路。

[66]矫：假托（君命）。

[67]啖君：给君王吃。

[68]当：合，适当。加亲：更加亲近。

[69]柔：驯服。狎：戏弄。骑：两腿跨坐。

[70]逆鳞：倒长的鳞片。径尺：长约一尺。

[71]婴：通"撄"，触。

[72]几：近。

【解读】

本文选自《韩非子》，为全书的第十二篇。在文中，作者陈述了游说的种种困难，反映出游说之士的进言之难与处境之险，也揭示出"人主"复杂的心理状态和自私虚伪、专横残暴的本质。

选文紧扣住一个"难"字来论述。第一段中开篇便很快提出论点："凡说之难，在知所说之心，可以吾说当之。"接着作者先强调难不在游说者而在人主，再突出游说之难更难于知人主之心。然后又用"名高""厚利"为例，具体表明了人主之心之所以难知，是由于他们的所欲不同、表里不一。

在第二段中，作者一连列举了十五种情况从反面论述游说之难，包括游说之士语事不当而导致"身危"的七种情况和出言不当引得人主误解的八种情况。这些不同的从各种角度让我们看清了这一实质：人主不管游说内容的是非曲直，也不顾事实真相，只凭自己的爱憎私欲任意处置下臣。旁观着这样的冷酷残暴，不禁会使我们不寒而栗，也体会到"说难"之难了。

第三段是作者的应对之策，他针对游说之难，从正面提出了十二种游说之术。这十二种游说之术其实就如本段首句所概述的"凡说之务，在知饰所说之所矜而灭其所耻"，意为游说之术就在于曲意迎合人主。作者具体分析了人主充满私欲而又表里不一的心理，针对各种心理分别投其所好。他还援引了历史上著名的政治人物伊尹、百里奚的"干上"之例，以申明游说之士不应以此为耻。这也充分表现出作者的政治观点。

第四、第五段以历史故事和寓言故事组成，作者借这些例子进一步说明人主爱憎之难察与游说之士进言之不易，再一次告诫进言者"不可不察爱憎之主而后说焉"。最后以龙为喻，告诫"说者""无婴人主之逆鳞"，人主的残暴、游说者的智谋与无奈尽显无遗。

选文作为韩非的代表作将其行文特点展现得淋漓尽致。本文为典型的论说文，论述透辟，锋芒锐利。韩非善于用讲故事的方式来增强论述的说服力、感染力，因为他所讲述的故事大多发生在现实的人间，真实可信，再经由作者巧妙嵌用，使得《韩非子》峻刻犀利的文章也易被大众接受了。韩非是先秦"法、术、势"思想的集大成者，也是名极端君权论者。他把君臣之间乃至人与人之间的关系归结为各图私利，要施展抱负必得依附强权，才能"听用而振世"，因而也就可以不问公义是非，不择手段，只求投人主所好了。带有讽刺意味的是，司马迁在《史记·老子韩非子列传》引录《说难》全文之前特意说："然韩非知说之难，为《说难》书甚具，终死于秦，不能自脱。"在这篇列传最后，司马迁慨叹道："余独悲韩子为《说难》而不能自脱耳。"①韩非终死于人主之手，成为他所维护的封建专制的牺牲品，这样的遭遇正是一个可悲的历史教训。

三、思考阅读

1. 你对法家思想有何看法？

2. 你认为法家思想在现代社会中还能起到作用吗？如果能的话是怎样的作用？

3. 试着将韩非子的思想与其他诸子比较，找找他们的异同之处。

4. 试简要评述韩非子的语言风格。

5. 你还知道哪些出自《韩非子》的成语？

四、拓展阅读

1. 陈奇猷：《韩非子新校注》，上海，上海古籍出版社，2000。

2. [清]王先慎：《韩非子集解》，北京，中华书局，2016。

3. 李维新等注译：《韩非子》，郑州，中州古籍出版社，2018。

第六节 《公孙龙子》

一、常识举要

(一)名家

《说文解字》释"名"曰："自命也，从口，从夕。夕者冥也，冥不相见，故以口自名。"②人能够以名自我区别，万物无名，便无从分别，所以人不得不为之制名。名定而万物有别，循名以责实，万物得以区分有致，不会混乱。《老子》所言"无，名天地之始；有，名万物之母"③便是这个意思。孔子也强调："必也正名乎！""名不正，则言不顺；言不顺，则事不成。"④

---

① [汉]司马迁：《史记》，2148、2155 页，北京，中华书局，1959。

② [汉]许慎：《说文解字》，31 页，北京，中华书局，1963。

③ 陈鼓应：《老子今注今译》，73 页，北京，商务印书馆，2003。

④ 杨伯峻：《论语译注》，133~134 页，北京，中华书局，1980。

诸子对"名"的分类往往不尽相同，如墨子分为"达名""类名"及"私名"三类，尹文子则分为"命物之名""毁誉之名"及"说谓之名"，这是广义的分法。荀子比较精确地区分为"刑名从商，爵名从周，文名从礼。散名之加于万物者，则从诸夏之成俗曲期"①。《汉书·艺文志》言："名家者流，盖出于礼官。古者名位不同，礼亦异数。"②这几句指的是荀子所说的"文名"，为四名之一。而名家自己所致力的则在"名"，因"散名"散在人间，随俗而异，最容易令人混淆，所以名家欲以术正之。

名家原本并非独立成家，只是各家的附庸，如管子、韩非以法谈名；荀子以儒家谈名；墨子以墨家谈名；尸子、吕子以杂家谈名。直到惠施、公孙龙才开始特重于名，并贯彻始终，成就一家之言。《汉书·艺文志》著录了名家的7部作品：《邓析》2篇、《尹文子》1篇、《公孙龙子》14篇、《成公生》5篇、《惠子》1篇、《黄公》4篇及《毛公》9篇。现存的《邓析》有很多可疑处，《尹文子》为伪作，《公孙龙子》仅存十之三四，其余的作品都已佚亡。

(二)公孙龙

公孙龙(约前320—前250年)，字子秉，战国时期赵国人。他曾去往燕国，说服燕昭王偃兵。后回到赵国，做了平原君的门客，得到了厚待。这期间孔子的六世孙孔穿曾到平原君府与公孙龙谈论"白马非马"的论题。一段时间后，齐国使者邹衍出使赵国，平原君与之谈论起公孙龙，邹衍否定了公孙龙的学说，认为他的学说"烦文以相假，饰辞以相惇，巧譬以相移"③，有害大道，于是平原君便疏远了公孙龙。后来公孙龙去往魏国，与魏国公子牟相交，其学说乃大行。

公孙龙的学说可分为"白马""指物""通变""坚白"四论。公孙龙想用名学来破除一切世俗的常名，推翻一切世俗的常识。

(三)《公孙龙子》

《汉书·艺文志》著录《公孙龙子》有14篇，今存6篇，为《迹府》第一、《白马论》第二、《指物论》第三、《通变论》第四、《坚白论》第五和《名实论》第六。除《迹府》为后学所作外，其余5篇都为公孙龙自著。

二、原典选读

《公孙龙子》(节选)
白马论

"白马非马，可乎?"

曰："可。"

曰："何哉?"

① [清]王先慎：《荀子集解》，398页，北京，中华书局，2012。
② [汉]班固：《汉书》，1737页，北京，中华书局，1962。
③ [汉]司马迁：《史记》，2370页，北京，中华书局，1959。

曰："马者，所以命[1]形也。白者，所以命色也。命色者，非命形也，故曰白马非马。"

曰："有白马不可谓无马也。不可谓无马者，非马也[2]？有白马为有马，白之[3]，非马何也？"

曰："求马，黄、黑马皆可致[4]；求白马，黄、黑马不可致。使白马乃[5]马也，是所求一[6]也。所求一者，白者不异马也。所求不异，如[7]黄、黑马有可有不可，何也？可与不可，其相非明[8]。如黄、黑马一也，而可以应有马，而不可以应有白马。是白马之非马，审[9]矣！"

曰："以[10]马之有色为非马，天下非有无色之马也。天下无马，可乎？"

曰："马固[11]有色，故有白马。使马无色，有马如已[12]耳，安取[13]白马？故白者[14]非马也。白马者，马与[15]白也。马与白也。故曰白马非马也。"

曰："马未与白[16]为马，白未与马为白。合马与白，复名[17]白马，是相与。以不相与为名，未可。故曰：白马非马未可。"

曰："以[18]有白马为有马，谓有白马为有黄马，可乎？"

曰："未可。"

曰："以有马为异[19]有黄马，是异[20]黄马于马也。异黄马于马，是以黄马为非马。以黄马为非马，而以白马为有马，此飞者入池而棺椁异处[21]，此天下之悖言乱辞[22]也。"

"曰有白马不可谓无马者，离白之谓也[23]。不离者，有白马不可谓有马也。故所以为有马者，独以马为有马耳[24]，非有白马为有马也，故其为有马也不可。以[25]谓马，马也，曰白者不定所白[26]，忘[27]之而可也。"

"白马者，言白，定所白也[28]。定所白者，非白也。马者，无去取于色[29]，故黄、黑皆所以应[30]；白马者，有去取于色，故黄、黑马皆所以色去[31]。故唯白马独可以应耳。无去者，非有去[32]也，故曰白马非马。"

（谭业谦：《公孙龙子译注》，北京，中华书局，1997。）

【注释】

[1]命：通"名"，命名，称呼。

[2]也：通"耶"，表示反问的语气词。

[3]白之：以白称其颜色的马。

[4]致：给予。

[5]乃：就是。

[6]一：相同。

[7]如：给予。

[8]相非：不相同。明：明显。

[9]审：明白，清楚。

[10]以：以为，认为。

[11]固：本来。

[12]如已：而已。

[13]取：求取。

[14]白者：以白命名其颜色的马，即白马。

[15]与：结合。

[16]未与白：还没有与白结合。

[17]复名：由两个概念结合所构成的复合名称。

[18]以：以为。

[19]异：不同于。

[20]异：区分，区别。

[21]飞者：飞鸟。"飞者入池"和"棺椁异处"都是论主用来诘难对方看法有悖常理的譬喻。

[22]悖言乱辞：有悖常理而逻辑混乱的言辞。

[23]离：脱离。谓：说法。本句意为脱开了白色对马的限定的一种说法。

[24]故：先，指上文"有白马不可谓无马"句，即以有白马为有马。独：仅，只是。以：凭借。

[25]以：此。

[26]定：限定。白：指某一或某种颜色的马。

[27]忘：不顾及。

[28]白定所白：被某一白色物体所限定的白。

[29]无去取于色：对颜色没有去彼取此的选择。

[30]所以：可以。应：认为是。

[31]去：排除。

[32]去：通"取"。

【解读】

公孙龙的"白马非马"论也是在当时被传播得较广的学说。《公孙龙子·迹府》开门见山地直奔"白马非马"这一主题："素闻先生高谊，愿为弟子久，但不取先生以白马非马耳。请去此术，则穿请为弟子。"对这一看似恭谨的挑战之举，公孙龙当然也以他一贯巧妙的论辩之术予以应对，最终使得孔穿"无以应"，"白马非马"论也因此而流传下来，成为中国古代思想史上的著名命题。

选文的核心是公孙龙欲以正名之术证明马非马，而要想证明这一点，就要先从白马非马论起。他先说明马的名中是没有表现颜色的，而"白马"则是有色的，所以"白马"比"马"多了"白"，而如果将"白马"与"马"等同，那就等于"白"不存在了，所以二者是不能等同的。接下来公孙龙又用白马非黄马来论证：黄马当然不是白马,如果白马是马,那与它对立的概念黄马就不是马了,这样推证下去,赤马、黑马都不是马,那马就是"非马"了。"非马"并不等于无马,所以当客质问"天下无马,可乎"时,公孙龙答辩道,天下虽无无色之马,却不可谓无马,因为无马那就黄马白马都没有了。马一定有颜色,所以天下有白马、黄马,求马的话白马、黄马都是可以的。白马不是黄马、黑马,那么在天下之马中,说到白马不是黄马,也就是在说白马非马了。如果白马非马这一点确定了的话,白马是有颜色的马,其余的马也都是有颜色的马,白马作为有颜色的马非马,其余有颜色的马也都非马了。所以,马者非马,这并不等同于无马。天下并不是无马,但竟然不能有适合于马之名者,可见名实之难了。

也就是说,公孙龙的方法是以马喻白马之非马,再以白马喻马之非马;所谓"以白马喻马之非马",是指以白马非马,喻马亦非马。这也就是《庄子·齐物论》中所提到的"以马喻马之非马"①。公孙龙的论辩中有将概念有意混淆的做法,所以也被人视为诡辩,《庄子·天下篇》就评价他"饰人之心,易人之意,能胜人之口,不能服人之心"②。但公孙龙在逻辑学和概念分析上确实做出了独特的贡献。

三、阅读思考

1. 你对"白马非马"的问题是怎样理解的?

2. 试着仿照"白马非马"的理论,将现实中的其他事物用这一模式来进行论证。

3. 你认为名家的"名"在公孙龙的学说中是怎样表现出来的?

4. 你认为邹衍和庄子对公孙龙的批评是否有道理?说说你的看法。

四、拓展阅读

1. 王琯:《公孙龙子悬解》,北京,中华书局,1992。

2. 谭戒甫:《公孙龙子形名发微》,北京,中华书局,1963。

第七节 《吕氏春秋》

一、常识举要

(一)杂家

杂家的学派构成与大多数先秦诸子有很大的不同,《汉书·艺文志》称:"杂家者流,盖出于议官。兼儒、墨,合名、法,知国体之有此,见王治之无不贯,此

---

① [晋]郭象注,[唐]成玄英疏:《庄子注疏》,37 页,北京,中华书局,2011。

② [晋]郭象注,[唐]成玄英疏:《庄子注疏》,574 页,北京,中华书局,2011。

其所长也。"①从中可见杂家兼有各家之长，诸子的书不能名为一家的都可列于杂家。《汉书·艺文志》共收录杂家 20 家，其中大多都已亡佚，留存至今的仅有《吕氏春秋》与《淮南子》。

(二)吕不韦

《汉书·艺文志》在解释《吕氏春秋》的由来时说："秦相吕不韦辑智略士所作。"②古时诸侯门下的宾客将自己所进的作品汇集成书后题上诸侯之名是常见的事情，《吕氏春秋》的成书年代正是在吕不韦当年最为显赫的时候。

吕不韦(？—前 235 年)，卫国濮阳(今河南濮阳西南)人。他原为阳翟(今河南禹州)的大商贾，后因经商来到赵国，遇到了当时在赵国当人质的秦孝文王的庶子子楚——"奇货可居也"(《史记·吕不韦列传》)，于是便与子楚亲善，并为其规划了日后助其回到秦国谋取地位的前景，子楚表示感激，愿给吕不韦以丰厚回报。当时秦孝文王还未即位，称太子安国君，他所宠爱的华阳夫人无子，了解到这一情况的吕不韦来到秦国，用重金打通门路，得到了华阳夫人的信任，使她收子楚为养子。吕不韦娶了一名邯郸的擅长歌舞的姬妾，在一次酒宴上，子楚见到她很是喜欢，便向吕不韦请要，吕不韦初时愤怒，但转念想到自己已在子楚身上做了政治投资，便慷慨应许。赵姬生下一子后被立为夫人。几年后，秦昭王死去，太子安国君即位，即秦孝文王，华阳夫人为王后，子楚被立为太子。一年后，秦孝文王便死了，子楚随即登上王位，为秦庄襄王，吕不韦则成为秦国丞相，被封为文信侯，食禄十万户。

秦庄襄王在三年后去世，他的儿子太子政即位，这就是后来的秦始皇。新王年少，即位后尊吕不韦为相国，号称"仲父"，吕不韦权倾朝野。太后与吕不韦私通，随着秦王渐渐长大，吕不韦恐怕事发累及自己，便将嫪毐送入宫中取悦太后。几年后嫪毐野心膨胀，与太后密谋杀秦王以代之，秦王察觉后大为震怒，将事件相关人员一一加以清算，吕不韦也被牵连其中。因劳苦功高、众人说情，于是他未被处决，只是在罢免后回到封地隐居。因吕不韦门客众多，名声又大，秦王忌惮，便发来书信加以质问，吕不韦自忖终不能免除猜忌，恐怕还会被诛杀，于是饮鸩而死。

(三)《吕氏春秋》

战国末年，魏国信陵君、楚国春申君、赵国平原君、齐国孟尝君四公子的名号响彻天下，他们都收容了大量门客。吕不韦被拜为秦相后，也不甘落后，他尽招天下辩士，厚待他们，将他们的作品集为《十二纪》《八览》《六论》约 20 万言，自以为备天地万物古今之事，名之为《吕氏春秋》。书成后吕不韦让人将之悬挂在咸阳市门上，上悬千金，请所有人观看，并称能增损一字的便可得千金，一时间吕

---

① [汉]班固：《汉书》，1742 页，北京，中华书局，1962。
② [汉]班固：《汉书》，1741 页，北京，中华书局，1962。

氏名声大噪。

  《吕氏春秋》分三部分，篇目如下：《十二纪》包括《孟春纪》《仲春纪》《季春纪》《孟夏纪》《仲夏纪》《季夏纪》《孟秋纪》《仲秋纪》《季秋纪》《孟冬纪》《仲冬纪》《季冬纪》，每纪 5 篇，共 60 篇；《八览》包括《有始览》7 篇、《孝行览》8 篇、《慎大览》8 篇、《先识览》8 篇、《审分览》8 篇、《审应览》8 篇、《离俗览》8 篇、《恃君览》8 篇，共 63 篇；《六论》包括《开春论》《慎行论》《贵直论》《不苟论》《似顺论》《士容论》，每论 6 篇，共 36 篇。其中，《八览》应原为全书之首，所以《吕氏春秋》又称《吕览》。

  《吕氏春秋》对春秋末年以来先后出现的各家学说均有所反映并有所综合，不过就全书思想倾向而言，还是主要体现了道家与儒家思想的融合，并以道家思想为主。《吕氏春秋》不仅是先秦各派学说的论著汇编，也是理论散文最早的总集。文章一个很大的特点就是每篇结构首尾一贯，条理清楚。语言虽朴实简练，但由于大量地以历史事实或寓言故事为说理的手段，也具有一定的形象性和文学色彩。

二、原典选读

《吕氏春秋》(节选)

察 今

  上胡不法先王之法[1]，非不贤[2]也，为[3]其不可得而法。先王之法，经乎上世而来者也，人或益之，人或损[4]之，胡可得而法？虽人弗损益，犹若[5]不可得而法。东、夏之命[6]，古今之法，言异而典[7]殊，故古之命多不通乎今之言者，今之法多不合乎古之法者。殊俗[8]之民，有似于此。其所为欲同[9]，其所为欲异[10]。口惛之命不愉[11]，若舟车衣冠滋味声色之不同，人以自是，反以相诽[12]。天下之学者多辩，言利辞倒[13]，不求其实，务以相毁，以胜为故[14]。先王之法，胡可得而法？虽可得，犹若不可法。凡先王之法，有要[15]于时也，时不与法俱至。法虽今而至，犹若不可法。故择[16]先王之成法，而法其所以为法。先王之所以为法者何也？先王之所以为法者人也。而己亦人也。故察己则可以知人，察今则可以知古，古今一也[17]，人与我同耳。有道之士，贵以近知远，以今知古，以益所见，知所不见。故审堂下之阴，而知日月之行、阴阳之变[18]；见瓶水之冰，而知天下之寒、鱼鳖之藏也；尝一脔肉[19]，而知一镬之味、一鼎之调[20]。

  荆人[21]欲袭宋，使人先表澭水[22]。澭水暴益[23]，荆人弗知，循表[24]而夜涉，溺死者千有余人，军惊而坏都舍[25]。向其先表之时可导[26]也，今水已变而益多矣，荆人尚犹循表而导之，此其所以败也。今世之主，法先王之法也，有似于此。其时已与先王之法亏[27]矣，而曰"此先王之法也"而法之以为治，岂不悲哉？故治国无法则乱[28]，守法而弗变则悖[29]，悖乱不可以持国[30]。世易时移，变法宜矣。譬之若良医，病万变，药亦万变。病变而药不变，向之寿民，今为殇子[31]矣。故凡举事必循法以动，变法者因时而化。若此论则无过务[32]矣。

夫不敢议法者，众庶[33]也；以死守[34]者，有司[35]也；因时变法者，贤主也。是故有天下七十一圣[36]，其法皆不同，非务相反也，时势异也。故曰良剑期乎断[37]，不期乎镆铘[38]；良马期乎千里，不期乎骥骜[39]。夫成功名者，此先王之千里也。楚人有涉江者，其剑自舟中坠于水，遽契其舟[40]曰："是吾剑之所从坠。"舟止，从其所契者入水求之。舟已行矣，而剑不行，求剑若此，不亦惑乎？以此故法为[41]其国与此同。时已徙矣，而法不徙，以此为治，岂不难哉？有过于江上者，见人方引[42]婴儿而欲投之江中，婴儿啼。人问其故，曰："此其父善游。"其父虽善游，其子岂遽[43]善游哉？以此任物[44]亦必悖矣。荆国之为政，有似于此。

（陈奇猷：《吕氏春秋新校释》，上海，上海古籍出版社，2002。）

【注释】

[1]上：君上，国君。胡：何，为什么。法（第一个）：效法。

[2]贤：好。

[3]为：因为。

[4]损：删减。

[5]犹若：还是。

[6]东、夏：东指东夷，夏指华夏，是当时生活在中国境内的不同民族。命：称谓，言语。

[7]典：法令。

[8]殊俗：不同风俗。

[9]其所为欲同：他们所想做的相同。另据谭戒甫、陈奇猷说，"所"字为衍文。

[10]其所为欲异：他们所做的不相同。

[11]口惛（hūn）：惛，通"吻"，口吻，方言。愉：读为"谕"，理解。

[12]诽：毁谤，指责。

[13]言利辞倒：言语锋利，词句颠倒。

[14]以胜为故：以胜过别人为能事。故，事。

[15]要：约，切合。

[16]择：通"释"，放弃。

[17]古今一也：古今制定法令的根据是一致的（都是根据当时人们的情况制定出来的）。

[18]审：察看。阴：日影和月影。变：变化。

[19]脟：通"脔"（luán）。脟肉：切成块的肉。

[20]镬（huò）：锅。鼎：古代烹煮食物的用具，一般是三足两耳。调：调味。

[21]荆人：即楚人。

[22]表：标志，这里为设立标志。滩水：黄河支流，在今山东。

[23]暴：突然。益：通"溢"，指河水上涨。

[24]循表：沿着标志。

[25]而：如，好像。都舍：大房屋。

[26]导：引导，指标志起引导作用。

[27]亏：通"诡"，差异。

[28]乱：动荡不安。

[29]悖：悖谬，逆乱。

[30]持国：执掌国政。

[31]殇子：还未成年就夭折了的人。这两句意为从前被认为可能长寿的人，今天就会变成短命的了。

[32]过务：做错的事。

[33]众庶：众人，百姓。

[34]守：坚守法令。

[35]有司：指官吏，一般官吏都是职有专司的。

[36]有天下：享有天下，为天下之主。七十一（或作"七十二"）：形容其多，并非实指。圣：圣人，指君主。

[37]期：期望，要求。断：斩断。

[38]镆铘（mò yé）：即"莫邪"，古代著名宝剑。

[39]骥骜（ào）：都是古代的千里马。

[40]遽：立刻，迅速。契：通"锲"，刻。契其舟，指在坠剑处的舟上刻上记号。

[41]为：治理。

[42]引：牵引。

[43]遽：就。

[44]任物：处理事物。

【解读】

本文选自《吕氏春秋》卷十五，是《慎大览》中的第八篇，为全书中著名的篇章之一，这篇论说文主要体现了法家的历史进化观。先秦时，孔孟儒家主张法先王，倡导儒法合流的荀子主张法后王，韩非则主张尊今王，选文在反映法家思想的同时，也体现了当时新兴地主阶级要求建立大一统封建中央集权国家的朝气蓬勃的精神。

文章的中心论点是"因时变法"，论点鲜明突出，论述则步步展开。文章首先论证了"先王之法不可法"，为了证明这一点，作者举出了三个理由：第一，先王之法经过长期流传，已"或益""或损"，早非原貌了；第二，解法之人意见不一，

"言异而典殊"，无法遵循；第三，时代已变，法却未变，对当今的需求来说，这样的法已不再适用。综合这几点，作者得出了"世易时移，变法宜矣"的结论，从而阐明了"因时变法"的思想。这种论证带有朴素的唯物主义的色彩。文章在论证过程中有破有立，如"先王之成法不可法"是破，"法其所以为法"是立。作者在论证中边破边立，破立结合，论辩有力。为了更好地证明论点，文中还穿插了荆人袭宋、刻舟求剑、引婴投江三个寓言故事，前两个故事都是说在时间已经推移、情况发生了变化时，仍然泥古不化必然会招致失败；第三个故事则是说客观的对象已发生了变化，但主观方面仍然保持着陈旧的眼光，这也会因不能适应客观变化而产生失败。

文章不仅有对论题的精辟论证，还有对哲理的生动阐发。"故察己则可以知人，察今则可以知古""有道之士，贵以近知远，以今知古，以所见知所不见"，这些句子都具有宝贵的思辨色彩。还有一些警句，如"审堂下之阴，知日月之行""尝一脟肉，而知一镬之味、一鼎之调""良剑期乎断，不期乎镆铘；良马期乎千里，不期乎骥骜"等，既形象又精警，发人深省。

选文语句工整，语气明快，围绕中心反复申说，有论有断，有说理，有比方，更有寓言故事的穿插，使文章显得气势充沛，摇曳多姿，活泼有致，读来毫无枯燥之感。

三、阅读思考

1. 你认为"杂家"的"杂"应怎样理解？
2. 读完《察今》后，试着分析本篇都出现了哪些学派的思想。
3. 简要分析《吕氏春秋》的语言风格。
4. 找出本篇中被后人引用的成语。

四、拓展阅读

1. 陈奇猷：《吕氏春秋新校释》，上海，上海古籍出版社，2002。
2. 王晓明：《吕氏春秋通诠》，南昌，江西人民出版社，2010。
3. 许维遹：《吕氏春秋集释》，北京，中华书局，2009。

第六章　文　学

第一节　文学概说

一、"文学"概念的变迁

"文学"是中国古代文论中一个重要的、基础性的概念。郭绍虞在《文学观念与其含义之变迁》一文中将文学观念演进期分为三个阶段：周秦时期"文学"兼有文章、博学二义；两汉时则开始把"文"和"学"以及"文学"和"文章"分别而言，"文学"虽仍含有学术的意义，但"文"和"文章"已专指辞章而言；魏晋南北朝时，"文学"从其他学术中独立出来，而"文学"内部更进一步有了"文""笔"之分。虽然有学者驳斥了这一观点，但大体上看，郭氏的总结还是得到了学界的认可。

"文学"一词最早见于《论语·先进》。"德行：颜渊，闵子骞，冉伯牛，仲弓。言语：宰我，子贡。政事：冉有，季路。文学：子游，子夏。"文后注文曰："若文章博学，则有子游、子夏二人也。"[①]郭绍虞引了这段话作为对文学的解释。他在《文学观念与其含义之变迁》中说："大抵初期的文学观念，亦即最广义的文学观念；一切书籍，一切学问，都包括在内。"[②]他在《中国文学批评史》中进一步说："所谓'文学'云者，偏于学术可知。故邢氏所谓文章、博学，并非分文学为二科，实以孔门所谓'文学'，在后世可分为文章、博学二科者，在当时必兼此二义也。是则'文学'之称，虽始于孔门，而其义与今人所称的文学不同。"[③]显然，郭绍虞意识到了"文章""博学"是后起的观念，而不是先秦本来的观念。

《论语义疏》成书于南朝梁武帝年间，其中皇侃引范宁注"四科"之语云："德行，谓百行之美也。四子俱虽在德行之目，而颜子为其冠也"；"言语，谓宾主相对之辞也。政事，谓治国之政也"；"文学，谓善先王典文"。皇侃又解释了四科次第，曰："四科次第，立德行为首，乃为可解。而言语为次者，言语，君子枢机，为德行之急，故次德行也。而政事是人事，则比言语为缓，故次言语也。文学指

---

① 《十三经注疏》整理委员会：《十三经注疏·论语注疏》，143页，北京，北京大学出版社，1999。
② 郭绍虞：《照隅室古典文学论集》，89页，上海，上海古籍出版社，1983。
③ 郭绍虞：《中国文学批评史》，21页，北京，商务印书馆，2010。

是博学古文，故比三事为泰，故最后也。"①从这里可以看出，"文学"的意思是"善先王典文"，即"博学古文"。后世的注疏大体不离皇侃之说，如韩愈的《论语笔解》、陈澧的《东塾读书记》等。至于落实"先王典文"的具体所指，则如杨伯峻所言，"指古代文献，即孔子所传的《诗》《书》《易》等"②，进一步将"古文"具体化为《诗》《书》《易》等经书，不出诗书博学和礼乐两端。

考察漫长而繁复的演进过程，我们对"文学"概念大致可以有如下简括的认识。

首先，像其他中国古代文论中的概念一样，"文学"也是一个弹性极大的概念。汉代以后，"文章、博学"的内涵、外延在各个时代不尽相同，甚至颇有差异。就"文章"而言，在"广泛意义上的写作才能"这个意旨下，西汉偏指辞赋和应用之文，东汉后期则加入了五言诗。随着词等俗文学的发展，文学偶尔也涵盖到俗文学。就"博学"而言，主要指经学或儒学，但后来又加入了史学等专门之学。在内涵基本稳定的情况下，概念外延的层累叠加是中国古代文论概念的重要特征，"文学"并不例外。

其次，"文学"概念本身存在着多层面和多层次的内涵，至少包括以下几个方面：第一，职官；第二，担任此职官的人员；第三，与此职官、人员相适应和联系的才能，特别是与之相关的文体。这三方面的内涵相互关联、影响，与国家文书写作制度、史官制度、选官制度、图书典藏制度密切结合，共同构成了"文学"的核心内涵，这些制度所涉及的人员则成为历代文苑传、文学传、文艺传收录的主体。与此同时，以上几方面的内涵在不同时代均有所变化，而这些制度就构成了影响文学概念变化的重要因素。

最后，中国古代典籍中的"文学"是"杂文学"。直到晚清西学东渐，中国的"文学"才受到所谓"纯文学"的影响。1905 年，京师大学堂的学制变化则对推广"纯文学"观念起到了重要作用。

今天所用的"文学"概念，是从日本引进的。鲁迅在《门外文谈》中说："用那么艰难的文字写出来的古语摘要，我们先前也叫'文'，现在新派一点的叫'文学'，这不是从'文学子游子夏'上割下来的，是从日本输入，他们的对于英文 Literature 的译名。"③但是，自这个概念输入以来，学界始终存在着对"纯文学"与"杂文学"、"理智文学"与"感情文学"等的争论，一直到 20 世纪末，争论还在持续。一般来说，我们对"文学"的理解包括两个层面：其一，指以语言文字作为物质手段而具有审美价值、能给人以美感的作品；其二，指具有社会的审美意识形态性质的、凝聚着个体体验的、沟通人际的情感交流的语言艺术。在现代学术分类中，文学与史学、哲学鼎立，是重要的人文社会科学中的一大学科门类。

---

① [梁]皇侃：《论语义疏》，267～268 页，北京，中华书局，2013。
② 杨伯峻：《论语译注》，110 页，北京，中华书局，1980。
③ 鲁迅：《门外文谈》，33 页，北京，人民出版社，1974。

二、文学文献

所谓"文学文献",指关于文学的文献,或作品,或评论,或研究,或记述,凡与文学相关者,都归于此。

经、史、子、集四部分类法是一种行之一千余年的中国古典图书目录分类法。其中,"集部"就主要著录文学文献。《四库全书总目·集部总叙》云:"集部之目,楚辞最古,别集次之,总集次之,诗文评又晚出,词曲则其闰余也。"①分集部为楚辞、别集、总集、诗文评、词曲五类。

(一)别集

别集,是相对总集而言的,指收集一个作家部分或全部作品的个人作品集。

汉代以前,文人的作品,除思想性、理论性的著述外,像辞赋箴铭之类,都是散篇流传。因此,《后汉书·文苑列传》述文士作品,多提其篇数,而不言其有集。后汉以降,文人创作日多,文体渐繁,于是出现了集子。

《四库全书总目·集部总叙》述"集之小史"云:"古人不以文章名,故秦以前书无称屈原、宋玉工赋者。洎乎汉代,始有词人,迹其著作,率由追录。故武帝命所忠求相如遗书,魏文帝亦诏天下上孔融文章。至于六朝,始自编次,唐末又刊版印行。夫自编则多所爱惜,刊版则易于流传。四部之书,别集最杂,兹其故欤!"②

《隋书·经籍志》和《四库全书总目·别集类叙》都认为集始于东汉。《四库全书总目·别集类叙》云:"集始于东汉。荀况诸集,后人追题也。其自制名者,则始张融《玉海集》。其区分部帙,则江淹有《前集》,有《后集》;梁武帝有《诗赋集》,有《文集》,有《别集》;梁元帝有《集》,有《小集》;谢朓有《集》,有《逸集》;与王筠之一官一集,沈约之《正集》百卷,又别选《集略》三十卷者,其体例均始于齐梁。盖集之盛,自是始也。"③但是,也有学者提出,西汉刘向在整理群书时已有别集。如张舜徽在《四库提要叙讲疏》中提出:"当时无'集'之名,而有'集'之实。"④南朝梁阮孝绪在《七录》中"文集录"之下立有"别集"之目。此后,历代书目几乎都设立了"别集"类。

别集无论是作者编的,还是他人编的,其编排体例均分为分类、分体、编年三种。所谓"分类",指按作品的内容来分类编排,宋人喜欢类编别集,如《门类增广十注杜工部诗》25 卷,今存宋刊残本 6 卷,类别有纪行、述怀、居室、邻里、题人等。所谓"分体",指按作品的体裁或文体来编排,如清人王琦所注《李太白文集》36 卷,是按古赋、古诗、乐府、序文、记颂赞、铭碑祭文等体裁编排的。宋

---

① [清]永瑢等:《四库全书总目》,1267 页,北京,中华书局,2003。
② [清]永瑢等:《四库全书总目》,1267 页,北京,中华书局,2003。
③ [清]永瑢等:《四库全书总目》,1271 页,北京,中华书局,2003。
④ 张舜徽:《四库提要叙讲疏》,140 页,昆明,云南人民出版社,2005。

人李壁的《王荆公诗集笺注》是按古诗、律诗两大诗体编排的。所谓"编年",指按作品写作年代顺序来编排,如邓广铭的《稼轩词编年笺注》。在编年的别集中还有一种情况,就是部分作品编年,部分作品因具体写作年代不清故不编年。如陈铁民的《王维集校注》分为编年诗、未编年诗、编年文、未编年文四大类型。

别集作为重要的古典文学文献形式有很重要的价值。首先,别集数量特别多。如《四库全书总目提要》集部提要共 52 卷,其中别集(包括存目)占到 37 卷,该书共著录历代别集 961 部 18038 卷,历代别集存目 1568 部 16439 卷,而历代实际保存的别集数量大大高于此数,这无疑是一座巨大的文学宝库。其次,别集包括了一个作家现存的部分或全部作品,在相当多的序跋书札中保存了作家的文学评论、文艺思想、交游活动等方方面面的信息,还包括同时代人的信息等,这些都是研究某一作家的生平、背景、思想、成就的主要依据。再次,别集有助于了解和研究作者所处时代的政治、经济、文化、社会等多方面的情况。最后,别集还是一些总集、丛书编纂的基础。

(二)总集

总集是汇集两人以上的作品的合集,可以包括一个朝代(断代)和多个朝代(通代)的作品,也可以包括一种体裁和多种体裁的作品。一般来说,古代的总集多为诗、文合集。

"总集"的名称起源于南朝梁阮孝绪的《七录·序目》。三国时魏文帝曹丕曾编过总集——《建安七子集》,但在当时没有流传开来。在中国古典文献学史上,早期影响较大的诗文总集是晋人挚虞编的《文章流别集》。《隋书·经籍志》云:"总集者,以建安之后,辞赋转繁,众家之集,日以滋广,晋代挚虞,苦览者之劳倦,于是采摘孔翠,芟剪繁芜,自诗赋下,各为条贯,合而编之,谓之《流别》。是后文集总钞,作者继轨,属辞之士,以为罩奥,而取则焉。"①

《四库全书总目·总集类叙》云:"文籍日兴,散无统纪,于是总集作焉。一则网罗放佚,使零章残什,并有所归;一则删汰繁芜,使莠稗咸除,菁华毕出。是固文章之衡鉴,著作之渊薮矣。《三百篇》既列为经,王逸所袁又仅《楚辞》一家,故体例所成,以挚虞《流别》为始。其书虽佚,其论尚散见《艺文类聚》中,盖分体编录者也。《文选》而下,互有得失。至宋真德秀的《文章正宗》,始别出谈理一派,而总集遂判两途。然文质相扶,理无偏废,各明一义,未害同归。惟末学循声,主持过当,使方言俚语,俱入词章,丽制鸿篇,横遭嗤点,是则并德秀本旨失之耳。今一一别裁,务归中道,至明万历以后,佥魁渔利,坊刻弥增,剿窃陈因,动成巨帙,并无门径之可言。姑存其目,为冗滥之戒而已。"②这可以说是一篇"总集小史"。这里特别强调了总集"网罗放佚""删汰繁芜"的两大功绩,很值得注意。

---

① [唐]魏徵、令狐德棻:《隋书》,1089~1090 页,北京,中华书局,1973。
② [清]永瑢等:《四库全书总目》,1685 页,北京,中华书局,2003。

现存最早的一部文学总集是南朝梁武帝的长子萧统编的《文选》。这部总集共收录了周代至六朝约 800 年间 130 位知名作者和少数佚名作者的作品 700 多篇，分为 38 类，大致为诗、赋、文几部分。《文选》的重要意义在于，编者有意识地将"经""史""子"和"文"区别开来，把经、史、子部文献排除在文学文献之外，只保留了史书中有文采的史论和史述赞。《文选》为后世总集的编纂提供了一种范式。

现存的古代史志书目中，《隋书·经籍志》最先立"总集"类，共著录总集 147 部，2113 卷。以后正史的"艺文志"都有"总集"，并著录了各朝代的许多总集。

总集大致可以分成以下几类。

其一，通代的有选择地编纂多种体裁作品的总集。如《文选》《文苑英华》《古文辞类纂》等。

其二，断代的有选择地编纂多种体裁作品的总集。如《唐文粹》《宋文鉴》等。（《唐文粹》《宋文鉴》兼收诗赋文，不仅仅是狭义的"文"，延续了《文选》以来总集的旧例。）

其三，通代的不加选择地专门编纂一种体裁全部作品的总集。如《全上古三代秦汉三国六朝文》。类似总集还有现代学者逯钦立编的《先秦汉魏晋南北朝诗》等。

其四，断代的不加选择地专门编纂一种体裁全部作品的总集。如《全唐文》《全唐诗》《全宋词》等。

其五，通代的有选择地专门编纂一种体裁作品的总集。如《玉台新咏》《乐府诗集》《词综》等。

其六，断代的有选择地专门编纂一种体裁作品的总集。如《宋诗钞》《明诗综》等。

其七，按作者地域群体或宗派关系编纂的作品总集。如《西昆酬唱集》《花间集》《瀛奎律髓》《闽中十子书》《唐宋八大家文钞》《苏门六君子文粹》《吴都文粹》《粤西诗载》《河汾诸老诗集》等。

第二节 《楚辞》

一、常识举要

(一)"楚辞"

"楚辞"这一名称约出现在汉武帝之前。《史记·酷吏列传》言："庄助使人言买臣，买臣以《楚辞》与助俱幸，侍中，为太中大夫，用事。"[1]这是现在可知的最早提及"楚辞"的文献资料。

就文学体裁而言，"楚辞"是指战国时期楚国诗人屈原所创造出来的一种诗歌

---

① [汉]司马迁：《史记》，3143 页，北京，中华书局，1959。

形式。以屈原的诗歌为代表的《楚辞》是继《诗经》之后中国诗歌发展史上的第二个里程碑，它《诗经》共同构成了中国文学发展的两大源头。

此外，"楚辞"也曾用来指屈原等人的作品。《楚辞章句》所收宋玉《九辩》篇的序说："宋玉者，屈原弟子也。闵惜其师忠而放逐，故作《九辩》以述其志。至于汉兴，刘向、王褒之徒咸悲其文，依而作词，故号为'楚词'。"①意思是说楚辞之名只是用来指宋玉等人模仿屈原作品并为屈原而写的作品。《楚辞章句》中收录的作品，凡被认为是屈原所作，题下均注为《离骚》；凡被认为别人为屈原而作的，则注为《楚辞》。所以，有学者提出，在汉代，"楚辞"有两种含义：一种是只用来指称战国至汉代辞人为屈原而写的作品；另一种是把屈原自己的作品也包括在内，即以屈原为主的一些楚国辞人所创作的作品。被后世人普遍接受的是第二种说法。

楚辞这种诗歌形式从语言、声调到涉及的名物都具有浓厚的楚国地方色彩。如宋黄伯思的《校定楚辞序》说："屈宋诸骚，皆书楚语、作楚声、纪楚地、名楚物，故可谓之楚词。"②其中，六字句和五字句（不算语气词"兮"）的句式比较典型，许多长短不齐的句子穿插其中，突破了《诗经》以四言为主的样式，增强了诗句的表现力。在句尾和句中大量使用语气词"兮"字，虽无实际意义，但对诗歌的旋律、节奏起到重要的调节作用，而"兮"字在句中位置的变化，也显示了楚辞由乐歌形式到吟诵形式的发展演变。

光辉灿烂的楚辞既是造就于楚地的独特的美学气质和文化传统，也是南北文化合流的产物。首先，楚辞的产生与楚地原始神话和巫觋、工祝的有关宗教活动有着密切联系；其次，楚辞的产生与楚地的乐曲和民歌有着密切联系；最后，楚辞不可避免地受到《诗经》的影响。

楚辞对后世文学的影响极其深远，不仅直接开启了汉代辞、赋的时代，而且从汉魏时期开始，一直到清代，几乎每代都有拟作。楚辞对诗歌的影响尤其巨大，郑振铎先生曾热情地赞美说："他们变更了健劲而不易流转的四言格式，他们变更了纯朴短促的民间歌谣，他们变更了教训式的格言诗，他们变更了拘谨素质的作风。他们大胆地倾怀地诉说出自己抑郁的情绪；从来没有人曾那样地婉曲入微，那样地又直挚，又美丽地倾诉过。"③

(二)《楚辞》

《楚辞》是继《诗经》之后中国文学史上又一部诗歌总集，一般认为是刘向编辑和定名的。《四库全书总目》说："裒屈宋诸赋，定名《楚辞》，自刘向始也。……初，刘向裒集屈原《离骚》《九歌》《天问》《九章》《远游》《卜居》《渔父》，宋玉《九辩（辩）》《招魂》，景差《大招》，而以贾谊《惜誓》，淮南小山《招隐士》，东方朔《七

① ［汉］王逸：《楚辞章句》，176 页，上海，上海古籍出版社，2017。
② ［宋］黄伯思：《宋本东观余论》，344 页，北京，中华书局，1988。
③ 郑振铎：《中国文学史》，36 页，长春，吉林出版集团有限公司，2016。

谏》，严忌《哀时命》，王褒《九怀》及向所作《九叹》，共为《楚辞》十六篇。"①意思是说，刘向把屈原的作品以及从战国到汉代的其他"承袭屈赋"的楚辞作家如宋玉、淮南小山等人创作的作品编成一部总集——《楚辞》。

关于《楚辞》的成书问题，学界颇有争议。班固在《汉书·地理志下》中说："始楚贤臣屈原被谗放流，作《离骚》诸赋以自伤悼。后有宋玉、唐勒之属慕而述之，皆以显名。汉兴，高祖王兄子濞于吴，招致天下之娱游子弟，枚乘、邹阳、严夫子之徒兴于文、景之际。而淮南王安亦都寿春，招宾客著书。而吴有严助、朱买臣，贵显汉朝，文辞并发，故世传《楚辞》。"②依从班固的说法，又参照褚斌杰先生的观点，我们认为：最初学习和传承屈原的作品的是宋玉等楚国的文人。先秦古籍遭秦火而散亡后，至汉兴之时，先是汉初吴王刘濞文学集团，汇聚辞赋之士，学习楚辞，使楚辞部分作品得以保存。接着是淮南王刘安集团接受了庄助、朱买臣和刘安等的递次进献，诸多流传和藏于个人手中的楚辞作品，得以汇存于宫廷之中。正是这样，司马迁作为太史公，才有条件和机会读到屈原作品。到了西汉晚期成帝时，又有一次收集天下遗书的活动，使谒者陈农"求遗书于天下"（《汉书·艺文志》），又诏光禄大夫刘向加以校定进呈。据载，刘向每校一书，都要参考所能见到的许多本子，辨伪存真，校订讹误，然后杀青缮写，作为定本保存。

《楚辞》这部书的原始面貌如今已经看不到了。我们今天读到的多是东汉王逸所著《楚辞章句》。《楚辞章句》是一部注释《楚辞》的书。王逸，字叔师，南郡宜城人，东汉顺帝时官至侍中，事迹据《后汉书·文苑列传》可考。王逸以刘向所辑《楚辞》16 卷为底本，"又益以己作《九思》，与班固二叙为十七卷，而各为之注"③。王逸为书中各篇写了叙文，说明他所理解的篇章背景和命意。注中往往加入了个人见解，也常常罗列诸家之说。其言"或曰"之文，就是吸收了班固、贾逵、刘向、扬雄等人的见解的。《楚辞章句》是现存完整的《楚辞》注本中最早的、最接近屈原生活时代的注本，至今仍是研究《楚辞》的起点，堪称研究《楚辞》中最重要的一部书。

（三）屈原

屈原（约前 340—约前 278 年），名平，字原。战国时期著名的政治家、文学家。

关于屈原的生平，聚讼纷纭。有关屈原的最早记载是《史记·屈原贾生列传》。此外，刘向的《新序·节士》略记了屈原的生平活动；贾谊的《吊屈原赋》、东方朔的《七谏》、班固的《离骚叙》、王逸的《楚辞章句》，亦兼及屈原的某些事迹。这些史料的参考价值有所不同，但可参考。

---

① ［清］永瑢等：《四库全书总目》，1267 页，北京，中华书局，2003。
② ［汉］班固：《汉书》，1666 页，北京，中华书局，1962。
③ ［清］永瑢等：《四库全书总目》，1267 页，北京，中华书局，2003。

按照司马迁的记载，屈原与楚王同姓，是楚国公族。楚怀王起初很信任屈原，"为楚怀王左徒。博闻强志，明于治乱，娴于辞令。入则与王图议国事，以出号令；出则接遇宾客，应对诸侯"。后来，屈原遭上官大夫等人诉陷，被楚怀王疏远，不再担任左徒之职。其间，屈原至齐国，张仪承诺"割商于之地六百里"，诱骗楚怀王与齐国断交，引发秦、楚多次战争，楚国兵败、失地，楚国同时又受到其他诸侯国的攻击，国势逐渐衰落。再后来，"秦昭王与楚婚，欲与怀王会"，屈原劝阻怀王"秦虎狼之国，不可信，不如毋行"，怀王稚子子兰却劝怀王去，"奈何绝秦欢"，楚怀王入武关后被扣留，最终客死于秦。楚怀王长子顷襄王即位，以其弟子兰为令尹。子兰因与屈原有隙，唆使上官大夫在顷襄王面前进谗言，顷襄王"怒而迁之"，屈原遭到流放。最终，屈原对楚国政治感到绝望，自沉于汨罗江。①

关于屈原被放逐的问题，学界也有颇多争议。游国恩先生在《论屈原之放死及楚辞地理》一文中认为屈原一生被放逐过两次。"屈原之放，前后凡两次：一在怀王朝，一在顷襄王朝。怀王时放于汉北，顷襄王时放于江南。汉北之放盖尝召回；江南之迁一往不返。"②陆侃如先生在《屈原评传》中亦曾用"初放""再放"来叙说屈原的生平。流放两次的说法主要的依据是汉刘向的《新序·节士》，但刘向的说法与司马迁的说法相矛盾。从材料的史学价值看，《史记》更为可信。只是《史记》中"屈平既嫉之，虽放流，眷顾楚国，系心怀王，不忘欲反，冀幸君之一悟，俗之一改也"③这段文字颇有蹊跷之处，使后辈学人产生疑惑。近来，更多的研究者认为屈原一生中被放逐过一次。楚怀王时被疏远，失"左徒"之位，没有被放逐；顷襄王时被放逐，地点为江南的沅湘流域。至于汉北，屈原的确去过，但是"自放"，还是"被放"，抑或是出使齐国时途经，则没有定论。

关于屈原的作品，《汉书·艺文志》录"屈原赋二十五篇"，但没有标出具体篇目。《楚辞章句》也说屈原的作品"凡二十五篇"。篇目有：《离骚》《九歌》《天问》《九章》《远游》《卜居》《渔父》《大招》。《楚辞章句》的《大招·序》说："《大招》者，屈原之所作也。或曰景差，疑不能明也。"④另外，《史记·屈原贾生列传》言："余读《离骚》《天问》《招魂》《哀郢》，悲其志。"⑤司马迁认为《招魂》为屈原的作品，但王逸认为："《招魂》者，宋玉之所作也。"⑥分析现代研究者考证之作，我们基本可以肯定《远游》《卜居》《渔父》《大招》不是屈原的作品。《远游》中有浓重的求仙色彩，还采用了秦时的典故，应出自汉人之手。《卜居》《渔父》后人追述屈原事迹之作。游国恩先生非常肯定地指出《大招》是秦末楚人所作。《九章》中部分诗篇，如《思美

---

① [汉]司马迁：《史记》，2481～2485页，北京，中华书局，1959。
② 游国恩：《楚辞论文集》，64页，上海，古典文学出版社，1957。
③ [汉]司马迁：《史记》，2485页，北京，中华书局，1959。
④ [汉]王逸：《楚辞章句》，223页，上海，上海古籍出版社，2017。
⑤ [汉]司马迁：《史记》，2503页，北京，中华书局，1959。
⑥ [汉]王逸：《楚辞章句》，202页，上海，上海古籍出版社，2017。

人》《惜往日》《橘颂》《悲回风》等，也曾遭到质疑。在证据不是十分充足的情况下，还是肯定《九章》都是屈原所作。这样一来，我们基本可以认定的屈原作品共计 23 篇，即《离骚》(1 篇)、《九歌》(11 篇)、《天问》(1 篇)、《九章》(9 篇)、《招魂》(1 篇)。

司马迁在《史记·屈原贾生列传》中对屈原的作品和人格做出了崇高的评价："其文约，其辞微，其志洁，其行廉，其称文小而其指极大，举类迩而其义远。其志洁，故其称物芳。其行廉，故死而不容自疏。濯淖污泥之中，蝉蜕于浊秽，以浮游尘埃之外，不获世之滋垢，皭然泥而不滓者也。推此志也，虽与日月争光可也。"①我们应该站在民族文化和文学的双重高度上来认识屈原的价值。

首先，屈原独立不迁的人格、上下求索的精神垂范后世。屈原坚持真理、九死未悔的斗争精神，为后世历代仁人志士所效法；屈原所保持的理性批判态度，有着烛照未来的意义；屈原忧愤深广的情怀，为了理想顽强不屈、至死不渝的精神突破了传统儒家的为人处世的原则，为中国传统文化增加了一种深沉的刚烈之气。

其次，屈原开创了由集体歌唱到个人独立创作的新纪元，他是我国文学史上的伟大的诗人，开创了楚辞这个新的诗歌样式。屈原的作品作为我国浪漫主义的源头，与现实主义的《诗经》双峰并峙，对我国文学的发展产生了极其深远而广泛的影响。

在中华民族几千年的文化史上，尤其是在我们的民族精神汇聚和凝结的过程中，屈原是一块不可或缺的基石！

(四)宋玉

宋玉是继屈原之后著名的楚辞作家，战国时期楚国人。宋玉的辞赋创作承袭屈原而又独具成就，享有很高的文学史地位，人们往往把他与屈原并称。刘勰在《文心雕龙》中评价说："屈宋逸步，莫之能追"(《辨骚》)；"屈平联藻于日月，宋玉交彩于风云"(《时序》)。②

宋玉的生卒年及生平经历都不可确考。现存记载宋玉事迹最早的一条具体材料见于韩婴《韩诗外传》卷七。大致说宋玉曾企图通过友人的推荐去做官，但未受到楚襄王的格外赏识。《史记·屈原贾生列传》说："屈原既死之后，楚有宋玉、唐勒、景差之徒者，皆好辞而以赋见称；然皆祖屈原之从容辞令，终莫敢直谏。"③《汉书·艺文志》是这样说宋玉的："楚人，与唐勒并时，在屈原后也。"④由这两条材料可以推知宋玉、唐勒等人是直接受到屈原影响的同一文学流派的作家，主要

---

① [汉]司马迁：《史记》，2482 页，北京，中华书局，1959。
② 周振甫：《文心雕龙今译》，46、394 页，北京，中华书局，1986。
③ [汉]司马迁：《史记》，2491 页，北京，中华书局，1959。
④ [汉]班固：《汉书》，1747 页，北京，中华书局，1962。

活动在屈原去世之后。王逸在《楚辞章句》中说："宋玉者，屈原弟子也。"[1]这个说法目前不能肯定。另有刘向的《新序》和习凿齿的《襄阳耆旧传》中也有一些内容可作为考据材料。综合起来看，我们大致梳理出以下内容。宋玉出身低微，在楚襄王时期做过官位不高的官。他曾为襄王出谋划策，劝其举贤授能。但襄王只把他视为"词臣"，欣赏他能识音和善属文，却不重视他的意见。还每以他太像屈原那样为国事进谏而厌恶他。晚年时期，宋玉在政治风波中遭到奸佞的谗害，被逐出宫廷，四处流浪，生活十分困顿。他忠君却有才难展，在面临悲惨处境时，他持守高洁，但最后不知所终。

关于宋玉的作品，《汉书·艺文志》载"宋玉赋十六篇"，但未列篇目。王逸《楚辞章句》列《九辩》《招魂》2篇。《昭明文选》列《风赋》《高唐赋》《神女赋》《登徒子好色赋》《对楚王问》《九辩》（五章）、《招魂》7篇。此外，《隋书·经籍志》《唐书·经籍志》《新唐书·艺文志》《古文苑》以及清严可均的《全上古三国六朝文》对宋玉作品都有载录，但争议很大。目前，学界能够确定不疑是宋玉作品的仅有《九辩》。

二、原典选读

《楚辞》（节选）

国 殇

屈 原

操吴戈兮被犀甲[1]，车错毂兮短兵接[2]。旌蔽日兮敌若云[3]，矢交坠兮士争先[4]。凌余阵兮躐余行[5]，左骖殪兮右刃伤[6]。霾两轮兮絷四马[7]，援玉枹兮击鸣鼓[8]。天时怼兮威灵怒[9]，严杀尽兮弃原野[10]。出不入兮往不反[11]，平原忽兮路超远[12]。带长剑兮挟秦弓[13]，首身离兮心不惩[14]。诚既勇兮又以武[15]，终刚强兮不可凌[16]。身既死兮神以灵[17]，魂魄毅兮为鬼雄[18]。

（王泗原：《楚辞校释》，北京，中华书局，2014。）

【注释】

[1]操：手持。吴戈：吴地出产的戈。戈，古代作战用的一种长柄武器，顶端有青铜铸的横刃，可横击和勾援。吴地出产的戈最为锋利精良。被：同"披"，穿着、披挂。犀甲：犀牛皮制造的铠甲。用犀牛皮制甲，取其厚重坚实且不易损坏。此句极言楚军武器装备之精良。

[2]车：指战车。错：交错。毂（gǔ）：车轮中心用来安插车轴的部件，即轴承。古代兵车车轮之轴长露，故在相迫近时，车毂会相互交错。短兵：刀剑之类的短兵器。接：交接，交锋。此句是写敌我双方混战的场面，战斗非常激烈。

[3]旌：一种用羽毛装饰杆头的旗帜。蔽日：遮天蔽日。若云：遍布如云。此

① ［汉］王逸：《楚辞章句》，176页，上海，上海古籍出版社，2017。

句形容敌军人数众多。

[4]矢:箭。交坠:两军相射,箭与箭交相坠落,飞箭密集。士:将士。争先:奋勇向前。此句言战况激烈。

[5]凌:侵犯。余阵:我方战阵,指楚军。躐(liè):践踏,有闯入、冲乱之意。行:战阵的行列。

[6]骖:(cān):古代四马驾车,中间两马称"服",两侧的马称"骖"。左骖:左侧的骖马。殪(yì):死。刃:作动词,刃伤,即被刀剑砍伤。

[7]霾:通"埋"。絷(zhí):绊。此句言两车轮被埋,马也被缰绳绊住,行动不得。古代作战,在激战时,埋轮缚马,表示坚决不退。

[8]援:拿起。玉枹(fú):嵌有玉石的鼓槌。鸣鼓:声音响亮的战鼓。古代作战,以击鼓作为进军、向前冲杀的号令。

[9]天时:指上天。怼(duì):怨。威灵:神灵。此句形容鏖战之激烈、残酷,直杀得惊天动地,天怨神怒。

[10]严:残酷,残忍。尽:净尽,指全军覆没,战死。弃原野:丢弃尸体在原野上。

[11]出不入:指楚国将士出征前就视死如归。反:同"返"。"出不入"与"往不反"互文见义。

[12]忽:荒忽渺茫,形容原野辽阔。超远:遥远。"平原忽"与"路超远"互文见义。

[13]挟:夹在腋下。秦弓:秦地出产的良弓,与上文"吴戈"同谓所持武器之精良。此句说虽死仍未放下武器,表示已战斗到底。

[14]首身离:头被砍落,与身分离。惩:悔惧。心不惩:不悔恨、不戒惧,即死而心不屈服得意思。

[15]诚:诚然,确实。武:指武艺高强。

[16]终:自始至终,到头来。凌:侵犯。

[17]既:已经。神以灵:英雄死后成神而威灵显赫。

[18]毅:刚毅坚强。鬼雄:鬼中得雄杰。

【解读】

《国殇》是《九歌》中的第十篇,是一首祭歌。《九歌》是一组反映古老民俗的祭祀诗,东皇太一是祭祀的主神,往下八位天神、地祇是从祀的对象。而《国殇》祭祀的是人魂,即在秦楚战争中捐躯的楚国将士。

关于"国殇"的含义,名家有不同的解释。"殇",洪兴祖在《楚辞补注》中引《小尔雅》言:"无主之鬼谓之殇。"[1]《说文解字》解释"殇"曰:"殇,不成人也。人年十

---

① [宋]洪兴祖:《楚辞补注》,83页,北京,中华书局,1983。

九至十六死为长殇；十五至十二死为中殇；十一至八岁死为下殇。"①此外，还有"强死"之说。《左传·文公十年》载："三君皆将强死。"孔颖达注曰："强，健也。无病而死，谓被杀也。"②综上所述，"殇"指非善终者。至于"国殇"，通常解释为"谓死于国事者"（洪兴祖《楚辞补注》、戴震《屈原赋注》）。褚斌杰先生从屈原《九歌》所咏祭礼的性质出发，提出了另外一种解释，即"国殇"是指对楚国牺牲将士的公祭。"国"指国祭，是相对于民间的祭典而言的。

全诗共 18 句，可分为以下三个层次。

前四句为第一层，总写战争场面。开篇就描写一场残酷的战斗已进行到十分激烈的程度，军容整肃、装备精良的楚军与敌军相遇了，战车交错，短兵相接，旌旗蔽空，敌若云屯，两军的流矢交互穿射，楚国的士卒毫无畏惧，奋勇向前，争先恐后地与敌人搏斗。

中间六句是第二层，用白描手法进一步交代战斗经过。"凌余阵兮躐余行，左骖殪兮右刃伤"，承接"士争先"而来，是从战士勇往直前的角度叙写的。"凌余阵""躐余行"，犹言"余凌阵""余躐行"。《楚辞》中的句子多有主语倒置于动词之后的现象，如"回朕车"即"朕回车"，"步余马"即"余步马"等。将士冲入敌阵交战，双方厮杀得天昏地暗。但在众寡悬殊的情势下，楚军的战阵被冲破踏乱，连主帅的车马也毁伤被困，左边的骖马被杀，右边的骖马受了刀伤。即便这样，将士仍然不肯后退一步，将战车的两个轮子埋进土里，笼住马缰，"援玉枹兮击鸣鼓"，响亮地雷动战鼓，激励士卒拼杀到底。一时间肃杀之气弥漫战场，直杀得惊天动地、天怨神怒。待杀气散尽，将士全部壮烈牺牲，遍地横陈的尸体静卧荒野。

最后八句是第三层，是对阵亡将士的精神礼赞。"出不入兮往不反，平原忽兮路超远"，将士以视死如归的决心奔赴战场，与敌人奋战到底，把热血和忠魂都埋在了遥远的荒野之中，虽然身首分离，也心无畏惧，毫不屈服，依旧"带长剑兮挟秦弓"，到死都不放下武器，其志至死不渝，真正"伤心惨目之言，俱带锐气"③。汪瑗说："极叙其忠勇节义之志，读之令人足以壮浩然之气而坚确然之守也。"④最后，诗人集中而热烈地颂扬道："身既死兮神以灵，魂魄毅兮为鬼雄。"这是说英雄真是意志刚强，武力超人，浩然之气不可侵夺；他们死后英灵不泯，仍是出类拔萃的雄杰。

就内容而言，《国殇》这部作品有如下问题值得我们思考：诗人为什么要描写一场失败的战争呢？面对将士的捐躯罹难，诗人着力壮写他们死而不屈，而没有什么哀悼的内容，用意何在？

① ［汉］许慎：《说文解字》，85 页，北京，中华书局，1963。

② 《十三经注疏》整理委员会：《十三经注疏·春秋左传正义》，530 页，北京，北京大学出版社，1999。

③ 转引自褚斌杰：《楚辞选评》，185 页，西安，三秦出版社，2004。

④ ［明］汪瑗集解，汪仲弘补辑：《楚辞集解》，138 页，上海，上海古籍出版社，2017。

要理解这些问题,我们先要简单梳理一下《九歌》的结构和作意。有关《九歌》的来源、名称、篇章构成等一系列问题,学界一直存在争论。王逸在《楚辞章句》中说:"《九歌》者,屈原之所作也。昔楚国南郢之邑,沅湘之间,其俗信鬼而好祀。其祠必作歌乐鼓舞以乐诸神。屈原放逐,窜伏其域,怀忧苦毒,愁思佛郁。出见俗人祭祀之礼,歌舞之乐,其词鄙陋。因为作《九歌》之曲。上陈事神之敬,下以见己之冤结,托之以风谏。"①这一说法对后世的影响无疑是非常深远的。

褚斌杰先生提出的一种观点很值得关注。他认为《九歌》原是夏初流传下来的古乐章,是一组享神的带有原始气息的歌舞曲。后被楚地民间所沿袭、吸收,成为祭曲而流行开来,仍保存《九歌》之名。所祭者为楚人崇尚的"东皇太一""山鬼"等九神。楚怀王时期,曾举行过一场特殊的、大规模的"国家祭礼郊祭盛典"(闻一多语),是为了祭祷为国捐躯的楚国将士,也是为了"获福佑,却秦军"。屈原的《九歌》正是为了这次祭典所创作的赋事抒情的组诗。这组诗除保留了楚地流行的祭歌内容之外,又增加了祭赞楚国阵亡将士忠魂的内容,即《国殇》。因此说,《国殇》是《九歌》的高潮,也是这场祭礼的目的所在。它以激越的感情、壮烈的战斗场面描写,歌颂了死于国难的楚国将士的英雄气概。林云铭在《楚辞灯》中言:"故三闾先叙其方战而勇,既死而武,死后而毅。极力描写,不但以慰死魂,亦以作士气、张国威也。"②

楚怀王后期,秦楚战争频繁,从《史记·楚世家》的三处记载来看,楚国总是"兵挫地削"。诗人在《国殇》中不回避战争的失败,并且对战败的场面做了壮烈凛然的描写,很大的一个原因就是诗歌所反映的内容是极残酷、极沉重的楚国的现实。与此同时,诗人祭祷阵亡将士的目的除了哀悼与怀念之外,更重要的是表达一种强烈的复仇决心,并以此激励楚国的士气。按照古人的观念,无辜被杀或凶死者,死后是要复仇的。因此,《国殇》不讳写将士的死况,并着力描写其死而不屈,最后还说"身既死兮神以灵,魂魄毅兮为鬼雄"。王逸在《楚辞章句》中注曰:"言国殇既死之后,精神强壮,魂魄武毅,长为百鬼之雄杰也。"③意思就是,这些先烈的精神不死,魂魄英武刚毅,仍可以继续战斗,成为英雄豪杰。这既是在颂扬先烈,也是在表达复仇之志。

就思想内涵而言,《国殇》通篇贯穿着英雄主义的精神。诗人虽描写了一场失败的战争,但笔调激昂壮烈,悲壮雄沉,以此鼓舞楚国将士奋勇抗敌。篇末既是对阵亡将士的哀思,也是对罹难英魂的礼赞,更是对雪耻复仇的期望。楚国民间一直流传"楚虽三户,亡秦必楚"的口号,复仇的情绪在楚国人民的心中萦绕。《国殇》所表达的思想情感体现了屈原的忧思,也体现了人民共同的心愿。

---

① [汉]王逸:《楚辞章句》,42 页,上海,上海古籍出版社,2017。

② [清]林云铭:《楚辞灯》,57 页,上海,华东师范大学出版社,2012。

③ [汉]王逸:《楚辞章句》,65 页,上海,上海古籍出版社,2017。

　　就艺术手法而言，《国殇》"通篇直赋其事"①，全用白描，洒墨如泼，不仅能够从客观的角度描写事物或事物的过程，还能够把人的内心活动、形貌和行为结合起来展现描写对象的精神世界，这些较《诗经》是很大的进步。

　　就艺术风格而言，《楚辞》中多运用香草美人意象以表现缠绵深婉、怨诽不怒的阴柔之美的作品。但《国殇》则为之一变，改用黄钟大吕般的阳刚之调，可谓血泪交集，金声玉振。周拱辰的《离骚草木史》谓："此篇凄楚敢决，字字悲壮，如闻胡笳声，令人泣下，亦令人起舞。"②

<h2 style="text-align:center">九　辩</h2>
宋　玉

　　悲哉秋之为气也，萧瑟兮草木摇落[1]而变衰。憭慄[2]兮若在远行，登山临水兮送将归。泬寥[3]兮，天高而气清。寂寥兮，收潦[4]而水清。憯凄增欷[5]兮，薄寒之中人。怆怳懭悢[6]兮，去故而就新。坎廩[7]兮，贫士失职而志不平。廓落兮，羁旅而无友生[8]。惆怅兮，而私自怜。燕翩翩其辞归兮，蝉寂漠[9]而无声。雁雝雝[10]而南游兮，鹍鸡啁哳[11]而悲鸣。独申旦而不寐兮，哀蟋蟀之宵征。时亹亹[12]而过中兮，蹇淹留[13]而无成。

（王泗原：《楚辞校释》，北京，中华书局，2014。）

【注释】

[1]摇落：动摇脱落。

[2]憭慄(liáo lì)：凄凉。

[3]泬(xuè)寥：空旷寥廓。

[4]潦：积水。

[5]憯(cǎn)凄：同"惨悽"。欷：叹息。

[6]怆怳(huǎng)：失意的样子。懭悢(kuǎng lǎng)：也是失意的样子。

[7]坎廩(lǐn)：坎坷不平。

[8]廓落：空虚寂寞的样子。羁旅：滞留外乡。友生：友人。

[9]寂漠：同"寂寞"。

[10]雝(yōng)：同"雍"，雁鸣声。

[11]鹍(kūn)鸡：一种鸟，黄白色，似鹤。啁哳(zhāo zhā)：鸟鸣声繁细。

[12]亹(wěi)亹：行进不停之态。

[13]蹇(jiǎn)：发语词。淹留：滞留。

---

①　[清]戴震：《屈原赋注》，34 页，北京，中华书局，1999。

②　转引自褚斌杰：《楚辞选评》，185 页，西安，三秦出版社，2004。

【解读】

《九辩》是流传在楚地的古乐曲。王夫之解释说:"辩,犹遍也。一阕谓之一遍。盖亦效夏启《九辩》之名,绍古体为新裁,可以被之管弦。其词激宕淋漓,异于风雅,盖楚声也。"①王逸说:"辩者,变也,谓陈道德以变说君也。九者,阳之数,道之纲纪也。"②将《九辩》说成是概括作品内容的标题,恐是穿凿之说。

关于《九辩》的主旨,王逸说:"闵惜其师忠而放逐,故作九辩以述其志。"③但细读全诗,我们认为,这是一首带有自传色彩的政治抒情诗,融身世之感、家国之痛、怨刺之情于一体,大约创作于诗人的晚年。当时,宋玉遭谗言所害,被迫离开朝廷,远走他乡。他为楚王昏庸而怨尤,为小人当道而愤慨,为国运安危而忧虑,为自己怀才不遇而不平,为自己晚年沦落天涯的困顿之境而甚感凄凉。在羁旅之中,面对着西风秋景,他百感交集,从而写下了这样一篇"凄怨之情,实为独绝"的长诗。

《九辩》全诗250多句,分为10章(参照洪兴祖的《楚辞补注》、朱熹的《楚辞集注》),第一章点明"悲秋"这一贯穿全诗的主题,第二章到第十章反复抒写见秋而悲的原因。我们节选了第一章,这是全诗最具代表性的一段内容。

开篇,诗人就渲染了一股凄怆的秋气,一个"悲"字,也奠定了全诗的情感基调。在秋风瑟瑟、草木枯黄凋零之际,诗人不得不弃家远行。亲友登山临水地送了一程又一程,这时也将依依不舍地归去。接着,诗人又以空旷的秋空、寂寥的秋水为背景,写出了自己凄凉远行的悲哀和孤独的处境——一个失去了官职的贫士,不得不到远方去谋生;自己是那么孤苦伶仃,连一个知己都难遇到。形容憔悴的诗人,独立于苍茫凄凉的秋色之中,发出一声声沉重的叹息。接下来,诗人又用南归的燕子、寂寞的寒蝉,以及大雁、鹍鸡、蟋蟀的悲鸣等秋景、秋声为衬托,表达他的沉痛落寞之感,哀叹自己人生垂暮但岁月蹉跎,一事无成。

这一章,诗人用整段文字对秋天的景物做了描摹状写,这在先秦时代不多见,且先秦典籍中有关秋天的内容,大多表现的是丰收的喜悦,写对秋寒感到畏惧的作品也不多见。宋玉把苍凉的秋景和失意悲凉的心情熔铸在一起,开启了"悲秋"的传统。秋天凋零凄冷的景色触动了诗人羁旅漂泊、事业无成、人生悲苦的感伤情绪;失志不平、贫困孤独、哀怨愁苦的流浪者,他眼中的景物无不带上悲伤的颜色。景以情感,情随景发,触景生情,情景交融。其结果就是情因景而愈加浓烈,景因情而倍增凄凉之感,从而极深刻地写出了抒情主人公的悲剧命运和哀怨的心情。王夫之在《楚辞通释》中说:"迁客自怜之情,适与风景相会,益动其悲。"④

---

① [清]王夫之:《楚辞通释》,121页,上海,上海人民出版社,1975。
② [汉]王逸:《楚辞章句》,176页,上海,上海古籍出版社,2017。
③ [汉]王逸:《楚辞章句》,176页,上海,上海古籍出版社,2017。
④ [清]王夫之:《楚辞通释》,122页,上海,上海人民出版社,1975。

　　诗人描写的秋容、秋景，表达强烈的悲愁情绪，不仅写出了个人身世之感，而且透露了对时代、对社会、对政治环境的感受。朱熹曾据此分析说："秋者，一岁之运，盛极而衰，肃杀寒凉，阴阳用事。草木摇落、百物凋悴之时，有似叔世危邦，主昏政乱，贤智屈绌，奸凶得志，民贫财匮，不复振起之象。是以忠臣志士，遭谗放逐者，感事兴怀，尤切悲叹也。"①王夫之亦据此发挥说："放逐之臣，危乱之国，其衰飒辽戾，皆与秋而相肖，故《九辩》屡以起兴焉。"又说："主昏国危，如秋欲暮，感此百忧俱集。"②

　　由此可见，诗人成功地运用了缘情写景、因景生情的手法，为诗歌创造出一种情景相化相生而极为丰富的艺术境界，它给人所带来的联想和想象，及其体味无穷的感染力，不仅远胜于《诗经》中的那种传统的比兴手法，而且发展了屈原作品中单纯运用香草美人以寓情的手法。

　　宋玉的这篇《九辩》，通篇写秋气写秋景，又通篇寓悲凉、寓哀愁，感慨情深，使读者感到秋景即悲愁，从而铸成了"宋玉悲秋"的典故，并对后世文人创作产生了很大影响。清人贺贻孙在《骚筏》中说："从来未有言秋悲者，亦未有言秋气者。'悲哉秋之为气也'七字，遂开无限文心。后人言秋声、秋色、秋梦、秋光、秋水、秋江、秋叶、秋砧、秋蛩、秋云、秋月、秋烟、秋灯，种种秋意，皆从气字内指其一种，以为秋耳。"③因此说，宋玉的《九辩》，实为我国历代文学"悲秋"主题的滥觞。

三、阅读思考

　　1. 请从艺术风格的角度对《国殇》与《九歌》加以比较分析，指出《国殇》的独特之处。

　　2. 请将屈原的《离骚》与宋玉的《九辩》加以比较分析，指出两部作品在情感表达方面的区别，并简单分析原因。

　　3. 自宋玉的《九辩》之后，"悲秋"成为中国文人普遍钟爱的文学母题。收集中国古代文学中有关"秋"的诗、词、曲、散文等作品，分析这些作品体现了作者怎样的审美体验和人生态度，并试着写一写你对秋天的感悟。

四、拓展阅读

　　1.［汉］刘向辑，［汉］王逸注，［宋］洪兴祖补注：《楚辞》，上海，上海古籍出版社，2015。

　　2.［汉］王逸：《楚辞章句》，上海，上海古籍出版社，2017。

　　3.［宋］洪兴祖：《楚辞补注》，北京，中华书局，2015。

---

① ［宋］朱熹：《楚辞集注》，337～338 页，北京，商务印书馆，2018。
② ［清］王夫之：《楚辞通释》，124～125 页，上海，上海人民出版社，1975。
③ 转引自潘啸龙、毛庆：《楚辞著作提要》，130 页，武汉，湖北教育出版社，2003。

4. [宋]朱熹：《楚辞集解》，上海，上海古籍出版社，2015。

5. 褚斌杰：《楚辞要论》，北京，北京大学出版社，2003。

第三节　《文选》

一、常识举要

(一)《文选》

《文选》，即《昭明文选》，由南朝梁昭明太子萧统组织编纂。《文选》是我国现存最早的诗文总集，在文学史上具有非常重要的地位和影响。

"文学"一词出现很早，可见于孔门四科(德行、言语、政事、文学)，指的是文献典籍之学。建安时期，文学进入了"自觉时代"，文学概念发生了改变，它逐渐摆脱了经、史、诸子的附属品的角色，具有了自身存在的独立价值：重视"翰墨""篇籍"的作用，也没有忽略"寄身""见意"的功能。与文学观念转变相表里的是，综辑单篇文学作品的典册，开始被称为"集"。梁代时，文学概念逐渐明确，集部(别集、总集)在文献学四分法中独占一类的态势也已形成，一时间编集之风盛行，这是《文选》产生的文学背景。

据研究者考证，《文选》大概是在普通三年(522 年)至普通六年(525 年)这段时间编纂的。这个时期是南朝梁武帝萧衍统治的前期。《梁书·武帝本纪》称赞萧衍早期的统治"治定功成，远安迩肃"。又说："三四十年，斯为盛矣。自魏、晋以降，未或有焉。"[1]《南史》言："自中原沸腾，五马南度，缀文之士，无乏于时。降及梁朝，其流弥盛。盖由时主儒雅，笃好文章，故才秀之士，焕乎俱集。"[2]可见，政治安定是《文选》产生的时代背景。

萧统是梁武帝萧衍的儿子，《梁书·昭明太子传》说萧统热爱文学，喜欢与文人"讨论篇籍""商榷古今"。他的东宫聚书几万卷，一时成为江南的文学中心。著名文学家刘勰、刘孝绰、徐陵等，都曾任太子的属官。尤其是刘勰，其文学思想可能对萧统产生过一些影响。

据统计，《文选》共收录上起秦之前、下逮南朝梁代的 130 家的 700 多篇作品。其中，楚辞、汉赋，尤其是六朝潘岳、陆机、谢灵运、颜延之等人的作品占的比例较大，这也显现出《文选》主要作为艺术文学选集的特色。

萧统在《文选序》中就《文选》的编辑体例谈了两点：其一，《文选》不收什么和收什么；其二，对所收作品如何编排。萧统说："若夫姬公之籍，孔父之书，与日

---

① [唐]姚思廉：《梁书》，97 页，北京，中华书局，1973。

② [唐]李延寿：《南史》，1762 页，北京，中华书局，1975。

月俱悬，鬼神争奥；孝敬之准式，人伦之师友，岂可重以芟夷，加之剪截？老、庄之作，管、孟之流，盖以立意为宗，不以能文为本，今之所撰，又亦略诸。若贤人之美辞，忠臣之抗直，谋夫之话，辩士之端，冰释泉涌，金相玉振。所谓坐狙丘，议稷下，仲连之却秦军，食其之下齐国，留侯之发八难，曲逆之吐六奇，盖乃事美一时，语流千载，概见坟籍，旁出子、史。若斯之流，又亦繁博。虽传之简牍，而事异篇章。今之所集，亦所不取。至于记事之史，系年之书，所以褒贬是非，纪别异同。方之篇翰，亦已不同。若其赞论之综缉辞采，序述之错比文华，事出于沈思，义归乎翰藻，故与夫篇什杂而集之。"①据此看来，出于对文学特点的自觉认识，《文选》不收经、子、史三类作品，而收其中的序、述、赞、论，因为它们符合文学的特点。除了经、子、史中的序、述等文体外，《文选》还主要选录了赋、诗等文学性体裁，共计38种文体。萧统在介绍编排次序时说："凡次文之体，各以汇聚。诗赋体既不一，又以类分；类分之中，各以时代相次。"②可见《文选》在内容上先以文体分类，每一类中再以时代顺序相次，实际上就是"类聚区分"的体例，是六朝文学总集的四种主要体例之一。《文选》不仅采取了前人的体例，还吸收了前人创造这一体例的用意。有研究者在分析了《文选》选录标准和体例之后进一步指出，《文选》作为一部文章总集的编辑宗旨是既表现总结前人文学的意图，同时又以此作为范文指导后学写作。

　　尽管《文选》在分类、选篇等方面都存在一些不足之处，但无论是在文学创作方面，还是在古籍的校刊整理方面，《文选》都有很大的价值。

　　其一，《文选》一改两晋和南朝时期文学总集的编纂体例，对西晋挚虞的《文章流别集》开创的总集编纂体例进行了整合，删除了本属于文学批评范畴的文体辨析、作家小传、作品品评等内容，只保留了纯粹的作品。《文选》所创立的这一新的总集编纂体例，意味着文学总集的编纂者已经意识到文学总集与文学批评著作的区别。换言之，《文选》较早地将文学总集与文学批评著作区别开来，这是魏晋南北朝文学走向独立的标志之一，也是其重要价值的体现。

　　其二，《文选》影响了文学家在文学史上的地位。《文选》虽然没有对文学家做出评论，但它通过选录来表示对文学作品的评价。凡是入选的作家和作品，后世的文学史家和文学评论家都不能不给以足够关注；相反，没有入选的作家和作品，就容易被忽视乃至湮灭。

　　其三，《文选》影响到文学观念的发展。南北朝时期虽已有"文笔"之分，即初步划分应用文学与艺术文学的观念，但《文选》在这方面影响更大，它用大量实例来揭示什么文章具有文学性、艺术性，引导人们去追求、模仿、学习那些文学作品的情采辞藻，使人们形成文学即艺术的观念。

---

① ［唐］李善等：《六臣注文选》，序3～4页，北京，中华书局，2012。
② ［唐］李善等：《六臣注文选》，序4页，北京，中华书局，2012。

其四,《文选》为整理文学古籍提供了资料。《文选》成书于南朝梁代,编选者所见的古本,有不少于与今本有差异,还有不少今天已亡佚。在这种情况下,《文选》所保存的古本原貌,可以供我们在整理文学古籍时参考。

《文选》问世以后,文人广泛传习,注释著作也应运而生。最早对《文选》进行音释的,大约是萧统的侄孙萧该。他在西魏攻克江陵时入北,一直活到隋代,作有《文选音》(《旧唐书·儒林传》作《文选音义》)。比他稍晚的是扬州人曹宪,据说他活到了 105 岁,卒于唐太宗贞观年间,著有《文选音义》。唐代研究《文选》的学者有李善、公孙罗、许淹等,这些人皆出于曹宪门下,皆有著作行世,其,李善所注的《文选》流传至今。

李善(? —689 年),扬州江都(今江苏扬州)人,曾任崇贤馆直学士、兰台郎等职。《新唐书·李邕传》说李善:"淹贯古今,不能属辞,故人号'书簏'。"①显庆年间,他注释了《文选》,但"释事忘义",即只注典故出处不讲析文义。后来,李善让他的儿子李邕补益,于是,身为文学家的李邕就给李善注"附事见义",在典故注释之外又加上了文义的讲解,因而两书并行。清代《四库全书总目》质疑了此说。但当今学界一般还是认为今天我们看到的李善的《文选注》,大概是经过李邕改定的,因此才显示出"事义兼备"的特点。

《文选》原分 30 卷,李善注《文选》析为 60 卷,因为征引丰富,所以篇幅宏大。据汪师韩的《文选理学权舆》,李善注引书达 1689 种,另有 29 种旧注,所引书目遍及四部,与大量史事用典的《文选》原文珠联璧合。由于李善谙熟古代典故史事,见书极多,因此其注往往能阐幽发微,准确精当地说出典故、词语的来源和意义,对了解一些文学作品的写作背景也很有帮助。李善注不仅征引丰富,而且体例严谨;缺点主要是太过烦琐,且有些地方不管典故在文中的意思,只管引古溯源。另外,从宋代到近现代都有学者发现了李善注的一些错误,这一点是在我们在研读时要特别注意的。

在李善所注《文选》行世之后,还有人从事过《文选》的注释工作,其中留存至今的是唐玄宗开元时工部侍郎吕延祚组织吕延济、刘良、张铣、吕向、李周翰所作的《五臣注》30 卷,成书于开元六年(718 年)。据吕延祚之进表,《五臣注》克服了李善"释事忘义"的缺点,使"作者为志,森然可观",即《五臣注》将作者的创作意图讲清楚了。

李善注和五臣注在用意方面有很多差别。大体上说,李善注详于名物训诂和典故出处;五臣注较重对文义的串释。唐代的多数士人在研读《文选》时,主要学习作品的写作技巧,再加上唐玄宗曾降旨表彰五臣注本,说"此书甚好",因此,五臣注本一度大行于世,受到人们推崇。但学界历来认为五臣注水平并不高,尤其是唐末以后,被贬斥得很厉害。如李匡义的《资暇录》指摘五臣窃据李善注;邱

① [宋]欧阳修、宋祁:《新唐书》,5754 页,北京,中华书局,1975。

光庭《兼明书》摘出其误条；苏轼的《书文选后》也指出五臣误解《琴赋》等三句；洪迈的《容斋随笔》干脆以五臣误解谢玄晖诗为例，斥责他们是"狂妄注书，所谓小儿强解事"。到了清代，考证之学大盛，学者多从《文选》注中钩稽古人对名物、训诂的解释和辑录古书佚文。显然，五臣注就不合用了，这就更形成了李善注独盛的局面。但是，对五臣注也不能一笔抹杀，正如《四库全书总目》所说："然其疏通文意，亦间有可采。唐人著述，传世已稀，固不必竟废之也。"①

从现藏于日本的《文选集注》来看，在唐代还出现过陆善经等人对《文选》的注释，这些注释今多散佚。目前，唯有李善注和五臣注传世。宋代以降，社会上广为流传的《文选》，大抵是把李善注和五臣注合在一起的"六家"（五臣在前）或"六臣"注。

《文选》的最早刻本大概是五臣注本，据说是五代后蜀毋昭裔所刻，但没有流传下来，也就无从考证。李善注《文选》最早的刻本可能是北宋国子监本。彭元瑞《知圣道斋读书跋》卷二、北宋国子监本《文选》卷首，都有一道敕准雕印公文，约可为证。

随着李善注和五臣注地位的变化，南宋以后，刻李善注本《文选》的数量逐渐增多。流传最广的是南宋淳熙八年（1181 年）池阳郡斋尤袤刻本和清嘉庆十四年（1809 年）胡克家刻本。胡克家刻本是著名版本校雠家顾广圻等人以尤刻本为底本，经八易其稿校成的，质量很高，改正了尤刻本错误七百多处；并作《考异》十卷，附在书后。胡克家刻本是今天可见的《文选》最好本子，有中华书局 1977 年出版的缩小影印本三册，后附《考异》、篇目索引、著者索引，查找最为方便。此书另有上海古籍出版社 1977 年的排印本。

五臣注单行本今天很难见到了。想看五臣注，一般只有看宋人合刻的六臣注本，《四部丛刊》所收的六臣注《文选》就是用宋本影印的。六臣注本最早的刻本是北宋崇宁、政和年间的广都裴氏刻本，此书有中华书局 1987 年的影印本。

（二）《古诗十九首》

《古诗十九首》最早著录于梁昭明太子萧统的《文选》，是 19 首汉代无主名文人创作的抒情诗，其流传之广、影响之深，在中国古典诗歌领域中是非常突出的。

《古诗十九首》习惯上以句首为标题，篇目依次为：《行行重行行》《青青河畔草》《青青陵上柏》《今日良宴会》《西北有高楼》《涉江采芙蓉》《明月皎夜光》《冉冉孤生竹》《庭中有奇树》《迢迢牵牛星》《回车驾言迈》《东城高且长》《驱车上东门》《去者日以疏》《生年不满百》《凛凛岁云暮》《孟冬寒气至》《客从远方来》《明月何皎皎》。

关于《古诗十九首》的作者和写作年代的问题，学界历来争论很大。刘勰的《文心雕龙》、徐陵的《玉台新咏》、钟嵘的《诗品》曾提出 19 首诗歌分属枚乘、傅毅、曹植、王粲等人，但均遭到质疑。《文选》把这 19 首诗歌列在第二十九卷，总题为

---

① ［清］永瑢等：《四库全书总目》，1686 页，北京，中华书局，2003。

"古诗",显然没有弄清楚作者和年代;但次序又安排在伪苏、李诗的前面,其用意和《诗品》所说的"固是炎汉之制"相同,只能肯定是汉代的诗篇,而不敢确定到底是西汉的还是东汉的。"并云古诗,盖不知作者,或云枚乘,疑不能明也。诗云:'驱马上东门。'又云:'游戏宛与洛。'此则辞兼东都,非尽是乘,明矣。昭明以失其姓氏,故编在李陵之上。"①李善所谓辞兼东都,是说《古诗十九首》基本是西汉的诗,其中兼有东汉的作品。因为西汉建都长安,东汉建都洛阳,"上东门"是洛阳的城门,"宛与洛"指洛阳一带,只有在东汉时,洛阳才这样繁华兴旺。李善并没有否定诗中有西汉的作品,但又指出诗中可能兼有东汉的作品,说法比较谨慎。

近世研究一般认为《古诗十九首》产生于东汉末年,但也有人说其中还杂有西汉时的诗篇,原因在于《明月皎夜光》里有"玉衡指孟冬"一句。"孟冬"是初冬的季节,与全诗描写的初秋景物不符。"《汉书》曰:高祖十月至灞上,故以十月为岁首。汉之孟冬,今之七月矣。"②李善认为"孟冬"之说遵循了西汉武帝太初以前的历法。然而许多人研究后,发现李说并不可靠。叶嘉莹先生就认为玉衡指孟冬,指的是时间而不是季节,是在孟秋七月的夜半以后到凌晨之前这一段时间。这时候玉衡正在慢慢地离开代表孟秋的"申"的方位指向代表孟冬的"亥"的方位。夜深人静,星月皎洁,再加上"促织""白露""秋蝉"等形象,就烘托出寒冷、静谧的气氛来。叶先生还进一步论定:"这十九首诗无论就其风格来判断,还是就其所用的词语地名来判断,都应当是东汉之作,而不可能是西汉之作。更何况,这十九首诗中所表现的一部分有关及时行乐的消极颓废之人生观,也很像东汉的衰世之音。因此,它们很可能是班固、傅毅之后到建安曹王之前这一段时期的作品。"③

综合前人的观点,我们认为《古诗十九首》并不是一时一人之作,它所产生的年代应当在东汉顺帝末到献帝前,作者应为东汉的中下层知识分子。

《古诗十九首》各自成篇,但合起来看又是一个息息相关的整体。它围绕着一个共同的时代主题,主要运用游子之歌和思妇之词两种题材,写出了身处中下层的失意文人的羁旅愁怀和苦闷心声,即描写闺人怨别、游子怀乡、游宦无成、追求享乐的内容来表达思妇、游子的相思离别之苦和游子追求功名富贵的强烈愿望与仕途失意的愤懑哀愁。但实质上,游子、思妇又是一个问题的两个方面。思妇诗不太可能是思妇本人所作的,而是游子的拟作。游子在穷途潦倒的客愁中设想家室的离思,因而把同一性质的苦闷,从两种不同的角度表现出来。

游子和思妇构成了《古诗十九首》的基本内容,成为表现共同的时代主题的一体两面,是受现实的社会历史影响的。

首先,东汉王朝为了加强统治,继续奉行并发展了西汉武帝刘彻以来的养士

---

① [唐]李善等:《六臣注文选》,538 页,北京,中华书局,2012。
② [唐]李善等:《六臣注文选》,539 页,北京,中华书局,2012。
③ 叶嘉莹:《叶嘉莹说汉魏六朝诗》,71 页,北京,中华书局,2007。

政策——立太学。到质帝刘缵时，仅太学生一项，就已发展到三万多人。太学吸收对象的范围也逐渐放宽，并不局限于贵族官僚子弟。这一大批脱离生产的知识分子出路是什么呢？与之相适应的是东汉王朝所采用的选举制度，先由地方官吏推荐乡里之有名望、有德行的人，然后由中央或州、郡征辟。在这种政策和制度下，当时洛阳就成为谋求仕途的知识分子猎取富贵功名的逐鹿之场。《古诗十九首》里的游子，就是这样背井离乡、漂泊异地的。另外，大批知识分子为着一个共同的目标而涌向洛阳，可是，汲汲于富贵的人一天天增多，而官僚机构的容量毕竟有限，这就形成了得机幸进者少，失意向隅者多的现象。这就是《古诗十九首》里的游子一面对追求功名富贵抱持强烈愿望，一面又充满仕途失意的苦闷哀愁的原因。

其次，东汉末年是统治阶级内部矛盾表现得最为尖锐的时期，同时也是政治上最混乱、最黑暗的时期。在东汉政治史上，外戚、宦官、官僚互相倾轧，知识分子是依靠官僚引荐，通过征辟而为官的。桓、灵之际，统治集团之间的矛盾愈趋激化。延熹九年（166年）第一次党锢之祸发生以后，中央政权全归宦官。当时一批官僚和平日敢于议论朝政的大知识分子接连受害和被禁锢。卖官鬻爵、贿赂公行，在政治上腐化和堕落的东汉王朝已濒临瓦解。在这种情况下，一般士人就更加没有出路。《古诗十九首》里处处充满失意沉沦之感，原因就在这里。

最后，《古诗十九首》产生的年代正是黄巾起义爆发的前夕。都市情况混乱的另一面，是农村的凋残破落。东汉政权建立后，实际上并没有安定几十年，就不断地发生农民暴动。随着土地兼并愈演愈烈，苛捐杂税越来越多，到了灵帝刘宏时，广大人民，特别是农民的生活已经陷入绝境。在丰年，人们还面有饥色；一遇荒年，就会发生人吃人的惨况。《后汉书·孝灵帝纪》载："（建宁）三年春正月，河内人妇食夫，河南人夫食妇。"[1]这事发生在京城附近，别处就更不用说了。农村破败后，农民大量流亡，社会上形成一片骚动的景象。京都里的商人十倍于农夫，而流浪者又十倍于商人。《古诗十九首》里所反映的游子生活，正是汉代知识分子游荡四方的传统"游学"生活方式。虽然他们是属于统治阶级当中的一个阶层，但实际上已成为上述流浪者当中的一个部分，家园的残破，时代的扰攘，安定生活的不可实现，正当职业的无法取得，使得这批脱离现实生活的知识分子陷于有家归不得的境地。

如前所述，《古诗十九首》的创作主体是一群游宦无门、漂泊无依的中下层知识分子，他们在诗歌中所表达的情感主要有三类：离别的伤感、失意的沮丧以及对人生无常的恐惧。那么，东汉末年的社会现实到底在这些游子的心灵深处投下了怎样的阴影，以至于他们写出了这些诗篇呢？简言之如下。

在政治上，统治集团的腐朽没落造成社会矛盾的不断激化，特别是两次党锢

① ［宋］范晔：《后汉书》，331页，北京，中华书局，1965。

之祸，大批士人惨遭杀戮，这使得士人远离政治、皇权而开始关注自身安危。诚如罗宗强在《玄学与魏晋士人心态》中所说的那样："他们原本从矢忠于皇权开始，反对外戚和宦官专制的腐败政治，意在维护大一统政权，而这个政权对他们的报答，却是一次次残酷无情的打击。他们对于这个政权的向心力是很自然地慢慢消失了，他们的心态，从矢忠于皇权，转向了高自标置，转向了相互题拂。"①

在经济上，游子长期过着朝不保夕的生活，窘迫的境遇使得他们对于自己的生存状态有了更深的体悟，在残酷的现实面前，他们原本对大一统政权的憧憬与热情渐渐淡化了。虽然他们之中有的相对顺利得以为官，但是大多数人只能终日漂泊。与之相对的是地主大量圈地，锦衣玉食，生活奢靡，这种强烈的对比使得文人在心理上更为不平与愤懑。

在思想上，文人一方面受儒家建功立业的价值观的影响，不断地寻求"立功"的途径想要实现自己的人生价值，以期"不朽"。但残酷的现实让他们的理想一再破灭，使他们始终处于一种失意的状态之中。在这种生存背景下，漂泊无依的文人所产生的离情别绪、人生的失意和无常之感是前所未有的。

在文艺观念转变上，政治腐朽、经济凋敝、党锢之祸都使得儒学式微，道家思想得到重视，佛教思想又传入中国，文人的价值观开始多元化，不再以圣人之言为行为准则，而是开始关注自我、重视个性和个人情感的抒发，文学创作开始由共性的颂美向个性的表达转变。

关于《古诗十九首》的艺术特色，叶嘉莹先生曾经从五个层面进行过分析：其一，文字简单朴实，但含义幽微，每首诗在整体上呈现出浑然天成的特点；其二，作者不可确考，从而引人产生自由联想，即不同的读者在不同的经历和阅读背景下，可以对同一首诗有不同的理解和解释；其三，写出了人类感情的"基型"或"共相"，能够使千百年来各种不同的读者读过之后都有所感动，有所发现，有所共鸣；其四，用温厚缠绵的态度、含蓄不尽的语言、委婉曲折的姿态，透彻地写出了人的内心之中复杂的情感，实现了"能感之"和"能写之"的结合；其五，很成功地结合了中国最传统的赋、比、兴的写作方法，尤其在语言上"直而不野"，即写得很朴实，但不浅薄。叶先生分析的第三条、第四条、第五条尤其值得我们关注，这三条实际是综合地指出了《古诗十九首》在艺术上最突出的特点，即长于抒情。《古诗十九首》继承了《诗经》和《楚辞》的传统，又大力吸收了汉乐府民歌的营养，善于运用自然景物和环境描写来渲染、烘托主观感情，融情入景、寓景于情；又能运用比兴等手法，以及驾驭凝练、丰富、含蓄、朴实的语言，来表达人类共同的情感，从而达到了穿越时空和撼动心魄的艺术效果。诚如明代人陆时雍评价的那样："十九首深衷浅貌，短语长情。"②

---

① 罗宗强：《玄学与魏晋士人心态》，13 页，天津，天津教育出版社，2005。
② ［明］陆时雍：《诗镜》，14 页，保定，河北大学出版社，2010。

《古诗十九首》代表了汉代文人五言诗的最高成就，它的出现，标志着文人五言诗的成熟，也标志着我国古典诗歌的发展进入了一个新的历史阶段。首先，《古诗十九首》是我国诗歌由"言志"向"缘情"的方向发展的开端；其次，《古诗十九首》是我国诗歌由叙事向抒情的方向转变的伊始；最后，《古诗十九首》尽情地、毫不掩饰地抒写个人情怀，为我国古典诗歌开拓了新的描写领域。刘勰曾赞《古诗十九首》为"五言之冠冕"①。钟嵘在《诗品》中称它"惊心动魄，可谓几乎一字千金"②。可见，《古诗十九首》在文学史上影响深远。

(三)曹植

曹植(192—232年)，字子建，沛国谯县(今安徽亳州)人，曹操之子、曹丕之弟，封陈王，谥"思"，世称"陈思王"。

曹植天资聪颖，才华出众，一度受到曹操的偏爱，曹操一度欲立曹植为太子。但曹植恃才傲物，任性而为，用人失当，缺乏政治家的沉稳与老练之态，终至失宠。曹操病逝后，曹丕、曹叡父子相继即位，曹植因之前争太子之位的一段经历而被猜忌，并遭到迫害，虽不失藩侯地位，但实同囚徒，汲汲无欢，"抑郁不得志"，41岁时便在忧愤与苦闷中死去了。

曹植的生活和创作以建安二十五年(220年)曹丕称帝为界，分为前后两个时期。

前期，曹植自称"生乎乱，长乎军"(《陈审举表》)，幼年即随曹操征战四方，目睹了社会所遭到的巨大破坏。在时代的熏陶和曹操的影响之下，曹植早期的诗歌内容主要是表现"勠力上国，流惠下民，建永世之业，流金石之功"(《与杨德祖书》)的雄心和"怀此王佐才，慷慨独不群"(《薤露行》)的凌云壮志，洋溢着乐观、浪漫的情调，对前途充满信心。③

后期，曹植在曹丕父子的猜忌、迫害下忍辱求生，心情极为愤懑，作品的内容和风格都发生了显著变化。袁行霈在《中国文学史》第二卷中，就内容而言将其诗分为四类：第一类是对自己和朋友遭遇迫害的愤怒与反抗，第二类是用思妇、弃妇托寓身世、表白心迹，第三类是述志诗，第四类是游仙诗。早期那种表现雍容华贵的诗作极少再出现，一些表达不甘闲置、要求施展才能的作品，也不像早期那样豪迈自信，而是显得深沉悲凉。更多的作品集中抒写了对个人命运的失望和对曹丕政治集团的怨恨。这些诗文中，充满受压迫的痛苦、对自由生活的向往，以及预感生命即将在屈辱与碌碌无为中消耗、失去其应有价值而产生的悲哀。写法上也由明快直接转向曲折委婉。

曹植的作品，现存诗歌90余首，辞赋、散文(包括残佚的)40余首，作品数量和成就均在建安时期其他作家之上，《诗品》称曹植为"建安之杰"。

---

① 周振甫：《文心雕龙今译》，58页，北京，中华书局，1986。
② 陈延杰：《诗品注》，17页，北京，人民文学出版社，1980。
③ 赵幼文：《曹植集校注》，445、154、433页，北京，人民文学出版社，1984。

钟嵘盛赞曹植的诗:"骨气奇高,词采华茂,情兼雅怨,体被文质,粲溢今古,卓尔不群。"①他既不同于曹操的古直悲凉,又不同于曹丕的便娟婉约,兼有父兄之长,将风骨与文采的完美结合,成为当时诗坛最杰出的代表。曹植五言诗的成就尤其突出,曹植是第一位大力写作五言诗的文人,现存 90 余首诗歌中有 60 多首是五言诗。他的诗歌,既体现了《诗经》"哀而不伤"的典雅,又蕴含着《楚辞》窈窕深邃的奇谲;既继承了汉乐府反映现实的笔力,又保留了《古诗十九首》温丽悲远的情调。这一切都通过他凝聚在五言诗的创作上,形成了他自己的风格,完成了乐府民歌向文人诗的转变。这是一个时代的事业,却通过了曹植的才华获得完成。

曹植的散文代表作有《与杨祖德书》《与吴季重书》等,都是非常出色的书信:较多地使用了骈句,工整且典雅;注重形式完美,却不因追求形式而影响内容。

曹植的辞赋成就高于散文,尤以抒情小赋最具特色。其特点是篇幅短小,不似汉代流行的鸿篇巨制;题材广泛,内容丰富,数量很多;抒情性强,与其生活、思想关系密切;语言华丽流畅,没有堆砌辞藻的弊病。

曹植生前曾经编辑过自己的作品。据《艺文类聚》所引曹植《文章序》和《三国志·魏书·曹植传》来看,曹植曾自编《前录》,共收他年轻时所作的赋 78 篇。他死后不久,魏明帝又下诏撰录曹植所著的赋、颂、诗、铭、杂论,共百余篇,这两次集录的作品,大概就是后来的《陈思王集》的雏形。

唐代以前,《陈思王集》存有 30 卷本和 20 卷本,但后来都亡佚了。唐代以后,虽然仍有人见过 20 卷本(参见《直斋书录解题》),但也已是唐人重新编辑整理过的本子,并不是原来的面貌了。宋代以后,通行的是后人重新整理编辑过的一个 10 卷本,从这个 10 卷本的不少篇章可以看出,它是从《艺文类聚》《白氏六帖》《初学记》等类书中重新辑补的,因为这些篇中的文字脱衍、断句分合与上述类书所引有不少相合,但整理者是谁,现在已不得而知了。据晁公武的《郡斋读书志》可知,至少在南宋初,这个 10 卷本已经流传开来了,书名也改为了"曹子建集"。

在明代,曹植的文集仍有各种卷数不同的刻本,最盛行的仍是 10 卷本《曹子建集》。这是宋刻本的"后裔"。在明代,它有好几种不同的刻本和活字本,《四部丛刊》《四部备要》中的《曹子建集》就是分别根据明活字本和刻本翻印的。

《曹子建集》,卷一至卷四是赋,卷五至卷六是诗,卷七至卷十是颂、赞、铭、表、章、书、序、论、说等杂文。此卷本的疏漏、错误之处很多,但流传很广,在使用时应该谨慎。

《曹子建集》的校注本中比较好的,有清代丁晏的《曹集铨评》、朱绪曾的《曹集考异》和近人黄节的《曹子建诗注》。曹植集新注本有赵幼文的《曹植集校注》,由人民文学出版社于 1984 年出版。

---

① 陈延杰:《诗品注》,20 页,北京,人民文学出版社,1980。

二、原典选读

《古诗十九首》(节选)
行行重行行

行行重行行[1]，与君生别离[2]。相去万余里，各在天一涯[3]。

道路阻[4]且长，会面安可知？胡马依北风[5]，越鸟巢南枝[6]。

相去日已远[7]，衣带日已缓[8]；浮云蔽白日[9]，游子不顾反[10]。

思君令人老，岁月忽已晚[11]。弃捐勿复道[12]，努力加餐饭[13]。

（隋树森：《古诗十九首集释》，北京，中华书局，2018。）

【注释】

[1]重行行：是说行而不已。

[2]生别离：活着分开。

[3]天一涯：天一方。

[4]阻：艰险。

[5]胡马：北方所产的马。这句是说胡马南来后依恋北风。

[6]越：南方的越族。越鸟：即南方的鸟。这句是说越鸟北飞后仍筑巢于南向的树枝。以上两句是说禽兽也不忘故乡，暗示物尚有情，何况于人。

[7]已：同"以"。日已远：即一天远似一天。

[8]缓：宽松。这句是说人因相思而日渐消瘦，因腰身变瘦而衣带显得宽松。

[9]这句可能是比喻游子在外地为人所惑。

[10]顾：念。

[11]这句是说不知不觉地又岁暮了。

[12]捐：弃。道：谈说。

[13]以上两句是说别再提怀人之事，还是多吃饭保重身体，是思妇无可奈何、勉自宽慰的话。

【解读】

这是《古诗十九首》中的第一首诗，大多数人把它解读为思妇诗。但是，叶嘉莹先生认为，这首诗在语意和语法上具有含混模棱的特点，而这个特点也恰是这首诗最大的妙处。含混模棱的特点使这首诗与读者的多种感受相适应，因此具有更多的"潜能"。叶先生所说的"潜能"是西方接受美学中的一个词语，意思是作品中有一种潜在的能力，或者说，作品中潜藏着很多使读者产生联想的可能性。读诗，除了中国传统的"知人论世"的方法，即对诗歌的作者、背景、内容等做出确定的解读之外，其实还可以尝试回到诗歌本身，充分发挥自己的想象力，从而获得更加丰富的阅读体验和审美享受。而这种可能性，也恰是诗歌真正的魅力所在。

开篇的"行行重行行,与君生别离"就存在争议,这是一个男子的口吻,还是一个女子的口吻?是一个行者的口吻,还是一个留者的口吻?其实,哪一种理解都说得通,总之就是两个人分离了。

一方面,"行行重行行",连叠四个"行"字,仅以一个"重"字绾结。张玉穀说:"重行行,言行之不止也。"[①]行人走啊走啊,不停地走,越走越远,前边的道路是无穷无尽的,与留下的那个人之间的距离就越来越远,这就形成了一种往而不返的效果;另一方面,走这个动作里还隐藏着时间概念,在漫长的岁月里,走的人已经不知游荡到了什么地方,下面的"万余里"和"天一涯"都在进一步讲这个意思。"行行重行行"五个字全是阳平声,没有一点儿声音的起伏和间隔,复沓的声调、迟缓的节奏、疲惫的步伐,给人以沉重的压抑感,痛苦伤感的氛围笼罩全诗。

如果说"行行重行行"写出了两个人分离的现实,那么"与君生别离"就是写由这种现实所产生的痛苦了。所谓"生别离",可以有两种理解。

其一,人世间的别离有生离和死别两种,"死别"是由于死亡带来的永久性的离别;"生离"则是在活着的时候分开,有重逢和虽活着却永远再也见不到两种可能。这首诗中所谓"生别离"与《古诗为焦仲卿妻作》中的"生人作死别"的用意相似,它并非指人生一般的别离,而是有别后难以再聚的含义,是古代流行的成语,犹言永别。《楚辞·九歌·少司命》言:"悲莫悲兮生别离,乐莫乐兮新相知。"[②]《水经注》引《琴操》说,齐邑杞梁殖死,他的妻子援琴作歌,唱的也是这两句。这些都在说"生别离"是人世间最让人痛苦的离别方式。为什么呢?因为,死别往往是一恸而绝的,而生离则是在你的有生之年永远要怀念、悲哀,在希望到失望直至绝望中反复轮回,这是一个持久的煎熬过程。

其二,"生别离"的"生"还可以理解为"硬生生"——感情很好的两个人硬生生地被分开了,这对于两个亲密无间的人来说是非常痛苦的。

以上哪种理解更好呢?其实,两种都可以,也许这两种感受同时都存在。

"相去万余里,各在天一涯。道路阻且长,会面安可知?"这四句说的是已经走了一段时间之后的事情。《古诗十九首》往复、缠绵的抒情色彩在这四句诗当中被很好地体现出来了,诗人在叙述了离别和离别的痛苦之后,又停下来进行反思。他说现在我们之间的距离已经有万里之遥,我在天的这一头,而你在天的那一头,今后还有再见面的可能性吗?他经过反思所得出的判断是道路如此艰险而且遥远,要想再见面是很难的了。假如仅仅是道路遥远,那么只要你有决心走下去,也许还能有一半的希望。然而现在存在双重的困难,不但道路如此遥远,而且充满了艰难险阻——所谓"阻",既可能是高山大河的自然界的险阻,也可能是战乱流离的人世间的险阻。人的能力是多么有限,怎能敌得过这些无穷无尽的险阻呢!说

① [清]张玉穀:《古诗赏析》,84 页,上海,上海古籍出版社,2000。
② [汉]王逸:《楚辞章句》,56 页,上海,上海古籍出版社,2017。

到这里，可以说已经不存在什么见面的希望了，就如陈祚明所说的"今若决绝，一言则已矣，不必再思矣"①。

然而诗人却不肯放下，他忽然从直接叙事之中跳了出来，用形象的比喻来表现——"胡马依北风，越鸟巢南枝"，对这两句诗，古人有不同的说法。

第一种说法可参见李善的《文选注》所引的《韩诗外传》的内容。"诗云：'代马依北风，飞鸟栖故巢'，皆不忘本之谓也。"②这"不忘本"可以从两个角度来看：从远行者的角度来看，当然是从正面写他的思乡念旧之情；从留居者的角度来看，则是说胡马尚且依恋故乡的北风，越鸟尚且选择遥望故乡的南枝，你作为一个游子，怎么能忘记了故乡和故乡的亲人呢？这是从反面来比喻的。

第二种说法源于《吴越春秋》的"胡马望北风而立，越燕向日而熙"③。这是取同类相求的意思。就是说，"云从龙，风从虎"，所有的东西都有它相依相恋不忍离去之处；而我和你本来也是相亲相爱的一对，怎么竟然会分离这么久而不能再结合到一起呢？

第三种说法是纪昀之说："此以一南一北，申足'各在天一涯'意，以起下相去之远。"④这种说法是把出处和取意都抛开不论，只从字面上看，胡马和越鸟一南一北，在直觉上就使读者产生一种南北暌违的隔绝之感。

以上诸多见解说明，正是由于这两句的比喻给予读者十分简明真切的意象，所以才会产生这么多的联想。在这些联想中，既有行者对居者的怀念，也有居者对行者的埋怨；既有相爱之人不能相依的哀愁，也有南北暌违永难见面的悲慨，我们既可以深求，也可以浅解，不必执拗于一个确解，这也是我们在阅读《古诗十九首》时可以把握的一个普遍原则。

从内容上来说，想象了"胡马依北风，越鸟巢南枝"之后，诗人又回到了无法改变的现实之中，因此就产生了更深的悲慨之情。词人冯正中有一句词说"天教心愿与身违"，现实与你的盼望往往是不相符合的。日子正在一天一天地过去，尽管你不放弃希望，尽管你打算等到海枯石烂的那一天，可是人生有限，你能够等到那一天吗？在这里，"相去日已远"和前边的"相去万余里"似乎是一种重复，但实际上这种重复并不简单。因为"万余里"虽然很远，但是毕竟还是一个有限的数字，而且它所代表的只是空间，并没有时间的含义，而"日已远"三个字则进一步用时间去乘空间，更是无穷无尽了。而且更妙的是，这"日已远"三个字又带出了下一句的"日已缓"，从而使人感到离人的相思与憔悴也是一样无穷无尽的。柳永的"衣带渐宽终不悔，为伊消得人憔悴"，也许就化自此句。但柳永的那两句未免带有一些着力刻画的痕迹，那个"悔"字还隐隐含有一丝计较之意，不像"相去日已远，衣

---

① ［清］陈祚明：《采菽堂古诗选》，81 页，上海，上海古籍出版社，2008。
② ［唐］李善等：《六臣注文选》，538 页，北京，中华书局，2012。
③ ［汉］赵晔：《吴越春秋》，47 页，上海，商务印书馆，1937。
④ 转引自隋树森：《古诗十九首集释》，1 页，北京，中华书局，1957。

带日已缓",于外所写的只是衣带日缓的事实,于内却含有一种尽管消瘦也毫不反省、毫不回顾的意念。倾吐如此深刻坚毅的感情,却以如此温柔平易语气的表现,这就更加令人感动。

如果说前边的"胡马依北风,越鸟巢南枝"两句之中含有一种希望的想象,是向上飞的;那么接下来的"浮云蔽白日,游子不顾反"两句之中就含有一种失望的想象,是向下沉的了。叶嘉莹先生认为,这两句是这首诗中最令人伤心的地方。因为,前边所写的离别只是时间与空间的隔绝,两个相爱的人在情感上并没有阻隔,所以虽然离别,却也还有一丝聊以自慰的力量,而现在连这种自慰的力量也蒙上了一层阴影。诗人说,天上太阳的光芒那么强烈,但也有被浮云遮住的时候;那么,美好亲密的感情就没有被蒙蔽的时候吗?而且那远行的游子不是果然就不回来了吗?"游子不顾反"的"顾"字,有的版本作"愿",叶先生以为应该是"顾"。因为,"不顾反"和"不愿反"的意思是不同的。"不顾"——不是不愿回来,而是不能回来,暂时顾不上回来。当然,游子很可能就是因不愿反所以才不回来。但思念的这一方不埋怨他"不愿反",却替他着想,说他是"不顾反",这是《古诗十九首》在感情上的温柔敦厚之处。

"浮云蔽白日"所比喻的是什么呢?很多人把这首诗看作思妇之辞。张玉榖的《古诗赏析》说:"浮云蔽日,喻有所惑,游不顾反,点出负心。"[1]"白日"指的是游子;"浮云"则指的是游子在外边所遇到的诱惑。

但是,在中国传统文化语境中,"日"这个字形成了相对固化的语义。即从《易经》开始,"日"就是国君的象征。饶学斌的《月午楼古诗十九首详解》就说:"夫日者,君象也。'浮云蔽日'所谓'公正之不容也,邪曲之害正也,谗谄之蔽明也。'"[2]以"白日"比喻国君,以"浮云"比喻谗间的小人。

还有一种说法认为"白日"是比喻被放逐的贤臣。比如,李善的《文选注》引陆贾的《新语》说:"邪臣之蔽贤,犹浮云之障日月。"[3]

实际上,游子、国君、逐臣三者本来是可以相通的。因为在中国的伦理关系中,君臣关系与夫妻关系很相似。如果那个行者是游子,则可能是说他在外另有遇合,不再想念家中的思妇了;如果那个行者是逐臣,则可能是说,国君听信谗言放逐了他,使得他再也不能回到朝廷中了。杜甫说"每依北斗望京华",又说"此生那老蜀,不死会归秦",那种对朝廷和君主的思念,实在并不亚于思妇对远行游子的思念。

钟嵘的《诗品》评价《古诗十九首》是"惊心动魄""一字千金"。所谓"惊心动魄",不一定非得是豪言壮语。这首诗中接下来的"思君令人老,岁月忽已晚"两句,就真正是惊心动魄的——纵使你不甘心放弃,纵使你决心等到底,可是你有多少时

---

① [清]张玉榖:《古诗赏析》,84~85 页,上海,上海古籍出版社,2000。
② 转引自隋树森:《古诗十九首集释》卷 3,81 页,北京,中华书局,1957。
③ [唐]李善等:《六臣注文选》,538 页,北京,中华书局,2012。

间用来等待呢？时间在不停地消失，一年很快就到了岁暮，而人生很快也就到了迟暮。一旦无常到来，一切都归于寂灭，所有相思期待的苦心都将落空，这是多么令人恐惧而又不甘心的一件事！事实上，这又是人世间绝对不可避免的一件事。"思君令人老，岁月忽已晚"，这是多么平常而且朴实的语言，然而却带有如此强烈的震动人心的力量！

但这首诗还没有就此打住，接下来的结尾两句"弃捐勿复道，努力加餐饭"，令人看了更是伤心。

这两句也有多种可能的解释，首先看"弃捐"这个词。汉乐府有一首《怨歌行》云："新裂齐纨素，鲜洁如霜雪。裁为合欢扇，团团似明月。出入君怀袖，动摇微风发。常恐秋节至，凉飚夺炎热。弃捐箧笥中，恩情中道绝。"①相传，这首诗为班婕好所作。汉成帝宠爱赵飞燕，不再喜欢班婕好，于是班婕好主动要求到长信宫去侍奉太后，并写了这首诗。诗中说，当初我们俩的情意像白团扇这么圆满、纯洁，然而经常令我恐惧的是到了秋天，天气凉了，你就把扇子扔到盒子里不再使用了。"弃捐"，就是被抛弃的意思。显然，这是弃妇之语。所以"弃捐勿复道"的意思是说：你抛弃了我，使我如此伤心，从此我再也不提这件事了。

可是，如果我们不从弃妇的角度来看，则还有另外一个可能的解释，即"弃捐"的本身就是"勿复道"。诗句的意思是：我们把这种不愉快的话题扔到一边，再也不要提它了。这样解释也是可以的。但为什么要"弃捐勿复道"呢？因为说了不但没有任何用处，反而会徒增悲伤，而且，对于那种无可挽回的事，也只能自己默默承受，一切唠叨和埋怨都是多余的。这里，也是表现了古诗感情之温柔敦厚的地方。

"努力加餐饭"也有两种可能的解释，一种是自劝，另一种是劝人。汉乐府《饮马长城窟行》结尾几句言："长跪读素书，书中竟何如？上言加餐饭，下言长相忆。"②张玉穀的《古诗赏析》说："以不恨己之弃捐，惟愿彼之强饭收住，何等忠厚。"③这显然是解释为劝对方加餐的意思，这样解释也未尝不可。而姜任脩在《古诗十九首释》中则说："惟努力加餐保此身以待君子。"又引谭友夏的话说："人知以此劝人此并以之自劝。"另外，张庚在《古诗十九首解》中也说："且努力加餐，庶几留得颜色以冀他日会面也，其孤忠拳拳如此。"④

我们认为自劝的说法更妥帖，因为这样可以较自然地承接上面的"思君令人老，岁月忽已晚"两句——如果你在人之老和岁月之晚的双重恐惧之下还不肯放弃重逢的希望，那么唯一的指望就是努力保重自己的身体，尽量使自己多活一些岁月以延长等待的时间。然而对于一个相思憔悴的人来说，要想加餐何尝容易！因

---

① ［宋］郭茂倩：《乐府诗集》，616页，北京，中华书局，1998。
② ［宋］郭茂倩：《乐府诗集》，556页，北京，中华书局，1998。
③ ［清］张玉穀：《古诗赏析》，85页，上海，上海古籍出版社，2000。
④ 转引自叶嘉莹：《叶嘉莹说汉魏六朝诗》，85页，北京，中华书局，2007。

此，就需要"努力"。所以这平平常常的"努力"两个字之中，充满了对绝望的不甘心和在绝望中强自挣扎支撑的苦心。如果把这一句解释为劝人，只是表现了一种忠厚之心；而把这一句解释为自劝，则用情更苦，立志更坚。要知道，一个人为了坚持某种希望而在无限的苦难之中强自支持，甚至想要用人力的加餐去战胜天命的无常，这已经不仅仅是一种男女之间的相思之情，而是一种极高贵、坚贞之情。每个人在一生中都有可能遇到挫折，如果你丝毫不做挣扎努力便自己倒下去，虽然你的遭遇令人同情，可是你的态度并不能引起人们尊敬；但如果你在最大限度地尽了人力与命运争斗之后，即使你倒下去，也给人类做出了一个榜样。何况，万一真的由于你的努力而实现了那个本来好像不可能实现的愿望，岂不更是一件意外的喜事！"弃捐勿复道，努力加餐饭"就隐然流露出这么一种可贵的德操。对于具有这种德操的人，无论是逐臣还是弃妇，是行者还是居者，抑或是任何一个经历过这样的离别却仍然一心抱着重逢的希望不肯放弃的人，这首诗所写的情意都有它永恒的真实性。

正如陈绎在《诗谱》中所表达的那样，这首诗尽管在解读时有很多不确定性，却不失为一首"情真、景真、事真、意真"的传世佳作。

洛神赋
曹 植

黄初[1]三年，余朝京师[2]，还济洛川[3]。古人有言，斯水[4]之神名曰宓妃。感宋玉对楚王神女之事[5]，遂作斯赋。其词曰：

余从京域[6]，言归东藩[7]，背伊阙[8]，越轘辕[9]，经通谷[10]，陵景山[11]。日既西倾，车殆马烦[12]。尔乃税驾乎蘅皋[13]，秣驷乎芝田[14]，容与乎阳林[15]，流盼[16]乎洛川。于是精移神骇，忽焉思散[17]，俯则未察，仰以殊观[18]。睹一丽人，于岩之畔。乃援[19]御者而告之曰："尔有觌[20]于彼者乎？彼何人斯，若此之艳也！"御者对曰："臣闻河洛之神，名曰宓妃[21]，然则君王之所见也，无乃是乎！其状若何？臣愿闻之。"余告之曰：其形也，翩若惊鸿，婉若游龙[22]。荣曜秋菊，华茂春松[23]。髣髴兮若轻云之蔽月，飘飘兮若流风之回雪[24]。远而望之，皎若太阳升朝霞[25]；迫[26]而察之，灼若芙蕖出渌波[27]。秾纤得中，修短合度[28]。肩若削成，腰如约素[29]。延颈秀项，皓质呈露[30]。芳泽无加，铅华弗御[31]。云髻峨峨[32]，修眉连娟[33]。丹唇外朗[34]，皓齿内鲜[35]。明眸善睐[36]，辅靥承权[37]。瑰[38]姿艳逸，仪静体闲[39]。柔情绰[40]态，媚于语言[41]。奇服旷世[42]，骨像应图[43]。披罗衣之璀粲[44]兮，珥瑶碧之华琚[45]。戴金翠之首饰，缀明珠以耀躯。践远游之文履[46]，曳雾绡之轻裾[47]。微幽兰之芳蔼[48]兮，步踯躅于山隅[49]。于是忽焉纵体[50]，以遨以嬉[51]。左倚采旄[52]，右荫桂旗[53]。攘皓腕于神浒[54]兮，采湍濑之玄芝[55]。余情悦其淑美兮，心振荡而不怡[56]。无良媒以接欢兮，托微波而通辞[57]。愿诚素[58]之先达兮，解玉佩以要[59]之。嗟佳人之信修[60]兮，羌习礼而明诗[61]。抗琼珶以和[62]予兮，指潜渊[63]而为期。执眷眷之款实[64]兮，惧斯灵之我欺[65]！感交甫之弃言兮[66]，怅犹豫而狐疑[67]。收和颜而静志[68]兮，申礼防以自持[69]。于是洛灵感焉，徙倚[70]彷徨。神光离合[71]，乍阴乍阳[72]。竦轻躯以鹤立[73]，若将飞而未翔。践椒涂之郁烈[74]，步蘅薄[75]而流芳。超长吟以永慕[76]兮，声哀厉而弥长。尔乃众灵杂遝[77]，命俦啸侣[78]，或戏清流，或翔神渚[79]，或采明珠，或拾翠羽[80]。从南湘之二妃[81]，携汉滨之游女[82]。叹匏瓜之无匹[83]兮，咏牵牛之独处[84]。扬轻袿之猗靡[85]兮，翳修袖以延伫[86]。体迅飞凫[87]，飘忽若神。陵波微步[88]，罗袜生尘。动无常则[89]，若危若安。进止难期[90]，若往若还。转盼流精[91]，光润玉颜。含辞[92]未吐，气若幽兰。华容婀娜[93]，令我忘餐。于是屏翳[94]收风，川后[95]静波，冯夷[96]鸣鼓，女娲[97]清歌。腾文鱼以警乘[98]，鸣玉鸾以偕逝[99]。六龙俨其齐首[100]，载云车之容裔[101]，鲸鲵踊而夹毂[102]，水禽翔而为卫[103]。于是越北沚[104]，过南冈，纡素领，回清扬[105]。动朱唇以徐言，陈交接之大纲[106]。恨人神之道殊兮，怨盛年之莫当[107]。抗罗袂[108]以掩涕兮，泪流襟之浪浪[109]。悼良会之永绝兮，哀一逝而异乡。无微情以效爱[110]兮，献江南之明珰[111]。虽潜处于太阴[112]，长寄心于君王。忽不悟其所舍[113]，怅神宵而蔽光[114]。于是背下陵高[115]，足往神留。遗情[116]想像，顾望怀愁。冀灵体之复形[117]，御轻舟而上溯[118]。浮长川而忘反[119]，思绵绵[120]而增慕。夜耿耿[121]而不寐，沾繁霜而至曙[122]。命仆夫而就驾，吾将归乎东路[123]。揽騑辔以抗策[124]，怅盘桓[125]而不能去。

（赵幼文：《曹植集校注》，北京，人民大学出版社，1984。）

【注释】

[1]黄初：魏文帝曹丕的年号。

[2]京师：指洛阳，今河南省洛阳市。

[3]洛川：即洛水，源出今陕西省，流经今河南省。

[4]斯水：此水，指洛川。

[5]感宋玉对楚王神女之事：宋玉有《高唐赋》《神女赋》，均记载了与楚襄王对答梦遇巫山神女之事。

[6]京域：京师地区，指洛阳。

[7]言：语助词。东藩：东方藩国。黄初三年，曹植被立为鄄城（今山东鄄城县）王。鄄城位于洛阳东北，故称东藩。

[8]背：背向。伊阙：山名，又名阙塞山、龙门山，在洛阳南。

[9]镮（huán）辕：山名，在今河南偃师县东南，山路险阻。

[10]通谷：山谷名，在洛阳城南。

[11]陵：登。景山：在今河南省偃师县。

[12]殆：危险。烦：疲乏。

[13]尔乃：于是就。税：舍，放置。税驾：犹停车。蘅：杜衡，香草名。皋：
岸。蘅皋：生杜衡的岸。

[14]秣：饲。驷：原作一车四马解，这里即指马。芝田：种芝草的田。一说，
地名。

[15]容与：从容悠游。阳林：地名。

[16]流盼：纵目四望的意思。

[17]"于是精移神骇"二句：骇，散。这二句的意思是说，眺望之时，忽然精
神恍惚，思绪分散。

[18]"俯则未察"二句：以，犹而。这二句的意思是说低头时还未看到什么，
一抬头却发现异常的现象。

[19]援：扯，拉。

[20]觌：看见。

[21]宓妃：洛水之神。

[22]"翩若惊鸿"二句：翩，疾飞，引申为摇曳飘忽之貌。婉，曲折貌。这二
句形容体态轻盈婉转。

[23]"荣曜秋菊"二句：荣，盛。曜，光明照耀。华茂，华美茂盛。这二句形
容容光焕发，如秋菊、春松。

[24]"髣髴兮若轻云之蔽月"二句：髣髴，同仿佛，若隐若现的样子。飘飖，
飞翔貌。回，旋转。这二句形容行动的飘忽回旋。

[25]皎：白而有光。太阳升朝霞：太阳在朝霞中上升。

[26]迫：靠近。

[27]灼：鲜明，花盛貌。芙蕖：荷花。渌(lù)波：清波。

[28]"秾纤得中"二句：秾(nóng)，花木盛。这里指人体丰盈。纤，细小。这
里指人体苗条。脩，同修，长。这二句写洛神的身材恰到好处。

[29]"肩若削成"二句：削成，刻削而成。约，束缚。素，白而细致的丝织品。
这二句形容肩膀和腰肢线条圆美。

[30]"延颈秀项"二句：延、秀，均指长。皓，白。这二句是说洁白的长颈，
露在衣领外。

[31]"芳泽无加"二句：芳泽，香油。铅华，粉。古代烧铅成粉，故称粉为铅
华。这二句写洛神不施脂粉。

[32]峨峨：高貌。

[33]连娟：微曲貌。

[34]朗：明亮。

[35]鲜：鲜明，洁而美。

[36]眸：目瞳子。睐：顾盼。

[37]靥(yè)，酒窝。权：颧，眼下腮上突起部分。这句说是颧下有酒窝。

[38]瓖：同"瑰"，奇妙，原作"环"，据胡刻《文选》校改。

[39]仪：仪态。闲，娴雅。

[40]绰：宽缓。

[41]媚于语言：言语媚人。

[42]旷世：犹言举世所无。

[43]骨像：骨法、人像。应图：意即相当于图画中人。

[44]璀璨：衣动的声音。一说，明净貌。

[45]珥：原是一种珠玉的耳饰，这里作佩戴解。瑶：玉之美者。碧：碧玉。琚：美玉名，原作"裾"，据胡刻《文选》校改。

[46]践：踏，这里是脚下穿着的意思。文履：有文饰的履。

[47]曳：拖。雾绡：轻细如云雾的绡。绡，生丝。裾：裙裾。

[48]微：谓香气微通。芳蔼：香气。张铣说："微，犹映也。……言映幽兰徐步徘徊于山之隅角。"

[49]踟蹰：犹徘徊。山隅：山角。

[50]纵体：轻举之貌。

[51]遨、嬉：都是游的意思。

[52]旄：旗杆上用旄牛尾做的装饰品，这里指旗，采旄：彩色的旗。

[53]桂旗：用桂枝做旗杆的旗。

[54]攘：这里指揎起衣袖。浒：水边地。为洛神所游，故称"神浒"。

[55]采：同"採"。湍濑：急流。玄芝：黑色的芝草。芝：灵草名。

[56]"余情悦其淑美兮"二句：意思是说，我悦爱她的淑美，又恐不被接受，故心振动而不乐。

[57]"无良媒以接欢兮"二句：意思是说，既无良媒通接欢情，所以凭托微波来传达言辞。

[58]素：同"愫"，真情。

[59]要：同"邀"。

[60]信修：确实修洁美好。

[61]羌：发语词。习礼明诗：指有文化教养。

[62]抗：举起。琼、珶（dì）：都是美玉。和：应和，应答。

[63]潜渊：犹深渊，指洛神所居之处。

[64]眷眷：心向往貌。款实：指诚实的心意。

[65]斯灵：此神，指洛神。我欺：即欺我。

[66]感交甫之弃言兮：李善注引《韩诗内传》说，郑交甫在汉水边遇二女子，赠交甫玉佩。交甫受而放在怀里，走了十步，发现玉佩没有了。回顾二女，也已不见。

[67]犹豫、狐疑：均疑虑不决貌。这两句的意思恐再如郑交甫的被遗弃，故

心中疑虑不定。

[68]静志：镇定情志。

[69]申：施展。礼防：礼仪的防界。自持：自我约束。

[70]徙倚：犹低回、徘徊。

[71]神光：指洛神的身影。离合：若隐若现的意思。

[72]阴：暗。阳：明。神去时光暗，神来时光采明亮。

[73]竦(sǒng)：耸。鹤立：似鹤而立。

[74]椒：花椒，有浓郁的香味。涂：同"途"，道路。郁烈：香气浓烈。

[75]蘅：指杜衡，香草名。薄：草聚生之处。

[76]超：惆怅。永慕：长久地思慕。

[77]杂遝(tà)：众多貌。

[78]命俦啸侣：犹呼朋引类。

[79]渚：小洲。

[80]翠羽：翠鸟之羽。

[81]从南湘之二妃：据刘向《列女传》记载，相传舜南巡，死于苍梧，他的二妃娥皇、女英自投湘水，遂为湘水之神。

[82]汉滨：汉水之滨。游女：指汉水的女神。

[83]瓠瓜：星名，一名天鹅，独在河鼓星东。无匹：没有配偶。

[84]牵牛：星名。古代神话，牵牛、织女二星为夫妇，各处天河之旁，每年七月七日乃得一会，故云"独处"。

[85]袿(guà)：妇女的上衣。猗靡：随风飘动貌。

[86]翳：遮蔽。延伫：企立。伫：同"佇"。

[87]凫(fú)：水鸟名，也叫水鸭。这句形容身体往来比飞翔的凫还要迅速。

[88]陵波微步：指在水波上细步行走。

[89]常则：固定的规则。

[90]难期：难以预期。

[91]转盼流精：转眼顾盼之间流露奕奕的神采。盼：原作"眄"，据胡刻《文选》校改。

[92]辞：指言辞。

[93]婀娜：轻盈柔美貌。

[94]屏翳：风神名。

[95]川后：即河伯。

[96]冯(píng)夷，河伯名。

[97]女娲：古代神话传说中的女皇，相传笙簧是她所造。

[98]腾：升。文鱼：一种能飞的鱼。警乘：为车乘的警衔。警：原作"惊"，据胡刻《文选》校改。

[99]玉鸾：车上的铃，作惊鸟形，以玉为之。偕逝：同往。

[100]俨，矜持庄重貌。齐首：指排成一行，齐头并进。

[101]云车：神以云为车，故云云车。容裔：行貌，高低貌。

[102]鲸鲵(ní)：水栖哺乳动物，外形似鱼，雄的叫鲸，雌的叫鲵。踊：跳跃。毂，车轮中心圆木，用以贯轴的。这里即指车。

[103]为卫：为护卫。

[104]沚：小渚。

[105]"纤素领"二句：谓回首相视。纤，回。素领，指洁白的颈项。清阳，指眉目之间。《诗经·野有蔓草》有"有美一人，清扬婉兮。"谓眉目清秀。清，指目；扬，指眉。

[106]陈交接之大纲：陈述结交往来的纲要。

[107]怨盛年之莫当：自我怨恨在此壮盛之年，不得与君相配合。

[108]抗罗袂(mèi)：举罗袖。

[109]浪浪：流貌。

[110]效爱：致相爱之意。

[111]珰：耳珠。

[112]太阴：众神所居之处。

[113]不悟：犹不见。舍：止。这句是说忽然看不见她在什么地方了。

[114]宵：暗冥。一说，通"消"，作"化"解，原作"霄"，据胡刻《文选》校改。蔽光：隐去光彩。

[115]背下陵高：背离低下之地而登高。

[116]遗情：留情，指情思留恋。

[117]冀灵体之复形：希望洛神再能出现。

[118]溯(sù)：逆流而上。

[119]长川：指洛水。反，同"返"。

[120]绵绵：漫长不绝之貌。

[121]耿耿：心神不安之貌。

[122]霑：沾湿。至曙：直到天明。

[123]东路：东藩之路。鄄城在洛阳东北，所以称为东路。

[124]骓(fēi)，车旁的马。辔：马缰绳。古代驾车之马，在中间的叫服，在外边的叫骓或骖。这里泛指驾车的马。抗策，举起马鞭。

[125]盘桓：犹徘徊，不进貌。

【解读】

《洛神赋》是曹植辞赋中的代表作，作品可分为以下六个部分。

第一部分，写东归藩国经过洛水，得见洛神的情景。开篇由京师东归写起，用一组三言排比句，简洁地交代行踪。接着写置车、秣马、流盼洛川，让主人公洛神在"我"眼前出场。接着笔锋一转，写与车夫对话，自然引出下文，对洛神做具体描绘。

第二部分，着重写洛神的姿容、服饰、动作，是此赋描写得最精彩的部分，为下文写爱慕之情做准备。以"余告之曰"领起，借回答车夫的问话，集中笔力刻画洛神的形象。先写她的姿容，洛神体态娴雅，不仅神情温柔宽和，而且语言妩媚动人。以四字句徐徐道来，精雕细刻，工笔描绘，栩栩传神，将洛神的美一一呈现给读者。再写服饰，前两句概说洛神的服饰、气质都不同凡俗。接着详写她穿着明净的罗衣，戴着碧绿的佩玉，头上是金翠的首饰，身上是发光的明珠。穿着远游的花鞋，拖着薄绢的罗裙。宝马金鞍，美人华服，艳丽多彩的装束，更烘托出洛神之美。刘熙载说："山之精神写不出，以烟霞写之；春之精神写不出，以草树写之。"①写华服，正是写美人。后以"微幽兰之芳蔼兮，步踟蹰于山隅"为过渡，转写动作，她隐身于浓郁芳香的幽兰丛中，徘徊在山边，又忽然轻举遨游，伴随着以旄牛尾做装饰和用桂枝做旗杆的旌旗仪仗，伸出纤纤素手，在水滩边采拾黑色的芝草。行文至此，洛神之美艳，已描绘得淋漓尽致，活灵活现。作者使用高度的形象化和充满想象力的语言使人如见其形，如睹其色，如闻其香，如临其侧，文笔之妙，令人称绝。

第三部分，写对洛神的爱慕和同她约会等事情，以及担心受她欺骗的矛盾心情。"余情悦其淑美兮"承接上文，由于洛神十分美好而引起自己的爱慕之心，但"无良媒以接欢"，只有"托微波而通辞"。为向洛神表达爱意而解下玉佩赠她，并将其作为定情的信物。接着又写洛神既明礼度，又善言辞。她举出琼玉作答，并约定在水中所居之处相会。然而"惧斯灵之我欺""怅犹豫而狐疑"。于是"收和颜而静志兮，申礼防以自持"，表现出作者内心的矛盾。这一段由描写转到叙事，由叙事而抒情，写洛神若隐若现，亦实亦虚，迷离恍惚，已预示出人神道殊的悲剧结局。

第四部分，写洛神为君王的诚心所感动后的情态。先是承上段继续写洛神，她被君王的诚心感动，于是首低徘徊，忽来忽去。她耸起轻躯，如鹤立令人欲飞而未起，走在充满香气的椒径上，步过杜衡丛，散发出一阵阵香气。她怅然长啸，抒发深长的相思情意，声音是那么悲哀、悠长。接着写洛神受感动后的情态，先比喻，后直叙，写得生动、形象。然后用"尔乃"承接，写由于洛神的哀啸，引来众神齐集，连湘水、汉水之神都来了，画面异常动人。接下去再写洛神，她慨叹作者独居，以牵牛比喻君王。又写洛神伫立远望君王时的情状。以上详写众神，略写洛神，以实衬虚，更加强了作品的神话色彩。接着又写洛神的动态，作者展开了丰富的想象力，描绘洛神体态之轻盈。然后写她的眼神、气韵。最后以"华容

① [清]刘熙载：《艺概》，82 页，上海，上海古籍出版社，1978。

婀娜，令我忘餐"收结，以烘托洛神之美。以上与第二部分的前面部分相照应，错综变化，明暗相宜，有反复咏叹之趣。

第五部分，写洛神因人神道殊，不得交接，只得满怀恋情，怅然离去。先写诸神都行动起来，暗示洛神的车驾也将要启动。接着写众神离去，然后进一步描写洛神车驾之盛，她驾着六龙，乘着云车，鲸鲵夹乘而行，水禽飞翔护卫。于是洛神走过北面的沙洲，越过南面的山冈，回头遥望，接着写洛神离别时悲哀缠绵之情。她举袖掩泣，泪流浪浪，痛惜欢会永绝，一别异方；不曾以微情来表示爱忱；愿赠明珰以表衷肠；今后虽深处太阴，但时常想念着君王。写到这里，笔锋又一转，"忽不悟其所舍，怅神宵而蔽光"。忽然间不知道洛神哪里去了，"我"对着茫茫的天空，只剩下一片惆怅。人神道殊，终于落得悲剧的结局。

第六部分，写洛神去后，"我"思恋的深情，从而结束全赋。洛神隐去，"我"满怀惆怅走上山冈，心中不断地想象着刚才所遇的情景和洛神的神情容止，眺望远处，更怀愁思。"我"希望洛神再现，并驾着轻舟，逆流而上，前去追寻，荡舟忘归，思慕愈深，夜不能寐，身上沾满了浓霜，直到天明。然而洛神终不可"复形"，于是只好"命仆夫而就驾"，东归封地。但一当手执骖騑，举起马鞭，却又"怅盘桓而不能去"。结尾反复写追寻、思恋，一唱三叹，再度烘写洛神之可慕。清代著名戏曲家李渔曾说："终篇之际，当以媚语摄魂，使之执卷留连，若难遽别，此一法也。"①此赋结尾处反复写留恋，写追寻，写盘桓不能去，正起到了"临去秋波那一转"的作用，使人掩卷后犹得深思，觉其声犹在耳，形犹在目，果真"言有尽而意无穷"。这段描写为这则人神恋爱的爱情故事增添了浓厚的悲剧色彩。

关于《洛神赋》的主旨，历来争议很大。一般有如下几种说法。

其一，"感甄"说。此说最早见于唐初《文选》李善注引《记》之语，大抵说洛神是甄后的化身。曹植曾求婚甄逸女不遂，为曹丕所得。后甄氏被谮而死。曹植此赋系有感于甄后而作，故初名《感甄赋》。这一说法在唐代广为流传，李商隐还曾写过"宓妃留枕魏王才"的诗句。后来蒲松龄据此演绎为《聊斋志异·甄后》。"感甄"说学界论说很多，反对之音也不绝于耳。宋人刘克庄说这是"好事之人造甄后之事以实之"。明人王世贞说："令洛神见之，未免笑子建伧父耳。"②清代何焯、朱乾、潘德舆、丁晏、张云璈、方伯海等人均说"感甄"违背事实、违反名教而不合当时的形势与情理，绝非曹赋的本意。尤其是清代著名的《文选》校勘家胡克家在《文选考异》中指出，"此二百七字袁本、茶陵本无。案：二本是也。此因世传小说有《感甄记》，或以载于简中，而尤延之误取之耳。"③他认为《文选》所引《记》文，并非李善原注，不足为凭。今人朱东润也在他的《中国历代文学作品选》中明确提

① ［清］李渔：《李渔全集·闲情偶寄》，64页，杭州，杭州古籍出版社，1991。

② ［明］王世贞：《艺苑卮言》，38页，南京，凤凰出版社，2009。

③ ［梁］萧统编，［唐］李善注：《文选》，901页，上海，上海古籍出版社，1986。

出:"这是小说家附会之谈,不足信。"①但是,厦门大学教授胡旭在 2013 年发文再次论及"感甄"说,他认为曹操多次出征,但曹植和曹丕没有同时随行,这就为曹植与甄氏的私处留下了机会。尤其是建安二十一年(216 年),曹丕随军出征,曹植驻守,很有可能在这五个月的时间里,曹植与甄氏产生了私情。这就能够解释为何甄氏死后"不获大敛、被发覆面、以糠塞口"的遭遇,曹丕对甄氏尸体的侮辱足见其对甄氏的痛恨之意,除了感情的背叛,实在找不到更合适的理由;同时,也能理解为何在曹丕登上帝位之后,他与曹植的帝位之争已然尘埃落定,曹植又一再用言行表明自己的尽忠之意,曹丕仍是不肯原谅,步步紧逼。

其二,"寄心君王"说。在否定"感甄"说的同时,何焯等人提出了"寄心君王"说。何焯在《义门读书记》中说,"《离骚》:'我令丰隆乘云兮,求宓妃之所在。'植既不得于君,因济洛川作为此赋,托辞宓妃以寄心文帝,其亦屈子之志也。"②清代曹植研究专家丁晏也说:"序明云拟宋玉《神女》为赋,寄心君王,托之宓妃,《洛神》犹屈宋之志也。"③北京大学中国文学史教研室所编的《魏晋南北朝文学史参考资料》在《洛神赋》题注中亦采取此说,"按自文帝即位,植备受猜忌,本传载:'植每欲求别见独谈,论及时政,幸冀试用,终不能得。既还,怅然绝望。'"④朱东润主编的《中国历代文学作品选》也说:"本篇或系假托洛神寄寓对君主的思慕,反映衷情不能相通的苦闷。"⑤但是,纵观曹植生平和创作,"寄心君王"说也缺乏依据。曹植与曹丕向来不睦,胡应麟的《诗薮》说:"曹氏兄弟相忌,他不暇言,止如扬榷艺文,子桓《典论》绝口不及陈思,临淄尺书只语无关文帝,皆宇宙大缺陷事。"⑥太子之争,曹丕获胜。曹植虽然服从"立嗣以长"的传统观念,接受了这一事实,并在曹丕即位后上表以示"尽忠"之意,还将过去其父赏赠的铠甲和马鞍等物上交朝廷,以表明自己没有觊觎皇位之念。但是,这些行为极有可能是曹植为了自我保护不得已而为之的,而并不是由衷的。因为曹丕称帝后,对曹植极端不信任,不但把他流放外地,还派出"监国使者"监视曹植的一切言行。曹植后期的诗赋作品中,只有对曹丕的怨恨、怨愤之情,而没有过感激之意。再具体到《洛神赋》这篇作品,其序言交代了创作时间、地点:"黄初三年,余朝京师,还济洛川。"据考证,曹植朝京师为黄初四年(223年),而且从京都返回封地途中,曹植一共写了两篇作品,另一篇是《赠白马王彪》。在诗歌中,曹植寄托了对死去的弟弟曹彰的悼念之情、对仍活着的弟弟曹彪的惜别之情,抒发了对曹丕迫害兄弟的满腔悲愤。从诗人的创作情感来看,

① 朱东润:《中国历代文学作品选》,189 页,上海,上海古籍出版社,2002。
② [清]何焯:《义门读书记》,883 页,北京,中华书局,1987。
③ [清]丁晏:《曹集诠评》,11 页,上海,商务印书馆,1935。
④ 北京大学中国文学史教研室:《魏晋南北朝文学史参考资料》,95 页,北京,中华书局,1962。
⑤ 朱东润:《中国历代文学作品选》,189 页,上海,上海古籍出版社,2002。
⑥ [明]胡应麟:《诗薮》,134 页,北京,中华书局,1985。

曹植在途中与曹彪分手时，对曹丕的怨恨之情不可能突然转化为对曹丕思慕之情，而且还用美丽的神女来比拟曹丕，这显然是有悖常理的。

其三，"亡妻崔氏"说。有研究者认为，《洛神赋》所描写的洛神其实是曹植的亡妻崔氏。崔氏为名士崔琰的侄女，嫁给曹植为妻室，后因穿衣太过华丽被曹操所杀。之后好多年，曹植都没续正室。《洛神赋》其实是曹植怀念当年与妻崔氏一同度过的美好时光有感而作，其形象鲜明而具体，绝不似由想象。其中"执眷眷之款实兮，惧斯灵之我欺！感交甫之弃言兮，怅犹豫而狐疑"四句，是在埋怨妻子为何当年抛下自己独自去了，使得此刻"人神之道殊"，天人两隔。"虽潜处于太阴，长寄心于君王"是模拟崔氏心理描写，虽然处于阴间，但心里还是挂念着曹植。"叹匏瓜之无匹兮，咏牵牛之独处"，匏瓜本是一个整体，如今分而无匹；牵牛织女本是一对，如今只剩自己一人，都是反映由成对而分开的情形，来形容曹植与崔氏极为合适。

其四，"政治理想"说。近代很多研究者提出，洛神是曹植对自己政治理想的寓托。曹植朝京师后返回封地，渡洛水时想起了洛神。这段时间，他的思想感情在《赠白马王彪》的序中披露得最为清楚："黄初四年五月，白马王、任城王与余俱朝京师，会节气。到洛阳，任城王薨。至七月，与白马王还国。后有司以二王归藩，道路宜异宿止，意毒恨之！盖以大别在数日，是用自剖，与王辞焉，愤而成篇。"①曹植表面上是恨有司，实则表达了对曹丕的强烈的不满之意。曹植还用了"大别"一词。大别就是永别，他自知以后与曹彪很难再见了。言外之意是对曹王不抱任何幻想。他深知只要曹丕在位，自己美好的理想必然幻灭。但他对自己的政治理想太钟爱了，因而创造了君王对洛神的钟爱来借喻，运用象征的手法，借助"人神之殊途"的恋爱悲剧，表达理想与现实的深刻矛盾，委婉曲折地抒发了自己的美好政治理想遭到破灭的愤懑之情。

《洛神赋》是一篇具有强烈的浪漫主义色彩的抒情小赋，它不仅用华美的辞藻塑造了洛神这样一位绝代风华的神女形象，还在人神之恋的描写中呈现出距离之美、礼仪之美、哀怨之美，更因主旨的多样性而具有了象征之美和阐释空间丰厚性的意蕴之美。《洛神赋》代表了曹植辞赋创作的最高成就，也是中国古典文苑中的佳作。

三、阅读思考

1.《文选》选了陶渊明八首诗、一篇文，此举被看作文学史重新认识陶渊明的价值的开端。试从《文选》选的陶渊明作品入手，简单分析一下萧统的文学观和选篇标准。

2. 今存最早的文人五言诗是东汉班固的《咏史》，试比较其与《古诗十九首》比

---

① 赵幼文：《曹植集校注》，294 页，北京，人民文学出版社，1984。

较分析,简单说说《古诗十九首》在汉代文人五言诗发展史上的卓越地位。

3. 在曹操、曹丕、曹植的诗歌作品中,各挑选一首代表作,比较分析"三曹"各自的诗歌特点和成就。

四、拓展阅读

1. [梁]萧统编:《文选》(附考异十卷),杭州,浙江大学出版社,2017。

2. [梁]萧统编,[唐]李善等注:《六臣注文选》,北京,中华书局,2012。

3. 高步瀛:《文选李注义疏》,北京,中华书局,2018。

4. 江庆柏、刘志伟:《文选资料汇编·总论卷》,北京,中华书局,2017。

5. 刘锋、王翠红:《文选资料汇编·序跋著录卷》,北京,中华书局,2019。

6. 赵俊玲:《文选汇评》,南京,凤凰出版社,2017。

7. 隋树森:《古诗十九首集释》,北京,中华书局,2018。

8. 曹旭:《古诗十九首与乐府诗选评》,上海,上海古籍出版社,2002。

9. 朱自清:《古诗十九首释》,南京,译林出版社,2015。

10. 马茂元:《古诗十九首初探》,北京,商务印书馆,2017。

11. 叶嘉莹:《叶嘉莹说汉魏六朝诗》,北京,中华书局,2007。

12. 赵幼文:《曹植集校注》,北京,人民文学出版社,1984。

13. 王玫:《曹植传》,北京,中华书局,2012。

14. 马泰泉:《棠棣之殇:曹植传》,北京,作家出版社,2015。

15. 顾随讲,叶嘉莹笔记,高献红、顾之京整理:《顾随讲曹操·曹植·陶渊明》,石家庄,河北教育出版社,2018。

第四节 王维集

一、常识举要

(一)王维集

《旧唐书·王维传》有如下记载。"代宗时,缙为宰相,代宗好文,常谓缙曰:'卿之伯氏,天宝中诗名冠代,朕尝于诸王座闻其乐章。今有多少文集,卿可进来。'缙曰:'臣兄开元中诗百千余篇,天宝事后,十不存一。比于中外亲故间相与编缀,都得四百余篇。'翌日上之。"①《文苑英华》载王缙的《进王维集表》又说王维的诗歌"或散朋友之上,或留箧笥之中,臣近搜求,尚虑零落,诗笔共成十卷"②。可见王维的集子最早是在代宗时由其弟王缙收集整理的,由于"安史之乱",王维

---

① [后晋]刘昫等:《旧唐书》,5053 页,北京,中华书局,1975。

② [宋]李昉:《文苑英华》,3166 页,北京,中华书局,1966。

的诗歌多有散佚，后经王缙多方搜求，仅得诗文 10 卷，共 400 余篇。

王缙裒辑的 10 卷本在唐、五代、北宋都没有什么大变化。到南宋，出现了不同版本。陈振孙在《直斋书录解题》中说："建昌本与蜀本次序皆不同，大抵蜀刻唐六十家集多异于他处本，而此集编次尤无伦。"①这是说出现了建昌本与蜀本两种不同的版本，但这两种版本今皆不传。

后世尚存的宋本王维诗文集有两种：一是述古堂的南宋麻沙本《王右丞文集》，现藏日本静嘉堂文库；二是现存于国家图书馆的《王摩诘文集》。清代版本校勘学家顾广圻认为："题《摩诘集》者，蜀本也。题《右丞集》者，建昌本也。"②顾氏的一观点可供参考，但不是定论。

元代初期，出现了刘辰翁评点刻本《须溪先生校本唐王右丞集》，没有著录王维的文集，只有诗集 6 卷。该本除校正部分文字以外，间或有一些圈点和评语，但都非常简单。明代李东阳对该本的评价是："语简意切，别是一机轴，诸人评诗者皆不及。"③这个本子对后世影响很大。

明代出现了两个较为重要的注释本。一个是顾可久的《王右丞诗注说》6 卷，有嘉靖三十八年（1559 年）洞阳书院刻本和万历十八年（1590 年）翻刻本，即后世所称"句吴本"。它是直接以刘辰翁本为基础进行注释的，并附有刘须溪的评点。另一个是顾起经的《类笺唐王右丞全集》14 卷，其中，诗 10 卷有注，文 4 卷无注。此书前有《唐进王右丞集表》《旧唐书·文苑传》和河东王氏世系图等，后附《唐诸家同咏集》《唐诗家赠题集》《唐宋诸家评王右丞诗画钞》《历朝诸家评王右丞诗画钞》。此书有嘉靖三十五年（1556 年）奇字斋刻本，世称"武陵本"或"奇字斋本"。相对来说，顾起经本比顾可久本要好。它不仅刻写清晰、诗文俱全，而且注释也比顾可久本详尽，此本还是现存最早的王维诗注本。

清代乾隆元年（1736 年），赵殿成的《王右丞集笺注》问世，这是第一部完整的王维诗文注释本，是一部集大成之作，为历代王维集注释本中最好的。清代学者卢文弨评价《王右丞集笺注》时说："其校正视旧本诚远过之，征引亦详赡，不过于删节，致使本事之原委不明，此尤注古人书者所当取法也。"④

《王右丞集笺注》共 28 卷，卷一至卷一四是诗，分古诗（6 卷）、近体诗（8 卷）两大类，共 432 首，其中他人赠和同咏诗 58 首，这大体是根据刘辰翁校本的篇目所确定的比较可靠的作品。卷一五是诗外编，收诗 47 首，都是不见于刘辰翁本的。或重见于他集的，或可以断定是伪作的诗。卷一六至卷二七是赋、表、状、文、书、记、序、文赞、碑、铭、哀辞、祭文、连珠、判，卷二八是论画。书后附诗评、画录、年谱。书前还有赵殿成序、诸家序、笺注例略、目录和弁言。

① ［宋］陈振孙：《直斋书录解题》，468 页，上海，上海古籍出版社，2015。
② ［清］顾广圻：《思适斋书跋》，84 页，上海，上海古籍出版社，2007。
③ 李庆立：《怀麓堂诗话校释》，92 页，北京，人民文学出版社，2009。
④ ［清］卢文弨：《抱经堂文集》，180 页，北京，中华书局，1990。

1961 年，中华书局出版了《王右丞集笺注》，这是目前最易找到也是相对较好的本子。另外，陈铁民的《王维集校注》(全四册)在 1997 年由中华书局出版，可学习研究。

(二)王维

王维(约 701—761 年)，字摩诘，祖籍太原祁县(今山西祁县)，其父徙官于蒲州(治今山西永济西南蒲州镇)，遂为河东人。王维是诗歌史上著名的大诗人，盛唐山水诗派的杰出代表。在盛唐人的心目中，王维的诗名超过了李白、杜甫。王维还是唐代乃至中国古代文化史上少有的全能艺术家之一，对音乐、舞蹈、书法都很精通，更是水墨山水画家，被推为南宗始祖。王维的父亲王处廉，官至汾州司马，其母博陵崔氏，奉佛唯谨，师事禅宗北宗的大照禅师，对王维兄弟的思想影响很大。

王维早慧，15 岁离家到长安，17 岁写下《九月九日忆山东兄弟》，18 岁完成名篇《洛阳女儿行》，以卓越的诗文、绘画和音乐等才艺深受贵戚权豪的青睐。《旧唐书·王维传》载："维以诗名盛于开元、天宝间，昆仲宦游两都，凡诸王驸马豪右贵族之门，无不拂席迎之，宁王、薛王待之如诗友。"[1]薛用弱的《集异记》中的"郁轮袍"更是具体敷演了王维借助岐王之力获得公主保荐，当上京兆解头，顺利登进士第的故事。

开元九年(721 年)，21 岁的王维进士及第，授大乐丞，因所辖伶人舞黄狮子违规而受牵连，被贬为济州司库参军。张九龄出任宰相后，王维献诗请求汲引，于开元二十三年(735 年)被擢拔为右拾遗。开元二十五年(737 年)，张九龄被李林甫排挤出京，王维也以监察御史的身份奉使出塞，并留在河西节度副使崔希逸幕中供职。后返回长安，历官左补阙、库部郎中、吏部郎中、给事中。

天宝十四载(755 年)，安史之乱爆发。至德元年(756 年)，叛军攻陷长安。王维追随玄宗不及，反被安禄山捕获并被迫出任伪职。官兵收复两京后，朝廷对附逆者分六等治罪，王维亦在其中。但王维被叛军拘禁时曾赋《凝碧池》一诗，以表对唐王朝的忠心，又因他官居刑部侍郎的弟弟王缙平反有功，并请求削籍为兄赎罪，因此，王维没有遭受严厉处分，仅降职为太子中允，后迁中书舍人，官终尚书右丞，故世称"王右丞"。

早在贬官济州之时，王维就已经有了隐居的念头。天宝年间，王维虽在朝供职，官位稳升，但他一直处于半官半隐、亦官亦隐的状态。安史之乱后，王维以罪臣自居。他在《谢除太子中允表》中说："秽污残骸，死灭余气，伏谒明主，岂不自愧于心。仰厕群臣，亦复何施面。踏天内省，无地自容。"[2]他向皇帝请求出家，不获允后，便做了隐于朝廷的居士。《旧唐书·王维传》载："维弟兄俱奉佛，居常

---

① ［后晋]刘昫等:《旧唐书》，5052 页，北京，中华书局，1975。

② ［清]赵殿成:《王右丞集笺注》，295 页，上海，上海古籍出版社，1998。

蔬食，不茹荤血，晚年长斋，不衣文彩。得宋之问蓝田别墅，在辋口，辋水周于舍下，别涨竹洲花坞，与道友裴迪浮舟往来，弹琴赋诗，啸咏终日。尝聚其田园所为诗，号《辋川集》。在京师日饭十数名僧，以玄谈为乐。斋中无所有，唯茶铛、药臼、经案、绳床而已。退朝之后，焚香独坐，以禅诵为事。妻亡不再娶，三十年孤居一室，屏绝尘累。"①因此，我们可以说，王维的思想和作品，以 40 岁为界限，大致分为前、后两期。前期具有一定的向往开明政治的热情，积极进取，颇富朝气，也曾对当时社会上的一些不合理现象表现出不满。由于仕途的坎坷和家庭环境的影响，王维在退隐林下和长斋奉佛中逐渐消沉，后期对现实基本抱着一种"无可无不可""万事不关心"的态度。尤其到了晚年，更是抱着"一生几许伤心事，不向空门何处销"的心情，痴迷佛学以求得解脱。

像盛唐许多诗人一样，王维在前期也写了一些游侠诗、边塞诗，这些诗或写少年的豪迈，或写大将的英武，或叙征戍之苦，或写凯旋之乐，都表现了那个时代人们的英雄气概和爱国热情。并且，王维善于描写自然景物的艺术才能，在前期的诗作里已经有了出色的表现。真正奠定王维在文学史上崇高地位的，是他后期抒写隐逸情怀的山水田园诗。殷璠在《河岳英灵集》中评价说："维诗词秀调雅，意新理惬。在泉为珠，着壁成绘。一句一字，皆出常境。"②苏轼在《东坡题跋·书摩诘蓝天烟雨图》中说："味摩诘之诗，诗中有画；观摩诘之画，画中有诗。"③从这些对王维诗歌艺术的品评之语中我们可以看出：擅长绘画、精通音律的诗人王维，在对自然山水的描摹中融诗意、画意、禅意、乐意于一体，创造出了静逸明秀、兴象玲珑的境界。

王维的诗歌对唐代中期及以后诗歌的发展，具有深刻而久远的影响。中唐诗人或重视意象铸造，或点染个人情愫，或引禅入诗，或细摹山水，都不同程度地从王维的作品中获取了灵感与养料。唐代宗曾以"天下文宗"称誉王维。唐以后的诗史上，又颇有人奉王、孟诗派为大宗，像清代前期大家王士禛，即在创作中对王维式的艺术境界与情趣有所吸收，虽未能达到与王维诗歌相仿的程度，却也从一个侧面显示了王维作品长久的艺术魅力。

二、原典选读

观猎[1]

风劲角弓鸣[2]，将军猎渭城[3]。草枯鹰眼疾[4]，雪尽马蹄轻。

忽过新丰[5]市，还归细柳营[6]。回看射雕[7]处，千里暮云平。

（陈铁民：《王维集校注》，北京，中华书局，1997。）

---

① [后晋]刘昫等：《旧唐书》，5052 页，北京，中华书局，1975。

② 王克让：《河岳英灵集注》，66 页，成都，巴蜀书社，2006。

③ [宋]苏轼：《东坡题跋》，94 页，上海，商务印书馆，1936。

【注释】

[1]观猎：《乐府诗集》《万首唐人绝句》均取前四句为一首五绝，题为《戎浑》。《唐诗纪事》此诗题作《猎骑》。

[2]劲：猛烈。角弓：用兽角装饰的强弓。鸣：响。

[3]渭城：即秦都咸阳古城，汉代改名渭城，在今西安市西北，渭水北岸。

[4]疾：敏捷，锐利。

[5]新丰：故址在今陕西临潼区东北，古以产美酒出名。

[6]细柳营：又名柳市，汉代名将周亚夫屯兵之地。在今陕西咸阳市西面渭水北岸。

[7]雕：一种猛禽，又名鹫，高飞疾速，不易射中，故称神箭者为射雕手。《北齐书·斛律光传》载，名将斛律光随皇帝外出打猎，见云中大鸟，张弓而射，正中鸟颈，旋见是只雕，旁有人赞叹："此射雕手也！"

【解读】

这是王维前期描写将军射猎情景的诗作，在艺术上受到诗评家的盛赞，清人张谦宜在《茧斋诗谈》中说它"遂为五律准绳"。清人沈德潜在《唐诗别裁集》中说："章法、句法、字法俱臻绝顶，盛唐诗中亦不多见。"①

全诗共分两部分。前四句为第一部分，写射猎的过程；最后四句为第二部分，写将军傍晚收猎回营的情景。

首联"风劲角弓鸣，将军猎渭城"，点明了狩猎者的身份——将军、狩猎的地点——渭城郊野、天气状况——劲风鸣吹，狩猎的方式——角弓利箭以射之。这一联采取倒装句式，诗人"先声夺人"，让读者顺着角弓弓弦在劲风中所发出的尖利声响去翘首寻觅挽弓者的英武形象，给读者造成一种引而不发的悬念。沈德潜在《说诗晬语》中评价说："起手贵突兀，王右丞'风劲角弓鸣'……直疑高山坠石。不知其来，令人惊绝。"②这里，一个"劲"字，渲染出风大且猛之势；一个"鸣"字又反衬出"风劲"和弓力之强。与此同时，起句极善"绘声"，为将军的出场成功地创造了一种具有典型意义的环境气氛，并为稍后刻画将军英武的姿态、敏捷的动作和欢畅的心情做了"定场诗"般的铺垫，表现出将军那"挽弓当挽强"、敢于傲风驰骋、勇于和困难做顽强斗争的坚韧不拔的强者的精神和气质。王维诗中的形象往往具有画的形态和动感，又吸收了音乐的精髓，因此就能兼收诗画音乐的综合魅力，特别深刻感人。

颔联"草枯鹰眼疾，雪尽马蹄轻"，主要描写射猎时的情景。在一片枯草残雪的广漠之中，猎鹰盘旋猛扑，马队纵横驰骋，这样一幅动态的画面，剽悍矫健之

① [清]沈德潜：《唐诗别裁集》，319 页，上海，上海古籍出版社，1979。
② 王宏林：《说诗晬语笺注》，209～210 页，北京，人民文学出版社，2011。

气高扬，构成了"观猎"的全景，所谓"正写猎字，愈有精神"（施补华《岘佣说诗》），被评为"奇语""壮激"，是本诗最重要的警句。这里，"草枯""雪尽"在绘景的同时，给我们传达出了冬末春初的季节信息；"鹰眼疾""马蹄轻"正面写战马、猎鹰狩猎时的动作体态，并未直接描绘将军的神情，但"疾""快"却是将军内心的感觉，从而准确地从侧面渲染出了将军驾鹰纵马追逐猎物时身势的灵巧敏捷和斗志的昂扬旺盛。所以，"枯、疾、尽、轻"被称作炼字的范例。

颈联的特色如下。一是写出了速度，这支队伍刚才还在广漠的猎场，一忽工夫已旋风般掠过新丰，又一会儿，他们已回到了营盘，要知道，"新丰市""细柳营"两地相隔七十余里！对于军队，速度就是力量，写速度就是写力量。并且，"忽过"与"还归"的对称出现，既刻画出将军骑术高超、猎技神奇和射猎一天犹精力充沛的形象，又表现出将军满载而归时喜悦轻快的心情。二是用典，称他们的营盘是"细柳营"，统帅是像汉代以治军严肃著称的名将周亚夫式的人物，这支队伍的战斗力和军风纪，就可以想见了。用典，言简意赅，而且用得自然熨帖。

尾联是回眸一望的画面。当大队人马回到军营，就在进入营门的一刹那，将军勒马转头回望，只见猎场上空，刚才还在那里开弓射雕的地方，现在是一片长长的暮云，太阳正在庄严地西沉……这是怎样一幅悠远苍茫的画面啊！这又是怎样一个"淡而有味"（《唐诗训解》《唐诗直解》）意味深长的结尾啊！"射雕"之典，语出《北史》所记斛律光之事。"又尝从文襄于洹桥校猎，云表见一大鸟，射之正中其颈，形如车轮，旋转而下，乃雕也。丞相属邢子高叹曰：'此射雕手也。'"[1]这里，诗人活用"射雕"之典，不仅赞美了将军的雄才，同时也暗示了这次射猎活动的辉煌战果。"回看"的动作也显示出将军的豪兴未尽、希冀择日再往的心绪和情致。

这首诗很善于运用先声夺人、侧面烘托和活用典故等艺术手段来刻画人物，从而使诗的形象鲜明生动、意境恢宏而含蓄。诗歌写的虽是日常的狩猎活动，但却栩栩如生地刻画出将军的骁勇英姿，给人以意气风发、昂扬向上的感染力量。

综观全诗，半写出猎，半写猎归，起得突兀，结得意远，中两联一气流走，承转自如，有格律束缚不住的气势，又能首尾回环映带，体合五律，这是章法之妙。诗中藏三地名而使人不觉，用典浑化无迹，写景俱能传情，三四句既穷极物理又意见于言外，这是句法之妙。"枯""尽""疾""轻""忽过""还归"，遣词用字准确锤炼，咸能照应，这是字法之妙。所以，此诗完全当得起盛唐佳作的称誉。

山居秋暝[1]

空山新雨后，天气晚来秋[2]。明月松间照，清泉石上流。
竹喧归浣女[3]，莲动下渔舟。随意春芳歇[4]，王孙[5]自可留。

（陈铁民：《王维集校注》，北京，中华书局，1997。）

---

① ［唐］李延寿：《北史》，1968页，北京，中华书局，1974。

【注释】

[1]秋暝：秋天的夜晚，暝指天暗。

[2]晚来秋：夜晚时分更感到秋意的浓重。

[3]浣女：洗衣或漂纱的女子。

[4]随意：任凭，不觉。歇：消歇，此指春花凋谢。

[5]王孙：王室子孙，泛指贵族子弟，此为作者自称。《楚辞·招隐士》："王孙游兮不归，春草生兮萋萋……王孙兮归来，山中兮不可以久留。"即以王孙指隐士，而作者正以隐士自居。

【解读】

这是一首表现诗人山居隐逸乐趣的诗歌。

首联"空山新雨后，天气晚来秋"，描写了雨后秋凉的感觉。这里"空山"的"空"字，不是指空寂荒凉，而是表现雨后山野的静谧，也用以抒发诗人对大自然幽静宁谧的喜爱。诗的第一句扣紧题目中的"山居"；第二句点题，总叙雨后秋气清爽的自然状况。

颔联、颈联，都是从"山中初秋雨后"这一特定自然环境中具体表现出来的。颔联纯写景，雨后初晴，空气格外清新，也特别明静，秋月银辉，洒遍了苍翠的松林，腾起一片雾气。山涧涨溢，径路石阶，淌着清澈的流泉，响起一串淙淙悦耳的声音。以动写静，动静结合，音响和画面交映，更加衬托出了山野的清逸和幽深。颈联表现了劳动人民的生活情趣，使静谧的山野，顿时充满了盎然生机。竹林深处，传来了欢声笑语，那是浣衣女子结伴归来；远处的莲叶，在不停地颤抖着，那是渔人荡舟水上。中间这两联，先写大自然的幽趣，继而写农家的生活情景，将自然之美与人情之美融合在一起，把雨后秋山的风物，生动而完整地展现了出来。

诗人被深深陶醉了，尾联情不自禁地叹道：芳菲的春天过去了，就随它过去吧，眼前这秋天的山野，不是一样的美好吗？"王孙自可留"，意思是自己大可以待在山中，"赏心娱目"地度过悠游岁月了。王维在这里化用了《楚辞·招隐士》中"王孙游兮不归，春草生兮萋萋""王孙兮归来，山中兮不可以久留"的典故，而取其相反的意义，进一步表明了诗人对秋天山野的深厚感情，从而表示了归隐的决心。

在这首诗中，诗人把秋光写得与春光一样蓬勃多姿，没有凄凉的音响和幽暗的色彩，这正是王维山水田园诗的艺术特色。另外，整首诗平淡自然，不刻意雕琢，不立警句，好似浑不着笔力，这也是王维大多数山水田园诗的特色。吴乔的《围炉诗话》说："极是天真大雅。"[1]高步瀛的《唐宋诗举要》说："随意挥写，得大自

---

① [清]吴乔：《围炉诗话》，71页，北京，商务印书馆，1936。

在。"①但这是绚丽以后的平淡，是艺术风格成熟后的标志。

总体说来，这首诗充分发挥了诗人身兼画家、音乐家、富有全面艺术素养的优势，在取景设色和调度诗歌音响节奏上都能与创造意境密切配合。全诗在以动态为动力来推进艺术画面层次分明、舒展连贯地向前延伸的同时，又由中心思想作为一条主线，把各个动态鲜明的局部画面联结为一个有机的艺术整体，给人以美妙的立体感。特别是中间两联，形象生动，意境优美。"明月松间照"是一幅画，"清泉石上流"又是一幅画；"竹喧归浣女"是一幅画，"莲动下渔舟"又是一幅画。这些"诗中画"，是诗画的结合，它要求用字讲究，特别是那些关键性的字，如这两联中的"照""流""喧""动"四个动词的运用，就十分精到，它生动而鲜明地烘托出了这清澈明丽的诗情画意。

四、阅读思考

1. 试将王维《少年行》（四首）与李白《少年行》（两首）进行比较分析，并简单谈谈，这些诗对曹植《白马篇》的继承与超越。

2. 试以《渭川田家》为例，将王维与孟浩然在田园诗抒写方面的特点进行比较分析。

五、拓展阅读

1. 陈铁民：《王维集校注》，北京，中华书局，1997。

2. [唐]王维：《王摩诘文集》，上海，上海古籍出版社，2016。

3. [清]赵殿成：《王右丞集笺注》，上海，上海古籍出版，2010。

第五节　李白集

一、常识举要

(一)李白集

唐代流传的李白的诗文集至少有 3 个，今皆不存。第一个是魏颢（魏徵的曾孙）于上元二年（761 年）编订的《李翰林集》，"首以赠颢作，颢酬白诗，不忘故人也。次以《大鹏赋》、古乐府诸篇积薪而录"②。《新唐书·艺文志》著录该文集有 2 卷，收录李白的诗文 44 篇。这是最早的李白集，流传了 300 多年，直到熙宁元年（1068 年）宋敏求编纂李白集时还能见到此本。第二个是宝应元年（762 年）十一月，李白在当涂临终时请从叔李阳冰编辑并作序的《草堂集》。《旧唐书·李白传》和《新

① 高步瀛：《唐宋诗举要》，422 页，上海，上海古籍出版社，1978。
② 瞿蜕园、朱金城：《李白集校注》，1791 页，上海，上海古籍出版社，1980。

唐书·艺文志》都著录为 20 卷，但北宋乐史的《李翰林别集序》、宋敏求的《李太白文集后序》都说《草堂集》有 10 卷。第三个是范传正所说的"文集二十卷"，因为唐宋时期所有公私书目中都不见范传正编李白集的记载，所以无法推测其编李白集的书名。范传正说："文集二十卷，或得之于时之文士，或得之于公之宗族，编缉断简，以行于代。"①它与李阳冰的《草堂集》的有何关系，是否用《草堂集》扩充增补，由于文献缺征，不得而知。但有一点可以肯定，这三个本子的篇目是互有出入的。

咸平元年(998 年)，著名文学家、地理学家乐史以李阳冰编的《草堂集》为基础，"又别收歌诗 10 卷，与《草堂集》互有得失，因校勘排为 20 卷，号曰《李翰林集》。今于三馆中得李白赋序表赞书颂等，亦排为 10 卷，号曰《李翰林别集》"②。乐史编的《李翰林集》20 卷本有诗 776 篇，《李翰林别集》10 卷本有文 65 篇，这个传本后经人用宋敏求本补充过，并不完全是原来的面貌了。

熙宁元年(1068 年)，宋代著名学者、藏书家宋敏求在乐史本的基础上，参考各本重编了 30 卷本的《李太白文集》。《李太白文集后序》云："咸平中，乐史别得白歌诗十卷，合为《李翰林集》二十卷，凡七百七十六篇，史又纂杂著为别集十卷。治平元年，得王文献公溥家藏白诗集上中二帙，凡广一百四篇，惜遗其下帙。熙宁元年，得唐魏万所纂诗集二卷，凡广四十四篇，因裒唐类诗诸编，洎刻石所传别集所载者，又得七十七篇，无虑千篇。沿旧目而厘正其汇次，使各相从，以别集附于后。凡赋表书序碑颂记铭赞文六十五篇，合为三十卷。"③经过宋敏求的增补，《李太白全集》共有 1001 首诗歌，此后各种李白的诗集在此数量上基本没有太大突破。

宋敏求编集的《李太白文集》30 卷本稍后流到太平州司法参军曾巩手中。曾巩依照李白生平的行踪，"考其先后而次第之"(《李白诗集后序》)，将这个集子里的诗歌按写作的先后顺序重新进行了排列，使得李白诗集的体制更趋严整。元丰三年(1080 年)，临川晏知止让毛渐校正刊行《李太白文集》，这就是后世流传最广、影响最大的宋敏求编、曾巩重编、晏氏校刻的 30 卷本的《李太白文集》第一个刻本。这个刻本卷一为诸家序、碑、志、碣记。卷二至卷四是诗，共分为乐府、歌吟、赠、寄、别、送、酬答、游宴、登览、行役、怀古、闲适、怀思、感遇、写怀、咏物、闺情、哀伤等类。卷二五至卷三〇是杂文。它最主要的版本是宋蜀本及清缪本(缪本后又有上海中原书局影印本)。

综上所述，宋代流传的 30 卷本李白全集有两个系统：一个是《李太白文集》，另一个是《李翰林集》。二者虽然卷数相同，但在各卷的编排与内容上不尽相同。这两种李白全集历代都有翻刻本，两者之间互有影响，直到元代，李白集才又出

① [明]杨慎：《全蜀艺文志》下，1429~1430 页，北京，线装书局，2003。
② 瞿蜕园、朱金城：《李白集校注》，1791 页，上海，上海古籍出版社，1980。
③ 瞿蜕园、朱金城：《李白集校注》，1793 页，上海，上海古籍出版社，1980。

现了合流的现象。

南宋出现了杨齐贤所注的《李翰林集》25 卷，是第一个李白诗的注本，现已失传。但元代萧士赟注李白诗时将杨注部分引入书中，可以从中管窥杨注的大致面貌。元代萧士赟认为杨齐贤注本"博而不能约，至取唐广德以后事及宋儒记录诗词为祖，甚而并杜注内伪作苏东坡笺事已经益守郭知达删去者，亦引用焉"①（《补注李太白集序例》），因而对杨注进行了删节，"择其善者存之"，又对"注所未尽者"进行了补注，并附注了原来没有注的 8 篇赋。这就是后世常见的萧士赟补注本《分类补注李太白集》，为现存最早的李白诗注本。此书成于至元二十八年（1291 年），共 25 卷。李白赋 8 篇列入卷一，余下 24 卷为各体诗歌，疑为伪作者移植卷末，导致曾巩所考李白诗次第因此颠乱。书中注释以"齐贤曰""士赟曰"为标示，以示文责自负。

杨齐贤注、萧士赟补注的《分类补注李太白集》只有赋、诗，没有文。元、明诸多刻本都是 25 卷。唯有嘉靖二十二年（1543 年）郭云鹏刻本补入原未注的杂文 5卷，成 30 卷。郭云鹏对杨、萧注又进行了一番删削，虽然这个本子"模印精洁"（丁丙语），但因为删削过甚，反不如其他各本。《四库全书总目提要》卷一四九时《分类补注李太白集》的评价是："注中多征引故实，兼及意义。卷帙浩博，不能无失……然其大致详赡，足资检阅。"②

此外，明代中后期有朱谏的《李诗选注》13 卷、《李诗辨疑》2 卷。《李诗选注》价值不大，但《李诗辨疑》值得重视，对李白诗歌进行了广泛的考辨，虽然也有臆断粗疏处，但比起萧士赟又进了一步，可以参考。另有胡震亨的《李诗通》21 卷，对杨齐贤、萧士赟注进行了纠谬订补，水平较高，此书有清刻本。

清代乾隆年间，有一部集大成的李白诗文辑注问世，这就是王琦辑注的《李太白全集》。该书在注释、评解、辑佚上，都有很高的水平，是李白诗文集中较完备的注本，它以杨、萧的《分类补注李太白集》为底本，又辑以逸诗和逸文，附以各种参考资料而成，分为 36 卷。卷一有古赋 8 首，卷二有古诗 59 首，卷三至卷六有乐府 149 首，卷七至卷二五有古体诗 779 首，卷二六至卷二九有杂文 58 篇，卷三〇有诗文拾遗 57 首（篇），共 1110 首（篇）诗文。后六卷是王琦辑录的各种资料及年谱，有序、碑 1 卷、诗文 2 卷、丛说 1 卷、年谱 1 卷、外记 1 卷。王琦辑注的《李太白全集》有乾隆二十三年（1758 年）初刻本，稍后又有重印本。1977 年中华书局出版了校点排印本《李太白全集》。

1980 年，上海古籍出版社出版了瞿蜕园、朱金城注的《李白集校注》，这是一个值得注意的注本，是继王琦辑注的《李太白全集》后又一部集大成的李白诗文校注版本。另有安旗主编的《李白全集编年注释》，于 1990 年由巴蜀书社出版；詹锳

① 瞿蜕园、朱金城：《李白集校注》，1796 页，上海，上海古籍出版社，1980。
② ［清］永瑢等：《四库全书总目》，1280 页，北京，中华书局，2003。

主编《李白全集校注汇释集评》，于 1996 年由百花文艺出版社出版。

(二)李白

李白(701—762 年)，字太白，祖籍陇西成纪(今甘肃静宁西南)，先世在隋末因罪流寓碎叶(今吉尔吉斯斯坦北部托克马克附近)，李白就出生在那里。约五岁时，李白随父迁居绵州昌隆(今四川江油)青莲乡，因而自号青莲居士。从李白的诗文推测，他的父亲可能是一个富商，他接受了很好的教育，"五岁诵六甲，十岁观百家""常横经籍书，制作不倦"(《上安州裴长史书》)；他是一个颇具天赋的青年作家，"十五观奇书，作赋凌相如"(《赠张相镐二首》其二)；他还是一个"十五好剑术，遍于诸侯"(《与韩荆州书》)的游侠和"十五游神仙，仙游未曾歇"(《感兴八首》其五)的羽客。① 大约十八岁时，李白隐居大匡山读书，从赵蕤学纵横术，在以后的岁月里，可以看到李白思想中纵横家的烙印。总之，青少年时期的李白就是在漫游、隐居、任侠、崇奉神仙道教兼及纵横家思想中度过。

开元十四年(726 年)，李白为了实现"奋其智能，愿为辅弼。使寰区大定，海县清一"(《代寿山答孟少府移文书》)的政治理想，"仗剑去国，辞亲远游"(《上安州裴长史书》)，开始了漫游兼求仕的生活。他游洞庭，历襄汉，上庐山，东至金陵、扬州，复折回湖北，以安陆为中心，又先后北游洛阳、龙门、嵩山、太原，东游齐鲁，登泰山，南游安徽、江苏、浙江等地，游踪遍及半个中国。李白的漫游有恣情快意的一面，但也有政治目的。他从不屑于参加科举考试，因为科举和他"不屈已，不干人"(《代寿山答孟少府移文书》)的性格以及一鸣惊人、一飞冲天的宏愿都不符合。② 因此，漫游中，他有时采取类似纵横家游说的方式，希望凭自己的文章才华得到知名人物的推荐，如向韩朝宗诸人上书；有时则沿着当时已成风气的"终南捷径"，希望通过隐居学道来树立声誉，直上青云，如他先后和元丹丘、孔巢父、吴筠等隐居嵩山、徂徕山和剡中。

天宝元年(742 年)，李白经吴筠推荐，奉诏入京。李白初到长安时，太子宾客贺知章一见便称他为"谪仙人"，李白因此声名益振。"降辇步迎，如见绮、皓。以七宝床赐食，御手调羹以饭之……置于金銮殿，出入翰林中，问以国政，潜草诏诰，人无知者。"(李阳冰《草堂集序》)但实际上，所谓"供奉翰林"只是翰林待诏，不过是一个点缀升平和宫廷生活的御用文人，陪侍帝王遣性娱乐而已，这无疑使得李白感到政治理想的破灭。同时，他"揄扬九重万乘主，谑浪赤墀青琐贤"(《玉壶吟》)，蔑视帝王权贵的傲岸作风招致权臣的馋毁。③ 在度过一段狂放纵酒的生活之后，李白上书请还。几年的长安生活，让天真的诗人李白认识到统治集团的腐朽和现实政治的黑暗，开始写出一些抒发愤懑、抨击现实的诗篇。

"一朝去京国，十载客梁园。"(《书情赠蔡舍人雄》)天宝三载(744 年)春，李白

---

① 瞿蜕园、朱金城：《李白集校注》，1545、762、1539、1388 页，上海，上海古籍出版社，1980。
② 瞿蜕园、朱金城：《李白集校注》，1526、1545、1525 页，上海，上海古籍出版社，1980。
③ 瞿蜕园、朱金城：《李白集校注》，1789、484 页，上海，上海古籍出版社，1980。

离开长安后，再度开始了漫游生活。在洛阳他遇见了杜甫，在汴州又遇见了高适，三人一同畅游梁园（开封）、济南等地，结下深厚友谊。天宝四载（745 年）秋，李白和杜甫分手后又南游江浙，北涉燕赵，往来齐鲁间，但以梁宋为最久。这时期李白的生活是"归来无产业，生事如转蓬"（《赠从兄襄阳少府皓》），但他始终没有丧失自信，也没有放弃他的政治理想，他相信自己"才力犹可倚，不惭世上雄"（《东武吟》）。① 随着天宝年间政治的日益黑暗，他揭露现实的作品越来越多，反抗精神也越来越强烈。

天宝十四载（755 年），安史之乱爆发后，李白由宣城避地剡中，不久即隐居于庐山屏风叠。次年冬，永王李璘以抗敌平乱为号召，由江陵率师东下，过庐山时坚请李白参加幕府，李白出于一片爱国热情便接受了邀请。不料李璘暗怀和他的哥哥李亨（唐肃宗）争夺帝位的野心，不久即被消灭，李白也因此获罪，下浔阳狱，出狱后又被判流放夜郎。乾元二年（759 年），李白西行至巫山，因遇大赦而得放还。他经江夏、岳阳、浔阳至金陵，往来于金陵、宣城间。上元二年（761 年），李白听闻李光弼率大军征讨史朝义，他由当涂北上，请缨杀敌，但行至金陵，因病折回。次年，宝应元年（762 年），李白在族叔当涂令李阳冰家病逝。

李白的一生是复杂的，他是一个天才的诗人，又兼有游侠、隐士、道人、策士、酒徒等类人的气质或行径。他把儒家"兼善天下"的思想、道家遗世独立的思想以及"以武犯禁""不爱其躯""羞伐其德"的游侠精神结合起来，一再在诗文中重复着"济苍生""安社稷"之后"功成身退"的想法，这是支配他一生的主导思想。但是，在黑暗的现实面前，李白这种人生理想始终未能实现，他又始终在追求。矛盾、冲突以及遭受打击后的愤懑、狂放便产生了。龚自珍说："庄、屈实二，不可以并，并之以为心，自白始；儒、仙、侠实三，不可以合，合之以为气，又自白始也。"②这段话对于我们理解李白思想的复杂性是很有启发的。

袁行霈言："李白是盛唐文化孕育出来的天才诗人，其非凡的自负和自信，狂傲的独立人格，豪放洒脱的气度和自由创造的浪漫情怀，充分体现了盛唐士人的时代性格和精神面貌。"③盛唐诗歌的气、情、神，在李白的乐府歌行和绝句中，展现得淋漓尽致。他的诗歌创作充满了发兴无端的澎湃激情和神奇想象，既有气势壮阔、变幻莫测的壮观奇景，又有标举风神情韵而自然天成的明丽意境，美不胜收。李白的魅力，就是盛唐的魅力。

---

① 瞿蜕园、朱金城：《李白集校注》，667、594、398 页，上海，上海古籍出版社，1980。
② ［清］龚自珍：《龚定庵全集》卷三，28 页，上海，世界书局，1935。
③ 袁行霈：《中国文学史》第 3 卷，281 页，北京，高等教育出版社，2003。

二、原典选读

《行路难》(其一)

金樽清酒斗十千[1]，玉盘珍羞直万钱[2]。

停杯投箸[3]不能食，拔剑四顾心茫然。

欲渡黄河冰塞川，将登太行雪满山[4]。

闲来垂钓碧溪上[5]，忽复乘舟梦日边[6]。

行路难，行路难，多歧路，今安在[7]？

长风破浪[8]会有时，直挂云帆[9]济沧海。

(瞿蜕园、朱金城：《李白集校注》，上海，上海古籍出版社，1980。)

【注释】

[1]樽(zūn)：古代盛酒的器具，以金为饰。清酒：清醇的美酒。斗十千：一斗值十千钱(即万钱)，形容酒美价高。曹植有诗"美酒斗十千"。

[2]珍羞：珍贵的菜肴。羞：同"馐"，美味的食物。直：通"值"，价值。

[3]箸(zhù)：筷子。

[4]满山：一作"暗天"。

[5]闲来垂钓碧溪上：姜太公吕尚曾在渭水的磻溪上钓鱼，得遇周文王，助周灭商。碧，一作"坐"。

[6]忽复乘舟梦日边：伊尹曾梦见自己乘船从日月旁边经过，后被商汤聘请，助商灭夏。

[7]"多歧路"二句：岔道这么多，如今身在何处？岐，一作"歧"。安，哪里。《列子》载"杨子之邻人亡羊，既率其党，又请杨子之竖追之。杨子曰：'嘻！亡一羊，何追者之众？'邻人曰：'多歧路。'"

[8]长风破浪：比喻实现政治理想。《宋书》载，宗悫少年时，叔父宗炳问他的志向，他说："愿乘长风破万里浪。"

[9]云帆：高高的船帆。船在海里航行，因天水相连，船帆好像出没在云雾之中。

【解读】

这是李白所写的三首《行路难》的第一首。《行路难》原为古乐府《杂曲歌辞》，大都写世路艰难或离别悲伤一类的主题。李白虽沿用古乐府的形式却开拓出新的意境，并以其豪放的风格和瑰奇的想象使这首诗独具艺术魅力。

一出长安，李白便在梁园一带"黄金买醉"，借酒浇愁，欲使精神创伤得以平复。当他稍稍缓过来，重新瞻念前途的时候，心中充满了矛盾。这首《行路难》所反映的就是诗人此时的精神状态。

"金樽清酒斗十千，玉盘珍羞直万钱"，朋友为李白所设的饯行之宴丰盛而隆重：不仅酒具、杯盘珍贵，酒菜也很值钱。但李白这时却"停杯投箸"，不仅无法开怀畅饮，而且食不下咽，足见其内心的悒郁。他离开座席，拔出宝剑，举目四顾，想要劈开一条出路，但周围是无边的黑暗，他的剑锋不知指向何处，也无力把这浓重的黑暗斫开，于是感觉茫茫然不知所措。"心茫然"三个字揭示了诗人欲有所作为而无可作为的悲哀。李白写下这几句诗的时候，他的心头活动着两个前代诗人的影子。其中一个是三国的曹植。曹植抱负不凡，却遭到政治上的打击，郁郁不得志，其遭遇正与李白相似。所以，曹植《名都篇》中描写洛阳饮宴的句子"我归宴平乐，美酒斗十千"①首先在李白脑海里映现出来，化成了"金樽""玉盘"二句。随即，南朝诗人鲍照的影子又出现了。鲍照也是现实生活中的被压抑者，他在《拟行路难》其六中写道："对案不能食，拔剑击柱长叹息。丈夫生世会几时？安能蹀躞垂羽翼？"②鲍照的诗引起李白的强烈共鸣，他便化用其诗，写下了"停杯""拔剑"二句。"停杯投箸"伴随着沉重的叹息，表现出诗人的愁绪。"拔剑四顾"则又表现了一种郁勃的豪情，我们似乎见到诗人环视四方，急切地寻觅出路的状态；手中，铮然作响的长剑，也显示着诗人想做出行动的渴望。停杯、投箸、拔剑、四顾这几个动作，反映了诗人矛盾的内心，一个失路英雄的形象就出现在了我们面前！

"欲渡黄河冰塞川，将登太行雪满山"两句紧承"心茫然"，正面写"行路难"。这两句从鲍照的《舞鹤赋》中"冰塞长河，雪满群山"两句化出，这说明鲍照拔剑击柱的悲愤形象久久盘旋在诗人脑际，不得消散。当诗人茫然四望的时候，隐约见到黄河冰冻，太行雪封，情景交融的一瞬间，诗人仿佛变成了跋涉在冰天雪地中的旅人，欲渡黄河但行路不通，将登太行却无路可寻。这被坚冰阻塞的黄河、被大雪覆盖的太行，正是人生道路的象征。

偌大的天地间，居然寸步难行，诗人于是有了隐退的打算。"闲来垂钓碧溪上"，他开始想象隐处江湖的生活了。可是，不要忘了一个垂钓的大人物——吕尚，他九十岁在磻溪钓鱼时，才被周文王遇见，立为太师，后来辅佐武王伐纣，成就了不朽功业。原来，李白垂钓碧溪是想同吕尚一样，"尺蠖之屈，以求伸也"，并非纯粹想要归隐。果然，垂钓的情景刚刚出现，远处就射来一道光，冉冉红日正在升起，诗人甩开钓竿，立刻登舟向日边驶去了！日边是哪儿？是皇帝身边啊！这里还是暗用典故，传说伊尹在受商汤重用前曾梦见自己乘舟绕日月而过。李白在此时以为自己就是伊尹了。

然而，这毕竟是梦！当诗人沉醉在自己构想的美梦中激动不已时，转瞬却又坠入尘埃。眼前的处境使诗人猛地醒了过来，不免又焦躁万分。诗句由七言变成

---

① 赵幼文：《曹植集校注》，484页，北京，人民文学出版社，1984。
② 钱仲联：《鲍参军集注》，231页，上海，上海古籍出版社，1980。

三言，急促的音节猛烈跳荡："行路难，行路难，多歧路，今安在?""今安在"可训为"今安处"，意思是"如今怎么办?"这是诗人的自问。接下来诗人又自答："长风破浪会有时，直挂云帆济沧海!"诗人跨越现实，神驰到了未来。他再次摆脱了面对歧路时的彷徨、苦闷，重树信心与豪情，坚信终将摆脱目前的困境，"乘长风破万里浪"的一天定会到来。到那时，他就要像宗悫所说的那样，扬起云帆，横渡沧海，向着理想的彼岸驶去。李白的诗句虽然是推想之辞，语气却坚定有力。"会"字充满自信；"直"是"遂"的意思，给人以扬眉吐气的快感。读到篇末，我们似乎看到诗人挥动长剑，引吭高歌，理想的翅膀冲破了现实的束缚，李白以他不可遏制的热情和执着不渝的追求精神，又在人生的道路上奋力前行了!

　　这首诗一共 14 句，82 个字，在七言歌行中只能算是短篇，但它跳荡纵横，具有长篇的气势格局。元人杨载在《诗法家数》中评论李白的七言古诗说："如江海之波，一波未平，一波复起。又如兵家之阵，方以为正，又复为奇，方以为奇，忽复是正。出入变化，不可纪极。"①这首《行路难》的感情发展线索最能体现这种波澜层生、变幻无穷的特点。"金樽""玉盘"二句夸张地铺陈了筵席的丰盛程度。起笔故作飞扬之势，"停杯""拔剑"二句陡然跌落，形成第一层波澜，"欲渡""将登"二句则是这层波澜的扩展，一直推到山穷水尽的地步；"闲来垂钓碧溪上"，来了一个回旋，形成第二层波澜，柳暗花明，感情暂时平静了；接着，"忽复乘舟梦日边"一句，洪波涌起，境界顿见阔大，情绪转为高昂，这是第三层波澜；"行路难"四句，忽又现出一山，将奔流的江河截断，造成第四层波澜，感情之流波遏制，蓄成一片汪洋；结尾两句，如同河出龙门，江出三峡，一泻千里，再也无法被羁勒，这第五层波澜，开辟了一个全新的境界，把感情的抒发引向了激动人心的高潮。如果从细处着眼，我们可以发现一层大波澜中又有小的波澜动荡。如"欲渡黄河冰塞川，将登太行雪满山"二句，一扬一抑，先写主观愿望，再写客观情势，在主客观的矛盾中，表现行路之难。再如"长风破浪会有时，直挂云帆济沧海"二句，先写期待，再写行动，使美妙的想象显出渐次高涨的层次，这就大大增强了结尾一句激动人心的力量。这曲折回环、腾挪跌宕的感情起伏变化，淋漓尽致地表现了诗人波翻浪涌的内心世界，既充分显示了黑暗污浊的政治现实对诗人的宏大理想抱负的阻遏，反映了由此而引起的诗人内心的强烈苦闷、愤郁和不平，同时又突出表现了诗人的倔强、自信和他对理想的执着追求。

　　《行路难》（其一）反映的是诗人极其复杂的内心世界：失望与希望交织，痛苦中掩藏着热情，悲吟和叹息伴随着美妙的幻想。但占据主导地位的，始终是积极进取的精神。诗人的失望、痛苦和悲吟叹息，绝无消极颓唐的意味，因为这一切并非产自诗人对现实人生的冷漠与否定，而是源于他对现实人生的无限热爱和执着追求。从表面看，诗人的感情充满矛盾，实际上，这矛盾的两面乃是他的积极

---

　　① 转引自[清]何文焕：《历代诗话》，732 页，北京，中华书局，1981。

进取精神的两种不同表现形式。正因为如此，诗人才不会被痛苦压倒，不会在悲叹中消沉下去，而是由此激发出了更大的热情。在与现实中的黑暗势力较量时，李白虽然是弱者，但在精神上他却始终是强者。他心目中的前程依然光明远大，他对未来依然充满着信心。这正是浪漫主义文学最本质的思想特征，这首诗鼓舞人心的力量，就是从这里产生的。

然而，从根本上说，李白的精神力量并非从其内心自发涌出的，而是源于那个时代。开元中期，唐王朝正向它强盛的顶峰发展。虽然封建政治不可能没有它的阴暗面，朝廷中不可能没有小人，皇帝的励精图治、求贤爱才实际也很有限，但那毕竟是中国封建社会历史上少有的盛世，无论是在现实生活中或是在人们心中，光明和生机始终都在。时代激发了李白的理想，也给了李白追求理想的力量。尽管现实往往撞碎了李白过于天真的幻想，使他发出了"行路难"的悲叹，但现实又不使李白完全失望，而是用海市蜃楼般的美景引诱着他，给他注入勇气和力量，促使他在失败之后重整旗鼓，继续奋斗。诗人的精神面貌，是时代面貌的折射，从这个意义上说，这首《行路难》正是反映开元盛世时代精神的一面镜子。

独坐敬亭山[1]

众鸟高飞尽[2]，孤云[3]独去闲[4]。相看两不厌[5]，只有敬亭山。

（瞿蜕园、朱金城：《李白集校注》，上海，上海古籍出版社，1980。）

【注释】

[1]敬亭山：在今安徽宣城市北。《江南通志》言："敬亭山在宁国府城北十里，古名昭亭山，东临宛溪，南俯城闉，烟市风帆，极目如画。"

[2]尽：没有了。

[3]孤云：陶渊明的《咏贫士》中有"孤云独无依"一句。

[4]独去闲：独去，独自去。闲，形容云彩飘来飘去，悠闲自在的样子。这句是说孤单的云彩飘来飘去。

[5]两不厌：指诗人和敬亭山而言。厌：厌倦。

【解读】

敬亭山在宣州（今安徽宣城）。宣州是六朝以来江南名郡，大诗人如谢灵运、谢朓等曾在这里做过太守。李白一生曾数次游宣州，这首五绝作于天宝十二载（753年）秋游宣州时，距他被迫离开长安已有整整十年时间了。长期漂泊的生活使李白饱尝了人间的辛酸滋味，看透了世态炎凉。此诗写的独坐敬亭山时的情趣，正是诗人带着怀才不遇而产生的孤独与寂寞的感情，到大自然怀抱中寻求安慰的生活写照。

前两句"众鸟高飞尽，孤云独去闲"，看似写眼前之景，实则把孤独之感写尽了：天上几只鸟儿高飞远去，直至无影无踪；寥廓的长空只有一片白云，然而白云也不愿停留，慢慢地越飘越远，似乎世间万物都在厌弃诗人。"尽""闲"两个字，把读者引入一个"静"的境界：仿佛是在一群山鸟的喧闹声消除之后格外感到清静；在翻滚的厚云消失之后感到特别的清幽平静。因此，这两句是写"动"见"静"，以"动"衬"静"。这种"静"，正烘托出诗人心灵的孤独和寂寞。这种生动形象的写法，能给读者以联想，并且暗示了诗人在敬亭山游览已久，勾画出他"独坐"出神的形象，为下联"相看两不厌"做了铺垫。

诗的后两句运用拟人手法写诗人对敬亭山的喜爱。鸟飞云去之后，静悄悄地只剩下诗人和敬亭山了。诗人凝视着秀丽的敬亭山，而敬亭山似乎也在一动不动地看着诗人。这使诗人很动情，他表示：世界上大概只有它还愿和我做伴吧？"相看两不厌"表达了诗人与敬亭山之间的深厚感情。"相""两"二字同义重复，把诗人与敬亭山紧紧地联系在一起，表达出强烈的感情。最后一句中的"只有"二字也是经过锤炼的，更突出了诗人对敬亭山的喜爱之情。"人生得一知己足矣"，鸟飞云去又何妨！这两句诗所创造的意境仍然是"静"的，从表面来看，是写了诗人与敬亭山相对而视，脉脉含情。实际上，诗人越是写山的"有情"，就越能表现出人的"无情"；而他那横遭冷遇、寂寞凄凉的处境，也就在这静谧的场面中呈现出来了。

"静"是全诗的诗眼。这首平淡恬静的诗之所以如此动人，是因为诗人的思想感情与自然景物高度融合创造出了"寂静"的境界，无怪乎沈德潜在《唐诗别裁》中要夸这首诗是"传'独坐'之神"了。

三、阅读思考

1. 请从情感表达方式入手，试将李白和李商隐的诗作加以比较分析。

2. 余光中在《寻李白》一诗中说："酒入豪肠，七分酿成了月光，余下的三分啸成剑气，绣口一吐就半个盛唐。"请找出李白诗歌中以月亮为主要意象的作品，试着分析它们的艺术特色和对后世的影响。

3. 请阅读有关唐代的历史资料，试分析盛唐文化与李白诗歌创作的关系。

4. 把李白的《独坐敬亭山》分别与王维的《竹里馆》和王安石的《登飞来峰》比较分析，找到它们的相同点和不同点。

四、拓展阅读

1. [清]王琦注：《李太白全集》，北京，中华书局，2011。

2. 瞿蜕园、朱金城：《李白集校注》，上海，上海古籍出版社，1980。

3. 安旗：《李白全集编年注释》，成都，巴蜀书社，1990。

4. 詹锳：《李白全集校注汇释集评》，天津，百花文艺出版社，1996。

5. 安旗：《李白传》，北京，文化艺术出版社，1984。

6. 李长之：《李白传》，北京，人民文学出版社，2022。

第六节 杜甫集

一、常识举要

(一)杜甫集

据《旧唐书》《新唐书》记载,杜甫有诗文集 60 卷。樊晃在《杜工部小集序》中也说:"文集六十卷,行于江汉之南。"①但是,此本在当时很少见到全本,大多是东鳞西爪的。杜甫死后不久,樊晃编了《杜工部小集》,这个本子一直流传到宋代,影响不小。它收录了 290 篇诗文,按事类分编为 6 卷。元稹、白居易等人也都表示见过不同版本的杜甫的集子。总之,在整个唐代,杜甫的诗文被零散地、大量地广泛流传,并不局限于 60 卷本这一个版本。

直到宋初,各种多寡不一、名目繁多的集子以手抄本的形式同时在社会上流传。时人评价说:"集无定卷,人自编摭。"王琪在《杜工部集·后记》中说:"人人购其亡逸,多或百余篇,少数十句,藏弆矜大,复自以为有得。"②

宝元二年(1039 年),王洙收集古本、蜀本、集略、樊晃序《杜工部小集》、孙光宪序本、郑文宝序《少陵集》、别题小集、孙仅本、杂编,共 9 种古本杜甫集,删掉重复的,定为 20 卷,编成《杜工部集》。其中,古体诗 399 首,近体诗 1006 首,分为 18 卷;又收录杂文赋等 29 篇,编为 2 卷。古体诗、近体诗分别按照时代先后大略地排了顺序:"起太平时,终湖南所作,视居行之次若岁时为先后。"③《杜工部集》是在杜甫死后所编的第一部完整的杜甫诗文集,收罗了当时可以收到的杜甫的全部诗文,后代各本虽然有所增损,但基本上都是以这个本子为基础的。正如张元济在《宋本杜工部集跋》中所说:"自后补遗、增校、注解、批点、集注、分类、编韵之作,无不出于二王之所辑梓。"④

《杜工部集》最早的刻本是王琪、何琢、丁修、裴煜校订的苏州公使库本,原刻本今已不存。现存最接近原刻的《杜工部集》是南宋初年浙江翻刻本残帙和经过吴若补益校订的建康府学刻本残帙。中华书局编辑的《四部备要》中所收的《杜工部集》是根据玉钩草堂本印的,而玉钩草堂本是吴若本的直接后裔。

王洙所编的《杜工部集》受条件限制,缺遗内容仍不少,后世增补者不断。裴煜在宋英宗治平年间补刻佚文 4 篇、诗 5 首;吴铸补刻外集 1 卷,有诗 35 首;《王状元集百家注编年杜陵诗史》后附补遗诗 41 首;《草堂诗集》有逸诗拾遗 45 首;黄长睿 22 卷编年本有 1447 首诗,比旧本多出 42 首。一直到清初,钱谦益注本收

---

① 转引自周绍良:《全唐文新编》第 1 册,5601 页,长春,吉林文史出版社,2000。
② [清]钱谦益:《钱注杜诗》,712 页,上海,上海古籍出版社,1979。
③ [唐]杜甫:《杜工部集》,王学泰校点,424 页,沈阳,辽宁教育出版社,1997。
④ [唐]杜甫:《杜工部集》,王学泰校点,426 页,沈阳,辽宁教育出版社,1997。

诗 1456 首,朱鹤龄注本收诗 1457 首,数目达到了最多。但是,在使用这些本子时要慎重考辨,可能有一些作品是杂入的伪作。

南宋以后,杜甫集的注本涌现,所谓"千家注杜",完整地流传至今的有若干种。例如,宋人郭知达的《杜工部诗集注》,又名《九家集注杜诗》,36 卷。所谓"九家",即王安石、宋祁、黄庭坚、王洙、薛梦符、杜时可、鲍彪、师民瞻、赵彦材。经后人考证,王洙没有注过杜诗,所谓王洙注是伪托;王安石和黄庭坚的注只有寥寥几条,还是从其他书中拼凑转抄的;书中所引最多是赵彦材注,水平较高。又如,《分门集注杜集》,25 卷,不知何人所编,大约成书于宋宁宗时。此外,还有宋人黄希、黄鹤编辑的《补注杜诗》36 卷、蔡梦弼的《草堂诗笺》50 卷等。

明清时期的杜甫集注本普遍要比宋代注本水平高很多,比较著名的几种如下。

明末清初王嗣奭撰《杜臆》10 卷。该书原无刻本,只有稿本和极少数传抄本,一度不为人所知。直到仇兆鳌的《杜诗详注》、杨伦的《杜诗镜铨》都引用了他的说解后,《杜臆》才被人重视。1962 年,中华书局据上海图书馆所藏稿本影印出版了《杜臆》。1963 年,中华书局又排印了全书。

清代钱谦益撰《钱注杜诗》20 卷。该书于钱谦益去世后由钱氏的族孙、著名版本学家钱曾和季振宜刊刻。《钱注杜诗》自初刻印行后很长时间没有再版,直到清末,才见重刻本。1958 年中华书局上海编辑所据静思堂本断句排印出版了《钱注杜诗》。

清代仇兆鳌撰《杜诗详注》29 卷。仇兆鳌用题下小注(杜诗编年)、诗末解说(内注解意)、注释名词典故(外注引古)、征引诸家评论(杜诗根据)四位一体的方法,对杜诗做了极为周详的注释。《杜诗详注》是杜诗注本中的集大成之作,也是迄今为止最完整、最系统的杜诗注本。该书刻成于康熙四十二年(1703 年),此后不断有增补。康熙五十二年(1713 年)的刻本,比初刻本多了《诸家咏杜附录》《逸杜附录》《杜诗补注》《诸家论杜》。中华书局 1979 年的排印本,将这些内容分别散入全书,并编了篇目索引附在全书之后。

清代杨伦撰《杜诗镜铨》20 卷。该书除原刻本外,还有盱眙吴棠翻刻本,此本在原书后附了张溍的《读书堂杜工部诗文集注解》2 卷,以弥补《杜诗镜铨》有诗无文的不足。1929 年,成都志古堂又翻刻了吴棠本。1962 年,中华书局上海编辑所又用此本子排印出版了《杜诗镜诠》,在排印前做了校勘,错讹较少。

现代的杜甫集注本有《杜甫全集校注》(全 12 册),萧涤非主编,由人民文学出版社于 2014 年出版;《杜甫集校注》(全 7 册),谢思炜校注,由上海古籍出版社于 2015 年出版。

(二)杜甫

杜甫(712—770 年),字子美,自称少陵野老,祖籍襄阳(今属湖北)。他的十三世祖杜预是西晋名将和学者,曾为《左传》作注,世称"杜武库";他的祖父杜审言是武后时期的诗人;他的父亲杜闲曾任奉天令、朝议大夫、兖州司马。"奉儒守官，未坠素业"①的家庭传统，对杜甫产生了深刻的影响，追求仕途功业和诗歌成就成为杜甫一生的两大目标。

杜甫的一生可分为四个时期。

第一个时期是35岁之前，读书与壮游。杜甫在少年时期学习非常刻苦，"读书破万卷"（《奉赠韦左丞丈二十二韵》），"群书万卷常暗诵"（《可叹》）。他在晚年所作的《壮游》一诗中回忆说："往者十四五，出游翰墨场。斯文崔魏徒，以我似班扬。七龄思即壮，开口咏凤皇。九龄书大字，有作成一囊。性豪业嗜酒，嫉恶怀刚肠。脱略小时辈，结交皆老苍。"可见杜甫很早就表现出了才华，与前辈文士交往并得到了肯定和赞扬。当然，杜甫并非躲在书斋里的文弱书生，他在《百忧集行》中说："忆年十五心尚孩，健如黄犊走复来。庭前八月梨枣熟，一日上树能千回。"我们熟悉的"老杜"其实曾经也是一个健壮活泼的少年！开元十九年（731年），年轻的杜甫踏上了"壮游"之旅，先后游历了吴越、洛阳、齐赵之地，度过了一段"放荡齐赵间，裘马颇清狂"（《壮游》）的生活，这是杜甫一生中最快意不羁的时光。② 天宝三载（744年）杜甫与李白、高适结识，结下了深厚的友谊。杜甫在这个时期留存下来的诗歌不是很多，最著名的一首是《望岳》。这首诗不但体现了意气风发的盛唐精神，而且表现了杜甫敢于攀登绝顶、俯视群山的气概和雄心，还预示着"杜甫这个盛唐诗坛的后起之秀，终将要突过前人而攀上诗国中的顶峰"③。

第二个时期是从35岁到44岁，困守长安。天宝五载（746年），已过而立之年的杜甫西入长安。次年，唐玄宗诏天下凡通一艺者皆赴京师就选，杜甫参加了这次考试——不第，奸相李林甫的政治阴谋断送了他的仕途。在这之后，杜甫试图通过其他途径进入仕途：一是向达官贵人投赠诗篇，希望得到赏识汲引；二是向朝廷献赋，希望直接引起皇帝的注意，但结果是令人失望的，直到天宝十四载（755年）秋，杜甫仍是一介布衣。在此期间，杜甫的父亲去世了，他失去了经济来源，生活日益窘迫，甚至衣食难继，过着"朝扣富儿门，暮随肥马尘。残杯与冷炙，到处潜悲辛"（《奉赠韦左丞丈二十二韵》）的屈辱生活，以及"饥卧动即向一旬，弊衣何啻联百结"（《投简咸华两县诸子》）的贫苦生活。④ 杜甫年逾不惑时，才得授右卫率府胄曹参军之职。从裘马清狂到籴米官仓，杜甫的生活和情绪都产生了巨大的落差，诗歌的风格和题材都随之产生了颇大的变化。杜诗逐渐从充满了浪漫、理想色彩的盛唐诗坛中游离出来，取而代之的是深沉、冷静、客观的写实风格。杜甫在困守长安期间，写了很多抨击时政、讽刺权贵的诗篇，如《兵车行》《丽人行》《自京赴奉先县咏怀五百字》等。

第三个时期是从45岁到48岁，陷贼和为官。杜甫得官后回奉先家中探亲，

① 萧涤非：《杜甫全集校注》，6271页，北京，人民文学出版社，2014。
② 萧涤非：《杜甫全集校注》，277、5298、4084、2353、4084页，北京，人民文学出版社，2014。
③ 莫砺锋：《杜甫评传》，72页，南京，南京大学出版社，1993。
④ 萧涤非：《杜甫全集校注》，277、262页，北京，人民文学出版社，2014。

途中安史之乱爆发，潼关失守，从奉先到白水，他过着颠沛流离的生活，后把家安置在鄜州羌村，独自去投奔唐肃宗，中途被叛军俘获，押到了长安。一年后，杜甫从金光门逃出长安，沿着崎岖的山路穿过两军对峙的前线，行至凤翔面见唐肃宗，"麻鞋见天子，衣袖露两肘"①(《述怀》)，被任命为左拾遗。左拾遗是一个从八品的谏官官职，地位虽不高，却是杜甫仅有的一次在中央任职的经历。就任左拾遗半月之后，杜甫上疏为宰相房琯事辩护，触怒了唐肃宗，于乾元元年(758年)被贬华州司功参军。乾元二年(759年)秋，华州久旱，杜甫因官职微末无以养家，加之对仕途失望，于是弃官携家逃难，经秦州、同谷等地，到了当时尚为安定富足的蜀中，岁末抵达成都。这个时期，杜甫目睹了百姓在安史之乱中遭受的苦难，写下著名的"三吏"(《新安吏》《石壕吏》《潼关吏》)、"三别"(《新婚别》《无家别》《垂老别》)等一系列反映现实的作品。

第四个时期从 48 岁到 59 岁，"漂泊西南天地间"②(《咏怀古迹》其一)。杜甫携家到成都后，得裴冕、严武、高适等人相助，于浣花溪建草堂，过了几年比较安定的生活。严武入朝后，蜀中军阀作乱，成都混乱，杜甫移家梓州，来往旁县，中间又在阆州小住。后来，严武为剑南节度使，杜甫入严武幕府，以检校工部员外郎衔任节度使参谋，故世称"杜工部"。永泰元年(765年)四月，严武去世，杜甫于五月带着全家老小登小船离成都经渝州出峡，在云安短期养病之后，于次年春末迁居夔州。大历三年(768年)，杜甫离蜀出峡，又在湖北、湖南(江陵、公安、岳阳、潭州)一带水路上漂泊。大历五年(770年)冬，杜甫病逝于自潭州赴岳州途中耒阳附近的客船上。多年以后，杜甫的孙子杜嗣业将杜甫的灵柩从岳阳迁出，归葬偃师首阳山下，杜甫终于回到了他最尊奉的先祖杜预的身旁。

杜甫晚年穷困潦倒，疾病缠身，十分凄凉，但他保持了旺盛的创作力，写下大量脍炙人口的优秀作品，现存杜诗三分之二以上都创作于他生命最后的几年中。《茅屋为秋风所破歌》《闻官军收河南河北》《秋兴八首》《登高》《岁晏行》《登岳阳楼》《江汉》等作品都属"老而更成"的佳作，尤其是七律，已经达到"晚节渐于诗律细"与"下笔如有神"相结合的化境。

杜甫青年时期一度醉心于道教，壮年之后他虽然在现实生活中感到极度苦闷时也不免想从空门中得到些许慰藉，但是始终视孔孟之道为安身立命之本。"穷年忧黎元"是他的中心思想，"济时肯杀身"是他的一贯精神，"致君尧舜上，再使风俗淳"是他的最高理想。③正如刘熙载在《艺概》中所说："少陵一生却只在儒家界内。"④杜甫用他一生的生活经历和诗歌创作表明他是儒家思想的继承和践行者，他用生命为儒家的人格理想提供了典范。

① 萧涤非：《杜甫全集校注》，841 页，北京，人民文学出版社，2014。
② 萧涤非：《杜甫全集校注》，3842 页，北京，人民文学出版社，2014。
③ 萧涤非：《杜甫全集校注》，668、5428、271 页，北京，人民文学出版社，2014。
④ [清]刘熙载：《艺概》，59 页，上海，上海古籍出版社，1978。

杜甫在生前以及死后的一段时间内，诗名不是很大。樊晃在《杜工部小集序》中痛心地说：“属时方用武，斯文将坠，故不为东人之所知。江左词人所传诵者，皆君之戏题剧论耳。曾不知君有大雅之作，当今一人而已。”①殷璠编选的《河岳英灵集》、高仲武编选的《中兴间气集》、芮挺章编选的《国秀集》都没有选杜甫的诗。直到中唐时期，由于元白诗派、韩孟诗派的一致推崇，杜甫的地位逐渐超越王维等人，与李白分庭抗礼。及至晚唐，李杜齐名已成为诗坛的共识。到了宋代，人们不仅在诗歌艺术方面对杜甫推崇备至，还在道德、思想方面给予高度颂扬，经过宋人的理论阐述和行为效仿，杜甫的人格典范被树立起来了。自此一直到清代，学习杜诗、推崇杜甫者历代不绝。在众多的赞誉中有三个关键词值得我们注意：诗史、集大成、诗圣。

晚唐孟棨的《本事诗》言：“杜逢禄山之难，流离陇蜀，毕陈于诗，推见至隐，殆无遗事，故当时号为‘诗史’。”②这个说法得到了后人广泛认可，黄庭坚、胡宗愈、王彦辅都有过类似的说法。所谓“诗史”，首先是说杜诗记录了历史。杜甫经历了安史之乱，他真实深刻地描绘了安史之乱前后广阔的政治生活和社会生活画面，许多重大的历史事件都在他的作品中得到了反映，有些诗甚至可以补充史书记载的不足；其次是说杜诗在记录历史的同时还具有主观情感和价值判断。杜诗不仅全景式地展示了安史之乱这场翻天覆地的大事变，更描述了它给百姓造成的深重灾难和心灵创伤，重点是表现了这场社会的疾风骤雨在杜甫内心所引起的情感波澜。杜诗不仅具有记载历史的真实性，还具有评判历史的批判性，更具有昭示后代的警戒性，所以我们称它为“诗史”。

元稹在《唐故工部员外郎杜君墓系铭》中说：“至于子美，盖所谓上薄风骚，下该沈宋，古傍苏李，气夺曹刘，掩颜谢之孤高，杂徐庾之流丽，尽得古今之体势，而兼今人之所独专矣。”③这段话虽未拈出“集大成”三个字，但这层意思已经呼之欲出了。苏轼在《书唐氏六家书后》中说：“杜子美诗，格力天纵，奄有汉、魏、晋、宋以来风流，后之作者，殆难复措手。”又于《书吴道子画后》中说：“诗至于杜子美，文至于韩退之，书至于颜鲁公，画至于吴道子，而古今之变，天下之能事毕矣。”④陈师道据苏轼语引申称：“子瞻谓杜诗、韩文、颜书、左史，皆集大成者也。”⑤秦观的《韩愈论》也说：“杜子美之于诗，实积众家之长，适当其时而已。昔苏武、李陵之诗长于高妙，曹植、刘公幹之诗长于豪逸，陶潜、阮籍之诗长于冲澹，谢灵运、鲍照之诗长于峻洁，徐陵、庾信之诗长于藻丽。于是杜子美者，穷高妙之格，极豪逸之气，包冲澹之趣，兼峻洁之姿，备藻丽之态，而诸家之作所

① 周绍良：《全唐文新编》第 1 册，5601 页，长春，吉林文史出版社，2000。
② ［唐］孟棨：《本事诗》，18 页，上海，上海古籍出版社，1991。
③ ［唐］元稹：《元稹集》，601 页，北京，中华书局，1982。
④ ［宋］苏轼：《苏轼文集》，2206、2210 页，北京，中华书局，1986。
⑤ ［宋］陈师道：《后山居士诗话》，6 页，北京，中华书局，1985。

不及焉。然不集诸家之长，杜氏亦不能独至于斯也。……杜氏、韩氏，亦集诗文之大成者欤！"①所谓"集大成"，古人多着眼于杜甫对前代一切诗歌遗产的总结和继承。但我们认为，还应该关注杜甫为后代诗歌开辟的广阔道路。即"集大成"的意义既在承前，更在启后。

杜甫在《戏为六绝句》中说："别裁伪体亲风雅，转益多师是汝师。"②他的创作根植于《诗经》的现实主义传统，既深受《国风》长于言情、朴实雅致的影响，又兼取《小雅》批判朝政、激烈峻切的诗风，并把《小雅》之"赋"法加以提炼发展，在五古长篇中熔叙事、议论、抒情于一炉，开启了"以文为诗"的先河，增强了诗歌的表现力。杜甫与浪漫主义诗人屈原的思想性格、创作风格有很大差异，但他们强烈的爱国主义精神和深沉博大的情怀是相通的，所以，杜甫对屈骚深曲郁盘的精髓所得最深。他重视汉乐府直面人生、反映民生疾苦的写实传统，并自制新词，创造出"三吏""三别"那样"即事名篇"的不朽之作。他主张兼取众长，并不粗暴地否定六朝文学，而是有选择地吸收其"清词丽句"，"孰知二谢将能事，颇学阴何苦用心"③(《解闷十二首》其七)，汲取了六朝文学的精华。对唐初四杰、王孟、高岑、李白等人的优点，他也诚心赞叹，虚心学习，终于达到"浑涵汪茫，千汇万状，兼古今而有之"④的博大境界。

杜甫登峰造极的艺术造诣自中唐以后为整个诗坛所瞩目，对中国诗歌史产生了巨大而深远的影响。宋初的宋祁甚至说："它人不足，甫乃厌余，残膏剩馥，沾丐后人多矣。"⑤中唐时期，杜甫对元白诗派的艺术启迪主要在"即事名篇"的乐府诗写作方式和语言两个方面。韩孟诗派则继承并发展了杜诗雄奇峭拔的诗风。晚唐诗人李商隐学习杜甫的七律最得精髓，《秋兴八首》以丽语写哀情的手法对他的无题诗创作影响尤巨。宋代诗人几乎无一不学杜甫。王安石对杜甫推崇备至，称其"光掩前人而后来无继也"。苏轼在《书吴道子画后》《王定国诗集叙》《书唐氏六家书后》等文章中反复推杜甫为"古今诗人之首"。宋代规模最大的"江西诗派"的"三宗"——黄庭坚、陈师道、陈与义都刻意学习杜甫，并尊杜甫为宗祖。南宋大诗人陆游也尊杜甫的忧国忧民精神为宗祖，在新的历史条件下大放异彩。金代诗人元好问是金元诗学低潮期学习杜甫的杰出者。赵翼在《瓯北诗话》中说："唐以来律诗之可歌可泣者，少陵十数联外，绝无嗣响，遗山则往往有之。"⑥明代拟古主义盛行，前、后七子学杜皆得形而废神。到了明末清初，又兴起了学杜高潮，出现了顾炎武、钱谦益这样的作品形神兼备的大家。

① 徐培均：《淮海集笺注》，751~752 页，上海，上海古籍出版社，1994。
② 萧涤非：《杜甫全集校注》，2511 页，北京，人民文学出版社，2014。
③ 萧涤非：《杜甫全集校注》，4948 页，北京，人民文学出版社，2014。
④ [宋]欧阳修、宋祁：《新唐书》，5738 页，北京，中华书局，1975。
⑤ [宋]欧阳修、宋祁：《新唐书》，5738 页，北京，中华书局，1975。
⑥ [清]赵翼：《瓯北诗话》，117 页，北京，人民文学出版社，1963。

杜甫和杜诗对后世的影响是多方面、多维度的。有一点尤其值得我们重视，即杜诗在主题上具有无比丰富的特点和重大的创新意义。杜甫用诗歌反映民生疾苦等社会内容；用律诗反映时事政治，并发表政治见解；用诗歌表现日常中的琐碎内容；用诗歌发表议论，尤其是用诗歌表示文学观点。杜甫以惊人的独创精神对诗歌的主题做了多方面的探索，从而以成功的经验为后人开辟了宽广的道路。王禹偁的《日长简仲咸》云："子美集开诗世界。"①这正是对杜甫这一历史功绩恰如其分的评价。

第一个明确评价杜甫为"诗圣"的人是明代诗人费宏。他在《题蜀江图》中说："杜从夔府称诗圣。"王嗣奭在《梦杜少陵作》中说："青莲号诗仙，我翁号诗圣。"又在《浣花草堂二首》（其二）中说："诗圣神交盖有年，到来追思一悽然。"②实际上，最早视杜甫为诗国圣人的是宋代人。杨万里在《江西宗派诗序》中说："苏、李之诗，子列子之御风也。杜、黄之诗，灵均之乘桂舟驾玉车也，无待者神于诗者欤？有待而未尝有待者，圣于诗者欤？"③杨万里此论，后人引述很多，因为他首次标出了"圣"字。北宋的邹浩、南宋的张戒、敖陶孙、曾噩等人也都从不同角度表达了类似观点。宋代人把杜甫推至"圣人"的地位，主要是从诗学成就和人格典范这两个维度着眼的。就诗学成就而言，莫砺锋先生在《杜甫评传》中从语言"语不惊人死不休"、意象"意匠惨淡经营中"、结构"毫发无遗憾，波澜独老成"、诗律"思飘云物动，律中鬼神惊"、境界"凌云健笔意纵横"、风格"沉郁顿挫"几个层面加以总结，非常全面，可以参看。就人格典范而言，北宋人赞赏杜甫的忠君思想，南宋人推崇杜甫的爱国情怀。而忠君爱国呈现在诗歌创作上，即杜诗的思想内容始终贯穿着其志在天下的人生信念，推己及人的仁爱精神，致君尧舜的政治理想，知本察隐的政治器识，沉重深广的忧患意识。一言以蔽之，杜诗充满了忧国忧民的思想和情感。而且我们要注意一个问题，杜甫一生中最大的官职就是从八品的左拾遗，而且在任时间不长。他绝大部分的时间是一个普通百姓，甚至是一个衣食无以为继的穷困百姓。但就是在这样一种人生境遇下，杜甫仍然关注政治、关注社会、关注民生，哪怕自己没房子住，却还能想着"安得广厦千万间，大庇天下寒士俱欢颜"！（《茅屋为秋风所破歌》）儒家说："穷则独善其身，达则兼善天下。"杜甫却不管穷达与否，都要兼善天下。儒家说："不在其位，不谋其政。"杜甫则不管在位与否，都要谋其政。因此说，杜甫的"少陵野老吞声哭"这样的忧国忧民情怀真是难能可贵！这正是宋人尊杜甫为"诗圣"的原因，也是杜甫真正伟大的原因！

应该说，杜甫的影响绝非限于诗歌，也绝非限于文学，而是广泛地进入了中华民族文化形态的各个领域，具有深远的文化意义。此处，我们借用闻一多先生的一句评价来论杜甫："中国有史以来第一个大诗人，四千年文化中最庄严，最瑰

---

① ［宋］王禹偁：《小畜集》，127 页，上海，商务印书馆，1937。

② ［清］仇兆鳌：《杜诗详注》，2294～2295 页，北京，中华书局，1999。

③ 辛更儒：《杨万里集笺校》，3231～3232 页，北京，中华书局，2007。

丽，最永久的一道光彩。"①

二、原典选读

《秋兴[1]八首》(其一)

玉露凋伤[2]枫树林，巫山巫峡气萧森[3]。

江间波浪兼天涌[4]，塞上风云接地阴[5]。

丛菊两开他日[6]泪，孤舟一系故园[7]心。

寒衣处处催刀尺[8]，白帝城高急暮砧[9]。

（萧涤非：《杜甫全集校注》，北京，人民文学出版社，2014。）

【注释】

[1]秋兴(xìng)：因感秋而寄兴。

[2]玉露：秋天的霜露，因其白，故以玉喻之。凋伤：使草木凋落衰败。

[3]巫山巫峡：在夔州(今奉节)一带。萧森：萧瑟阴森。

[4]江：长江。兼天涌：波浪滔天。

[5]塞：关隘险要之地，此指夔州。接地阴：风云盖地。"接地"又作"匝地"。

[6]丛菊两开：杜甫此前一年的秋天在云安，此年的秋天在夔州，从离开成都算起，已历两秋，故云"两开"。"开"字双关，一谓菊花开，一谓泪眼开。他日：往日，指多年来的艰难岁月。

[7]故园：此处当指长安。

[8]刀尺：裁制衣服的剪刀和尺子。催刀尺：指赶裁冬衣。"处处催"，见得家家如此。

[9]白帝城：即今奉节城，在瞿塘峡上口北岸的山上，与夔门隔岸相对。急暮砧：黄昏时急促的捣衣声。砧：捣衣石，诗中指捣衣声。

【解读】

《秋兴八首》是八首蝉联、结构严密、抒情深挚的一组七言律诗，体现了杜甫晚年的思想和艺术成就。

清人赵星海在《杜解传薪》中说："少陵《秋兴八首》，即屈原之《九歌》、宋玉之《九辩》也。须深知其所兴之何在，而后不负作者苦心。"诗人"所兴之何在"？这就要联系杜甫的经历和当时的形势了。杜甫从乾元二年(759 年)弃官客居秦州，到寓居夔州，一直都是"漂泊西南天地间"。这时，历时八年的"安史之乱"虽已平息，但藩镇割据，吐蕃侵扰，战乱时起，国家仍不安宁。此时的杜甫年老体衰，"行色兼多病"(《行次古城店泛江作，不揆鄙拙，奉呈江陵幕府诸公》)，疟疾、头风、耳

---

① 闻一多：《唐诗杂论》，135 页，上海，上海古籍出版社，1998。

聋、风痹、眼疾、消渴症等苦苦地折磨着他；诗人原就是"计拙无衣食，途穷仗友生"（《客夜》）的，而这时他的好朋友李白、郑虔、苏源明、高适、房琯、严武等人都先后谢世，知交零落，更使他痛苦不堪。但在颠沛流离中，诗人那颗跳动的心，无时无刻不在关注着祖国的命运和人民的苦难。"不眠忧战伐，无力正乾坤"（《宿江边阁》），我们的诗人依然"穷年忧黎元，叹息肠内热"（《自京赴奉先县咏怀五百字》）。①《九辩》言："悲哉秋之为气也！萧瑟兮，草木摇落而变衰。憭慄兮若在远行，登山临水兮送将归。"②面对肃杀萧瑟的秋景，诗人那颗敏感的心被深深震撼了，于是，对国事的忧虑，对民瘼的关切，对盛世的缅怀，对个人身世的感慨，一下子涌上心头，倾注笔端，遂凝聚为这千古绝唱——《秋兴八首》。

　　王嗣奭在《杜臆》中评价说："《秋兴八首》以第一首起兴，而后七首俱发中怀；或承上，或起下，或互相发，或遥相应，总是一篇文字，拆去一章不得，单选一章不得。"③这八首诗的中心思想是诗人身在江湖仍心系朝廷。如杨伦所言："曰巫峡，曰夔府，曰瞿塘、曰江楼、沧江、关塞，皆言身之所处；曰故国，曰故园，曰京华、长安、蓬莱、昆明、曲江、紫阁，皆言心之所思。此八诗中线索。"④其结构大致是：由悲秋兴起故国之思，故国之思逐首增浓，第四首以后便全忆长安。上面选的是《秋兴八首》的第一首，是秋兴之发端，总领组诗，因秋起兴，触景伤情，情思缠绵，"故园心"三字为八首诗的枢纽，后七首都由此生发出来。

　　首联开门见山，直点秋景、秋声，且叙写景物之中点明时间地点。"玉露"即白露；"巫山巫峡"即诗人所在之处。秋天，草木摇落，白露为霜。霜打枫林，林叶转红，山峡之间秋气肃杀凛然。首联下字密重，用"凋伤""萧森"描绘败落景象，气氛阴沉，定下全诗感情基调。

　　颔联紧承"气萧森"，对秋景做进一层渲染。江间、塞上紧扣夔府；浪涌、云阴紧承秋意。江间承巫峡，塞上承巫山。巫峡江中，波浪势若兼天，写江自上而下；巫山塞上，风云接地，写阴霾由地而升。金圣叹言："'波浪兼天涌'者，自下而上一片秋也。'风云接地阴者'，自上而下一片秋也。"⑤其中，波浪翻涌是眼前实景，塞上风云既写了实景也写了时事，虚实相济。诗人在描绘景物时，形象地表达了自身境遇和国家时局那种动荡不安、前途未卜的处境以及胸中翻腾起伏的忧思与郁勃不平之气，把峡谷秋景、个人身世、政治时局都囊括其中，创造出情景交融、哀感深沉而又波澜壮阔的全新境界。

　　颈联承接颔联，由描写景物转入抒情，即秋天景物触动羁旅情思。颔联、颈联错综相映、交叉承接，"丛菊"句承"塞上"句，"孤舟"句承"江间"句，形成了江峡相

　① 萧涤非：《杜甫全集校注》，5455、2661、3868、668 页，北京，人民文学出版社，2014。
　② ［汉］王逸：《楚辞章句》，176～177 页，上海，上海古籍出版社，2017。
　③ ［明］王嗣奭：《杜臆》，277 页，北京，中华书局，1963。
　④ ［清］杨伦：《杜诗镜铨》，643 页，上海，上海古籍出版社，1998。
　⑤ ［清］金圣叹：《杜诗解》，178 页，上海，上海古籍出版社，1984。

映、菊开山间、舟系江中之景。去年秋天还在云安，今年此日却在夔州。去年对丛菊掉泪，今年又对丛菊掉泪。"两开"二字，实乃双关，既指菊开两度，又指泪流两回。见丛菊而流泪，去年如此，今年又如此，足见杜甫羁留夔州的凄伤之情。"故园心"，即回到长安杜陵的愿望。"系"字亦双关：孤舟停泊，舟系于岸；心念长安，系于故园。诗人原想借孤舟而出峡，结果却在云安、夔州苦苦挣扎了两年，孤舟如今却还牢系在江边不能东下。见丛菊再开，不禁再度流泪，因为心总还牵挂着故园。

　　"丛菊两开他日泪，孤舟一系故园心。"这两句诗可谓《秋兴八首》组诗的关键所在，我们有必要透彻地理解这两句诗的含义。"丛菊两开"，即两见菊开。永泰元年(765 年)四月，严武去世，杜甫的生活失去了依靠，遂于五月离开成都南下，取道嘉州(今四川乐山)、戎州(今四川宜宾)、渝州(今重庆)，六月至忠州(今四川忠县)，旋至云安(今四川云阳)，自秋徂冬，卧病云安，在云安一见菊开。大历元年(766 年)春，自云安至夔州，至秋，两见菊开。所以，"丛菊两开"是就去蜀而言的。由蜀至夔，要沿水路乘舟东下，故下云"孤舟一系"。"一系"语意双关。自蜀至夔，一身系于孤舟。正如杨万里的《泊平江百花洲》所云："莫怨孤舟无定处，此身自是一孤舟。"①而孤舟、孤身，又无时无刻不系于故园，所以说"故园心"。"故园"既指故里，又指长安，"故园"亦是"故国"。杜甫有着强烈的家园意识，他虽漂泊异乡，但时刻不忘家园。他从入川那天起，就时时想着出川。他送严武入朝时说："此生那老蜀，不死会归秦！"(《奉送严公入朝十韵》)在赴梓州途中，他即有出峡之意："始欲投三峡，何由见两京。"(《悲秋》)在梓州写《闻官军收河南河北》时更是欣喜若狂地说："白日放歌须纵酒，青春作伴好还乡。即从巴峡穿巫峡，便下襄阳向洛阳。"在夔州，他更是对故园念念不忘："一辞故国十经秋，每见秋瓜忆故丘"(《解闷十二首》其三)；"览物想故国，十年别荒村"(《客居》)；"故园松桂发，万里共清辉"(《月圆》)"年年小摇落，不与故园同"(《大历二年九月三十日》)。②

　　在杜甫的意识里，故园和故国是紧紧联系在一起的，是不可分离的。在这首诗里，故园、故国合二为一的。长安既是唐王朝的首都，是他"致君尧舜上，再使风俗淳"的施展抱负之地，又是他的祖籍，即"杜曲幸有桑麻田"。(《曲江三章五句》其三)诗人忆故园，特别提到了菊，因为菊乃故园所有之物，"故里樊川菊，登高素浐源。他时一笑后，今日几人存？"③(《九日五首》其四)所以，诗人一看到菊，就立刻引起他的故国之思。诗人见菊思故国，自然不能忘怀往日颠沛流离的艰难岁月。"他日"有两义：一指过去，犹往日，前日；二指将来，犹来日，日后。此处作往日讲。"他日泪"犹言往日泪，见得不始于今秋，乃是流了多年的思乡之泪。由"泪"而反观"开"字，亦是双关语。菊开，泪亦随之而开。贾开宗在《秋兴八百偶

　　① 辛更儒：《杨万里集笺校》，1489 页，北京，中华书局，2007。
　　② 萧涤非：《杜甫全集校注》，2603、2659、2747、4943、3505、3904、5205 页，北京，人民文学出版社，2014。
　　③ 萧涤非：《杜甫全集校注》，308、5087 页，北京，人民文学出版社，2014。

论》中说："要知故园非为田园之私，乃子牟之悬情魏阙也。……此一年之中，身羁异乡，乃不曰异乡身，而曰故园心者，盖云异乡身，则感在乎孤舟而属物。云故园心，则感在乎一系而属时。与上句之义，互相错综。"[①]总而言之，"系舟身万里，伏枕泪双痕"[②]（《九日五首》其四）可为此二句的注脚。

尾联在时序推移中叙写秋声，进一步把秋思写足。已至深秋，西风凛冽，傍晚时分天气更是萧瑟寒冷，人们在加紧赶制寒衣，准备越冬了。刚刚换下来的旧衣也在捣洗，准备收藏起来，诗人竟然在晚风的吹送下听到了东面白帝城中传出的急促的捣衣声，这声音让客居他乡、贫寒孤寂的诗人不胜悲凉。用"催"字"刀尺"，用"急"写，"暮砧"而说"急"，处处写出了寄寓他乡之感和思念家乡之情。诗末二句，关联全诗，又回到了景物上，时序由白天推到日暮，客子羁旅之情更见浓郁。

杜审言的《和晋陵陆丞早春游望》一诗云："独有宦游人，偏惊物候新。"[③]杜甫和他的祖父一样，对物候的变化特别敏感。在漂泊的岁月里，诗人对秋的感触尤其深。诗人于深秋薄暮之时，独立于"石壁断空青"的西阁之上，眺望夔州一带汹涌奔腾的长江和两岸连绵起伏的山峦，但见白露既下，凋伤枫林，殷红惨目，气象萧森，真所谓"湛湛江水兮上有枫，目极千里兮伤春心"[④]。峡江之间，波浪蹴天，楚塞之上，风云匝地。江涛本在地，而曰"兼天涌"；风云本在天，而曰"接地阴"，皆极言三峡萧森晦暗之景象。这种壮阔而凄清的大背景，与"孤舟一系故园心"的小天地形成了强烈而鲜明的对比。孤舟虽小，但那拳拳"故园心"却如这波浪、风云一样，激荡不已，奔腾不息。不尽长江滚滚波涛归大海，而在孤舟上漂泊的诗人，哪里是他的归宿呢？此时此刻，从白帝城传来阵阵捣衣之声，声声入耳，使诗人陡然想到秋深了，家家在赶制冬衣，"处处"皆然，唯独诗人——这漂泊异乡的游子，无衣御寒，难归故园。正如其作《江月》所言："天边长作客，老去一沾巾。"[⑤]只有那颗忧念家国的游子之心，随着滚滚波涛，和着声声暮砧，在深秋的夜晚飞回那日夜萦怀的"故园"。"身在夔州，心系长安"的主题被淋漓尽致地表现了出来。

闻官军收河南河北

剑外忽传收蓟北[1]，初闻涕泪满衣裳。

却看妻子愁何在，漫卷[2]诗书喜欲狂。

白日放歌须纵酒，青春作伴好还乡[3]。

即从巴峡穿巫峡，便下襄阳向洛阳[4]。

（萧涤非：《杜甫全集校注》，北京，人民文学出版社，2014。）

---

① 《清代诗文集汇编》编纂委员会：《清代诗文汇编》第9册，411页，上海，上海古籍出版社，2010。
② 萧涤非：《杜甫全集校注》，5088页，北京，人民文学出版社，2014。
③ 徐定祥：《杜审言诗注》，13页，上海，上海古籍出版社，1982。
④ ［宋］洪兴祖：《楚辞补注》，215页，北京，中华书局，1983。
⑤ 萧涤非：《杜甫全集校注》，3927页，北京，人民文学出版社，2014。

【注释】

[1]剑外，指剑阁以南，即蜀地的代称。剑阁，在今四川省剑阁县北，即大剑山和小剑山之间的一条栈道，又名剑门关。蓟北：实指幽州。

[2]漫卷：胡乱地卷起。

[3]青春作伴好还乡：意谓春天花香鸟语，景色宜人，旅途不寂寞。

[4]"即从巴峡穿巫峡"二句：预计还乡的路线，上句出蜀入楚，由西向东；下句由楚向洛，自南而北。自注："余田园在东京。"巴峡：巴县(今重庆市)一带江峡的总称。巫峡，指巴峡以东的瞿塘、巫、西陵三峡。巫峡在三峡中为最长，故举之以概三峡。

【解读】

宝应元年(762年)冬季，唐军在洛阳附近的横水打了一场大胜仗，收复了洛阳、郑州、汴州，叛军头领薛嵩、张忠志等纷纷投降。第二年，史思明的儿子史朝义兵败自缢，其部将田承嗣、李怀仙等相继投降。此时，流寓梓州(今四川三台县)，过着漂泊生活的杜甫听到这个消息后，以饱含激情的笔墨，写下了这篇脍炙人口的名作。

本诗的主题是抒写忽闻叛乱已平的捷报后急于奔回故乡的喜悦之情。"剑外忽传收蓟北"，起势迅猛，恰切地表现了捷报的突然。"剑外"乃诗人所在之地，"蓟北"乃安史叛军的老巢。诗人多年漂泊"剑外"，备尝艰苦，想回故乡而不可能，就是由于"蓟北"未收，安史之乱未平。如今"忽传收蓟北"，真如春雷乍响，山洪突发，惊喜的洪流一下子冲开了郁积已久的情感闸门，令诗人心中涛翻浪涌，"初闻涕泪满衣裳"就是这惊喜的感情洪流涌起的第一个浪头。

"初闻"紧承"忽传"，"忽传"表现捷报来得太突然，"涕泪满衣裳"则以形传神，表现突然传来的捷报在"初闻"的一刹那所激发的情感波涛，这是喜极而悲、悲喜交集的逼真表现。"蓟北"已收，战乱将息，乾坤疮痍、黎元疾苦，都将得到疗救，诗人颠沛流离、感时恨别的苦日子，总算熬过来了，怎能不喜？然而痛定思痛，诗人回想几年来熬过的重重苦难，又不禁悲从中来，无法压抑。可是，这一场浩劫终于像噩梦一般过去了，诗人可以返回故乡了，将开始新的生活，于是又转悲为喜，喜不自胜。这"初闻"捷报之时的心理变化、复杂感情，如果用散文的写法，则需多用笔墨，而诗人只用"涕泪满衣裳"五个字做形象描绘，就足以概括这一切。

颔联以转作承，落脚于"喜欲狂"，这是惊喜的情感洪流涌起的更高峰。"却看妻子""漫卷诗书"，这是两个连续性的动作，带有一定的因果关系。诗人悲喜交集，在"涕泪满衣裳"之时，自然想到多年来同受苦难的妻子儿女。"却看"就是"回头看"。"回头看"这个动作极富意蕴，诗人似乎想向家人说些什么，但又不知从何说起。其实，不需要说什么了，多年笼罩全家的愁云早不知跑到哪儿去了，亲人都不再是愁眉苦脸的了，而是笑逐颜开、喜气洋洋的。亲人的喜增加了诗人的喜，诗人再也无心伏案了，随手卷起诗书，大家同享胜利的欢乐。

颈联就"喜欲狂"做进一步抒写。"白日"一作"白首"，点出人已到了老年。老年人难得"放歌"，也不宜"纵酒"；如今既要"放歌"，还须"纵酒"，正是"喜欲狂"的具体表现。这句写"狂"态，下句则写"狂"想。"青春"指春天的景物，春天已经来临，在鸟语花香中与妻儿"作伴"，正好"还乡"。想到这里，诗人又怎能不"喜欲狂"呢？

尾联写诗人"青春作伴好还乡"的狂想鼓翼而飞，身在梓州，而弹指之间，心已回到故乡。诗人惊喜的感情洪流于洪峰迭起之后卷起连天高潮，全诗也至此结束。这一联包含了四个地名。"巴峡"与"巫峡"，"襄阳"与"洛阳"，既各自对偶（句内对），又前后对偶，形成工整的地名对；而用"即从""便下"绾合，两句紧连，一气贯注，又是活泼流走的流水对。再加上"穿""向"的动态与两"峡"两"阳"的重复，文势、音调，迅急有如闪电，准确地表现了诗人想象的飞驰。"巴峡""巫峡""襄阳""洛阳"，这四个地方之间都有很漫长的距离，而一用"即从""穿""便下""向"贯串起来，就出现了"即从巴峡穿巫峡，便下襄阳向洛阳"的疾速飞驰的画面，这几个地点一个接一个地从眼前一闪而过。这里需要指出的是：诗人既展示想象，又描绘实境。从"巴峡"到"巫峡"，峡险而窄，舟行如梭，所以用"穿"；出"巫峡"到"襄阳"，顺流急驶，所以用"下"；从"襄阳"到"洛阳"，已换陆路，所以用"向"，用字高度准确。

这首诗，除第一句叙事点题外，其余各句，都是抒发诗人忽闻胜利消息之后的惊喜之情。万斛泉涌，出自胸臆，奔涌直泻。仇兆鳌在《杜诗详注》中引王嗣奭的话说："此诗句句有喜跃意，一气流注，而曲折尽情，绝无妆点，愈朴愈真，他人决不能道。"[1]后代诗论家都极为推崇此诗，浦起龙在《读杜心解》中赞其为杜甫"生平第一首快诗也"[2]。

三、阅读思考

1. 杜甫诗歌的风格被高度概括为"沉郁顿挫"，请结合杜诗具体分析一下"沉郁顿挫"的内涵。

2. 李白和杜甫被称为盛唐诗坛的"双子星座"，二人曾齐游燕赵、齐鲁，结下深厚而伟大的友谊。请整理一些杜甫写李白、李白写杜甫的诗歌，总结一下他们各自对对方的评价。

3. 南京大学教授莫砺锋先生曾在一场讲演中把杜甫的一生概括为"苦难中的追求"，并盛赞他是"大儒"。请结合杜甫的生平经历和诗歌创作，站在文学和文化的双重立场上，谈谈你对杜甫的看法。

---

① [清]仇兆鳌：《杜诗详注》，968页，北京，中华书局，2013。
② [清]浦起龙：《读杜心解》，628页，北京，中华书局，1961。

四、拓展阅读

1. 周采泉：《杜集书录》，上海，上海古籍出版，1986。

2. 郑庆笃、焦裕银、张忠纲等：《杜集书目提要》，济南，齐鲁书社，1986。

3. 邓魁英、聂石樵：《杜甫选集》，上海，上海古籍出版社，2012。

4. 山东大学中文系古典文学教研室：《杜甫选集》，北京，人民文学出版社，1980。

5. 萧涤非：《杜甫全集校注》，北京，人民文学出版社，2014。

6. 谢思炜：《杜甫集校注》，上海，上海古籍出版，2016。

7. [清]仇兆鳌：《杜诗详注》，北京，中华书局，1999。

8. [清]钱谦益：《钱注杜诗》，上海，上海古籍出版社，2009。

9. [清]杨伦：《杜诗镜铨》，上海，上海古籍出版社，1998。

10. [清]浦起龙：《读杜心解》，北京，中华书局，1961。

第七节　苏轼集

一、常识举要

(一)苏轼集

南宋晁公武在《郡斋读书志》中说苏轼："所作文章才落笔，四海已皆传诵，下至闾阎田里，外至夷狄，莫不知名。"[①]虽然有点夸张，但是可见苏轼的诗文在当时流传极广。

正是因为苏轼的诗文集在四海传诵，其源流才十分复杂和混乱。宋邵博的《邵氏闻见后录》引苏符语曰："令仲虎取京师印本《东坡集》诵其中诗……方觉印本误以'春醪'为'香醪'也。"[②]这里所说的集子大概是苏轼集最早的刻本，可称之为"汴本"或"京本"。此外，如"辽本""眉山大字本""眉山小字本""浙本""江州本""麻沙本"等不下一二十种，各本所题集名也不一样。由于各种刻本繁多，以及庸人书贾冒充作假，再加上北宋后期的党争一度禁毁过苏轼等人的墨迹，所以造成了苏轼诗文集的一些亡佚和羼乱。

大体说，苏轼的诗文集可以分为两大系统，即分集本与分类合编本两大类。

分集本的代表是《东坡七集》。据苏辙为苏轼所作《墓志铭》记载，苏轼有《东坡集》40卷、《后集》20卷、《奏议》15卷、《内制》10卷、《外制》3卷、《和陶诗》4卷。胡仔和陈振孙都认为《东坡集》是苏轼生前编订的，"随其出处，古律诗相间，谬误

---

① 孙猛：《郡斋读书志校证》，997页，上海，上海古籍出版社，1990。
② [宋]邵博：《邵氏闻见后录》，148页，北京，中华书局，1983。

绝少"①。苏辙在《子瞻和陶渊明诗集引》中转述了苏轼的话说："吾前后和其诗凡百数十篇……今将集而并录之，以遗后之君子。"②《梁溪漫志》卷四有"东坡改和陶集引"条，记载苏辙此引曾由苏轼改定，可见《和陶诗》也是苏轼编订的。而其他的集子也应该是苏辙编订的，所以基本可靠。这几个集子都在北宋末南宋初有过刻本，如"汴本""浙本""蜀本"等。

分类合编本即按诗文的各种体裁、内容分类的苏轼诗文集，最早的大概是苏轼的曾孙苏峤所刻的《东坡别集》64卷。洪迈在《容斋五笔》中表示，这个本子讹舛很多且没有流传下来。后来福建建阳麻沙镇的书商根据这个本子又增添了《志林》等，刻为《东坡大全集》。陈振孙在《直斋书录解题》中评价说："麻沙书坊又有《大全集》，兼载《志林》《杂说》之类，亦杂以颍滨及小坡之文，且间有讹伪剿入者。"③李治在《敬斋古今黈》中也说："《东坡大全集》所载《渔樵闲话》凡十一事……其言论颇涉粗浅，恐非坡笔，纵是坡笔，决其少作。"又说："又坡集中有《诗评》两卷，引据丛杂，殊可鄙笑，盖中间既有坡说，而复有后人论坡者，一切以坡语概之，不知其纂集者谁也。"④可见《东坡大全集》的质量很糟糕。淳祐四年(1244年)，庐陵郡学又根据这个本子删掉了一些篇目，刻为《东坡别集》，这就是《直斋书录解题》曾提到过的"吉州本"。可是，这一系统的版本今天已很难见到了。

元明以来，苏轼诗文集的刊本越来越多，大都出自分集本系统。元刊本今未见，清瞿镛的《铁琴铜剑楼藏书目录》、清于敏中的《天禄琳琅书目》均著录了元刊本《东坡集》：前者所著录的是明成化年间的刻本，叶德辉的《郋园读书志》有考辨之论；后者著录的是明初本，今人余嘉锡的《四库提要辨证》也有考辨之论。现存较早的七集本是成化四年(1468年)江西吉安府守程宗的刻本，这个刻本最大的特点是把原来的《和陶诗》4卷改为《续集》，并加入了其他各集未收的不少佚诗、佚文，扩充为12卷。嘉靖十三年(1534年)江西布政司刊本《苏文忠公全集》、光绪三十四年(1908年)至宣统元年(1909年)缪荃孙校勘的宝华盦刻本、民国年间的中华书局《四部备要》本、民国年间的影印宝华盦本等，都属于成化本所刻七集本系统。但是，必须指出的是，成化本重编的《续集》12卷有窜乱和伪作的内容。明人在把《和陶诗》扩充为《续集》时，既改变了过去的编排方式——采取了按体分列的办法，又收入了不少可疑的诗文，尤其是一些宋人早已指出的伪作，明人却如数收入。所以，我们在使用《续集》时，要注意分辨真伪。

除七集本之外，明代还有不少其他版本。但各种本子的底本、编刻时间、刊刻者等众说纷纭，有些甚至无从考辨。各种本子收录的范围也不尽相同，不免真伪掺杂。

① [宋]胡仔：《苕溪渔隐丛话》后集，212页，北京，人民文学出版社，1962。
② [宋]苏辙：《栾城集》下册，1402页，上海，上海古籍出版社，2009。
③ [宋]陈振孙：《直斋书录解题》，502～503页，上海，上海古籍出版社，1987。
④ [元]李治：《敬斋古今黈》，63页，北京，中华书局，1995。

　　苏轼的词影响很大，流传也广。《文献通考·经籍考》引黄庭坚的话说，苏轼的词"世所见者几百首"①。但七集本不知何故没有收词，大约在南宋初期，才有人编刻了苏轼的词集。所以，苏轼的词集在宋元时期多以单刻行世，不与全集相混。在宋代至少有六种词集刊行，清代中期还有宋刊本出现，现皆不存。

　　现在可知最早的苏轼的词集是绍兴二十一年(1151年)曾慥所编的《东坡先生长短句》，原本今已不存，只有明代吴讷所编的《唐宋名贤百家词》中尚存此本的痕迹。

　　现存最早的苏轼词集刊本为延祐七年(1320年)叶曾云间南阜草堂本《东坡乐府》2卷，这个本子以词牌分编，共收词281首，其收词一般都比较可靠，有人认为它的底本即南宋中期人所编的《东坡词》。虽然也存在一些误入的问题，但从总体上看文献价值很高。

　　明代编刻的苏轼的词集大多与全集混编，很少有单刻的。万历三十四年(1606年)茅维的《东坡先生全集》中有2卷是词，分调编次，共收录词319首，不知所据何本。万历四十六年(1618年)焦竑所刊的《苏长公二妙集》中《东坡先生诗余》2卷，是据《东坡先生全集》中的2卷词而来的。据今人考证，毛晋汲古阁所刻《宋六十名家词》本在收《东坡词》时，也参用了《苏长公二妙集》，但有所增删，共收词328首，是各本中最多的。可是与元延祐本《东坡乐府》对校，它仍有14首未收，而多出来的61首，却有不少可疑的作品。

　　清代编辑的苏轼的词集的数量很少。《四库全书》集部所收为毛晋汲古阁刻本。王鹏运的《四印斋所刻词》本《东坡乐府》2卷、朱祖谋的《疆村丛书》本《东坡乐府》3卷、吴虞的《蜀十五家词》本《东坡乐府》3卷等都是以毛晋汲古阁本校元延祐本而成。朱祖谋笺注的《东坡乐府》以编年的方式共收录342首词，卷一、卷二是可编年的作品，共204首；卷三是年代不可考的作品，计138首。这是近代最好的一种苏词校本。1936年商务印书馆出版的龙榆生的《东坡乐府笺》是以《疆村丛书》本笺校而成的。

　　注释苏词之作有多种，有傅幹的《注坡词》、顾禧的《补注东坡长短句》、孙镇的《注东坡乐府》。最早的注本是傅幹的《注坡词》12卷，刊刻于杭州。

　　当代学术界对苏词的笺注取得了较大成绩，先后出现三部著作，分别是石声淮、唐玲玲的《东坡乐府编年笺证》，薛瑞生的《东坡词编年笺证》，邹同庆、王宗堂的《苏轼词编年校注》。三部著作对苏词的辨伪、辑佚、编年、注释、集评等均进行了详尽的研究，代表了当代苏轼词研究的主要成就。

　　《东坡七集》没有注本，但苏诗或苏文的注本很多，择要评述如下。

　　第一，《经进东坡文集事略》60卷。这是唯一的专门注苏轼散文的注本，其特点如下。首先，注释者郎晔注意联系苏轼本人的其他作品和他人有关苏轼的作品，

---

　　① ［元］马端临：《文献通考》，1943页，北京，中华书局，1986。

使被注作品的背景本事以及苏轼生平的事迹清晰了然。其次，郎晔的注繁简适度，当简则简，当繁则繁。最后，由于郎晔生活在南宋，与苏轼相去不远，所闻所见，时近迹真，所征引当时人的文集笔记，都是较为可信的资料，尤其是一些今天已亡佚的宋人诗文杂说，其价值就更值得研究者注意了。《经进东坡文集事略》有北京图书馆所藏宋刻残本、民国年间上海蟫隐庐活字本、1957 年文学古籍刊行社出版的庞石帚校订本。

第二，《施注苏诗》42 卷。《施注苏诗》即《注东坡先生诗》，作者是施元之，在体例上最大的特点是一反南宋人喜欢将诗集分类编排的旧习，而按时间先后来编排苏轼的诗，除《和陶诗》122 首和遗诗 29 首没有编年之外，其他 1884 首诗全按时代编次，对读者的阅读和理解极有裨益。《施注苏诗》在注释方面的特点是既注意到典故、名物、语词的诠释，又注意到背景、本事的说明。尤其是诗题下的小注，更值得重视。施元之对于诗句的注释，主要是征引古书注释典故、名物，并不加入自己的理解和发挥。这种方法固然有其不深不透甚至不解决问题的缺陷，但也避免了宋人注诗好穿凿附会的弊病。此外，在这些注文中，也有并非注解典故而是说明诗句背景的条目，它们与题下小注同样重要。总之，《施注苏诗》的价值很高。陆游曾为这部注本作序，他在序中评价道："司谏公以绝识博学名天下，且用工深，历岁久，又助之以顾君景蕃之该洽，则于东坡之意，盖几可以无憾矣。"①

这部注本于宋嘉泰年间刻印，又于景定年间补刊，但到清初，已濒于亡佚。康熙年间，宋荦从江南购得残卷，之后与当时著名的学者邵长蘅、顾嗣立、李必恒等一起对此书进行整理。他们除了补足原缺的 12 卷，又对施注删削增补，删去了一部分他们认为重复杂沓的注文，又从《集注分类东坡先生诗》中挑选了一些他们认为精彩可取的注文补入施注，并把原来分列在各句之下的注文全部集中在每首诗之后。这样，整理后的《施注苏诗》就与原来有了不少的差异。宋荦刻本后还附有邵长蘅的《注苏例言》《王注正讹》和宋荦和张榕端辑、冯景补注的《苏诗续补遗补注》。这部分错讹较多，往往误收他人之作，使用时要十分审慎。

此外，宋代还有两种苏诗注本：一种是赵夔等《集注东坡先生诗前集》，今存宋刻本前集 18 卷中的第一至第四卷（北京图书馆藏）；另一种是托名为王十朋所撰的《集注分类东坡先生诗》25 卷附《东坡纪年录》1 卷，这个本子中的资料丰富，但错误较多，今存版本很多。

第三，《苏文忠公诗编注集成》103 卷，清王文诰撰，成书于嘉庆十七年（1812年）。清代注苏诗的有好几家，注本如下：查慎行的《补注东坡编年诗》5 卷、翁方纲的《苏诗补注》8 卷、沈钦韩的《苏诗查注补正》3 卷、冯应榴的《苏文忠诗合注》50卷等。但最好的应是《苏文忠公诗编注集成》。该书将有关苏诗的资料囊括无遗。其特点是《总案》45 卷与《古今体诗》45 卷的互相呼应。王文诰在凡例中说，此书之

① 马亚中、涂小马：《渭南文集校注》第 2 册，137 页，杭州，浙江古籍出版社，2015。

所以命名为"编注集成",是因为"一曰编,一曰注,汇为集成也"①。所谓"编",就是指《总案》对苏轼生平事迹和诗歌创作的编年考证;所谓"注",就是指《古今诗体》博采诸家之说,对苏轼诗歌的笺注。

《苏文忠公诗编注集成》有清嘉庆二十四年(1819年)韵山堂自刻本和光绪十四年(1888年)浙江书局重刻本。中华书局1982年出版的孔凡礼点校本《苏轼诗集》就是《苏文忠公诗编注集成》中的一部分。该点校本经过考订校勘,讹误大大减少,而且书后附有增辑的苏轼佚诗26首和"苏诗篇名首字索引",比旧本好用多了。

(二)苏轼

苏轼(1037—1101年),字子瞻,号东坡居士,眉州眉山(今属四川)人。北宋时期杰出的文学家、书法家、画家,《宋史》《东都事略》中有其传。

苏轼出身文士之家,祖父苏序好读书,善作诗。父亲苏洵"二十七,始发愤",虽科举落第,仍悉心教导苏轼、苏辙兄弟。嘉祐二年(1057年),苏轼、苏辙兄弟二人同登进士第。其父苏洵的文章受到了欧阳修的赞赏,被誉为"孙卿子之书",并献诸朝廷。"一日父子隐然名动京师,而苏氏文章遂擅天下。"②苏轼的母亲有知识且深明大义,曾用范滂与误国宦官做斗争的事迹勉励儿子砥砺名节。由于严格的家庭教育和自身的刻苦学习,青年时代的苏轼已经具备广博的学识修养和多方面的艺术才能。

嘉祐元年(1056年),苏轼首次出川赴京,参加朝廷的科举考试。翌年,他以一篇《刑赏忠厚之至论》获得主考官欧阳修的赏识,高中进士。嘉祐六年(1061年),苏轼应中制科考试,所谓"三年京察",入第三等,成为北宋自开国以来制试的"百年第一",除大理评事,签书凤翔府判官。四年后还朝,入判登闻鼓院。

熙宁二年(1069年),王安石开始推行新法。苏轼与欧阳修对政治改革采取比较保守的态度,所谓"法相因则事易成,事有渐则民不惊"③,主张循序渐进地改革,并认为朝政改革的关键在于用人制度,而不主张改革体制。由于与王安石政见不和,苏轼于熙宁四年(1071年)请求外放,任杭州通判,后转任密州、徐州、湖州等地的知州。在外放的几年间,苏轼政绩显赫,深得民心。

元丰二年(1079年),到任湖州不满三月的苏轼因不学无术、无视朝廷、蛊惑人心、诋毁圣上声誉等罪名被捕下狱。苏轼在狱中遭受严刑拷问,每天被逼交代是如何在诗文中诽谤朝廷、攻击新法的。此时,包括王安石在内的诸多新、旧党人纷纷上书神宗皇帝,为苏轼陈情。最终,苏轼在被羁押了130余天后释放,被贬为黄州团练副使,本地安置,不得签书公事。苏轼遭遇的这次牢狱之灾就是历史上有名的文字狱——"乌台诗案"。

---

① [清]王文诰:《苏文忠公诗编注集成总案》,1页,成都,巴蜀书社,1985。
② 洪本健:《欧阳修诗文集笺注》,902页,上海,上海古籍出版社,2009。
③ [宋]苏轼:《苏轼文集》,791页,北京,中华书局,1986。

元丰八年(1085 年)，神宗病逝，哲宗即位，高太后垂帘听政。司马光重新入朝为相后，变法的新党纷纷遭到贬谪，旧党被大量召回朝廷。苏轼也被裹挟在这个浪潮中，于是年以礼部郎中被召还朝，在短短的 17 个月中，其官职迅速升至三品，离宰相之位仅一步之遥。但苏轼认为新法"不可尽废"，又与旧党产生了矛盾。既不能容于新党，又不能见谅于旧党的处境，令曾经身陷囹圄的苏轼对这场政治斗争厌倦并恐惧，连上四道奏章自求外调。元祐四年(1089 年)，苏轼任龙图阁学士，知杭州。

元祐八年(1093 年)，高太后去世，哲宗执政后起用新党，恢复新法。绍圣元年(1094 年)六月，苏轼被贬为宁远军节度副使；绍圣四年(1097 年)，责授琼州别驾；元符三年(1100 年)徽宗即位，大赦，苏轼复任朝奉郎。建中靖国元年七月(1101 年)，苏轼在常州(今属江苏)逝世，享年 66 岁，谥号文忠。

苏轼的文学著作极为丰富，著有《东坡全集》115 卷、《东坡乐府》3 卷。存世诗2700 余首，词 340 余首、文章 4800 余篇，数量居北宋之冠。

若论创作成绩，苏轼无疑是北宋诗坛上的第一大家。赵翼在《瓯北诗话》中有如下评述。"以文为诗，自昌黎始；至东坡益大放厥词，别开生面，成一代之大观。……其尤不可及者，天生健笔一枝，爽如哀黎，快如并剪，有必达之隐，无难显之情：此所以继李、杜后为一大家也。而其不如李、杜处，亦在此。"①这段文字准确且全面地概括了苏诗的特点。在题材的广泛、形式的多样和情思内蕴的深厚这几个维度上苏诗都是出类拔萃的。

苏轼继柳永之后，对词体进行了全面的改革。他用自己的创作实践表明：词"无意不可入，无事不可言"②。词与诗一样，具有充分表现社会生活和现实人生的功能。苏轼扩大了词的表现功能，丰富了词的情感内涵，拓展了词的时空场景，提高了词的艺术品位，最终突破了词为"艳科"的传统格局，提高了词的文学地位，使词从音乐的附属品转变为独立的抒情载体。

苏轼的散文代表了北宋古文运动的最高成就。他的散文著述极为丰富，堪称"诸体均备"。针对北宋文风之弊，苏轼论文重视其社会价值，强调文要"有为而作"。同时也重视文的艺术价值。他善于继承学习前人的成就，博观约取，汲收各家之长而又有所发展，把散文创作提到了一个新的高度。苏轼也成为宋代古文运动的领袖、"唐宋八大家"领衔人物，与欧阳修并称"欧苏"。

苏轼擅长行书、草书，与黄庭坚、米芾、蔡襄合称为"宋四家"。

苏轼是文人画的开创者之一，所画墨竹，后人称为玉局法。其作古槎、枯木、丛筱、断山，笔力苍劲，有《枯木竹石图》等传世。

另外，苏轼对医药、烹饪、水利等技艺也有所贡献。

① ［清]赵翼：《瓯北诗话》，56 页，北京，人民文学出版社，1963。
② ［清]刘熙载：《艺概》，108 页，上海，上海古籍出版社，1978。

苏轼的价值远远超越文学的范畴，而是在中国文化史上占有举足轻重的地位。他诗、词、文、书、画均卓然大家，无比丰厚的文学和文化遗产是滋养人们精神世界的宝贵财富；同时，苏轼把儒家的坚毅精神、道家的超然态度以及禅宗的以平常心对待一切变故的观念有机地结合起来，把关注民生、超然物外、达观自我很好地结合在一起，为中国的文人士大夫提供了一种健全、圆融的人格范式。

二、原典选读

水调歌头·快哉亭[1]作

落日绣帘卷，亭下水连空[2]。知君为我新作[3]，窗户湿青红[4]。长记[5]平山堂[6]上，欹枕[7]江南烟雨，杳杳[8]没孤鸿。认得醉翁语，山色有无中[9]。

一千顷，都镜净，倒碧峰[10]。忽然浪起，掀舞一叶白头翁[11]。堪笑兰台公子[12]，未解庄生天籁[13]，刚道有雌雄[14]。一点浩然气，千里快哉风[15]。

（［宋］苏轼著，［宋］傅幹注，刘尚荣校证：《苏轼词集》，上海，上海古籍出版社，2017。）

【注释】

[1]快哉亭：张怀民谪居黄州时在住所西南长江边上筑亭，作为陶冶性情之所。苏轼为这个亭子取名为"快哉亭"。原题一作"黄州快哉亭赠张偓佺"。张偓佺：张怀民，字偓佺，又字梦得，元丰六年（1083 年）六月，谪居黄州。适时，苏轼因"乌台诗案"被贬黄州，二人心境相同，交往密切。苏轼曾写《记承天寺夜游》记录二人于承天寺夜游赏月的情景。

[2]水连空：水天相连。

[3]新作：新建，新筑。

[4]湿青红：承"新作"，极言油漆新，色泽鲜明。湿：涂抹。青红：代指油漆。

[5]长记：回忆和联想。

[6]平山堂：欧阳修任扬州太守时所建。

[7]欹枕：斜躺着看风景，表现的是悠然自得的情态。

[8]杳杳：幽远的样子。

[9]"认得醉翁语"两句：这两句是说当能领略到欧阳修的诗句中所描述的那种山色若隐若现、若有若无的美妙景象。认得：体会到。醉翁：欧阳修的号。欧阳修的《朝中措》云："平山阑槛倚晴空，山色有无中。"王维的《汉江临眺》云："江流天地外，山色有无中。"欧阳修应是化用了王维的诗句。

[10]倒碧峰：碧峰倒映在水中。

[11]掀舞一叶白头翁：这句是说白头渔翁在波涛中驾着小船，姿态从容，如同舞蹈。一叶：代指小船。白头翁：操船的老船夫。

[12] 兰台公子：战国时期楚国辞赋家宋玉，相传曾为兰台令（文学侍从）。

[13] 未解庄生天籁："天籁"语出《庄子·齐物论》。"汝闻人籁而未闻地籁；汝闻地籁而未闻天籁夫！……子游曰：'地籁则众窍是已，人籁则比竹是已。敢问天籁。'子綦曰：'夫天籁者，吹万不同，而使其自己也，咸其自取，怒者其谁邪！'"籁，本指古代的管乐器箫，这里泛指由有孔洞的地方而发出的各种自然音响，因其声音所出之处不同，有天籁、地籁、人籁之分。天籁指自然界的声响。天籁的发声全凭自己，完全摆脱了任何外力的约束，是天然自发而生，因而这种不依赖任何外力的自然音响最美，胜于地籁及人籁。

[14] 刚道有雌雄：这句意思是我偏要说风有雌、雄之分。刚道：偏说，硬说。雌雄：宋玉的《风赋》写了楚襄王和宋玉关于风的对话。"楚襄王游于兰台之宫，宋玉景差侍。有风飒然而至，王乃披襟而当之曰：'快哉此风！寡人所与庶人共者邪？'宋玉对曰：'此独大王之风耳，庶人安得而共之？'"楚王不明其意，宋玉解释说，"大王之风"经过优美的园林宫室，带着花草的香气，然后才吹到身上，所以此风能"发明耳目，宁体便人"，这就叫作"雄风"。而"庶人之风"起于穷巷，一路挟带着污秽之气，吹到贫穷人家，使人"中心惨怛，生病造热"，这就叫作"雌风"。

[15] "一点浩然气"两句：这两句的意思是一个人只要具备了至大至刚的浩然之气，就能超凡脱俗，刚直不阿，坦然自适，在任何境遇中，都能处之泰然，享受使人感到无穷快意的千里雄风。浩然气：正气和节操，代表着人格修养的最高要求。《孟子·公孙丑上》言："我善养吾浩然之气……其为气也，至大至刚，以直养而无害，则塞于天地之间。"

【解读】

谪居黄州的张怀民过着坦然自适的生活，在住所西南长江边上修筑亭子，以览江景之胜。苏轼因"乌台诗案"被贬黄州，与张怀民心境相同，到张怀民的亭子游赏时，不仅欣赏了江边的优美景色，更钦佩张怀民的气度。因此，苏轼为张怀民的亭子取名为"快哉亭"，并赋此词相赠。苏轼之弟苏辙亦有《黄州快哉亭记》，谓张怀民虽屈居小官之位，但心胸坦然，绝不挂碍于迁谪之事，以山水怡情悦性，处逆境而无悲戚之容，是位有过人自制力和品格清高超逸的高士。苏轼的词和苏辙的文堪称"姊妹篇"，可以参照着理解。

"落日绣帘卷，亭下水连空。"开篇用实笔描绘亭下江水与碧空相接，远处夕阳与亭台相映的优美、壮丽景象。夕阳西下，词人卷起锦绣的窗帘，欣赏亭台和江面构成的美丽画图：亭连水，水连空，水天一色。"知君为我新作，窗户湿青红。"词人用诙谐幽默的语气点明亭子主人与自己的亲切关系：恰似知道我被贬来这个地方，还特意修建了亭子接待我，看那亭子窗户上红的、青的油漆还未干透，色泽鲜明。

"长记平山堂上，欹枕江南烟雨，杳杳没孤鸿。认得醉翁语，山色有无中。"词人用虚笔写实景，将眼前的快哉亭和记忆中的平山堂融为一体，实写平山堂，虚衬快哉亭，构成一种独特的意境。平山堂文化内蕴的丰富和文化层次的高雅，是文人群体中所共同认可的，所以这里更是借平山堂来提高快哉亭的文化品位。"长记"二字用悠长的语调唤醒了词人在扬州平山堂的一段回忆：在一个烟雨迷蒙的日子里，词人斜躺着，悠然自得地欣赏着眼前高远的江南山色。一只落单的大雁飞过，渐飞渐远，消失在悠远的天边。这时，词人恍然领悟到老师欧阳修在《朝中措》中所描绘的那种山色若隐若现、若有若无的美妙景象。词人为什么在美景中独独注意到一只孤雁呢？联系苏轼谪居黄州时的孤寂境况，就可以隐约地体会到其中含有深刻的寓意。但是，我们不妨换个角度，联系平山堂壮丽高远的江南美景和当时词人悠然自得的心情来看，那消失在朦胧的水光山色中展翅翱翔的鸿雁恰是苏轼洒脱旷达的一面。

词的上片以虚实结合的笔法写了壮丽、开阔、迷蒙的景色：前四句以实笔写景，目光由远及近；后五句转入对平山堂的回忆，实际是以虚笔写快哉亭，二者风光一致，对欧阳修的思念更使此亭见得亲切。

词的下片以"风"字为主线，无论写静景或动景，还是发议论或抒发感慨，都紧紧围绕"风"来构思和描写意境。"一千顷，都镜净，倒碧峰。"词人先是描写眼前的静态之景：广阔明净的江面清澈见底，碧绿的山峰倒映在江水中，呈现了一幅平静优雅的山水画卷。"忽然浪起，掀舞一叶白头翁。"这是动态描写：忽然间，一阵大风，江面急剧变化，波涛汹涌，风云开阖。一位白头渔翁驾着小舟，在狂风恶浪中穿行，姿态从容得像是在舞蹈。"掀舞"说明面对惊险境况，渔翁并不惧怕，他对驾舟在浪尖上的搏斗习以为常。这实际是词人面对政治祸难泰然自若的人生态度的真实写照。"白头翁"的形象是苏轼自身人格的象征。

下片五句再次转回到眼前，江面由静谧安闲而忽然波澜汹涌，作者视角也由千顷碧水聚焦于掀舞于其中的渔翁。那隐没于烟雨之中的杳杳孤鸿，那忽然而起的惊涛骇浪，那随浪掀舞的白头渔翁，寄托着多少作者政治生涯中的感慨！正是因为这诸多感慨，使"快哉"的呼唤更为迫切。

"堪笑兰台公子，未解庄生天籁，刚道有雌雄。一点浩然气，千里快哉风。"战国时楚国兰台令宋玉写了一篇《风赋》，把风分为"雄风""雌风"，借以讽谏楚襄王。苏轼却故意错用此典，批评宋玉不懂得庄子所说的天籁。《庄子·齐物论》中有关于天籁、地籁、人籁的议论。风者，"天籁"也，乃是大自然演奏的乐曲，把它分出雌雄不是很可笑吗？苏轼对宋玉的嘲笑不可当真，不过是词人酣笔豪情、借题发挥而已。"浩然气"典出《孟子·公孙丑上》，苏轼从老渔翁与风浪的搏斗中领悟到：一个人只要具备了至大至刚的浩然之气，就能超凡脱俗，刚直不阿，坦然自适，在任何境遇中，都能处之泰然，享受使人感到无穷快意的千里雄风。苏轼与张怀民都被贬官黄州，都能"不以贬谪为患""不以物伤性""自放山水之间"。"一点"和"千里"从极小和极大两方面淋漓尽致地表现出词人的广阔豪迈的胸怀、洒脱旷达的气度和大气凛然的乐观态度。

下片末三句议论和两句抒情由"快哉风"发出来，表现了作者超然于万物之上的潇洒胸襟，以及对心性修养的不懈追求，这是作者寻找的内在超越之路。

这首词运用双关、以小见大、典故等手法，熔写景、叙事、议论和抒情于一炉，虚实结合、远近结合、动静结合，起结自然，跌宕多姿，错落有致。风格明快、所写之景，所抒之怀抱，酣畅淋漓，堪称"快哉"。

蝶恋花[1]·春景

花褪残红青杏小[2]。燕子飞[3]时，绿水人家绕[4]。枝上柳绵[5]吹又少，天涯何处无芳草[6]。

墙里秋千墙外道。墙外行人，墙里佳人笑。笑渐不闻声渐悄[7]。多情却被无情[8]恼。

（[宋]苏轼著，[宋]傅幹注，刘尚荣校证：《苏轼词集》，上海，上海古籍出版社，2017。）

【注释】

[1]蝶恋花：词牌名，又名"凤栖梧""鹊踏枝"等。

[2]花褪残红青杏小：指杏花刚刚凋谢，青色的小杏正在成形。褪（tuì），萎谢。

[3]飞：一作"来"。

[4]绕：一作"晓"。

[5]柳绵：即柳絮。

[6]天涯何处无芳草：指春暖大地，处处长满了芳草。

[7]渐悄（qiǎo）：渐渐没有了声音。

[8]多情：借指墙外行人。却被：反被。无情：借指墙内荡秋千的人。

【解读】

在词史上，苏轼是豪放派的代表作家。世人读他的词多觉"歌之曲终，觉天风海雨逼人"①。王灼在《碧鸡漫志》中说："东坡先生以文章余事作诗，溢而作词曲，高处出神入天，平处尚临镜笑春。"②"临镜笑春"概括了苏轼的词的另一种风格——婉约。这首《蝶恋花》融合了豪放和婉约两种风格，可谓清婉雅丽、深笃豪迈，具有一种扣人心弦的艺术魅力。

这首词的上片虽写暮春景色与伤春情绪，却作旷达之语，这在一般的婉约词

---

① 转引自马亚中、涂小马：《渭南文集校注》第3册，219页，杭州，浙江古籍出版社，2015。

② [宋]王灼：《碧鸡漫志》，9页，北京，中华书局，1991。

或豪放词中是看不到的。伤春与旷达,本是互不相关,甚至是相互对立的两种感情,然而词人却通过一系列艺术形象和流利的音律把它们统一起来。

起句"花褪残红青杏小",既写了衰亡,又写了新生,是对立的统一。残红褪尽,青杏初生,反映了自然界的新陈代谢,给人几分悲凉之感。

二、三句则把视线离开枝头,移向广阔的空间,心情也自然随之轩敞。晏殊的《破阵子·春景》云:"燕子来时新社,梨花落后清明。"①"燕子飞时"一语,点明了时节,与起句所写的景色恰相照应。燕子给画面带来了盎然春意,增添了动态美。于是,起句投下的悲凉阴影似乎被冲淡了一些。

"绿水人家",于幽静之中带有富贵气象。这句中的"绕"一作"晓",明人俞仲茅在《爰园词话》中说:"愚谓绕字虽平,然是实境。晓字无饭著。试通咏全章便见。"②沈际飞也说:"合用'绕'字,若'晓'字,少着落。"③但《诗人玉屑》却说"晓"字好,"'绕'与'晓'自霄壤也"④。其实就词意而言,"晓"字虽虚,仅能点明时间;"绕"字虽实,却描绘了具体的形象,令人产生优美的联想;而村上人家,绿水环抱,也于中可见。所以,"绕"字似更贴切。

"枝上"二句先一跌,后一扬,在跌宕腾挪之中,表现了深挚的感情、旷达的襟抱。"枝上柳绵吹又少"与起句"花褪残红青杏小",本应同属一组,写枝上柳絮已被吹得越来越少。但如果接连描写,不用"燕子"二句穿插,则词中的音调和感情将一直在低旋律上进行。现在把它分开来,便可以在伤感的调子中注入疏朗的气氛。絮飞花落,最易撩人愁绪。这里不是说枝上柳絮被吹得满天飞扬,也不是说柳絮已被吹尽,而是说越吹越少。用一个"又"字,则表明词人看絮飞花落,非止一次。伤春之感,惜春之情,自然见于言外。清人王士禛在《花草蒙拾》中评曰:"枝上柳绵,恐屯田缘情绮靡,未必能过。"⑤可见这是地道的婉约风格。相传苏轼谪居惠州(今属广东省)时,一年深秋,命侍儿朝云歌此词。"朝云歌喉将啭,泪满衣襟。子瞻诘其故,答曰:'奴所不能歌,是"枝上柳绵吹又少,天涯何处无芳草"也。'子瞻翻然大笑曰:'是吾政悲秋,而汝又伤春矣。'"⑥这则故事,再一次证明了这两句写得是多么深婉感人。

下片写人,"尤为奇情四溢"⑦。如果说上片是在写景中寄托伤春之感,那么下片则是通过人的关系、人的行动,表现对爱情以至整个人生的看法。"墙里",自然是指上面所说的那个"绿水人家"。由于绿水之内,环以高墙,所以墙外行人只能看到露出的秋千架。不难想象,此刻发出笑声的佳人是在荡着秋千。这里在

---

① [宋]晏殊:《珠玉词》,62 页,上海,上海古籍出版社,1988。
② 转引自唐圭璋:《词话丛编》,401 页,北京,中华书局,1986。
③ 转引自邹同庆、王宗堂:《苏轼词编年校注》,756 页,北京,中华书局,2002。
④ [宋]魏庆之:《诗人玉屑》,471 页,上海,上海古籍出版社,1959。
⑤ 转引自唐圭璋:《词话丛编》,680 页,北京,中华书局,1986。
⑥ [清]张思岩等:《词林纪事》,136 页,成都,成都古籍书店,1982。
⑦ 转引自唐圭璋:《词话丛编》,3151 页,北京,中华书局,1986。

艺术描写上有一个藏和露的关系。如果把墙里佳人荡秋千的欢乐场面写得"一览无遗",势必索然寡味。现在词人只写墙头的秋千架和佳人的笑声,将佳人的容貌与动作全部隐藏起来,让"行人"与读者一起去想象,在想象中产生无穷意味。可以说,一堵围墙,挡住了视线,却挡不住佳人的笑声,挡不住行人的感情。读者的想象的翅膀,更可以飞越围墙,创造出一个瑰丽的诗境。这种写法,可谓绝顶高明。自"花间"以来,写女性的小词,或写其体态妖娆、服饰华丽,或写其相悦相思、离愁别恨;然而"类不出乎绮怨"。东坡此词同样是写女性,情景生动而不流于艳,感情真率而不落于轻,在词史上是难能可贵的。

从结构来看,下片从第一句到第四句,词意流走,一气呵成,直到结尾,才稍停顿。诚如苏轼在《与谢师民推官书》中所说:"大略如行云流水,初无定质,但常行于所当行,常止于不可不止,文理自然,姿态横生。"[①]词人用了顶真格,即第二句句首的"墙外"紧接着第一句句末的"墙外道",第四句句首的"笑"紧接着前一句句末的"笑"。这样就像火车车厢由挂钩连接一般,车头一动,后面的各节车厢便向前驶去。

其实,按照词律,《蝶恋花》本为双叠,上下片各四仄韵,字数相等,节奏相同。东坡此词,前后感情色彩不同而节奏有异,不能算当行本色,一定是受到移诗律以填词的影响。《词洁辑评》说:"坡公于有韵之言,多笔走不守之憾。后半手滑,遂不能自由。少一停思,必无此矣。"[②]可见词人才华横溢,文思畅达,信笔直书,无法控制。所谓"自是曲子中缚不住者",盖即指此类而言。

这首词中充满了矛盾:一是思想与现实的矛盾,二是情与情的矛盾,三是情与理的矛盾。词的上下句之间、上下片之间,往往体现出种种错综复杂的矛盾。如上片结尾二句:"枝上柳绵吹又少",感情极为沉郁;"天涯何处无芳草",则又表现得颇为乐观。这就反映出此情与彼情的矛盾。"天涯"一句,语本屈原的《离骚》中的"何所独无芳草兮,尔何怀乎故宇"[③],是卜者灵氛劝屈原的话,其思想与词人在《定风波》中所说的"此心安处是吾乡"是一致的,可是在现实中,词人屡遭迁谪,此语仅足自慰而已。这里则反映出思想与现实的矛盾。这种矛盾对胸怀旷达的词人来说能够泰然处之,而侍儿朝云则不能忍受,所以她唱到这里就情不自禁地掉下泪来。上片侧重哀情,下片侧重欢乐,这也是情与情的矛盾。下片结尾一句,"多情却被无情恼",不仅写出了情与情的矛盾,也写出了情与理的矛盾。佳人欢笑,行人多情,结果是佳人洒下一片笑声,杳然而去;行人凝望秋千,烦恼顿生。俞陛云评此段曰:"多情而实无情,是色是空,公其有悟耶?"[④]所云切中肯綮。词人虽然写的是感情,但其中也渗透着人生哲理,这些都是值得我们仔细

---

① [宋]苏轼:《苏轼文集》,1418 页,北京,中华书局,1986。
② 转引自唐圭璋:《词话丛编》,1349 页,北京,中华书局,1986。
③ [汉]王逸:《楚辞章句》,28 页,上海,上海古籍出版社,2017。
④ 俞陛云:《唐五代两宋词选释》,215 页,上海,上海古籍出版社,1985。

品味的。

三、阅读思考

1. 词中所谓"快哉风"具体应该怎样理解？

2. 对于"《蝶恋花·春景》这首词融婉约和豪放两种风格于一体"这种观点，你同意吗？谈谈你的看法。

3. 结合课堂所学以及苏轼的其他作品，谈谈苏轼词的艺术特色。

4. 试将潘岳的《悼亡诗》(三首)、元稹的《遣悲怀》(三首)分别与苏轼的《江城子·乙卯正月二十日夜记梦》进行比较，分析它们在艺术表现等方面的异同。

四、拓展阅读

1. [宋]苏轼：《苏轼诗集》，北京，中华书局，1982。

2. 邹同庆、王宗堂：《苏轼词编年校注》，北京，中华书局，2002。

3. [宋]苏轼：《苏轼文集》，北京，中华书局，1986。

4. 王水照、崔铭：《苏轼传》，天津，天津人民出版社，2013。

5. 朱刚：《苏轼十讲》，上海，上海三联书店，2019。

6. 王水照：《苏轼研究》，上海，上海人民出版社，2019。

7. 王水照、朱刚：《苏轼诗词文选评》，上海，上海古籍出版社，2019。

8. 刘燕飞：《苏轼哲学思想研究》，北京，人民出版社，2014。

9. 谢桃坊：《苏轼诗研究》，成都，巴蜀书社，2018。

10. 马玮：《苏轼词赏析》，北京，商务印书馆国际有限公司，2017。

第八节　李清照集

一、常识举要

(一)《漱玉词》

陈振孙的《直斋书录解题》著录了李清照的词集《漱玉词》1 卷。陈振孙注云："别本分五卷。"①《唐宋诸贤绝妙词选》著录《漱玉集》3 卷。《宋史·艺文志》著录《易安词》6 卷。晁公武的《郡斋读书志》于别集类著录《李易安集》12 卷。此等宋刻诸本大约于明代中叶全部散佚，不可详考。现在我们所能见到的李清照的词集，都是明清以来学者从历代选本和笔记中纂辑而成的。最早收李清照的《漱玉词》的本子是明代洪武三年(1370 年)的钞本，后被刊入《诗词杂俎》，称"杂俎本"。其跋曰："觅得宋词廿余种，乃洪武三年抄本，订正已阅数名家。中有《漱玉》《断肠》二册。

---

① [宋]陈振孙：《直斋书录解题》，621 页，上海，上海古籍出版社，1987。

虽卷帙无多，参诸《花庵》《草堂》《彤管》诸书，已浮其半，真鸿宝也，急合梓之，以公同好。"①《四库全书总目提要》评价说："此本仅词十七阕，附以《金石录序》一篇，盖后人裒辑为之，已非其旧。其《金石录后序》与刻本所载，详略迥殊。盖从《容斋五笔》中钞出，亦非完篇也。……虽篇帙无多，固不能不宝而存之，为词家一大宗矣。"②毛晋另有钞本《漱玉词》，属《汲古阁未刻词》之一。王仲闻在《李清照事迹作品杂考》中云："另有汲古阁未刻本《漱玉词》，清末王鹏运、况周颐曾见之，今不知何在。"③王璠在《李清照词通行辑本论略》中亦云："毛氏又从《花草粹编》等书中辑得清照词若干首，拟重订刊行，此即所谓'汲古阁未刻本《漱玉词》'也。清末王鹏运、况周颐犹见之，曾据以补王氏《四印斋所刻词》本《漱玉词》……吾人所能得知毛氏汲古阁未刻本《漱玉词》之概貌，仅此而已。然其本，今亦不知所在。"④1989 年，日本的村上哲见发表了论文《关于日本传存两种〈漱玉词〉》。他说："《汲古阁未刻词》现俨然在日本保存二十二种（原来有几种，现已不可知），而《漱玉词》即其中之一。但此本不是毛氏原钞，而系于彭元瑞知圣道斋转钞者。……此本现为日本东京大仓文化财团所藏。……《未刻词》本并非增补《杂俎》本而成者，或另有所据本欤。所收词为数不少，但真赝杂出。"⑤《汲古阁未刻词》之《漱玉词》共 1 卷，辑词 49 首，有些学者认为它是李清照词作第一个真正意义上的辑本。

王鹏运于光绪七年(1881 年)辑刻的四印斋《漱玉词》1 卷，是历代重辑李清照集的第一部。王鹏运以宋代曾慥《乐府雅词》所收的 23 首李清照词为主，从宋人的笔记、总集、选集旁搜博采，共得词 50 首。光绪十五年(1889 年)，四印斋在重刻这部《漱玉词》时，又增加了况周颐补辑的 8 首词，一共收词 58 首。光绪二十七年(1901 年)，海丰吴重熹辑刻的《吴氏石莲庵刻山左人词》中的《漱玉词》，就是用四印斋本翻刻的。四印斋刻本后来又有中国书店影印本。

但是，王鹏运所辑的 58 首词中，有一些是不甚可靠的。1931 年，赵万里辑《校辑宋金元人词》，其中，李清照的《漱玉词》1 卷，只录入王鹏运所辑《漱玉词》中的 41 首词，外加赵万里所辑的 2 首词。另外，赵万里将未录的 17 首词以附录的形式呈现。这种做法比较审慎。至此，李清照的词大体已都辑出。

较杨万里稍早，有近人李文裿所辑的《漱玉集》，这是全面辑录李清照诗、词、文三类作品的集子，收文 5 篇，诗 18 首，词 78 首。1927 年有冷雪盦铅印本。1930 年再版时，又增加了从写本《全芳备祖》辑的《鹧鸪天》及从《岁时广记》中辑的若干逸句。这个本子虽然辑录很多，但颇有贪多且不加详考之失，反不如赵万里辑本可靠。当然，它的诗、文部分还是可取的。

---

① ［明］毛晋：《汲古阁书跋》，111～112 页，上海，古典文学出版社，1958。
② ［清］永瑢等：《四库全书总目》，1814 页，北京，中华书局，2003。
③ 新建设编辑部：《文史》第 2 辑，182 页，北京，中华书局，1963。
④ 王璠：《李清照研究丛稿》，37～38 页，呼和浩特，内蒙古人民出版社，1987。
⑤ ［日］村上哲见：《关于日本传存两种〈漱玉词〉》，载《河北大学学报(哲学社会科学版)》，1990(1)。

此后,几种李清照诗词文全集陆续出版了。其中,1979 年人民文学出版社出版的王仲闻的《李清照集校注》是较好的一种。其特点是参校材料极为丰富,校勘也仔细;所附的参考资料丰富;注释详尽、可靠。当代学者吴熊和在《唐宋词通论》中谈到李清照词的辑本时说:"赵万里《校辑宋金元人词》辑本《漱玉词》,王仲闻《李清照集校注》,又广事搜集,详加斠正。……这是现在所能见到的李清照词最完备与最可信的本子了。"①袁行霈也曾说:"李清照流传的作品,真伪参杂,王仲闻《李清照集校注》所录 43 首最为可信(另附存疑之作 14 首)。《全宋词》录 47 首(末二首注作存疑)。研究李清照词,当以王注本或《全宋词》为主要依据,其中所录存疑之作不能轻易视为李词。"②

此外,齐鲁书社于 1981 年出版的黄墨谷的《重辑李清照集》中有宋以来历代总集辑录李清照词一览表,为他本所无,有一定参考价值。

(二)李清照

李清照(1084—约 1155 年),南宋女词人,号易安居士,齐州章丘(今山东济南市章丘区西北)人。她的父亲李格非学术精湛,勤于著述,清正廉洁,刚直不阿,"以文章受知于苏轼",位列"苏门后四学士"之一。李清照的母亲王氏出身官宦世家,其祖父王拱辰是宋仁宗朝的状元。《宋史》记载王氏"亦善文"。良好的家庭文化教育对李清照的心智发展起到至关重要的作用。见识卓越且深深赏识女儿的聪明才智的李格非,颇以"中郎有女堪传业"自得。李格非让李清照在浓厚的文学氛围中成长,李清照甚至可以与当时一流的文学家张耒相唱和。可见,李格非把李清照培养成了一个健康开朗、见多识广、活泼可爱的大家闺秀。李清照在十五六岁时就已经显示出过人的艺术才华、深厚的文史功底和深远的政治见识。王灼在《碧鸡漫志》中说李清照:"自少年便有诗名,才力华赡,逼近前辈,在士大夫中已不多得。"③

建中靖国元年(1101 年),李清照嫁给了礼部侍郎赵挺之的儿子——赵明诚。他们校勘古书,唱和诗词,鉴赏书画鼎彝,生活非常美满。尤其是在屏居青州的几年里,李清照为居所取名"归来堂",为自己取号易安居士,以表明淡泊名利、不求闻达的志趣。夫妻二人安守困境,致心金石,感情愈加深厚。政和四年(1114年)秋,赵明诚特地在李清照的小像上写了"清丽其词,端庄其品,归去来兮,真堪偕隐"这样几句题词,表达了对李清照的爱重之情。

靖康二年(1127 年),李清照、赵明诚相继避难江南,向来收集的金石、字画、古籍几乎丧失殆尽。建炎三年(1129 年)八月,赵明诚猝然病逝,李清照大病一场之后,带着丈夫留下的两万多卷图书、两千多卷金石碑刻拓本,追随宋高宗一起逃难,辗转飘零于越州、杭州、金华一带,居无定所。所携文物要么遭受战

---

① 吴熊和:《唐宋词通论》,228 页,北京,商务印书馆,2003。

② 袁行霈:《中国文学史》第 3 卷,145 页,北京,高等教育出版社,2003。

③ 转引自唐圭璋:《词话丛编》,88 页,北京,中华书局,1986。

火毁坏，要么遭受贼人偷盗。《金石录后序》言："所谓岿然独存者，乃十去其七八。所有一二残零不成部帙书册，三数种平平书帖，犹复爱惜如护头目，何愚也耶！"①颠沛流离、孤独悲苦的李清照急于在生活上和精神上找到新的依靠，于是急不暇择，错嫁张汝舟，不足百日即诉讼离婚。因经历了一场改嫁风波，李清照受到包括王灼、朱彧、晁公武在内的许多评论家的诟病。李清照在《投翰林学士綦崇礼启》中说："清照敢不省过知惭，扪心识愧。责全责智，已难逃万世之讥；败德败名，何以见中朝之士。虽南山之竹，岂能穷多口之谈；惟智者之言，可以止无根之谤。"②一贯刚强独立的李清照不得不向三品翰林学士求助以平息沸腾的舆论，可见这件事对李清照的精神困扰有多大。

晚年的李清照独自承受着国破的忧愤、家亡的劫难、夫死的苦痛、战火的离乱、再嫁的流言，此时的疾病缠身，孤独寂寞，可谓身心俱疲。但是，正如欧阳修在《梅圣俞墓志铭》中所说："世谓诗人少达而多穷，盖非诗能穷人，殆穷者而后工也。"③又如赵翼在《题元遗山集》中所言："国家不幸诗家幸，赋到沧桑句便工。"④个人遭遇的不幸和坎坷的生活，往往能造就诗人的作品，磨炼诗人的精神，锻造文学的形象与气质。李清照晚年的诗词创作呈现出高潮，创作出了许多脍炙人口的名篇佳作，贴切地反映出她桑榆暮景的心境。陶尔夫和刘敬圻说："作为一代女词人，李清照的生命是由四个方面的维系支撑而存活的。国破家亡、丈夫早死、文物丧尽，已使她失去生命支柱的四分之三。李清照晚年苦撑苦熬而能得以存活，完全是靠词的创作这唯一的生命支柱支撑着，才走完她人生的最后历程。连她自己也不曾意识到，她晚年的艰难跋涉，正是朝向中国古代女性文学的巅峰攀登。"⑤另外，晚年的李清照对丈夫赵明诚愈加思念，对夫妻共处时的幸福生活愈加怀恋。她在回忆昔日的美好生活的同时，也在尽力完成丈夫未竟的文物收藏鉴定事业。她为手上所剩无几的金石字画等藏品来回奔忙，还修订校勘了赵明诚生前的著作《金石录》，并撰写了《金石录后序》，为后世留下了宝贵的文化遗产。宋高宗绍兴二十五年(1155年)前后，李清照在杭州病逝。

李清照兼擅诗、词、文、书、画，但其词名更盛。她的词以南渡为界，分为前后两个时期。前期，李清照的生活平稳，婚姻美满，她的生活充满了闲适、优雅的情调，创作亦相对单纯，对山川风物的感思和贵族少妇的闲愁，以及与丈夫短别后的离恨相思，几乎构成了她词作的主流。后期，南渡的流亡生活不断地打击着李清照的精神，国破、家亡、夫死的苦难塑造了她创作的崭新视点，动荡的时局和不幸的生活成为她吟诵的主要对象，词作亦成为融入个体复杂的审美体验

① 金文明：《金石录校证》，534页，桂林，广西师范大学出版社，2005。
② 王仲闻：《李清照集校注》，168页，北京，人民文学出版社，1979。
③ 洪本健：《欧阳修诗文校笺》，882页，上海，上海古籍出版社，2009。
④ ［清］赵翼：《瓯北集》，772页，上海，上海古籍出版社，1997。
⑤ 陶尔夫、刘敬圻：《"易安体"：古代女性文学高峰及其成因》，载《文学遗产》，1994(6)。

的时代哀歌,充满了"难以释解的忧患情结;难以排遣的孤独意识;难以实现的精神超越"①。

李清照不仅有着卓越的创作成就,而且还提出了具有独特见地的词学理论。李清照早在二十五六岁时便创作了《词论》一文,系统地总结了词的发展历史,对南唐的"李氏君臣"(李璟、李煜、冯延巳等),对宋代的柳永、张先、宋祁、沈唐、元绛、晁端礼、晏殊、欧阳修、苏轼、晏几道、贺铸、秦观、黄庭坚等名家,都从不同程度进行了批评,进而阐述了词之"别是一家"的性质与特色。所谓"别是一家",即词是与诗不同的一种独立的抒情文体,词对音乐性和节奏感有更独特的要求,它不仅像诗那样要分平仄,而且还要"分五音,又分五声,又分六律,又分清浊轻重",以便"协律""可歌"。否则,词就成了"句读不葺之诗",而失掉了词自身的文体特征。词只有保持自身的独立的文体特征,才能不被诗代替,在文学之林中占有独立的地位。如果说苏轼是从诗词同源论角度提高了词体的地位,那么,李清照则是从词的本体论出发进一步确立了词体独立的文学地位。《词论》是中国文学批评史上第一篇完整的词论,对词的发展起到了巨大的推动作用。

李清照在词的艺术上也进行了多方面的探索。她善用白描,多用赋体,含蓄曲折地抒情写心;善化虚为实,以情赋物,形象生动地体物写情;善于选取日常生活中的起居环境、行动、细节来表现自我的内心世界;善于用平常、简练的生活化的语言精确地表现复杂微妙的心理和多变的情感流程。无论是口语,还是书面语,一经她提炼熔铸,就别开生面。

李清照身为女性而得天性之近,通过词体形式抒写女性的生活和情感,写出了真正的女性的觉醒与自我发现,多侧面地展示了传统中国文化造就的典型的中国女性心态与国难在女性心灵上造成的影响。她笔下的女性,依然柔弱、多情、感伤,但不仅仅止于此,在传统女性的个性之上,李清照又多了一点丈夫气概、潇洒风度、"林下之风"。我们能够从她笔下的女性身上读出愤慨、倔强、骨气、眼界与理想,这些赋予李清照的词以鲜明的个性气质,也使其词在词坛上卓然独立,"别是一家",被称为"易安体",李清照也被称为"婉约词宗"。

李清照是中国文学史上创造力强、艺术成就高的女性作家。词从诞生之初就同女性结下了不解之缘,也产生了许多名篇佳作。但是,这些作品几乎全都是代女性立言的,是典型的"男子而作闺音",所以其中相当数量的作品,表现出对女性的扭曲、丑化、狎弄与污辱,即男性偏狭视角与某些阴暗心理的一种外化与宣泄。这种现象又同当时歌女即席演唱以"娱宾遣兴"密切相关。刘敬圻、诸葛忆兵说:"李清照们的出现,打破了这一沉闷窒息的历史格局。这不仅是词史上,也是整个中国文学史上具有划时代意义的大事。因为在中国漫长的历史进程当中,还

---

① 陶尔夫、刘敬圻:《"易安体":古代女性文学高峰及其成因》,载《文学遗产》,1994(6)。

很少出现击败须眉男子使男性文人膺服的女性文学家或女性词人。"①清人李调元在《雨村词话》中说："易安在宋诸媛中，自卓然一家，不在秦七、黄九之下……盖不徒俯视巾帼，直欲压倒须眉。"②李调元认为李清照有超越男性的文学史地位。谭莹在《论诗绝句》中说："若并诗中论位置，易安居士李清莲。"③谭莹认为李清照的创作成就同辉映在中国文学史上的李白一样，璀璨而显赫。这些观点都不为言过之辞！

二、原典选读

一剪梅

红藕香残玉簟[1]秋，轻解罗裳，独上兰舟[2]。云中谁寄锦书[3]来，雁字[4]回时，月满西楼。

花自飘零水自流，一种相思，两处闲愁。此情无计可消除，才下眉头，却上心头。

（王仲闻：《李清照集校注》，北京，人民文学出版社，1979。）

【注释】

[1]红藕：红色的莲花。玉簟：光滑似玉的竹席。

[2]兰舟：舟的美称。

[3]锦书：书信的美称。

[4]雁字：群雁飞时常排成"一"字或"人"字，诗文中以"雁字"称群飞的大雁。

【解读】

关于这首词，旧题元人伊世珍作的《琅嬛记》引《外传》云："易安结缡未久，明诚即负笈远游。易安殊不忍别，觅锦帕书《一剪梅》词以送之。"④《诗词杂俎》《本事词》《词林纪事》等均引此则，一些注家也因此解释为当时送别之作。如《唐宋词选》就说："伊世珍所说和作品内容大体符合。上片开头三句写分别的时令和地点，下片起句'花自飘零水自流'回应这三句，这些都是写分别时情景，其他各句是设想别后的思念心情。"⑤但刘忆萱却在《李清照诗词选注》中说："就词的内容考察，是写别后的思念，并非送别。"⑥刘忆萱认为开头三句是写"别离后"的情景。比较而言，我们认为说此词写"分别后"更为妥帖。

王仲闻在《李清照集校注》中指出："清照适赵明诚时，两家俱在东京，明诚正

① 刘敬圻、诸葛忆兵：《宋代女词人传》，23页，长春，吉林人民出版社，1999。
② 转引自唐圭璋：《词话丛编》，1431页，北京，中华书局，1986。
③ 《清代诗文集汇编》编纂委员会：《清代诗文汇编》第606册，385页，上海，上海古籍出版社，2010。
④ 转引自王仲闻：《李清照集校注》，25页，北京，人民文学出版社，1979。
⑤ 中国社会科学院文学研究所：《唐宋诗选》，231页，北京，人民文学出版社，1981。
⑥ 刘忆萱：《李清照诗词选注》，23页，上海，上海古籍出版社，1981。

为太学生，无负笈远游事。此则所云，显非事实。"①何况《琅嬛记》本是伪托伊世珍之名而作的，所引《外传》更不知为何书，不足为据。再从词的内容以及情调风格来看，这首词写的可能是赵明诚外出访求"天下古今奇字"的一次远行，词中写的是词人与丈夫别后的眼中景、心中事，抒发的是别后相思之情。

词的上片共六句，起句"红藕香残玉簟秋"，领起全篇。陈廷焯在《云韶集》中引梁绍壬语称此句"只起七字已是他人不能到"；在《白雨斋词话》中则赞曰"精秀特绝"。②此句的上半部分"红藕香残"写户外之景，下半部分"玉簟秋"写室内之物，都对清秋季节起了点染作用。荷花凋谢了，荷香也消失了，说明这是"已凉天气未寒时"(韩偓《已凉》)的初秋了。所以，词人躺在光滑似玉的竹席上感受到了凉意。词人采用拟人的手法，说"玉簟"知"秋"，其实是在写人的感受。全句设色清丽，意象蕴藉，不仅刻画出了四周景色，而且烘托出了词人情怀。花开花落，既是自然界现象，也是悲欢离合的人事象征；枕席生凉，既是肌肤的触感，也是凄凉独处的内心感受。这一句兼写室内外的景物又暗寓情意，一开头就显示了这首词的环境气氛和它的感情色彩。

上片接下来的五句写了词人从日到夜一天内所做之事、所触之景、所生之情。前两句"轻解罗裳，独上兰舟"，写的是白天泛舟之事，清秋的凄冷萧索触动离愁别绪，只好借泛舟以遣愁情。"罗裳"是质地轻细的丝织衣裳。天凉了，水上泛舟更添寒意，所以脱去罗衣，更换衣裳，故"轻解罗裳"再次暗点时令。"独上"二字暗示处境，暗含离情。过去出游，总有丈夫相伴，而今登舟却是独自一人，形影相吊，自然是倍感惆怅、幽怨。下面"云中谁寄锦书来"一句，则明写别后的思念之情。词人独上兰舟，本想排遣离愁，而怅望云天，偏起怀远之思。"云中谁寄锦书来"这一句可谓勾连上下：它既与上句紧密衔接，写的是舟中所望、所思；又生发出下面两句"雁字回时，月满西楼"。此三句构成了一种目断神迷的意境。其实，按顺序来想，应是月满时，上西楼，望云中，见回雁，而思及谁寄锦书来。"谁"字自然暗指赵明诚。但是明月自满，人却未圆；雁字空回，锦书无有，所以有"谁寄"之叹。说"谁寄"，又可知是无人寄也。可以想见，词人因惦念游子，盼望锦书到达，遂从遥望云空引出雁足传书的遐想。而这一望断天涯、神驰象外的情思和遐想，从白日到月圆，无时无刻不萦绕于词人心头。

上片由登舟而进入联翩的遐想，过片则又回到眼前。"花自飘零水自流"一句，承上启下，词意不断。它既是即景，又兼比兴。其所展示的花落水流之景，是与上片中"红藕香残""独上兰舟"两句相合的；而其所象喻的人生、年华、爱情、离别，则给人以"无可奈何花落去"(晏殊《浣溪沙》)之感，以及"水流无限似侬愁"(刘禹锡《竹枝词》)之恨。词的下片就从这一句自然过渡到后面的五句，转为纯抒情

---

① 王仲闻：《李清照集校注》，25 页，北京，人民文学出版社，1979。
② 转引自王仲闻：《李清照集校注》，27 页，北京，人民文学出版社，1979。

怀、直吐胸臆的独白。

"一种相思，两处闲愁"二句，写自己的相思之苦、闲愁之深的同时，由己身推想到对方，深知这种相思与闲愁不是单方面的，而是双方面的，以见两心之相印。这两句也是上片"云中"句的补充和引申，说明尽管天长水远，锦书未来，而两地相思之情初无二致，足证双方情爱之笃与彼此信任之深。前人作品中也时有写两地相思的句子，如罗邺之"江南江北多离别，忍报年年两地愁"；韩偓之"樱桃花谢梨花发，肠断青春两处愁"。李词可能是从这些诗句化出，而一经熔铸、裁剪为两个句式整齐、词意鲜明的四字句，就取得脱胎换骨、点石成金的效果。这两句既是分列的，又是合一的。合起来看，从"一种相思"到"两处闲愁"，是两情的分合与深化。其分合，表明此情是一而二、二而一的；其深化，则诉说此情已由"思"而化为"愁"。下句"此情无计可消除"，紧接这两句。正因人已分两处，心已笼罩深愁，此情就当然难以排遣，而是"才下眉头，却上心头"了。

"此情无计可消除，才下眉头，却上心头。"此三句最为世人所称道。王士禛在《花草蒙拾》中指出，"俞仲茅小词云：'轮到相思没处辞。眉间露一丝。'视易安'才下眉头，却上心头'，可谓此儿善盗。然易安亦从范希文'都来此事，眉间心上，无计相回避'语脱胎。李特工耳。"[1]比较而言，李句更显细腻委婉，生动传神，既超越了范句的平实板直，也比俞句更曲尽情意，原因在于李清照特别善于将抽象的、不易捉摸的感情加以形象化。这里，词人把相思之情无法排遣的情状，比拟成一个神秘的精灵，总是缠绕着词人，才把它从眉头赶走，立刻又跑到心头去了，让人心绪不宁，愁绪绵绵。"眉头"与"心头"相对应，"才下"与"却上"成起伏，语句结构既十分工整，表现手法也十分巧妙，所以艺术上具有很强的吸引力。当然，句离不开篇，这两个四字句有赖于全篇的烘托，特别因与前面另两个同样工巧的四字句"一种相思，两处闲愁"前后衬映，而相得益彰。同时，篇也离不开句，全篇正因这些醒人眼目的句子而振起。正如李廷机在《草堂诗余评林》的评价："语意飘逸，令人省目。"[2]

词的上片写登舟怀远，无一字言愁，但处处包孕着深沉的离愁别绪；下片言愁情难解，以巧妙的比拟把抽象的感情化为具体的形象，用语浅近，不事雕琢，却把词人无可排遣的愁情写得细腻入微，深切感动人。

永遇乐·元宵

落日熔金[1]，暮云合璧[2]，人在何处。染柳烟浓[3]，吹梅笛怨[4]，春意知几许。元宵佳节，融和天气，次第[5]岂无风雨。来相召[6]，香车宝马[7]，谢[8]他酒朋诗侣。

① 转引自唐圭璋：《词话丛编》，679～680页，北京，中华书局，1986。
② 转引自王仲闻：《李清照集校注》，26页，北京，人民文学出版社，1979。

中州盛日^[9]，闺门多暇，记得偏重三五^[10]。铺翠冠儿^[11]、撚金雪柳^[12]、簇带争济楚^[13]。如今憔悴，风鬟霜鬓^[14]，怕见^[15]夜间出去。不如向，帘儿底下，听人笑语。

（王仲闻：《李清照集校注》，北京，人民文学出版社，1979。）

【注释】

[1]熔金：形容落日的金黄、灿烂的光辉。

[2]合璧：形容暮云如白玉般连成一片。

[3]染柳烟浓：即烟染柳浓，形容从远处望去，柳树的颜色好像是被朦胧烟雾涂染了一般。

[4]吹梅笛怨：即笛吹梅怨。笛子吹出了《梅花落》的幽怨之声。梅，指《梅花落》，乐曲名。

[5]次第：当时的口语，转眼、接着。

[6]召：约请。

[7]香车宝马：指华贵的车马。

[8]谢：辞谢。

[9]中州盛日：指北宋都城汴京(今河南开封)没有陷落前的繁盛时日。河南是古时九州的中心，故也称中州，这里是以中州代指汴京。

[10]偏重三五：特别看重元宵佳节。三五，原指望日，见《礼记》。这里指农历正月十五日夜，即元宵节。

[11]铺翠冠儿：妇女用翡翠羽毛装饰的帽冠，为宋代元宵节妇女的应时装饰物。

[12]撚金雪柳：指用金线捻丝制成的雪柳。雪柳，用绢缯或楮纸制成的绢花或纸花，也是宋代元宵节妇女服用的应时装饰物。

[13]簇带：宋时的方言，满头插戴的意思。济楚：齐整、美观。犹言漂亮、时髦。

[14]风鬟霜鬓：形容头发蓬松散乱，且已斑白，无心梳妆。

[15]怕见：懒见。

【解读】

这首词当是李清照晚年流寓临安时所作，宋代张端义在《贵耳集》中说："南渡以来，常怀京洛旧事。晚年赋《元宵·永遇乐》词。"^①以元宵灯节为题材的优秀诗词作品并不少，但大多是铺陈渲染元夕的热闹景象。辛弃疾的《青玉案·元夕》虽有所托寓，但在写法上也不例外。这首元夕词却一反常调，以今昔元宵节的不同

---

① 转引自王仲闻：《李清照集校注》，55页，北京，人民文学出版社，1979。

情景对比，沉痛委婉地抒发了作者在饱经离乱之后的身世之感。

词人以"落日熔金，暮云合璧，人在何处"起笔以乐景写哀，用极其浓重的笔墨描写了元宵灯节绚丽的暮景：落日的光辉像熔化的金子，一片赤红璀璨；傍晚的云彩合拢起来，宛如玉璧一般无瑕。词人一下笔就抓住了元夕美景的特色，不仅对仗工整，辞采鲜丽，而且形象飞动，意境开阔。同时，这两句也暗示了入夜后一定会皓月当空，风清气爽，正是人们观灯赏景的好机会。但紧接着一句"人在何处"，却宕开去，发出一句充满迷茫与怅惘的无端之问——良辰美景如旧，只是我这是在哪儿呢？这困惑中包含着词人由今而昔、又由昔而今的意念活动：置身表面上依然热闹繁华的临安，恍惚又回到"中州盛日"，但旋即又意识到这只不过是一时的幻觉，"旧时天气旧时衣，只有情怀不似旧家时"（《南歌子》），物是人非之感油然而起。这是一个饱经丧乱的人在似曾相识的情景面前产生的一时的感情活动，看似突兀，实则含蕴丰富，耐人咀嚼。

"染柳烟浓，吹梅笛怨，春意知几许。"接下来，词人又转笔写初春之景：浓浓的烟霭的熏染下，柳色似乎深了一些；笛子吹奏出哀怨的《梅花落》曲调，原来先春而开的梅花已经凋谢了。紧接着又突然一问：这眼前的春意究竟有多少呢？"几许"是不定之词，具体运用时，意常侧重于少。"春意知几许"，实际上是说春意尚浅。这既符合元宵节正当初春的季节特点，也切合词人当时的心情。词人不直说梅花已谢，而说"吹梅笛怨"，显然是暗用李白的"一为迁客去长沙，西望长安不见家。黄鹤楼中吹玉笛，江城五月落梅花"的诗意，借以抒写自己怀念旧都的哀思。而耐人寻味的一问也曲折地反映出垂暮之年的词人那凄苦落寞的情怀，即便春色渐浓、春意惹人，词人却只觉索然无味，仅有"几许"春意罢了。

"元宵佳节，融和天气，次第岂无风雨。"承上描写做一收束。元宵节赶上天气暖和、月朗风清，这本来会让游人心旷神怡、乐而忘返。但词人突又转折，怀着一种世事难料的疑惧心理发出一问：转眼之间难道就没有风雨吗？"风雨"语带双关，并且主要是指人生的坎坷和世道的艰险。这种突然而起的"忧愁风雨"的心理状态，深刻地反映了词人多年来颠沛流离的境遇和深重的国难所形成的特殊心境。"来相召，香车宝马，谢他酒朋诗侣。"词人的晚景虽然凄凉，但由于她的才名家世，临安城中还是有一些贵家妇女乘着香车宝马邀她去参加元宵节的诗酒盛会。只是身处这样一个风雨飘摇的时代，又是怀着这样一颗饱受创伤的心灵，心绪愁苦落寞，哪里还有观灯赏景的游兴，于是她婉言推辞了邀约。这几句看似平淡，却恰好透露出词人饱经忧患后近乎漠然的心理状态。

上片写今，下片转为忆昔。遥想当年汴京繁盛的时代，那些闺中少女生活得非常舒适。而在四时八节的良辰盛会中，人们最重视的是元宵佳节。在隆重的元夕之夜，妇女可以不受物议地外出观灯赏景，戴上嵌插着翠鸟羽毛的时兴帽子和金线撚丝所制的雪柳，插戴得齐齐整整，打扮得时髦漂亮，拥挤在张灯结彩的街道上游乐。"争济楚"的"争"字写出妇女精心打扮、竞相斗艳、游兴极浓的真实情态。这既切合青春少女的特点，充分体现那时候无忧无虑的游赏兴致，同时也从侧面反映了汴京的繁华热闹。以上六句忆昔，语调轻松欢快，多用当时俗语，宛然少女之口吻。但是，昔日的繁华欢乐早已成为一去不复返且不可追寻的幻梦，所谓"江山留与后人愁"(《题八咏楼》)，怀念反而增添烦恼。所以结尾处急转直下，由忆昔又转为伤今：历尽国破家亡、夫死亲逝之痛，长期"漂流遂与流人伍"的词人不但由簇带济楚的少女变为形容憔悴、蓬头霜鬓的老妇，而且心灵也衰老了，对外面的热闹繁华提不起兴致，懒得夜间出去。"盛日"与"如今"两种迥然不同的心境，从侧面反映了金兵南下前后两个截然不同的时代和词人相隔霄壤的生活境遇，以及它们在词人心灵上投下的巨大阴影。

词写到此处，似乎无话可说了，既然无心游赏，也就不必再涉元宵。但词人却又横生波澜，撩起窗帘的一角儿，静听他人的欢声笑语。词人是热爱生活的，更是渴望家庭的温暖和团圆的，但是，南渡以来，夫死之悲、流落之苦、谗言之毒，一连串悲惨的际遇接踵而至，她一方面担心面对元宵胜景会触动今昔盛衰之慨，加深内心的痛苦；另一方面却又怀恋着往昔的元宵盛况，想在观赏今夕的繁华中重温旧梦，给沉重的心灵一点慰藉。这种矛盾心理，看来似乎透露出她对生活还有所追恋的向往，但骨子里却蕴含着无限的孤寂悲凉。历史的巨变、人世的沧桑，已经使她再也不敢面对现实的繁华热闹，只能在隔帘笑语声中聊温旧梦。窗外的那个世界，似乎很近，却又离得很远，因为它已经不再属于自己了。

从内容上讲，词的上片侧重写今年之景，利用节日的欢快景象对比自己主观心绪的悲凉，衬托出词人内心物是人非、好景不长的感受；下片通过今昔对比，进一步抒发"故乡何处是，忘了除非醉"(《菩萨蛮》)的故国之思和沦落之苦。从艺术上讲，这首词一方面运用今昔对照与丽景哀情相映的手法，另一方面有意识地将浅显平易而富表现力的口语与锤炼工致的书面语交错融合，以极富表现力的语言和极其曲折婉转的笔法，写出了浓厚的今昔盛衰之感和个人身世之悲。这首词没有像《声声慢》那样，满纸呜咽、大段铺写愁情，而是以平静的心绪娓娓道来。但是，它的艺术感染力却非常强烈，以至于南宋著名词人刘辰翁在《永遇乐》词序中说："余自乙亥上元诵李易安《永遇乐》，为之涕下。今三年矣，每闻此词，辄不自堪。"①

三、阅读思考

1. 请将李清照与宋代另两位著名的女词人魏夫人、朱淑真加以比较分析，说说三人的词在内容、风格等方面有什么不同。

2. 把李清照的诗和词加以比较分析，说明二者在表现内容和风格方面有什么区别。

---

① 吴企明：《刘辰翁词校注》，328页，上海，上海古籍出版社，2015。

3. 把李清照的《永遇乐·落日熔金》与辛弃疾的《青玉案·元夕》加以比较分析，说明二者在题材、手法、思想等方面有什么异同。

四、拓展阅读

1. 王仲闻：《李清照集校注》，北京，人民文学出版社，1979。
2. 黄墨谷：《重辑李清照集》，北京，中华书局，2009。
3. 徐培均：《李清照集笺注》，上海，上海古籍出版社，2017。
4. 唐圭璋等：《李清照词鉴赏》，济南，齐鲁书社，1986。
5. 陶尔夫、刘敬圻：《南宋词史》，哈尔滨，黑龙江人民出版社，1992。

第九节　辛弃疾集

一、常识举要

(一)《稼轩词》

辛弃疾平生"以气节自负，以功业自许"，作词只不过是以词为"陶写之具"来抒爱国忧民之情。他作词，或"闲中书石，兴来写地"，抑或"微吟而不录，漫录而焚藁，以故多散逸"。有时"挥毫未竟而客争藏去"，流布海内，传诵极广。[①] 第一个将稼轩词收集成书的是辛弃疾的门人范开。他于淳熙十五年(1188年)编成《稼轩词》，即《稼轩词》甲集。至于南宋时辛词的其他版本，只能从南宋一些文人(诸如岳珂、刘克庄、王恽、刘辰翁等)著作中的只言片语，找到一些蛛丝马迹，书概不完存。《宋史·艺文志》著录《长短句》有12卷。陈振孙的《直斋书录解题》著录《稼轩词》有1卷。另注曰："信州本十二卷，卷视长沙为多。"[②]可见，宋代辛词主要有两种刻本：一种是长沙刻本4卷，题"稼轩词"；另一种是信州刻本12卷，题"稼轩长短句"。此后，历朝历代编辑辛弃疾词，都是在这两个版本系统的基础上变化的。

《稼轩词》甲、乙、丙、丁集(《稼轩词》4卷)，每集1卷。甲集为辛弃疾门人范开所编，以词的写作先后为次；乙、丙、丁集不可擅断。甲集前有范开所作序称："开久从公游，其残膏剩馥，得所沾焉为多。因暇日裒集冥搜，才逾百首，皆亲得于公者。以近时流布于海内者率多赝本，吾为此惧，故不敢独门阈，将以祛传者之惑焉。"[③]可见，范开所辑百余首辛词是比较可靠的。今存甲集收词111首，基本上是范开所辑原本；乙集收词114首；丙集收词107首；丁集收词104首。除去2首重复的词，共辑词434首。

---

① 邓广铭：《稼轩词编年笺注》，596页，上海，上海古籍出版社，1993。
② [宋]陈振孙：《直斋书录解题》，622页，上海，上海古籍出版社，1987。
③ 邓广铭：《稼轩词编年笺注》，597页，上海，上海古籍出版社，1993。

《稼轩词》4卷本编成较早,甲集编成时辛弃疾年近50岁,乙、丙、丁三集似乎也是陆续编成的。梁启超认为,乙集于辛弃疾宦闽时之词一首未见收录,推定乙集当在绍熙二年(1191年)编成。所收的词大部分是甲集编成以后4年之内的作品,其中也有少数补收了甲集编成以前写的而甲集又未收录的作品。丙集所收的词,大部分是辛弃疾落职居家时写的,也有少数是这之前所写,而甲集乙集未收的。丁集所收的词,似是补前甲乙丙三集未收之词,各篇具体年代,难以考辨。丁集的编成略与丙集同时,两集都无稼轩晚年官浙东、京口以后的作品,推知丙丁两集当是编成于嘉泰元年(1201年)。综上所述,《稼轩词》甲、乙、丙、丁集是辛弃疾在世时编成的,基本按写作时间先后为序排列,但其中也有一些不是按写作时间先后排列的。

12卷本《稼轩词》原述古堂藏有宋本,今不知存否。现有北京图书馆所藏明末毛晋汲古阁本;天津图书馆藏明代吴讷辑《唐宋名贤百家词》本;武进陶湘《影刊宋金元明本词》本《稼轩词》,仅甲、乙、丙三集,赵万里《校辑宋金元人词》又用吴讷辑本影印了丁集,正好补了陶氏影刊本之阙。1940年,商务印书馆又影印了毛晋汲古阁抄本,这个本子易得且较他本为好。

《稼轩长短句》12卷本不知何人所编,按词调长短顺序排列。它收有《洞仙歌·丁卯八月病中作》一词,这首词为辛弃疾绝笔之作,写后不满一月,辛弃疾便带着忧愤的心情离开人世,由此推知《稼轩长短句》12卷本是在辛弃疾逝世之后编成的。正因为它编成较晚,所以收集较全备,共收入词573首。当然,也有一些词是4卷本有而12卷本没有的。另外,12卷本的编者可能对原作进行了一定的改动增删,因此,读辛词时最好能参照互校着读。

据《直斋书录解题》及《宋史·艺文志》著录,辛词南宋时有信州12卷本,此宋刻本不传。今存最早的刊本是北京图书馆藏元大德三年(1299年)广信书院刊本,其中有清代黄丕烈跋,共收词573首。此本有近人王鹏运的《四印斋所刻词》影刻本,1959年中华书局上海编辑所影印线装本,1974年上海书画社影印本。又明代嘉靖十五年(1536年)有王诏所刻李濂评点本。据李濂序说,该本据"信州旧本"而来,但考其篇目,与元本完全相同,只是收词略少,只有560首;另有明代谢肇淛小草斋抄本《稼轩长短句》12卷,所收篇目也较元大德本少;明末毛晋汲古阁刻《宋六十名家词》中的《稼轩词》虽为4卷,实际上是用12卷本改编而成的,它的底本是明李濂评点本,收词560首。

清代流传的辛弃疾作品集的刻本不是很多,主要流传的是汲古阁毛晋所刻《宋六十名家词》本《稼轩词》4卷(即用十二卷本改编本)及其衍生本,如《四库全书》抄本、钱塘汪氏据明毛氏汲古阁本重刊《宋六十名家词》本等。直到嘉庆年间,辛弃疾后人辛启泰请著名学者法式善等人从《永乐大典》等书中辑出36首词及一些诗文,与毛氏汲古阁本《稼轩词》合编为《稼轩集抄存》九卷,才突破了4卷本和12卷本两大系统。但是,法式善、辛启泰等人所辑这36首中有些并非佚词,一般认为只有 26 首比较可靠。

近人刻编辛稼轩集者很多，比较重要的除已经提到过的王鹏运、陶湘、赵万里等数家外，还有梁启勋的《稼轩词疏证》6 卷。此本乃梁启超补辑，他以 2 卷本为底本，加上辛启泰所辑 33 首词及 4 卷本有而 12 卷本所无的 14 首词、《草堂诗余》的 1 首词，共得词 621 首，收罗较多，但疏证比较疏略。有 1931 年的刻本，1979年北京中国书店影印原本。

民国年间《四部备要》排印本《稼轩词》，乃用四印斋影刻本《稼轩长短句》12 卷本排印，外附辛启泰所辑本为《补遗》，又附朱孝藏所撰校记。

陈允吉点校的《稼轩长短句》，由上海人民出版社在 1975 年出版了排印本。

邓广铭著有《稼轩词编年笺注》，有 1957 年古典文学出版社排印本、1962 年中华书局上海编辑所重印修订本、1993 年上海古籍出版社增订本等。这部注本所收较全，共收 626 首词；体例完善，每词有校有笺有编年。此书可说是目前最好的辛词读本。

(二)辛弃疾

辛弃疾(1140—1207 年)，字幼安，号稼轩，历城(今山东济南)人。南宋时期的军事家、政治家、词人。在词史上，辛弃疾与苏轼齐名，号称"苏辛"；与李清照并称"济南二安"。

辛弃疾的始祖辛维叶，在唐代曾任大理寺评事，由陇西狄道迁济南，故世为济南人。高祖辛师古，曾任儒林郎。曾祖辛寂，曾任宾州司户参军。祖父辛赞，因累于族众，靖康之变时未能随宋室南渡，仕于金，先后为谯县、开封等地守令。父亲辛文郁早卒。辛弃疾出生时，朝廷已偏安江南数年，他自幼随祖父生活在金兵占领下的北方沦陷区。辛赞是极富气节的人，辛弃疾从小便接受了祖父多种方式的教育。

绍兴三十一年(1161 年)九月，完颜亮率 60 万大军南侵，北方人民奋起抗金。济南农民耿京聚众起义，21 岁的辛弃疾也组织了 2000 多人的抗金队伍，在济南南边的山区起义，不久投归耿京，在军中任"掌书记"。完颜亮南侵失败后，辛弃疾劝耿京和南宋朝廷联系，在军事上配合行动，进一步反击敌人，并与贾瑞等人代表起义军到建康面见宋高宗，皆被赐官。在辛弃疾完成使命返回山东途中，叛徒张安国谋害了耿京，并劫持了部分起义军投降金国。辛弃疾得到消息，带领 50 人驰骑直入张安国 5 万人的大营，缚张安国置马上，当场又号召了上万人的士兵反正，长驱渡淮，突破金兵的包围封锁，投归南宋。后将张安国押赴临安斩首示众。

隆兴元年(1163 年)，张浚出兵北伐，败于符离，南宋王朝又倾向对金和议。辛弃疾不顾官职低微，于乾道元年(1165 年)写成《美芹十论》献给宋孝宗。《美芹十论》的前三篇详细分析了北方人民对女真统治者的怨恨，以及女真统治集团内部的尖锐矛盾。后七篇就南宋方面应如何充实国力，积极备战，及时完成统一中国的事业等，提出了一些具体的规划。乾道六年(1170 年)，虞允文为宰相，辛弃疾又写了《九议》献给他。辛弃疾根据刘邦、项羽率吴楚子弟北上灭秦的史实，驳斥存在于士大夫间的"吴楚之脆弱不足以争衡于中原"的谬论。辛弃疾认为：一方面"胜败兵家之常事"，不能因一次的失败而丧失胜利的信心，用以驳斥那些借口符离之败"欲终世而讳兵"的妥协投降派；另一方面"欲速则不达"，要求国家做长期的准备，而反对那些轻举妄动，"欲明日而亟斗"的速战派。这些政见的提出，充分反映了辛弃疾政治家与军事家的才能智慧，充分反映出他具有战略家的眼光和胆识。

南归之后，辛弃疾本来希望尽展其雄才将略，挥拥万夫，横戈杀敌，以"了却君王天下事，赢得生前身后名"(《破阵子》)。然而，自符离战败之后，南宋朝廷一战丧胆，甘心向金俯首称臣，纳贡求和，致使英雄志士请缨无路。而身为"归正人"的辛弃疾，更受到歧视且不被信任。南归之初，辛弃疾被任命为江阴金判，进献《美芹十论》《九议》等建议书后，其政见深受人们称赞，但朝廷却反应冷淡，只是对辛弃疾在建议书中所表现出的实际才干很感兴趣，先后把他派到江西、湖北、湖南等地担任转运使、安抚使一类重要的地方官，去治理荒政、整顿治安。从 29 岁到 42 岁，辛弃疾的官职换了 14 次，因此，他根本无法在任上有大的建树和作为。但是，辛弃疾一直抱定恢复中原的理想，在各地方任职期间，重视发展生产，训练军队，为北伐积极准备。辛弃疾任湖南转运副使时，赈济灾民，兴修水利。他创建的飞虎军，在捍卫边防、对金作战中都发挥了重要作用。辛弃疾在军事上的才干和在政治上的政绩遭到朝中当权者忌恨。他豪迈倔强的性格和执着北伐的热情，以及"归正人"的尴尬身份也使得他在官场上很难立足。他预感到自己将要被罢黜，便在《淳熙己亥论盗贼札子》说："孤臣危一身久矣……但臣生平刚拙自信，年来不为众人所容，顾恐言未脱口而祸不旋踵。"[1]淳熙八年(1181 年)，因投降派罗织罪名，辛弃疾被言官弹劾罢官，回到江西上饶带湖闲居。他取"人生在勤，当以力田为先"[2]的意义，自号稼轩。直到宋光宗继位后，辛弃疾被起用，任福建提点刑狱、大理少卿等职。但不到两年，辛弃疾又遭弹劾，被迫再次归隐。

辛弃疾曾被任为绍兴知府兼浙东安抚使，受到了宋宁宗召见，他向宋宁宗言盐法，后寻差镇江知府。就在辛弃疾刚刚着手备战时，他又得罪了某些权贵，被扣上"好色贪财，淫刑聚敛"的罪名，最终重回铅山故宅闲居。辛弃疾曾对韩侂胄用兵失当处提出过有效对策，但均未受到重视。韩侂胄兵败后，南宋朝廷有些人流言重伤辛弃疾，认为是他煽动韩侂胄出兵，这对辛弃疾刺激很大。开禧三年(1207 年)秋，身染重疾的辛弃疾在铅山怀着他那始终不能实现的政治抱负含恨而终。《康熙济南府志·稼轩小传》载，辛弃疾临终高呼"杀贼"数声后才停止呼吸。

---

① 徐汉明：《辛弃疾全集校注》，824 页，武汉，华中科技大学出版社，2012。
② [元]脱脱等：《宋史》，12165 页，北京，中华书局，1977。

《宋史·辛弃疾传》载："咸淳间，史馆校勘谢枋得过弃疾墓旁僧舍，有疾声大呼于堂上，若鸣其不平，自昏暮至三鼓不绝声。枋得秉烛作文，旦且祭之，文成而声始息。德祐初，枋得请于朝，加赠少师，谥忠敏。"①

作为政治家和军事家，辛弃疾的宏愿最终未能实现。但是，作为文学家，辛弃疾却取得了巨大的成功。他是宋词创作最丰的词人，留词六百余首。刘克庄曾经为《稼轩词》作序，称赞辛词曰："大声鞺鞳，小声铿鍧，横绝六合，扫空万古，自有苍生以来所无。"②辛弃疾存诗百余首，从不同侧面表达了自己的政治理想；其散文以奏议为主，笔锋凌厉，内容宏富，被誉"有《权书》《论衡》之风"。

仅就词学而论，在两宋词史上，辛弃疾的作品数量最多，成就、地位也最高。辛弃疾是开一代词风的伟大词人，他的词被称为"稼轩体"。所谓稼轩体，辛弃疾的门人范开在《稼轩词甲集序》有生动的描述和分析："虽然，公一世之豪，以气节自负，以功业自许，方将敛藏其用以事清旷，果何意于歌词哉，直陶写之具耳。故其词之为体，如张乐洞庭之野，无首无尾，不主故常；又如春云浮空，卷舒起灭，随所变态，无非可观。无他，意不在于作词，而其气之所充，蓄之所发，词自不能不尔也。其间固有清而丽、婉而妩媚，此又坡词之所无，而公词之所独也。"③范开认为，辛弃疾的人格和理想主要在气节与功业方面，本来无意于词之创作，只是因为壮志难酬，不得其用，才把词当成陶情写忧的一种手段。实际上，"陶写之具"既可看作"稼轩体"形成的原因，也可看作辛弃疾的创作主张，即把词当作抒怀言志的载体，用词来表现行藏出处和精神世界。辛弃疾空前绝后地把一生的人生经历、生命体验和精神个性完整地表现在词作之中。唯因如此，"稼轩体"才表现出"雄豪、博大、隽峭"（陶尔夫、刘敬圻《南宋词史》）为主导的特色。雄豪，即词人把天下大事、家国兴亡、"老兵"的爱憎和沙场征战的气度、胸襟、精神都纳入词的审美范畴，并成为辛词的主旋律。博大，指"稼轩体"包罗万象，任何题材，一经其手便别有风貌，在体裁、风格上也呈现出多样的面貌。正如邓广铭所评价的："其题材之广阔，体裁之多种多样，用以抒情，用以咏物，用以铺陈事实或讲说道理，有的'委婉清丽'，有的'秾纤绵密'，有的'奋发邀越'，有的'悲歌慷慨'，其丰富多彩也是两宋其他词人的作品所不能比拟的。"④隽峭，是从语言、用典及意象方面而言的。继苏轼"以诗为词"之后，辛弃疾"以文为词"，他成功地将古文的章法、句式以及议论、对话等具体手法移植于词，扩大了词的表现方法。在用典使事方面，驱遣自如，广博精当，不但善于点化前人的诗句成语入词，而且善于化用经、史、子、集中的语汇入词，显示出熔铸百家、陶冶经史的特色，还大量地运用表现力很强的口语、俚语入词，化朴为美，新鲜活泼。意象

① ［元］脱脱等：《宋史》，12166 页，北京，中华书局，1977。
② 邓广铭：《稼轩词编年笺注》，598 页，上海，上海古籍出版社，1993。
③ 邓广铭：《稼轩词编年笺注》，596～597 页，上海，上海古籍出版社，1993。
④ 邓广铭：《稼轩词编年笺注》，33 页，上海，上海古籍出版社，1993。

使用也与婉约词有明显的区别。廉颇、曹操、司马迁等历史人物，以及长鲸、天马、长剑等物象都承载着特殊情绪与特殊信息出现在辛词当中。总之，稼轩体内容博大精深，表现方式千变万化，语言不主故常，风格烂漫多姿。稼轩词将雄沉健雅、悲壮沉郁、俊爽流利、飘逸闲适、秾纤婉丽等风格兼收并蓄。可以说，刚柔相济是最能表现辛弃疾的个性风格的词语。辛弃疾写豪气，以深婉之笔出之；抒柔情，又渗透着英雄的豪气。悲壮中有婉转，豪气中有缠绵，柔情中有刚劲，这是稼轩词的独特之处。

稼轩体的出现，完成了词史上视界的转换，弥补了歌词创作自身发展的不足。这种转换与弥补主要体现在两个方面：从审美方面完成了以阴柔为美的婉约词向以阳刚为美的豪放词的转换；从题材内容方面完成了向"言志"这一古老诗歌传统的复归。所谓"转换"，即稼轩体的出现，继承与弘扬了东坡词与南渡词人的传统，开创了婉约词与豪放词长期并存的历史新格局。所谓"复归"，是在审美感兴高峰体验这一层次上，使"缘情"与"言志"水乳交融，美妙结合，既保有词体本身所独具的审美闳约，幽窈馨逸，又贯注了中华民族至大至刚的堂堂正气。正如《四库全书总目提要》所评价的："其词慷慨纵横，有不可一世之概，于倚声家为变调。而异军特起，能于剪红刻翠之外，屹然别立一宗，迄今不废。"①

辛弃疾不仅是伟大的词人，更是兼具文才武略的英雄豪杰。他留下的词作始终激荡着强烈的时代音响，并以思想与艺术完美结合而登上词史的高峰。

二、原典选读

摸鱼儿

淳熙己亥[1]，自湖北漕[2]移[3]湖南，同官王正之[4]置酒小山亭，为赋。

更能消[5]几番风雨？匆匆春又归去。惜春长怕花开早，何况落红无数。春且住。见说道[6]天涯芳草无归路。怨春不语。算[7]只有殷勤，画檐[8]蛛网，尽日惹飞絮。

长门[9]事，准拟[10]佳期[11]又误。蛾眉[12]曾有人妒。千金纵买相如赋，脉脉[13]此情谁诉？君莫舞，君不见玉环[14]飞燕[15]皆尘土！闲愁最苦。休去倚危栏[16]，斜阳正在，烟柳[17]断肠处。

（邓广铭：《稼轩词编年笺注》，上海，上海古籍出版社，1993。）

【注释】

[1]淳熙己亥：指淳熙六年(1179 年)。

[2]漕：漕司(转运使)的简称。此职掌财赋及谷物转运等事务。

[3]移：改任，调任。

① ［清］永瑢等：《四库全书总目》，1816～1817 页，北京，中华书局，2003。

[4]王正之：王正己的字，王正之是词人的朋友、同僚，原职的继任者。

[5]更：还。消：经得起。

[6]见说道：听说。

[7]算：料想。

[8]画檐：画有彩饰的屋檐。

[9]长门：汉代宫名。《长门赋》之序云："孝武皇帝陈皇后，时得幸，颇妒，别在长门宫，愁闷悲思。闻蜀郡成都司马相如，天下工为文，奉黄金百斤，为相如、文君取酒，因于解悲愁之辞。而相如为文以悟主上，皇后复得幸。"

[10]准拟：约定的意思。

[11]佳期：指汉武帝和陈皇后相会的日子。

[12]蛾眉：本为飞蛾的触须，借指女子的秀眉，引申为美女的代称。

[13]脉脉：含情的样子。

[14]玉环：杨贵妃的小字。杨贵妃曾极度受宠于唐玄宗。安禄山叛乱，唐玄宗逃蜀，杨贵妃缢死于马嵬坡。

[15]飞燕：赵飞燕善舞，深受汉成帝宠爱。哀帝时为皇太后，被废为平民后自杀而死。

[16]危栏：高处的栏杆。

[17]烟柳：笼罩着烟雾的柳树。

【解读】

淳熙六年(1179 年)暮春三月，辛弃疾从湖北转运副使调任湖南转运副使。辛弃疾自绍兴三十二年(1162 年)渡淮水投奔南宋朝廷后，其抗击金军、恢复中原的主张始终没有被南宋朝廷采纳。辛弃疾收拾山河的志向不仅无法实现，当的官还是一些远离战事的闲职，又因频繁调动，根本不能痛快地施展他的才能和抱负。何况如今是调往距离前线更远的湖南去，这更加使他失望。他知道朝廷根本没有北伐的雄心，调任他就是不让主战派抬头的一种表现。所以，当同僚王正之在湖北转运使官衙内的小山亭设酒筵为他饯行时，辛弃疾即席写了这首词，以抒发胸中的郁闷和感慨。

上片主要抒发词人的惜春之情。起句"更能消几番风雨？匆匆春又归去"，说的是如今已是暮春天气，再也禁不起几番风雨，春便要真的离去了。这显然不是单纯地写春光的流逝，而是另有所指。"惜春长怕花开早"二句，揭示自己惜春的心理活动：由于怕春去花落，他甚至于害怕春天的花开得太早，因为开得早也就谢得早。这是对惜春心理的深入一层的描写。"春且住"三句表现了词人对于正将离开的"春"的深情，词人对它呼喊：春啊，你且止步吧，听说芳草已经长满到天涯海角，遮断了你的归去之路！但是春不答话，依旧悄悄地溜走了。"怨春不语"，写出了无可奈何的怅惘之情。那檐下的蜘蛛，倒还是勤勤恳恳的，一天到晚不停地抽丝结网，留住那象征残春景象的杨柳飞花。蜘蛛以此法留春，其情亦太可悯了。

下片一开始就用汉武帝之陈皇后失宠的典故来比拟自己的失意之境。自"长门事"至"脉脉此情谁诉"一段文字，说明自古便有"蛾眉见妒"的先例。陈皇后被打入冷宫——长门宫，是有人在妒忌她。后来她拿出黄金，买得司马相如的一篇《长门赋》，希望用它来打动汉武帝的心。但是她所期待的"佳期"却迟迟未到。这种复杂痛苦的心情，对什么人去诉说呢？"君莫舞"中的"舞"字，表现的是因高兴而得意忘形的样子。"君"，是指那些妒忌别人、通过进谗言取得宠幸的人。词人表示你不要太得意忘形了，杨玉环和赵飞燕后来不是都死于非命吗？"皆尘土"，是用《赵飞燕外传》附《伶玄自叙》中的语意。伶玄的妾樊通德会讲赵飞燕姊妹故事，伶玄对她说："斯人俱灰灭矣，当时疲精力驰骛嗜欲蛊惑之事，宁知终归荒田野草乎！"[①]"闲愁最苦"三句是结句。闲愁，指自己精神上的不可倾诉的郁闷。这后三句是说不要用登高望远的方法来排消郁闷，因为那快要落山的斜阳，正照着被暮霭笼罩着的杨柳，远远望去，一片迷蒙。这样的暮景，会使人见景伤情，以致销魂断肠，更加悲伤。

这首词的上片主要写春意阑珊，下片主要写美人迟暮。有些选本以为这首词是辛弃疾借春意阑珊来衬托自己的哀怨。这恐怕理解得还不够准确。这首词中当然有辛弃疾个人遭遇的感慨，但"春将逝"更多的是他以含蓄的笔墨，写出了对南宋朝廷暗淡前途的担忧。词人把个人感慨放在政治背景之中，春意阑珊，实兼指国势如春一样，一日日衰败，并非像一般词人作品中常常出现的绮怨和闲愁。

上片第二句"匆匆春又归去"中的"春"字，当是这首词中的"词眼"。接下去辛弃疾以春去作为这首词的主题和总线，精密地安排上、下片的内容，把他心中的感慨和心绪都曲折地表达出来。他写"风雨"，写"落红"，写"草迷归路"，对照当时的政治现实，金军多次进犯，南宋朝廷在外交、军事各方面都遭到了失败。而朝政昏暗，奸佞当权，蔽塞贤路，志士请缨无路，上述春事阑珊的诸种描写件件都是喻指时政。蜘蛛是微小的动物，它为了要挽留春光，施展出全部力量。在"画檐蛛网"句上，加"算只有殷勤"一句，意义更加突出。辛弃疾有意自喻为蜘蛛。尤其是"殷勤"二字，突出地展现了耿耿忠心。辛弃疾表达了自己的决心，即虽然位微权轻，但为报图，仍然"殷勤"而为。

上片以写惜春为主，下片则都是写古代的历史事实。两者看起来好像不相关联，其实不然，作者用古代宫中几个女子之事，来比自己的遭遇，进一步抒发其"蛾眉见妒"的感慨。这不只是个人仕途得失的问题，更重要的是关系到宋室的兴衰，它和春去的主题并未脱节，而是相辅相成的。作者在过片处推开来写，在艺术技巧上说，正起峰断云连的作用。

---

① [汉]伶玄：《赵飞燕外传》，16 页，北京，中华书局，1991。

下片的结句甩开咏史，又回到写景抒怀上来。"休去倚危栏，斜阳正在，烟柳断肠处"以景语作结，含有不尽的韵味。除此之外，结语还有以下作用。

第一，刻画出暮春景色的特点。李清照曾用"绿肥红瘦"四字刻画暮春景色，"红瘦"，是说花谢；"绿肥"，是说树荫浓密。辛弃疾在这首词里不说斜阳正照在花枝上，却说正照在烟柳上，这是从另一角度描写暮春景色，有着与"绿肥红瘦"不同的意味。而且"烟柳断肠"，还和上片的"落红无数"、春意阑珊相呼应。如果说，上片的"更能消几番风雨？匆匆春又归去"是开、是纵，那么下片的"斜阳正在，烟柳断肠处"是合、是收。一开一合，一纵一收，显得结构严密，章法井然。

第二，"斜阳正在，烟柳断肠处"，是暮色苍茫中的景象。这是作者在词的结尾处饱含韵味的一笔，旨在点出南宋朝廷日薄西山、前途暗淡的趋势，也抒发自己尚未见用的郁闷。此情和这首词"春去"的主题也是相互映衬的。宋人罗大经在《鹤林玉露》中说，"辛幼安晚春词云：'更能消、几番风雨……烟柳断肠处。'词意殊怨。'斜阳''烟柳'之句，其与'未须愁日暮，天际乍轻阴'者异矣。使在汉唐时，宁人贾种豆种桃之祸哉！愚闻寿皇见此词，颇不悦。"①可见这首词流露出来的对朝廷的忧望之情是何等强烈。

这首词的表现手法比较接近婉约派。它继承了《离骚》之传统，运用比、兴的手法来表达词人对时局的关切，抒写忠而见馋与壮志难以实现的愤懑之情。从表面看，这首词写得幽约婉转，曲折尽致，实际上却外柔而内刚，字里行间流注着雄豪之气、沉郁之情，这就是辛弃疾学蜘蛛那样，为殷勤付出的一颗耿耿忠心，以及对国势的担忧。似乎可以用"肝肠似火，色貌如花"八个字，来作为这首词的评语。陈廷焯在《白雨斋词话》中评曰："词意殊怨，然姿态飞动，极沉郁顿挫之致。起处'更能消'三字，是从千回万转后倒折出来，真是有力如虎。"②

永遇乐·京口[1]北固亭[2]怀古

千古江山，英雄无觅，孙仲谋[3]处。舞榭[4]歌台，风流[5]总被，雨打风吹去。斜阳草树，寻常巷陌，人道寄奴[6]曾住。想当年金戈铁马，气吞万里如虎。

元嘉[7]草草[8]，封[9]狼居胥[10]，赢得[11]仓皇北顾[12]。四十三年[13]，望中犹记，烽火扬州路。可堪[14]回首，佛狸祠[15]下，一片神鸦[16]社鼓[17]。凭谁问廉颇[18]老矣，尚能饭否。

（邓广铭：《稼轩词编年笺注》，上海，上海古籍出版社，1993。）

【注释】

[1]京口：在今江苏省镇江市。

① [宋]罗大经：《鹤林玉露》，12页，北京，中华书局，1983。
② [清]陈廷焯：《白雨斋词话》，23页，北京，人民文学出版社，1959。

[2]北固亭：一名北固楼，又名北顾亭。在今镇江市东北北固山上，晋人蔡谟为储军备而建。

[3]孙仲谋：孙权，字仲谋。三国时吴国的君主。曾在京口建立吴国首都，后联刘备击曹大胜于赤壁。

[4]榭：原为建在土台上的敞屋，这里指临水的楼阁。

[5]风流：指英俊的人物和时代的业绩。

[6]寄奴：南朝宋武帝刘裕，字德舆，小名寄奴。他生长在京口，并曾在此起兵。东晋末年他出兵北伐，先后灭鲜卑族建南燕、后燕、后秦诸国，光复洛阳、长安。后掌东晋大权，官至宰相，封宋王。代晋称帝后，改国号为宋。

[7]元嘉：刘裕的儿子宋文帝刘义隆的年号。

[8]草草：草率、冒失。

[9]封：指封山，古时在山上筑坛祭天的一种仪式。

[10]狼居胥：山名。在内蒙古五原县西北，河套北岸，亦名狼山。汉武帝时，骠骑将军霍去病曾追击匈奴至狼居胥山，封山而还。

[11]赢得：落得。

[12]仓皇北顾：指匆忙退败中回看追敌。元嘉二十七年（450 年），王玄谟北伐失败，北魏太武帝拓跋焘（小名佛狸）乘胜南侵到瓜步（今江苏省南京市六合区东南），"坏民庐舍，伐苇为筏，声言欲渡江"，"建康震惊，内外戒严"，沿江数百里仓促布防，"王公以下子弟皆从役"。《通鉴·宋纪》载，宋文帝登石头城北望说："檀道济若在，岂使胡至此！"

[13]四十三年：绍兴三十一年（1161 年）冬十月，完颜亮渡淮侵宋，不久为部下所杀，扬州路上一片抗金烽火。辛弃疾等受耿京派遣，于次年正月突过金营，渡江南归。至此登楼之日正好四十三年。

[14]可堪：怎能忍受得了。

[15]佛狸祠：即武帝庙，在今瓜步山上。

[16]神鸦：啄食祭品的乌鸦。

[17]社鼓：社日祭神的鼓声。

[18]廉颇：战国时赵国的大将，善用兵，晚年被黜奔赴魏国。秦攻赵时，赵王想再起用他，派使者探望，但廉颇的仇人郭开贿赂了使者，使者回赵后就捏造说廉颇虽老，饭量还很大，可是一会工夫就拉了三次屎。赵王听后以为年老无用，终不予召回。

【解读】

此词作于开禧元年（1205 年）。当时，韩侂胄正准备北伐。赋闲已久的辛弃疾于前一年被起用为浙东安抚使，这年春初，又受命知镇江府，出镇江防要地京口（今江苏镇江）。从表面看来，朝廷对他似乎很重视，然而实际上只不过是利用他那主战派元老的招牌而已。辛弃疾到任后，一方面积极布防；另一方面，他又清楚地意识到政治斗争的险恶，自身处境的艰难，深感很难有所作为。时局唤起了他恢复中原的豪情壮志，但他又对独揽朝政的韩侂胄轻敌冒进之举感到忧心忡忡。这种老成谋国、深思熟虑的情怀矛盾交织复杂的心理状态，在这首篇幅不大的作品里充分地表现出来，成为稼轩词中第一的名篇，被后人推为"压卷之作"。这当然首先决定于作品深厚的思想内容，但同时也因为它代表了辛词在语言艺术上特殊的成就，即将典故运用得恰到好处。词人通过一连串典故的暗示和启发作用，丰富了作品的形象，深化了作品的主题思想。

词以"京口北固亭怀古"为题。京口是三国时吴主孙权设置的重镇，并一度为都城，也是南朝宋武帝刘裕生长的地方。词人面对锦绣江山，不禁缅怀历史上的英雄人物，这是英雄志士登临远眺时的应有之举，这首词正是从这里着笔的。

孙权以区区江东之地，抗衡曹魏，开疆拓土，形成了三国鼎峙之势。尽管斗转星移，沧桑屡变，歌台舞榭，遗迹沧湮，然而他的英雄业绩却是和千古江山相辉映的。刘裕崛起孤寒，以京口为基地，削平了内乱，取代了东晋政权。他曾两度挥戈北伐，收复了黄河以南大片故土。这些振奋人心的历史事实，被形象地概括在"想当年，金戈铁马，气吞万里如虎"三句中。英雄人物留给后人的印象是深刻的，因而"斜阳草树，寻常巷陌"，还能令人们瞻慕追怀。在这里，词人抒的是思古之幽情，写的是现实的感慨。无论是孙权还是刘裕，都是从百战中开创基业的。这和南宋统治者偷安江左、忍耻忘仇的怯懦表现是多么鲜明的对照！

如果说，词的上片借古意以抒今情还比较轩豁呈露，那么，在下片里，词人通过典故所揭示的历史意义和现实感慨，就更加意深而味隐了。

这首词的下片共有三层意思，层层转折，愈转愈深。被组织在词中的历史人物和事件，血脉动荡，和词人的思想感情融成一片，营造了沉郁顿挫的风格、深宏博大的意境。

"元嘉草草"三句用古事影射现实，尖锐地提出一个历史教训。这是第一层。

史称南朝宋文帝刘义隆"自践位以来，有恢复河南之志"（《资治通鉴·宋纪》）。他曾三次北伐，都没有成功，特别是元嘉二十七年（450年）的最后一次北伐，败得更惨。用兵之前，他听取彭城太守王玄谟陈北伐之策，非常激动地说："闻王玄谟陈说，使人有封狼居胥意。"（《宋书·王玄谟传》）《史记·卫将军骠骑列传》载，卫青、霍去病各统大军分道出塞与匈奴战，皆大胜，霍去病于是"封狼居胥山，禅于姑衍"。封、禅，谓积土为坛于山上，祭天曰封，祭地曰禅，报天地之功，为战胜也。"有封狼居胥意"谓有北伐必胜的信心。对此南北双方的军事实力，北方也并不占优势。倘能妥为筹划，虑而后动，虽未必能成混一之功，然而收复一部分河南旧地，则是完全可能的。无如宋文帝急于事功，头脑发热，听不进老臣宿将的意见，轻启兵端。结果不仅没有得到预期的胜利，反而招致元魏拓跋焘大举南侵，弄得两淮残破，胡马饮江，国势一蹶而不振了。这一历史事实，对当时现实所提供的借鉴之意，是发人深省的。辛弃疾是在语重心长地告诫南宋朝廷：要慎重啊！你看，元嘉北伐，由于草草从事，"封狼居胥"的壮举，只落得"仓皇北顾"的哀愁。想到这里，稼轩不禁抚今追昔，感慨万端。随着作者思绪的剧烈波动，词意不断深化，而转入了第二层。

词人是在四十三年前，即绍兴三十二年(1162 年)率众南归的。正如他在《鹧鸪天》一词中所说的那样："壮岁旌旗拥万夫，锦襜突骑渡江初。燕兵夜娖银胡䩞，汉箭朝飞金仆姑。"①那沸腾的战斗岁月，是他英雄事业的开始。当时，宋军在采石矶击破南犯的金兵，完颜亮为部下所杀，人心振奋，北方义军纷起，动摇了女真贵族在中原的统治，形势是大有可为的。刚即位的宋孝宗也颇有恢复之志，起用主战派首领张浚，积极进行北伐。可是符离败退后，他就坚持不下去了，于是主和派重新得势，再一次与金国通使议和。从此，南北方就进入了一个相对稳定的对峙状态，而辛弃疾的平生抱负也就无从施展，只能感叹"却将万字平戎策，换得东家种树书!"②时机是难得而易失的。四十多年后，重新经营恢复中原的事业，民心士气都和四十多年前有所不同，且要困难得多。"烽火扬州"和"佛狸祠下"的今昔对照所展示的历史图景，正唱出了稼轩四顾苍茫，百感交集，不堪回首忆当年的感慨心声。

"佛狸祠下，一片神鸦社鼓"两句用意是什么呢？佛狸祠在长江北岸今江苏的瓜步山上。元魏太武帝拓跋焘曾在瓜步山上建行宫，后来此处成为一座庙宇。拓跋焘小字佛狸，当时流传有"虏马饮江水，佛狸明年死"的童谣，所以民间把它叫作佛狸祠。这所庙宇在南宋时犹存。词中提到的佛狸祠，似乎和元魏南侵有关，所以引起了理解上的种种歧义。其实这里的"神鸦社鼓"，也就是苏轼《浣溪沙》词里所描绘的"老幼扶携收麦社，乌鸢翔舞赛神村"③的情景，是迎神赛会的生活场景。在古代，迎神赛会是普遍流行的民间风俗，和农村生产劳动是紧密联系着的。农民终年日出而作，日落而息，他们祈晴祈雨，以及表达种种生活愿望都离不开神。他们在社日迎神赛会，歌舞作乐，一方面酬神娱神，另一方面欢聚一番。在农民看来，只要是神，就会管生产和生活中的事，就会给他们以福佑。有庙宇的地方，就会有"神鸦社鼓"的祭祀活动。至于这一座庙宇供奉的是什么神，对农民说来，是无关宏旨的。佛狸祠下迎神赛会的人们也是一样，他们只把佛狸当作神祇来奉祀，而决不会审查这神的来历，更不会将之与一千多年前的史事联系起来。因而，"神鸦社鼓"所表现的只不过是农村生活的一种环境气氛而已，正不必凿之使深。然而辛弃疾在词里摄取佛狸祠这一特写镜头，则是有其深刻寓意；它和上文的"烽火扬州"有着内在的联系，都是从"可堪回首"这句话里生发出来的。四十多年前，完颜亮曾以扬州作为渡江基地，也曾驻扎在佛狸祠所在的瓜步山上，严

---

① 邓广铭：《稼轩词编年笺注》，483 页，上海，上海古籍出版社，1993。

② 邓广铭：《稼轩词编年笺注》，483 页，上海，上海古籍出版社，1993。

③ 邹同庆、王宗堂：《苏轼词编年校注》，232 页，北京，中华书局，2002。

督金兵抢渡长江。以古喻今，佛狸很自然地就成了完颜亮的影子。稼轩曾不止一次地以佛狸影射完颜亮，如《水调歌头》词中说："落日塞尘起，胡骑猎清秋。汉家组练十万，列舰耸层楼。谁道投鞭飞渡，忆昔鸣髇血污，风雨佛狸愁。"①词中的佛狸，指的就是完颜亮，这正好可作为这首词的注脚。佛狸祠在这里是象征南侵者所留下的痕迹。四十多年过去了，当年扬州一带烽火漫天，瓜步山也留下了战争的痕迹，而今佛狸祠下却是神鸦社鼓，一片安宁祥和景象。令辛弃疾感到不堪回首的是，隆兴和议以来，朝廷苟且偷安，放弃了多少北伐抗金的好时机，自己南归四十多年，恢复中原的壮志无从实现。在这里，深沉的时代悲哀和个人身世的感慨交织在了一起。

那么，辛弃疾是不是就认为良机已经错失，事情已经无法挽救了呢？当然不是这样。对于这次北伐，他是赞成的，但他认为必须做好准备工作，而准备是否充分，关键在于举措是否得宜，在于任用什么样的人主持其事。他曾向朝廷建议，应当把用兵大计委托给元老重臣，他自己也愿意挑起这副重担；然而事情并不是他所想象的那样，于是他就发出"凭谁问廉颇老矣，尚能饭否"的慨叹。

只要读过《史记》的人，都会很自然地把"一饭斗米，肉十斤，披甲上马"的老将廉颇，和"精神此老健如虎，红颊白须双眼青"（刘过《呈稼轩》）的辛弃疾联系起来。辛弃疾借古人写自己，形象是多么饱满、鲜明，比拟是多么贴切、逼真！不仅如此，辛弃疾选用这一典故还有更深刻的用意，这就是他把个人的政治遭遇放在当时宋、金矛盾以及南宋统治集团的内部矛盾的焦点上来抒写自己的感慨，赋予词中的形象以更丰富的内涵，从而深化了词的主题。这可以从下列两方面来体会。

首先，廉颇是一位"以勇气闻于诸侯"的猛将，在秦赵长期相持的斗争中，他能攻能守，猛勇而不孟浪，持重而非畏缩，令秦国惧服。赵王之所以"思复得廉颇"，也是因为"数困于秦兵"，在欲抗击强秦的情况下，才这样做的。因此，廉颇的用舍行藏，关系到赵秦抗争的局势及赵国的国运，其实这不仅仅是廉颇个人升沉得失的问题。其次，廉颇此次之所以终于没有被赵王起用，是因为他的仇人郭开使阴谋诡计蒙蔽了赵王。廉颇个人的遭遇，正反映了当时赵国统治集团内部的矛盾和斗争。我们将这一典故所揭示的历史意义与词人的身世遭遇相结合，特别是他在被韩侂胄一脚踢开、落职南归时所发出的"郑贾正应求死鼠，叶公岂是好真龙"②的慨叹，再回过头来体会他作此词时的处境和心情，就会更深刻地理解他的忧愤之深广，也会惊叹于他用典的出神入化了。

岳珂在《桯史》中说，在他提出《永遇乐》一词"用事多"之后，辛弃疾大喜，辛弃疾在席间说："夫君实中予痼。"此后，辛弃疾"昧改其语，日数十易，累月犹未竟"。③

---

① 邓广铭：《稼轩词编年笺注》，58 页，上海，上海古籍出版社，1993。

② 邓广铭：《稼轩词编年笺注》，556 页，上海，上海古籍出版社，1993。

③ [宋]岳珂：《桯史》，89 页，西安，三秦出版社，2004。

辛弃疾这样一位语言艺术大师，为什么会想改却改动不了呢？因为这首词用典虽多，但时地、史实、人物、心境均能浑融一体，经词人重新敞显、化解、编组、整合后大成包举的审美意境。这首词含蓄深婉，沉郁激壮，尽述幽情苦绪，而这一切不是直接叙述和描写所能达到的。因此，这首词用典多正体现了辛弃疾在语言艺术上的特殊成就。

三、阅读思考

1. 试比较苏轼与辛弃疾豪放词的异同。

2. 除刚柔相济之外，亦庄亦谐也是稼轩词的独特之处。请试着举几首辛弃疾的谐谑词，分析它们的特点及开拓之处。

3. 辛弃疾对词境的开拓，一方面表现为在红粉佳人、失意文士和苦闷志士三类抒情主人公之外又拓展出一类气势豪迈的英雄形象；另一方面表现为对农村田园生活和隐逸情趣的描绘。请试着举出几首讴歌自然山水、描绘农村劳动生活的辛词，并加以分析。

四、拓展阅读

1. 邓广铭：《稼轩词编年笺注》，上海，上海古籍出版社，1993。

2. 徐汉明：《稼轩词版本简介》，载《齐鲁学刊》，1986(4)。

3. 陶尔夫、刘敬圻：《南宋词史》，哈尔滨，黑龙江人民出版社，1992。

第十节　《唐宋八大家文钞》

一、常识举要

(一)《唐宋八大家文钞》

唐宋八大家，又称唐宋散文八大家，是对唐宋时期散文(古文)创作成就卓越的八位文学家的合称。这八位文学家分别是：唐代的韩愈、柳宗元，宋代的欧阳修、苏洵、苏轼、苏辙、王安石、曾巩。南宋以降，从吕祖谦的《古文关键》到谢枋得的《文章轨范》、朱右的《唐宋六家文衡》、唐顺之的《文编》和《六家文略》，集八家之文的趋势越来越明显。"唐宋八大家"最终定名于茅坤《唐宋八大家文钞》。

南宋吕祖谦编选了《古文关键》，选取韩愈、柳宗元、欧阳修、"三苏"、曾巩、张耒八家的文章，共 62 篇，为士子的学习范本，明确地将韩愈、欧阳修、"三苏"等人作为一个文学流派对待，已初具八大家框架雏形。虽然文选未收录王安石作品，但在评论中提到了王安石的散文创作。

元代吴澄作《别赵子昂序》，第一次提出了"唐宋七子"的概念："今西汉之文最近古，历八代浸弊，得唐韩、柳氏而古；至五代复敝，得宋欧阳氏而古。嗣欧而兴，惟王、曾、二苏为卓卓。之七子者，于圣贤之道未知其何如，然皆不为气所变化者也。"又在《题何太虚近藁后》中说："唐宋盛时，号为追踪先汉，而仅见韩、柳、欧阳、曾、王、二苏七人焉。"①吴澄推崇"唐宋七子"的文学成就和历史地位，第一次从整体上认识和把握了八家之贡献，使"唐宋八大家"这一代表唐宋散文作家的整体概念得以形成。

明初朱右的《唐宋六家文衡》用王安石之文替代张耒之文，把"三苏"合为一家，第一次将八人的作品合编在了一起。但是该书久佚不传，影响不大。

明代嘉靖年间，唐顺之辑《文编》64 卷，收入先秦、魏晋、唐宋历代散文。其中，唐宋部分专选韩、柳、欧、"三苏"、王、曾八人的文章。这无疑又强化了"八大家"在唐宋古文创作中的地位。此外，隆庆元年（1567 年），陆粲编成《唐宋四大家文钞》8 卷，即韩、柳、欧、苏四家。

茅坤最为推崇唐顺之，在其《文编》的基础上，编成了《唐宋八大家文钞》，"唐宋八大家"之称由此诞生。茅坤的这个选本影响很大、流传极广。《明史·茅坤传》有言："其书盛行海内，乡里小生无不知茅鹿门者。"②八大家在中国古代散文中的正统地位随着《唐宋八大家文钞》的流传而最终确立。

茅坤（1512—1601 年），明代散文家，字顺甫，号鹿门，归安（今浙江湖州）人。嘉靖进士，官至大名兵备副使。茅坤文武兼长，雅好书法，是唐宋派代表人物，《明史·文苑传》有本传。《唐宋八大家文钞》是一部集中体现唐宋派文学理论、并给学习古文的人提供范例的文章选集。全书 164 卷，共收文 1313 篇。其中，收入韩愈文 16 卷 173 篇、柳宗元文 12 卷 131 篇、欧阳修文 32 卷 280 篇、苏洵文 10 卷 60 篇、苏轼文 28 卷 229 篇、苏辙文 20 卷 156 篇、曾巩文 10 卷 87 篇、王安石文 16 卷 197 篇，另附五代史钞 20 卷。《唐宋八大家文钞》以作家作为基本的编选体例，各个作家之下再以文体分类，每一作家前都有一篇引文，即对作家的总体评价，具体每篇文章之首又大多有茅坤的评点，或是唐顺之、王慎中的评语。

明代中期，以李梦阳等人为代表的前七子提出了"文必秦汉，诗必盛唐""西京而后，作者勿论矣""文自西京、诗自天宝而下，俱无足观"这样的观点。面对这种风气，唐顺之、茅坤等人则大力提倡唐宋古文。《唐宋八大家文钞》正是在这样的背景下问世的。该选本不但表现了茅坤对中国散文发展的历史眼光，而且为当时及此后散文创作提供了明确的创作范例。它对作家的选择精准，若论散文创作能反映时代生活、表现唐宋两代整体成就者，"八大家"无可替代；它对作品的选择充实，选文的篇目相当之多，迄今为止在散文选本中，还没有一部在数量上超过这部《唐宋八大家文钞》；它的选文样式全，所选的作品，除一般抒情记事的艺术性文章外，还包括奏议、书状、志铭、制文等政治性、实用性文章，这符合我国

① 李修生：《全元文》第 4 册，93、533 页，南京，江苏古籍出版社，1999。
② ［清］张廷玉等：《明史》，7375 页，北京，中华书局，1974。

传统散文即"大散文"范畴,对于了解我国散文最发达时期的各种体式的文章大有裨益。这部书,明清时也曾有人对其中的缺失提出批评,如王夫之、黄宗羲、纪昀等人。但纪昀于《四库全书总目提要》的一段评语是比较公允的:"然八家全集浩博,学者遍读为难,书肆选本又漏略过甚,坤所选录尚得烦简之中。集中评语虽所见未深,而亦足为初学之门径。一二百年以来,家弦户诵,固亦有由矣。"①

万历七年(1579年)仲春,茅坤编成《唐宋八大家文钞》并于杭州初刻刊行,其侄茅一桂负责校勘,外甥顾尔行题辞,史称"茅一桂本"(亦称"虎林本"),卷首有总序、论例,各家文章前有小引和本传,题"归安鹿门茅坤批评",《欧阳文忠公文钞》后未附《五代史钞》和《新唐书》。初刊本行世近五十年后,崇祯元年(1628年),山东学政方应祥主持、杭州小筑社校勘并刊印,再次出版了《唐宋八大家文钞》,史称"方应祥刻本"。该本在《欧阳文忠公文钞》之后附《五代史钞》20卷、《新唐书》2卷,全书共166卷。崇祯四年(1631年),茅坤之孙茅著以其茅氏正宗身份精校茅坤原稿,并由苏州金阊拥万堂梓印。茅著刻本题"归安鹿门茅坤批评,孙男暗叔著重订"并有茅著《文钞跋》云:"虎林本行世既久,不无模糊……虽读父书,希绍祖业,用是与舅氏吴毓醇重加考较,精于杀青。"末署:"岁在辛未仲秋之望……跋于虎丘之卧石轩。"②此刻本在清代被誉为"通行本",奠定了茅坤《唐宋八大家文钞》在唐宋古文选本中的经典地位。进入清代,"茅著本"被不断地翻刻,先后有康熙四十二年(1703年)、康熙四十五年(1706年)云林大盛堂刻本以及清中后期出现的安徽聚文堂刻本。与此同时,从清初开始,还出现了各种批点本。如祁班孙批点本,康雍年间卢文弨过录、卢元昌批校本,丁丙跋本,邵章录、方苞评点本等。

(二)韩愈

韩愈(768—824年),字退之,河阳(今河南孟州南)人。自谓郡望昌黎,世称"韩昌黎"。韩愈官终吏部侍郎,因称韩吏部,是唐代历史上著名的思想家、政治家、文学家。

韩愈出身于官宦之家。《新唐书》载:"父仲卿,为武昌令,有美政,既去,县人刻石颂德。终秘书郎。"韩愈出生未满两月即丧母,三岁丧父,由长兄韩会和长嫂郑氏抚养长大。大历九年(774年),韩会在京城谋得官职,韩愈便随兄嫂到达长安。三年后,韩会被贬韶州(今广东韶关市)任刺史,韩愈又随兄嫂到了韶州。大历十四年(779年),韩会在韶州病故,韩愈随长嫂护丧回到家乡河阳。不久,藩镇于中原作乱,长安失陷,德宗逃奔奉天(今陕西省乾县),中原战火连天,人民流离失所,韩愈随全家于宣城避难。此后,韩愈于宣城专心致志地读书、习文。《新唐书》言:"愈自知读书,日记数千百言,比长,尽能通六经、百家学。"③韩愈

---

① [清]永瑢等:《四库全书总目》,1719页,北京,中华书局,2003。
② [明]茅坤:《唐宋八大家文钞》第10册,4、5、7页,合肥,黄山书社,2010。
③ [宋]欧阳修、宋祁:《新唐书》,5255页,北京,中华书局,1975。

七岁始读书，十三岁能文，但其少年时期的习作已不可见，唯有一首《芍药歌》（又名《王司马宅红药歌》）可能是少年韩愈所作，语句清新，意境优美，显示出韩愈已初具文学才能。

贞元二年（786年），韩愈离开宣城，只身入京。历经四次科举，于贞元八年（792年）进士及第。之后连续三次参加吏部主持的博学宏词科考试都失败了。无奈之下，韩愈又连续三次向当朝的宰相上书求荐，结果都是泥牛入海，杳无音信。贞元十二年（796年），韩愈被董晋召至汴州（今河南省开封市）任观察推官。三年后，韩愈又到达徐州，在徐泗、濠州节度使张建封幕府任节度推官。

贞元十七年（801年），韩愈回到长安参加调选，秋末，选任国子监四门博士。这个官职品级不高，俸禄微薄，韩愈家庭负担又极重，所以生活非常贫寒。但任职期间，韩愈广授门徒，写出了流传千古的名篇《师说》。还写下了《答李翊书》，阐述自己把古文运动和儒学复古运动紧密结合在一起的主张，这篇文章被看作韩愈发起开展古文运动的代表作。贞元十九年（803年），韩愈通过工部尚书兼京兆尹李实的推荐迁任监察御史，与柳宗元、刘禹锡、张署、李方叔同官。韩、柳、刘三人以文章交友，关系密切。不久因上疏论关中天旱人饥，请宽民徭役、除民赋税而触怒权贵（尤其触怒了曾引荐过他的恩人李实），被贬为连州阳山（今广东省阳山县）县令。此间，韩愈刻苦学习，不断反省自己，"书山有路勤为径，学海无涯苦作舟"就是他的治学名联。一大批青年学子慕名投奔韩愈门下，韩愈与他们吟诗论道，诗文著作颇丰。元和元年（806年），韩愈被召回长安，历经宦海浮沉的他直到年近五旬时，被任命为中书舍人。后由于和宰相李逢吉、韦贯之政见不合，韩愈被降为太子右庶子。

元和十二年（817年），朝廷任命当时的宰相裴度为淮西宣慰招讨处置使，任命韩愈为行军司马，随军出征。一向任职文官的韩愈之所以可以得到这样一个官职，是因为他在宪宗武力平定淮西节度使吴元济的战争陷入僵局时，给宪宗上了《论淮西事宜状》，展现了极高的政治和军事才能。林云铭在《韩文起》中，对于韩愈这个奏章评论说："可谓料敌如神，非文士纸上谈兵套语。"[1]淮西平叛取得了辉煌战果，韩愈因表现出色，被升为刑部侍郎，位居四品。

元和十四年（819年），唐宪宗要迎佛指骨舍利入宫供奉，祈求国泰民安和长生不老。韩愈上《论佛骨表》反对，情绪激烈，言辞刻薄。唐宪宗震怒，贬韩愈至潮州（今广东潮安区）任刺史。此间，韩愈把中原的文化带到了岭南地区，为当地民众做了许多好事。潮州人为感念韩愈，将笔架山改称韩山，将山下的鳄溪改称韩江。七个月后，韩愈被赦，迁任江西袁州刺史。元和十五年（820年），韩愈被召回京，此后至长庆四年（824年），先后担任了国子监祭酒、兵部侍郎、礼部侍郎、京兆尹兼御史大夫等重要职务。尤其值得称许的是，长庆二年（822年），镇

---

① ［清］林云铭：《韩文起》，120页，上海，华东师范大学出版社，2013。

州兵乱，杀田弘正，立王廷凑，官兵招讨无功。韩愈"单刀赴会"，前往宣抚，不动一兵一卒，就说服了王廷凑，显示出了卓越的战略才能和军事、外交手段。长庆四年(824 年)，韩愈在长安去世，谥号"文"，被称为韩文公。宋神宗元丰七年(1084 年)韩愈被追封为"昌黎伯"，配享庙祀。

纵观韩愈的一生，他幼年孤苦，少年漂泊，壮年及至老年都仕途坎坷。苏轼在《潮州韩文公庙碑》中评价说："文起八代之衰，而道济天下之溺，忠犯人主之怒，而勇夺三军之帅。"①这可谓精准地概括了韩愈的生平。

韩愈享有崇高的文学史地位，是主宰中唐文坛的一代盟主。

在诗歌方面，韩愈与孟郊创立了"韩孟诗派"，该流派提出"不平则鸣"和"笔补造化"的文学主张，崇尚雄奇怪异的美学风格，从而突破了过于重视人伦道德和温柔敦厚的传统诗教，由重诗的社会功能转向重诗的抒情特质、重创作主体内心的展露和艺术创造力的发挥，在诗歌理论史上具有开创之功。就个体创作而言，韩愈一生创作诗歌 400 余首，他继承了李白诗的自由豪放的风格和杜甫诗的"语不惊人死不休"的艺术传统，既宣扬雄大壮阔的盛唐气象，又独辟"以文为诗"的艺术路径，形成了奇崛险怪为主要特色的诗歌风格。

在散文方面，韩愈是唐代古文运动的倡导者，与柳宗元并称"韩柳"，主张"文以明道"。韩愈的散文在内容上理直情切，在形式上丰富多样，在结构上纵横捭阖，在手法上铺陈排比、巧譬善喻，在语言上主张"陈言务去""文从字顺"，形成了雄奇爽健、气势磅礴的总体艺术风格。皇甫湜的《谕业》说："如长江秋注，千里一道，冲飚激浪，瀚流不滞。"②苏洵的《上欧阳内翰书》说："韩子之文，如长江大河，浑浩流转，鱼鼋蛟龙，万怪惶惑。"③这都是对韩文情感丰沛、气势恢宏的概括。

应该说，无论是在思想史上还是文学史上，韩愈散文都具有里程碑的意义。在思想上开宋明"新儒学"的先河；在创作上实现了文体、文风和文学语言的巨大变革。特别是在散文的发展史上，他以明晰的理论、卓越的实践，领导一代风气，在丰富和完善散文文体、发展散文艺术、锤炼散文语言和表现技巧等方面均做出了巨大贡献，其作品更成为散文写作的典范，韩愈素有"文章巨公"和"一代文宗"之名，位列唐宋八大家之首。晚唐杜牧说"杜诗韩笔"，更是把韩愈跟杜甫并列，视为唐代文学的代表人物。

关于韩愈的成就，陈寅恪的鸿文《论韩愈》总结为六点："建立道统证明传授之渊源""直指人伦，扫除章句之繁琐""排斥佛老，匡救政俗之弊害""呵诋释迦，申明夷夏之大防""改进文体，广收宣传之效用""奖掖后进，期望学说之流传"。④ 可

① [宋]苏轼：《苏轼文集》，509 页，北京，中华书局，1986。
② [清]董诰等：《全唐文》，7035 页，北京，中华书局，1983。
③ 曾枣庄、金成礼：《嘉祐集笺注》，328 页，上海，上海古籍出版社，1993。
④ 陈寅恪：《论韩愈》，载《历史研究》，1954(2)。

见韩愈在哲学、伦理、宗教、文学等诸多领域多有建树，有开拓创新、补偏救弊之功。所以我们说，韩愈是中国文化思想史上颇有代表性的人物。

（三）欧阳修

欧阳修（1007—1072 年），字永叔，吉州吉水（今属江西）人。他出身于一个小官吏家庭，四岁丧父，生活贫困，与母亲郑氏相依为命。郑氏是受过教育的大家闺秀，在沙地上教欧阳修读书写字，还常对欧阳修讲述其父亲生前廉洁仁慈的事迹。

天圣八年（1030 年），欧阳修进士及第，后与梅尧臣、尹洙结为至交，时常切磋诗文。在钱惟演的支持和庇护下，欧阳修等一批青年才子获得了宽松的创作空间，他们凭借自己丰富的学识，以效法先秦两汉的古人为手段，力图打破当时陈腐的文风，推行古文，留下了许多千古名篇。

景祐元年（1034 年），欧阳修被召试学士院，授任宣德郎，回京做了馆阁校勘，参与编修《崇文总目》。景祐三年（1036 年），与欧阳修交往颇深的范仲淹着手呼吁改革，他把社会问题归咎为腐败；而欧阳修看得更深刻，认为冗官冗员才是根本问题。最终，范仲淹的改革冒犯了既得利益者，受到打击，被贬饶州。欧阳修作为范仲淹一派也受牵连，被贬为夷陵（今湖北宜昌）县令。

康定元年（1040 年），欧阳修被召回京，复任馆阁校勘，编修《崇文总目》，后知谏院。庆历三年（1043 年），任右正言、知制诰。范仲淹、韩琦、富弼等人推行"庆历新政"，欧阳修参与革新，成为革新派干将，提出改革吏治、军事、贡举法等主张。但在守旧派的阻挠下，新政又遭失败。庆历五年（1045 年），范、韩、富等人相继被贬，欧阳修上书分辩，因被贬为滁州（今安徽滁州）太守。后又改任扬州、颍州（今安徽阜阳）知州。

皇祐元年（1049 年），欧阳修回朝，先后任翰林学士、史馆修撰等职。至和元年（1054 年）八月，欧阳修又遭受诬陷被贬。命令刚刚下达，宋仁宗就后悔了，等欧阳修上朝辞行的时候，皇帝亲口挽留欧阳修留下来修《唐书》。就这样，欧阳修做了翰林学士，开始修撰史书。与宋祁同修《新唐书》，又自修《五代史记》，即《新五代史》。

嘉祐二年（1057 年）二月，欧阳修做了礼部贡举的主考官，以翰林学士身份主持进士考试，他提倡平实文风，录取了苏轼、苏辙、曾巩等人，对北宋文风转变有很大影响。嘉祐三年（1058 年）六月，欧阳修以翰林学士身份兼龙图阁学士权知开封府。嘉祐五年（1060 年），欧阳修拜枢密副使，次年任参知政事，后又相继任刑部尚书、兵部尚书等职。宋英宗治平二年（1065 年），欧阳修上表请求外任，被获不准。此后两三年间，欧阳修因被蒋之奇等诬谤，多次辞职，都未得允准。

熙宁二年（1069 年），王安石实行新法。欧阳修对青苗法有所批评，且未执行。熙宁三年（1070 年），除任检校太保、宣徽南院使等职，坚辞不受，改知蔡州（今河南汝南县）。此年改号"六一居士"。熙宁四年（1071 年）六月，以太子少师的身份致仕,居颍州(今安徽阜阳)。

熙宁五年(1072 年),欧阳修在家中逝世。八月,获赠太子太师。熙宁七年(1074 年)八月,获赐谥号"文忠"。

在宋代文学史上,最早开创一代文风的文坛领袖是欧阳修。

欧阳修博学多才,诗文创作和学术著述都成就卓著,又是一代名臣,政治上声望很高。以这双重身份入主文坛的欧阳修,团结同道,汲引后进,在当时的著名文学家中,尹洙、梅尧臣、苏舜钦是他的密友;苏洵、王安石受到他的引荐;苏轼、苏辙、曾巩是他一手提拔的后起之秀。另外,他在反对西昆体的同时,还利用科举取士打击怪异文风。在欧阳修的多方面努力下,北宋文风获得极大改观。

欧阳修在青年时代就提倡并从事古文创作,一直到晚年,四十余载孜孜不倦。在理论上,他主张"重道充文",对文与道的关系持有新的观点。首先,欧阳修认为儒家之道是与现实生活密切相关的,即"而其事乃世人之甚易知而近者,盖切于事实而已",反对"巧其词以为华,张其言以为大"的错误倾向。① 其次,欧阳修主张文道并重,还认为文具有独立的性质。这种文道并重的思想有两重意义:一是把文学看得与道同样重要,二是把文学的艺术形式看得与思想内容同样重要,这无疑大大地提高了文学的地位。柳开等人以韩愈相号召,主要着眼于其道统,而欧阳修却重于继承韩愈的文学传统。

欧阳修反对模拟古人,主张自然。他自幼喜爱韩、柳之文,后来写作古文也以韩、柳为学习典范,但他并不盲目崇古,他所取法的是韩、柳古文之文从字顺的一面,对韩、柳古文已露端倪的奇险深奥倾向则弃而不取。同时,欧阳修对骈体文的艺术成就并不一概否定,对杨亿等人"雄文博学,笔力有余"也颇为赞赏。

这样,欧阳修在理论上既纠正了柳开、石介的偏颇,又矫正了韩、柳古文的某些缺点,从而为北宋的诗文革新建立了正确的指导思想,也为宋代古文的发展开辟了广阔的前景。

欧阳修的散文创作诸体俱备,内容充实,形式多样。

他的政论文多直接为现实政治服务,阐述作者的政治观点与支持改革的鲜明政治立场。如其早年所作的《与高司谏书》,揭露、批评了高若讷在政治上见风使舵的卑劣行为,是非分明,义正词严,充满着政治激情。又如庆历年间所作的《朋党论》,针对保守势力诬蔑范仲淹等人结为朋党的言论,旗帜鲜明地提出"小人无朋,唯君子则有之"的论点,有力地驳斥了政敌的谬论,显示了革新者的凛然正气和过人胆识。这一类文章具有积极的实质性内容,是古文的实际功用和艺术价值有机结合的典范。

他的史论文总结历史经验教训,作为现实的借鉴,在就史论事、褒贬善恶中,寄寓着作者对国家命运的关切,表达了作者对历史、人生的深刻思考。如《五代

① 洪本健:《欧阳修诗文集校笺》,1760、1849 页,上海,上海古籍出版社,2009。

史》中的一些序论，对五代的历史教训进行总结，并鲜明地表达了褒贬态度，以及国家兴亡在于人事而非天命的历史观。又如他为友人文集所作的序言，不但对友人的文学业绩进行了评述，而且抒发了对死生离合、盛衰成败的人生遭际的感慨，绝非为文而文之作。

他的记叙文取材广泛，叙事委婉，文情并茂，从多方面表现了作者的情感、见解、襟怀。如《醉翁亭记》表达了寄情山水、与民同乐的怡然之情；《丰乐亭记》对滁州的历史故事、地理环境乃至风土人情都做了细致的描写，寄托了作者政简刑轻的理想；又如《泷冈阡表》追忆父母的嘉言懿行，细节描写细腻逼真，栩栩如生，这种效果不是虚言所能达到的。

欧阳修的笔记，如《归田录》，文字简练，叙事写人生动传神，是宋代笔记文体中较早的一部。《六一诗话》谈诗论艺，形式自由，近于随笔，这一文艺批评的新形式，对宋代诗话有直接影响。

欧阳修的散文有很强的感情色彩，他的政论文慷慨陈词，感情激越；史论文则低回往复，感慨淋漓；其他散文更加注重抒情，哀乐由衷，情文并至。如《释秘演诗集序》，寥寥数笔，释秘演、石曼卿两位奇士豪宕磊落的性情和落拓不偶的遭际已跃然纸上，而欧阳修对两人的敬重惋惜之情以及对时光流逝、人事变迁的感慨也洋溢于字里行间，感人至深。在欧阳修笔下，散文的实用性质和审美性质得到了充分的显示，散文的叙事、议论、抒情三种功能也得到了高度融合。

欧阳修对散文文体的发展也做出了很大的贡献。他的作品体裁多样，各得其宜。除了古文之外，辞赋和四六也是他擅长的文体。首先，欧阳修对前代的骈赋、律赋进行了改造，去除了排偶、限韵的两重规定，改以单笔散体作赋，创造了文赋。其名作如《秋声赋》，既部分保留了骈赋、律赋的铺陈排比、骈词俪句及设为问答的形式特征，又呈现出活泼流动的散体倾向，且增强了赋体的抒情意味。欧阳修的成功尝试，对文赋形式的确立具有里程碑的意义。其次，欧阳修对四六体也进行了革新。宋初的四六皆沿袭唐人旧制，西昆诸子更是严格遵守李商隐等人的"三十六体"。欧阳修虽也遵守旧制用四六体来写公牍文书，但他常参用散体单行之古文笔法，且少用故事成语，不求对偶工切，从而给这种骈四俪六的文体注入了新的活力，他的《上随州钱相公启》《蔡州乞致仕第二表》等堪称佳作。

欧阳修散文的语言简洁流畅，文气纡徐委婉，创造了一种平易自然的新风格，在韩文的雄肆、柳文的峻切之外别开生面。如《醉翁亭记》的开头一段，语言平易晓畅，既简洁凝练又圆融轻快，毫无滞涩窘迫之感。深沉的感慨和精当的议论都出之以委婉含蓄的语气，娓娓而谈，纡徐有致。这种平易近人的文风显然更容易为读者所接受，所以具有广阔的发展前景，其后宋代散文的发展历程就证明了这一点。

欧阳修散文创作的高度成就与其正确的古文理论相辅相成，从而开创了一代文风，在宋代有"今之韩愈"的美誉。

与晏殊词相比，欧阳修虽然也主要是走五代词人的老路，但新变的成分要多些。尽管他仅是以余力作词，固守着词传统的创作观念，但作为开创风气的一代文宗，他对词作也有所革新。这主要体现在两个方面：一是扩大了词的抒情功能，沿着李煜词所开辟的方向，进一步用词抒发自我的人生感受；二是改变了词的审美趣味，朝着通俗化的方向开拓，而与柳永词相互呼应。

欧阳修一生宦海浮沉，曾三遭贬谪，仕途不像晏殊那么顺利，对人生命运的变幻和官场的艰险有较深的体验。表现这类情感的词作虽然不太多，但毕竟显示出一种新的创作方向，即词既可以写传统的类型化的相思恨别，也能够用以抒发作者自我独特的人生体验和心态。他的名作《朝中措》(平山栏槛倚晴空)更展现出他潇洒旷达的风神个性。这种乐观旷达的人生态度和用词来表现自我情怀的创作方式对后来的苏轼有着直接的影响。

欧阳修在政治生活中，刚劲正直，见义勇为，他的诗文和部分"雅词"表现出其性格中的这个侧面。而他的日常私生活，尤其是年轻时的生活，则颇风流放任。因而也写了一些带"世俗之气"的艳词，其中有的比较庸俗，另一些内容和情调则比较健康，如《南歌子》(凤髻金泥带)、《玉楼春》(夜来枕上争闲事)。此类词作，体现出一种与五代词追求语言富丽华美的贵族化倾向相异的审美趣味，而接近市民大众的审美情趣。

欧阳修词朝通俗化方向开拓的另一表现是，他借鉴和吸取了民歌的"定格联章"等表现手法，创作了两套分咏十二月节气的《渔家傲》"鼓子词"，这对后来苏轼用联章组词的方式来抒情记事颇有影响；而另外两首《渔家傲》，即《渔家傲》(花底忽闻敲两桨)和《渔家傲》(荷叶田田青照水)，分别写采莲女的浪漫欢乐和爱情苦恼，格调清新，具有民歌风味。在宋代词史上，欧阳修是主动向民歌学习的第一人，由此也造就了其词清新明畅的艺术风格，歌咏颍州西湖的《采桑子》就集中体现出这种风格特征。

欧阳修在变革文风的同时，也对诗风进行了革新。他重视韩愈诗歌的特点，并提出了"诗穷而后工"的诗歌理论。相对于西昆诗人的主张，欧阳修的诗论无疑含有重视生活内容的精神。欧阳修诗歌创作正是以扭转西昆体脱离现实的不良倾向为指导思想的，这体现了宋代诗人对矫正晚唐五代诗风的最初自觉。

欧诗中有一些以社会现实为题材的作品，如《食糟民》揭露了种粮的农民只能以酒糟充饥的不合理现实，《边户》描写了宋辽边境地区人民的不幸遭遇。但欧诗更重要的内容则是表现个人的生活经历或抒发个人的情怀，以及对历史题材的吟咏等。由于他的这类诗篇多含有很深的人生感慨，所以与西昆体的同类诗作有本质的区别，如《戏答元珍》(春风疑不到天涯)。

欧诗受韩诗的影响较大，主要体现为以散文手法和议论入诗。然而欧诗并不对古人亦步亦趋，故仍然具有自家面目。欧诗中的议论往往能与叙事、抒情融为一体，所以得韩诗畅尽之致而避免了其枯燥艰涩之失。如《再和明妃曲》，议论精警，又富有情韵。欧诗的散文手法主要不是体现在句法上，而是体现在借鉴散文的叙事手段上，如《书怀感事寄梅圣俞》，叙述宴游经历，平直周详，深得古文之妙。

欧阳修也学李白，主要得益于李诗语言之清新流畅，再加上其本身特有的委婉平易的章法，便形成了流丽婉转的风格，如《春日西湖寄谢法曹歌》，写好友万里相思和少去老来的感慨，时空跨度很大，情绪亦跌宕起落，然而文气仍很婉转，娓娓如诉家常。欧诗的成就不如欧文，但两者的风格倾向是一致的，这种诗风显然是对西昆体诗风的矫正。

除了文学方面的成就之外，欧阳修在其他许多领域也多有建树。

在经学方面，欧阳修研究《春秋》，能不拘守前人之说，有独到见解；金石学为开辟之功，编辑和整理了周代至隋唐的金石器物、铭文碑刻上千，并撰写成《集古录跋尾》，这是今存最早的金石学著作。

在史学方面，欧阳修史学成就较高，除了参加编撰《新唐书》外，又自撰《五代史记》，总结五代的历史经验，意在引为鉴戒。

在书法学方面，欧阳修的书法亦著称于世，其书法受颜真卿影响较深。朱熹说："欧阳公作字如其为文，外若优游，中实刚劲惟观其深者得之。"①

在农学方面，欧阳修曾遍访民间，将洛阳牡丹的栽培历史、种植技术、品种、花期以及赏花习俗等做了详尽的考察和总结，撰写了《洛阳牡丹记》一书，包括《花品序》《花释名》《风俗记》。书中列举牡丹品种 24 种，是历史上第一部具有重要学术价值的牡丹专著。

此外，欧阳修开创了民间家谱学之先河，著有《欧阳氏谱图序》，该文中详细说明了欧阳修先世的迁移图，即其先大禹到越国王族的脉络，也描写了八王之乱后，欧阳氏再度南迁江南，在南方各地族衍发展的历程。

二、原典选读

祭十二郎[1]文
韩 愈

年月日[2]，季父愈闻汝丧之七日，乃能衔哀致诚，使建中远具时羞之奠[3]，告汝十二郎之灵：

呜呼！吾少孤，及长不省所怙，惟兄嫂是依。[4]中年兄殁南方，吾与汝俱幼[5]，从嫂归葬河阳[6]，既又与汝就食江南[7]，零丁孤苦，未尝一日相离也。吾上有三兄[8]，皆不幸早世，承先人后者，在孙惟汝，在子惟吾；两世一身[9]，形单影只。嫂常抚汝指吾而言曰："韩氏两世，惟此而已！"汝时尤小，当不复记忆；吾时虽能记忆，亦未知其言之悲也！

---

① ［宋］朱熹：《朱子全书》第 24 册，3848 页，上海，上海古籍出版社，2002。

吾年十九,始来京城;其后四年,而归视汝。[10]又四年,吾往河阳省坟墓,遇汝从嫂丧来葬。[11]又二年,吾佐董丞相于汴州[12],汝来省吾,止一岁[13],请归取其孥[14]。明年丞相薨,吾去汴州,汝不果来。[15]是年,吾佐戎徐州[16],使取汝者始行,吾又罢去[17],汝又不果来。吾念汝从于东,东亦客也,不可以久;图久远者,莫如西归,将成家而致汝。[18]呜呼,孰谓汝遽去吾而殁乎!吾与汝俱少年,以为虽暂相别,终当久与相处;故舍汝而旅食京师,以求斗斛之禄[19];诚知其如此,虽万乘之公相[20],吾不以一日辍[21]汝而就也!

去年孟东野[22]往,吾书与汝曰:"吾年未四十,而视茫茫[23],而发苍苍,而齿牙动摇。念诸父[24]与诸兄,皆康强而早世,如吾之衰者,其能久存乎!吾不可去,汝不肯来,恐旦暮死,而汝抱无涯之戚也!"孰谓少者殁而长者存,强者夭而病者全乎?呜呼,其信然[25]邪?其梦邪?其传之非其真邪?信也,吾兄之盛德而夭其嗣乎?汝之纯明而不克蒙其泽乎?[26]少者强者而夭殁,长者衰者而存全乎?未可以为信也。梦也,传之非其真也,东野之书,耿兰之报[27],何为而在吾侧也?呜呼!其信然矣,吾兄之盛德而夭其嗣矣!汝之纯明宜业其家者[28]不克蒙其泽矣!所谓天者诚难测,而神者诚难明矣!所谓理者不可推,而寿者不可知矣![29]虽然,吾自今年来,苍苍者或化而为白矣,动摇者或脱而落矣,毛血日益衰,志气日益微,几何不从汝而死也!死而有知,其几何离;其无知,悲不几时,而不悲者无穷期矣![30]汝之子始十岁,吾之子始五岁[31],少而强者不可保,如此孩提者又可冀其成立邪?呜呼哀哉!呜呼哀哉!

汝去年书云:比得软脚病[32],往往而剧。吾曰:是疾也,江南之人常常有之。未始以为忧也。呜呼!其竟以此而殒其生乎?抑别有疾而至斯乎?汝之书六月十七日也;东野云:汝殁以六月二日,耿兰之报无月日。盖东野之使者不知问家人以月日,如耿兰之报不知当言月日,东野与吾书乃问使者,使者妄称以应之耳。其然乎?其不然乎?[33]

今吾使建中祭汝,吊汝之孤与汝之乳母。彼有食可守以待终丧,则待终丧[34]而取以来;如不能守以终丧,则遂取以来[35]。其余奴婢,并令守汝丧。吾力能改葬,终葬汝于先人之兆,然后惟其所愿。[36]呜呼!汝病吾不知时,汝殁吾不知日;生不能相养以共居,殁不得抚汝以尽哀[37],敛[38]不凭其棺,窆[39]不临其穴;吾行负神明而使汝夭,不孝不慈,而不得与汝相养以生,相守以死;一在天之涯,一在地之角,生而影不与吾形相依,死而魂不与吾梦相接:吾实为之,其又何尤[40]?彼苍者天,曷其有极![41]

自今已往,吾其无意于人世矣。当求数顷之田于伊颍[42]之上,以待余年,教吾子与汝子幸其成,长吾女与汝女待其嫁:如此而已。呜呼!言有穷而情不可终,汝其知也邪?其不知也邪?呜呼哀哉!尚飨[43]!

(马其昶校注,马茂元整理:《韩昌黎文集校注》,上海,上海古籍出版社,2014。)

【注释】

[1]十二郎：韩愈的侄子，名韩老成，是韩愈的二哥韩介的儿子，过继给了韩愈的大哥韩会。唐时称年轻的男子为"郎子"。郎，即郎子。韩老成在族中排行第十二，所以称十二郎。

[2]年月日：写祭文的时间。这里的具体时间在拟稿时做了省略。一本作"贞元十九年五月二十六日"。下文记有"六月十七日"韩老成给韩愈写书信的事，则这篇祭文不可能写于同年五月，当是传抄之误。

[3]使建中远具时羞之奠：建中，韩愈的家人。时羞，应时的鲜美食物。奠，这里指祭品。这句话的意思是让建中准备了应时的祭品。

[4]"吾少孤"三句：孤，幼年丧父。怙(hù)，依靠。所怙，指父亲。《新唐书》载："愈生三岁而孤，随伯兄会贬官岭表。会卒，嫂郑鞠之。"

[5]"中年兄殁南方"二句：中年，韩会死时年42岁，故称中年。大历十二年(777年)五月，韩会由起居舍人贬为韶州刺史，不久即死在任所。时韩愈年10岁。

[6]河阳：在今河南孟州市，是韩愈祖坟的所在地。

[7]就食江南：因中原地区战乱不休，韩愈全家移居宣州。

[8]吾上有三兄：吾，我们，即韩愈和韩老成。意谓韩愈自己的两个哥哥和韩老成的哥哥都不幸早逝。另一种解释说，"吾"指韩愈自己，"三兄"指韩愈的哥哥韩会、韩介和一个未及命名而夭折的哥哥。

[9]两世一身：两代都只剩下一个人。

[10]"吾年十九"四句：贞元二年(786年)，韩愈，由宣州至长安，四年间韩愈曾回过宣州一次。

[11]"又四年"三句：韩愈的嫂子郑氏去世后，韩愈曾到河阳祭扫祖坟，恰好这时韩老成奉其母的灵柩归葬，与韩愈相遇。

[12]吾佐董丞相于汴州：董丞相，即董晋。汴州，今河南省开封市。贞元十二年(796年)，董晋出镇宣武军，韩愈在他手下任职。

[13]止一岁：住了一年。

[14]请归取其孥：请求回宣州接家眷来汴州。孥，妻子儿女的统称。

[15]"明年丞相薨"三句：贞元十五年(799年)，董晋去世。薨，唐代称二品以上官员之死为薨。

[16]吾佐戎徐州：佐戎，辅助军事工作。韩愈从汴州到徐州后，张建封任韩愈为节度推官。

[17]吾又罢去：贞元十六年(800年)，张建封卒，韩愈赴洛阳。

[18]"吾念汝从于东"六句：东，指徐州。西，指韩愈的老家。致汝，让你来。这六句是说，我想如果你跟着我到徐州，也不是长久之计，不如做长远打算，回到老家，在那里把家安置好，然后把你接来。

[19]"故舍汝而旅食京师"二句：旅食，寄食他乡。韩愈离开徐州后就来到长

安选官。斛,十斗为斛。斗斛之禄,形容微薄的俸禄。

[20]万乘之公相:天子的国公宰相。公相,这里指宰相。唐代的宰相一般都封为国公。

[21]辍:中途离开。

[22]孟东野:孟郊,唐代著名诗人,是韩愈的好友。孟郊曾任溧阳尉,溧阳距宣州不远,所以托他带信。

[23]视茫茫:看东西模糊不清。

[24]诸父:指伯父与叔父。

[25]信然:真的这样。

[26]"信也"三句:这三句是说,若是真的,以我哥哥的美好德行,他的儿子会短寿吗?像你这样的资质聪明,不能够承受先人的恩泽吗?

[27]"东野之书"二句:指韩老成去世后,孟郊曾写信告诉过韩愈,韩愈的家人耿兰也有报丧的信。

[28]宜业其家者:应该继承家业的人。业,用如动词,继承的意思。

[29]"所谓天者诚难测"四句:所说的天道真难揣测,神机实在难以明白了;所说的天理不可推究,人的寿命长短也不可预知了。

[30]"死而有知"五句:死了如果有知觉,我们分离的日子也不多了;如果死后没有知觉,那么,我悲伤的日子不会太多,而不悲伤的时候却是无尽期的。

[31]"汝之子始十岁"二句:汝之子,即韩老成的两个儿子,长韩湘,次韩滂,这里说的当是韩湘。吾之子,韩愈有子三人,此指长子韩昶。

[32]比得软脚病:比(bì),近来。软脚病,脚气病。

[33]"盖东野之使者不知问家人以月日"六句:这几句都是作者推测之语,意谓东野派到宣州的使者,不知道向家人问明老成的丧期;耿兰报丧的书信,又不懂得应写出月日,而孟东野在信中所以写错了丧期,大概是他给韩愈写信时向使者询问,使者随口胡说的一个日子。

[34]终丧:守满丧期。古制:父死,子应守丧三年。

[35]取以来:把韩老成的儿子和老成的乳母接来。

[36]"吾力能改葬"三句:改葬,把十二郎的灵柩暂时埋葬,将来再迁葬。兆,坟地。这三句是说,我将来有力量改葬的时候,一定把你的灵柩从宣州迁回,最终葬于祖先的坟地河阳,这样才算了却我的心愿。

[37]抚汝以尽哀:抚着你的遗体痛哭来表达我的哀伤。

[38]敛:同"殓",给遗体穿衣下棺。

[39]窆:落葬,即下棺于墓穴。

[40]何尤:怨恨谁。

[41]"彼苍者天"二句:苍者,青色的。曷,何。极,穷尽。这两句是说,天啊,(我的痛苦)是没有尽头的!

[42]伊颍：伊河和颍河都在今河南省。

[43]尚飨：古代祭文常用的结束语。意思是希望灵魂来享受祭品。

【解读】

明代的徐师曾说："祭文者，祭奠亲友之辞也。古之祭祀，止于告飨而已。中世以还，兼赞言行，以寓哀伤之意，盖祝文之变也。其辞有散文，有韵语，有俪语。"①本篇却不拘旧格，尽脱前人窠臼，堪称祭文中的变体。在内容上，韩愈一反传统祭文以铺排郡望、藻饰官阶、历叙生平、歌功颂德为主的惯例，通篇追叙自己与十二郎之间的情谊，宣泄十二郎之死所带给他的莫大哀痛，语言平实，感人肺腑；在形式上，韩愈破骈为散，开创性地运用第一人称、第二人称叙事、抒情。全篇用了几十个"汝"字称呼十二郎，好像十二郎并没有死，叔侄两个人正在回忆往事，闲话家常。生者和死者在进行一场"缺席的对话"，这种形式极大地增强了文章的感染力量。

对祭文体的创变，适应了作者情感表达的需要，使本文形成了"以情胜"的艺术特色。明代古文家茅坤评价《祭十二郎文》说："通篇情意刺骨，无限凄切，祭文中千年绝调。"②作者把对家族零落的悲哀、失去亲人的沉痛、宦游离家的悔恨、久别竟至诀别的遗憾、少壮纯明者却是早亡的怨愤、疏忽侄子病情的歉疚、乍闻噩耗时的疑惑等等复杂而绵密的情感紧紧融注在与十二郎相关的生活琐事的叙述之中反复抒吐，一任丰沛的情感在叙事中层层激荡、步步深化、淋漓尽致地奔涌而出，恰如长歌当哭，撕肝裂肺，令人动容。正如《古文观止》的编选者评说的那样："情之至者，自然流为至文。读此等文，须想其一面哭，一面写，字字是血，字字是泪。"③韩愈的散文向来以雄奇奔放、气势不凡著称，有"韩如潮"之说。本文抒写哀情时纵横开阖，滔滔不绝，充分体现了这种风格。

更可宝贵的是，作者在抒发悲恸的情感之外，不忘妥善地安排亡者的后事，用教育十二郎的孩子来延续亲情。儒家认为，治家是治国的基础，注重亲情伦理是忠君报国的前提。韩愈对亲情承担起庄严的责任，正是他作为一个儒者的高贵品格的体现，也是我们学习这篇文章的启示所在。

秋声赋

欧阳修

欧阳子[1]方夜读书，闻有声自西南来者，悚然[2]而听之，曰：异哉！初淅沥以萧飒[3]，忽奔腾而砰湃[4]，如波涛夜惊，风雨骤至。其触于物也，鏦鏦铮铮[5]，金铁皆鸣。又如赴敌[6]之兵，衔枚[7]疾走，不闻号令，但闻人马之行声。余谓童

---

① [明]徐师曾：《文体明辨序说》，154页，北京，人民文学出版社，1998。

② [明]茅坤：《唐宋八大家文钞》第1册，667页，合肥，黄山书社，2009。

③ [清]吴楚材、吴调侯：《古文观止》，380页，北京，中华书局，1959。

子："此何声也？汝出视之。"童子曰："星月皎洁，明河[8]在天，四无人声，声在树间。"

余曰："噫嘻，悲哉！此秋声也，胡为而来哉[9]？盖夫秋之为状也，其色惨淡[10]，烟霏云敛[11]；其容清明，天高日晶[12]；其气慄冽[13]，砭[14]人肌骨；其意萧条，山川寂寥。故其为声也，凄凄切切，呼号愤[15]发。丰草绿缛[16]而争茂，佳木葱茏[17]而可悦，草拂之[18]而色变，木遭之而叶脱。其所以摧败零落者，乃其一气之余烈[19]。夫秋，刑官[20]也，于时为阴[21]；又兵象[22]也，于行用金[23]。是谓天地之义气[24]，常以肃杀而为心。天之于物，春生秋实。故其在乐也，商声主西方之音，夷则为七月之律。[25]商，伤也，物既老而悲伤；夷，戮也，物过盛而当杀[26]。嗟乎！草木无情，有时飘零。人为动物，惟物之灵。百忧感其心，万事劳其形，有动于[27]中，必摇其精。而况思其力之所不及，忧其智之所不能，宜其渥然丹者为槁木，黟然黑者为星星。[28]奈何以非金石之质[29]，欲与草木而争荣？念谁为之戕贼[30]，亦何恨乎秋声[31]！"

童子莫对，垂头而睡。但闻四壁虫声唧唧，如助余之叹息。

（洪本健：《欧阳修诗文集校笺》，上海，上海古籍出版社，2009。）

【注释】

[1]欧阳子：欧阳修，作者自称。

[2]悚然：惊惧的样子。

[3]初淅沥以萧飒：淅沥，细雨声，这里"淅沥""萧飒"都形容风声。以，而。

[4]砰湃：同"澎湃"，波涛声。这里亦形容风声。

[5]鏦鏦铮铮：金属相击声。

[6]赴敌：奔击敌人。

[7]衔枚：枚，小木棍儿，状如箸。古代行军时，令士兵嘴里衔枚，以防说话。

[8]明河：明亮的天河。

[9]胡为而来哉：胡为，何为，即"为何"。而，一作"乎"。

[10]其色惨淡：指秋天草木枯黄。

[11]烟霏云敛：烟气飘飞，云雾消失。

[12]日晶：阳光灿烂。

[13]慄冽：即"凛冽"，寒冷。

[14]砭：古代治病用的砭石。做动词用时指用针刺治病，引申为刺。

[15]愤：一作"奋"。

[16]缛：稠密。

[17]葱茏：草木青翠茂盛的样子。

[18]草拂之：草掠过它。

[19]乃其一气之余烈：一气，指天地之气，此指秋气。余烈，剩余的威力。乃其一气，一作"乃一气"。

[20]刑官：《周礼》把官职按天、地、春、夏、秋、冬分为六类。因为秋有肃杀之气，所以把职掌刑法、狱讼的刑官分属于秋。

[21]于时为阴：时，指一年四季。古人以阴阳配合四时，把春夏分属于阳，把秋冬分属于阴。

[22]兵象：战争之象。因战争是肃杀之事，所以说秋是兵象。

[23]于行用金：行，五行，即金、木、水、火、土。旧说秋属于金。用金，古人认为秋天是金起作用的时候。用，一作"为"。

[24]义气：《汉书·天文志》中有"太白曰西方秋金，义也"之句。义是五行（仁、义、礼、智、信）之一，与水、火、木、金、土五行之"金"相配，指秋季。《礼记·乡饮酒礼》："天地严凝之气，始于西南，而盛于西北，此天地之尊严气也，此天地之义气也。"孔颖达疏："介西南，象秋始。"古人以秋天为决狱讼、征不义、诛暴慢的时节，故张扬"义"之重要，"赏有义而罚不义"，有励"武人"之意。

[25]"故其在乐也"三句：乐，音乐。按我国传统乐理，乐分宫、商、角、徵（zhǐ）、羽五音。五音中的商声、四方中的西方，都属"金"。乐又分十二律，每律分属一月。

[26]杀：削减。

[27]于：一作"乎"。

[28]"宜其渥然丹者为槁木"二句：渥然，润泽的样子。丹，红色。渥然丹者，形容红润的容貌，比喻年轻。槁木，枯木，比喻衰老。黝（yǒu），一作"黟（yī）"。黝然黑者，形容乌黑的头发，比喻健壮。星星，形容白发光亮的样子。这两句是说，红面容变得枯槁，黑的头发变得花白。

[29]非金石之质：指人的身体。

[30]戕贼：摧残。

[31]亦何恨乎秋声：意谓人的衰颓是被忧思折磨的结果，怎能怨恨秋声悲凉呢！

【解读】

《秋声赋》写"秋"以立意新颖著称。此文对秋的色、容、气、意做了生动描绘，又对秋进行了深刻议论，还将无情的草木与有灵的人类进行对比，在尾四句推出题旨。借渲染秋天肃杀、萧条的气氛，烘托出人事忧劳对人的伤害更甚于自然之秋对草木的摧残这一主题，就"悲秋"这一传统题材，翻出新意、有所创新。

《秋声赋》写"秋"的手法别出心裁，独具匠心。全文紧紧围绕"秋声"来写，层次分明，结构严谨。文章一开头，就以先声夺人的气势，从富有想象的听觉和来自现实的视觉感受入手渲染秋声；进而从秋貌和秋义两个方面写秋声；先是从色、容、气、意四个角度,诉诸人的听觉、视觉、感觉,对秋貌做具体而生动的描摹;接着,对秋义进行情趣四溢而深刻精到的剖析,揭示出"秋"与"悲"的关系;最后,在对秋的理性解读的基础上,由自然之秋转向对人生之秋的议论,行文自然、深沉。结尾处寥寥几笔却蕴含多重对比映衬,使文章在思想内涵和情感内涵上都表现出深刻隽永、富于张力的特点。

《秋声赋》在文体上也有所创新。作者用散文的笔法写赋,骈散结合,夹叙夹议,融叙事、议论、写景、抒情为一体。袁行霈所编的《中国文学史》说:"既部分保留了骈赋、律赋的铺陈排比、骈词俪句及设为问答的形式特征,又呈现出活泼流动的散体倾向,且增强了赋体的抒情意味。"①欧阳修的成功尝试,使得《秋声赋》成为文赋的定鼎之作,对文赋形式的确立具有里程碑式的意义。

三、阅读思考

1. 仔细品读《祭十二郎文》,逐层分析文中所蕴含的复杂情感,并从文本出发,谈谈你对亲情的感悟。

2. 阅读曹操的《祀故太尉桥玄文》和柳宗元的《为韦京兆祭太常崔少卿文》,分析一下《祭十二郎文》在祭文写法上的突破。

3. 从立意、手法、文体三个角度,试分析《秋声赋》在咏"秋"这一传统题材写作上的创新之处。

四、拓展阅读

1. 高海夫:《唐宋八大家文钞校注集评》,西安,三秦出版社,1998。

2. 郭预衡:《文白对照唐宋八大家文钞》,广州,广东教育出版社,2002。

3. 刘真伦、岳珍:《韩愈文集汇校笺注》,北京,中华书局,2010。

4. 马其昶、马茂元:《韩昌黎文集校注》,上海,上海古籍出版社,2014。

5. 上海辞书出版社文学鉴赏辞典编纂中心:《韩愈诗文鉴赏辞典》,上海,上海辞书出版社,2014。

6. 康震:《康震讲韩愈》,北京,中华书局,2018。

7. 周静:《韩愈经学考》,北京,社会科学文献出版社,2018。

8. 黄云眉:《韩愈柳宗元文学评价》,北京,商务印书馆,2018。

9. 吴文治:《韩愈资料汇编》,北京,中华书局,2006。

10. 洪本健:《欧阳修诗文集校笺》,上海,上海古籍出版社,2009。

11. 王水照、崔铭:《欧阳修传》,北京,人民文学出版社,2019。

12. 胡可先、徐迈:《欧阳修词校注》,上海,上海古籍出版社,2015。

13. 黄进德:《欧阳修诗词文选评》,上海,上海古籍出版社,2019。

---

① 袁行霈:《中国文学史》第 3 卷,56 页,北京,高等教育出版社,2003。

14. [宋] 欧阳修：《六一诗话》，北京，崇文书局，2018。

15. [宋] 欧阳修：《新五代史》，北京，中华书局，2016。

第十一节 《西厢记》

一、常识举要

(一)《西厢记》

《崔莺莺待月西厢记》(简称《西厢记》)又称《王西厢》《北西厢》，是元代最长的一部杂剧作品，大约写于元贞、大德年间。章培恒、骆玉明在《中国文学史》中说："如果以单部作品而论，《西厢记》可以说是元杂剧中影响最大的。"[①] 它作为剧本所表现出的舞台艺术的完整性，达到了元代戏曲创作的最高水平。《西厢记》在思想和艺术上的巨大成就奠定了其在中国文学史上"天下夺魁"(贾仲明《录鬼簿·凌波仙》)的卓越地位。

《西厢记》的原始素材，最早出自唐代元稹的传奇作品《莺莺传》(又名《会真记》)。张生寓居于蒲州的普救寺，崔门孀妇郑氏携女莺莺、子欢郎亦寓居于此。蒲州遭战乱时，张生请蒲关守将保护，崔家乃得保全。郑氏命莺莺拜谢张生，二人以兄妹相称。张生爱慕莺莺，请莺莺的婢女红娘从中撮合，二人以诗相互酬答，感情日深。初则幽会，继则在西厢同住一月之久。后来，张生赴京，莺莺十分后悔当初的行为。而张生也对莺莺表示了决绝的态度，认为莺莺是天下之"尤物"，自己"德不足以胜妖孽"，只好割爱。一年多后，莺莺另嫁，张生另娶。当时人们还称赞张生是"善补过者"。

宋代时，崔、张的故事已被"擂之声乐，形之管弦"，如秦观、毛滂都创作了《调笑转踏》对崔莺莺进行了吟咏。稍后的赵令畤创作了《元微之崔莺莺商调蝶恋花鼓子词》，这是迄今为止最早的以曲艺形式叙述崔、张故事的作品，收于《侯鲭录》。鼓子词是当时的一种兼有说唱和乐舞的民间艺术，由三名以上艺人表演，分别担任讲说、歌舞、伴奏等工作。这部作品共分为十章，另有前言与序言，结尾有后记与作为尾声的曲一支。每一章都有说有唱，说的部分基本沿用元稹的《莺莺传》原文，唱的韵文部分则以十二首《商调·蝶恋花》组成。在尾曲中，赵令畤对于张、崔二人"始相得而终至相失"表示了遗憾，实际上彻底否定了元稹所谓"补过"的说法。

金代时，董解元("解元"是金、元时期对读书人的敬称)创作了《西厢记诸宫调》，即《董西厢》《弦索西厢》。诸宫调源于变文并继承了唐宋大曲、宋词，以及宋、金的民间曲调，有说有唱而以唱为主，说的部分用散文，唱的部分用韵文。

---

① 章培恒、骆玉明：《中国文学史》下册，38 页，上海，复旦大学出版社，1996。

流传下来的诸宫调只有三部，唯一完整的就是《西厢记诸宫调》。它的出现，使得崔、张故事获得重大发展和转变，由不足三千字的文言小说发展成为五万余言的说唱文学。张生对莺莺始乱终弃的悲剧被改造成了青年男女为争取婚姻自由而大胆地和封建家长展开斗争并取得大团圆结局的喜剧。张生不再是一个无行的文人，而是一个爱情专一的青年；莺莺不再是一个被侮辱被抛弃的弱者，而是一个不避"淫奔"之名，为了爱情而与封建家长决裂的具有叛逆精神的女性；红娘已不再是一个性格模糊的普通奴仆，而是一个具有爱憎分明、见义勇为的个性特征的婢女；崔老夫人已成为封建家长、封建礼教的代表。《董西厢》喊出了"自是佳人，合配才子"的口号，表现了反对封建礼教和反对封建婚姻的积极主题。

元代时，王实甫在《董西厢》的基础上，再次大胆地对故事进行了创作，把叙事体的说唱文学进一步变成了代言体的戏曲，写出了杂剧《西厢记》，情节虽与《董西厢》基本一致，但纠正了《董西厢》情节重复、枝蔓庞杂、布局轻重失宜、人物不够典型的弊病，充分发挥了戏剧样式的长处，题材更加集中、矛盾冲突更加尖锐、情节结构更加紧凑合理、人物刻画更加圆熟、主题思想更加明确、心理描写更加细腻、语言更加洗练，从而达到了西厢故事的高峰，为后来名目繁多的各种改编本所不及。

《西厢记》继承了《董西厢》反封建的主题思想，并有了新的发展和提高，从而赋予了作品超越时代的永恒魅力。它通过崔张爱情发生、发展、遭到破坏以及最终取得胜利的曲折过程，揭露了封建家长的虚伪、冷酷，批判了封建婚姻的不合理，肯定了青年男女要求爱情自由、婚姻自主的愿望，赞颂了他们背叛封建礼教和封建婚姻的斗争。尤为可贵的是，《西厢记》明确提出了"永老无别离，万古常完聚，愿普天下有情的都成了眷属"的爱情主张，歌颂了以两情相悦为基础的自主婚姻，突出了人性的尊严和价值。这从本质上讲，是对封建私有制和等级观念的反叛，具有民主思想的倾向和历史的进步性，具有极其深刻和普遍的现实意义。《西厢记》对后世的文学艺术作品乃至现实中遭受封建礼教和封建婚姻束缚的青年男女，都产生了深远的影响。

《西厢记》在体制上有很多创新，它打破了元杂剧一本四折一楔子的惯例，形成了五本二十折五楔子的宏大篇幅，这在元杂剧中是极为少见的，在戏剧史上也是空前的。元杂剧一般以四折来表现一个完整的故事，而《西厢记》更像是由几个杂剧连接起来演出的一个故事的连台本。在每一本第四折的末尾，既有"题目正名"，标志着故事情节到了一个转折性的段落，又有很特别的《络丝娘煞尾》一曲，起着承上启下的作用。《西厢记》还突破了元杂剧每折主角一人主唱的惯例。为了适应剧情的需要，有的折里有二人或三人对唱或分唱。作者还构思了许多精彩的、富有戏剧性的场面，一类叙事性较强，另一类抒情性较浓，极大地增加了全剧的舞台表现力。

《西厢记》是我国古代戏曲史上的佳作。全剧以张生与崔莺莺的爱情为主要线索；以张生、莺莺、红娘与老夫人之间的矛盾为主要矛盾，以莺莺、红娘、张生之间的矛盾以及莺莺内心的矛盾为次要矛盾。三重矛盾相互补充，相互推动；各本有中心事件，各折又都有完整的戏剧情节，各本与各折互为因果，层层推进，构成主线鲜明的整体；在展开矛盾冲突时有张有弛，缓急相间；全剧既有三个大高潮，大高潮后又有余波，每本还有小高潮（大都在第三折），剧情发展波澜起伏。整部作品线索清晰，布局合理，结构严整，情节紧凑，开合有度，一波三折。王实甫巧妙娴熟地发挥了戏剧艺术的表现力，成功展示了事件曲折反复的过程，用一个有机勾连、宏大精细的艺术整体，最大限度地表现了作品的思想力量，堪称古今中外戏剧艺术结构的光辉典范。

《西厢记》的语言艺术极为高超，被推崇为北曲之冠。明人朱权在《太和正音谱》中赞曰："王实甫之词，如花间美人。铺叙委婉，深得骚人之趣。极有佳句，若玉环之出浴华清，绿珠之采莲洛浦。"[1]清末民初的吴梅进一步揭示出《西厢记》与元杂剧固有语言风格的差异，他说："《西厢》之所以工者，就辞藻论之，则以蕴藉婉丽，易元人粗鄙之风，一也。……以衬字灵荡易元人板滞呆塞之习，二也。……以出语工艳，易元人直率鄙倍之观，三也。"[2]另外，元人创作杂剧重曲不重白，但《西厢记》无论是曲还是白都极有韵味。容与堂本《李卓吾先生批评北西厢记》的批文说："白易直，《西厢》之白能婉；曲易婉，《西厢》之曲能直。"[3]作者用文绉绉的语言来写道白，用明白如话、极浅又极雅的语言来写曲词，这是其他元杂剧作家所做不到的。

就具体的语言风格而论，《西厢记》有如下特点。

《西厢记》的语言华美绮丽，极富文采。元杂剧的语言历来有本色派和文采派之分。王实甫"才华富赡"，是文采派的代表，《西厢记》"词旨缠绵，风光旖旎"，是文采派的高峰。它既保有元杂剧朴素自然的共同特色，又绚丽多彩、风韵独具。例如，在模拟声音、描绘色彩、形容滋味、描写形态、表现动作时，大量使用叠字，让语言显得丰富、灵动、新颖；又如，恰当地运用了排比、对仗、比喻、夸张等多种修辞手法，让语言显得形象、生动、富于表现力。

《西厢记》的语言充满诗情画意。全剧着意写一个"情"字，通篇都是抒情诗。作者善于描写自然景物和描摹人物心理，常以景物为衬托抒发人物的感情，构造情景交融的艺术境界；作者还善于运用丰富的想象力，把客观的具体事物与人物的主观感情巧妙地联系在一起，用具体事物表现人物的抽象感情，使抽象的感情具体化、形象化。另外，作者善于熔铸前人之好词佳句，或直引入曲，意境优美，词旨缠绵；或化用人文，翻出新意，创出新境。

《西厢记》的语言具有个性化的特点，不仅唱词与说白符合人物的性格和身份，

① 姚品文：《太和正音谱笺评》，23～24 页，北京，中华书局，2010。

② 王卫民：《吴梅戏曲论文集》，493 页，北京，中国戏剧出版社，1983。

③ 周锡山：《〈西厢记〉注释汇评》中，499 页，上海，上海人民出版社，2013。

而且随着人物思想性格的变化,语言风格也有所变化。这种表现方式能准确、生动、真切地反映剧中人物在特定情境中各自不同的思想感情与性格特征,尤其是他们内心深处的隐秘和细微的思想活动与冲突,从而将观众或读者引入作者所创造的艺术氛围中感受剧中人物的悲欢苦乐。

《西厢记》的原本,即元代刻本已经失传,今天能见到的均为明清两代的刊本。已知的《西厢记》明清刊本多达 160 多种,至今明刊本尚存 40 余种,清刊本也有近40 种,另有近人校注本 50 种左右。以下仅以校注本、题评本、插图本三类古代戏曲刊本常见形式予以分类述要。

1. 校注本

今存最早的、完整的《西厢记》刊本是弘治十一年(1498 年)金台岳家刻本《新刊大字魁本全相奇妙注释西厢记》(简称弘治本)。全书分为 5 卷,每卷均有标题,每卷又分折,每折无标目。弘治本跟后来各种本子相比,有一处明显的不同,即以惠明送书唱的《正宫·端正好》一套为第二折,以下顺次为第三、第四、第五折。弘治本将释义分散于每一折之中,是今天所能见到的最早的《西厢记》注释本,对后来的《西厢记》注释本影响颇深,许多注释本都照搬或借用了它的释义。

弘治本后,有影响有代表性的校注本有王骥德的《新校注古本西厢记》、凌濛初刻本《西厢记》及《五本解证》、毛奇龄的《论定西厢记》等。

其中,凌濛初刻本尤其值得称许。该本校订精审,注释允当,确为善本。凌濛初依据周宪王本将《西厢记》分为五本,每本又各分四折,并且将前四本《张君瑞闹道场》《崔莺莺夜听琴》《张君瑞害相思》《草桥店梦莺莺》归之于王实甫作,将第五本《张君瑞庆团圆》归之于关汉卿作,还说这是"《点鬼簿》目录",且"与周宪王本合"。在现存所有《西厢记》刊本中,凌濛初本是最切合元杂剧体例、受南戏和传奇影响最小的本子,最接近《西厢记》的本来面貌,现今通行的《西厢记》刊本,多数是以凌刻本为底本的。

王骥德的《新校注古本西厢记》,有万历十二年(1584 年)刻本。王骥德说他是用了碧绮斋本、朱石津本、徐文长本、金在衡本、顾玄纬本、徐士范本以及一些坊本、俗本进行校勘的。王骥德比其他校注者还多做了一项工作,即用董解元的《西厢记诸宫调》和《新校注古本西厢记》做了从头至尾的全面的对照比勘,解决了《西厢记》校勘中的一些问题。

今人校注本主要有吴晓铃校注的《西厢记》,张燕瑾、弥松颐的《西厢记新注》,王季思的《集评校注西厢记》。吴本根据《西厢记》较好的版本互校,而以凌濛初、王骥德的两个本子为主,没有校勘记,但有注释,由作家出版社于 1954 年出版。张本以弘治本为底本,以王骥德、凌濛初和毛奇龄本等作为稿本校订,注释浅明详细,对一些较难理解的曲文加串解疏通,由江西人民出版社于 1980 年出版。王本以凌濛初本为依据,而校以其他各本。注释方面,重点在文字语言上,主要是根据元杂剧、话本、散曲里的日常用语,加以疏通证明。其难于领会或后人曲解的地方，也尽可能做了说明，由上海开明书店于 1949 年出版，上海古籍出版社于 1987 年又出版了新版。

2. 题评本

今天所能见到的最早的《西厢记》题评本，是万历八年（1580 年）徐士范所刊《重刻元本题评音释西厢记》。万历二十年（1592 年）熊龙峰和万历间刘龙田亦有同名刻本。此书不分本（卷），而将全剧分成二十出，每出以四字标目，开场时有类似传奇"家门大意"的"末上引首"，这些都说明《西厢记》在流传过程中，在体例上受到南戏和传奇的影响。徐士范本附有"释义大全"（徐士范的"释义"照搬弘治本而略有改动）和"字音大全"，除解词外，还有注音，是今天所见的最早有注音的《西厢记》刊本。尤其值得注意的是，徐士范本每页上方载有题评，但题评的内容较芜杂，显得散乱而不够一致，这正是初期题评不成熟的反映。

徐士范本之后，出现了众多的《西厢记》评本，明清许多文学家、剧作家和戏曲评论家，诸如李贽、徐渭、沈璟、汤显祖、陈继儒、王骥德、凌濛初、金圣叹、毛奇龄等，他们都参与了《西厢记》的评论，且有《西厢记》评本或刊本传世，有的还不止一种而是有多种评本面世。主要有王世贞、李贽的《元本出相北西厢记》，李贽的《李卓吾先生批评北西厢记》《李卓吾先生批点西厢记真本》等，还有汤显祖、李贽、徐渭的《三先生合评元本北西厢》，徐渭的《重刻订正元本批点画意北西厢》，汤显祖的《汤海若先生批评西厢记》，陈继儒的《鼎镌陈眉公先生批评西厢记》，署名毛奇龄评注的康熙十五年（1676 年）学者堂刻本《西厢记》等。

尤其值得一提的是清代顺治年间金圣叹的《第六才子书西厢记》。此书一经问世，便在诸多《西厢记》刊本中鹤立鸡群，几乎占据压倒一切的地位，其翻刻本之多，是其他《西厢记》刊本无法比拟的。金圣叹批改本《西厢记》，现存最早本子为顺治间贯华堂刊刻的《贯华堂第六才子书西厢记》，即《金批西厢》。金圣叹是文学批评家，而不是剧作家和戏曲理论家，因而他主要是从文学欣赏的角度去批评《西厢记》，而不是作为舞台演出的剧本去评论的，金本也主要是作为文学鉴赏批评本而传世的。书中许多精彩的见解有益于读者鉴赏这部古典名著，但也有生拉硬扯的见解和对曲文支离破碎的改动，对原作有所损伤。

明万历以后，书坊为了牟利，动辄称"古本""元本"，伪托名人评校，已成习尚。因此，对于以上这些题署名人评校本的真伪优劣，需要仔细地加以鉴别辨识，既不能轻易相信，也不能简单否定，即使有些评本不是出自名人手笔，但毕竟是几百年前的题评，反映了当时人们的鉴赏水平和审美情趣，今天看来仍有一定的历史价值。

3. 插图本

今天所见最早有插图的《西厢记》刊本是刻于明代初年的《新编校正西厢记》残页。此《西厢记》残页本有插图而无注释和眉批，据此可以推测《西厢记》的绘图本是早于注释本和题评本出现的。此后许多《西厢记》刻本都有插图，而且有的绘制极精,许多著名画家、木刻家都为《西厢记》绘过插图。今天所见全本插图的《西厢记》以弘治本为最早,此书每页皆有插图,上图下文,插图线条粗犷,且多有文字说明,是当时北京版画的代表作,足资珍贵。1982 年,上海人民美术出版社出版了《明刊西厢记全图》。此外,具有代表性的《西厢记》插图本还有:文徵明写、仇英绘图的《仇文书画合璧西厢记》(抄本),此书有民国初年上海文华图书公司影印本;陈洪绶、董其昌、蓝瑛等绘图的《北西厢记》等。

《西厢记》是中国戏剧史上第一部篇幅最大、描写人物性格最细腻、排场最宏伟的作品(见蒋星煜《西厢记研究与欣赏》),它不仅有众多的改续之作,更有一些模仿之作,还被戏曲、小说、诗文、说唱文学等广泛称引,甚至出现了以"西厢"为题加以咏说的八股制艺文章,就连游戏类的骰谱、灯谜中也有以西厢词句为出处、谜底的摘句。可以说,《西厢记》无论是思想精神还是艺术手法,在各体文学中都可见其影响的印迹。

(二)王实甫

关于《西厢记》的作者,一直存在着不同的看法。从《西厢记》问世到明初宣德年间,《西厢记》被认定为王实甫之作。此后则陆续出现关汉卿作,关汉卿作、王实甫续,关汉卿作、董珏续,王实甫作、关汉卿续等说法。近年来,随着研究的不断深入,学界越来越倾向于《西厢记》的作者是王实甫。

王实甫,名德信,字实甫,大都(今北京)人,元代剧坛最有才华的杰出作家之一,生卒年与生平事迹俱不详。《录鬼簿》把他列入"前辈已死名公才人"而位于关汉卿之后,由此推知他与关汉卿同时而略晚,元贞、大德年间尚在人世。明初戏曲家贾仲明在增补《录鬼簿》时,写了一首《凌波仙》追悼他:"风月营密匝匝列旌旗,莺花寨明飚飚排剑戟,翠红乡雄赳赳施谋智。作词章风韵美,士林中等辈伏低,新杂剧,旧传奇,《西厢记》天下夺魁。"①这里所说的"风月营""莺花寨""翠红乡"都指的是元代的风月场所,也就是演出杂剧的勾栏。可见王实甫似乎是居于社会下层与民间艺人为伍的落拓的文人,是个放浪形骸、不为封建礼法拘束的知识分子,同时也是一个有才华、孚众望的作家,在当时享有盛名。他创作的杂剧据《录鬼簿》著录有十四种,完整保存下来的全本有《西厢记》《丽春堂》《破窑记》三种,另有《贩茶船》《芙蓉亭》曲文各一折,其他作品均已亡佚。

二、原典选读

《西厢记》(节选)
第三本:张君瑞害相思
第二折

(旦上,云)红娘伏侍老夫人不得空便,偌早晚[1]敢待来也。起得早了些儿,

---

① 王钢:《校订〈录鬼簿〉三种》,136~137 页,郑州,中州古籍出版社,1991。

困思上来，我再睡些儿咱。（睡科）（红上，云）奉小姐言语去看张生，因伏侍老夫人，未曾回小姐话去。不听得声音，敢又睡哩！我入去看一遭。（红唱）

【中吕粉蝶儿】风静帘闲，透纱窗麝兰香散，启朱扉[2]摇响双环。绛台高，金荷小，银釭犹灿[3]。比及[4]将暖帐轻弹，先揭起这梅红罗软帘[5]偷看。

【醉春风】则见他钗軃玉斜横[6]，鬓偏云乱挽。日高犹自不明眸，畅好是懒、懒。（旦做起身长叹科）（红唱）半晌抬身，几回搔耳，一声长叹。

（红云）我待便将简帖儿与他，恐俺小姐有多少假处哩。我则将这简帖儿放在妆盒儿上，看他见了说什么。（旦做对镜科，见帖看科[7]）（红唱）

【普天乐】晚妆残，乌云軃，轻匀了粉脸，乱挽起云鬟。将简帖儿拈，把妆盒儿按，开拆封皮孜孜[8]看，颠来倒去不害心烦。（旦怒叫）红娘！（红做意云）呀！决撒[9]了也！（红唱）厌的早揪敛了黛眉[10]。（旦云）小贱人，不来怎么！（红唱）忽的波低垂了粉颈，氲的呵改变了朱颜。

（旦云）小贱人，这东西那里将来的？我是相国的小姐，谁敢将这简帖来戏弄我？我几曾惯看这等东西？告过夫人，打下你个小贱人下截来。（红云）小姐使将我去，他著我将来。我不识字，知他写著甚么？（红唱）

【快活三】分明是你过犯，没来由把我摧残；使别人颠倒恶心烦[11]。你不"惯"，谁曾"惯"？

（红云）姐姐休闹，比及你对夫人说呵，我将这简帖儿去夫人行出首去来。（旦做揪住科，云）我逗你耍来。（红云）放手，看打下下截来！（旦云）张生近日如何？（红云）我则不说。（旦云）好姐姐，你说与我听咱！（红唱）

【朝天子】张生近间、面颜，瘦得来实难看。不思量茶饭，怕见动弹；晓夜将佳期盼，废寝忘餐。黄昏清旦，望东墙淹泪眼。（旦云）请个好太医看他症候咱。（红云）他症候吃药不济。（红唱）病患、要安，则除是出几点风流汗。

（旦云）红娘，不看你面呵，我将与老夫人，看他有何面目见夫人？虽然我家亏他，只是兄妹之情，焉有外事。红娘，早是你口稳哩；若别人知呵，什么模样。（红云）你哄著谁哩！你把这个饿鬼弄得他七死八活，却要怎么？（红唱）

【四边静】怕人家调犯[12]，"早共晚夫人见些破绽，你我何安"。问什么他遭危难？揎断得上竿，掇了梯儿看[13]。

（旦云）将描笔儿[14]过来，我写将去回他，著他下次休是这般。（旦做写科，起身科，云）红娘，你将去说："小姐看望先生，相待兄妹之礼如此，非有他意。再一遭儿是这般呵，必告夫人知道。"和你个小贱人都有话说。（旦掷书，下）（红唱）

【脱布衫】小孩儿家口没遮拦[15]，一迷的[16]将言语摧残。把似你使性子休思量秀才[17]，做多少好人家风范。（红做拾书科，唱）

【小梁州】他为你梦里成双觉后单，废寝忘餐。罗衣不奈五更寒，愁无限，寂寞泪阑干[18]。

【幺篇】似这等辰勾[19]空把佳期盼，我将这角门儿世不曾牢拴[20]，则愿恁做夫妻无危难。你向这筵席头上整扮，我做一个缝了口的撮合山[21]。

（红云）我若不去来，道我违拗他，那生又等我回报；我须索走一遭。（下）（末上，云）那书倩[22]红娘将去，未见回话。我这封书去，必定成事。这早晚敢待来也。（红上，云）须索回张生话去。小姐，你性儿忒惯得娇了；有前日的心，那得今日的心来？（唱）

【石榴花】当日个晚妆楼上杏花残，犹自怯衣单，那一片听琴心清露月明间。昨日个向晚，不怕春寒[23]，几乎险被先生馔[24]。那其间岂不胡颜[25]。为一个不酸不醋风魔汉，隔墙儿险化做了望夫山。

【斗鹌鹑】你用心儿拨雨撩云[26]，我好意儿传书寄简。不肯搜自己狂为，则待要觅别人破绽。受艾焙[27]权时忍这番，畅好是奸。（云）"张生是兄妹之礼，焉敢如此！"（唱）对人前巧语花言；（云）没人处便想张生，（唱）背地里愁眉泪眼。

（红见末科）（末起云）小娘子来了？擎天柱[28]，大事如何了也？（红云）不济事了，先生休傻。（末云）小生简帖儿是一道会亲的符篆[29]，则是小娘子不用心，故意如此。（红云）我不用心？有天哩！你那简帖儿好听！（唱）

【上小楼】这的是先生命悭，须不是红娘违慢。那简帖儿倒做了你的招伏，他的勾头[30]，我的公案。若不是觑面颜，厮顾盼，担饶轻慢[31]。（云）先生受罪，礼之当然。贱妾何辜？（唱）争些儿把你娘拖犯。（末云）小姐几时能相会一面[32]？（红唱）

【幺篇】从今后相会少，见面难。月暗西厢，凤去秦楼，云敛巫山[33]。你也趓[34]，我也趓，请先生休讪，早寻个酒阑人散。

（红云）只此，再不必申诉足下肺腑。怕夫人寻，我回去也。（末云）小娘子此一遭去，再著谁与小生分剖；必索做一个道理，方可救得小生一命。（末跪下，揪住红科）（红云）张先生是读书人，岂不知此意，其事可知矣。（唱）

【满庭芳】你休要呆里撒奸[35]；你待要恩情美满，却教我骨肉摧残。老夫人手执著棍儿摩娑看，粗麻线怎透得针关[36]。直待我挂著拐帮闲钻懒，缝合唇送暖偷寒[37]。（云）待去呵，小姐性儿撮盐入火[38]。（唱）消息儿踏著泛[39]；（云）待不去呵——（末跪，哭云）小生这一个性命，都在小娘子身上。（红唱）禁不得你甜话儿热趱[40]，好著我两下里做人难。

（红云）我没来由分说！小姐回与你的书，你自看者。（末接科，开读科，云）呀，有这场喜事！撮土焚香，三拜礼毕。早知小姐简至，理合远接，接待不及，勿令见罪！小娘子，和你也欢喜。（红云）怎么？（末云）小姐骂我都是假。书中之意，著我今夜花园里来，和他"哩也波，哩也啰"[41]哩。（红云）你读书我听。（末云）是四句诗：待月西厢下，迎风户半开，隔墙花影动，疑是玉人来。（红云）怎见得他著你来？你解与我听咱。（末云）"待月西厢下"，著我月上来。"迎风户半开"，他开门待我。"隔墙花影动，疑是玉人来"，著我跳过墙来。（红笑云）他著你跳过墙来，你做下来[42]。端的有此说么？（末云）俺是个猜诗谜的社家[43]，风流隋何，浪子陆贾[44]，我那里有差的勾当。（红云）你看我姐姐，在我行也使这般道儿[45]。（唱）

【要孩儿】几曾见寄书的颠倒瞒著鱼雁[46]，小则小心肠儿转关。写著道"西厢待月"等得更阑，著你跳东墙"女"字边"干"。原来那诗句儿里包笼著三更枣，简帖儿里埋伏著九里山[47]。他著紧处将人慢，您会云雨闹中取静，我寄音书忙里偷闲。

【四煞】纸光明玉板[48]，字香喷麝兰，行儿边湮透非春汗？一缄情泪红犹湿，满纸春愁墨未干。从今后休疑难，放心波玉堂学士[49]，稳情取金雀鸦鬟[50]。

【三煞】他人行别样亲，俺跟前取次[51]看，更做道孟光接了梁鸿案[52]。别人行甜言美语三冬暖，我跟前恶语伤人六月寒。我为头儿[53]看：看你个离魂倩女[54]，怎发付掷果潘安[55]。

（末云）小生读书人，怎跳得那花园过？（红唱）

【二煞】隔墙花又低，迎风户半拴，偷香手段今番按[56]。怕墙高怎把龙门跳，嫌花密难将仙桂攀[57]。放心去，休辞惮；（云）你若不去呵，（唱）望穿他盈盈秋水，蹙损他淡淡春山[58]。

（末云）小生曾到那花园里，已经两遭，不见那好处；这一遭知他又怎么？（红云）如今不比往常。（唱）

【煞尾】你虽是去了两遭，我敢道不如这番。你那隔墙酬和都胡侃[59]，证果[60]的是今番这一简。（红下）

（末云）万事自有分定，谁想小姐有此一场好处。小生是猜诗谜的社家，风流隋何，浪子陆贾，到那里扢扎帮[61]便倒地。今日颓[62]天百般的难得晚。天！你有万物于人，何故争此一日？疾下去波！"读书继晷[63]怕黄昏，不觉西沉强掩门；欲赴海棠花下约，太阳何苦又生根？"（看天云）呀，才晌午也！再等一等。（又看科）今日万般的难得下去也呵。碧天万里无云，空劳倦客身心，恨杀鲁阳贪战[64]，不教红日西沉！呀，却早倒西也，再等一等咱。无端三足乌[65]，团团光烁烁；安得后羿[66]弓，射此一轮落！谢天地，却早日下去也！……呀，却早发擂[67]也！……呀，却早撞钟也！拽上书房门，到得那里，手挽着垂杨滴流扑[68]跳过墙去。（下）

（王季思、苏寰中、黄天骥等：《元杂剧选注》上册，北京，北京出版社，1980。）

【注释】

[1]偌早晚：这时候。偌，如此，这般。早晚，时候。

[2]朱扉：红色的门。

[3]"绛台高"三句：绛台，烛台。金荷，烛台盛烛泪的荷形铜碟。银缸，灯，这里指烛光。

[4]比及：这是元代常用的词语，有等到、未及、既然、假若、若使、与其等

意思。这里的比及即未及。

[5]梅红罗软帘：紫红色的绫罗门帘。

[6]钗軃玉斜横：軃(dǎn)，下垂。玉，这里指头上的玉钗。

[7]"旦做对镜科"二句：莺莺对镜本是准备梳妆，见了张生的书简，忘了掩镜就看了。红娘从镜子里远远地看见她"开拆封皮孜孜看"，正在满心欢喜；不想莺莺这时也从镜子里发现了红娘在暗中窥视，双方就"决撒"(决裂)了。从这些地方可见当时舞台调度所达到的水平。

[8]孜孜：仔细注视的样子。

[9]决撒：决裂，败露。

[10]厌的早挜皱了黛眉：厌的，厌恶的样子。挜皱，即疙皱，这里指皱眉。黛眉：特指女子之眉。

[11]使别人颠倒恶心烦：反倒使别人懊恼。别人，红娘自指。

[12]调犯：嘲讽，作弄。也作"调泛"。

[13]"问什么他遭危难"三句：承上文说，既然莺莺口头上说得正经，又何必管张生的病症呢？"擤断得上竿，掇了梯儿看"是当时的成语，意思是哄别人上高竿，却拿开了梯子在旁边寻开心。这原说的是当时的竿技表演。擤断，怂恿。掇，搬走。

[14]描笔儿：妇女描花的笔。

[15]没遮拦：乱闯。这里指说话不检点。

[16]一迷的：一味。

[17]把似你使性子休思量秀才：把似，假如。"把似……，休……"，是元代语法中的取舍复句，类似现代汉语中"与其……，不如……"的句式。

[18]泪阑干：眼泪纵横的样子。

[19]辰勾：即水星，古人认为很不容易看见它。

[20]我将这角门儿世不曾牢栓：这是红娘的表白之语，意思是说自己一直以来就为你们行方便。角门儿，旁门儿。世不曾，从来不曾。

[21]"你向这筵席头上整扮"二句：意思是你放心和张生成就婚姻，我不会走漏风声的。筵席，这里指结婚的筵席。整扮，打扮齐整。撮合山，媒人。

[22]倩：请人。

[23]"当日个晚妆楼上杏花残"五句：意思是说莺莺身子娇怯，从前春暖的时候在楼上还嫌衣薄，但那晚却不怕春寒，在夜露中一心听琴。杏花残，这里指春末夏初。

[24]几乎险被先生馔：《论语·为政》言"有酒食，先生馔"，原指有酒食，供奉年长的人吃喝，但元曲运用这话时一般带有调笑的性质。这里意思是说莺莺几乎被张生吞下去了。

[25]胡颜：丢脸。

[26]拨雨撩云：即挑逗。古代诗词里常称男女欢会为云雨。

[27]受艾焙：艾焙，针灸术之一，用艾焙灸病人。这里比喻吃了苦头。

[28]擎天柱：撑天的柱石，得力的助手。元剧常用"擎天白玉柱，架海紫金梁"来比喻国家栋梁和得力的人。

[29]符箓(lù)：符咒。

[30]勾头：拘票。

[31]"若不是觑面颜"三句：意指若不是看面子，相照顾，宽恕轻率简慢，便差点儿把我也连累了。觑，相。担饶，宽恕。

[32](末云)小姐几时能相会一面：这句原本无，据《刘本》补正。

[33]"凤去秦楼"二句：意识说好事不成。凤去秦楼，传说秦穆公把女儿弄玉嫁给了萧史，后来他俩骑着凤凰上天去了。云敛巫山，宋玉《高唐赋序》说楚襄王梦与神女相会于高唐，神女自称："妾在巫山之阳，高唐之下，旦为朝云，暮为行雨。"

[34]赸：走开。

[35]呆里撒奸：外作痴呆内怀奸诈的意思。

[36]针关：针孔。

[37]"直待我拄著拐帮闲钻懒"二句：意思是要我被老夫人打得脚跛嘴破，还为你们的爱情奔走吗？帮闲钻懒，指替那些闲的、懒散的人钻营。

[38]撮盐入火：盐入火便会爆炸，比喻性情急躁。

[39]消息儿踏著泛：比喻如果触到小姐的隐处，她就要翻脸。消息儿，机关，暗窍。泛，翻动。

[40]热趱(zǎn)：紧紧地催逼。

[41]哩也波，哩也啰：不便说出的话，有音无义，犹如现在说的"如此如此""那个那个"之类。

[42]做下来：干下了，暗指男女欢会。

[43]社家：宋元时期猜谜、歌唱、蹴鞠等都有社会组织，如猜谜的团体叫作"商谜社"。社家即行家的意思。

[44]风流隋何，浪子陆贾：隋何、陆贾都是汉高祖刘邦手下的谋士。

[45]道儿：诡计。

[46]鱼雁：古代传说有鱼腹藏信、雁足传书。这里指传递书信的人。

[47]"原来那诗句儿里包笼著三更枣"二句：意指原来书信里藏着秘密。三更枣，据说佛家禅宗五祖给六祖传法时，交他粳米三粒、枣子一枚，六祖便明白了叫他三"更"时"早"些来。九里山，传说韩信在九里山设下十面埋伏，把项羽打败了。

[48]玉板：一种光洁匀厚的白棉纸。

[49]玉堂学士：翰林学士，皇帝的文学侍从。这是红娘取笑张生的话，当时

张生还未中举。

[50]稳情取金雀鸦鬟：稳情，包管、准定的意思。金雀鸦鬟，指莺莺。金雀，金雀钗。

[51]取次：随便，等闲。

[52]孟光接了梁鸿案：这里活用"举案齐眉"的典故。孟光反接了梁鸿献上的案(进食用的短足木盘)，意思是讥笑莺莺主动地约张生欢会。

[53]为头儿：带头儿，首先。

[54]离魂倩女：语出唐人陈玄祐的《离魂记》。唐代的张镒把女儿倩娘许给了王宙，后来张镒悔婚，倩娘的魂魄竟然离家跟着王宙去了。元代的郑光祖曾将这故事改编为杂剧《倩女离魂》。

[55]掷果潘安：传说晋代的潘岳长得漂亮，坐车上街时，许多妇女都把果子扔给他。

[56]按：实行。

[57]"怕墙高怎把龙门跳"二句：这二句有双关的意味，因为张生是读书人，所以红娘一方面用跳龙门、攀仙桂鼓励他跳墙赴约；另一方面讪笑他懦弱无能。龙门跳，传说黄河里的鲤鱼跳过龙门就能变成龙。仙桂攀，攀折月宫仙桂，代指读书人登第。

[58]望穿他盈盈秋水，蹙损他淡淡春山：古人以秋水比喻眼睛，以春山比喻眉毛。这两句形容的是张生着急的神态。

[59]胡侃：胡说。侃，讲话的意思。

[60]证果：佛教称修炼成功为证果。这里引申为成就好事。

[61]扢(gē)扎帮：形容动作快，也作扢搭帮、各扎帮。

[62]颏：粗野的话，指男性的生殖器。

[63]读书继晷(guǐ)：努力读书。晷，日影，引申为时光。韩愈的《进学解》言："焚膏油以继晷。"

[64]鲁阳贪战：传说鲁阳公酣战到日暮，他举戈一挥，太阳便倒回九十里。

[65]三足乌：太阳。传说太阳中有三只脚的金色乌鸦。

[66]后羿(yì)：传说后羿是远古时代的一位射箭能手，那时天上有十个太阳，晒得人畜不安，草木枯焦，后羿便把九个太阳射了下来。

[67]发擂：打鼓起更。

[68]滴流扑：物件落地的声音。

【解读】

郑振铎在《文学大纲》中说："中国的戏曲小说，写到两性的恋史，往往是二人一见面便相爱，便誓订终身，从不细写他们的恋爱的经过与他们在恋爱时的心理。《西厢》的大成功便在它的全部都是婉曲的细腻的在写张生与莺莺的恋爱心境的，似这等曲折的恋爱故事，除《西厢》外，中国无第二部。"①郑振铎的评价可在《妆台窥简》《乘夜逾墙》两折中，尤其是莺莺的身上找到依据。

选文是《西厢记》第三本"张君瑞害相思"中的第二折。这折戏在场次上分为前后两场。前一场，从开场到红娘第一次下场，写莺莺窥简，这是戏的正场，人物是莺莺和红娘，地点在莺莺的闺房里，时间是早晨。后一场，从张生上场至结尾，写红娘回简和张生读简。人物是张生和红娘，地点在张生的书斋中。这一折的主要剧情是：老夫人悔婚之后，张生忧郁成疾。莺莺十分挂念，遣红娘前去探视。张生就央告红娘带给莺莺一封简帖，渴求与莺莺幽会。莺莺又派红娘给张生回了一封简帖，假意斥责，实际是约定幽会的时间地点。

一开场，红娘进到莺莺的闺房，首先看到的是"绛台高，金荷小，银釭犹灿"，这说明莺莺彻夜未眠；接下来，红娘揭起幔帐，看到莺莺"钗嚲玉斜横，髻偏云乱挽。日高犹自不明眸，畅好是懒、懒"这样一副倦慵懒散、妆容不整、晏睡不起的模样。这与相府小姐的身份是极为不符的。但是，如果放在一位为情苦恼、相思烦闷的怀春少女身上，就能够理解了。可见，莺莺正为情所困，她既挂念张生的病情，又为自己的爱情前景深深忧虑，只是碍于相国家小姐的身份和教养，她不敢也不能肆意地宣泄这种情感，这是我们理解莺莺这个人物的基础。

红娘本来是受莺莺指派前去探问张生的，可是当红娘回来后，莺莺却一言不问。聪明机智的红娘说了句"恐俺小姐有多少假处哩"，便将张生的简帖儿放在了莺莺的妆盒儿上。莺莺透过梳妆镜"偷窥"到了这封信。"轻匀了粉脸，乱挽起云鬟。将简帖儿拈，把妆盒儿按，开拆封皮孜孜看，颠来倒去不害心烦。"她仓促地结束了晨起的梳妆，迫不可待地去看信，看了一遍又一遍，内心是高兴的。但是，她很快意识到私相传递情书绝非小事，况且身边还站着红娘。于是，莺莺瞬间脸色一变，"厌的早挖皱了黛眉""忽的波低垂了粉颈""氲的呵改变了朱颜"，连续三个动作，次第分明地展示了莺莺曲折的心理变化。汤显祖说："皱眉，将欲决撒也；垂颈，又踌躇也；变朱颜，则决撒矣。"②莺莺装腔作势采取先发制人的办法，通过指责红娘来掩盖事情真相。红娘来了个将计就计，要拿简帖儿去见老夫人，迫使莺莺不得不承认"我逗你耍来"。这是莺莺在红娘面前的第一次作假。

紧接着，莺莺向红娘询问张生的病情，红娘夸张地说张生害了相思病，整日以泪洗面。实际上，莺莺对张生的痛苦是深深同情的，甚至是感同身受的，她要主动约张生相会。但是，她不露声色，随机应变，一方面稳住红娘，怕她去向老夫人告密。她哄着红娘说："红娘，早是你口稳哩；若别人知呵，什么模样。"另一方面又借机假装写信告诫张生："下次休是这般。"还嘱咐红娘教训张生："小姐看望先生，相待兄妹之礼如此，非有他意。再一遭儿是这般呵，必告夫人知道。"甚

① 郑振铎：《文学大纲》，416 页，北京，商务印书馆国际有限公司，2015。

② 转引自[元]王实甫著，王季思校注，张人和集评：《集评校注西厢记》，115 页，上海，上海古籍出版社，1987。

至威胁红娘:"和你个小贱人都有话说。"最后,莺莺掷书下场。这是莺莺在红娘面前的第二次作假。

《妆台窥简》一折,通过红娘先后两次传书,写了莺莺两次作假,真实细腻地描摹了莺莺"对人前巧语花言,没人处便想张生,背地里愁眉泪眼"的恋爱心理和丰富的内心世界。莺莺的"假意儿"都是做给红娘看的,她与红娘的关系是很微妙的。她既要让红娘传书递简,又要对红娘进行试探和提防。她对红娘的提防,实际上是对老夫人的防范。这是莺莺同封建势力做斗争的一种策略,也是争取爱情自由、婚姻自主的手段,既反映了以老夫人为代表的封建势力给莺莺精神上和心理上所造成的无形压力,又反映了莺莺作为一个贵族少女在叛逆道路上的曲折历程和复杂心理,更揭示了莺莺机智、深沉、精细、谨慎的性格。

第三本　张君瑞害相思
第三折

(红上,云)今日小姐著我寄书与张生,当面偌多般假意儿,原来诗内暗约着他来。小姐也不对我说,我也不瞧破他,则请他烧香。今夜晚妆处比每日较别[1],我看他到其间怎的瞒我?(红唤科)姐姐,俺烧香去来。(旦上,云)花阴重叠香风细,庭院深沉淡月明。(红云)今夜月明风清,好一派景致也呵!(红唱)

【双调新水令】晚风寒峭[2]透窗纱,控金钩绣帘不挂。门阑凝暮霭,楼角敛残霞。恰对菱花,楼上晚妆罢。

【驻马听】不近喧哗,嫩绿池塘藏睡鸭;自然幽雅,淡黄杨柳带栖鸦。金莲蹴损[3]牡丹芽,玉簪抓住荼蘼架。夜凉苔径滑,露珠儿湿透了凌波袜[4]。

(红云)我看那生和俺小姐巴不得到晚。(红唱)

【乔牌儿】自从那日初时想月华,捱一刻似一夏;见柳梢斜日迟迟下,早道"好教贤圣打"[5]。

【搅筝琶】打扮的身子儿诈[6],整备著云雨会巫峡。只为这燕侣莺俦,锁不住心猿意马[7]。(云)不则俺那姐姐害,那生呵,(唱)二三日来水米不粘牙。因姐姐闭月羞花,真假、这其间性儿难按纳[8],一地里胡拏[9]。

(红云)姐姐,这湖山下立地,我开了寺里角门儿。怕有人听俺说话,我且看一看。(做意了[10],云)偌早晚傻角却不来?赫赫赤赤[11],来。(末云)这其间正好去也,赫赫赤赤。(红云)那鸟[12]来了。(红唱)

【沉醉东风】我则道槐影风摇暮鸦,原来是玉人帽侧乌纱。一个潜身在曲槛边,一个背立在湖山下,那里叙寒温,并不曾打话。(红云)赫赫赤赤,那鸟来了。(末云)小姐,你来也。(搂住红科)(红云)禽兽,是我!你看得好仔细著,若是夫人怎了。(末云)小生害得眼花,搂得慌了些儿,不知是谁。望乞恕罪!(红唱)便做道"搂得慌"呵,你也索觑咱,多管是饿得你个穷神眼花。

（末云）小姐在那里？（红云）在湖山下。我问你咱，真个著你来哩？（末云）小生猜诗谜社家，风流隋何，浪子陆贾，准定抅扎帮便倒地。（红云）你休从门里去，则道我使你来。你跳过这墙去，今夜这一弄儿[13]助你两个成亲。我说与你，依著我者。（唱）

【乔牌儿】你看那淡云笼月华，似绛纸护银蜡；柳丝花朵垂帘下，绿莎茵铺著绣榻[14]。

【甜水令】良夜迢迢，闲庭寂静，花枝低亚[15]。他是个女孩儿家，你须索性儿温存，话儿摩弄，意儿谦洽；休猜做败柳残花。

【折桂令】他是个娇滴滴美玉无瑕，粉脸生春，云鬓堆鸦。恁的般受怕担惊，又不图甚浪酒闲茶。则你那夹被儿时当奋发，指头儿告了消乏[16]。打叠起嗟呀，毕罢了牵挂，收拾了忧愁，准备著撑达[17]。

（末作跳墙搂旦科）（旦云）是谁？（末云）是小生。（旦怒云）张生，你是何等之人！我在这里烧香，你无故至此。若夫人闻知，有何理说？（末云）呀，变了卦也！（红唱）

【锦上花】为甚媒人，心无惊怕；赤紧的夫妻每意不争差[18]。我这里蹑足潜踪，悄地听咱：一个羞惭，一个怒发。

【幺篇】张生无一言，（云）呀！（唱）莺莺变了卦。一个悄悄冥冥，一个絮絮答答。却早禁住隋何，迸住陆贾；叉手躬身，装聋做哑。

（红云）张生背地里嘴那里去了？向前搂住丢翻[19]，告到官司，怕羞了你！（唱）

【清江引】没人处则会闲嗑牙[20]，就里[21]空奸诈。怎想湖山边，不记"西厢下"。香美娘处分破花木瓜[22]。

（旦云）红娘，有贼。（红云）是谁？（末云）是小生。（红云）张生，你来这里有什么勾当？（旦云）扯到夫人那里去！（红云）到夫人那里，怕坏了他行止。我与姐姐处分他一场。张生，你过来跪著！你既读孔圣之书，必达周公之礼，黉夜[23]来此何干？（唱）

【雁儿落】不是俺一家儿乔坐衙[24]，说几句衷肠话。我则道你文学海样深，谁知你色胆有天来大！

（红云）你知罪么？（末云）小生不知罪。（红唱）

【得胜令】谁著你黉夜入人家，非奸做贼拏。你本是个折桂客，做了偷花汉。不想去跳龙门，学骗马[25]。（云）姐姐，且看红娘面，饶过这生者！（旦云）若不看红娘面，扯你到夫人那里去，看你有何面目见江东父老[26]？起来！（红唱）谢小姐贤达，看我面遂情罢。若到官司详察，（云）"你既是秀才，只合苦志于寒窗之下，谁教你黉夜辄入人家花园，做得个非奸即盗。"先生呵，（唱）整备著精皮肤吃顿打。

（旦云）先生虽有活人之恩，恩则当报。既为兄妹，何生此心？万一夫人知之，先生何以自安？今后再勿如此，若更为之，与足下决无干休。（下）（末朝鬼门道云）你著我来，却怎么有偌多说话！（红扳过末云）羞也，羞也！却不"风流

隋何，浪子陆贾？"(末云)得罪波"社家"。今日便早则死心塌地。(红唱)

【离亭宴带歇指煞】再休题春宵一刻千金价，准备着寒窗更守十年寡。猜诗谜的社家，众拍[27]了"迎风户半开"，山障[28]了"隔墙花影动"，绿惨[29]了"待月西厢下"。你将何郎粉面搽，他自把张敞眉儿画[30]。强风情措大[31]，睛干了尤云殢雨心[32]，悔过了窃玉偷香胆，删抹了倚翠偎红话[33]。(末云)小生再写一简，烦小娘子将去，以尽衷情如何？(红唱)淫词儿早则休，简帖儿从今罢。犹古自参不透风流调法[34]。从今后悔罪也卓文君，你与我游学去波汉司马。(下)

(末云)你这小姐送了人也！此一念小生再不敢举。奈有病体日笃，将如之奈何？夜来得简方喜，今日强扶至此，又值这一场怨气，眼见得休也。则索回书房中纳闷去。桂子闲中落，槐花病里看。(下)

(王季思、苏寰中、黄天骥等：《元杂剧选注》上册，北京，北京出版社，1980。)

【注释】

[1]较别：不相同。

[2]寒峭：暮春的寒意。

[3]金莲蹴损：小脚踩伤。金莲，旧时缠脚女子的小脚。蹴，踩、踏。

[4]凌波袜：原指水仙穿的袜。凌波，形容水仙脚步的轻盈。曹植的《洛神赋》言："凌波微步，罗袜生尘。"

[5]好教贤圣打：活该让神仙揍的意思。贤圣，神仙菩萨。

[6]诈：俊俏的意思。

[7]心猿意马：形容心神不定，就像猿猴跳跃和快马奔驰一样。

[8]按纳：捉摸。

[9]一地里胡拏：一地里，一味。胡拏，胡闹。

[10]做意了：做某种表情的舞台提示。

[11]赫赫赤赤：口哨声。在元杂剧中多作为男女私会的暗号。

[12]鸟：指张生。

[13]一弄儿：一块儿。

[14]"你看那淡云笼月华"四句：当时男女成亲时要点红烛和铺绣褥。这四句是说月色可以代替烛光，绿莎茵已铺好绣褥，意即可以成亲。

[15]低亚：低垂的样子。亚，通"压"。

[16]"则你那夹被儿时当奋发"二句：指手淫。

[17]撑达：漂亮，痛快。

[18]"为甚媒人"三句：红娘以媒人自居，意说我为什么不怕呢？总以为夫妻会同心合意，没有争执的。赤紧，有吃紧意，也有无须紧张意。这里用后面语意。

[19]丢翻：放倒。

[20]闲嗑牙：说闲话。

[21]就里：内中，内幕。

[22]香美娘处分破花木瓜：指莺莺戳穿了张生华而不实的面目。花木瓜，比喻好看而不切实用，《水浒传》二十四回言："花木瓜，空好看。"

[23]蠹夜：深夜。

[24]乔坐衙：假做坐堂问事。

[25]骗马：指那些不三不四的勾当。骗，跃身上马的意思。

[26]看你有何面目见江东父老：有什么面目见人。项羽在垓下兵败后，不肯渡过乌江，再图恢复，说自己无面目见江东父老，结果抽刀自杀。

[27]伫(qí)拍：不合拍子，弄错了的意思。伫，参差。

[28]山障：隔绝。

[29]绿惨：即绿惨红愁，伤春的意思，这里指好事未成。

[30]"你将何郎粉面搽"二句：意指张生着意打扮，主动献殷勤，但却遭莺莺拒绝。何郎，即何晏，三国时人，喜欢打扮，粉白不去手，有傅粉何郎的称号。张敞，汉代人，夫妻感情很好，张敞替妻子画眉。"自把张敞眉儿画"，指莺莺拒绝了张生的追求。

[31]强风情措大：强风情，单恋。措大，亦作醋大，旧社会对贫寒的读书人的称呼，含有轻慢的意思。

[32]尤云殢(tì)雨：指男女恋情。

[33]倚翠偎红：形容男女相恋。

[34]犹古自参不透风流调法：意说难道你还没有参透莺莺的风流手段吗？犹古自，尚且，还在。

【解读】

选文是《西厢记》第三本"张君瑞害相思"中的第三折——《乘夜逾墙》，是全剧中戏剧气氛最浓烈的一场。

金圣叹在其《第六才子书西厢记》中将这一折改为"赖简"二字标目，他认为莺莺写了相约幽会的简帖，张生跳墙过来，莺莺临时又因红娘在身旁等原因而胆怯了，因而不认账了。《第六才子书西厢记》是清代以来影响非常大的一个《西厢记》评点本，金圣叹的批评对后人的阅读和理解影响也就特别大，人们几乎都认为莺莺临时变卦，"赖简"了。

假如我们认可莺莺要赖了，那么，我们不禁要追问：莺莺为什么要赖简呢？学者关于这个问题的解读争论很大。有的学者认为，崔莺莺是贵族出身的相国小姐，受严格的封建礼教束缚，因而"在她迈出决定性的一步之前，必然会有种种顾虑"，赖简是她怕自己有失相国小姐的身份而做出的举动，她还没有完全摆脱封建意识对她的束缚，在反对封建礼教、追求爱情自由斗争过程中性格发生动摇最大的一次表现。有的学者认为，崔莺莺的诗本是一首寄托思念之意的普通情诗，并无约会张生之意，仅仅是宽慰张生而已。还有的学者认为，莺莺"赖简"的真意是试探和考验张生，看张生对爱情是否真正做到了"志诚"，是她对封建礼教进行反抗斗争的一种手段和策略，是她在追求婚姻自由过程中，在即将迈出决定性的一步之前，所要采取的必要的行动步骤。

假如我们接受以上各种对莺莺赖简原因的解释，那么，在赖简之后不久，莺莺就主动去到张生的书斋，并与其有了夫妻之实，这种"自献"的举动又该如何理解呢？

综上，我们不认同金圣叹提出的"闹简"的看法，而是比较赞同蒋星煜和袁行霈二位先生的观点，即不是莺莺"赖简"了，而是张生"误简"了。

《乘夜逾墙》一折，莺莺托红娘给张生送去一封简帖儿："待月西厢下，迎风户半开，隔墙花影动，疑是玉人来。"这首诗是莺莺与张生约定幽会的时间和地点，写得非常隐晦。为什么要这么写？这恰是作者尊重了历史的真实、生活的真实、人物的真实。像莺莺这样的在封建社会的阀阅世家中成长起来的女子，能够做到这种程度已属不易。更何况，具体何时能摆脱老夫人和红娘的监管去幽会，她确定不了；这封简帖儿一旦被人发现，她总要留下辩解的余地。

莺莺的这首诗其实是站在张生的角度上来写的，她以"玉人"自比，让张生在西厢等着她前来幽会，只要不把门关上就行了。"玉人"的本意是指琢玉工匠。先秦文献中"玉人"一词都指男性；魏晋南北朝时期，大多指男性，少数也指美女。魏晋时期，"玉人"似多用于形容男性之美，此后则多用以称美丽的女子。唐代尤其是晚唐以后，"玉人"均指美女。因此，魏晋以后，"玉人"一词多用以形容女性，已成为一种文化现象。另外，王实甫在《西厢记》中，一共有五处用到"玉人"，除一处是红娘调侃张生外，其他都是形容莺莺；而莺莺从未称呼过张生为"玉人"，张生也从未自比过"玉人"。况且，从诗歌本身来分析，幽静的月夜里，微风拂动花枝摇曳，一位花间美人的美好意象顺势托出，莺莺自比"玉人"与整首诗的意境也是贴合的。

张生在看过莺莺的简帖后，进入了异常兴奋、冲动的状态，显得鲁莽且冒失。他没有认真领会诗歌的隐含意义，没有细心考虑周围的环境，更加没有设身处地为莺莺的处境着想，红娘几次提出怀疑，张生仍旧不肯冷静反思。他急盼着天黑，甚至开始盘算"小生读书人，怎跳得那花园过？"结果，张生从莺莺的角度出发，把这首诗解读为："待月西厢下"，着我月上来；"迎风户半开"，她开门待我；"隔墙花影动，疑是玉人来"，着我跳过墙来。正好与莺莺的本意背道而驰！

退一步讲，张生如果是一个谈情说爱的老手，他当然会不动声色地、多方面地猜测、破解这首诗的含义。而张生不是这样的人，他不仅没有接近过少女，而且是个书生气十足的书呆子。他反反复复地自诩："风流隋何，浪子陆贾。"张生不仅在红娘的面前自吹自擂，而且在独处时也自言自语，重复念叨着这句话。可见，作者就是想让这个"得意忘言"的傻角出尽洋相，他越是自吹自擂，大言不惭，就越是可能隐伏着他的理解是错误的。因此，只有让张生自作聪明地误解了莺莺的诗意，这样才符合这个人物的性格，才能显示出作者精心构造的喜剧效果。

三、阅读思考

1. 结合《西厢记》全本，分析崔莺莺的人物形象。

2. 结合《西厢记》全本，分析红娘的人物形象。

3. 搜集、阅读《莺莺传》《董西厢》《王西厢》及唐宋诗词、说唱等多种文艺形式中有关张生和崔莺莺爱情故事的描写，考察西厢故事的演变过程及作品主旨变化所折射出来的社会心理的变迁。

四、拓展阅读

1. 张人和：《〈西厢记〉论证》（增订本），北京，中华书局，2015。

2. 蒋星煜：《〈西厢记〉研究与欣赏》，上海，上海人民出版社，2009。

3. 伏涤修：《〈西厢记〉接受史研究》，合肥，黄山书社，2008。

4. 寒声、贺新辉、范彪：《西厢记新论》，北京，中国戏剧出版社，1992。

5. 张燕瑾：《〈西厢记〉浅说》，天津，百花文艺出版社，1986。

第十二节 《三国演义》

一、常识举要

(一)《三国演义》

《三国演义》，即《三国志通俗演义》，是中国古典四大名著之一。作为中国小说史上的扛鼎之作，《三国演义》开历史演义小说之先河，是我国第一部长篇章回体小说。

这部小说描写了从中平元年(184 年)黄巾起义到太康元年(280 年)全国统一的近百年的历史风云。小说以三国纷争的历史进程为主线，以王业兴废为焦点，比较完整地描绘了东汉末年群雄割据混战的局面，叙述了魏、蜀、吴三国兴起、发展及灭亡的历史，在广阔的画面中展示了这一时期尖锐、复杂的政治斗争和军事斗争，塑造了一群叱咤风云的三国英雄人物。

历史上的"三国"本身就是一个龙腾虎跃、风起云涌的时代。有关这段历史的故事很早就在民间流传了。西晋陈寿的纪传体史书《三国志》是三国故事的源头。南朝裴松之在为《三国志》作注时，就采用了许多民间传说故事，这为后世文学家的创作提供了丰富的素材。《大业拾遗记》记载了隋炀帝看水上杂戏之事，其中便有曹操谯水击蛟、刘备檀溪跃马等故事。到了唐代，史学家刘知幾在《史通·采撰》中说，三国故事"得之于行路，传之于众口"①。晚唐诗人李商隐在《骄儿诗》中写道："或谑张飞胡，或笑邓艾吃。"②可见当时的人们对三国故事和人物已经比较熟悉了。北宋时，讲说三国故事之风更为盛行，在勾栏瓦肆中已经有了专门的一类"说三分"。在影戏舞台上，也有表演三国故事的节目。苏轼的《东坡志林》讲了小儿聚坐听说古话三国故事。"王彭尝云：涂巷中小儿薄劣，其家所厌苦，辄与钱，令聚坐听说古话。至说三国事，闻刘玄德败，颦蹙有出涕者，闻曹操败，即喜唱快。以是知君子小人之泽，百世不斩。"③由此可见，三国故事不仅在宋代被流传得很广，而且已经有了尊刘抑曹的倾向。宋代"说三分"的话本没有流传下来。现在能看到的三国讲史话本是元英宗至治年间新安虞氏刊印的《全相三国志平话》，全书上图下文，分上、中、下卷，已初具规模。金元之际，三国故事被大量搬上舞台。元杂剧中的三国戏就有四五十种，其中最著名的是关汉卿的《单刀会》。

元末明初，著名小说家罗贯中以陈寿所撰的《三国志》和裴松之所注的史料为蓝本，并在民间三国故事传说和话本、戏曲的基础上，"据正史""采小说""证文辞""通好尚"，结合自身的生活经验、感悟和喜好，创作了《三国志通俗演义》这部著名的长篇历史演义小说，即在明清时期流传甚广甚深的《三国演义》的原始版本。《三国志通俗演义》大概成书于元末明初，现存最早刊本是明嘉靖年所刊刻的，俗称"嘉靖本"，该书共 24 卷 270 则，每则前有小目，题"晋平阳侯陈寿史传，后学罗贯中编次"。后来，又出现了万历年间吴观明刊的《李卓吾先生批评三国志》，《李卓吾先生批评三国志》将 240 则合并为 120 回，回目由单句变为偶句。清康熙年间，毛纶、毛宗岗父子以李卓吾评本为基础，参考了《三国志》中的史料，毛氏父子辨正史事，增删文字，增加评点，辨正改误，修改成今日通行的《三国志通俗演义》，即后来的《三国演义》。

(二)罗贯中

罗贯中(约 1330—约 1400 年)，名本，字贯中，号湖海散人，山西太原人，元末明初著名小说家、戏曲家和中国章回体小说的开山鼻祖。他的朋友贾仲明说他性格孤介，"与人寡合"，因"遭时多故"，南北漂泊，"不知其所终"。④ 他经历过元末明初的大动乱，有经纶乱世之宏大志向。有人说他是"有志图王者"，也有人说他曾一度参加过农民起义军并与元末农民起义军领袖之一的张士诚有过接触。明朝建立后，罗贯中则潜心于创作，为后世留下了许多不朽著作。罗贯中的主要作品有：杂剧《风云会》《连环谏》《蜚虎子》，小说《三国志通俗演义》《隋唐两朝志传》《残唐五代史演义》《三遂平妖传》等。《三国志通俗演义》是罗贯中的代表作。可惜的是，罗贯中大部分的文学作品已经散佚，不得不说是一种遗憾。

① [唐]刘知幾:《史通》，195 页，北京，中华书局，2014。
② [唐]李商隐著，[清]朱鹤龄等笺注:《李商隐诗集》，326 页，上海，上海古籍出版社，2015。
③ [宋]苏轼:《东坡志林》，17 页，青岛，青岛出版社，2002。
④ [元]钟嗣成等:《录鬼簿》，102 页，上海，古典文学出版社，1957。

二、原典选读

《三国演义》(节选)
火烧赤壁

却说曹操在大寨中,与众将商议,只等黄盖消息。当日东南风起甚紧。程昱入告曹操曰:"今日东南风起,宜预提防。"操笑曰:"冬至一阳生,来复之时,安得无东南风?何足为怪!"军士忽报江东一只小船来到,说有黄盖密书。操急唤入。其人呈上书。书中诉说:"周瑜关防得紧,因此无计脱身。今有鄱阳湖新运到粮,周瑜差盖巡哨,已有方便。好歹杀江东名将,献首来降。只在今晚二更,船上插青龙牙旗者,即粮船也。"操大喜,遂与众将来水寨中大船上,观望黄盖船到。

且说江东,天色向晚,周瑜唤出蔡和,令军士缚倒。和叫:"无罪!"瑜曰:"汝是何等人,敢来诈降!吾今缺少福物祭旗,愿借你首级。"和抵赖不过,大叫曰:"汝家阚泽、甘宁亦曾与谋!"瑜曰:"此乃吾之所使也。"蔡和悔之无及。瑜令捉至江边皂纛旗下,奠酒烧纸,一刀斩了蔡和,用血祭旗毕,便令开船。黄盖在第三只火船上,独披掩心,手提利刃,旗上大书"先锋黄盖"。盖乘一天顺风,望赤壁进发。是时东风大作,波浪汹涌。操在中军遥望隔江,看看月上,照耀江水,如万道金蛇,翻波戏浪。操迎风大笑,自以为得志。忽一军指说:"江南隐隐一簇帆幔,使风而来。"操凭高望之。报称:"皆插青龙牙旗。内中有大旗,上书先锋黄盖名字。"操笑曰:"公覆来降,此天助我也!"来船渐近。程昱观望良久,谓操曰:"来船必诈。且休教近寨。"操曰:"何以知之?"程昱曰:"粮在船中,船必稳重;今观来船,轻而且浮。更兼今夜东南风甚紧,倘有诈谋,何以当之?"操省悟,便问:"谁去止之?"文聘曰:"某在水上颇熟,愿请一往。"言毕,跳下小船,用手一指,十数只巡船,随文聘船出。聘立于船头,大叫:"丞相钧旨:南船且休近寨,就江心抛住。"众军齐喝:"快下了篷!"言未绝,弓弦响处,文聘被箭射中左臂,倒在船中。船上大乱,各自奔回。南船距操寨止隔二里水面。黄盖用刀一招,前船一齐发火。火趁风威,风助火势,船如箭发,烟焰涨天。二十只火船,撞入水寨,曹寨中船只一时尽着;又被铁环锁住,无处逃避。隔江炮响,四下火船齐到,但见三江面上,火逐风飞,一派通红,漫天彻地。

曹操回观岸上营寨,几处烟火。黄盖跳在小船上,背后数人驾舟,冒烟突火,来寻曹操。操见势急,方欲跳上岸,忽张辽驾一小脚船,扶操下得船时,那只大船,已自着了。张辽与十数人保护曹操,飞奔岸口。黄盖望见穿绛红袍者下船,料是曹操,乃催船速进,手提利刃,高声大叫:"曹贼休走!黄盖在此!"操叫苦连声。张辽拈弓搭箭,觑着黄盖较近,一箭射去。此时风声正大,黄盖在火光中,那里听得弓弦响?正中肩窝,翻身落水。

....

却说当夜张辽一箭射黄盖下水，救得曹操登岸，寻着马匹走时，军已大乱。韩当冒烟突火来攻水寨，忽听得士卒报道："后梢舵上一人，高叫将军表字。"韩当细听，但闻高叫"义公救我！"当曰："此黄公覆也！"急教救起。见黄盖负箭着伤，咬出箭杆，箭头陷在肉内。韩当急为脱去湿衣，用刀剜出箭头，扯旗束之，脱自己战袍与黄盖穿了，先令别船送回大寨医治。原来黄盖深知水性，故大寒之时，和甲堕江，也逃得性命。

却说当日满江火滚，喊声震地。左边是韩当、蒋钦两军从赤壁西边杀来；右边是周泰、陈武两军从赤壁东边杀来；正中是周瑜、程普、徐盛、丁奉大队船只都到。火须兵应，兵仗火威。此正是：三江水战，赤壁鏖兵。曹军着枪中箭、火焚水溺者，不计其数。后人有诗曰：

> 魏吴争斗决雌雄，赤壁楼船一扫空。
>
> 烈火初张照云海，周郎曾此破曹公。

又有一绝云：

> 山高月小水茫茫，追叹前朝割据忙。
>
> 南士无心迎魏武，东风有意便周郎。

不说江中鏖兵。且说甘宁令蔡中引入曹寨深处，宁将蔡中一刀砍于马下，就草上放起火来。吕蒙遥望中军火起，也放十数处火，接应甘宁。潘璋、董袭分头放火呐喊，四下里鼓声大震。曹操与张辽引百余骑，在火林内走，看前面无一处不着。正走之间，毛玠救得文聘，引十数骑到。操令军寻路。张辽指道："只有乌林地面，空阔可走。"操径奔乌林。正走间，背后一军赶到，大叫："曹贼休走！"火光中现出吕蒙旗号。操催军马向前，留张辽断后，抵敌吕蒙。却见前面火把又起，从山谷中拥出一军，大叫："凌统在此！"曹操肝胆皆裂。忽刺斜里一彪军到，大叫："丞相休慌！徐晃在此！"彼此混战一场，夺路望北而走。忽见一队军马，屯在山坡前。徐晃出问，乃是袁绍手下降将马延、张颛，有三千北地军马，列寨在彼；当夜见满天火起，未敢转动，恰好接着曹操。操教二将引一千军马开路，其余留着护身。操得这枝生力军马，心中稍安。马延、张颛二将飞骑前行。不到十里，喊声起处，一彪军出。为首一将，大呼曰："吾乃东吴甘兴霸也！"马延正欲交锋，早被甘宁一刀斩于马下；张颛挺枪来迎，宁大喝一声，颛措手不及，被宁手起一刀，翻身落马。后军飞报曹操。操此时指望合淝有兵救应；不想孙权在合淝路口，望见江中火光，知是我军得胜，便教陆逊举火为号，太史慈见了，与陆逊合兵一处，冲杀将来。操只得望彝陵而走。路上撞见张郃，操令断后。

纵马加鞭，走至五更，回望火光渐远，操心方定，问曰："此是何处？"左右曰："此是乌林之西，宜都之北。"操见树木丛杂，山川险峻，乃于马上仰面大笑不止。诸将问曰："丞相何故大笑？"操曰："吾不笑别人，单笑周瑜无谋，诸葛亮少智。若是吾用兵之时，预先在这里伏下一军，如之奈何？"说犹未了，两边鼓声震响，火光竟天而起，惊得曹操几乎坠马。刺斜里一彪军杀出，大叫："我赵子龙奉军师将令，在此等候多时了！"操教徐晃、张郃双敌赵云，自己冒烟突火而去。子龙不来追赶，只顾抢夺旗帜。曹操得脱。

天色微明，黑云罩地，东南风尚不息。忽然大雨倾盆，湿透衣甲。操与军士冒雨而行，诸军皆有饥色。操令军士往村落中劫掠粮食，寻觅火种。方欲造饭，后面一军赶到。操心甚慌——原来却是李典、许褚保护着众谋士来到，操大喜，令军马且行，问："前面是那里地面？"人报："一边是南彝陵大路，一边是北彝陵山路。"操问："那里投南郡江陵去近？"军士禀曰："取南彝陵过葫芦口去最便。"操教走南彝陵。行至葫芦口，军皆饥馁，行走不上，马亦困乏，多有倒于路者。操教前面暂歇。马上有带得锣锅的，也有村中掠得粮米的，便就山边拣干处埋锅造饭，割马肉烧吃。尽皆脱去湿衣，于风头吹晒；马皆摘鞍野放，咽咬草根。操坐于疏林之下，仰面大笑。众官问曰："适来丞相笑周瑜、诸葛亮，引惹出赵子龙来，又折了许多人马。如今为何又笑？"操曰："吾笑诸葛亮、周瑜毕竟智谋不足。若是我用兵时，就这个去处，也埋伏一彪军马，以逸待劳；我等纵然脱得性命，也不免重伤矣。彼见不到此，我是以笑之。"正说间，前军后军一齐发喊。操大惊，弃甲上马。众军多有不及收马者。早见四下火烟布合，山口一军摆开，为首乃燕人张翼德，横矛立马，大叫："操贼走那里去！"诸军众将见了张飞，尽皆胆寒。许褚骑无鞍马来战张飞。张辽、徐晃二将，纵马也来夹攻。两边军马混战做一团。操先拨马走脱，诸将各自脱身。张飞从后赶来。操迤逦奔逃，追兵渐远，回顾众将多已带伤。

正行间，军士禀曰："前面有两条路，请问丞相从那条路去？"操问："那条路近？"军士曰："大路稍平，却远五十余里。小路投华容道，却近五十余里；只是地窄路险，坑坎难行。"操令人上山观望，回报："小路山边有数处烟起；大路并无动静。"操教前军便走华容道小路。诸将曰："烽烟起处，必有军马，何故反走这条路？"操曰："岂不闻兵书有云：'虚则实之，实则虚之。'诸葛亮多谋，故使人于山僻烧烟，使我军不敢从这条山路走，他却伏兵于大路等着。吾料已定，偏不教中他计！"诸将皆曰："丞相妙算，人不可及。"遂勒兵走华容道。此时人皆饥倒，马尽困乏。焦头烂额者扶策而行，中箭着枪者勉强而走。衣甲湿透，个个不全；军器旗幡，纷纷不整：大半皆是彝陵道上被赶得慌，只骑得秃马，鞍辔衣服，尽皆抛弃。正值隆冬严寒之时，其苦何可胜言。

操见前军停马不进，问是何故。回报曰："前面山僻路小，因早晨下雨，坑堑内积水不流，泥陷马蹄，不能前进。"操大怒，叱曰："军旅逢山开路，遇水叠桥，岂有泥泞不堪行之理！"传下号令，教老弱中伤军士在后慢行，强壮者担土束柴，搬草运芦，填塞道路。务要即时行动，如违令者斩。众军只得都下马，就路旁砍伐竹木，填塞山路。操恐后军来赶，令张辽、许褚、徐晃引百骑执刀在手，但迟慢者便斩之。此时军已饿乏，众皆倒地，操喝令人马践踏而行，死者不可胜数。号哭之声，于路不绝。操怒曰："生死有命，何哭之有！如再哭者立斩！"三停人马：一停落后，一停填了沟壑，一停跟随曹操。过了险峻，路稍平坦。操回顾止有三百余骑随后，并无衣甲袍铠整齐者。操催速行。众将曰："马尽乏矣，只好少歇。"操曰："赶到荆州将息未迟。"又行不到数里，操在马上扬鞭大笑。众将问："丞相何又大笑？"操曰："人皆言周瑜、诸葛亮足智多谋，以吾观之，到底是无能之辈。若使此处伏一旅之师，吾等皆束手受缚矣。"

言未毕，一声炮响，两边五百校刀手摆开，为首大将关云长，提青龙刀，跨赤兔马，截住去路。操军见了，亡魂丧胆，面面相觑。操曰："既到此处，只得决一死战！"众将曰："人纵然不怯，马力已乏，安能复战？"程昱曰："某素知云长傲上而不忍下，欺强而不凌弱；恩怨分明，信义素著。丞相旧日有恩于彼，今只亲自告之，可脱此难。"操从其说，即纵马向前，欠身谓云长曰："将军别来无恙！"云长亦欠身答曰："关某奉军师将令，等候丞相多时。"操曰："曹操兵败势危，到此无路，望将军以昔日之情为重。"云长曰："昔日关某虽蒙丞相厚恩，然已斩颜良，诛文丑，解白马之围，以奉报矣。今日之事，岂敢以私废公？"操曰："五关斩将之时，还能记否？大丈夫以信义为重。将军深明《春秋》，岂不知庾公之斯追子濯孺子之事乎？"云长是个义重如山之人，想起当日曹操许多恩义，与后来五关斩将之事，如何不动心？又见曹军惶惶，皆欲垂泪，一发心中不忍。于是把马头勒回，谓众军曰："四散摆开。"这个分明是放曹操的意思。操见云长回马，便和众将一齐冲将过去。云长回身时，曹操已与众将过去了。云长大喝一声，众军皆下马，哭拜于地。云长愈加不忍。正犹豫间，张辽纵马而至。云长见了，又动故旧之情，长叹一声，并皆放去。后人有诗曰：

> 曹瞒兵败走华容，正与关公狭路逢。
>
> 只为当初恩义重，放开金锁走蛟龙。

曹操既脱华容之难，行至谷口，回顾所随军兵，止有二十七骑。比及天晚，已近南郡，火把齐明，一簇人马拦路。操大惊曰："吾命休矣！"只见一群哨马冲到，方认得是曹仁军马。操才心安。曹仁接着，言："虽知兵败，不敢远离，只得在附近迎接。"操曰："几与汝不相见也！"于是引众入南郡安歇。随后张辽也到，说云长之德。操点将校，中伤者极多，操皆令将息。曹仁置酒与操解闷。众谋士俱在座。操忽仰天大恸。众谋士曰："丞相于虎窟中逃难之时，全无惧怯；今到城中，人已得食，马已得料，正须整顿军马复仇，何反痛哭？"操曰："吾哭郭奉孝耳！若奉孝在，决不使吾有此大失也！"遂捶胸大哭曰："哀哉，奉孝！痛哉，奉孝！惜哉，奉孝！"众谋士皆默然自惭。

（[明]罗贯中：《三国演义》，北京，人民文学出版社，1979。）

【解读】

罗贯中是一位擅长描写战争的作家。他在《三国演义》中一共描写了大大小小的战争四十余次，这些内容十分精彩，千变万化，各具特色，互不雷同。其中，对于"官渡之战""赤壁之战"和"彝陵之战"等几次决定魏、蜀、吴存亡的重要的大战役，作者可以说是煞费苦心，不惜笔墨，着力刻画。作者既从大处着墨，又从细处入手，把战争双方的统帅谋划的过程写得张弛有度，紧张刺激，使读者如身临其境。而赤壁之战又是这三大战役中名气最大、规模最大、人才最集中，也是描写得最精彩的一次战役。

赤壁之战是决定魏、蜀、吴三国鼎立局面形成的关键一役，它由曹操兴师南侵而引起，以曹操失败而结束。为了给读者展现那波澜壮阔、气势磅礴的战争场面，作者不惜笔墨对这场中国历史上以少胜多、以弱胜强的著名战役进行了详细描述。在如此长的篇幅中，前七回写的是大决战的准备阶段。从刘豫州败走汉津口开始，接下去写诸葛亮舌战群儒、孔明用智，写孙刘联盟形成的过程。接着写诸葛亮、周瑜为火烧赤壁的大战进行战略战术的谋划。在成功地施行了"反间计""苦肉计""诈降计""连环计"等一系列计策之后，火攻曹军的时机已近成熟。万事俱备后，诸葛亮借东风，周瑜调拨兵马，诸葛亮安排埋伏。当孙刘联盟为最后一场大战做好了充分的准备，将总攻部署安排妥帖之后，火烧赤壁的序幕缓缓拉开了。本文所选就是这最后一回半，虽然按照战争的进程已到了赤壁之战的尾声，但是其宏大惊险的战争场面、跌宕起伏的情节发展、经典生动的人物形象，都将赤壁之战推向了最高潮。

史书中关于赤壁之战战场的描述是非常简洁的，可作者却在小说中运用丰富的想象描绘了火烧赤壁这一宏大惊险的战争场面。因为是火战，所以作者在描写场面时着力突显这个"火"字，从各个角度描写火烈风猛的火战场面，为大战渲染了激战的气势。乘着诸葛亮借来的东风，黄盖作为先锋，驾着满载着全副武装的将士和引火之物的火船，急速驶向曹军水寨。而曹操此时却被蒙在鼓里，迎风大笑，自以为其事可成，做着黄盖督粮船来降的美梦。直到东吴的火船渐近曹军水寨，经程昱提醒，说来船"轻而且浮"必有诈谋，曹操方才醒悟，急令文聘去阻止船只近寨。可是为时已晚，黄盖率领的船只"一齐发火"，"火趁风威，风助火势，船如箭发，烟焰涨天。二十只火船，撞入水寨，曹寨中船只一时尽着；又被铁环锁住，无处逃避。隔江炮响，四下火船齐到，但见三江面上，火逐风飞，一派通红，漫天彻地"。不仅黄盖江中放火，"曹操回观岸上营寨，几处烟火"，曹寨深处甘宁草上放火，吕蒙放十数处火，潘璋、董袭分头放火，此时的曹操只能"在火林内"仓皇逃命了。谁想山谷中又遇凌统放火，合淝路口又有陆逊"举火为号"。一时间"满江火滚""满天火起"，孙刘联军借助火势冒烟突火而来，势如破竹，斩将刘旗；而八十三万曹军也因这大火"着枪中箭、火焚水溺者，不计其数"。作者以一个"火"字为中心，围绕这熊熊大火，将这百万兵马在风火中鏖战的纷乱扰攘的宏大场面，写得有条不紊、层次井然。

《三国演义》虽以历史为题材，但它毕竟不是史书而是文学作品。作为小说，就必须要具有可读性。因此，《三国演义》在尊重史实的基础上，既要使小说中的主要情节和经典人物形象不能偏离陈寿的《三国志》，又要注意艺术情节的连贯和突出经典人物形象，有虚有实，虚实相生，才能更引人入胜。这就要求作者在创作时不仅要运用各种艺术手法对小说进行加工，还要在结构的安排上特别讲究布局谋篇，更要注重故事情节的跌宕起伏，曲折迂回。"火烧赤壁"的故事情节就在作者精心设计、巧妙布局下写得跌宕起伏、曲折迂回而又惊心动魄的。百万雄兵对战，偌大一个战场，怎样才能写得更清晰、更精彩呢？作者巧妙地以曹操为中心人物，让读者跟随着曹操一路败逃从而感受故事情节的惊险刺激、起伏跌宕。火烧赤壁后，小说将曹操败逃分为三个阶段来展现。第一阶段，写曹操在东吴战场三次遇险又三次脱困的惊险情节。第一次遇险是火烧战船后，黄盖"冒烟突火，来寻曹操"，曹操"见势急，方欲跳上岸"，幸遇张辽才得以脱困。第二次遇险是曹操"径奔乌林"之时，遇到吕蒙、凌统大军，吓得曹操"肝胆皆裂"，忽刺斜里徐晃军到，"彼此混战一场"，曹操才又一次得以脱困。第三次遇险是曹操得马延、张颉接应，心中稍安，却不料前行不到十里，遇甘宁，马延、张颉被杀。曹操"此时指望合淝有兵救应"却不想在合淝路口，被太史慈、陆逊冲杀过来。曹操"只得望彝陵而走"，幸好路上撞见张郃才第三次得以脱险。曹操在东吴战场三次遇险又三次脱困的情节，被作者写得曲折变幻，张弛有度，紧张刺激，让读者如身临其境。第二阶段，写曹操逐渐步入诸葛亮设下的埋伏圈，也是三次遇阻三次脱险的情节。这一阶段的情节更是精彩、紧张、扣人心弦。却说曹操逃出乌林，回望火光渐远，操心方定，问曰："此是何处？"左右曰："此是乌林之西，宜都之北。"曹操见树木丛杂，山川险峻，乃于马上仰面大笑不止。诸将问曰："丞相何故大笑？"曹操曰："吾不笑别人，单笑周瑜无谋，诸葛亮少智。若是吾用兵之时，预先在这里伏下一军，如之奈何？"其言未了，两边鼓声震响，火光竟天而起，惊得曹操几乎坠马。刺斜里一彪军杀出，大叫："我赵子龙奉军师将令，在此等候多时了！"曹操教徐晃、张郃双敌赵云，自己冒烟突火而去。这一次自以为已经脱困的曹操不禁仰面大笑，却引来了预先埋伏的赵子龙，曹操惊得几乎坠马。好容易逃到葫芦口，在大军暂歇之际，曹操坐于疏林之下，再次仰面大笑。众官问曰："适来丞相笑周瑜、诸葛亮，引惹出赵子龙来，又折了许多人马。如今为何又笑？"曹操曰："吾笑诸葛亮、周瑜毕竟智谋不足。若是我用兵时，就这个去处，也埋伏一彪军马，以逸待劳；我等纵然脱得性命，也不免重伤矣。彼见不到此，我是以笑之。"正说话间，山口处张飞带兵，横矛立马立于眼前，吓得曹操大惊，弃甲上马。两边军马混战之际，曹操先拨马走脱，诸将各自脱身。这一次脱险后的曹操仍然仰面大笑，却引来了猛将张飞，吓得曹操大惊，丢盔弃甲，在二笑二惊中再次脱险。历尽艰辛后，曹操终于逃到华容道，过了险峻之地，路稍平坦，曹操在马上第三次扬鞭大笑。众将问："丞相何又大笑？"曹操曰："人皆言周瑜、诸葛亮足智多谋，以吾观之，到底是无能之辈。若使此处伏一旅之师，吾等皆束手受缚矣。"其言未毕，一声炮响，两边五百校刀手摆开，为首大将关云长，提青龙刀，跨赤兔马，截住去路。曹军见了，亡魂丧胆，面面相觑。最后靠关羽，曹操才留得性命逃出华容道。在三笑三惊之后，曹操终于逃出了诸葛亮设下的埋伏圈。第三阶段，写由于关羽义释华容道，曹操终于逃出重围回到南郡。这一阶段虽已接近尾声，可作者仍写了曹操一惊一哭两个情节。一惊是写曹操既脱华容之难，已近南郡，突见前方火把齐明，一簇人马拦路。曹操以为又遇伏兵，大惊曰："吾命休矣！"此时的曹操就如同一只惊弓之鸟，最后认出是曹仁的军马才心安。一哭是写曹操进入南郡终于安全之后，曹仁置酒与曹操解闷。众谋士俱在座。曹操忽仰天大恸。众谋士曰："丞相于虎窟中逃难之时，全无惧怯；今到城中，人已得食，马已得料，正须整顿军马复仇，何反痛哭？"曹操曰："吾哭郭奉孝耳！若奉孝在，决不使吾有此大失也！"遂捶胸大哭曰："哀哉，奉孝！痛哉，奉孝！惜哉，奉孝！"众谋士皆默然自惭。曹操以这一哭来总结这场战争，而作者也用这一哭来结束这场赤壁之战。整个火烧赤壁这场大战就在这三个阶段的情节中依次展开，有虚有实、有张有弛、跌宕起伏。

作为一部优秀的历史演义小说，《三国演义》不仅善于叙事，而且长于写人。《三国演义》中有所谓"三绝"，就是奸绝曹操、智绝诸葛亮、义绝关羽。通过火烧赤壁这场大战，作者将曹操的奸诈、诸葛亮的智慧、关羽的义气都进行了很好的刻画和展现。曹操虽是败军之将，但却是这场大战的主角。作者对于曹操形象的塑造可谓独具匠心，通过故事情节、语言、动作以及神态等一系列描写手法，来彰显人物形象，凸显其鲜明生动的个性。作者就是通过曹操的三笑、一哭来凸显曹操的形象的。赤壁之战失败后，曹操带领残余人马败退到乌林，看到该地没有伏兵时，"于马上仰面大笑不止"；到了葫芦口，曹操又一次"仰面大笑"；及至华容道，曹操第三次"在马上扬鞭大笑"。八十三万大军几乎全军覆没，本该伤心而哭，然曹操却大笑，生动地表现了他是一个自命不凡、雄心勃勃的政治家和军事首领，有着不屈服于逆境的顽强精神。三次大笑又三次强调诸葛亮、周瑜"智谋不足"，是"无能之辈"，可见他虽惨败，但不服输，败而不馁。而更重要的是，他每次大笑都是在形势危急且众将皆以为应当愁眉不展、胆寒心惊之时，在这种情况下曹操的大笑可以起到稳定军心和振奋士气的作用。一个不惧失败、乐观的统帅，可以给属下带来光明与希望。但这也同时让我们从侧面看到了那个善于耍弄权术、老谋深算、奸猾欺诈的曹操。而这一点在"一哭"中就表现得更加明显。当真的脱险了，应该大笑的时候，曹操倒捶胸大哭了。当着众谋士，曹操大哭死去的谋士郭嘉，使众谋士皆默然自惭。曹操借哭郭嘉来责怪谋士无能，将大战失败的责任全部推在了谋士的身上。在这"笑""哭"之间，曹操"奸雄"的形象便跃然纸上。作者并没有让诸葛亮出场，但写了曹操"三笑"之后的"三惊"，让人看到了一切尽在掌握之中的诸葛亮。作者明写曹操，暗写诸葛亮，虚中见实，进一步深化了诸葛亮"运筹于帷幄之中，决胜于千里之外"的"智绝"形象。作者对关羽着墨不多，但写了他义释曹操的情节，在人们心中树立了一位忠义千秋的英雄形象。

总之，火烧赤壁上演了一幕幕波澜壮阔、气势磅礴的战争场面。火烧赤壁的描写规模宏大、结构严谨、故事完整，而又情节曲折、高潮迭起、扣人心弦。整个故事呈环链形式，一环紧扣一环，一环又引出一环，环环相扣，深刻地反映了矛盾，生动地刻画了人物，是我国古典小说描写战争的典范。

三、阅读思考

1. 试分析在火烧赤壁的叙事过程中，作者在故事的结构安排、情节设计上有哪些特点。

2. 结合文本分析火烧赤壁中曹操的人物形象。

3. 试分析诸葛亮为什么派关羽去华容道阻击曹操。

四、拓展阅读

1. [明] 罗贯中：《三国演义》，北京，人民文学出版社，1979。

2. 吕思勉：《品三国》，北京，中国法制出版社，2019。

第十三节 《水浒传》

一、常识举要

(一)《水浒传》

《水浒传》是中国古代文学作品中的经典之作，更是中国古代小说中的一部奇书。它和《三国演义》同时出现在元末明初，是中国古代长篇章回体小说的开山作之一，也是"英雄传奇"类小说的扛鼎之作。尽管《水浒传》在诞生之后曾屡遭禁毁，但是读者日众，传播日广，最终成为我国古典四大名著之一。

《水浒传》主要描写的是北宋末年，以宋江为首的一百零八位好汉在山东梁山泊聚义的故事。全书通过描写梁山好汉反抗欺压、水泊梁山壮大和投降朝廷以及投降朝廷后镇压田虎、王庆、方腊等各路反抗宋朝政府的政治势力，最终走向悲惨失败的宏大故事，反映了中国历史上宋江起义从发生、发展直至失败的全过程，深刻揭示了起义的社会根源，满腔热情地歌颂了起义英雄的反抗斗争和他们的社会理想，也具体揭示了起义失败的内在历史原因。

虽然《水浒传》与《三国演义》一样，主要人物和题材都来源于历史，但《水浒传》却突破了事实的限制，用文学手法去塑造传奇式的英雄人物。《水浒传》属于世代累积型小说，它是在长期民间创作的基础上，经过文人不断综合、加工、增删、修改逐渐创作完成的。胡适先生在《水浒传考证》中说："《水浒传》不是青天白日里从半空中掉下来的，《水浒传》乃是从南宋初年（西历十二世纪初年）到明朝中叶

(十五世纪末年)这四百年的'梁山泊故事'的结晶。"①

《水浒传》反映的是北宋末年宋江起义的故事。关于宋江领导的农民起义，在《宋史》中有简单的记载。《宋史·徽宗本纪》载："淮南盗宋江等犯淮阳军，遣将讨捕，又犯京东、河北，入楚、海州界，命知州张叔夜招降之。"《宋史·张叔夜传》载："宋江起河朔，转略十郡，官军莫敢婴其锋。"②《东都事略·侯蒙传》载："宋江以三十六人横行河朔，京东官军数万，无敢抗者。"③由以上史料我们可知，历史上确有宋江这支起义军，人数不多，但战斗力很强，在群众中甚有影响，曾经给宋王朝造成一定的威胁。史书对此事的记载较为简略，后人很难了解事件的全貌，很显然，小说中较为具体的事件大多是虚构的。从小说的内容来衡量，《水浒传》并非客观反映历史，应该是虚构历史的著作。宋室南渡后，宋江等的事迹便在民间流传。宋末龚开的《宋江三十六人赞》完整地记录了三十六人的姓名和绰号，基本与小说相符，其序说："宋江事见于街谈巷语""有闻于时"。与此同时，在当时的勾栏瓦肆之间，说书艺人也将宋江等的传奇故事编为话本，广为流传。南宋罗烨《醉翁谈录》记载了以"水浒"故事为题材的"说话"名目，《石头孙立》《青面兽》《花和尚》《武行者》等，这些都是各自独立的英雄故事，可惜这些都已散佚。我们现在能看到的最早写水浒故事的作品，是《大宋宣和遗事》，学界通常将它看成《水浒传》的雏形。它为我们展现了《水浒传》的原始面貌，主要讲述了杨志卖刀、智取生辰纲、宋江杀阎婆惜等情节，末尾还提到张叔夜招安、征方腊、宋江封节度使等内容，顺序和后世的《水浒传》基本一致。这表明水浒故事从独立的短篇开始连缀成一体，从独立的单篇"小说"进入系统连贯的"讲史"阶段。到元代，水浒英雄的故事被搬上舞台，包括元明之际的作品在内，水浒戏作品存目大约有30个，不过留下传本的却只有10个。其中在康进之的《梁山泊李逵负荆》、高文秀的《黑旋风双献功》等作品中，水浒英雄从三十六人，发展到七十二人，又发展到一百零八人。对梁山泊这个起义根据地的描写也接近《水浒传》了。宋江、李逵等的形象得到了比较集中的描写，更为生动、形象。这些水浒戏在人物塑造和主题表达方面，对《水浒传》的成书有着直接影响。在宋元以来广泛流传的民间故事、话本、戏曲的基础上，经过伟大作家的综合性的再创作，《水浒传》在元末明初诞生了。

《水浒传》的版本十分复杂，大体可以分为简本和繁本两个系统。繁本叙述"繁缛"，简本叙述"简略"。这两个概念由鲁迅先生在《中国小说史略》里提出，并为学界所接受。简本是文简事繁本，是叙述简略而故事较多的本子。简本的内容包括排座次、受招安、征辽、平田虎王庆、征方腊、宋江被毒死等故事，文字简略粗糙，细节描写少。简本系统中，具有代表性的是评林本和刘兴我本。简本曾在明

① 欧阳哲生：《胡适文集》第 2 册，379 页，北京，北京大学出版社，1998。

② [元]脱脱等：《宋史》，407、11141 页，北京，中华书局，1977。

③ [宋]王称：《东都事略》，886 页，济南，齐鲁书社，2000。

清时的中下层读者中流行。繁本又称文繁事简本，指叙述详细而故事相对较少的本子。所谓繁本与简本的区别，并不是绝对的。繁本不一定事少，而简本究竟简略到何种程度也没有量的规定。况且简本与简本之间，仍有繁简之分。就主流的版本而言，比较重要的繁本有三种，即一百回本、一百二十回本、七十回本。其中以一百回本为最古，容与堂本《李卓吾先生批评忠义水浒传》一百卷叙事详尽，内容完整，是一百回本中现存最早的繁本。一百回本在排座次之后，便是受招安、征辽、征方腊。袁无涯刻本《水浒全传》是众多版本中内容最全的一百二十回本。一百二十回本，在征辽、征方腊之间，插增了征田虎、王庆的内容。崇祯十四年（1641 年）左右，金圣叹腰斩《水浒传》，他把七十一回以后的内容全部砍掉，伪造了一个卢俊义惊噩梦的结局，又把第一回改为楔子，定为七十回本。这个本子保留了原书的精华部分，在文字上又进行了修饰，还附上金圣叹精彩的评语，所以成为清代最流行的本子。而现在我们读者最熟悉的是一百二十回本。

（二）作者

关于《水浒传》的作者研究争议较多，有施耐庵说，有罗贯中说，有施耐庵著、罗贯中修订说，也有施耐庵写罗贯中续之说，更有非施非罗的说法，众说纷纭。目前学者一般认为，《水浒传》是施耐庵所作，其门人罗贯中在其基础上又做了一定加工，即"施耐庵的本，罗贯中编次"。

有关施耐庵生平事迹材料极少，搜集到的一些记载亦颇多矛盾。自 20 世纪 20 年代以来，陆续发现了一些有关施耐庵的材料，有《施氏族谱》《施氏长门谱》等，另有《兴化县续志》卷十三补遗载有《施耐庵传》一篇，卷十四补遗载有明初王道生撰《施耐庵墓志》一篇。

施耐庵（约 1296—1370 年），扬州府兴化（今江苏兴化）人，本名施彦端。施耐庵自幼聪明好学，才气过人，事亲至孝，为人仗义。延祐元年（1314 年）考中秀才，泰定元年（1324 年）中举人，至顺二年（1331 年）登进士科。他任钱塘县尹后，因与当道不合，遂辞官回家闭门著述，与门下弟子罗贯中一起研究《三国演义》《三遂平妖传》的创作，搜集并整理关于梁山泊宋江等英雄人物的故事，最终写成"四大名著"之一的《水浒传》。

二、原典选读

《水浒传》（节选）
武松打虎

武松在路上行了几日，来到阳谷县地面。此去离县治还远。当日晌午时分，走得肚中饥渴，望见前面有一个酒店，挑着一面招旗在门前，上头写着五个字道："三碗不过冈"。武松入到里面坐下，把梢棒倚了，叫道："主人家，快把酒来吃。"只见店主人把三只碗、一双箸、一碟热菜，放在武松面前，满满筛一碗酒来。武松拿起碗，一饮而尽，叫道："这酒好生有气力！主人家，有饱肚的买些吃酒。"酒家道："只有熟牛肉。"武松道："好的，切二三斤来吃酒。"店家去里面切出二斤熟牛肉，做一大盘子将来，放在武松面前，随即再筛一碗酒。武松吃了道："好酒！"又筛下一碗，恰好吃了三碗酒，再也不来筛。武松敲着桌子叫道："主人家，怎的不来筛酒？"酒家道："客官要肉便添来。"武松道："我也要酒，也再切些肉来。"酒家道："肉便切来，添与客官吃，酒却不添了。"武松道："却又作怪。"便问主人家道："你如何不肯卖酒与我吃？"酒家道："客官，你须见我门前招旗上面明明写道'三碗不过冈'。"武松道："怎地唤做'三碗不过冈'？"酒家道："俺家的酒，虽是村酒，却比老酒的滋味。但凡客人来我店中吃了三碗的，便醉了，过不得前面的山冈去。因此唤做'三碗不过冈'。若是过往客人到此，只吃三碗，更不再问。"武松笑道："原来恁地。我却吃了三碗，如何不醉？"酒家道："我这酒叫做'透瓶香'，又唤做'出门倒'。初入口时，醇酽好吃，少刻时便倒。"武松道："休要胡说。没地不还你钱，再筛三碗来我吃。"酒家见武松全然不动，又筛三碗。武松吃道："端的好酒！主人家，我吃一碗，还你一碗钱，只顾筛来。"酒家道："客官休只管要饮，这酒端的要醉倒人，没药医。"武松道："休得胡鸟说！便是你使蒙汗药在里面，我也有鼻子。"店家被他发话不过，一连又筛了三碗。武松道："肉便再把二斤来吃。"酒家又切了二斤熟牛肉，再筛了三碗酒。武松吃得口滑，只顾要吃，去身边取出些碎银子，叫道："主人家，你且来看我银子，还你酒肉钱勾么？"酒家看了道："有余，还有些贴钱与你。"武松道："不要你贴钱，只将酒来筛。"酒家道："客官，你要吃酒时，还有五六碗酒哩，只怕你吃不的了。"武松道："就有五六碗多时，你尽数筛将来。"酒家道："你这条长汉，倘或醉倒了时，怎扶的你住？"武松答道："要你扶的不算好汉。"酒家那里肯将酒来筛。武松焦躁道："我又不白吃你的，休要引老爷性发，通教你屋里粉碎，把你这鸟店子倒翻转来！"酒家道："这厮醉了，休惹他。"再筛了六碗酒与武松吃了，前后共吃了十五碗。绰了梢棒，立起身来道："我却又不曾醉。"走出门前来，笑道："却不说'三碗不过冈'！"手提梢棒便走。

　　酒家赶出来叫道："客官那里去？"武松立住了，问道："叫我做甚么？我又不少你酒钱，唤我怎地？"酒家叫道："我是好意。你且回来我家看官司榜文。"武松道："甚么榜文？"酒家道："如今前面景阳冈上，有只吊睛白额大虫，晚了出来伤人，坏了三二十条大汉性命。官司如今杖限猎户，擒捉发落。冈子路口两边人民，都有榜文。可教往来客人，结伙成队，于巳、午、未三个时辰过冈，其余寅、卯、申、酉、戌、亥六个时辰，不许过冈。更兼单身客人，不许白日过冈，务要等伴结伙而过。这早晚正是未末申初时分，我见你走都不问人，枉送了自家性命。不如就我此间歇了，等明日慢慢凑的三二十人，一齐好过冈子。"武松听了，笑道："我是清河县人氏，这条景阳冈上少也走过了一二十遭。几时见说有大虫！你休说这般鸟话来吓我！便有大虫，我也不怕。"酒家道："我是好意救你。你不信时，进来看官司榜文。"武松道："你鸟子声！便真个有虎，老爷也不怕！你留我在家里歇，莫不半夜三更要谋我财，害我性命，却把鸟大虫谎吓我。"酒家道："你看么！

我是一片好心，反做恶意，倒落得你恁地说。你不信我时，请尊便自行！"正是：

> 前车倒了千千辆，后车过了亦如然。
>
> 分明指与平川路，却把忠言当恶言。

那酒店里主人摇着头，自进店里去了。这武松提了梢棒，大着步自过景阳冈来。约行了四五里路，来到冈子下，见一大树，刮去了皮，一片白，上写两行字。武松也颇识几字，抬头看时，上面写道："近因景阳冈大虫伤人，但有过往客商，可于巳、午、未三个时辰，结伙成队过冈，请勿自误。"武松看了，笑道："这是酒家诡诈，惊吓那等客人，便去那厮家里宿歇。我却怕甚么鸟！"横拖着梢棒，便上冈子来。那时已有申牌时分。这轮红日，厌厌地相傍下山。武松乘着酒兴，只管走上冈子来，走不到半里多路，见一个败落的山神庙。行到庙前，见这庙门上贴着一张印信榜文。武松住了脚读时，上面写道：

> "阳谷县示：为这景阳冈上新有一只大虫，近来伤害人命。见今杖限各乡里正并猎户人等，打捕未获。如有过往客商人等，可于巳、午、未三个时辰，结伴过冈，其余时分及单身客人，白日不许过冈。恐被伤害性命不便。各宜知悉。"

武松读了印信榜文，方知端的有虎。欲待发步再回酒店里来，寻思道："我回去时，须吃他耻笑，不是好汉，难以转去。"存想了一回，说道："怕甚么鸟！且只顾上去，看怎地！"武松正走，看看酒涌上来，便把毡笠儿背在脊梁上，将梢棒绾在肋下，一步步上那冈子来。回头看这日色时，渐渐地坠下去了。此时正是十月间天气，日短夜长，容易得晚。武松自言自说道："那得甚么大虫！人自怕了，不敢上山。"武松走了一直，酒力发作，焦热起来。一只手提着梢棒，一只手把胸膛前袒开，踉踉跄跄，直奔过乱树林来。见一块光挞挞大青石，把那梢棒倚在一边，放翻身体，却待要睡，只见发起一阵狂风来。看那风时，但见：

> 无形无影透人怀，四季能吹万物开。
>
> 就树撮将黄叶去，入山推出白云来。

原来但凡世上云生从龙，风生从虎。那一阵风过处，只听得乱树背后扑地一声响，跳出一只吊睛白额大虫来。武松见了，叫声："呵呀！"从青石上翻将下来，便拿那条梢棒在手里，闪在青石边。那个大虫又饥又渴，把两只爪在地下略按一按，和身望上一扑，从半空里撺将下来。武松被那一惊，酒都做冷汗出了。说时迟，那时快，武松见大虫扑来，只一闪，闪在大虫背后。那大虫背后看人最难，便把前爪搭在地下，把腰胯一掀，掀将起来。武松只一躲，躲在一边。大虫见掀他不着，吼一声，却似半天里起个霹雳，振得那山冈也动，把这铁棒也似虎尾倒竖起来，只一剪。武松却又闪在一边。原来那大虫拿人，只是一扑，一掀，一剪，三般提不着时，气性先自没了一半。那大虫又剪不着，再吼了一声，一兜兜将回来。武松见那大虫复翻身回来，双手轮起梢棒，尽平生气力，只一棒，从半空劈将下来。只听得一声响，簌簌地将那树连枝带叶劈脸打将下来。定睛看时，一棒劈不着大虫。原来慌了，正打在枯树上，把那条梢棒折做两截，只拿得一半在手里。那大虫咆哮，性发起来，翻身又只一扑，扑将来。武松又只一跳，却退了十步远。那大虫却好把两只前爪搭在武松面前。武松将半截棒丢在一边，两只手就势把大虫顶花皮肐腊地揪住，一按按将下来。那只大虫急要挣扎，早没了气力被武松尽气力纳定，那里肯放半点儿松宽。武松把只脚望大虫面门上、眼睛里只顾乱踢。那大虫咆哮起来，把身底下扒起两堆黄泥，做了一个土坑。武松把那大虫嘴直按下黄泥坑里去。那大虫吃武松奈何得没了些气力。武松把左手紧紧地揪住顶花皮，偷出右手来，提起铁锤般大小拳头，尽平生之力，只顾打。打到五七十拳，那大虫眼里、口里、鼻子里、耳朵里都迸出鲜血来。那武松尽平昔神威，仗胸中武艺，半歇儿把大虫打做一堆，却似躺着一个锦皮袋。有一篇古风，单道景阳冈武松打虎。但见：

> 景阳冈头风正狂，万里阴云霾日光。
> 焰焰满川枫叶赤，纷纷遍地草芽黄。
> 触目晚霞挂林薮，侵人冷雾满穹苍。
> 忽闻一声霹雳响，山腰飞出兽中王。
> 昂头踊跃逞牙爪，谷口麋鹿皆奔忙。
> 山中狐兔潜踪迹，洞内獐猿惊且慌。
> 卞庄见后魂魄丧，存孝遇时心胆强。
> 清河壮士酒未醒，忽在冈头偶相迎。
> 上下寻人虎饥渴，撞着狰狞来扑人。
> 虎来扑人似山倒，人去迎虎如岩倾。
> 臂腕落时坠飞炮，爪牙爬处成泥坑。
> 拳头脚尖如雨点，淋漓两手鲜血染。
> 秽污腥风满松林，散乱毛须坠山奄。
> 近看千钧势未休，远观八面威风敛。
> 身横野草锦斑销，紧闭双睛光不闪。

当下景阳冈上那只猛虎，被武松没顿饭之间，一顿拳脚打得那大虫动掸不得，使得口里兀自气喘。武松放了手，来松树边寻那打折的棒橛，拿在手里，只怕大虫不死，把棒橛又打了一回。那大虫气都没了，武松再寻思道："我就地拖得这死大虫下冈子去。"就血泊里双手来提时，那里提得动？原来使尽了气力，手脚都疏软了，动掸不得。

武松再来青石坐了半歇，寻思道："天色看看黑了，倘或又跳出一只大虫来时，我却怎地斗得他过？且挣扎下冈子去，明早却来理会。"就石头边寻了毡笠儿，转过乱树林边，一步步捱下冈子来。走不到半里多路，只见枯草丛中钻出两只大虫来。武松道："呵呀！我今番死也！性命罢了！"只见那两个大虫，于黑影里直立起来。武松定睛看时，却是两个人，把虎皮缝做衣裳，紧紧拼在身上。那两个人手里各拿着一条五股叉，见了武松，吃一惊道："你那人吃了猿律心，豹子肝，狮子腿，胆倒包着身躯，如何敢独自一个，昏黑将夜，又没器械，走过冈子来！不知你是人？是鬼？"武松道："你两个是甚么人？"那个人道："我们是本处猎户。"武松道："你们上岭来做甚么？"两个猎户失惊道："你兀自不知哩！如今景阳冈上有一只极大的大虫，夜夜出来伤人。只我们猎户，也折了七八个。过往客人，不记其数，都被这畜生吃了。本县知县着落当乡里正和我们猎户人等捕捉。那业畜势大，难近得他，谁敢向前！我们为他正不知吃了多少限棒，只捉他不得。今夜又该我们两个捕猎，和十数个乡夫在此，上上下下放了窝弓药箭等他。正在这里埋伏，却见你大刺刺地从冈子上走将下来，我两个吃了一惊。你却正是甚人？曾见大虫么？"武松道："我是清河县人氏，姓武，排行第二。却才冈子上乱树林边，正撞见那大虫，被我一顿拳脚打死了。"两个猎户听得痴呆了，说道："怕没这话！"武松道："你不信时，只看我身上兀自有血迹。"两个道："怎地打来？"武松把那打大虫的本事，再说了一遍。两个猎户听了，又惊又喜，叫拢那十个乡夫来。只见这十个乡夫，都拿着钢叉、踏弩、刀、枪，随即拢来。武松问道："他们众人如何不随着你两个上山？"猎户道："便是那畜生利害，他们如何敢上来！"一伙十数个人，都在面前。两个猎户把武松打杀大虫的事，说向众人。众人都不肯信。武松道："你众人不信肯时，我和你去看便了。"众人身边都有火刀、火石，随即发出火来，点起五七个火把。众人都跟着武松，一同再上冈子来，看见那大虫做一堆儿死在那里。众人见了大喜，先叫一个去报知本县里正，并该管上户。这里五七个乡夫，自把大虫缚了，抬下冈子来。到得岭下，早有七八十人都哄将来，先把死大虫抬在前面，将一乘兜轿，抬了武松，径投本处一个上户家来。那户里正都在庄前迎接，把这大虫抬到草厅上。却有本乡上户、本乡猎户三二十人，都来相探武松。众人问道："壮士高姓大名？贵乡何处？"武松道："小人是此间邻郡清河县人氏，姓武名松，排行第二。因从沧州回乡来，昨晚在冈子那边酒店吃得大醉了，上冈子来，正撞见这畜生。"把那打虎的身分拳脚，细说了一遍。众上户道："真乃英雄好汉！"众猎户先把野味将来与武松把杯。武松因打大虫困乏了，要睡。大户便教庄客打并客房，且教武松歇息。到天明，上户先使人去县里报知，一面合具虎床，安排端正，迎送县里去。

　　天明，武松起来洗漱罢，众多上户牵一腔羊，挑一担酒，都在厅前伺候。武松穿了衣裳，整顿巾帻，出到前面，与众人相见。众上户把盏说道："被这个畜生正不知害了多少人性命，连累猎户吃了几顿限棒。今日幸得壮士来到，除了这个大害。第一，乡中人民有福，第二，客侣通行，实出壮士之赐。"武松谢道："非小子之能，托赖众长上福荫。"众人都来作贺，吃了一早晨酒食。抬出大虫，放在虎床上。众乡村上户，都把段匹花红来挂与武松。武松有些行李包裹，寄在庄上，一齐都出庄门前来。早有阳谷县知县相公使人来接武松，都相见了。叫四个庄客，将乘凉轿来抬了武松，把那大虫扛在前面，挂着花红段匹，迎到阳谷县里来。

那阳谷县人民听得说一个壮士打死了景阳冈上大虫，迎喝将来，尽皆出来看。哄动了那个县治。武松在轿上看时，只见亚肩叠背，闹闹穰穰，屯街塞巷，都来看迎大虫。到县前衙门口，知县已在厅上专等。武松下了轿，扛着大虫，都到厅前，放在甬道上。知县看了武松这般模样，又见了这个老大锦毛大虫，心中自忖道："不是这个汉，怎地打的这个猛虎！"便唤武松上厅来。武松去厅前声了喏。知县问道："你那打虎的壮士，你却说怎生打了这个大虫？"武松就厅前将打虎的本事，说了一遍。厅上厅下众多人等，都惊的呆了。知县就厅上赐了几杯酒，将出上户凑的赏赐钱一千贯，赏赐与武松。武松禀道："小人托赖相公的福荫，偶然侥幸，打死了这个大虫。非小人之能，如何敢受赏赐。小人闻知这众猎户因这个大虫受了相公责罚，何不就把这一千贯给散与众人去用？"知县道："既是如此，任从壮士。"

武松就把这赏钱在厅上散与众人猎户。知县见他忠厚仁德，有心要抬举他，便道："虽你原是清河县人氏，与我这阳谷县只在咫尺。我今日就参你在本县做个都头，如何？"武松跪谢道："若蒙恩相抬举，小人终身受赐。"知县随即唤押司立了文案，当日便参武松做了步兵都头。众上户都来与武松作贺庆喜，连连吃了三五日酒。武松自心中想道："我本要回清河县去看望哥哥，谁想倒来做了阳谷县都头！"自此上官见爱，乡里闻名。

（［明］施耐庵、罗贯中：《水浒传》，北京，人民文学出版社，1975。）

【解读】

《水浒传》作为我国英雄传奇类小说的扛鼎之作，它的艺术成就之一就是紧扣人物的身份、经历、遭遇，成功地塑造了一批极具个性、栩栩如生又深入人心的英雄人物群像。金圣叹说："《水浒传》写一百八个人性格，真是一百八样。若别一部书，任他写一千个人也只是一样，便只得写两个人也只是一样。"他还说："《水浒》所叙，叙一百八人，人有其性情，人有其气质，人有其形状，人有其声口。"[1]而在这一系列性格鲜明、光彩照人的英雄群像当中，武松无疑是其中很有典型意义的代表之一。

作者用了将近十回的篇幅来写武松的经历，这就是《水浒传》里著名的"武十回"。实际上，武松的经历就是一个英雄的传奇。小说从初逢宋公明、景阳冈打虎、杀嫂祭胞兄、斗杀西门庆、醉打蒋门神、大闹飞云浦、血溅鸳鸯楼一直写到二龙山落草。作者通过这些惊心动魄的故事揭示了武松思想性格的发展史，把其勇敢、机警、大胆、泼辣、光明磊落和敢作敢为的平民英雄形象表现得淋漓尽致。

在"武十回"中，"景阳冈打虎"这一回无疑是写得最精彩的。金圣叹曾极力赞

---

① ［明］施耐庵，［清］金圣叹评点：《金圣叹批评本水浒传》，2、11页，长沙，岳麓书社，2015。

扬："景阳冈打虎一篇，奇绝了。"①后世读者提到武松，首先想到的便是打虎英雄的形象；而提到打虎，首先想到的还是武松。武松打虎的故事不长，也不算复杂，却有着很强的艺术性——"写极骇人之事，却尽用极近人之笔"。整个故事虽然做了艺术夸张，但处处细节使得故事不论叙事还是写人都入情入理、生动逼真。

武松打虎的故事，从情节上来说是比较简单的，作者却把这简单的情节写得曲折生动，避免了沉闷和平板。故事按照内容和事件发展的顺序可分为：发生——喝酒、发展——上冈、高潮——打虎、尾声——下冈四个阶段。

作者在布局谋篇上独具匠心，虽然故事情节的高潮是打虎，但在此之前却用了大量笔墨写武松在酒店喝酒的情形，这样的安排乍看似乎主次不分、本末倒置，然而细细品味却发现这正是作者的高明之处：写酒就是写武松，写喝酒就是为写打虎做铺垫。故事的发生由喝酒引起，先写酒店招旗上写着"三碗不过冈"五个大字，又写这酒叫"透瓶香"，又名"出门倒"，点明酒的烈性和后劲，为下文武松半醉半醒的打虎状态埋下伏笔；再写武松和酒家之间因喝酒引起争执冲突，直至武松强索并喝完十几碗烈酒。这里武松惊人的酒量以及与酒家的争吵都显示了武松性格豪爽、争强好胜，说明他是一条硬汉、一条好汉，为下文武松赤手空拳打死猛虎做了铺垫，使后面的情节虽然充满了传奇但却并不显得唐突，也更能让读者信服。此外，酒家的劝告，从侧面点染了老虎的威风、凶猛，为打虎的艰辛埋下伏笔。

故事的发展阶段，围绕着冈上有没有老虎，展开了武松心理活动的描写。起先饮完酒时武松坚决不听酒家的劝告，怀疑酒家骗他，不信有虎，更硬气地与酒家说"便有大虫，我也不怕。""便真个有虎，老爷也不怕！"言语间充满了傲气与自信。上冈后，武松看见大树上面写着的有关大虫伤人的内容时，仍认为是酒家的诡计，继续往冈上走。直到真见到官府的印信榜文时，才相信原来山中真的有虎，"欲待发步再回酒店里来"，又怕酒家耻笑丢了面子，经过一番激烈的思想斗争，最后只好硬着头皮继续往冈上走去。武松这种复杂的心理被描绘得惟妙惟肖，一个鲜活的、有血有肉的人展现在了读者面前。武松是人，不是神，也怕虎，但他是好汉，在自尊和荣誉面前，他选择了不避危险、知难而进。

打虎是故事情节的高潮部分，写得腾挪跌宕、惊心动魄。武松因为酒喝得太多，昏昏沉沉地想睡，恰好又碰到一块光滑的大青石，正要躺下，突然一阵风后跳出一只吊睛白额大虫。毫无防备的武松见了，"叫声'阿呀'，从青石上翻将下来，便拿那条梢棒在手里，闪在青石边"。那又饿又渴的猛虎"把两只爪在地下略按一按，和身望上一扑，从半空里撺将下来"。武松被这异常凶猛的老虎惊得"酒都做冷汗出了"。接下来便是一场人与虎之间的殊死较量。凶猛的老虎以"一扑，一掀，一剪"先发制人，而武松竟然临危不乱、机敏地以"三闪一躲"避开了老虎的

---

① ［明］施耐庵，［清］金圣叹评点：《金圣叹批评本水浒传》，2 页，长沙，岳麓书社，2015。

突袭。不但挫了老虎的锐气，而且使自己变被动防守为主动进攻。看准时机，武松"双手轮起梢棒，尽平生气力，只一棒，从半空劈将下来"，却打在枯树上，令梢棒折做两截。在人虎搏斗的紧要关头，梢棒的折断使得故事更加波澜起伏，险象环生，"令人瞪目噤口，不复敢读下去"①。情急之下，武松只能赤手空拳地与虎搏斗，徒手打虎更显示出武松的神勇。趁老虎气性已消耗过半，这时武松后发制人，"把大虫顶花皮肐𦟛地揪住"，"把只脚望大虫面门上、眼睛里只顾乱踢"，"把那大虫嘴直按下黄泥坑里去"，"提起铁锤般大小拳头，尽平生之力，只顾打"，一连打了五七十拳，打得大虫眼口鼻耳鲜血迸出，动弹不得，奄奄一息。最后还"只怕大虫不死，把棒橛又打了一回"。这赤手空拳打死猛虎的场面，"真乃山摇地撼，使人毛发倒卓"②。在叙写打虎的过程中，作者通过一系列的动作将人虎相搏的场面写得紧张激烈、扣人心弦，同时也使武松临危不惧、英勇无畏和机敏沉着的打虎英雄形象跃然纸上。

　　如果说喝酒、上冈是为打虎做的必要的心理铺垫，打虎是故事的重点、高潮，那么，下冈则是作者对英雄性格的再度补充。这场恶战耗尽了武松所有的气力，以至于在老虎死后，武松想把老虎拖下山冈，却发现"那里提得动？原来使尽了气力，手脚都疏软了"。他甚至害怕如果再出现老虎，"怎地斗得他过？"因此，当他下冈途中遇到披着虎皮的猎人时，以为又遇到老虎，不禁绝望惊呼："呵呀！我今番死也！性命罢了！"这些描写都非常真实、贴近生活，武松虽然是个勇力过人的英雄，但是他也是血肉之躯，也会疲劳、困倦，甚至畏惧、惊恐，这样的描写不但不会有损武松的英雄形象，反而使武松的形象更加朴实丰满、有血有肉，更加真实可信。故事的结尾，作者意犹未尽，横生一笔，写武松遇到猎户的情节，作者用大量笔墨写猎户的惊恐之状，从侧面反衬和渲染了武松的英雄行为。最后，写乡民高兴地把老虎抬下冈子来并热情款待武松、知县赐酒、上户赏钱等，不仅只是为武松庆功，同时以老虎对乡民的危害、老虎被打死后乡民的人心大快以及乡民对武松的感激、爱戴之举，衬托出武松的勇敢无畏的英雄气概，使武松的形象不仅丰满，而且高大和完整。

　　金圣叹对武松打虎这段故事有这样的评价："吾尝论世人才不才之相去，真非十里、二十里之可计。即如写虎要写活虎，写活虎要写正搏人时，此即聚千人，运千心，伸千手，执千笔，而无一字是虎，则亦终无一字是虎也。独今耐庵乃以一人，一心，一手，一笔，而盈尺之幅，费墨无多，不惟写一虎，兼又写一人，不惟双写一虎一人，且又夹写许多风沙树石，而人是神人，虎是怒虎，风沙树石是真正虎林。此虽令我读之，尚犹目眩心乱，安望令我作之耶！"③武松打虎的整个过程，作者写得细腻逼真、曲折动人，使人读后如临其境、如见其人。武松也

　　① ［明］施耐庵，［清］金圣叹评点：《金圣叹批评本水浒传》，255页，长沙，岳麓书社，2015。
　　② ［明］施耐庵，［清］金圣叹评点：《金圣叹批评本水浒传》，260页，长沙，岳麓书社，2015。
　　③ ［明］施耐庵，［清］金圣叹评点：《金圣叹批评本水浒传》，248～249页，长沙，岳麓书社，2015。

凭借打虎成了人见人爱的打虎英雄。作者在塑造武松的英雄形象时，并未把他写得十全十美，以致抬高到"神"的高度。相反，在刻画武松的性格时，没有用盲目夸大地渲染，而是随着情节的发展逐渐有所变化，真实可信地写出了一个有血有肉的平民英雄形象。也正是因为武松真实的人物形象，他才会成为读者喜爱的水浒英雄。

三、阅读思考

1. 试分析本文中武松的形象，并指出作者刻画人物的手法。

2.《水浒传》中除了武松景阳冈打虎，还有李逵沂岭杀四虎，试比较这两个打虎故事。

3. 请比较《水浒传》一百二十回本与七十回本，谈谈你对两个版本主题的看法。

四、拓展阅读

1. 佘大平：《草莽英雄的悲壮人生——〈水浒传〉》，昆明，云南人民出版社，1999。

2. 汪远平：《水浒拾趣》，太原，北岳文艺出版社，1987。

第十四节 《西游记》

一、常识举要

(一)《西游记》

《西游记》，中国古典四大名著之一，是我国古代第一部浪漫主义章回体长篇神魔小说。它开辟了长篇章回体神魔小说的新门类，是古代长篇浪漫主义小说的高峰。《西游记》以其奇特丰富的艺术想象、浪漫奇巧的故事情节和幽默滑稽的艺术风格成为中国古典小说之林中的一朵奇葩。它的出现，开拓了中国古代小说创作的新领域，丰富了中国古代小说的艺术宝库。

《西游记》以"唐僧取经"这一历史事件为蓝本，通过作者的艺术加工，运用浪漫主义手法，以丰富的想象，描绘了一个色彩缤纷、神奇瑰丽的幻想世界，创造了一系列妙趣横生、引人入胜的神话故事。全书主要描写了孙悟空出世及大闹天宫后，先后遇见了唐僧、猪八戒和沙僧三人，西行取经，一路降妖伏魔，经历了九九八十一难，最终取得真经、修成正果的故事。

《西游记》也属于世代累积型小说，它的成书过程与《三国演义》《水浒传》相似，都是由最初的历史依据，经过文人与民间漫长时期的创作积累，最后由文人写定。但与《三国演义》《水浒传》是在历史的基础上加以生发与虚构不同，《西游记》则是将事实不断地神化、幻化，最终以神魔小说的形式出现在读者面前。

西游故事的源头，应追溯到唐代高僧玄奘到印度求法取经这一历史上的真实事件。贞观三年（629年），青年僧人玄奘为了学习佛经教义，离开京城长安，只身到天竺（印度）取经。他经历了许多艰难困苦，前后花了十七年时间，来往走了几万里路，终于取回了佛经，回到了长安。归国后，玄奘奉诏口述沿途见闻，由弟子辩机辑录成《大唐西域记》，介绍西域诸国的风土人情、宗教信仰、地理及交通等状况，开阔了人们的眼界。后来玄奘的弟子慧立、彦琮又撰写了一部《大唐大慈恩寺三藏法师传》，在赞颂师父、弘扬佛法的过程中，也不时地用夸张、神化的笔调穿插一些离奇的故事，为玄奘的经历增添了更多神话色彩。两者之间互为补充，为后来西行取经的故事奠定了基础。从此，唐僧取经的故事便开始在民间广为流传，越传越神。到了宋代，说话人甚至已把它作为说话的专题。《西游记》的雏形应是宋代讲经话本《大唐三藏取经诗话》。成书于北宋年间的《大唐三藏取经诗话》，开始把各种神话与取经故事串联起来，形式近乎寺院的"俗讲"。《大唐三藏取经诗话》全书共十七节，每节自有题目，且标明序数，类似章回小说的回目。《大唐三藏取经诗话》的十七个故事，大都可以在《西游记》的"八十一难"中找到它们的影子。值得注意的是该书中出现了化身为白衣秀士的"猴行者"，他神通广大，一路降妖伏魔，自动来护三藏西行。在这个形象身上可以看到后来《西游记》中孙悟空的影子。另外，虽然"深沙神"只出现了一次，可还是能够看出沙和尚的影子。《大唐三藏取经诗话》虽然粗糙简单，但故事的主角已由唐僧变成了猴行者。可见，《大唐三藏取经诗话》已经大致勾画出了《西游记》的基本框架，比较清楚地显示了取经故事的轮廓。取经故事在元代已经定型。元时磁州窑的唐僧取经枕上已有唐僧、孙悟空、猪八戒和沙僧师徒四人的取经形象，为研究《西游记》的成书历史提供了翔实的材料。根据发现的片段资料推测，元代应该有了比《大唐三藏取经诗话》更成熟完整的话本。《永乐大典》中保存有"梦斩泾河龙"的故事，全文一千二百余字，标题为"西游记"，内容和世德堂本《西游记》第九回基本相同。可以想见，至迟在元末明初曾有过一部类似平话的《西游记》。而大约在至正七年（1347年）朝鲜刊行的汉语、朝鲜语对照读本《朴通事谚解》一书也载有取经故事的梗概。《朴通事谚解》中多次引用到一部题为《唐三藏西游记》的元刊本平话。《朴通事谚解》中还有八条注文，介绍了取经故事的主要情节，与今传百回本《西游记》十分接近，这为后来长篇小说《西游记》的成书打下了坚实的基础。《西游记》的故事除了沿着话本系统流传外，在南宋至元明时还被搬上了戏剧舞台。宋元南戏有《陈光蕊江流和尚》、金院本有《唐三藏》、元杂剧有吴昌龄的《唐三藏西天取经》，可惜均已失传。现存元末明初杨景贤的杂剧《西游记》，是现在可见的最早的关于《西游记》的剧本。全剧从故事整体看基本具有了《西游记》的重要故事情节。经过唐、宋、元、明各个时代不断丰富发展，大约在明代嘉靖与万历之间，《西游记》最终成书。关于《西游记》的最后写定者，学界一直存有争议，迄今没有定论。但在没有新的、确凿有力的证据之前，学界一般认为吴承恩是《西游记》的作者。吴承恩用高超的手法并费时多年，对此前百年间的各种文体、各种版本的取经故事进行提炼和重塑。他凭借高超的才华、宏富的想象，以清晰的线索、严谨的结构，对零散的取经故事进行再创造，成就了这部神话小说巨著《西游记》。

关于《西游记》的版本问题，目前学术界的研究主要集中在世本《新刻出像官板大字西游记》、李本《李卓吾先生批评西游记》、朱本《唐三藏西游释厄传》和杨本《西游记传》等版本上。这些都与百回本《西游记》的成书史有着密不可分的关系。其中，世本《新刻出像官板大字西游记》，因其多卷卷首题有"金陵世德堂梓行"等字样，故称其为世德堂本，简称世本。世本是现存整个《西游记》诸版本中刊行最早、最为重要的版本之一，也是大家公认的版本。

（二）吴承恩

吴承恩（约 1500—约 1582 年），字汝忠，号射阳山人，山阳（今江苏淮安市淮安区）人，明代杰出小说家。吴承恩生于一个由学官沦落为商人的家族。他的曾祖父和祖父都做过小官，但到他父亲吴锐的时候，家境已经十分困窘了，其父卖"彩缕文羯"，成了一个经营丝织品的小商人。吴承恩自幼聪明过人，博览群书，尤其喜爱神话故事，少年时就闻名于乡里。但他在科举中却屡遭挫折，直至三十多岁才补上一个"岁贡生"。嘉靖四十五年（1566 年）任浙江长兴县丞，因性格倔强，不喜逢迎，不久便弃官归乡。由于宦途困顿，晚年专意著书，在前人作品和民间传说基础上，创作出富有浪漫主义色彩的著名长篇小说《西游记》，又撰有《禹鼎志》，已散佚，今存《西游记》和《射阳先生存稿》。

二、原典选读

《西游记》（节选）
尸魔三戏唐三藏 圣僧恨逐美猴王

却说三藏师徒，次日天明，收拾前进。那镇元子与行者结为兄弟，两人情投意合，决不肯放，又安排管待，一连住了五六日。那长老自服了草还丹，真似脱胎换骨，神爽体健。他取经心重，那里肯淹留？无已，遂行。

师徒别了上路，早见一座高山。三藏道："徒弟，前面有山险峻，恐马不能前，大家须仔细仔细。"行者道："师父放心，我等自然理会。"好猴王，他在那马前横担着棒，剖开山路，上了高崖，看不尽：

> 峰岩重叠，涧壑湾环。虎狼成阵走，麂鹿作群行。无数獐犯钻簇簇，满山狐兔聚丛丛。千尺大蟒，万丈长蛇。大蟒喷愁雾，长蛇吐怪风。道旁荆棘牵漫，岭上松楠秀丽。薜萝满目，芳草连天。影落沧溟北，云开斗柄南。万古寻含元气老，千峰巍列日光寒。

那长老马上心惊，孙大圣布施手段，舞着铁棒，哮吼一声，唬得那狼虫颠窜，虎豹奔逃。师徒们入此山，正行到嵯峨之处，三藏道："悟空，我这一日，肚中饥了，你去那里化些斋吃。"行者陪笑道："师父好不聪明。这等半山之中，前不巴村，后不着店，有钱也没买处，教往那里寻斋？"三藏心中不快，口里骂道："你这猴子！想你在两界山，被如来压在石匣之内，口能言，足不能行，也亏我救你性命，摩顶受戒，做了我的徒弟。怎么不肯努力，常怀懒惰之心！"行者道："弟子亦颇殷勤，何尝懒惰？"三藏道："你既殷勤，何不化斋我吃？我肚饥怎行？况此地山岚瘴气，怎么得上雷音？"行者道："师父休怪，少要言语。我知你尊性高傲，十分违慢了你，便要念那话儿咒。你下马稳坐，等我寻那里有人家处化斋去。"

行者将身一纵，跳上云端里，手搭凉篷，睁眼观看。可怜西方路甚是寂寞，更无庄堡人家，正是多逢树木，少见人烟去处。看多时，只见正南上有一座高山，那山向阳处，有一片鲜红的点子。行者按下云头道："师父，有吃的了。"那长老问甚东西，行者道："这里没人家化饭，那南山有一片红的，想必是熟透了的山桃，我去摘几个来你充饥。"三藏喜道："出家人若有桃子吃，就为上分了！快去。"行者取了钵盂，纵起祥光，你看他筋斗晃晃，冷气嗖嗖，须臾间，奔南山摘桃不提。

却说常言有云："山高必有怪，岭峻却生精。"果然这山上有一个妖精。孙大圣去时，惊动那怪。他在云端里，踏着阴风，看见长老坐在地下，就不胜欢喜道："造化！造化！几年家人都讲东土的唐和尚取'大乘'，他本是金蝉子化身，十世修行的原体。有人吃他一块肉，长寿长生。真个今日到了。"那妖精上前就要拿他，只见长老左右手下有两员大将护持，不敢拢身。他说两员大将是谁？说是八戒、沙僧。八戒、沙僧虽没甚么大本事，然八戒是天蓬元帅，沙僧是卷帘大将，他的威气尚不曾泄，故不敢拢身。妖精说："等我且戏他戏，看怎么说。"

好妖精，停下阴风，在那山凹里摇身一变，变做个月貌花容的女儿，说不尽那眉清目秀，齿白唇红，左手提着一个青砂罐儿，右手提着一个绿瓷瓶儿，从西向东，径奔唐僧：

圣僧歇马在山岩，忽见裙钗女近前。

翠袖轻摇笼玉笋，湘裙斜拽显金莲。

汗流粉面花含露，尘拂峨眉柳带烟。

仔细定睛观看处，看看行至到身边。

三藏见了，叫："八戒，沙僧，悟空才说这里旷野无人，你看那里不走出一个人来了？"八戒道："师父，你与沙僧坐着，等老猪去看看来。"那呆子放下钉钯，整整直裰，摆摆摇摇，充作个斯文气象，一直地觌面相迎。真个是远看未实，近看分明，那女子生得：

冰肌藏玉骨，衫领露酥胸。柳眉积翠黛，杏眼闪银星。月样容仪俏，天然性格清。体似燕藏柳，声如莺啭林。半放海棠笼晓日，才开芍药弄春晴。

那八戒见他生得俊俏，呆子就动了凡心，忍不住胡言乱语，叫道："女菩萨，往那里去？手里提着是甚么东西？"——分明是个妖怪，他却不能认得。——那女子连声答应道："长老，我这青罐里是香米饭，绿瓶里是炒面筋。特来此处无他故，因还誓愿要斋僧。"八戒闻言，满心欢喜，急抽身就跑了个猪颠风，报与三藏道："师父！'吉人自有天报'！师父饿了，教师兄去化斋，那猴子不知那里摘桃儿耍子去了。桃子吃多了，也有些嘈人，又有些下坠。你看那不是个斋僧的来了？"唐僧不信道："你这个夯货胡缠！我们走了这向，好人也不曾遇着一个，斋僧的从何而来！"八戒道："师父，这不到了？"

三藏一见，连忙跳起身来，合掌当胸道："女菩萨，你府上在何处住？是甚人家？有甚愿心，来此斋僧？"——分明是个妖精，那长老也不认得。——那妖精见唐僧问他来历，他立地就起个虚情，花言巧语，来赚哄道："师父，此山叫做蛇回兽怕的白虎岭，正西下面是我家。我父母在堂，看经好善，广斋方上远近僧人；只因无子，求神作福，生了奴奴；欲扳门第，配嫁他人，又恐老来无倚，只得将奴招了一个女婿，养老送终。"三藏闻言道："女菩萨，你语言差了。圣经云：'父母在，不远游，游必有方。'你既有父母在堂，又与你招了女婿，——有愿心，教你男子还便也罢，怎么自家在山行走？又没个侍儿随从。这个是不遵妇道了。"那女子笑吟吟，忙陪俏语道："师父，我丈夫在山北凹里，带几个客子锄田。这是奴奴煮的午饭，送与那些人吃的。只为五黄六月，无人使唤，父母又年老，所以亲身来送。忽遇三位远来，却思父母好善，故将此饭斋僧。如不弃嫌，愿表芹献。"三藏道："善哉！善哉！我有徒弟摘果子去了，就来。我不敢吃；假如我和尚吃了你饭，你丈夫晓得骂你，却不罪坐贫僧也？"那女子见唐僧不肯吃，却又满面春生道："师父呵，我父母斋僧，还是小可，我丈夫更是个善人，一生好的是修桥补路，爱老怜贫。但听见说这饭送与师父吃了，他与我夫妻情上，比寻常更是不同。"三藏也只是不吃，旁边子恼坏了八戒，那呆子努着嘴，口里埋怨道："天下和尚也无数，不曾像我这个老和尚罢软！现成的饭，三分儿倒不吃，只等那猴子来，做四分才吃！"他不容分说，一嘴把个罐子拱倒，就要动口。

只见那行者自南山顶上，摘了几个桃子，托着钵盂，一筋斗点将回来，睁火眼金睛观看，认得那女子是个妖精，放下钵盂，掣铁棒当头就打。唬得个长老用手扯住道："悟空！你走将来打谁？"行者道："师父，你面前这个女子，莫当做个好人。他是个妖精，要来骗你哩。"三藏道："你这猴头，当时倒也有些眼力，今日如何乱道！这女菩萨有此善心，将这饭要斋我等，你怎么说他是个妖精？"行者笑道："师父，你那里认得！老孙在水帘洞里做妖魔时，若想人肉吃，便是这等：或变金银，或变庄台，或变醉人，或变女色。有那等痴心的爱上我，我就迷他到洞里，尽意随心，或蒸或煮受用。吃不了，还要晒干了防天阴哩！师父，我若来迟，你定入他套子，遭他毒手！"那唐僧那里肯信，只说是个好人。行者道："师父，我知道你了，你见他那等容貌，必然动了凡心。若果有此意，叫八戒伐几棵树来，沙僧寻些草来，我做木匠，就在这里搭个窝铺，你与他圆房成事，我们大家散了，却不是件事业？何必又跋涉，取甚经去！"那长老原是个软善的人，那里吃得他这句言语，羞得个光头彻耳通红。

　　三藏正在此羞惭，行者又发起性来，掣铁棒，望妖精劈脸一下。那怪物有些手段，使个"解尸法"，见行者棍子来时，他却抖擞精神，预先走了，把一个假尸首打死在地下。唬得个长老战战兢兢，口中作念道："这猴着然无礼！屡劝不从，无故伤人性命！"行者道："师父莫怪，你且来看看这罐子里是甚东西。"沙僧搀着长老，近前看时，那里是甚香米饭，却是一罐子拖尾巴的长蛆。也不是面筋，却是几个青蛙、癞虾蟆，满地乱跳。长老才有三分儿信了。怎禁猪八戒气不忿，在旁漏八分儿唆嘴道："师父，说起这个女子，他是此间农妇，因为送饭下田，路遇我等，却怎么栽他是个妖怪？哥哥的棍重，走将来试手打他一下，不期就打杀了，怕你念甚么《紧箍儿咒》，故意的使个障眼法儿，变做这等样东西，演幌你眼，使不念咒哩。"

　　三藏自此一言，就是晦气到了：果然信那呆子撺唆，手中捻诀，口里念咒。行者就叫："头疼！头疼！莫念！莫念！有话便说。"唐僧道："有甚话说！出家人时时常要方便，念念不离善心，扫地恐伤蝼蚁命，爱惜飞蛾纱罩灯。你怎么步步行凶！打死这个无故平人，取将经来何用？你回去罢！"行者道："师父，你教我回那里去？"唐僧道："我不要你做徒弟。"行者道："你不要我做徒弟，只怕你西天路去不成。"唐僧道："我命在天，该那个妖精蒸了吃，就是煮了，也算不过。终不然，你救得我的大限？你快回去！"行者道："师父，我回去便也罢了，只是不曾报得你的恩哩。"唐僧道："我与你有甚恩？"那大圣闻言，连忙跪下叩头道："老孙因大闹天宫，致下了伤身之难，被我佛压在两界山。幸观音菩萨与我受了戒行，幸师父救脱吾身，若不与你同上西天，显得我'知恩不报非君子，万古千秋作骂名'。"原来这唐僧是个慈悯的圣僧，他见行者哀告，却也回心转意道："既如此说，且饶你这一次。再休无礼。如若仍前作恶，这咒语颠倒就念二十遍！"行者道："三十遍也由你，只是我不打人了。"却才服侍唐僧上马，又将摘来桃子奉上，唐僧在马上也吃了几个，权且充饥。

　　却说那妖精脱命升空。原来行者那一棒不曾打杀妖精，妖精出神去了。他在那云端里咬牙切齿，暗恨行者道："几年只闻得讲他手段，今日果然话不虚传。那唐僧已不认得我，将要吃饭。若低头闻一闻儿，我就一把捞住，却不是我的人了？不期被他走来，弄破我这勾当，又几乎被他打了一棒。若饶了这个和尚，诚然是劳而无功也，我还下去戏他一戏。"

　　好妖精，按落阴云，在那前山坡下，摇身一变，变作个老妇人，年满八旬，手拄着一根弯头竹杖，一步一声的哭着走来。八戒见了，大惊道："师父！不好了！那妈妈儿来寻人了！"唐僧道："寻甚人？"八戒道："师兄打杀的，定是他女儿。这个定是他娘寻将来了。"行者道："兄弟莫要胡说！那女子十八岁，这老妇有八十岁，怎么六十多岁还生产？断乎是个假的！等老孙去看来。"好行者，拽开步，走近前观看，那怪物：

　　　　假变一婆婆，两鬓如冰雪。走路慢腾腾，行步虚怯怯。弱体瘦伶仃，脸如枯菜叶。颧骨望上翘，嘴唇往下别。老年不比少年时，满脸都是荷包折。

行者认得他是妖精，更不理论，举棒照头便打。那怪见棍子起时，依然抖擞，又出化了元神，脱真儿去了，把个假尸首又打死在山路之下。唐僧一见，惊下马来，睡在路旁，更无二话，只是把《紧箍儿咒》颠倒足足念了二十遍。可怜把个行者，头勒得似个亚腰儿葫芦，十分疼痛难忍，滚将来哀告道："师父莫念了！有甚话说了罢！"唐僧道："有甚话说！出家人耳听善言，不堕地狱。我这般劝化你，你怎么只是行凶？把平人打死一个，又打死一个，此是何说？"行者道："他是妖精。"唐僧道："这个猴子胡说！就有这许多妖怪？你是个无心向善之辈，有意作恶之人，你去罢！"行者道："师父又教我去？回去便也回去了，只是一件不相应。"唐僧道："你有甚么不相应处？"八戒道："师父，他要和你分行李哩。跟着你做了这几年和尚，不成空着手回去？你把那包袱里的甚么旧褊衫，破帽子，分两件与他罢。"

行者闻言，气得暴跳道："我把你这个尊嘴的夯货！老孙一向秉教沙门，更无一毫嫉妒之意，贪恋之心，怎么要分甚么行李？"唐僧道："你既不嫉妒贪恋，如何不去？"行者道："实不瞒师父说，老孙五百年前，居花果山水帘洞大展英雄之际，收降七十二洞邪魔，手下有四万七千群怪，头戴的是紫金冠，身穿的是赭黄袍，腰系的是蓝田带，足踏的是步云履，手执的是如意金箍棒，着实也曾为人。自从涅槃罪度，削发秉正沙门，跟你做了徒弟，把这个金箍儿勒在我头上，若回去，却也难见故乡人。师父果若不要我，把那个《松箍儿咒》念一念，退下这个箍子，交付与你，套在别人头上，我就快活相应了。也是跟你一场。莫不成这些人意儿也没有了？"唐僧大惊道："悟空，我当时只是菩萨暗受一卷《紧箍儿咒》，却没有甚么《松箍儿咒》。"行者道："若无《松箍儿咒》，你还带我去走走罢。"长老又没奈何，道："你且起来。我再饶你这一次，却不可再行凶了。"行者道："再不敢了，再不敢了。"又伏侍师父上马，剖路前进。

却说那妖精，原来行者第二棍也不曾打杀他。那怪物在半空中，夸奖不尽道："好个猴王，着然有眼！我那般变了去，他也还认得我。这些和尚，他去得快，若过此山，西下四十里，就不伏我所管了。若是被别处妖魔捞了去，好道就笑破他人口，使碎自家心。我还下去戏他一戏。"好妖怪，按耸阴风，在山坡下摇身一变，变做一个老公公，真个是：

> 白发如彭祖，苍髯赛寿星。
>
> 耳中鸣玉磬，眼里幌金星。
>
> 手拄龙头拐，身穿鹤氅轻。
>
> 数珠掐在手，口诵南无经。

唐僧在马上见了，心中欢喜道："阿弥陀佛！西方真是福地！那公公路也走不上来，逼法的还念经哩。"八戒道："师父，你且莫要夸奖，那个是祸的根哩。"唐僧道："怎么是祸根？"八戒道："行者打杀他的女儿，又打杀他的婆子，这个正是他的老儿寻将来了。我们若撞在他的怀里呵，师父，你便偿命，该个死罪；把老猪为从，问个充军；沙僧喝令，问个摆站；那行者使个遁法走了，却不苦了我们三个顶缸？"

行者听见道："这个呆根，这等胡说，可不唬了师父？等老孙再去看看。"他把棍藏在身边，走上前迎着怪物，叫声："老官儿，往那里去？怎么又走路又念经？"那妖精错认了定盘星，把孙大圣也当做个等闲的，遂答道："长老啊，我老汉祖居此地，一生好善斋僧，看经念佛。命里无儿，止生得一个小女，招了个女婿，今早送饭下田，想是遭逢虎口。老妻先来找寻，也不见回去，全然不知下落。老汉特来寻看。果然是伤残他命，也没奈何，将他骸骨收拾回去，安葬茔中。"行者笑道："我是个做窑虎的祖宗，你怎么袖子里笼了个鬼儿来哄我？你瞒了诸人，瞒不过我！我认得你是个妖精！"那妖精唬得顿口无言。行者掣出棒来，自忖道："若要不打他，显得他倒弄个风儿；若要打他，又怕师父念那话儿咒语。"又思量道："不打杀他，他一时间抄空儿把师父捞去，却不又费心劳力去救他？……还打的是！就一棍子打杀他，师父念起那咒，常言道：'虎毒不吃儿'。凭着我巧言花语，嘴伶舌便，哄他一哄，好道也罢了。"好大圣，念动咒语，叫当坊土地、本处山神道："这妖精三番来戏弄我师父，这一番却要打杀他。你与我在半空中作证，不许走了。"众神听令，谁敢不从？都在云端里照应。那大圣棍起处，打倒妖魔，才断绝了灵光。

那唐僧在马上，又唬得战战兢兢，口不能言。八戒在旁边又笑道："好行者！风发了！只行了半日路，倒打死三个人！"唐僧正要念咒，行者急到马前，叫道："师父，莫念！莫念！你且来看看他的模样。"却是一堆粉骷髅在那里。唐僧大惊道："悟空，这个人才死了，怎么就化作一堆骷髅？"行者道："他是个潜灵作怪的僵尸，在此迷人败本；被我打杀，他就现了本相。他那脊梁上有一行字，叫做'白骨夫人'。"唐僧闻说，倒也信了。怎禁那八戒旁边唆嘴道："师父，他的手重棍凶，把人打死，只怕你念那话儿，故意变化这个模样，掩你的眼目哩！"唐僧果然耳软，又信了他，随复念起。行者禁不得疼痛，跪于路旁，只叫："莫念！莫念！有话快说了罢！"唐僧道："猴头！还有甚说话！出家人行善，如春园之草，不见其长，日有所增；行恶之人，如磨刀之石，不见其损，日有所亏。你在这荒郊野外，一连打死三人，还是无人检举，没有对头。倘到城市之中，人烟凑集之所，你拿了那哭丧棒，一时不知好歹，乱打起人来，撞出大祸，教我怎的脱身？你回去罢！"行者道："师父错怪了我也。这厮分明是个妖魔，他实有心害你。我倒打死他，替你除了害，你却不认得，反信了那呆子谗言冷语，屡次逐我。常言道：'事不过三。'我若不去，真是个下流无耻之徒。我去！我去！——去便罢了，只是你手下无人。"唐僧发怒道："这泼猴越发无礼！看起来，只你是人，那悟能、悟净就不是人？"

那大圣一闻得说他两个是人，止不住伤情凄惨，对唐僧道声："苦啊！你那时节出了长安，有刘伯钦送你上路；到两界山，救我出来，投拜你为师，我曾穿古洞，入深林，擒魔捉怪，收八戒，得沙僧，吃尽千辛万苦；今日昧着惺惺使糊涂，只教我回去，这才是'鸟尽弓藏，兔死狗烹！'——罢！罢！罢！但只是多了那《紧箍儿咒》。"唐僧道："我再不念了。"行者道："这个难说。若到那毒魔苦难处不得脱身，八戒、沙僧救不得你，那时节想起我来，忍不住又念诵起来，就是十万里路，我的头也是疼的，假如再来见你，不如不作此意。"

唐僧见他言言语语，越添恼怒，滚鞍下马来，叫沙僧包袱内取出纸笔，即于涧下取水，石上磨墨，写了一纸贬书，递于行者道："猴头！执此为照，再不要你做徒弟了！如再与你相见，我就堕了阿鼻地狱！"行者连忙接了贬书道："师父，不消发誓，老孙去罢。"他将书折了，留在袖中，却又软款唐僧道："师父，我也是跟你一场，又蒙菩萨指教，今日半途而废，不曾成得功果，你请坐，受我一拜，我也去得放心。"唐僧转回身不睬，口里唧唧哝哝的道："我是个好和尚，不受你歹人的礼！"大圣见他不睬，又使个身外法，把脑后毫毛拔了三根，吹口仙气，叫："变！"即变了三个行者，连本身四个，四面围住师父下拜。那长老左右躲不脱，好道也受了一拜。

大圣跳起来，把身一抖，收上毫毛，却又分付沙僧道："贤弟，你是个好人，却只要留心防着八戒诂言诂语，途中更要仔细。倘一时有妖精拿住师父，你就说老孙是他大徒弟。西方毛怪，闻我的手段，不敢伤我师父。"唐僧道："我是个好和尚，不题你这歹人的名字。你回去罢。"那大圣见长老三番两复，不肯转意回心，没奈何才去。你看他：

> 噙泪叩头辞长老，含悲留意嘱沙僧。
>
> 一头拭迸坡前草，两脚蹬翻地上藤。
>
> 上天下地如轮转，跨海飞山第一能。
>
> 顷刻之间不见影，霎时疾返旧途程。

你看他忍气别了师父，纵筋斗云，径回花果山水帘洞去了。独自个凄凄惨惨，忽闻得水声聒耳。大圣在那半空里看时，原来是东洋大海潮发的声响。一见了，又想起唐僧，止不住腮边泪坠，停云住步，良久方去。毕竟不知此去反复何如，且听下回分解。

（[明]吴承恩：《西游记》，北京，人民文学出版社，2021。）

【解读】

《西游记》是我国古代富于浪漫主义精神的长篇神魔小说，以其奇幻丰富的想象，浪漫奇巧的故事情节，各具特色、栩栩如生的艺术形象和幽默滑稽的语言风格，成为中国古典小说之林中的又一朵奇葩，在读者心中留下了深刻的印象。"孙悟空三打白骨精"的故事是《西游记》中精彩的篇章之一，整个故事不仅蕴含着深刻的现实意义，而且结构脉络清晰、紧凑完整，情节构思精巧、曲折跌宕，人物形象鲜明、声口毕肖，无论在思想上，还是在艺术上，都能体现全书的创作特色和艺术风格。正由于此，《西游记》成为家喻户晓、脍炙人口的佳作名篇。

"孙悟空三打白骨精"作为《西游记》有机整体的一个组成部分，有着其独特的艺术价值。通过这一个片段，我们能够从一个角度去体悟《西游记》的艺术魅力。首先，故事结构脉络清晰、紧凑完整。在《西游记》中，八十一难的故事都有一种大体相同的结构模式，即妖怪要吃唐僧肉，唐僧常常受到八戒挑唆而受骗上当，孙悟空与妖魔展开较量却总是被师父误解，最终唐僧获救、悟空"平反昭雪"。"孙悟空三打白骨精"的故事就是按照这个模式展开的。故事讲述的是唐僧师徒四人在前往西天取经途中，在白虎岭遇到由尸骨幻化的白骨精时所经历的一段惊险遭遇。白骨精为求长生不老想吃唐僧肉，但又惧怕孙悟空、八戒和沙僧，因而一会儿变作月貌花容的女儿，一会儿变作年满八旬来寻女儿的老妇人，一会儿又变作边走路边念佛来寻妻女的老公公，企图用欺骗的手段将唐僧捉走。可是，妖精的变幻之术虽能蒙骗肉眼凡胎、慈悲为怀的唐僧和贪嘴好色的猪八戒，却逃不过孙悟空的火眼金睛。经过孙悟空三打白骨精，最终打死白骨精并使其现了原形。但在这场斗争的过程中，白骨精每次精心设计的变化，导致孙悟空不断遭到来自师弟猪八戒的挑唆和师父唐僧念咒的惩罚。最后虽然白骨精已经现了原形，唐僧还是听信八戒的谗言，写贬书把孙悟空赶回了花果山。这样的故事结构既紧凑完整又脉络清晰，使整个故事环环相扣，引人入胜。

其次，情节设计构思精巧、曲折跌宕。《西游记》在故事情节设置上有个明显的特点，就是以取经人同妖魔的外部矛盾为主线，以取经人内部的矛盾冲突为副线，外部矛盾与内部矛盾相结合，主线与副线并行发展。三打白骨精的故事情节也是通过这两条矛盾线索展开的。主线是白骨精与师徒之间构成的尖锐矛盾；副线是在思想认识和性格品质上有差异的师徒，因对待白骨精的态度各不相同所形成的取经队伍内部的矛盾。随着白骨精的三次变化，唐僧、八戒的三次受骗，孙悟空三次识破和坚决打击，再到八戒三次挑唆，唐僧三次驱逐孙悟空，故事情节的发展并不是简单机械地重复，而是螺旋式上升，一步紧似一步。不仅妖魔与唐僧师徒的重要矛盾斗争越来越激烈，取经队伍内部的矛盾也越来越尖锐，在层层推进的矛盾斗争中故事也被一步步推向了高潮。

最后，人物形象生动鲜明、声口毕肖。《西游记》中的神魔形象之所以能给人一种真实、亲切的感觉，最重要的一点是作者运用了多种艺术手法，从多角度、多侧面刻画了复杂的人物形象。"孙悟空三打白骨精"中个性鲜明的人物形象，正是运用了多样的艺术手法塑造而成的。其一，善于在激烈的矛盾冲突中展现人物的性格。在敌我双方"三起三落"的矛盾冲突中，每个人物都显现出了鲜明的个性特征。为吃唐僧肉而精心设计三次变化来接近唐僧的白骨精，是本性凶残、善于伪装、奸猾狡诈的；被白骨精伪装行善的假象迷惑而三次受骗，又受人挑唆三次驱逐降妖的悟空的唐僧，是人妖不分、是非不辨、轻信谗言、昏愦糊涂的；被白骨精的虚情巧语迷惑,三次挑唆离间唐僧与孙悟空之间关系的猪八戒,是贪吃好色、自私狡黠、爱进谗言的;而三次识破白骨精诡计又三次不惧压力坚决打击的孙悟空,则是一位头脑清醒、勇敢顽强、疾恶如仇的英雄。其二,采用对比这种表现手法,展现人物各自不同的性格特点。比如,同样面对变为"月貌花容的女儿"的白骨精,师徒三人的态度截然不同:猪八戒"动了凡心","跑了个猪颠风",可见他好色又贪吃;唐僧以"父母在,不远游,游必有方"的古训来教育少妇要遵守妇道,恪守清规,可见他之封建迂腐;孙悟空则"睁火眼金睛观看,认得那女子是个妖精,放下钵盂,掣铁棒当头就打",可见他既有洞察一切的识别能力,又有当机立断的果敢和机敏。其三,运用富有个性的语言,表现不同的人物性格。八戒贪吃好色又莽撞粗鲁,所以八戒一见少妇就叫道:"女菩萨,往那里去?手里提着是甚么东西?"这才符合他的性格。唐僧说:"女菩萨,你语言差了。圣经云:'父母在,不远游,游必有方。'你既有父母在堂,又与你招了女婿,——有愿心,教你男子还便也罢,怎么自家在山行走?又没个侍儿随从。这个是不遵妇道了。"这样的口气和内容才符合唐僧尊崇封建礼教的迂腐形象。而悟空被师父驱逐不肯离去时,他与八戒的一组对话更显示出了两人不同的性格特点。八戒道:"师父,他要和你分行李哩。跟着你做了这几年和尚,不成空着手回去?你把那包袱里的甚么旧褊衫,破帽子,分两件与他罢。"行者闻言,气得暴跳道:"我把你这个孽嘴的夯货!老孙一向秉教沙门,更无一毫嫉妒之意,贪恋之心,怎么要分甚么行李?"八戒以己度人,他的话恰好表明了他自己不时想要散伙分家的自私狡黠的性格心理。而孙悟空的话则铿锵有力地表现了他刚直磊落的性格特征。总之,这则故事成功地运用多种艺术手法来塑造人物形象,使人物个性鲜明、栩栩如生、呼之欲出。

《西游记》作为一部神魔小说,"以戏言寓诸幻笔",作者用诙谐滑稽的笔墨在奇幻的描写中折射出世态人情,寄寓自己的社会理想。"孙悟空三打白骨精"的故事也寄托着深刻的现实意义。作者借这个故事告诫人们:要谨慎地对待我们周围的人和事物,决不能只看表象,必须透过现象看本质,这样才不会被表面现象和虚情假意迷惑、蒙骗。同时,故事还批判了不讲原则的慈悲和怜悯,告诫人们对一切恶人必须毫不留情地坚决予以打击,决不能心慈手软。

三、阅读思考

1. 请根据故事内容,概括孙悟空、唐僧、猪八戒、白骨精的性格特征。

2. 简要介绍"孙悟空三打白骨精"的艺术创作风格。

3. 结合文本谈谈你对《西游记》"是寓有人生哲理的游戏之作"的理解。

四、拓展阅读

1. 陆钦:《名家解读〈西游记〉》,济南,山东人民出版社,1998。

2. 林庚：《西游记漫话》，北京，人民文学出版社，1990。

3. 张锦池：《西游记考论》，哈尔滨，黑龙江教育出版社，2008。

第十五节 《红楼梦》

一、常识举要

(一)《红楼梦》

《红楼梦》是中国古典四大名著之一，代表了中国古典小说的最高成就。

《红楼梦》的成书过程非常复杂。甲戌本凡例中的题诗说："字字看来皆是血，十年辛苦不寻常!"甲戌本第一回说："曹雪芹于悼红轩中批阅十载，增删五次，纂成目录，分出章回。"①可知曹雪芹在创作《红楼梦》时经历了一个长期而艰辛的过程。

关于《红楼梦》写作的起讫时间，学界历来争论很大。冯其庸先生认为，甲戌本第一回有"至脂砚斋甲戌抄阅再评，仍用《石头记》"字样，说明甲戌年即乾隆十九年(1754 年)，曹雪芹已经"批阅十载"了。因此，我们推测，大约在乾隆十年(1745 年)左右，曹雪芹大约三十岁时，开始动手写作《红楼梦》，并且在甲戌年的前一二年，已经写出了《红楼梦》的初稿，估计前面八十回已大致定型。乾隆二十一年(1756 年)，曹雪芹又一次对书稿进行了"对清"。庚辰本第七十五回前抄有一则附记："乾隆二十一年五月初七日对清。缺中秋诗俟。"②"对清"即将新写的或修改的稿子抄好的意思。乾隆二十四年(1759 年)，《红楼梦》前八十回有一次"定本"。现存的《红楼梦》己卯本在第三十一回至四十回的总目页的书名下注："己卯冬月定本。"③乾隆二十五年(1760 年)，《红楼梦》前八十回又有一个新的"定本"。现存的《红楼梦》庚辰本，在第四十一回至第五十回、第六十一回至第七十回两册的总目页的书名下均注："庚辰秋月定本"；在第五十一回至第六十回、第七十一回至第八十回两册的总目页的书名下均注"庚辰秋定本"。④ 庚辰年秋天的改定本是曹雪芹生前最后一个改定本。至此，《红楼梦》前八十回基本写定，八十回以后亦写有初稿，只是没有"定本"。总之，从乾隆十年(1745 年)左右曹雪芹开始写作《红楼梦》，经过"批阅十载、增删五次"，到乾隆十九年(1754 年)脂砚斋"抄阅再评"，乾隆二十一年(1756 年)有一次"对清"，再到乾隆二十四年(1759 年)"冬月定

---

① [清]曹雪芹著，邓遂夫校订：《脂砚斋重评石头记甲戌校本》，76、82 页，北京，作家出版社，2001。

② [清]曹雪芹，[清]脂砚斋评：《脂砚斋重评石头记》，1831 页，北京，人民文学出版社，1975。

③ [清]曹雪芹，[清]脂砚斋评：《脂砚斋重评石头记》，421 页，上海，上海古籍出版社，1985。

④ [清]曹雪芹，[清]脂砚斋评：《脂砚斋重评石头记》，931、1425、1180、1719 页，北京，人民文学出版社，1975。

本"、乾隆二十五年(1760年)"秋月定本",《红楼梦》的创作轨迹约略可见。如果将甲戌本、己卯本、庚辰本三个本子的文字加以比较,更可看出作者修改的痕迹。

《红楼梦》甲戌本"楔子"说明这部小说本名叫"石头记",空空道人易名为"情僧录",至吴玉峰题曰"红楼梦",东鲁孔梅溪则题曰"风月宝鉴",曹雪芹又题曰"金陵十二钗",至脂砚斋甲戌抄阅再评,仍用"石头记"。对于这一连串题名的出现,有两种较有代表性的认识。鲁迅先生认为这没有什么实际意义,不过是"多立异名,摇曳见态"①罢了,不同的名称有不同的美学意趣,但其本质是一样的。吴世昌认为:"我们不妨假定这五个书名即暗示雪芹在'增删五次'的过程中五个不同的稿本。"②朱淡文也认为这些题名完全显示了作品成书过程的轨迹。他说:"实际上是作者每增删一次,就增加一个题名,它们所题的是同一部小说在不同阶段的稿本,乃作者增删小说的雪鸿之迹。"③冯其庸等人认为:"这一连串的演变过程及题名的人物,仍是'小说家言',不能完全信以为真。但这些书名的出现,可能反映了作者创作的某些过程和某些思考,也不可忽视。"④我们可以结合自己的研读体会对以上诸位先生的见解加以批判性地接受。题名繁复这个问题的实质是显示出《红楼梦》创作过程的曲折和艰辛程度,作者对书稿反复进行了增删、调整、修改。

曹雪芹把半生精力都倾注在《红楼梦》的创作上。由于曹雪芹的生活条件和写作条件太过艰苦、写作太过精细,也由于他离开人世太早,以至于他没有最后完成全书,即便是前八十回的写作也有多处没有完全写好或写定。学界一般认为,八十回以后,曹雪芹写了约三十回初稿,而且写到了最后一回《警幻情榜》。可惜这些书稿早在曹雪芹生前就开始被借阅者"迷失"了,脂砚斋、畸笏叟等人的批语中几次对书稿的丢失概叹惋惜。

冯其庸先生对《红楼梦》八十回以后的文本走向有过大致的梳理。"根据脂砚斋等人的批语和曹雪芹在小说前八十回的某些预示,后三十回初稿的大致内容是:林黛玉在她的爱情、品格、才情不见容于家庭和社会的情况下,在处境越来越恶化的情况下,'春恨秋悲',病情日益加重,终至'泪尽而逝'。薛宝钗与贾宝玉成婚,实现'金玉良缘',两人还有一段举案齐眉的日子,但终究缺乏感情。薛宝钗曾'借词'对宝玉进行'讽谏',劝宝玉'改邪归正',而宝玉'已不可箴'。元春再没能回家省亲,过早地去世。探春远嫁海隅,一去不返。迎春嫁孙绍祖后被'作践',一年后死去。史湘云与卫若兰结为夫妇,婚后生活美满,但好景不长。惜春出家为尼,'缁衣乞食'。妙玉沦落风尘,犹如'一块美玉落在泥污之中'。香菱被夏金桂害死。王熙凤恶迹败露,'短命'而死,死时'惨痛之态'。巧姐由刘姥姥搭救出去,与板儿结为夫妻。花袭人嫁给蒋玉菡,曾接济、照顾生活上处于绝境的宝玉夫

① 鲁迅:《中国小说史略》,277页,北京,人民文学出版社,2006。
② 吴世昌:《红楼梦探源外编》,76页,上海,上海古籍出版社,1980。
③ 朱淡文:《红楼梦论源》,197页,南京,江苏古籍出版社,1992。
④ 冯其庸、李广柏:《红楼梦概论》,38页,北京,北京图书馆出版社,2002。

妇。贾府经过抄没，一败涂地，许多人被逮入狱。宝玉也一度入狱，茜雪、小红曾至'狱神庙慰宝玉'。宝玉一直思念林黛玉，他的爱情早被毁灭了，家庭又败落了，生活陷入空前的困顿，他领悟到现实人生的'无常'和虚幻，于是'悬崖撒手'，弃家为僧。全书最后一回为《警幻情榜》，具体开列十二钗的正、副、再副及三、四副的名单，共六十位女子，并置宝玉于群芳之首（所谓'诸艳之冠'），而且于主要人物下有一评语，如宝玉为'情不情'，黛玉为'情情'。"①

有关《红楼梦》八十回以后的回目、情节、人物命运等问题，许多研究者进行了大胆猜测，但都是一家之言，至今没有定论，可对照参阅。

在曹雪芹生前，《红楼梦》前八十回抄本的已在其少数几个朋友之间传阅。他去世后，这些抄本更是被流传开去，辗转传抄。此后藏书家抄录传阅，凡三十年之久。程伟元说："好事者每传抄一部，置庙市中，昂其值得数十金，可谓不胫而走者矣。"②然而，读者每以"无全璧"为憾。乾隆五十六年（1791 年），程伟元将数年苦心搜集的不知何人所作的后四十回，与社会上传抄的前八十回"合成完璧"，并邀约高鹗共同予以整理，然后用木活字排印发行。这是《红楼梦》的第一个印刷本，即程甲本。初印后，程伟元、高鹗又进一步对全书"详加校阅、改订"，于乾隆五十七年（1792 年）再用木活字排印，这个改印本即程乙本。

《红楼梦》经过程伟元和高鹗辑补、刊印以后，以一百二十回的面貌风行海内，流播国外。虽然后四十回的历史意蕴、审美价值以及语言的情致韵味远不能与前八十回相比，在思想和艺术上都存在着相当大的差距，但是，后四十回是程、高二人努力按照曹雪芹前八十回的预示、提示来写的，是沿着前八十回形成的悲剧趋向续写的，在很大程度上保持了小说原有的风格，文笔通畅，有些情节描写生动，如黛玉惊梦、迷情、焚诗稿、魂归离恨天等。由于有了续补的后四十回，《红楼梦》形成了大体完整的悲剧情节和小说结构，宝玉、黛玉的爱情悲剧结局具有了震撼人心的艺术效果。因此，这个一百二十回本获得了历史的认可。

程伟元（？—约 1818 年），字小泉，江苏苏州人。程伟元出身诗书之家，有文才，能诗画。程伟元在乾隆末年流寓京师期间致力于《红楼梦》的辑补、刊印工作。嘉庆年间，宗室晋昌出任盛京将军时，延聘程伟元担任幕僚，佐理书翰奏牍，宾主颇为相得，经常诗文唱酬。

高鹗（约 1738—约 1815 年），字兰墅，号研香，别署红楼外史，汉军镶黄旗人。乾隆进士，官至刑科给事中，工诗词散文。著有《高兰墅集》《兰墅诗钞》，均未见传本，另有《月小山房遗稿》等著述。

嘉庆六年（1801 年），高鹗与著名诗人张问陶一起担任顺天乡试同考官，他二人还同是乾隆五十三年（1788 年）顺天乡试的举人，此次相遇，相谈甚洽。在闱

① 冯其庸、李广柏：《红楼梦概论》，45～46 页，北京，北京图书馆出版社，2002。
② ［清］曹雪芹：《红楼梦：程乙本校注版》，19 页，桂林，广西师范大学出版社，2017。

中，高鹗曾谈起《红楼梦》，张问陶还写有《赠高兰墅鹗同年》诗。张问陶在诗题下注云："传奇《红楼梦》八十回以后俱兰墅所补。"后来，俞樾、胡适等以此为据推断《红楼梦》后四十回为高鹗所作。这个结论影响极大，至今也无法被彻底推翻。然而，张问陶所云"补"，不一定是"补作"，也可以理解为"补缀"。因此，有的学者对高鹗续写后四十回的结论提出了不同意见，大致有四类：其一，后四十回仍为曹雪芹所作；其二，后四十回为程伟元、高鹗共作；其三，后四十回为见过原稿的曹氏某后人或亲朋补续，又经高鹗整理；其四，后四十回是程、高以外的另一人所作，在程伟元印一百二十回本以前即已存在，此稿后为程伟元所得并刊行。

20 世纪 80 年代以后，学者研究了陆续发现的文献资料，多认为高鹗只是参与了整理、补缀工作，后四十回的原始作者另有其人。但这个人是谁，尚不能确定。

《红楼梦》的版本经历了由抄本到印刷本的演变过程。《红楼梦》有两个版本系统：一个是"脂本"系统，另一个是"程本"系统。

"脂本"是流行于约乾隆十九年(1754 年)到乾隆五十六年(1791 年)间的八十回抄本，作者曹雪芹，大都有署名脂砚斋、畸笏叟等人的评语。现存"脂本"系统的本子有十几种，主要有甲戌本，书名《脂砚斋重评石头记》，残存十六回；己卯本，书名《脂砚斋重评石头记》，残存四十一回又两个半回；庚辰本，书名《脂砚斋重评石头记》，残存七十八回；甲辰本，书名《红楼梦》，存八十回，卷首有梦觉主人写的序。此外还有俄藏本、戚序本(也称有正本)、王府本、郑藏本、己酉本、梦稿本等。由于曹雪芹对自己的书稿进行过多次的修订、增删，脂砚斋等人又多次"阅评"，这就形成了不同的本子；不同的本子在而后辗转传抄的过程中又不断有人加工、修补，也难免有错漏和佚失，尤其对于书上的批语更是随意删补或者去掉署名、系年。这种种原因，使得流传到现在的各种抄本的正文和批语并不完全一致。在现存《红楼梦》早期抄本中，只有书名为《脂砚斋重评石头记》的甲戌本、己卯本、庚辰本三种，与曹雪芹的原稿最接近，所录脂砚斋、畸笏叟等人的批语也基本上保持当初批写的原貌。至于脂砚斋、畸笏叟究竟是什么人，学界没有定论。我们所能知道的是，他们都是曹雪芹亲密的文学伙伴，熟悉曹雪芹的生活和创作情况，对《红楼梦》的创作提出过修改意见。

"程本"是乾隆五十六年(1791 年)之后通行的刊印本，全书一百二十回，前八十回为曹雪芹著，后四十回为无名氏续，由程伟元、高鹗辑补、刊印。乾隆五十六年(1791 年)印本为程甲本，萃文书屋活字排印本，封面题"绣像红楼梦"，扉页题"新镌全部绣像红楼梦"，回首及中缝均题"红楼梦"。书首有程伟元的序，高鹗的叙及图像。程甲本是不带批语的，但有残留的脂评混入正文。乾隆五十七年(1792 年)印本为程乙本，萃文书屋活字排印本，书名及印刷版式与程甲本相同，但文字上有 2 万字左右的差别。书首有程伟元的序、高鹗的叙和二人的引言。以后的各种一百二十回本大抵以"程甲本"和"程乙本"为底本刊印。如东观阁刊本，扉页有题记，背面题"新镌全部绣像红楼梦，东观阁梓行"。此书于乾隆末年或嘉庆初年刊行，是程甲本最早的翻刻本，文字略有改动。

《红楼梦》是一部内涵丰厚的作品，展示了一个多重层次又相互融合的悲剧世界。开篇，作者申明这是一个无才补天的顽石在人世间历劫的故事。这块顽石幻化为贾宝玉，他不仅经历了叛逆之后又无处栖身的精神悲剧，还经历了"木石盟约"和"金玉良缘"的爱情婚姻悲剧，目睹了"金陵十二钗"等女儿的悲剧人生，体验了贵族家庭由盛而衰的巨变，从而对人生和尘世有了独特的感悟。作品的前五回，是带有"自序"性质的纲领性文字，以宝玉的来历为中心扼要地介绍了天上的太虚幻境和尘世的荣宁二府，《好了歌》和"红楼梦十二支曲"预示着贾宝玉所经历的多重悲剧，而作家的创作主旨、主要人物的命运结局、文本的最终走向也巧妙地隐伏其中。

贾宝玉是《红楼梦》最主要的人物，也是全书的轴心，小说正是以宝玉的独特视角来感悟人生的。作者通过描写宝玉"囫囵不可解"的疯话呆话及"似傻如狂""行为乖张"，来揭示这个人物的精神悲剧。借用刘敬圻的观点："贾宝玉型的精神悲剧是很新鲜的。在这一人物的思想历程中，已不存在传统的怀才不遇、壮志难酬的忧愤，也不会出现什么身在山野、心在魏阙式的矛盾，它满溢着新的烦恼。一是摒弃了传统的以建功立业为内核的人生价值观念之后，却找不到比较恰当的人生位置而产生的苦闷；一是亵渎了现存的以三纲五常为法典的人与人关系准则之后，却找不到真正和谐的立足之境而产生的苦闷。在两种苦闷之间，还游弋着一种'大无可如何'的失落感和幻灭情绪。"①贾宝玉的这一精神悲剧还带有很大的普遍性。刘敬圻说："凡是不甘于重复旧人物的老路，却又寻求不到新的人生真谛的人们，凡是不甘愿随波逐流，却又到头来一事无成的人们，都可能产生贾宝玉式的复杂、深切而又莫可名状的人生体验。"②

《红楼梦》的大部分故事是以"天上人间诸景备"的大观园为舞台的。大观园是太虚幻境在人间的投影，是一个理想世界，但又不是世外桃源，它依附于大观园外的现实世界，不断地受现实世界影响、渗透和袭扰。《红楼梦》创造了一个以贾宝玉为中心的"女儿国"，作者将贾宝玉和一群身份、地位不同的少女放在这个既是诗化的又是真实的小说世界里，来展示她们的青春生命和美的被毁灭的悲剧。

宝、黛、钗的爱情婚姻悲剧是全书的主线。贾宝玉是贾府的继承人，又是国公之后，肩负着振兴家业、光宗耀祖的责任。因此，他应该娶一个"德言工貌"俱全的女子做妻子，主持家政，继续家业。然而，在婚姻的问题上，贾宝玉既不考虑家族的利益选择门当户对的良配，也不按照传统道德的要求选择封建淑女。他选择了与其自小耳鬓厮磨、心灵契合的林黛玉。在贾府日益衰败的情况下，封建家长最终不顾宝玉、黛玉的愿望而扼杀了他们的爱情，选择薛宝钗作为贾宝玉的

---

① 刘敬圻：《〈红楼梦〉多义主题论纲》，载《红楼梦学刊》，1986(4)。
② 刘敬圻：《〈红楼梦〉多义主题论纲》，载《红楼梦学刊》，1986(4)。

贤内助。象征着富贵结合的"金玉良缘"取代了象征着知心知己的"木石前盟",既造成了宝、黛的爱情悲剧,也造成了宝、钗没有爱情的婚姻悲剧。

围绕着"悲金悼玉"的爱情婚姻悲剧,《红楼梦》还写出了"千红一哭""万艳同悲"的"女儿国"的悲剧。以"金陵十二钗"为代表的大观园里的女子或早死、或远嫁、或出家、或沦落,命运都非常悲惨。《红楼梦》极为深刻的地方在于,没有把这些女子的悲剧完全归于恶人的残暴。除了封建势力的直接摧残外,更多的悲剧是封建伦理关系中的"通常之道德、通常之人情、通常之境遇"所造成的,是几千年积淀的正统文化的深层结构所造成的。①

《红楼梦》还以贾府的衰落过程为暗线,写了史、王、薛等大家族是如何没落的,描绘了上至皇宫、下及乡村的广阔历史画面,广泛而深刻地反映了封建末世复杂而深刻的矛盾冲突,显示了封建富贵家族的本质特征和必然衰败的历史命运。

对于《红楼梦》这样一部伟大的作品,其创作主旨在学界一直存在着争议。刘敬圻于 20 世纪 80 年代末期发表的一篇文章《〈红楼梦〉主题多义性论纲》对《红楼梦》"书之本旨"做了提炼概括,为后人的研究起到了积淀和启发的作用。刘敬圻认为,《红楼梦》的主旨,首先是"为一个异样孩子作传,即描写一个贵族青年不被世俗社会所理解,与世俗社会格格不入的精神悲剧";其次是"为一群青年女子作传,即'使闺阁昭传',描写一群'小才微善''或情或痴'的'异样女子',在各自不同的遭际中被摧残、被扭曲、被毁灭的人生悲剧";最后是"为一个趋于衰败的名门望族作传,即描写以贾府为代表的某些贵族之家由于坐吃山空、箕裘颓堕而日渐萧疏的历史悲剧"。三重悲剧"相互依存,相互渗透,共同构成一个自然浑成、天衣无缝的艺术整体。……异样孩子的出现既是贵族之家趋于衰亡的一个征兆,又使青年女子的悲剧获得了实实在在的见证;青年女子的不幸既是百年望族风流云散的必然苦果,又是异样孩子精神郁闷的重要诱因;而宁荣两府的运终数尽既催发了异样孩子的逆反心理,又加速着青年女子趋于毁灭的悲剧历程……使《红楼梦》中的社会生活具有立体化状态和综合性情势,从而在前所未有的广度和深度上,揭开了名门望族的内幕……谱写了一曲真善美、才学识的赞歌"。②

"从整部作品看,《红楼梦》笼罩着一层由好到了,由色到空的感伤色彩。《好了歌》及其注解就是人生悲剧的主题歌。贯穿在《好了歌》里的中心思想是'变'。荣与辱、升与沉、生与死都在急剧的变化中。"一方面是"对一切传统的、现存的思想信念和社会秩序提出了大胆的怀疑和挑战";另一方面是"新的出路、新的社会理想又那么朦胧,因此倍觉感伤,带着'色空'、梦幻的情绪"。应该说,"曹雪芹并不是厌世主义者,他并不真正认为人间万事皆空,也并未真正勘破红尘,真要劝人从所谓的尘梦中醒来……他正是以一种深挚的感情,以自己亲身的体验,写出

---

① 袁行霈:《中国文学史》第 4 卷,392 页,北京,高等教育出版社,2003。
② 刘敬圻:《〈红楼梦〉主题多义性论纲》,载《红楼梦学刊》,1986(4)。

入世的耽溺和出世的向往，写出了耽溺痛苦的人生真相和希求解脱的共同向往，写出了矛盾的感情世界和真实的人生体验"。①

鲁迅先生在《中国小说的历史的变迁》中说过："自有《红楼梦》出来以后，传统的思想和写法都打破了。"②就艺术成就而论，曹雪芹的《红楼梦》，攀上了中国古典小说的最高峰。《红楼梦》第一次充分开掘出日常生活现象的美学价值，即借助对生活细事的精致感受、精心选择和精确描绘来表现真的人、真的生活、真的历史风貌；《红楼梦》第一次充分展示了长篇小说在表现现实人生方面的惊人包容量，即把立体的人生立体地展示出来，具有博大而恢宏的结构美；《红楼梦》第一次充分表现了"人"的复杂性与生动性，其要点是追踪蹑迹、如实描绘，使人物性格大都摆脱了"美则无一不美，恶则无一不恶"的窠臼；《红楼梦》第一次充分证明了汉语白话文的特殊力度，提供了超级语言大师的超级语言范例；《红楼梦》第一次充分展现了古代小说家吸纳与创新的艺术气魄，既继承前人而又超越前人，包孕百科而又了无痕迹的那种浑厚与深邃之美。总之，《红楼梦》在叙事、写人、语言、结构等方面所取得的卓越的艺术成就，使它成为我国文学古今演变过程中里程碑式的作品。

《红楼梦》在中国文学史上具有崇高的地位和深远的影响。几乎在《红楼梦》刊行流传之际，就相继出现了一大批续书，《后红楼梦》《续红楼梦》《红楼复梦》等三十多种。这些续书虽然在思想和艺术上都与原著有天壤之别，但也说明《红楼梦》本身的巨大成就和艺术魅力。《红楼梦》还被搬上舞台。据不完全统计，在清代以《红楼梦》为题材的传奇、杂剧有二十多种。到了近代，花部戏勃兴，在京剧和各个地方剧种、曲种中出现了数以百计的红楼梦戏。近年来，电影、电视剧更是一再翻拍《红楼梦》，使之风靡了整个华人世界。《红楼梦》是在继承唐传奇以及《金瓶梅》和才子佳人小说的创作经验之后的重大突破，成为人情小说中最伟大的作品；同时，《红楼梦》又具有现实主义的精神和杰出成就，这些都为后代作家提供了丰富的艺术经验，深刻影响着中国文学的发展。《红楼梦》问世二百多年以来，人们对他的评论和研究工作一直没有间断，且出现了一种专门的学问——红学，这在我国文学史上是罕有的现象。从早期的评点、索引，到 20 世纪前期的"新红学"，再到 20 世纪 50 年代后的文学批评，产生了大量的论著。《红楼梦》的作者问题、文本的思想内涵、人物形象、艺术特征等方面，都得到了日益深细的探讨、解析，近三十年间更呈现出生机勃勃、欣欣向荣的景象。此外，《红楼梦》还被翻译成英、法、俄等多种语言，在世界范围内传播、研究。《红楼梦》正日益成为世界人民共同的精神财富。

(二) 曹雪芹

关于《红楼梦》的作者问题，学界尚有争论。争论的主要问题就是：《红楼梦》

---

① 袁行霈：《中国文学史》第 4 卷，396 页，北京，高等教育出版社，2003。
② 鲁迅：《中国小说的历史的变迁》，38 页，香港，今代图书公司，1965。

到底是曹雪芹写的，还是他编辑定稿的。而这个问题的实质其实是曹雪芹出生的时间。如果曹雪芹是曹颙的遗腹子，生于康熙五十四年（1715 年），到雍正五年（1727 年）曹家被抄家时，他已满 12 岁，具备了写作《红楼梦》的生活底蕴，那么曹雪芹可能就是《红楼梦》的原创作者。如果曹雪芹是曹頫的儿子，生于雍正二年（1724 年），曹家被抄家的时候他才 3 岁，他就不具备完成《红楼梦》的生活阅历，那么曹雪芹就可能仅是《红楼梦》的定稿之人。当然，曹雪芹的生卒年问题，如今仍没有定论。但无论如何，有两个问题是毋庸置疑的：其一，所有清人笔记、诗文中都只把曹雪芹视为《红楼梦》作者；其二，《红楼梦》第一回已写明曹雪芹"批阅十载，增删五次"。因此说，《红楼梦》的作者问题必须从曹雪芹和他的家世谈起。

曹雪芹出身的家庭，是清代皇室的世仆。其先世原是汉人，著籍（入籍）于东北辽阳（今辽阳市）。曹雪芹的世祖曹世选（一作曹锡远）原为明朝沈阳地方的官员，大约在天启元年（1621 年）被后金军队俘获而沦为满洲正白旗包衣。

曹家的发迹是从曹雪芹的高祖、曹世选的儿子曹振彦开始的。曹振彦在多尔衮属下任旗鼓牛录章京，就是充当多尔衮的家臣，为多尔衮管理汉姓包衣。清军入关后，多尔衮作为摄政王，享有皇帝的尊荣和权力。曹振彦随主子入关，到了北京。顺治六年（1649 年），曹振彦和他的儿子曹玺随多尔衮参加平山西大同姜瓖之乱。次年，曹振彦被派往山西平阳府吉州（今吉县）任知州。两年后，又升任晋北大同府（一度改为阳和府）知府。曹振彦任职的地方，正是社会动荡、满汉民族矛盾十分尖锐的地方，也是清朝政府特别关注的地方。这可见曹振彦在清朝最高统治者心目中的位置。又过了三年，曹振彦被派往江南，任两浙都转运盐使司运使。这是关系国库收入和民生的要职，又是著名的肥缺，更非一般汉族官僚所能担任的。多尔衮死后，他所掌管的正白旗收归皇帝直接掌管。曹振彦作为多尔衮的包衣，也随之归属于内务府正白旗，成为皇帝本人的包衣，直接为皇帝服务。曹振彦的长子曹玺、次子曹尔正，均在内务府供职。

曹玺是曹雪芹的曾祖父，他做过顺治皇帝的侍卫，他的妻子孙氏是康熙皇帝的保姆。康熙二年（1663 年），曹玺以内工部（后改称营造司）郎中衔出任江宁织造官。当时江宁、苏州、杭州三处设织造，负责供应宫廷所用衣料及祭祀、封诰、赏赐所用织物。顺治年间的织造三年一更代。康熙二年（1663 年）以后，三处织造改为专差久任，不再限年更代。曹玺即为江宁织造专差久任的第一人。他在织造任上，经营擘画，颇有实绩，不仅深得康熙皇帝的赏识，也赢得江南文人士大夫的好感。而作为皇帝的家奴，曹玺除了本职事务外，还要为皇帝搜罗山珍海味、文玩古董，特别是要充当皇帝的耳目，向皇帝报告吏治民情方面的情况。曹玺执行密报任务忠心而又得力，受到康熙皇帝的奖励。康熙二十三年（1684 年），曹玺病死于江宁织造署任所。他死后五个月，康熙皇帝南巡至江宁，亲自到织造署抚慰曹玺家属，并遣内大臣祭奠。

曹玺有二子：曹寅、曹宣（改名荃，字子猷）。曹寅是曹雪芹的祖父。曹寅字子清，号荔轩，一号楝亭，又别号雪樵、嬉翁、柳山居士、柳山聱叟、棉花道人、西堂扫花行者，是康熙年间很有影响的人物。曹寅早年担任过皇帝侍卫（供职銮仪卫）、正白旗内务府第五参领第三旗鼓佐领、内务府慎刑司郎中。康熙二十九年（1690年），曹寅以内务府广储司郎中衔出任苏州织造。康熙三十一年（1692年）调任江宁织造，一直供职到康熙五十一年（1712年）病卒。在此期间，他还一度同内兄李煦（苏州织造）轮流兼任两淮巡盐御史。曹寅在织造任上和巡盐御史任上的政绩，受人称道。同时，在康熙推行密折陈奏制度的过程中，曹寅和李煦都充当了重要角色，对于江南地区的农情、民情、官民舆论、政治动向等问题有闻必报，直接以"密折"的形式报告给皇帝本人。由此可见康熙对曹寅的信任和倚重。康熙皇帝一生六次南巡，其中四次由曹寅负责接驾，驻跸于江宁织造署。康熙见到儿时保姆、曹寅母亲孙氏，表示"此吾家老人也"，当即亲书"萱瑞堂"三个大字。为了表彰曹寅接驾的"勤劳"，康熙一再给曹寅加官晋爵。曹寅有两个女儿，都被康熙指婚成为王妃（正室）。曹家本是皇室的家奴，在康熙的亲自安排下，曹寅俨然成为朝廷大员，他的家族也与皇室结成姻亲。一时间，曹家的社会地位不可谓不显赫。

曹寅是一位有很高的文化修养和文学成就的人。他年轻时就有了诗集《荔轩草》《舟中吟》和词集《西农词》，颇为名人、学士所器重。曹寅去世之前，将自己平生所作的诗加以选择，编成《楝亭诗钞》。他去世以后，门人又将他刊落的诗以及留下的词、文编成《楝亭诗别集》《楝亭词钞》《楝亭词钞别集》《楝亭文钞》，附刻于《楝亭诗钞》之后。清代著名诗人顾景星、朱彝尊、毛际可、姜宸英、沈德潜等人，对曹寅的诗都给予了相当高的评价。曹寅又是位精通曲律并组织有家庭小戏班的剧作家。现在知道他所作的剧本有《北红拂记》《续琵琶记》《太平乐事》《虎口余生》四种。曹寅还是一位藏书家。流传于世的《楝亭书目》是他的藏书目录，共收书3200多种，两万多册，分成36类。而藏书数量最多的一类是说部类，包括小说、笔记、杂记，共469种，许多是当时罕见的抄本，有些刻本至今已失传。私人藏书中有这么多通俗小说，在清初那个时代很是难得。这也可见曹雪芹的家庭有爱好通俗小说的传统。曹寅藏书的同时又精于校勘与刻印。康熙皇帝指定他主持编辑、校刻《全唐诗》。曹寅还曾根据自己的收藏，刊刻《楝亭五种》和《楝亭十二种》，不仅多为实用书籍，而且底本多是世不经见的宋元精本。他还汇集《粥品》《粉面品》《制脯鲊法》等资料，撰成《居常饮馔录》一书，是历代所传饮膳之法的总结性著作。这些足以表明曹寅"杂学旁收"和兴趣爱好的广泛。曹寅还凭借他的才情和天子近臣的身份，广泛结交知名文士、学者及明朝遗民，为他的家庭营造了良好的文化氛围。

曹寅在扬州料理刻印《佩文韵府》时病故。康熙帝随即简拔曹寅之子曹颙继任江宁织造。曹颙这时24岁。三年后，曹颙突然病故。康熙帝考虑到曹家在江南居住年久，家产不便迁移，两代孀妇无依无靠，特命将曹宣之子曹𫖯过继给曹寅之妻为嗣，并继任江宁织造。曹𫖯供职直到雍正五年。康熙帝对于曹家，诚如曹颙、曹𫖯奏折里说的，"天高地厚洪恩""亘古未有"。

曹家自曹玺开始，祖孙三代四人担任江宁制造一职，长达六十余年，可谓赫赫扬扬，享尽荣华。但同时，曹家挥霍靡费、骄奢怠惰也已成为习惯。再加上四次接驾以及对王公亲贵们无穷无尽的孝敬与应酬，曹家早在曹寅在世时已经无法应付庞大的开支，而不能不侵挪帑银，财务上出现巨大亏空。康熙帝在世时，对曹家一再"矜全"，谕令李煦及新任两淮巡盐御史李陈常代曹家偿还了先后查出来的全部亏空，保全了曹家的官职、财产和性命。康熙死后，雍正即位，曹家便失去了宠信。雍正五年（1727 年），曹𫖯以"行为不端""骚扰驿站""织造款项亏空"的罪名被革职抄家。

曹雪芹的父亲究竟是曹颙，还是曹𫖯，学界没有定论。但大家倾向于认为曹家抄家时，曹雪芹才十三四岁。

曹雪芹，名霑，号雪芹，又号芹溪，另有梦阮、芹圃等别号。曹雪芹的生年，研究者一般推测为康熙五十四年（1715 年）前后。这时的曹家已经"不及先前那样兴盛"，但曹雪芹赶上了家庭最后一段繁华时期，领略了前辈的流风余韵。他这个家庭不仅有着世家的排场，同时也是世代书香。应该说，曹雪芹少年时期在接受文化艺术的教育和熏陶方面，有着得天独厚的条件，这为他日后成为一个文化巨人准备了优良的文化素质和艺术素质。

家庭的抄没对曹雪芹的打击是非常突然的，他在惊怖惶恐中结束了自己的少年生活，后随家人到了北京。关于曹雪芹在北京的生活与经历，有许多传说，真实性很难说。只有曹雪芹自己通过作品透露的情况以及他的亲友（脂砚斋等人）、诗友（敦敏、敦诚等人）所提供的情况是真实可信的，而这些情况又只有点点滴滴，且有些朦胧。曹雪芹曾在一所皇族学堂"右翼宗学"里担任差事。大概在曹雪芹 40 岁时，他移居北京西郊傍近西山的荒村，住在"满径蓬蒿"的茅椽衡木之下，过着"举家食粥"的贫苦生活。他经常依靠卖画维持生活，有时也依赖亲友的周济。曹雪芹工诗善画，但性格傲岸，他不向做定边大将军的姑表兄求告施舍，甚至连皇帝的恩赐也不希冀，在穷困潦倒中走向了生命的尽头。

曹雪芹的卒年学界尚有争论。主要有以下两种观点。

其一，曹雪芹于乾隆二十七年十二月三十日（1763 年 2 月 12 日）去世。因为甲戌本第一回有一则脂砚斋的眉批："能解者，方有辛酸之泪哭成此书。壬午除夕，书未成，芹为泪尽而逝。"[1]"壬午"是乾隆二十七年；"除夕"是农历的十二月三十日。

其二，曹雪芹于乾隆二十八年（癸未）除夕（1764 年 2 月 1 日）去世。因为敦诚的《鹪鹩庵杂记》中有两首《挽曹雪芹》诗。在《四松堂诗抄》和《四松堂集》的底本中，

---

[1]　［清］曹雪芹，邓遂夫校订：《脂砚斋重评石头记甲戌校本》，82 页，北京，作家出版社，2001。

第一首诗的写作年份注明为"甲申"，并且是甲申年最前面的诗。

二、原典选读

《红楼梦》(节选)
宝玉挨打

　　原来宝玉会过雨村回来听见了，便知金钏儿含羞赌气自尽，心中早又五内摧伤，进来被王夫人数落教训，也无可回说。见宝钗进来，方得便出来，茫然不知何往，背着手，低头一面感叹，一面慢慢的走着，信步来至厅上。

　　刚转过屏门，不想对面来了一人正往里走，可巧儿撞了个满怀。只听那人喝了一声"站住！"宝玉唬了一跳，抬头一看，不是别人，却是他父亲，不觉的倒抽了一口气，只得垂手一旁站了。贾政道："好端端的，你垂头丧气嗐些什么？方才雨村来了要见你，叫你那半天你才出来；既出来了，全无一点慷慨挥洒谈吐，仍是葳葳蕤蕤。我看你脸上一团思欲愁闷气色，这会子又咳声叹气。你那些还不足，还不自在？无故这样，却是为何？"宝玉素日虽是口角伶俐，只是此时一心总为金钏儿感伤，恨不得此时也身亡命殒，跟了金钏儿去。如今见了他父亲说这些话，究竟不曾听见，只是怔呵呵的站着。

　　贾政见他惶悚，应对不似往日，原本无气的，这一来倒生了三分气。方欲说话，忽有回事人来回："忠顺亲王府里有人来，要见老爷。"贾政听了，心下疑惑，暗暗思忖道："素日并不和忠顺府来往，为什么今日打发人来？"一面想，一面令"快请"，急走出来看时，却是忠顺府长史官[1]，忙接进厅上坐了献茶。

　　未及叙谈，那长史官先就说道："下官此来，并非擅造潭府[2]，皆因奉王命而来，有一件事相求。看王爷面上，敢烦老大人作主，不但王爷知情，且连下官辈亦感谢不尽。"贾政听了这话，抓不住头脑，忙陪笑起身问道："大人既奉王命而来，不知有何见谕，望大人宣明，学生好遵谕承办。"那长史官便冷笑道："也不必承办，只用大人一句话就完了。我们府里有一个做小旦的琪官，一向好好在府里，如今竟三五日不见回去，各处去找，又摸不着他的道路，因此各处访察。这一城内，十停人倒有八停人都说，他近日和衔玉的那位令郎相与甚厚。下官辈等听了，尊府不比别家，可以擅入索取，因此启明王爷。王爷亦云：'若是别的戏子呢，一百个也罢了；只是这琪官随机应答，谨慎老诚，甚合我老人家的心，竟断断少不得此人。'故此求老大人转谕令郎，请将琪官放回，一则可慰王爷谆谆奉恳，二则下官辈也可免操劳求觅之苦。"说毕，忙打一躬。

　　贾政听了这话，又惊又气，即命唤宝玉来。宝玉也不知是何原故，忙赶来时，贾政便问："该死的奴才！你在家不读书也罢了，怎么又做出这些无法无天的事来！那琪官现是忠顺王爷驾前承奉的人，你是何等草芥，无故引逗他出来，如今祸及于我。"宝玉听了唬了一跳，忙回道："实在不知此事。究竟连'琪官'两个字不知为何物，岂更又加'引逗'二字！"说着便哭了。

　　贾政未及开言，只见那长史官冷笑道："公子也不必掩饰。或隐藏在家，或知其下落，早说了出来，我们也少受些辛苦，岂不念公子之德？"宝玉连说不知，"恐是讹传，也未见得。"那长史官冷笑道："现有据证，何必还赖？必定当着老大人说了出来，公子岂不吃亏？既云不知此人，那红汗巾子怎么到了公子腰里？"宝玉听了这话，不觉轰去魂魄，目瞪口呆，心下自思："这话他如何得知！他既连这样机密事都知道了，大约别的瞒他不过，不如打发他去了，免的再说出别的事来。"因说道："大人既知他的底细，如何连他置买房舍这样大事倒不晓得了？听得说他如今在东郊离城二十里有个什么紫檀堡，他在那里置了几亩田地几间房舍。想是在那里也未可知。"那长史官听了，笑道："这样说，一定是在那里。我且去找一回，若有了便罢，若没有，还要来请教。"说着，便忙忙的走了。

　　贾政此时气的目瞪口歪，一面送那长史官，一面回头命宝玉"不许动！回来有话问你！"一直送那官员去了。才回身，忽见贾环带着几个小厮一阵乱跑。贾政喝令小厮"快打，快打！"贾环见了他父亲，唬的骨软筋酥，忙低头站住。贾政便问："你跑什么？带着你的那些人都不管你，不知往那里逛去，由你野马一般！"喝令叫跟上学的人来。贾环见他父亲盛怒，便乘机说道："方才原不曾跑，只因从那井边一过，那井里淹死了一个丫头，我看见人头这样大，身子这样粗，泡的实在可怕，所以才赶着跑了过来。"贾政听了惊疑，问道："好端端的，谁去跳井？我家从无这样事情，自祖宗以来，皆是宽柔以待下人。——大约我近年于家务疏懒，自然执事人操克夺之权[3]，致使生出这暴殄轻生[4]的祸患。若外人知道，祖宗颜面何在！"喝令快叫贾琏、赖大、兴儿来。

　　小厮们答应了一声，方欲叫去，贾环忙上前拉住贾政的袍襟，贴膝跪下道："父亲不用生气。此事除太太房里的人，别人一点也不知道。我听见我母亲说……"说到这里，便回头四顾一看。贾政知意，将眼一看众小厮，小厮们明白，都往两边后面退去。贾环便悄悄说道："我母亲告诉我说，宝玉哥哥前日在太太屋里，拉着太太的丫头金钏儿强奸不遂，打了一顿。那金钏儿便赌气投井死了。"

　　话未说完，把个贾政气的面如金纸，大喝"快拿宝玉来！"一面说，一面便往里边书房里去，喝令"今日再有人劝我，我把这冠带家私[5]一应交与他与宝玉过去！我免不得做个罪人，把这几根烦恼鬓毛剃去，寻个干净去处[6]自了，也免得上辱先人下生逆子之罪。"众门客仆从见贾政这个形景，便知又是为宝玉了，一个个都是咬指咬舌，连忙退出。那贾政喘吁吁直挺挺坐在椅子上，满面泪痕，一叠声"拿宝玉！拿大棍！拿索子捆上！把各门都关上！有人传信往里头去，立刻打死！"众小厮们只得齐声答应，有几个来找宝玉。

　　那宝玉听见贾政吩咐他"不许动"，早知多凶少吉，那里承望贾环又添了许多的话。正在厅上干转，怎得个人来往里头去捎信，偏生没个人，连焙茗也不知在那里。正盼望时，只见一个老姆姆出来。宝玉如得了珍宝，便赶上来拉他，说道："快进去告诉：老爷要打我呢！快去，快去！要紧，要紧！"宝玉一则急了，说话不明白；二则老婆子偏生又聋，竟不曾听见是什么话，把"要紧"二字只听作"跳井"二字，便笑道："跳井让他跳去，二爷怕什么？"宝玉见是个聋子，便着急道："你出去叫我的小厮来罢。"那婆子道："有什么不了的事？老早的完了。太太又赏了衣服，又赏了银子，怎么不了事的！"

宝玉急的跺脚，正没抓寻处，只见贾政的小厮走来，逼着他出去了。贾政一见，眼都红紫了，也不暇问他在外流荡优伶，表赠私物，在家荒疏学业，淫辱母婢等语，只喝令"堵起嘴来，着实打死！"小厮们不敢违拗，只得将宝玉按在凳上，举起大板打了十来下。贾政犹嫌打轻了，一脚踢开掌板的，自己夺过来，咬着牙狠命盖了三四十下。众门客见打的不祥了，忙上前夺劝。贾政那里肯听，说道："你们问问他干的勾当可饶不可饶！素日皆是你们这些人把他酿坏了，到这步田地还来解劝。明日酿到他弑君杀父，你们才不劝不成！"

众人听这话不好听，知道气急了，忙又退出，只得觅人进去给信。王夫人不敢先回贾母，只得忙穿衣出来，也不顾有人没人，忙忙赶往书房中来，慌的众门客小厮等避之不及。王夫人一进房来，贾政更如火上浇油一般，那板子越发下去的又狠又快。按宝玉的两个小厮忙松了手走开，宝玉早已动弹不得了。

贾政还欲打时，早被王夫人抱住板子。贾政道："罢了，罢了！今日必定要气死我才罢！"王夫人哭道："宝玉虽然该打，老爷也要自重。况且炎天暑日的，老太太身上也不大好，打死宝玉事小，倘或老太太一时不自在了，岂不事大！"贾政冷笑道："倒休提这话。我养了这不肖的孽障，已不孝；教训他一番，又有众人护持；不如趁今日一发勒死了，以绝将来之患！"说着，便要绳索来勒死。

王夫人连忙抱住哭道："老爷虽然应当管教儿子，也要看夫妻分上。我如今已将五十岁的人，只有这个孽障，必定苦苦的以他为法，我也不敢深劝。今日越发要他死，岂不是有意绝我。既要勒死他，快拿绳子来先勒死我，再勒死他。我们娘儿们不敢含怨，到底在阴司里得个依靠。"说毕，爬在宝玉身上大哭起来。

贾政听了此话，不觉长叹一声，向椅上坐了，泪如雨下。王夫人抱着宝玉，只见他面白气弱，底下穿着一条绿纱小衣皆是血渍，禁不住解下汗巾看，由臀至胫，或青或紫，或整或破，竟无一点好处，不觉失声大哭起来，"苦命的儿吓！"因哭出"苦命儿"来，忽又想起贾珠来，便叫着贾珠哭道："若有你活着，便死一百个我也不管了。"此时里面的人闻得王夫人出来，那李宫裁王熙凤与迎春姊妹早已出来了。王夫人哭着贾珠的名字，别人还可，惟有宫裁禁不住也放声哭了。贾政听了，那泪珠更似滚瓜一般滚了下来。

正没开交处，忽听丫鬟来说："老太太来了。"一句话未了，只听窗外颤巍巍的声气说道："先打死我，再打死他，岂不干净了！"贾政见他母亲来了，又急又痛，连忙迎接出来，只见贾母扶着丫头，喘吁吁的走来。

贾政上前躬身陪笑道："大暑热天，母亲有何生气亲自走来？有话只该叫了儿子进去吩咐。"贾母听说，便止住步喘息一回，厉声说道："你原来是和我说话！我倒有话吩咐，只是可怜我一生没养个好儿子，却叫我和谁说去！"贾政听这话不像，忙跪下含泪说道："为儿的教训儿子，也为的是光宗耀祖。母亲这话，我做儿的如何禁得起？"贾母听说，便啐了一口，说道："我说一句话，你就禁不起，你那样下死手的板子，难道宝玉就禁得起了？你说教训儿子是光宗耀祖，当初你父亲怎么教训你来！"说着，不觉就滚下泪来。

贾政又陪笑道："母亲也不必伤感，皆是作儿的一时性起，从此以后再不打他了。"贾母便冷笑道："你也不必和我使性子赌气的。你的儿子，我也不该管你打不打。我猜着你也厌烦我们娘儿们。不如我们赶早儿离了你，大家干净！"说着便令人去看轿马，"我和你太太宝玉立刻回南京去！"家下人只得干答应着。

贾母又叫王夫人道："你也不必哭了。如今宝玉年纪小，你疼他，他将来长大成人，为官作宰的，也未必想着你是他母亲了。你如今倒不要疼他，只怕将来还少生一口气呢。"贾政听说，忙叩头哭道："母亲如此说，贾政无立足之地。"贾母冷笑道："你分明使我无立足之地，你反说起你来！只是我们回去了，你心里干净，看有谁来许你打。"一面说，一面只令快打点行李车轿回去。贾政苦苦叩求认罪。

贾母一面说话，一面又记挂宝玉，忙进来看时，只见今日这顿打不比往日，又是心疼，又是生气，也抱着哭个不了。王夫人与凤姐等解劝了一会，方渐渐的止住。早有丫鬟媳妇等上来，要搀宝玉，凤姐便骂道："糊涂东西，也不睁开眼瞧瞧！打的这么个样儿，还要搀着走！还不快进去把那藤屉子春凳[7]抬出来呢。"众人听说连忙进去，果然抬出春凳来，将宝玉抬放凳上，随着贾母王夫人等进去，送至贾母房中。

彼时贾政见贾母气未全消，不敢自便，也跟了进去。看看宝玉，果然打重了。再看看王夫人，"儿"一声，"肉"一声，"你替珠儿早死了，留着珠儿，免你父亲生气，我也不白操这半世的心了。这会子你倘或有个好歹，丢下我，叫我靠那一个！"数落一场，又哭"不争气的儿"。贾政听了，也就灰心，自悔不该下毒手打到如此地步。先劝贾母，贾母含泪说道："你不出去，还在这里做什么！难道于心不足，还要眼看着他死了才去不成！"贾政听说，方退了出来。

此时薛姨妈同宝钗、香菱、袭人、史湘云也都在这里。袭人满心委屈，只不好十分使出来，见众人围着，灌水的灌水，打扇的打扇，自己插不下手去，便越性走出来到二门前，令小厮们找了焙茗来细问："方才好端端的，为什么打起来？你也不早来透个信儿！"焙茗急的说："偏生我没在跟前，打到半中间我才听见了。忙打听原故，却是为琪官金钏姐姐的事。"袭人道："老爷怎么得知道的？"焙茗道："那琪官的事，多半是薛大爷素日吃醋，没法儿出气，不知在外头唆挑了谁来，在老爷跟前下的火[8]。那金钏儿的事是三爷说的，我也是听见老爷的人说的。"袭人听了这两件事都对景[9]，心中也就信了八九分。然后回来，只见众人都替宝玉疗治。调停完备，贾母令"好生抬到他房内去"。众人答应，七手八脚，忙把宝玉送入怡红院内自己床上卧好。又乱了半日，众人渐渐散去，袭人方进前来经心服侍，问他端的。且听下回分解。

话说袭人见贾母王夫人等去后，便走来宝玉身边坐下，含泪问他："怎么就打到这步田地？"宝玉叹气说道："不过为那些事，问他做什么！只是下半截疼的很，你瞧瞧打坏了那里。"袭人听说，便轻轻的伸手进去，将中衣褪下。宝玉略动一动，便咬着牙叫"嗳哟"，袭人连忙停住手，如此三四次才褪了下来。

袭人看时，只见腿上半段青紫，都有四指宽的僵痕高了起来。袭人咬着牙说道："我的娘，怎么下这般的狠手！你但凡听我一句话，也不得到这步地位。幸而没动筋骨，倘或打出个残疾来，可叫人怎么样呢！"

正说着，只听丫鬟们说："宝姑娘来了。"袭人听见，知道穿不及中衣，便拿了一床袷纱被[10]替宝玉盖了。只见宝钗手里托着一丸药走进来，向袭人说道："晚上把这药用酒研开，替他敷上，把那淤血的热毒散开，可以就好了。"说毕，递与袭人，又问道："这会子可好些？"宝玉一面道谢说："好了。"又让坐。

宝钗见他睁开眼说话，不像先时，心中也宽慰了好些，便点头叹道："早听人一句话，也不至今日。别说老太太、太太心疼，就是我们看着，心里也疼。"刚说了半句又忙咽住，自悔说的话急了，不觉的就红了脸，低下头来。宝玉听得这话如此亲切稠密，竟大有深意，忽见他又咽住不往下说，红了脸，低下头只管弄衣带，那一种娇羞怯怯，非可形容得出者，不觉心中大畅，将疼痛早丢在九霄云外，心中自思："我不过挨了几下打，他们一个个就有这些怜惜悲感之态露出，令人可玩可观，可怜可敬。假若我一时竟遭殃横死，他们还不知是何等悲感呢！既是他们这样，我便一时死了，得他们如此，一生事业纵然尽付东流，亦无足叹惜，冥冥之中若不怡然自得，亦可谓糊涂鬼祟矣。"想着，只听宝钗问袭人道："怎么好好的动了气，就打起来了？"袭人便把焙茗的话说了出来。

宝玉原来还不知道贾环的话，见袭人说出方才知道。因又拉上薛蟠，惟恐宝钗沉心[11]，忙又止住袭人道："薛大哥哥从来不这样的，你们不可混猜度。"宝钗听说，便知道是怕他多心，用话相拦袭人，因心中暗暗想道："打的这个形象，疼还顾不过来，还是这样细心，怕得罪了人，可见在我们身上也算是用心了。你既这样用心，何不在外头大事上做工夫，老爷也欢喜了，也不能吃这样亏。但你固然怕我沉心，所以拦袭人的话，难道我就不知我的哥哥素日恣心纵欲，毫无防范的那种心性。当日为一个秦钟，还闹的天翻地覆，自然如今比先又更利害了。"想毕，因笑道："你们也不必怨这个，怨那个。据我想，到底宝兄弟素日不正，肯和那些人来往，老爷才生气。就是我哥哥说话不防头，一时说出宝兄弟来，也不是有心调唆：一则也是本来的实话，二则他原不理论这些防嫌小事。袭姑娘从小儿只见宝兄弟这么样细心的人，你何尝见过天不怕地不怕、心里有什么口里就说什么的人。"

袭人因说出薛蟠来，见宝玉拦他的话，早已明白自己说造次了，恐宝钗没意思，听宝钗如此说，更觉羞愧无言。宝玉又听宝钗这番话，一半是堂皇正大，一半是去己疑心，更觉比先畅快了。方欲说话时，只见宝钗起身说道："明儿再来看你，你好生养着罢。方才我拿了药来交给袭人，晚上敷上保管就好了。"说着便走出门去。袭人赶着送出院外，说："姑娘倒费心了。改日宝二爷好了，亲自来谢。"宝钗回头笑道："有什么谢处。你只劝他好生静养，别胡思乱想的就好了。要想什么吃的、玩的，你悄悄的往我那里取去，不必惊动老太太、太太众人，倘或吹到老爷耳朵里，虽然彼时不怎么样，将来对景，终是要吃亏的。"说着，一回身去了。

袭人抽身回来，心内着实感激宝钗。进来见宝玉沉思默默似睡非睡的模样，因而退出房外，自去栉沐[12]。宝玉默默的躺在床上，无奈臀上作痛，如针挑刀挖一般，更又热如火炙，略展转时，禁不住"嗳哟"之声。那时天色将晚，因见袭人去了，却有两三个丫鬟伺候，此时并无呼唤之事，因说道："你们且去梳洗，等我叫时再来。"众人听了，也都退出。

这里宝玉昏昏默默，只见蒋玉菡走了进来，诉说忠顺府拿他之事；又见金钏儿进来哭说为他投井之情。宝玉半梦半醒，都不在意。忽又觉有人推他，恍恍忽忽听得有人悲泣之声。宝玉从梦中惊醒，睁眼一看，不是别人，却是林黛玉。

宝玉犹恐是梦，忙又将身子欠起来，向脸上细细一认，只见两个眼睛肿的桃儿一般，满面泪光，不是黛玉，却是那个？宝玉还欲看时，怎奈下半截疼痛难忍，支持不住，便"嗳哟"一声，仍就倒下，叹了一声，说道："你又做什么跑来！虽说太阳落下去，那地上的余热未散，走两趟又要受了暑。我虽然捱了打，并不觉疼痛。我这个样儿，只装出来哄他们，好在外头布散与老爷听，其实是假的。你不可认真。"此时林黛玉虽不是嚎啕大哭，然越是这等无声之泣，气噎喉堵，更觉得利害。听了宝玉这番话，心中虽然有万句言词，只是不能说得，半日，方抽抽噎噎的说道："你从此可都改了罢！"宝玉听说，便长叹一声，道："你放心，别说这样话。就便为这些人死了，也是情愿的！"

一句话未了，只见院外人说："二奶奶来了。"林黛玉便知是凤姐来了，连忙立起身说道："我从后院子去罢，回来再来。"宝玉一把拉住道："这可奇了，好好的怎么怕起他来。"林黛玉急的跺脚，悄悄的说道："你瞧瞧我的眼睛，又该他取笑开心呢。"宝玉听说赶忙的放手。黛玉三步两步转过床后，出后院而去。凤姐从前头已进来了，问宝玉："可好些了？想什么吃，叫人往我那里取去。"接着，薛姨妈又来了。一时贾母又打发了人来。

（［清］曹雪芹著，无名氏续，程伟元、高鹗整理：《红楼梦》，
北京，人民文学出版社，2008。）

【注释】
[1]长史官：总管王府内事务的官吏。从南朝起始设，其后各代王府都沿设此职。
[2]擅造潭府：擅自到贵府。潭府，对他人住宅的尊称。潭，深邃的样子。
[3]克夺之权：生杀予夺之权。
[4]暴殄轻生：暴殄，恣意糟蹋。殄，灭绝。轻生，不爱惜生命。

[5]冠带家私：冠带，帽子和束带，是官服的代称，这里代指官爵。家私，财产，代指家业。

[6]烦恼鬓毛、干净去处：鬓毛，即头发，佛家称为"烦恼丝"。干净，佛家以为人世污浊不净，唯有佛门才能通向清净世界，即所谓净土。剃去烦恼鬓毛与寻个干净去处，都是出家当和尚的意思。

[7]藤屉子春凳：春凳，一种面较宽的可坐可卧的长凳。藤屉子，凳面用藤皮编成。

[8]下的火：挑拨人使发火。

[9]对景：对得上号；情况符合。

[10]袷纱被：表里两层的纱被。袷，同"夹"。

[11]沉心：多指言者无意而听者有心，陡生不快，也叫"吃心"或"嗔心"。

[12]栉沐：梳洗。

【解读】

"宝玉挨打"是《红楼梦》小说情节发展过程中十分重要的一个环节。

宝玉为什么会挨打？在贾政决心下板子打宝玉之前，小说写道："也不暇问他在外流荡优伶，表赠私物，在家荒疏学业，淫辱母婢等语，只喝令'堵起嘴来，着实打死！'"这样看来，宝玉挨打有以下三个层面的原因。

其一，在家荒疏学业。贾政并未亲自监督着宝玉读书，怎么知道他荒疏了学业呢？答案是：透过宝玉的精神状态，知道他没有把心思放在读"圣人之言"上。贾宝玉会见官僚贾雨村时"全无一点慷慨挥洒谈吐，仍是葳葳蕤蕤"，这让贾政很不满意。作为国公之后，又是荣国府唯一的继承人，贾宝玉所要做的是好好读书，走一条仕途经济学问之路，以此来承继家业，光宗耀祖，维系这个贵族之家的百年声望。可是，贾宝玉却在父亲精心安排的官场社交中表现得无精打采、毫无兴趣；接下来，"脸上一团思欲愁闷气色"的宝玉"咳声叹气"地走着，一头撞进了贾政怀里还不自知。这样一种垂头丧气、萎靡不振的精神状态绝非世家子弟尤其是读书之人应该有的。所以，贾政马上诘问："无故这样，却是为何？"一向"口角伶俐"的宝玉"此时一心总为金钏儿感伤"，"如今见了他父亲说这些话，究竟不曾听见，只是怔呵呵的站着"。贾政把宝玉的呆滞沉默视为对不务正业的无言以对，"原本无气的，这一来倒生了三分气"。

其二，在外流荡优伶，表赠私物。忠顺王府派人来索要琪官这件事，不仅关系到贾政这个封建家长的颜面问题，更涉及贾家的政治利益问题。据《清会典》，封建社会良贱有别，等级分明，清朝以士、农、工、商四民为良，"奴仆及倡优隶卒为贱"①。作为国公之后的宝玉居然"降良为贱"，与戏子交往，自轻自贱，还交

---

① 《清会典》，142 页，北京，中华书局，1991。

换汗巾子，表现出同性恋的倾向，这成何体统？进一步说，假如忠顺王府的长史官所言属实，是宝玉怂恿琪官出逃并加以藏匿，那么，贾宝玉就触犯了大清律例中的《逃人律》，宝玉本人不仅面临死罪，贾府上下也将连坐流放，贾家财产将被抄没。再进一步说，琪官是忠顺王爷跟前"断断少不得"的人物，若因宝玉与琪官的交往而激怒了在官场上"素无往来"的忠顺王爷，必定会给贾政招来无端的政治纠纷。所以，贾政觉得宝玉自己无法无天还不算，"如今祸及于我"，这简直令他"又惊又气"，并且气得目瞪口呆。

其三，淫辱母婢。送长史官出门时，贾政只是命宝玉"不许动！回来有话问你！"还没有说要打宝玉。贾环的诬告，起到了火上浇油的作用。一听宝玉拉着金钏儿"强奸不遂，打了一顿。那金钏儿便赌气投井死了"，贾政立刻"气的面如金纸"，大喝"快拿宝玉来"，动了痛打宝玉的决心。首先来说，金钏儿是王夫人的贴身婢女，某种程度上代表着王夫人的权威。宝玉竟然企图强奸她，这是对母权的冒犯，是对孝道的亵渎，触碰了封建伦理道德的底线，也动摇了封建宗法制度的根基，简直就是大逆不道！再进一步说，按照贾环的说法，宝玉是强奸未遂并对婢女殴打以致其自尽。依据《大清律例》，强奸奴婢或雇工之妻女者，视具体情况而处以充军或笞杖之刑。虽然清代有关法律条例的纂修频仍，具体条例的效力需要考证其颁行年代，但就《刑案汇览》收录的案例而言，上至亲王，下到布衣，律例均视其为犯罪行为，并给予刑事处罚。因此说，贾宝玉淫辱母婢这一行为不仅仅是违背礼法、致祖宗颜面损伤的问题，而是触犯了国法。贾政认为宝玉再不管教，就会"弑君杀父"，并不是夸大之词。

关于宝玉挨打的根本原因，很多研究者从不同角度做出了解读。章培恒、骆玉明主编的《中国文学史新著》指出："宝玉的这场灾祸，乃是家族制度和礼教相结合的产物。它不但是对宝玉的肉体的残害，而且是对其个性的严重摧残——要通过暴力来扼杀他的个性。"[1]冯其庸先生认为特别要提起注意的是贾政的一句话。"贾政说：'明日酿到他弑君杀父，你们才不劝不成！'这句话，点明了这场冲突所包含的思想性质。或者说，从贾政眼里所看到的贾宝玉思想发展的可怕趋势。显然，贾宝玉与贾政的思想冲突是具有对立的性质的，然而，其冲突的形式却是充分地生活化的"[2]。《简明中国文学史》指出："实际上，这是封建统治者为了挽救自己的家族衰败的命运而对这个家族的叛逆者的一次暴力镇压。"[3]总之，宝玉遭此毒打，是贾政作为封建"卫道者"和宝玉作为封建"叛逆者"之间矛盾冲突的必然结果。

曹雪芹的高超之处还在于他把富于思想意义的创作笔触延伸到宝玉挨打过后的余波中，借众人探望养伤中的宝玉，刻画了不同人物的性情和他们之间微妙的关系。同样是规劝宝玉改过，袭人关注的重点是宝玉的身体发肤，这和她的身份

---

① 章培恒、骆玉明：《中国文学史新著(增订本)》第 2 版，425 页，上海，复旦大学出版社，2011。
② 冯其庸：《敝帚集：冯其庸论红楼梦》，499 页，北京，文化艺术出版社，2005。
③ 孙静、周先慎：《简明中国文学史》第 2 版，417 页，北京，北京大学出版社，2015。

（贴身大丫鬟）和命运（争取做姨娘）是相联系的；而宝钗关注的重点是宝玉挨打的原因以及这个原因的合理性，这与她的身份（淑女、表姐）和命运（可能成为正妻）是相符合的。同样是表达关心，宝钗手托着药光明正大而来，居高临下地吩咐袭人把药给宝玉敷上，把淤血散开就好了。一个"敷"字体现出宝钗对宝玉的关心在肉体层面，无关内心或情感，是表面性的。虽然她在无意间袒露了自己对宝玉的感情，但赶忙咽住，点到为止，深婉含蓄。黛玉无声地来了，长久地无言饮泣，听到凤姐来了，又逃一样地从后门走了。匆匆来去间，黛玉只对宝玉说了一句意味深长的话："你从此可都改了罢！"黛玉自始至终没有一句关乎宝玉伤势的问候，然而，她却是贾府上下，唯一一个全身心地为宝玉好的人，这种关爱建立在心灵契合的基础上，是深刻而纯粹的。

"宝玉挨打"这一情节，在小说中具有非常重要的叙事功能。分析宝玉挨打的原因，品味贾政、王夫人、贾母、李纨、凤姐众人对宝玉挨打的态度，我们窥测到的是隐藏在这个钟鸣鼎食之家、翰墨诗书之族内里的危机四伏和矛盾重重，捕捉到的是遮蔽在忠孝、亲情背后的众颗隐秘的私心。父子矛盾、母子矛盾、夫妻矛盾、主仆矛盾、嫡庶之争、潜在的政治危机，这一切都为这个拥有百年根基的家族大厦最终走向倾倒贡献了力量。"宝玉挨打"事件的余波还暗示了文本发展的走向：袭人回王夫人话，提出让宝玉搬出园子的建议，暗示了"抄捡大观园"事件；暗示了"逐晴雯"事件；暗示了宝黛爱情的悲剧结局。宝玉挨打后，派晴雯给黛玉传递爱情信物（旧手帕），对黛玉的感情更加坚决。宝玉在"金玉良缘"与"木石盟约"之间的选择，蕴含了他对人生道路的选择，向着贾政期待的相反方向发展下去了。

"宝玉挨打"鲜明地体现出《红楼梦》"草蛇灰线，伏脉千里""注此写彼，手挥目送"的叙事特点和通过日常生活的细节来反复皴染、精雕细凿地刻画人物性格的艺术特点，是《红楼梦》小说情节发展的高潮之一，是具有深刻思想内涵和高超艺术手法的著名片段。

三、阅读思考

1. 贾政在毒打宝玉前后，三次落泪。结合文本分析一下这三次哭的原因有什么不同。

2. 对于遭受毒打的宝玉，贾母、王夫人、宝钗、袭人等众人"表面俱是爱，心态各不同"。结合文本分析这些人关爱宝玉的真实原因是什么。

3. 结合《红楼梦》中其他有关薛宝钗的情节，比如第二十七回"宝钗扑蝶"、第三十六回"绣鸳鸯肚兜"等，谈谈你对薛宝钗的看法。

4. 曹雪芹笔下的《红楼梦》是一个八十回的残本，关于它的探佚研究向来备受关注。根据你对文本的理解和个人的审美趣味，你认为宝玉、黛玉、宝钗等人的命运走向是什么样的呢？

四、拓展阅读

1.[清]曹雪芹:《脂砚斋重评石头记》(庚辰本),北京,人民文学出版社,2010。

2. 周汝昌:《红楼梦新证》,南京,译林出版社,2012。

3. 王昆仑:《红楼梦人物论》,北京,北京出版社,2009。

4. 张锦池:《红楼管窥:张锦池论红楼梦》,北京,文化艺术出版社,2009。

5. 冯其庸、李广柏:《红楼梦概论》,北京,北京图书馆出版社,2002。

6. 陈维昭:《红学通史》,上海,上海人民出版社,2005。

7. 朱一玄:《红楼梦资料汇编》,天津,南开大学出版社,2001。

8. 胡适:《红楼梦考证》,北京,北京出版社,2015。

9. 俞平伯:《红楼梦研究》,上海,上海古籍出版社,2011。

10.[清]曹雪芹著,无名氏续,程伟元、高鹗整理:《红楼梦》,北京,人民文学出版社,2008。